XVIIe SIÈCLE

LES
GRANDS AUTEURS FRANÇAIS
DU PROGRAMME
Anthologie
et histoire littéraire

Couverture : J. Cotelle, *Le bosquet de la montagne d'eau* (détail), peinture vers 1690. Musée National du château de Versailles. Ph. H. Josse. © Arch. Photeb.

Maquette couverture : P. Verbruggen

© **Bordas, Paris, 1985**
ISBN 2-04-016211-9

ANDRÉ LAGARDE
Agrégé des Lettres
Inspecteur général
de l'Instruction Publique

LAURENT MICHARD
Ancien élève
de l'École Normale Supérieure
Inspecteur général de l'Instruction Publique

XVIIᵉ SIÈCLE

LES
GRANDS AUTEURS FRANÇAIS
DU PROGRAMME
Anthologie
et histoire littéraire

Bordas

Les événements. *Les idées*	Les auteurs	Théâtre	Autres œuvres	Les arts
1608 ⟩ *Réforme de Port-Royal* / *Hôtel de Rambouillet* (ouverture)	1596 **Descartes** / 1606 **Corneille**		1605 Malherbe poète officiel / 1607 *L'Astrée* (I à III)	*Place Royale* (1605-1612)
Mort d'Henri IV / 1610 ⟩ (av. Louis XIII) / RÉGENCE MARIE DE MÉDICIS	1613 ⟨ Régnier (†) / La Rochefoucauld		↓	
1617 Assassinat de Concini	1621 **La Fontaine** / 1622 **Molière** / 1623 **Pascal**		1619	*Luxembourg* (1615-1621)
1624 **RICHELIEU** AU POUVOIR	1626 Mme de Sévigné / 1627 **Bossuet** / 1628 Malherbe (†)			*Chapelle Sorbonne* (1627-1635)
Apogée Hôtel de Rambouillet (1630-1645)	1630 D'Aubigné (†)	1629 *Mélite* (de Corneille)		1631 1er *Versailles*
L'Académie Française (fondée en 1634-1635)	1634 Mme de La Fayette / 1636 **Boileau** / 1639 **Racine**	1636-7 **Le Cid**	1632-33 *L'Astrée* (complet) / 1637 *Discours de la Méthode*	1635 Callot (†) (né 1592)
1642 Mort de Richelieu		1640 ⟨ *Horace* / *Cinna*		1640 Coysevox
Mort de Louis XIII (av. Louis XIV) / 1643 ⟨ Régence d'Anne d'Autriche		1642 *Polyeucte*		
MAZARIN AU POUVOIR / Rocroi (1643)	1645 **La Bruyère**	1644 *Rodogune*		*Val-de-Grâce* (1645-1665)
1648 Paix de Westphalie	1647 Bayle			
1649 Fronde parlementaire	1650 Descartes (†)			
1650-52 Fronde des princes	1651 Fénelon	1651 *Nicomède*		1655 Le Sueur (†) (né 1617)
1653 *Condamnation des cinq propositions*	1657 Fontenelle	1659 *Précieuses Ridicules*	1656 *Provinciales* de Pascal	
Mort de Mazarin / 1661 ⟨ RÈGNE PERSONNEL DE **LOUIS XIV**	1661 St-Amant (†) / 1662 Pascal (†)	1662 *Ec. des Femmes* / 1664 ⟨ *Tartuffe* / *La Thébaïde*	Bossuet : *Carême du Louvre*	*Agrandissement Versailles* (Le Vau)
		1665 *Dom Juan* / 1666 *Misanthrope* / 1667 **Andromaque**	1665 *Maximes* de La Rochefoucauld	1665 Poussin (†) (né 1594) / 1666 Mansart († (né 1598
1667 G. de Dévolution / 1668 Paix d'Aix-la-Chapelle		1668 *L'Avare* / 1669 *Britannicus* / 1670 *Bérénice* / *Bourgeois Gent.*	1668 *Fables* (I à VI) / *Pensées* de Pascal / 1670 *O.F. Mada-me*	1668 F. Couperin *Colonnade du Louvr*
1672 Guerre de Hollande	1673 Molière (†)	1672 *Bazajet* / *Femmes Savantes* / 1673 *Mithridate* / *Malade Imaginaire*		1670 *Invalides* / 1671 Ph. de Cham paigne (†, né 1602
1675 Turenne (†)	1675 Saint-Simon / 1680 La Rochefou-cauld (†)	1674 ⟨ *Suréna* / *Iphigénie* / 1677 *Phèdre*	1674 *Art poétique* de Boileau	1677 3e frère Le Nain (†)
1678 Paix de Nimègue / 1682 *La Cour à Versailles* / 1685 Révoc. Edit de Nantes / *Querelle Anciens et Modernes* (1678-1694)	1684 Corneille (†)		1678 *Fables* (VII-XI) / *Princesse de Clèves* / 1687 *O. F. Condé*	1679 IIIe *Versaille* (H. Mansart)
1688 G. Ligue d'Augsbourg	1689 **Montesquieu**	1689 *Esther* / 1691 *Athalie*	1688 *Les Carac-tères*	† Lulli (1633-1687) / Lebrun (1619-1690) / Puget (1622-1694)
1697 Paix de Ryswick	1694 **Voltaire**		1695 *Télémaque* / 1697 *Dictionnaire* de Bayle	Mignard (1610-1695) / Hardouin-Man sart (1645-1708)
1701 G. de Succession d'Espagne / 1713 Paix d'Utrecht / Paix de Rastadt / 1715 MORT DE LOUIS XIV	† Mme de La Fayette (1694) La Fontaine (1695) / La Bruyère ; Mme de Sévigné (1696) / Racine (1699) ; Bossuet (1704) / Boileau (1711) ; Fénelon (1715)		1714-16 *Lettre à l'Académie*	Girardon (1628-171

AVANT-PROPOS

Selon le principe de la collection, nous avons réuni dans un *livre unique* des extraits spécialement présentés en vue de l'*explication* en classe, des *lectures complémentaires,* une histoire littéraire suivie et toujours en relation étroite avec ces textes. Nous voudrions ainsi alléger pour le professeur la tâche de présenter et d'analyser les œuvres ou de dicter des questionnaires, et lui permettre de consacrer tout son temps à l'*étude des textes,* en compagnie d'élèves déjà préparés à cet exercice et intéressés par des lectures complémentaires.

L'ouvrage étant surtout destiné aux classes des lycées, nous avons voulu permettre une *vue d'ensemble* du XVIIe SIÈCLE et contribuer à la *préparation du Baccalauréat* par une étude assez poussée des plus grands auteurs. Le *théâtre* posait un problème particulier. Les élèves étudient intégralement, dans des éditions aisément abordables, les pièces essentielles de Corneille, Racine et Molière. Nous avons volontairement centré nos études littéraires sur ces œuvres maîtresses pour aider les candidats à les mieux comprendre et leur remettre en mémoire, à la veille de l'examen, les pièces étudiées au cours de leur scolarité. Au contraire, nous avons choisi la plupart de nos extraits dans des œuvres moins familières aux élèves afin d'élargir leur connaissance du théâtre classique.

Ce recueil de morceaux choisis n'a pas la prétention d'être savant, encore moins celle d'être complet. Établi pour des adolescents, il ne veut être qu'un instrument de travail propre à leur faire aimer la littérature et à leur donner le désir de lire les œuvres intégrales.

• On retrouvera dans cette édition les mêmes extraits que dans les éditions antérieures.

• **Les questionnaires** ont été mis en conformité avec les tendances de la pédagogie actuelle et les instructions ministérielles.

On y trouvera des listes d'extraits d'auteurs du même siècle ou des autres, permettant d'intégrer librement le texte examiné dans des « **groupements de textes choisis et étudiés selon une cohérence thématique ou problématique clairement formulée** ». En raison de la formule de ce recueil, ces textes pourront toujours être situés dans la chronologie et dans les œuvres dont ils sont tirés.

On y trouvera aussi de nombreux exercices à pratiquer **en classe** ou proposés **à l'examen :** contractions, commentaires composés, essais littéraires, entretiens, exposés, débats ; les groupes thématiques offrent d'ailleurs la possibilité de concevoir d'autres sujets relevant de ces divers types d'exercices. On aura avantage à consulter **l'index des groupements thématiques** page 443.

• **L'illustration** a été groupée en **dossiers thématiques.** En relation avec les textes auxquels elle invite sans cesse à se reporter, elle conduira à une étude plus approfondie de questions importantes, les textes eux-mêmes appelant le regroupement avec d'autres extraits. La confrontation texte-iconographie permettra des exercices d'expression orale et écrite.

Avec le précieux concours des documentalistes, nous avons veillé à la qualité de l'illustration, en couleur pour la majeure partie : elle soulignera la parenté entre littérature et beaux-arts, et, pour une première initiation, elle pourra jouer le rôle d'une sorte de **musée imaginaire.**

A. Coysevox, « Buste de Louis XIV ». (Marbre, 1686. Musée des Beaux-Arts, Dijon. Ph. Studio Rémy © Arch. Photeb.)

L'avènement de Louis XIV se situe en 1643 et son règne personnel va de 1661 à 1715. Pour la littérature et les arts, cette époque a connu un tel épanouissement que, de même qu'on parle du « Siècle d'Auguste », Voltaire a parlé du *Siècle de Louis XIV* : « C'était un temps digne de l'attention des temps à venir que celui où les héros de Corneille et de Racine, les personnages de Molière, les symphonies de Lulli toutes nouvelles pour la nation, et les voix des Bossuet et des Bourdaloue se faisaient entendre à Louis XIV, à Madame, si célèbre par son goût, à un Condé, à un Turenne, à un Colbert, et à cette foule d'hommes supérieurs qui parurent en tout genre » (chap. XXXII). Encore faudrait-il y ajouter, pour une période d'à peine un demi-siècle, les noms de La Fontaine, Boileau, Madame de La Fayette, Madame de Sévigné, Saint-Simon, La Bruyère, ainsi que ceux de Bayle et de Fontenelle, dont la hardiesse ouvre la voie aux *philosophes* du XVIIIᵉ siècle.

INTRODUCTION

Le XVIIe SIÈCLE français se place sous le signe de la *grandeur*. C'est le siècle où, par l'éclat des lettres et des arts autant que par les armes, la France domine l'Europe. C'est le siècle de Louis XIV et du *classicisme*. Mais on ne saurait figer cette éclatante époque de notre histoire dans une immobilité factice, si majestueuse fût-elle. Les années glorieuses du règne de Louis XIV, correspondant au plein épanouissement de la littérature classique, représentent un sommet qui ne fut pas atteint sans luttes et sans tâtonnements ; d'autre part, bien avant la disparition du Roi Soleil, maints signes révèlent qu'avec l'hégémonie politique et militaire de la France, le souverain équilibre classique se trouve lui aussi menacé. Il faut donc étudier le XVIIe siècle à la fois dans son évolution et dans ses caractères dominants.

I. HISTOIRE ET CIVILISATION

Sans vouloir exagérer l'influence des facteurs sociologiques sur les arts et les belles-lettres, on ne peut méconnaître le lien étroit qui unit, au XVIIe siècle, les événements politiques aux créations du génie littéraire et artistique. Il existe un rapport évident entre le mouvement qui conduit au triomphe du classicisme et celui qui assure l'établissement de la monarchie absolue. Le règne de la *raison lucide* correspond à celui de l'*ordre* et de l'*autorité*. Sous Louis XIV, la bourgeoisie donne à la France tous ses grands ministres comme ses plus beaux génies littéraires. L'élan féodal reflue peu à peu : l'échec de la Fronde (1652) marque un tournant de nos lettres aussi bien que de notre histoire. En fait, ces deux évolutions parallèles ont une origine commune plutôt qu'elles ne sont subordonnées l'une à l'autre : après tant de troubles et d'incertitudes, les éléments les plus éclairés de la nation aspirent à un *ordre rationnel et stable*.

La monarchie absolue Pour le critique comme pour l'historien, le siècle s'étend de 1610 (mort d'Henri IV) à 1715 (mort de Louis XIV). Il comprend donc la régence de Marie de Médicis, le règne de Louis XIII et la domination de Richelieu, la régence d'Anne d'Autriche et le pouvoir de Mazarin, vainement combattu par la Fronde parlementaire, puis par la Fronde des princes ; enfin, après la mort de Mazarin (1661), le long règne personnel de Louis XIV. Richelieu, par la lucidité de son génie politique et l'intransigeance de son caractère, Mazarin, par sa diplomatie insinuante, préparent l'achèvement d'une œuvre séculaire, l'établissement de la *monarchie absolue*. Les souverains conscients de leurs respon-

sabilités avaient eu le souci constant d'affirmer la prérogative royale contre
les prétentions des grands féodaux ; mais les progrès de l'absolutisme se trouvaient sans cesse remis en question par les intrigues des seigneurs, sous un
prince faible ou à l'occasion d'une régence, par l'esprit d'indépendance des
Parlements, ou encore par les guerres de religion. Finalement, ce sont deux
ministres qui organisent, à leur profit, le pouvoir sans limites du souverain.
Pour que le système atteignît sa perfection, il ne manquait plus qu'un roi
capable de supporter une charge si écrasante : *ce roi fut Louis XIV.* L'œuvre
politique ainsi achevée s'appuie sur une théorie élaborée par des légistes et des
théologiens dont les vues se complètent sans se confondre : représentant de Dieu
sur la terre, le roi n'est responsable devant aucun pouvoir humain ; les théologiens ajoutent : il est responsable devant sa conscience et devant Dieu
(cf. p. 253). C'est la *monarchie de droit divin.*

La société, la cour

Le sort du peuple ne change guère, qu'il soit
soumis à l'arbitraire des grands ou à l'autorité
inflexible des agents du pouvoir royal : BOSSUET, LA FONTAINE et, à la fin
du siècle, LA BRUYÈRE, FÉNELON et VAUBAN *(Projet de dîme royale)* diront la
tragique *misère des paysans* (cf. p. 261, 418, 427, n.). Mais le nouveau système
politique a des répercussions profondes sur la condition des classes plus élevées,
noblesse et bourgeoisie riche. Pour affirmer la dépendance des grands seigneurs,
Louis XIV s'entoure, dans ses conseils, de *bourgeois* comme Colbert, Le Tellier
et son fils Louvois, quitte à les anoblir (Louvois) : SAINT-SIMON ne le lui par-
donnera pas (cf. p. 391). N'en déplaise à Mme DE SÉVIGNÉ, si le roi choisit
des bourgeois comme historiographes, ces bourgeois se nomment RACINE et
BOILEAU. La *noblesse* cesse de jouer un rôle politique de premier plan, mais
Louis XIV lui réserve les charges militaires et les plus hautes dignités ecclésiastiques : BOSSUET, qu'il admire, fera parfois figure de chef de l'Église gallicane,
mais ne sera jamais archevêque, à la différence de FRANÇOIS DE SALIGNAC DE
LA MOTHE FÉNELON.

La vie des nobles se partage donc entre l'armée et la cour. A Versailles, la
subtile hiérarchie de l'étiquette leur donne des satisfactions d'amour-propre,
ainsi que les charges honorifiques qu'ils conservent. Mais la personne du roi
est entourée d'un tel *culte* (cf. p. 419) qu'autour de lui tous les rangs sont en
quelque manière égalisés, et la noblesse de cour, parmi toutes sortes d'égards
et de privilèges, se trouve en fait domestiquée. Or un noble soucieux de maintenir son rang ne saurait vivre loin de la cour : Versailles est le centre d'attrac-
tion où convergent tous les regards, toutes les ambitions, tous les talents.
Pour faire quelque chose en France, il faut avoir été présenté au roi, remarqué
par lui. Mme de Sévigné en est ravie parce qu'il lui a adressé quelques mots
(cf. p. 385). C'est la cour qui impose la mode, le goût, le bon ton. Si l'on n'a pas
« l'air de la cour », on est un ridicule. Mais la cour, c'est avant tout le roi lui-
même que les courtisans, « *peuple singe du maître* » (LA FONTAINE, p. 227),
s'efforcent d'imiter en tout point.

« L'honnête homme »

Ainsi la *cour* éclipse peu à peu les *salons,* qui
jouaient jusque-là le rôle d'arbitres du bon ton.
Leur influence sur les mœurs et la littérature a été considérable. Une fois passée
la mode de la préciosité compliquée ou pédantesque, c'est dans l'ambiance
de la cour et des salons que se forme, vers le milieu du siècle, le bel idéal de
« *l'honnête homme* ». Cultivé sans être pédant, distingué sans être précieux,

réfléchi, mesuré, discret, galant sans fadeur, brave sans forfanterie, l'honnête homme se caractérise par une *élégance* à la fois extérieure et morale qui ne se conçoit que dans une société très civilisée et très disciplinée. Homme de cour, il ne ressemble pas aux courtisans que raille LA FONTAINE, ni aux petits marquis de MOLIÈRE. Peu importe qu'il soit bourgeois ou grand seigneur : si son origine est roturière, il doit posséder la seule vraie noblesse, celle du cœur, qu'ignore le parvenu ; s'il est gentilhomme, il ne doit montrer aucune morgue, et il sait distinguer le mérite personnel. *L'écrivain classique est un honnête homme qui écrit pour les honnêtes gens ;* communiant avec son public dans un même idéal humain, il respecte ce public comme il respecte son art. Conscient de son génie, il a l'élégance de ne pas étaler son orgueil, la pudeur de ne pas étaler son moi. Ouvert à toutes les questions qui peuvent intéresser un esprit distingué, il ne veut point passer pour un spécialiste ; en revanche, il ne se donne pas pour un prophète ou pour un mage.

Louis XIV et le classicisme

Une heureuse fortune a permis que Louis XIV eût le goût aussi bon que l'élite des « honnêtes gens ». Son orgueil lui fait aimer tout ce qui est grand et majestueux, mais il sait apprécier aussi le franc comique de MOLIÈRE. Celui-ci ne peut se permettre certaines audaces que grâce à la protection du roi, qui intervient personnellement en sa faveur. Louis XIV consacre également la renommée de RACINE, de BOILEAU et de BOSSUET. Les louanges que lui adressent les écrivains sont donc le plus souvent méritées. D'ailleurs, si autoritaire qu'il soit, il ne prétend pas imposer une ligne à la littérature et la muer en propagande. Il sent que le génie est incompatible avec la servilité et tolère même une certaine indépendance frondeuse : s'il n'aime guère LA FONTAINE, ce que l'on conçoit aisément, sa vengeance se borne à retarder l'élection du fabuliste à l'Académie française. Le triomphe du classicisme est lié au règne de Louis XIV et à la personne même du roi. Ce souverain épris de gloire a compris que la postérité l'admirerait d'avoir été le protecteur lucide et libéral des lettres et des arts.

Les beaux-arts

Ses goûts fastueux sont également propices à l'épanouissement des beaux-arts. La magnificence du règne trouve en particulier son expression dans une *architecture grandiose*. La première moitié du siècle avait déjà vu l'édification du palais du Luxembourg, du Palais Cardinal (Palais Royal) et de la chapelle de la Sorbonne. Sous Louis XIV, CLAUDE PERRAULT édifie la colonnade du Louvre. En 1665, FRANÇOIS MANSART achève le Val-de-Grâce. Son neveu JULES HARDOUIN-MANSART, à qui l'on doit aussi les Invalides, dirige, après LE VAU, les somptueux agrandissements du *palais de Versailles*, qui ne sera achevé qu'en 1695, après trente ans de travaux ; le parc est dessiné par LE NOTRE.

Avec PIERRE PUGET, GIRARDON et COYSEVOX, la *sculpture* traduit cette même aspiration à la noblesse. A la fin du règne, des tendances nouvelles, plus théâtrales, apparaissent dans les œuvres de NICOLAS et GUILLAUME COUSTOU.

En *peinture*, le *style Louis XIV* est un peu moins heureux : LEBRUN nous paraît aujourd'hui un peu trop pompeux, et MIGNARD, à qui nous devons d'ailleurs d'excellents portraits, est parfois maniéré. Les tempéraments les plus puissants et les plus originaux s'étaient épanouis ou formés avant le règne de Louis XIV : les génies classiques de la peinture française sont NICOLAS POUSSIN, CLAUDE GELÉE, dit LE LORRAIN, poète de la lumière, EUSTACHE LE SUEUR et PHILIPPE DE

CHAMPAIGNE. Quant au réalisme, il est représenté au début du siècle par CALLOT, peintre et graveur, puis par les trois frères LE NAIN.

En musique, Marc-Antoine CHARPENTIER oppose le style italianisant au style français, plus en vogue, de LULLI (cf. p. 90), Florentin formé à Paris.

La gloire des armes   Artistes et poètes célèbrent à l'envi la gloire de nos armes. L'avènement de Louis XIV (1643) est marqué par l'éclatante victoire de Rocroi (cf. p. 279). Cinq ans plus tard, par les traités de Westphalie qui mettent fin à la *guerre de Trente ans*, la France s'agrandit de l'Alsace. En 1659, la paix des Pyrénées lui donne le Roussillon et conclut le mariage de Louis XIV avec l'infante Marie-Thérèse. La *guerre de Dévolution* nous vaut l'annexion de la Flandre (traité d'Aix-la-Chapelle, 1668) ; la *guerre de Hollande*, celle de la Franche-Comté ; la paix de Nimègue, en 1678, marque l'apogée du règne et le triomphe définitif de la France sur l'Espagne : *Louis XIV est alors l'arbitre de l'Europe*. La guerre de la *Ligue d'Augsbourg* (paix de Ryswick, 1697) voit les victoires de Fleurus et de Steinkerque. Mais, pendant la guerre de la *Succession d'Espagne* (1701-1714), la France envahie connaît des moments difficiles et une misère extrême. Cependant Villars sauve la situation par la victoire de Denain (1712), qui permet à notre pays de maintenir ses positions lors des traités d'Utrecht et de Rastadt ; mais la vraie triomphatrice est cette fois l'Angleterre.

Durant ce siècle, *deux grands capitaines* dominent notre histoire militaire, CONDÉ et TURENNE (cf. p. 279 et 383). Le parallèle entre ces deux figures si contrastées a tenté les écrivains du temps : Bossuet, Saint-Évremond ; le fait est que Condé et Turenne sont particulièrement représentatifs de deux types d'humanité supérieure qui se partagent la prédilection du XVIIe siècle. Brillant, fastueux, galant, orgueilleux, génial, CONDÉ est un héros : il ressemble à plus d'un égard au *héros cornélien ;* et surtout il incarne, avec ses qualités et ses défauts, car il est aussi violent et parfois irréfléchi, l'idéal héroïque de la génération de la Fronde. Quoiqu'il soit son aîné, TURENNE réalise plutôt l'idéal de la seconde moitié du siècle : réfléchi, simple et modeste, calme et presque austère, il unit à la grandeur la discrétion de l' « honnête homme » ; c'est un grand homme plus encore qu'un héros.

II. ÉVOLUTION DES IDÉES MORALES ET DE L'IDÉAL LITTÉRAIRE

A. LES IDÉES MORALES

Le classicisme est un *humanisme*. Pour nos grands classiques comme pour Montaigne, le véritable objet de la littérature est l'*analyse* et la *peinture de l'homme ;* telle est aussi la leçon qu'ils tirent de l'étude des anciens. Lorsqu'ils parlent de la nature, c'est de la *nature humaine* qu'il s'agit. Ainsi leur esthétique est inséparable d'une éthique ; pour pénétrer vraiment leurs œuvres, il faut discerner les principaux courants moraux qui traversent le siècle. De la conception de l'homme particulière à leur génération dépendront, dans une large mesure, l'art et l'idéal psychologique des génies créateurs.

Enthousiasme   Le XVIIᵉ siècle naissant hérite du XVIᵉ siècle
    et raison une ardeur conquérante, optimiste et fougueuse,
un idéal de vie romanesque et héroïque. Mais la
sagesse sans illusions de Montaigne est venue *tempérer* l'enthousiasme débordant de la Renaissance. Le stoïcisme se fait moins impulsif, plus réfléchi.
DESCARTES affirme la *primauté de la raison* (cf. p. 83). La grandeur de l'homme
sera désormais fondée sur d'autres bases, mais, en définitive, elle s'en trouve
accrue et affermie. L'idéal de cette génération sera le *généreux* de Descartes,
le *héros cornélien*, et aussi le *seigneur chevaleresque, galant et téméraire*, de la
Fronde. Les passions sont dominées par la raison, mais non point humiliées
par elle : CORNEILLE croit aux passions nobles comme il croit en l'homme.

Dans ce siècle chrétien, une doctrine théologique autorise la foi dans la liberté
et la grandeur de l'homme ; c'est le *molinisme*, conçu par le Jésuite espagnol
MOLINA (1535-1600). En dépit de la faute originelle, l'homme peut quelque
chose pour son salut (cf. p. 132). Il n'y a pas lieu, par conséquent, de désespérer
de l'homme ; le stoïcisme est conciliable avec la foi chrétienne.

Une lucidité   A cet optimisme va succéder, *vers le milieu du*
    sans désespoir *siècle*, une attitude morale bien différente. LA FONTAINE et MOLIÈRE ne croient plus au stoïcisme,
sans tomber pour autant dans le pessimisme : ils ne pensent pas qu'on puisse
beaucoup compter sur l'homme, ni beaucoup lui demander. Ce serait naïveté
de croire qu'il est naturellement bon ou raisonnable. « La raison du plus fort
est toujours la meilleure », constate LA FONTAINE ; à la fin de la comédie, les
maniaques mis en scène par MOLIÈRE ne sont pas guéris de leur folie. Au lieu
de rêver d'héroïsme, pratiquons une sagesse modeste : « *La parfaite raison fuit
toute extrémité | Et veut que l'on soit sage avec sobriété* » (Molière).

Ces deux écrivains ont subi l'influence du *courant libertin* qui, après des
audaces durement réprimées (cf. p. 127), devient en quelque sorte souterrain,
mais demeure important et agissant. Ils ont tenté, chacun selon son tempérament, une conciliation de la philosophie sceptique et d'un christianisme
mondain, indulgent aux faiblesses humaines. Chez LA FONTAINE, le goût de
l'indépendance, l'épicurisme moral et intellectuel finirent par rejoindre le
thème chrétien de la méditation dans la solitude (*Le Juge arbitre, l'Hospitalier
et le Solitaire*). La vertu trop austère ne déplaît pas moins à MOLIÈRE que la
fausse dévotion. Tous deux sont plus sensibles aux travers ou aux vices des
hommes qu'à leurs vertus ; ils ne croient pas cependant que l'espèce humaine
soit foncièrement corrompue.

Le pessimisme   Un pessimisme profond apparaît au contraire
    janséniste dans l'œuvre de LA ROCHEFOUCAULD et de RACINE :
l'homme est esclave de son amour-propre et de
ses passions. Les passions sont mauvaises en elles-mêmes ; or la raison et la
volonté sont impuissantes à les maîtriser. On reconnaît ici l'analyse pessimiste
de PASCAL et du *jansénisme*. L'échec matériel du jansénisme, marqué en 1709
par la dispersion des religieuses et la destruction du monastère de Port-Royal,
ne saurait dissimuler son triomphe moral. On est bien loin désormais des rêves
héroïques du début du siècle : *la littérature peint l'âme en état de péché*, condamnée
à la damnation éternelle si elle n'est pas secourue par la grâce de Dieu. Plus
de demi-mesures : il faut quitter le monde et ses tentations si l'on veut échapper
à l'abîme du péché ; ainsi RACINE renonce au théâtre ; ainsi Mˡˡᵉ DE LA VAL-

LIÈRE et RANCÉ, aspirant à la sainteté, expient dans un cloître les fautes de leur jeunesse. Sous l'influence de Mᵐᵉ DE MAINTENON, que Louis XIV épouse secrètement en 1684, la cour elle-même devient austère ; elle sera triste pendant les dernières années du grand roi. Cette extrême sévérité morale permet de comprendre la violente réaction qui se produira sous la Régence, dans la littérature comme dans les mœurs.

Vers le XVIIIᵉ siècle   Cependant, bien des idées qui semblaient définitivement acceptées se trouvent remises en question à la fin du siècle. Les *échecs* de la guerre de la Succession d'Espagne et la *misère* du royaume diminuent le prestige du souverain. Les *problèmes politiques et sociaux* que le classicisme avait écartés retiennent l'attention des esprits les plus éclairés. LA BRUYÈRE pousse la critique sociale beaucoup plus loin que Molière ou même La Fontaine ; bien plus, il ose discuter le principe de la monarchie absolue (cf. p. 420), combattu également par FÉNELON (p. 426). L'autorité de la *religion*, inséparable à cette époque de celle du roi, est également critiquée : BAYLE et FONTENELLE (dont nous étudierons l'œuvre au début de notre *XVIIIᵉ Siècle*) appliquent au domaine de la foi la *méthode cartésienne* d'examen rationnel. Enfin, le jansénisme est trop austère pour ne pas rebuter une foule d'esprits. Ainsi de nombreux signes annoncent, à la fin du XVIIᵉ siècle, une nouvelle phase dans l'histoire de la pensée française.

B. L'IDÉAL LITTÉRAIRE

Le baroque   On a longtemps considéré comme des « *irréguliers* » ou des « *attardés* » tous les écrivains qui, pendant la *première moitié du XVIIᵉ siècle*, restent étrangers à l'élaboration de l'idéal classique. On avait tendance à les traiter avec quelque mépris et à trouver qu'ils avaient manqué de goût. Mais des critiques du XXᵉ siècle ont remarqué certains traits d'une esthétique commune chez ces indépendants, si divers soient-ils. On en est venu ainsi à étendre à la littérature la notion de *baroque*, réservée jusque-là à l'architecture et aux arts plastiques. Ce goût baroque, complexe et multiforme, n'est d'ailleurs pas aisé à définir, sinon par opposition au goût classique. Le baroque se caractérise par une *exubérance de l'imagination et du style* formant un contraste frappant avec la raison et la stricte ordonnance classiques. A la colonne torse de l'architecture baroque correspondent en poésie des enchaînements d'images d'abord déroutants parce qu'ils ne suivent pas la droite ligne de la logique. Le baroque, c'est l'effervescence du lyrisme libre, des images brillantes, parfois recherchées, le triomphe du contraste entre une pensée subtile et des notations violemment réalistes.

Les recherches consacrées à l'esthétique baroque renouvellent actuellement l'étude de la première manière de MALHERBE (cf. p. 18) et celle de poètes comme THÉOPHILE DE VIAU et SAINT-AMANT. Elle peut éclairer également la *tragi-comédie* (cf. p. 92) et les débuts de CORNEILLE. Enfin, la *préciosité* et même le *burlesque* seront considérés comme des pointes extrêmes ou des déformations du baroque. Cette notion permet de rattacher à un *mouvement d'ensemble* des tendances qui paraissaient jusque-là tout à fait dispersées, sinon incohérentes ; elle donne lieu également a des rapprochements pleins d'intérêt avec les littératures étrangères, puisque la vogue du baroque, qui s'étend en

France depuis le dernier quart du XVIe siècle jusque vers la fin du règne de Louis XIII, correspond chez nous à des influences italiennes et espagnoles, et a également gagné l'Angleterre.

Le classicisme   Mais le génie français a réagi très tôt dans le sens de la *discipline*, de l'*ordre* et de la *régularité*. MALHERBE détermine la forme et, dans une certaine mesure, l'inspiration de la poésie classique, GUEZ DE BALZAC forge la prose oratoire, VAUGELAS (cf. *Appendice*, p. 440) achève de codifier la langue. Écrivains et théoriciens, approuvés par le public, élaborent tout un appareil de *règles* et de *bienséances* (cf. p. 93), contraintes que le génie des grands classiques saura rendre fécondes. L'Académie française, créée par RICHELIEU (cf. *Appendice*, p. 439), symbolise cet effort pour donner à l'art littéraire une extrême dignité et une consécration officielle.

L'un des caractères du classicisme est d'être une *littérature sociale* (cf. p. 8-9, « *L'honnête homme* »). Ses plus hautes manifestations, le théâtre et l'éloquence de la chaire, sont celles qui exigent un public assemblé pour une cérémonie, qu'elle soit profane ou sacrée. A la stricte hiérarchie sociale du temps, à l'étiquette de la cour, correspond la belle ordonnance classique : « La perfection classique implique, non point certes une suppression de l'individu (peu s'en faut que je ne dise : au contraire), mais la soumission de l'individu, sa subordination, et celle du mot dans la phrase, de la phrase dans la page, de la page dans l'œuvre. C'est la mise en évidence d'une hiérarchie » (André Gide).

Ainsi le classicisme pourrait se définir par une *harmonie :* harmonie de l'auteur avec son milieu (tandis que le poète romantique se croira un surhomme ou un paria) ; harmonie entre la grandeur de l'art et la grandeur du règne ; harmonie, dans les œuvres, entre la pensée et l'expression. « Le classique, disait Sainte-Beuve, comprend les littératures à l'état de santé et de fleur heureuse ; ... les littératures qui sont et qui se sentent chez elles, dans leur voie, non déclassées, non troublantes, n'ayant pas pour principe le malaise, qui n'a jamais été un principe de beauté. »

Tendances   Mais la *fin du siècle* laisse apparaître des ten-
nouvelles   dances nouvelles, qui montrent que *l'équilibre classique est menacé*. LA BRUYÈRE est un *styliste*, alors qu'on ne saurait appliquer ce terme à Corneille et à Racine, tant chez eux l'expression est inséparable de la pensée et des sentiments exprimés. Au contraire, chez La Bruyère, si pénétrantes que soient les notations psychologiques, leur intérêt essentiel tient à la façon dont le style les met en valeur. Ainsi l'art de La Bruyère est plus voyant, et par là plus artificiel que celui des grands classiques.

Quant à FÉNELON, il semble un peu las de la majesté classique. Si Boileau admirait parfois le pompeux en le confondant avec le grand, Fénelon commet l'erreur inverse, dans son goût pour un *naturel* aimable, simple et délicat, mais qui risque de paraître fade, sinon affecté, à côté de la robuste *nature*, objet du culte de Molière ou de Boileau.

Ainsi, à la fin du siècle classique, sans rompre consciemment avec la tradition, à la différence des *Modernes* dans la fameuse *Querelle des Anciens et des Modernes* (cf. p. 433), ces deux écrivains annoncent pourtant des goûts qui s'affirmeront dans la littérature du XVIIIe siècle : le bel esprit et la grâce savamment négligée.

Conclusion   Au terme de cette étude, c'est à VOLTAIRE, grand
                      admirateur du *siècle de Louis XIV*, que nous
emprunterons cet aperçu saisissant sur une époque qui fut peut-être la plus
brillante de notre histoire : « C'était un temps digne de l'attention des temps
à venir que celui où les héros de Corneille et de Racine, les personnages de
Molière, les symphonies de Lulli et (puisqu'il ne s'agit ici que des arts) les voix
des Bossuet et des Bourdaloue se faisaient entendre à Louis XIV, à Madame,
si célèbre par son goût, à un Condé, à un Turenne, à un Colbert, et à cette foule
d'hommes supérieurs qui parurent en tout genre. Ce temps ne se retrouvera
plus, où un duc de La Rochefoucauld, l'auteur des *Maximes*, au sortir de la
conversation d'un Pascal et d'un Arnauld, allait au théâtre de Corneille. »

LA POÉSIE DE MALHERBE
A SAINT-AMANT

Si jamais le terme d'*école littéraire* a été justifié, c'est bien à propos de MALHERBE : son nom n'évoque pas seulement un poète, mais toute une *doctrine poétique* illustrée par le maître et ses « écoliers », MAINARD et RACAN. Par son talent, son autorité, la netteté tranchante de ses vues, MALHERBE *domine* si bien *son temps* qu'on a parfois tendance à rejeter dans l'ombre, ou à ranger sous des qualificatifs assez méprisants (attardés, égarés, grotesques) les auteurs qui ont échappé à sa tutelle. Il est très satisfaisant pour l'esprit de *styliser* l'histoire de la poésie française en faisant apparaître une *évolution linéaire* de la Pléiade à Malherbe et de Malherbe au classicisme. Juste dans l'ensemble, cette vue *n'épuise pas la réalité littéraire vivante*. Contre Malherbe, RÉGNIER et THÉOPHILE affirment les droits de la *nature* et de la *liberté*. Puis, avec SAINT-AMANT et TRISTAN, on voit naître un lyrisme original, à la fois *précieux* et *burlesque*, inattendu à cette date par son caractère *romantique*. Pour cette génération, on ne peut même plus parler d'une révolte contre Malherbe, tant son *inspiration* est *différente* et son *indépendance spontanée*.

Ainsi la première moitié du XVIIᵉ siècle est marquée par des *contrastes* saisissants et des tentatives tout à fait divergentes : c'est sa *complexité* même qui fait son *charme*, avant le triomphe de *l'harmonie classique*.

MALHERBE

La formation en Provence   Né à Caen en 1555, fils d'un conseiller au présidial de cette ville, FRANÇOIS DE MALHERBE fit lui-même des études de droit, mais l'épée le tentait plus que la robe. Attaché à la personne du duc d'Angoulême (1576), il le suivit dans son gouvernement de Provence. A l'exception de deux séjours en Normandie (1586-1595 et 1598-1599), il vivra désormais à Aix jusqu'à l'âge de cinquante ans. C'est en Provence qu'il se marie avec la fille d'un président au Parlement (1581), et qu'il prend conscience de sa *vocation littéraire*, au contact de la poésie méridionale et de magistrats humanistes tels que le président Du VAIR, auteur de divers traités moraux.

Cependant Malherbe vieillissait sans devenir célèbre. Cherchant, depuis la mort du duc d'Angoulême (1586), un puissant protecteur qui voulût bien patronner son œuvre poétique, il avait en vain dédié *Les Larmes de saint Pierre* à HENRI III (1587); puis, à MARIE DE MÉDICIS, une ode *sur sa bienvenue en France* (1600). Le cardinal DU PERRON, qui admirait son talent, l'avait recommandé au roi sans plus de succès (1601).

Le poète officiel   Enfin, en 1605, HENRI IV lui accorde une audience, lui commande un poème et, charmé de la *Prière pour le Roi allant en Limousin* (p. 21), le retient à la cour. Malherbe devient ainsi *poète officiel* pensionné, et le restera, sans éclipse, sous la régence de Marie de Médicis, puis sous Louis XIII, jusqu'à sa mort. Il célèbre les *grands événements politiques, la gloire des* *souverains* successifs et du cardinal de Richelieu, à moins qu'il ne prête son inspiration à quelque haut personnage désireux de chanter ses amours. Il groupe sous sa férule des disciples attentifs (RACAN, MAINARD), régente la langue et la poésie. Bref il exerce une sorte de royauté littéraire : c'est à lui, plutôt qu'à Boileau, que conviendrait le titre de « contrôleur général du Parnasse ».

Mais la fin de sa vie est triste : son fils Marc-Antoine a été tué au cours d'une querelle (cf. p. 26); Malherbe va trouver Louis XIII au siège de La Rochelle pour demander justice, mais il ne peut obtenir le châtiment des meurtriers, et meurt peu après son retour à Paris (1628).

L'homme

La physionomie morale de Malherbe nous est bien connue, à la fois par les tendances révélatrices de son œuvre et par le témoignage des contemporains, en particulier les nombreuses anecdotes contées par Racan dans ses *Mémoires pour la vie de Malherbe*. Personnalité forte à coup sûr, mais peu attirante : rien de commun avec le poète sensible et inspiré tel que le concevront les romantiques; un homme rude, froid, franc jusqu'à la brutalité, très sûr de lui, très orgueilleux en dépit de certaines boutades, conformiste plutôt qu'ardemment convaincu en matière politique et religieuse. Il frappe au premier abord par ses limites, par une certaine absence de chaleur, de générosité. Il était pourtant très capable d'affection, certaines de ses lettres le prouvent, ainsi que sa douleur à la mort de son fils. Et surtout Malherbe eut une grande et constante passion : l'*art littéraire*. Comme Boileau, qui devait reconnaître en lui un être de sa race, Malherbe se consacra tout entier à *illustrer la langue et la poésie françaises*. Il aima la forme pleine et harmonieuse, d'un amour exclusif, bourru, intransigeant mais créateur, qui anime son œuvre poétique comme sa doctrine.

L'œuvre poétique

L'évolution de Malherbe de la *magnificence* à la *sobriété* traduit le passage du *goût baroque* au *goût classique*. Tenté d'abord par l'éclat et les recherches de l'italianisme (cf. p. 18), il considérera plus tard *Les Larmes de saint Pierre* comme une erreur de jeunesse et combattra le marinisme (cf. p. 55), gardant un faible, cependant, pour les figures de style voyantes (les hyperboles surtout); enfin il parviendra dans ses derniers poèmes, par exemple la *Paraphrase du Psaume CXLV* (1627), à une extrême intensité par le dépouillement le plus rigoureux (cf. p. 25).

ÉLOQUENCE ET LYRISME

Pour Malherbe, la *technique* compte avant tout. Il aurait pu dire avant La Bruyère : « C'est un métier que de faire un livre, comme de faire une pendule. » S'opposant à Ronsard, il ne croit ni au miracle de l'inspiration, ni au lyrisme personnel. Pas d'effusions dans son œuvre, pas de confidences, aucune intimité. Ses poèmes sont des pièces de circonstance, parfois de commande, variations éloquentes sur des thèmes éternels, la *mort* (p. 19 et 25), les charmes de la *paix* (p. 22 et 24). Aux anciens il demande des leçons de stoïcisme ou de rhétorique, non point des émotions humaines ou esthétiques. Composition architecturale, élan oratoire soutenu, images somptueuses, facture impeccable, tels sont les caractères marquants de ses odes, stances ou sonnets. Beaucoup d'art, mais plus d'éloquence que de sensibilité : Malherbe n'évite pas toujours la froide rhétorique, écueil du *lyrisme impersonnel*. Aussi ses meilleurs passages sont-ils ceux où le lieu commun est transfiguré par les résonances d'une conviction chaleureuse (cf. p. 21) ou méditative (cf. p. 25).

LYRISME ET PLASTIQUE

Un *don verbal* hors de pair, qui lui a inspiré des vers inoubliables, suffirait à faire de Malherbe un poète authentique (cf., par exemple, p. 19, v. 15-16; p. 22, v. 48). Mais on peut aussi relever dans son œuvre certains *thèmes plastiques* qui révèlent un *lyrisme original;* l'image alors n'est plus ornement, mais révélation symbolique.

1. LE THÈME FLORAL, inspiré à Malherbe par la poésie provençale : la France devient « la terre du lis », son salut « le salut des fleurs de lis » :

Fleurs de lis, voici le retour
De vos aventures prospères;

Et vous allez être à nos yeux
Fraîches comme aux yeux de nos pères...

2. Le thème solaire, depuis le « safran que le jour apporte de la mer » (*Larmes de saint Pierre*) jusqu'à « Le dernier de mes jours est dessus l'horizon » (Stances, 1608); ou le combat du soleil contre les ténèbres : « L'an n'aura plus d'hiver, le jour n'aura plus d'ombre. » C'est déjà comme l'annonce du triomphe prochain du *roi soleil*.

3. Le thème de la fécondité : cette prospérité agricole matérialisant l'*âge d'or* trouve son expression la plus accomplie dans le vers : « Et les fruits passeront la promesse des fleurs », mais l'évocation est constamment reprise : « Donnez-nous tous les ans des moissons redoublées », « Donne aux prés la verdure, et couvre les campagnes, De vendanges et de moissons. »

Enfin Malherbe a ce *sens de la grandeur* qui sera l'un des caractères dominants du classicisme : s'il lui arrive de nous rebuter par de pompeuses amplifications, il a su trouver aussi des accents à la fois solennels et directs, d'une impressionnante austérité (cf. p. 25).

La doctrine Malherbe n'a pas composé d'Art poétique : pour connaître sa doctrine, il faut rassembler des éléments épars dans les remarques acerbes dont il crible un exemplaire des œuvres de Desportes et dans les boutades rapportées par Racan. Sa sévérité envers lui-même, ses corrections sont également révélatrices. Il souhaite avant tout la *rigueur*, la *clarté*, l'*harmonie*, et croit aux vertus de la *contrainte*.

LA LANGUE Au poète il faut d'abord un *outil* impeccable : *une langue pure*. La Pléiade avait voulu enrichir la langue : Malherbe va l'épurer, donc l'appauvrir. Il proscrit les provincialismes (il parlait de « dégasconner » notre langue), les archaïsmes, les termes techniques, les mots composés et dérivés, les mots bas. « Il renvoyait ordinairement aux crocheteurs (portefaix) du Port au Foin et disait que c'étaient ses maîtres en langage » (Racan). Non pas qu'il prône une langue populaire, loin de là, mais les poètes, selon lui, doivent se conformer à l'*usage courant* et renoncer à tout jargon composite. Malherbe prépare ainsi aux classiques un vocabulaire pauvre, mais simple, rigoureux, choisi, dont tous les mots portent. Il proscrit également l'abus des figures de rhétorique et *soumet l'expression à la pensée*.

LA TECHNIQUE Malherbe *bannit les licences* admises par les poètes de
POÉTIQUE la Pléiade : hiatus, enjambement. Dans les alexandrins, il exige la *coupe à l'hémistiche*. Il se montre très rigoureux pour la *rime*, estimant que « *contenance et sentence* riment comme un four et un moulin » (*Commentaire sur Desportes*); on ne doit pas faire rimer des mots de la même famille (ex. : *émerveille, merveille*). Pas de ces chevilles qui remplissent le vers sans enrichir le sens; pas de séries de monosyllabes (« Cruels bourreaux *de ceux qui font la cour aux rois* », Desportes); pas de fâcheuses rencontres de sons.

Malherbe fixe aussi dans le détail l'agencement des strophes : *sixain* d'alexandrins (p. 18 et 21), *dizain* d'octosyllabes qui comportera obligatoirement une ponctuation forte à la fin du quatrième vers (cf. p. 24). Ses rythmes sont moins variés que ceux de Ronsard, mais extrêmement soignés. Il crée l'*ode française* avec les caractères qu'elle conservera jusqu'au XIXe siècle.

LA FONCTION Le poète est un bon *ouvrier du vers*, non pas un mage
DU POÈTE ou un prophète; d'où sa fameuse boutade : « Un bon poète n'est pas plus utile à l'État qu'un bon joueur de quilles », ou encore ce mot à Racan : « Toute la gloire que nous pouvons espérer est qu'on dira que nous avons été deux excellents *arrangeurs de syllabes*. » Mais quel *orgueil* aussi chez ce poète qui déclarait aux rois que ses vers, et ses vers seuls, leur assureraient l'immortalité (cf. p. 25), et disait, non sans raison : « Ce que Malherbe écrit dure éternellement ! »

Les saints Innocents

Les Larmes de saint Pierre (1587) datent de la *première manière* de Malherbe, qui les désavouera d'ailleurs, les faisant disparaître de son œuvre dès l'édition de 1609. Ce long poème (66 strophes) n'est pas original (l'auteur imite l'Italien Luigi Tansillo) ; il est surtout gâté par une *recherche excessive*, qui frise parfois le mauvais goût. — Saint Pierre a renié Jésus : le chant du coq venant lui rappeler la prophétie du maître, il est torturé par le remords. L'apôtre compare ici son sort à celui des saints Innocents, massacrés par Hérode alors qu'il cherchait à faire périr l'enfant Jésus. Malherbe s'est certainement souvenu de l'hymne de Prudence († 413) : « *Salut, ô fleurs des Martyrs, qu'au seuil même de la vie le persécuteur du Christ emporta, comme la tempête les roses naissantes* », et, par delà la préciosité et la rhétorique, il a su trouver quelques beaux accents pour chanter ces *fleurs mystiques* (strophes 32-36).

Que je porte d'envie à la troupe innocente
De ceux qui, massacrés d'une main violente,
Virent dès le matin leur beau jour accourci [1] !
Le fer qui les tua leur donna cette grâce
Que, si de faire bien ils n'eurent pas l'espace,
Ils n'eurent pas le temps de faire mal aussi [2].

De ces jeunes guerriers la flotte vagabonde
Allait courre [3] fortune aux [4] orages du monde,
Et déjà pour voguer abandonnait le bord,
Quand l'aguet [5] d'un pirate arrêta leur voyage ;
Mais leur sort fut si bon, que d'un même naufrage
Ils se virent sous l'onde, et se virent au port [6].

Ce furent de beaux lis qui, mieux que la nature,
Mêlant à leur blancheur l'incarnate peinture
Que tira de leur sein le couteau criminel,
Devant que [7] d'un hiver la tempête et l'orage
A leur teint délicat pussent faire dommage,
S'en allèrent fleurir au printemps éternel [8].

Ces enfants bienheureux (créatures parfaites,
Sans l'imperfection de leurs bouches muettes) [9]
Ayant Dieu dans le cœur ne le purent louer ;
Mais leur sang leur en fut un témoin véritable [10] ;
Et moi, pouvant parler, j'ai parlé, misérable,
Pour lui faire vergogne [11] et le désavouer !

Le peu qu'ils ont vécu leur fut grand avantage,
Et le trop que je vis ne me fait que dommage,
Cruelle occasion du souci qui me nuit !
Quand j'avais de ma foi l'innocence première,
Si la nuit de ma mort m'eût privé de lumière,
Je n'aurais pas la peur d'une immortelle [12] nuit [13].

10

20

— 1 *Coupé court.* Commenter cette première image. — 2 *Non plus.* Expliquer l'idée. — 3 *Courir* (cf. chasse à *courre*). — 4 *Parmi les* (cf. App. D1). — 5 Guet-apens. — 6 Apprécier cette nouvelle image (cf. *Polyeucte*, v. 1229). — 7 Avant que. — 8 Troisième image à commenter. — 9 A expliquer. — 10 Le martyre leur servit de profession de foi. — 11 Injure (le reniement). — 12 *La damnation éternelle.* Noter l'opposition : *la nuit de ma mort... une immortelle nuit.* — 13 Commenter la comparaison entre le sort des Innocents et celui de saint Pierre ; montrer l'intervention de la *rhétorique*.

CONSOLATION A M. DU PÉRIER

La *consolation* est un genre antique (*Consolations* de SÉNÈQUE par exemple) dont l'écueil réside dans la banalité et la rhétorique. Ce genre convenait à MALHERBE en ce sens qu'il prête aux *lieux communs moraux;* mais le poète était-il doué d'une sensibilité assez vive pour renouveler ce sujet, aussi ancien que l'homme? De fait, ces *stances* nous paraissent *froides.* Mais, sans parler de leur valeur *esthétique,* elles sont révélatrices de tout un aspect du XVIIᵉ siècle : *pudeur* extrême du *sentiment, acceptation lucide* de la condition humaine, *stoïcisme* austère qu'il faut se garder de confondre avec une insensibilité égoïste. — M. Du Périer était avocat au Parlement d'Aix; Malherbe remania à son intention, en 1598, une pièce composée antérieurement (vers 1590).

Ta douleur, Du Périer, sera donc éternelle,
    Et les tristes discours [1]
Que te met en l'esprit l'amitié [2] paternelle
    L'augmenteront toujours?

Le malheur de ta fille au tombeau descendue
    Par un commun trépas,
Est-ce quelque dédale où ta raison perdue [3]
    Ne se retrouve pas?

Je sais de quels appas son enfance était pleine,
    Et n'ai pas entrepris,
Injurieux ami [4], de soulager ta peine
    Avecque son mépris [5].

Mais elle était du monde où les plus belles choses
    Ont le pire destin,
Et rose elle a vécu ce que vivent les roses [6],
    L'espace d'un matin.

Puis, quand ainsi serait que [7], selon ta prière,
    Elle aurait obtenu
D'avoir en cheveux blancs terminé sa carrière,
    Qu'en fût-il advenu?

Penses-tu que, plus vieille, en la maison céleste
    Elle eût eu plus d'accueil?
Ou qu'elle eût moins senti la poussière funeste
    Et les vers du cercueil [8]?

10

20

— 1 Réflexions. — 2 Affection, amour. — 3 C'est en effet à la *raison* de son ami que Malherbe va constamment faire appel. — 4 Préciser le sens et la construction. — 5 En la jugeant méprisable, insignifiante. Montrer ce que Malherbe *concède* ici à Du Périer. — 6 Cf. RONSARD, *XVIᵉ siècle*, p. 139 et 141.

Première rédaction (*Consolation à Cléophon*) : « Et Rosette a vécu... »; mais la fille de Du Périer s'appelait Marguerite : d'où l'heureuse modification de ce vers. — 7 En admettant que. — 8 Réalisme brutal de l'expression (cf. p. 25, v. 18). Ce réalisme vous paraît-il aussi indiqué que dans le Psaume?

Non, non, mon Du Périer, aussitôt que la Parque
　　　　　Ote l'âme du corps,
L'âge s'évanouit au deçà de la barque [9]
　　　　　Et ne suit point les morts.

Tithon n'a plus les ans qui le firent cigale [10],
30　　　　　Et Pluton, aujourd'hui,
Sans égard du passé, les mérites égale
　　　　　D'Archémore [11] et de lui [12].

Ne te lasse donc plus d'inutiles complaintes [13] ;
　　　　　Mais, sage à l'avenir,
Aime une ombre comme ombre, et des cendres éteintes
　　　　　Éteins [14] le souvenir.

C'est bien, je le confesse, une juste coutume,
　　　　　Que le cœur affligé,
Par le canal des yeux vidant son amertume [15],
40　　　　　Cherche d'être allégé.

Même, quand il advient que la tombe sépare
　　　　　Ce que nature [16] a joint,
Celui qui ne s'émeut a l'âme d'un barbare
　　　　　Ou n'en a du tout point.

Mais d'être inconsolable, et dedans sa mémoire
　　　　　Enfermer un ennui [17],
N'est-ce pas se haïr pour acquérir la gloire
　　　　　De bien aimer autrui [18] ? [...]

La Mort a des rigueurs à nulle autre pareilles ;
50　　　　　On a beau la prier,
La cruelle qu'elle est se bouche les oreilles [19]
　　　　　Et nous laisse crier.

Le pauvre en sa cabane où le chaume le couvre
　　　　　Est sujet à ses lois,
Et la garde qui veille aux barrières du Louvre
　　　　　N'en défend point nos rois [20].

— 9 La barque du nocher des enfers, Charon. — 10 Epoux de l'Aurore, Tithon, chargé d'ans, fut changé en cigale. — 11 Prince légendaire, qui mourut en bas âge. Son nom signifie *mort prématurément*. — 12 Que pensez-vous de cette intervention de la mythologie ? — 13 Sens à préciser. — 14 Quel est l'effet produit par la répétition du mot ? — 15 Cette périphrase est-elle heureuse ? — 16 Noter l'absence d'article. — 17 Sens très fort. — 18 Ici, Malherbe cite des exemples de fermeté devant la douleur empruntés à la légende et à l'histoire ; puis il rappelle qu'il a lui-même perdu deux enfants. — 19 Noter la personnification. — 20 Cf. p. 25.

De murmurer contre elle et perdre patience
Il est mal à propos ;
Vouloir ce que Dieu veut est la seule science
Qui nous met en repos.

Strophes 1-12 et 18-fin.

- *Distinguez les arguments que* MALHERBE *adresse à la raison de son ami ; étudiez leur enchaînement.*
- *Quelle est la valeur de ces arguments ? Sont-ils suffisants pour consoler un père ? Justifiez votre réponse.*
- *Relevez et expliquez les allusions mythologiques. Que pensez-vous de ce mélange de l'inspiration antique et de la pensée chrétienne ?*
- *Définissez le lyrisme de ce poème ; ses qualités et ses défauts.*
- *Étudiez la composition de la strophe et l'effet produit par l'alternance des vers longs et des vers courts.*
- **Comparaison.** HUGO, *A Villequier* (XIXᵉ SIÈCLE, page 175).
- *Exposé. Le thème de la* MORT *dans les extraits de Malherbe.*
- **Groupe thématique : La jeune femme et la mort.** Pages 275, 276, – XVIᵉ SIÈCLE, page 141.
- XVIIIᵉ SIÈCLE, pages 369, 370, 379. – XIXᵉ SIÈCLE, pages 36, 37, 74, 91, 175, 209, 520.

PRIÈRE POUR LE ROI HENRI LE GRAND

Ces *stances* datent de 1605 et saluent HENRI IV à son départ pour le Limousin, où il va présider les *Grands Jours* (session d'un tribunal extraordinaire). La rébellion gronde encore, et le poète appelle la bénédiction de Dieu sur le roi et son œuvre pacificatrice : alors la France connaîtra l'*âge d'or*. Mais au lieu de traiter ce thème au moyen d'images mythologiques usées, Malherbe a su traduire ici d'une façon aussi *directe* que *poétique* les aspirations de la France et les joies de la *prospérité*. Ainsi son hymne à la *paix*, ardent et sincère, contient quelques-uns de ses plus beaux vers (strophes 7-15 et 19).

Conforme donc, Seigneur, ta grâce à nos pensées ;
Ote-nous ces objets, qui des choses passées
Ramènent à nos yeux le triste souvenir [1] ;
Et comme sa [2] valeur, maîtresse de l'orage,
A nous donner la paix [3] a montré son courage [4],
Fais luire sa prudence à nous l'entretenir.

Il n'a point son espoir [5] au nombre des armées,
Étant bien assuré que ces vaines fumées
N'ajoutent que de l'ombre à nos obscurités [6].
L'aide qu'il veut avoir, c'est que tu le conseilles :
Si tu le fais, Seigneur, il fera des merveilles [7],
Et vaincra nos souhaits par nos prospérités [8].

Les fuites des méchants [9], tant soient-elles secrètes,
Quand il les poursuivra n'auront point de cachettes ;

10

— 1 Les rébellions qui rappellent les guerres de religion. — 2 La valeur d'Henri IV. — 3 C'est le résultat de son courage (cf. v. suivant). — 4 Le tour : *sa valeur... son courage* vous paraît-il très naturel ? — 5 Il ne place point son espoir *dans le...* — 6 Noter ce pluriel d'un mot abstrait. Commenter l'image. — 7 Expression biblique. Que pensez-vous de la répétition du verbe *faire ?* — 8 Expliquer l'idée. Quel développement imagé reçoit-elle ensuite ? — 9 Malherbe préfère le tour *abstrait* au tour *concret (les méchants en fuite) ;* relevez-en d'autres exemples dans ce texte.

Aux lieux les plus profonds ils seront éclairés [10] ;
Il verra sans effet leur honte se produire,
Et rendra les desseins qu'ils feront pour lui nuire
Aussitôt confondus comme [11] délibérés [12].

20 La rigueur de ses lois, après tant de licence,
Redonnera le cœur à la faible innocence,
Que dedans [13] la misère on faisait envieillir [14] ;
A ceux qui l'oppressaient [15] il ôtera l'audace,
Et sans distinction de richesse ou de race,
Tous de peur de la peine auront peur de faillir [16].

La terreur de son nom rendra nos villes fortes [17] :
On n'en gardera plus ni les murs ni les portes,
Les veilles [18] cesseront aux sommets de nos tours ;
Le fer mieux employé cultivera la terre,
Et le peuple qui tremble aux frayeurs de la guerre,
30 Si ce n'est pour danser, n'orra [19] plus de tambours [20].

Loin des mœurs de son siècle il bannira les vices,
L'oisive nonchalance et les molles délices [21]
Qui nous avaient portés jusqu'aux derniers hasards [22] ;
Les vertus reviendront de palmes couronnées [23],
Et ses justes faveurs aux mérites données
Feront ressusciter l'excellence des arts [24].

La foi de ses aïeux, ton amour, et ta crainte,
Dont il porte dans l'âme une éternelle empreinte,
D'actes de piété ne pourront l'assouvir ;
40 Il étendra ta gloire autant que sa puissance ;
Et, n'ayant rien si cher que ton obéissance,
Où tu le fais régner il te fera servir [25].

Tu nous rendras alors nos douces destinées ;
Nous ne reverrons plus ces fâcheuses années
Qui pour les plus heureux n'ont produit que des pleurs [26].
Toute sorte de biens comblera nos familles ;
La moisson de nos champs lassera les faucilles,
Et les fruits passeront la promesse des fleurs [27].

— 10 *Éclairés* : Découverts (cf. *éclaireur*). — 11 *Que* (cf. App. D3). — 12 Formés. — 13. Cf. App. D2. — 14 Ce verbe a la valeur inchoative (cf. *endurcir*). — 15 L'opprimaient. — 16 Commenter l'allitération. — 17 Le ton est biblique. — 18 Sens militaire. — 19 Futur du verbe ouïr, archaïsme que Malherbe remplacera par *aura*. Quel texte préférez-vous ? — 20 A quoi tient la beauté de cette strophe ? — 21 Montrer en quoi l'harmonie du vers correspond à l'idée. — 22 Périls. — 23 Que pensez-vous de cette évocation ? — 24 Pour cette strophe, cf. n. 9. — 25 Préciser le sens. — 26 A quoi le poète fait-il allusion ? — 27 Etudier dans le détail la beauté de ces deux vers.

50 La fin de tant d'ennuis [28] dont nous fûmes la proie
Nous ravira [29] les sens de merveille [30] et de joie ;
Et d'autant que [31] le monde est ainsi composé
Qu'une bonne fortune en craint une mauvaise,
Ton pouvoir absolu, pour conserver notre aise,
Conservera celui qui nous l'aura causé [32].[...]

Qu'il vive donc, Seigneur, et qu'il nous fasse vivre,
Que de toutes ces peurs nos âmes il délivre,
Et rendant l'univers de son heur étonné,
Ajoute chaque jour quelque nouvelle marque
Au nom qu'il s'est acquis du plus rare monarque
Que ta bonté propice ait jamais couronné.

— *Étudiez la composition du passage ; le retour à la « prière » est-il justifié ?*
— *Relevez les traits qui composent l'évocation de la paix ; quels sont les plus remarquables ?*
— *Dans l'hymne à la paix, distinguez : a) Ce qui a un intérêt historique ; — b) Ce qui a une valeur permanente.*
— *Quels sentiments éprouve le poète ? Sur quel ton les exprime-t-il ?*
• **Groupe thématique : Le poète et le prince.** Cf. p. 21-25, 64. – XVIᵉ SIÈCLE, MAROT, DU BELLAY, RONSARD.
• **Groupe thématique : Bienfaits de la paix.** Pages 21, 24. – XVIᵉ SIÈCLE, pages 60, 65, 236. – XVIIIᵉ SIÈCLE,
pages 116, 145, 246. – XXᵉ SIÈCLE, pages 439, 441.

Beaux et grands bâtiments

Attaché à la personne du roi Henri IV, MALHERBE se trouve à FONTAINEBLEAU, séparé de celle qu'il aime, CALISTE (en grec, *la plus belle*). Mais l'*élégie de l'absence*, si elle fournit au sonnet une jolie *chute*, n'en est pas l'essentiel : il s'agit surtout, pour Malherbe, de célébrer les embellissements apportés par le roi au château et au parc, et le *triomphe de l'art sur la nature*.

Beaux et grands bastimens d'éternelle structure,
Superbes de matiere et d'ouvrages divers [1],
Où le plus digne Roy qui soit en l'Univers
Aux miracles de l'Art fait ceder la Nature ;

Beau parc, et beaux jardins, qui dans vostre closture
Avez toujours des fleurs et des ombrages vers,
Non sans quelque Demon [2] qui deffend aux hyvers
D'en effacer jamais l'agreable peinture ;

Lieux qui donnez aux cœurs tant d'aimables desirs [3],
Bois, fontaines, canaux, si parmy vos plaisirs
Mon humeur est chagrine, et mon visage triste,

Ce n'est point qu'en effet vous n'ayez des appas,
Mais, quoy que vous ayez, vous n'avez point Caliste [4],
Et moy je ne voy rien quand je ne la voy pas [5].

28 Sens fort. — 29 Comme en extase. — 30 Emerveillement. — 31 Comme. — 32 Noter *aise* au *masculin*. Expliquer l'idée ; l'expression n'est-elle pas un peu recherchée ?

— 1 On peut construire : *divers d'ouvrages* (sens à préciser) ou *superbes d'ouvrages divers* (interprétation préférée par Ménage) ; faire un choix motivé. — 2 *Divinité*. C'est, en fait, l'art du jardinier qui réalise ce miracle. — 3 *Désirs, plaisirs, appas* : termes de la langue amoureuse. Pourquoi Malherbe les emploie-t-il ? — 4 Pour ce *trait* final qui fait intervenir la femme aimée, cf. RONSARD, *XVIᵉ Siècle*, p. 132. — 5 On songe à Lamartine : *Un seul être vous manque, et tout est dépeuplé* (L'Isolement). Mais la sensibilité de Malherbe vous paraît-elle très vive ?

Les heureux succès de la Régence

L'ode *à la Reine mère du Roi sur les heureux succès de sa régence* date en réalité du début de cette régence (septembre 1610). MALHERBE invite la Renommée à célébrer MARIE DE MÉDICIS, puis, après avoir rappelé les craintes provoquées par la mort d'HENRI IV, il chante les récentes victoires françaises en Allemagne ; enfin, dans les dernières strophes que voici, il aborde trois thèmes qui lui sont chers : la *discorde*, la *paix* (sujet traité déjà, avec beaucoup plus d'ampleur et d'originalité, dans la *Prière pour le Roi*, p. 21), et la *rare valeur du don poétique*.

La strophe est le *dizain d'octosyllabes* fixé par Malherbe comme rythme de l'*ode héroïque*, avec quelques variantes dans l'agencement des rimes (ici *a b a b c c d e e d*). On notera l'importance de la technique dans ce *lyrisme formel*.

Assez de funestes batailles
Et de carnages inhumains
Ont fait en nos propres entrailles
Rougir nos déloyales mains [1] ;
Donne ordre que sous ton Génie[2]
Se termine cette manie [3] ;
Et que las de perpétuer
Une si longue malveillance,
Nous employions notre vaillance
10 Ailleurs qu'à nous entretuer [4].

La Discorde aux crins de couleuvres [5],
Peste fatale aux potentats,
Ne finit ses tragiques œuvres
Qu'en la fin même des États.
D'elle naquit la frénésie
De la Grèce contre l'Asie [6],
Et d'elle prirent le flambeau
Dont ils désolèrent leur terre
Les deux frères de qui la guerre
20 Ne cessa point dans le tombeau [7].

C'est en la paix que toutes choses
Succèdent [8] selon nos désirs ;
Comme au printemps naissent les roses,
En la paix naissent les plaisirs ;
Elle met les pompes [9] aux villes,
Donne aux champs les moissons fer-
Et de la majesté des lois   [tiles [10]
Appuyant les pouvoirs suprêmes,
Fait demeurer les diadèmes
30 Fermes sur la tête des rois.

Ce sera dessous [11] cette égide
Qu'invincible de tous côtés
Tu verras ces peuples sans bride [12]
Obéir à tes volontés ;
Et surmontant leur espérance [13],
Remettras en telle assurance
Leur salut qui fut déploré [14],
Que vivre au siècle de Marie,
Sans mensonge et sans flatterie,
Sera vivre au siècle doré [15].   40

Les Muses, les neuf belles fées
Dont les bois suivent les chansons,
Rempliront de nouveaux Orphées
La troupe de leurs nourrissons ;
Tous leurs vœux seront de te plaire ;
Et si ta faveur tutélaire
Fait signe de les avouer [16],
Jamais ne partit de leurs veilles [17]
Rien qui se compare aux merveilles
Qu'elles feront pour te louer.   50

En cette hautaine [18] entreprise
Commune à tous les beaux esprits [19],
Plus ardent qu'un athlète à Pise [20],
Je me ferai quitter [21] le prix ;
Et quand j'aurai peint ton image,
Quiconque verra mon ouvrage
Avouera que Fontainebleau,
Le Louvre, ni les Tuileries,
En leurs superbes galeries,
N'ont point un si riche tableau [22].   60

— 1 Comment la guerre civile est-elle évoquée ici ? — 2 On invoquait à Rome le *genius* (dieu particulier) de l'empereur. — 3 Folie. — 4 Que veut dire Malherbe ? — 5 La poésie latine représentait ainsi la Discorde (comme les Furies). *Crins* : mot poétique pour *cheveux.* — 6 De quoi s'agit-il ? — 7 Haine fratricide des fils d'Œdipe, Etéocle et Polynice. — 8 Se réalisent (cf. *succès*). — 9. Cérémonies grandioses. *Aux :* dans les. — 10 Cf. p. 22, v. 47-48. — 11 Cf.

p. 22, n. 13. — 12 Obéir *librement*. — 13 Cf. p. 21, v. 12. — 14 Dont on avait désespéré. — 15 *A l'âge d'or.* Noter la louange hyperbolique. — 16 Fait signe (montre) qu'elle les approuve et les protège. — 17 Préciser le sens. — 18 Noble. — 19 Sens entièrement favorable. — 20 Les *jeux olympiques* se déroulaient près de Pise, en Elide. — 21 Décerner. — 22 A ces œuvres viendront s'ajouter, en 1625, les célèbres peintures de Rubens pour la grande galerie du Luxembourg (aujourd'hui au Louvre).

Apollon, à portes ouvertes [23],
Laisse indifféremment cueillir
Les belles feuilles toujours vertes
Qui gardent les noms de vieillir ;
Mais l'art d'en faire des couronnes

N'est pas su de toutes personnes,
Et trois ou quatre seulement,
Au nombre desquels on me range,
Peuvent donner une louange
Qui demeure éternellement [24].

Strophes 9-15.

PARAPHRASE DU PSAUME CXLV

S'inspirant des trois premiers versets du Psaume CXLV, MALHERBE développe ici un grand *thème moral chrétien* que reprendra BOSSUET : « Vanité des vanités, et tout est vanité » (cf. p. 274). A son lyrisme sacré, comme à son lyrisme profane, il manque une certaine flamme, une chaleur et une émotion communicatives, mais son *éloquence austère* a de la solennité et de la grandeur. Nous admirons aussi l'*inflexible autorité* avec laquelle il rappelle au sentiment de leur néant ces grands de la terre qu'il a lui-même si souvent adulés : la paraphrase devient alors une véritable *méditation*.

N'espérons plus, mon âme, aux promesses du monde ;
Sa lumière est un verre [1], et sa faveur une onde
Que toujours quelque vent empêche de calmer [2] ;
Quittons ces vanités, lassons-nous de les suivre :
  C'est Dieu qui nous fait vivre,
  C'est Dieu qu'il faut aimer [3].

En vain, pour satisfaire à nos lâches envies,
Nous passons près des rois tout le temps de nos vies,
A souffrir des mépris, et ployer les genoux ;
10 Ce qu'ils peuvent n'est rien ; ils sont comme nous sommes,
  Véritablement hommes,
  Et meurent comme nous [4].

Ont-ils rendu l'esprit, ce n'est plus que poussière
Que cette majesté si pompeuse et si fière,
Dont l'éclat orgueilleux étonnait [5] l'univers ;
Et dans ces grands tombeaux, où leurs âmes hautaines
  Font encore les vaines [6],
  Ils sont mangés des vers [7].

23 Proverbe grec : les portes des Muses sont ouvertes à tous. — 24 Orgueil du poëte ; Malherbe revient souvent sur ce thème : par ex. : *Par les Muses seulement | L'homme est exempt de la Parque ; | Et ce qui porte leur marque | Demeure éternellement.* Ou encore : *Les ouvrages communs vivent quelques années ;* | *Ce que Malherbe écrit dure éternellement.*

— 1 Cf. *Polyeucte*, Stances : *Et comme elle a l'éclat du verre, | Elle en a la fragilité.* — 2 Se calmer. — 3 Etudier le *mouvement* de cette strophe. — 4 Cf. p. 20, v. 55-56. — 5 Sens fort. — 6 Orgueilleuses. — 7 Noter le *réalisme de* l'expression.

Là se perdent ces noms de maîtres de la terre,
20   D'arbitres de la paix, de foudres de la guerre :
Comme ils n'ont plus de sceptre, ils n'ont plus de flatteurs,
Et tombent [8] avec eux d'une chute commune
Tous ceux que leur [9] fortune
Faisait leurs serviteurs.

— Précisez le sujet de ce poème ; montrez l'enchaînement des idées.
— Que pensez-vous des sentiments du poète envers les rois et les courtisans ? Sont-ils en accord avec les extraits qui précèdent ce texte ?
— Dans quelle mesure peut-on parler ici de lyrisme ? Comment définiriez-vous ce lyrisme ?
— Étudiez la composition de la strophe, l'agencement des rimes ; relevez les procédés les plus remarquables.
• **Comparaison.** La méditation sur la mort : MALHERBE et RONSARD (XVIe SIÈCLE, pages 147-150).
• **Groupe thématique : Mort.** « *Vanité des vanités* » : pages 263, 266, 268, 274 – 278.

Sur la mort de son fils

MALHERBE s'était interdit le *lyrisme personnel*, mais la mort de son fils, assassiné en 1627, arrache au vieillard cette *plainte douloureuse et indignée*. Ici, pas de mythologie, pas de recherche d'aucune sorte ; l'homme nous apparaît dans la vérité de son tempérament, réservé, raisonneur, mais sensible ; il ne se remettra pas de ce deuil.

Que mon fils ait perdu sa dépouille mortelle,
Ce fils qui fut si brave et que j'aimai si fort,
Je ne l'impute point à l'injure [1] du sort,
Puisque finir à l'homme est chose naturelle [2] ;

Mais que de deux marauds la surprise infidèle [3]
Ait terminé ses jours d'une tragique mort,
En cela ma douleur n'a point de réconfort,
Et tous mes sentiments sont d'accord avec elle [4].

O mon Dieu, mon Sauveur, puisque, par la raison
Le trouble de mon âme étant sans guérison,
Le vœu de la vengeance est un vœu légitime [5],

Fais que de ton appui je sois fortifié :
Ta justice t'en prie, et les auteurs du crime
Sont fils de ces bourreaux qui t'ont crucifié.

Le rôle de Malherbe

L'influence de Malherbe a été considérable. Tranchant, catégorique, il impose ses vues à ses « écoliers », leur assurant ainsi un triomphe durable. Mais son rôle a été très discuté. Dans l'*Art poétique*, Boileau salue l'avènement de Malherbe avec un cri de joie (I, v. 131-134) :

Enfin Malherbe vint, et, le premier en France,
Fit sentir dans les vers une juste cadence,
D'un mot mis en sa place enseigna le pouvoir,
Et réduisit la muse aux règles du devoir.

8 Montrer comment ce verbe est mis en valeur. — 9 La fortune des rois.

— 1 Injustice. — 2 Ce quatrain peut paraître froid. N'y sent-on pas pourtant une émotion contenue ? — 3 Guet-apens perfide. — 4 Préciser le sens. — 5 Expliquer ce *raisonnement* : Malherbe doit *légitimer* sa prière, car son désir de vengeance risquerait de paraître peu chrétien.

En revanche, on 'a reproché à Malherbe d'avoir fait du poète un courtisan, d'avoir asservi la poésie à la raison, à la logique et à la grammaire, et méconnu la nature et les droits de l'inspiration. En faisant triompher l'éloquence, en faisant des images, essence de la poésie, de simples ornements, il aurait paralysé pour deux siècles le lyrisme personnel. Que faut-il en penser ?

1. Si Malherbe a pu imposer ses conceptions, c'est qu'elles correspondaient à des *tendances de l'époque et du tempérament français* : goût de l'ordre, de la clarté, de la rigueur, même en poésie; tendance à l'impersonnalité; prédilection pour une poésie éloquente et intellectuelle.

2. Pourtant *le classicisme doit beaucoup à Malherbe*. La fécondité de sa réforme apparaît mieux si on le compare à d'autres poètes de son temps, parfois plus *inspirés* que lui : D'Aubigné manque tout à fait de mesure, Saint-Amant est parfois débraillé, Régnier souvent vulgaire. Le *goût exigeant* de Malherbe oriente la poésie française vers la pureté, la concision, l'unité de ton et la dignité classiques.

3. Enfin *son influence ne s'étend pas seulement sur le XVIIe siècle* : tous nos poètes soucieux du détail de leur art, jusqu'à Valéry, sont en quelque mesure ses héritiers. Baudelaire lui-même écrivait : « Je connais un poète, d'une nature toujours orageuse et vibrante, qu'un vers de Malherbe, symétrique et carré de mélodie, jette dans de longues extases. »

MAINARD

MALHERBE eut deux disciples illustres, MAINARD et RACAN, aussi opposés de tempérament qu'ils furent unis par leur commune fidélité aux principes esthétiques du maître. Avec eux le lyrisme ne reste d'ailleurs pas immobile : tout en prolongeant par leur *art* l'œuvre de Malherbe, par les *thèmes* qu'ils traitent ils annoncent des *courants nouveaux*.

Le président (1582-1646)

D'origine toulousaine, François MAINARD arrive à Paris en 1605 (comme Malherbe) en qualité de secrétaire de MARGUERITE DE VALOIS, épouse répudiée d'Henri IV. Cette princesse écrit elle-même des vers et reçoit à l'Hôtel de Sens une société vivante mais très mêlée. Grâce à elle, Mainard rencontre MALHERBE, dont il fréquentera dès lors (hiver 1606-1607) les « petites conférences ». En 1611 il devient président au présidial d'Aurillac, charge qu'il conservera jusqu'en 1628. D'Auvergne il revient souvent à Paris, où il retrouve Malherbe; il y retrouve aussi des libertins bons vivants : Colletet, Faret, THÉOPHILE, SAINT-AMANT, ce qui ne l'empêchera pas de faire partie de l'Académie française dès sa création (1635). Il séjourne à Rome comme secrétaire d'ambassade en 1635-1636, mais la fortune ne lui sourit pas; il a alors la sagesse de se retirer dans sa terre de Saint-Céré, où il compose quelques-uns de ses plus beaux poèmes (cf. p. 29) et choisit, parmi ses œuvres, celles qu'il juge dignes de la publication. Il meurt à 64 ans, en 1646.

Le disciple de Malherbe

Excellent artisan du vers, Mainard se montre, dans le détail de la facture, plus *rigoureux* encore que son maître. Ses rythmes sont variés et harmonieux (cf. p. 28). Comme Malherbe, il compose des odes, des stances (p. 29), des sonnets (p. 28). Il aime aussi l'épigramme (p. 28) qu'il réussit fort bien. Il passe avec une aisance assez déconcertante de la *verve réaliste* (p. 28) à la *sensibilité élégiaque* (p. 29), de la *chanson à boire*, voire même des couplets impies, aux *accents mystiques* (p. 28-29). Fidèle à Malherbe, il annonce pourtant une nouvelle tendance littéraire qui, avec SAINT-AMANT par exemple, va mêler le *burlesque* à la *préciosité*. Mais, quelle que soit la nature de son inspiration, son *art* reste toujours égal à lui-même, c'est-à-dire *impeccable*.

Un nouveau riche

MAINARD avait un goût particulier pour l'*épigramme*, quoiqu'il lui manquât, selon MALHERBE, le don de la *pointe*. Cette satire d'un *parvenu* est en tout cas très *enlevée*, pleine de *verve*, de *verdeur*, et aussi de *bonne humeur*. Elle annonce LA BRUYÈRE (cf. p. 415), comme l'a noté FAGUET. Ajoutons qu'elle n'a rien perdu de son *actualité*.

Pierre qui, durant sa jeunesse,
Fut un renommé savetier,
Est superbe de sa richesse
Et honteux de son vieux métier.

Ce fortuné marchand de bottes
Possède un parc, près de chez moi,
Dont les fontaines et les grottes
Sont dignes des maisons du roi[1].

10   Je suis confus lorsque je pense
Qu'il y fait creuser un canal
Dont la magnifique dépense
Étonnerait[2] le cardinal[3].

Son luxe n'est pas imitable ;
Il dépeuple l'air et les eaux,
Pour faire que sa bonne table
Soit le pays des bons morceaux.

Il ronfle sur des sachets d'ambre[4] ;
Tout son grand hôtel est paré[5],
Et n'a bassin ni pot de chambre
Qui ne soit de vermeil doré.   20

Suis-je pas une grosse bête
De travailler soir et matin
A faire de ma pauvre tête
Une boutique de latin ?

Mon père a causé ma ruine,
Pour avoir mis entre mes mains
La rhétorique et la doctrine[6]
Des vieux Grecs et des vieux Romains.

Muses, n'en déplaise aux grands hom-
Que vous montrez à l'univers :   [mes   30
Il vaut mieux, au siècle où nous som-
Faire des bottes que des vers.   [mes,

Mon âme, il faut partir

Les *accents mystiques* sont rares chez MAINARD : nous n'en sommes que plus sensibles à l'émouvante *sincérité* de ce sonnet, à sa beauté simple et directe. *Remords cuisants*, humble *espoir en la bonté de Jésus* : c'est la plainte éternelle de l'âme faible mais éprise d'idéal (cf. VILLON, VERLAINE). L'*harmonie du rythme* concourt très heureusement à l'impression d'ensemble.

Mon âme, il faut partir[1]. Ma vigueur est passée,
   Mon dernier jour est dessus l'horizon[2].
Tu crains ta liberté[3]. Quoi ! n'es-tu pas lassée
   D'avoir souffert soixante ans de prison[4] ?

Tes désordres sont grands, tes vertus sont petites ;
   Parmi tes maux on trouve peu de bien ;
Mais si le bon Jésus te donne ses mérites,
   Espère tout et n'appréhende rien.

— 1 Cf. par ex. *Fontainebleau*, p. 23. *Maison* est, à cette date, un mot *noble*. — 2 Sens fort. — 3 Richelieu. — 4 Noter l'effet de contraste (cf. v. 19-20 et v. 32). — 5 Somptueusement orné. — 6 Le *savoir en général*.

— 1 Quel est l'effet produit par cette apos-

trophe du poète à son âme ? Cf. Du Bellay : *L'Idée* (*XVI*e *S.*, p. 100). — 2 Mainard écrit ailleurs : *Et l'on verra bientôt naître du sein de l'onde | La première clarté de mon dernier soleil.* « Lyrisme solaire », selon l'expression de M. Thierry Maulnier. — 3 C.-à-d. *la mort*. — 4 Le corps, disaient les Grecs, est la prison de l'âme.

Mon âme, repens-toi d'avoir aimé le monde,
Et de mes yeux fais la source d'une onde [5]
Qui touche de pitié le Monarque des rois.

Que tu serais courageuse et ravie,
Si j'avais soupiré durant toute ma vie
Dans le désert sous l'ombre de la croix [6] !

LA BELLE VIEILLE

Depuis quarante ans (v. 10), MAINARD est épris de « CLORIS », qui lui préféra jadis un riche mari. Il ne désespère pas, à 62 ans (1644), de réaliser le rêve de sa jeunesse; Cloris est veuve et les ans n'ont pas terni sa beauté (d'Aubigné ne disait-il pas : « *Une rose d'automne est plus qu'une autre exquise* »?) Dans ces beaux vers, d'une *mélancolie sereine* qui se nuance d'*espoir*, il lui rappelle la constance et la discrétion de sa flamme, tente de la convaincre qu'il est temps encore... Mais Cloris restera insensible.

Cloris, que dans mon cœur j'ai si longtemps servie [1]
Et que ma passion montre à tout l'univers,
Ne veux-tu pas changer le destin de ma vie,
Et donner de beaux jours à mes derniers hivers[2] ?

N'oppose plus ton deuil [3] au bonheur où j'aspire.
Ton visage est-il fait pour demeurer voilé ?
Sors de ta nuit funèbre, et permets que j'admire
Les divines clartés des yeux qui m'ont brûlé . [...]

10 Ce n'est pas d'aujourd'hui que je suis ta conquête :
Huit lustres ont suivi le jour que tu me pris,
Et j'ai fidèlement aimé ta belle tête
Sous des cheveux châtains et sous des cheveux gris.

C'est de tes jeunes yeux que mon ardeur est née,
C'est de leurs premiers traits que je fus abattu [4] ;
Mais tant que tu brûlas du flambeau d'hyménée [5],
Mon amour se cacha pour plaire à ta vertu.

Je sais de quel respect il faut que je t'honore,
Et mes ressentiments [6] ne l'ont point violé ;

---

5 C'est la seule note *précieuse* du poème. — 6 En quoi ce *sonnet* est-il *irrégulier* ?

— 1 Dans le langage galant, l'amoureux est l'*esclave* de sa dame. *Cloris :* le XVIIe s. a eu,

jusqu'à la manie, le goût de ces noms *grecs*. — 2 Commenter l'image. — 3 Le veuvage de Cloris. — 4 Relever, v. 9 à 14, les métaphores *militaires* de la langue amoureuse. — 5 Cette *périphrase* est-elle très naturelle ? — 6 Sentiments vifs.

Si quelquefois j'ai dit le soin qui me dévore,
20   C'est à des confidents qui n'ont jamais parlé.

Pour adoucir l'aigreur des peines que j'endure,
Je me plains aux rochers, et demande conseil
A ces vieilles forêts, dont l'épaisse verdure
Fait de si belles nuits en dépit du soleil.

L'âme pleine d'amour et de mélancolie,
Et couché sur des fleurs ou sous des orangers,
J'ai montré ma blessure aux deux mers d'Italie
Et fait dire ton nom aux échos étrangers [7].

Ce fleuve impérieux à qui tout fit hommage [8],
30   Et dont Neptune même endura le mépris,
A su qu'en mon esprit j'adorais ton image
Au lieu de chercher Rome en ses vastes débris.

Cloris, la passion que mon cœur t'a jurée
Ne trouve point d'exemple aux siècles les plus vieux ;
Amour et la nature admirent la durée
Du feu de mes désirs et du feu de tes yeux [9].

La beauté qui te suit depuis ton premier âge
Au déclin de tes jours ne te veut pas laisser,
Et le temps, orgueilleux d'avoir fait ton visage,
40   En conserve l'éclat et craint de l'effacer.

Regarde sans frayeur la fin de toutes choses,
Consulte le miroir avec des yeux contents :
On ne voit point tomber ni tes lis, ni tes roses,
Et l'hiver de ta vie est ton second printemps [10]...

Strophes 1-2 et 6-14.

— Dégagez les idées et les sentiments exprimés. Comment s'y prend MAINARD *: a) pour convaincre Cloris ? — b) pour l'attendrir ?*
— Relevez les traits précieux ; y en a-t-il qui vous paraissent encore acceptables ?
— A quoi reconnaît-on, malgré l'artifice de l'expression, la sincérité du sentiment ?
— Quel rôle joue la nature dans ce poème ? Peut-on parler d'une note romantique ?
— Quelle atmosphère d'ensemble se dégage de ces quelques strophes ? Recherchez l'origine de cette impression de grâce sereine mais un peu mélancolique.
• **Comparaison.** Ressemblances et différences entre la poésie de MAINARD et celle de MALHERBE.

---

7 Allusion au voyage de Mainard à Rome en 1639. A quoi tient le charme des strophes 6 et 7 ? — 8 Le Tibre. — 9 Que pensez-vous de ce *trait* ? — 10 Poésie des *saisons* (cf. v. 4).

RACAN

L'appel
de la nature Issu d'une famille de soldats, Honorat de Bueil, seigneur de RACAN (1589-1670), sert à son tour dans la cavalerie, mais, comme il arrivera plus tard à Vigny, une malchance tenace lui refuse toute occasion de s'illustrer. D'ailleurs, timide, rêveur et pieux, il n'a vraiment pas les goûts des guerriers de son temps. Par un contraste amusant, aux cabarets, que fréquente volontiers le président Mainard, ce soldat préfère la *paix des champs*. De son enfance au château de la Roche-au-Majeur (depuis la Roche-Racan) en Touraine, il a gardé l'amour de la *nature* et de la *vie rustique*. Il en célèbre les charmes dans les *Stances sur la retraite* (1618) et dans les *Bergeries*. Cette pastorale, représentée vers 1619, le rend célèbre; pourtant, renonçant aux vaines ambitions, il se retire en 1630 dans ses terres de Touraine, qu'il ne quittera plus que pour remplir ses devoirs d'*académicien* ou de *soldat*.

STANCES SUR LA RETRAITE

On a pu relever dans ces *stances* de nombreux emprunts à la poésie latine ou à des œuvres françaises du temps : elles restent cependant le *chef-d'œuvre* de RACAN par la *beauté accomplie de la forme* et la *sincérité du sentiment*. Déçu par l'action, trop sensible pour réussir à la cour, le jeune officier (l'œuvre date de 1618 environ) aspire au *bonheur simple* dans la *paix des champs*. Il goûte la vie rustique en gentilhomme campagnard, en sage et en poète. Ce thème lui est cher : il prête les mêmes réflexions au *vieil Alcidor* des BERGERIES. En 1630, cédant à cet appel, il se retirera dans ses terres de Touraine. — La strophe est celle de Malherbe (p. 21).

Tircis [1], il faut penser à faire la retraite [2] :
La course de nos jours est plus qu'à demi faite [3],
L'âge insensiblement nous conduit à la mort ;
Nous avons assez vu sur la mer de ce monde
Errer au gré des flots notre nef vagabonde,
Il est temps de jouir des délices du port [4].

Le bien de la fortune est un bien périssable,
Quand on bâtit sur elle, on bâtit sur le sable [5] ;
Plus on est élevé, plus on court de dangers :
10 Les grands pins sont en butte aux coups de la tempête,
Et la rage des vents brise plutôt le faîte
Des maisons de nos rois que des toits des bergers.

— 1 Cf. *Cloris*, p. 29, n. 1. — 2 Nous retirer (loin de l'action, de la cour et des ambitions). — 3 Racan a environ 30 ans. — 4 Commenter cette image constamment reprise depuis l'anti-quité. — 5 Cf. *Polyeucte* Stances v. 1110-1112.

Les vers 9-12 sont inspirés d'Horace (*Odes*, II, 10) : *Le plus souvent c'est au pin immense que s'attaquent les vents, les hautes tours tombent d'une plus lourde chute, et la foudre frappe les sommets.*

O bienheureux celui qui peut de sa mémoire
Effacer pour jamais ce vain espoir de gloire,
Dont l'inutile soin traverse [6] nos plaisirs,
Et qui, loin retiré de la foule importune,
Vivant dans sa maison content [7] de sa fortune,
A selon son pouvoir mesuré ses désirs [8].

20   Il laboure le champ que labourait son père,
Il ne s'informe point de ce qu'on délibère
Dans ces graves conseils d'affaires accablés ;
Il voit sans intérêt la mer grosse d'orages [9],
Et n'observe des vents les sinistres présages
Que pour le soin qu'il a du salut de ses blés.

Roi de ses passions, il a ce qu'il désire [10] ;
Son fertile domaine est son petit empire,
Sa cabane est son Louvre et son Fontainebleau ;
Ses champs et ses jardins sont autant de provinces [11],
Et, sans porter envie à la pompe des princes,
30   Se contente [12] chez lui de les voir en tableau.

Il voit de toute part combler d'heur sa famille,
La javelle [13] à plein poing tomber sous la faucille,
Le vendangeur ployer sous le faix des paniers [14] ;
Et semble qu'à l'envi les fertiles montagnes,
Les humides vallons et les grasses campagnes
S'efforcent à remplir sa cave et ses greniers.

Il suit aucunes fois [15] un cerf par les foulées [16]
Dans ces vieilles forêts du peuple reculées [17]
Et qui même du jour ignorent le flambeau ;
40   Aucunes fois des chiens il suit les voix confuses
Et voit enfin le lièvre, après toutes ses ruses,
Du lieu de sa naissance en [18] faire son tombeau [19].[...]

Il soupire [20] en repos l'ennui de sa vieillesse
Dans ce même foyer où sa tendre jeunesse
A vu dans le berceau ses bras emmaillotés.

---

6 *Traverse :* fait obstacle à. *Soin :* souci. —
7 Latin *contentus :* qui se contente de. —
8 C'est la leçon d'Horace et, en général, de la
sagesse antique. — 9 Cf. v. 4-6. — 10 *Le sage,*
disait Horace, *est le roi des rois.* Desportes
avait écrit : *Roi de tous mes désirs...* — 11 Cf. Du
Bellay : *Heureux qui comme Ulysse...* (*XVI*ᵉ *S.,*
p. 113). — 12 Noter l'absence de pronom sujet.

Cf. v. 34 : le cas est-il le même ? — 13 Blé
coupé. — 14 Etudier les sonorités v. 32-33. —
15 *Quelquefois* (*aucun* n'est pas en lui-même
un mot négatif). — 16 A la trace. — 17 A l'écart
de la foule. — 18 Pléonasme ; serait aujourd'hui
incorrect. — 19 Noter, dans cette strophe,
le mélange d'impressions vécues et de recherche
littéraire. — 20 Transitif. *Il chante avec quelque
mélancolie.*

Il tient par les moissons registre des années [21],
Et voit de temps en temps leurs courses enchaînées
Vieillir [22] avecque lui les bois qu'il a plantés.

50   Il ne va point fouiller aux terres inconnues,
A la merci des vents et des ondes chenues [23],
Ce que nature avare a caché de trésors [24],
Et ne recherche point, pour honorer sa vie,
De plus illustre mort ni plus digne d'envie
Que de mourir au lit où ses pères sont morts.[...]

Agréables déserts [25], séjour de l'innocence,
Où, loin des vanités, de la magnificence,
Commence mon repos et finit mon tourment,
Vallons, fleuves, rochers, plaisante solitude,
Si vous fûtes témoins de mon inquiétude,
Soyez-le désormais de mon contentement [26].

Strophes 1-7, 9-10 et 15.

- *Quels sont dans ces stances les deux thèmes principaux ? Montrez comment ils s'entrelacent.*
- *Quels sont, aux yeux de* RACAN, *les charmes de la vie à la campagne ? Distinguez : a) les traits qui expriment des lieux communs ; – b) les notations qui vous semblent relever d'une connaissance de la campagne et d'un sentiment sincère.*
- *Relevez les passages où apparaît le thème de la prospérité agricole (*MALHERBE, *pages 17 et 22).*
- *Parmi ces vers, quels sont ceux qui vous semblent particulièrement réussis ?*
- **Groupe thématique : Bonheur.** *La retraite.* Pages 31, 239, 327. – XVIᵉ SIÈCLE. Page 160. – XVIIIᵉ SIÈCLE, pages 190, 337-341. – XIXᵉ SIÈCLE, pages 96, 137 (I).

Élégie et pastorale

Rimant dès l'adolescence, *élégiaque* de tempérament, Racan est né poète. Il fait songer à LAMARTINE par son inspiration chrétienne (*Odes sacrées, Psaumes, Poésies chrétiennes*, 1651-1660), par la mélodie naturelle de ses vers et par son sentiment de la nature. Comme Lamartine, comme Ronsard aussi, il chante la nature non pas en littérateur, mais en gentilhomme campagnard qui connaît et aime vraiment la vie rustique. Aussi garde-t-il un *accent original* dû à sa sincérité, en dépit des réminiscences d'auteurs anciens et modernes dont ses poèmes sont parsemés. LA FONTAINE, sensible lui aussi aux charmes de la retraite (cf. p. 240), l'admirait vivement; quand à MALHERBE, tout en lui reprochant sa nonchalance et ses « trop grandes licences », il le tenait pour son disciple le mieux doué; disciple respectueux et indépendant à la fois, ainsi qu'en témoignent ses *Mémoires pour servir à la vie de Malherbe*.

Les *Bergeries*, pastorale en cinq actes dans le goût de l'*Astrée* (cf. p. 69 et p. 92), avec leur intrigue compliquée, leur satyre, leur magicien et leur psychologie conventionnelle, paraissent bien fanées aujourd'hui et bien peu faites pour le théâtre; mais elles contiennent de beaux morceaux *bucoliques* et *élégiaques*, dignes de figurer à côté des meilleures pièces lyriques du doux Racan.

— 21 Préciser le sens de ce vers. A quoi tient la beauté de l'expression? — 22 Transitif. Préciser le sens. — 23 Blanches d'écume. — 24 Horace trouvait les marchands bien fous de risquer leur vie sur les flots pour s'enrichir. — 25 Noter l'alliance de mots. — 26 Cf. La Fontaine, p. 240, v. 18-40, et aussi Lamartine (*Le Vallon, Le Lac*).

MATHURIN RÉGNIER

Avec sa fougue habituelle, Mathurin RÉGNIER le satirique secoue le joug que MALHERBE prétend imposer à la poésie : c'est pour lui une affaire de *tradition* (il reste fidèle à la doctrine de la Pléiade), de *tempérament*, une affaire de *famille* aussi (défense de Desportes, cf. p. 40). La position de THÉOPHILE est beaucoup plus nuancée : il rend hommage à Malherbe, mais refuse de se soumettre à sa domination, réclamant pour lui-même et pour tout poète une entière *liberté.d'inspiration.* Étudions d'abord la vie et l'œuvre de RÉGNIER.

Sa vie (1573-1613) Né à Chartres en 1573, MATHURIN RÉGNIER était le neveu de DESPORTES (*XVI*e *Siècle*, p. 166). Attaché au cardinal de JOYEUSE, il le suit à Rome en 1594, puis en Languedoc. Par la suite, notre auteur retournera à Rome à plusieurs reprises, ce qui n'est pas sans importance pour sa formation littéraire. Il se fixe à Paris vers 1605, y rencontre Bertaut (*XVI*e *Siècle*, p. 166) et se lie d'amitié avec Rapin, l'un des auteurs de la *Satire Ménippée* (*XVI*e *Siècle*, p. 189). Il fréquente aussi le cabaret de la Pomme-de-Pin, où il retrouve d'autres satiriques : Berthelot, Motin, Sygogne. En 1608, il publie un premier recueil de douze satires. Il meurt prématurément à Rouen en 1613; selon son vœu, on l'enterre à l'abbaye de Royaumont, dans un site qu'il aimait.

Les Satires Son œuvre comprend des poèmes divers (pièces officielles, poésies spirituelles, etc.), mais surtout des *Satires*, dix-neuf en tout, dont dix-sept dans l'édition posthume de 1613 (mais la Satire I est en réalité un Discours au roi et la Satire XVII une élégie). Le genre est à la mode au début du XVIIe siècle : c'est la satire *bernesque*, caricature tantôt minutieuse, tantôt énorme, à la manière de l'Italien BERNI. Régnier imite Berni lui-même et les bernesques italiens, les latins HORACE et JUVÉNAL, et surtout il donne libre cours à ses dons d'observateur réaliste et à son *tempérament satirique.* Les pièces les plus célèbres sont la Satire II, sur *Les Poètes* (titre de l'édition Brossette; cf. p. 39); la Satire III : *La Vie de la cour* (cf. p. 35); la Satire VIII : *L'Importun ou le fâcheux*; la Satire IX à Rapin, ou *Le Critique outré* (contre Malherbe; cf. p. 40); la Satire X, le *Souper ridicule*, imitée d'Horace (*Sat.*, II, 8) et reprise par Boileau (cf. p. 322); enfin la Satire XIII, sur *Macette* la fausse dévote. Régnier dénonce et ridiculise avec fougue les *travers* et les *vices* de son temps, les mœurs de la cour, l'affectation des jeunes gens à la mode, l'aspect grotesque et lamentable des poètes faméliques. Il aborde aussi la satire littéraire et affirme contre MALHERBE les droits de l'inspiration.

LE NATURALISME Ses idées ne sont pas originales : il les emprunte soit à Horace et Juvénal, soit à MONTAIGNE. Mais, s'il n'a pas de philosophie, son instinct et ses goûts donnent de l'unité à l'ensemble de son œuvre : c'est le *respect de la nature* qu'il prêche, aussi bien dans les mœurs qu'en poésie. Ainsi s'explique sa rébellion contre Malherbe, dont la doctrine s'oppose au jaillissement spontané de la *verve*, et son horreur de toutes les affectations, de toutes les formes de l'*hypocrisie.* Par ce naturalisme, il se rattache à RABELAIS et à MONTAIGNE, mais annonce aussi MOLIÈRE et BOILEAU. Son *Epitaphe*, où il force plaisamment la note, révèle bien sa tendance profonde :

J'ai vécu sans nul pensement,
Me laissant aller doucement
A la bonne loi naturelle.

Et si m'étonne fort pourquoi
La mort daigna penser à moi
Qui n'ai daigné penser en elle.

LA VERVE   De Rabelais il a aussi la *jaillissement verbal*, la *gaîté*
      RÉALISTE   grosse mais franche, la *verve*, réaliste jusqu'à la crudité.
      Il est parfois vulgaire, parfois surabondant, et la compa-
raison avec BOILEAU fait ressortir ces défauts, qui sont de l'époque autant que de
l'homme et expliquent la réaction de Malherbe. Mais ses *caricatures*, ses *imitations* sont
d'une vigueur et d'une pénétration étonnantes. Il lui suffit de quelques mots pour
camper un personnage et suggérer son caractère (ainsi p. 37, v. 6-7). Il sait peindre
aussi bien les *mœurs* que les *gestes* (p. 38, v. 22-24) et le *costume* (p. 39, v. 8), varier
le ton de l'éloquence au burlesque, animer ses satires d'un mouvement continu. Sa
langue, riche et diverse, est pleine de *saveur* et traduit à merveille la vivacité de ses
réactions. Bref, il nous a laissé de son temps un tableau haut en couleur et véridique,
et Boileau se plaira à reconnaître les mérites de son devancier.

LA COUR

Comment vivrais-je à Rome? je ne sais pas mentir, disait à peu près l'ami de JUVÉNAL
(Satire III), et BOILEAU remplacera *Rome* par *Paris* (Satire I). DU BELLAY a raillé les
intrigues hypocrites de la cour pontificale, et d'AUBIGNÉ flétri les noirceurs de la cour
de France ou persiflé ses ridicules. On voit donc que ce texte de RÉGNIER s'inscrit dans
une *longue tradition satirique*. Qu'il s'agisse de la cour ou de la ville, l'idée est toujours
la même : comment y vivre si l'on veut rester *honnête, simple et franc?* La marque
propre de Régnier tient surtout aux *détails concrets* et à son talent de *contrefaire* ceux
dont il se moque.
Régnier est las de se repaître d'espérance. *Tentez votre fortune à la cour, lui dira-t-on;
voici sa réponse :*

Il est vrai ; mais pourtant je ne suis point d'avis
De dégager mes jours pour les rendre asservis [1],
Et sous un nouvel astre aller, nouveau pilote,
Conduire en autre mer mon navire qui flotte [2]
Entre l'espoir du bien et la peur du danger
De froisser mon attente[3] en ce bord étranger [4].
      Car, pour dire le vrai, c'est un pays étrange [5]
Où, comme un vrai Protée [6], à toute heure on se change,
Où les lois, par respect sages humainement [7],
Confondent le loyer [8] avec le châtiment ;
Et pour un même fait, de même intelligence [9],
L'un est justicié [10], l'autre aura récompense.
Car selon l'intérêt, le crédit ou l'appui
Le crime se condamne et s'absout aujourd'hui [11].

— 1 De renoncer à « courtiser mon maître »
(le cardinal de Joyeuse) pour m'assujettir à
la servitude (bien pire) de la cour. — 2 Hésite.
— 3 Briser mon espoir ; *froisser* évoque le navire
qui heurte un récif. — 4 Montrer comment
la métaphore est *filée*. — 5 *Que la cour* (cf. La
Bruyère, p. 419). — 6 Dieu marin, qui prenait
les formes les plus variées. — 7 Le mot prend

ici un sens péjoratif. *Par respect*, par égard
pour le rang, la faveur (cf. v. 13-14). — 8 Récompense. — 9 Moralement de même nature.
— 10 *Châtié.* Cf. Juvénal (XIII, v. 103-105) :
*Bien des gens qui ont commis les mêmes crimes
ont un destin contraire : l'un, pour prix de son
forfait, a la potence, l'autre le diadème.* —
11 Cf. La Fontaine, p. 226, v. 63-64.

Je le dis sans confondre en ces aigres remarques
La clémence du roi [12], le miroir [13] des monarques,
Qui, plus grand [14] de vertu, de cœur et de renom,
S'est acquis de Clément et la gloire et le nom.
　　Or, quant à ton conseil qu'à la cour je m'engage [15],
20　Je n'en ai pas l'esprit, non plus que le courage [16].
Il faut trop de savoir et de civilité,
Et, si j'ose en parler, trop de subtilité.
Ce n'est pas mon humeur : je suis mélancolique [17] ;
Je ne suis point entrant [18], ma façon est rustique ;
Et le surnom de bon me va-t-on reprochant,
D'autant que je n'ai pas l'esprit d'être méchant.
　　Et puis, je ne saurais me forcer ni me feindre ;
Trop libre en volonté, je ne me puis contraindre.
Je ne saurais flatter, et ne sais point comment
30　Il faut se taire accort [19] ou parler faussement,
Bénir les favoris de geste et de paroles,
Parler de leurs aïeux au jour de Cérisoles [20],
Des hauts faits de leur race, et comme ils ont acquis
Ce titre, avec honneur, de ducs et de marquis.
　　Je n'ai point tant d'esprit pour tant de menterie.
Je ne puis m'adonner à la cajolerie ;
Selon les accidents, les humeurs ou les jours,
Changer comme d'habits tous les mois de discours.
Suivant mon naturel, je hais tout artifice [21] ;
40　Je ne puis déguiser la vertu, ni le vice,
Offrir tout de la bouche [22], et, d'un propos menteur,
Dire : « Pardieu, monsieur, je vous suis serviteur » ;
Pour cent bonadies [23] s'arrêter en la rue,
Faire sur l'un des pieds en la salle la grue [24],
Entendre un marjollet [25] qui dit avec mépris :
« Ainsi qu'ânes, ces gens sont tous vêtus de gris,
Ces autres verdelets aux perroquets ressemblent [26],
Et ceux-ci mal peignés devant les dames tremblent » ;
Puis au partir de là, comme tourne le vent,
50　Avecques un bonjour, amis comme devant [27].

---

12 Henri IV. — 13 Modèle. — 14 *Le* plus grand — 15 Passage inspiré de Juvénal (III, v. 41 et suiv.) ; le thème sera repris par Boileau (Satire I, v. 42-56). — 16 Je ne suis pas *doué* pour cela, et je ne le *désire* pas. Cf. Juvénal : *Je ne le veux ni ne le puis ; Boileau : Et, quand je le pourrais, je n'y puis consentir.* — 17 D'humeur farouche. — 18 Entreprenant. — 19 Adj. employé comme adv. : *avec circonspection, à propos.* — 20 Victoire française sur les Impé- riaux, en Piémont (1544). — 21 Trait essentiel du tempérament de Régnier, du point de vue littéraire comme du point de vue moral. — 22 Et non *du cœur.* — 23 Bonjour (italianisme). — 24 Faire le pied de grue. *La salle :* l'anti- chambre. — 25. Elégant, freluquet. — 26 Henri IV avait « lancé » le gris, Gabrielle d'Estrées le vert ; on voit que ces couleurs passaient de mode. — 27 Noter la vivacité du tour.

Je n'entends point le cours du ciel ni des planètes [28] ;
Je ne sais deviner les affaires secrètes,
Connaître un bon visage, et juger si le cœur,
Contraire à ce qu'on voit, ne serait point moqueur.

Satire III, v. 71-124.

— *Indiquez la composition, en soulignant les changements de ton et les passages de l'abstrait au concret.*
— *Précisez : a) les défauts qui règnent à la cour ; – b) les qualités opposées qui en détournent le poète.*
— *Relevez : a) les images et comparaisons ; – b) les traits et les termes d'un réalisme pittoresque.*
— *Montrez avec précision comment* RÉGNIER *campe et contrefait les gens dont il se moque.*
• **Groupe thématique : Satire de la cour.** Pages 35, 224, 227, 419. – XVIᵉ SIÈCLE, pages 116, 117, 117-118, 179-180.

UN FACHEUX

Après la satire de la Cour en général, voici le portrait satirique d'un *jeune homme à la mode*, digne ancêtre des *petits marquis* de MOLIÈRE. Quelques traits pris sur le vif, et la *caricature* s'anime : car RÉGNIER nous peint son personnage en *action* et le campe avec une *verve* étonnante, dans cette saynète où il joue lui-même le rôle du *naïf*. Que lui reproche-t-il en somme? Chez le jeune homme tout est *affecté*, tandis que Régnier, dans la vie comme en art, n'aime que le *naturel*. (Cf. D'AUBIGNÉ, *XVIᵉ Siècle*, p. 179.)

J'*oyois un de ces jours la Messe à deux genoux,*
Faisant mainte oraison, l'œil au Ciel, les mains jointes,
Le cœur ouvert aux pleurs, et tout percé des pointes
Qu'un devot repentir eslançoit dedans moy [1]*,*
Tremblant des peurs d'enfer et tout bruslant de foy,
Quand un jeune frisé, relevé [2] *de moustache,*
De galoche [3]*, de botte et d'un ample pennache* [4]*,*
Me vint prendre et me dist, pensant dire un bon mot [5] *:*
« Pour un Poëte du temps vous estes trop devot. »
10 *Moi, civil* [6]*, je me lève et le bon jour luy donne.*
(Qu'heureux est le folastre [7]*, à la teste grisonne,*
Qui brusquement eust dit, avecq'une sambieu [8] *:*
« Ouy bien pour vous, Monsieur, qui ne croyez en Dieu ! »)
Sotte discrétion ! je voulus faire accroire
Qu'un Poëte n'est bisarre et facheux qu'après boire.
Je baisse un peu la teste, et tout modestement
Je luy fis à la mode un petit compliment.

---

28 Juvénal : *J'ignore les mouvements des astres.* Mais c'est aussi un trait d'actualité : astrologues italiens à la cour.

— 1 Des *traits* que le repentir *faisait pénétrer en* moi. — 2 Paré. — 3 Portée par-dessus le sou- lier (ou la botte). — 4 Panache. — 5 Montrer comment l'auteur a souligné le contraste entre les deux personnages, les deux attitudes. — 6 Poliment. — 7 Original (sans souci des bienséances). — 8 Juron : *sang (de) Dieu* (cf. *palsambleu*).

Luy, comme bien apris [9], le mesme me sceut rendre
Et ceste courtoisie à si haut pris me vendre [10],
20 Que j'aimerois bien mieux, chargé d'age et d'ennuys,
Me voir à Rome pauvre entre les mains des Juifs [11].
     Il me prist par la main, après mainte grimace,
Changeant sur l'un des pieds à tout heure de place [12],
Et, dansant tout ainsi qu'un Barbe encastelé [13],
Me dist, en remâchant un propos avalé [14] :
« Que vous estes heureux, vous autres belles ames,
Favoris d'Apolon, qui gouvernez les Dames,
Et par mille beaux vers les charmez tellement
Qu'il n'est point de beautez que pour vous seullement [15]!
30 Mais vous les méritez : vos vertuz [16] non communes
Vous font digne, Monsieur, de ces bonnes fortunes. »
     Glorieux de me voir si hautement loué,
Je devins aussi fier qu'un chat amadoué [17] ;
Et sentant au palais mon discours se confondre [18],
D'un ris de sainct Medard [19] il me fallut répondre.
Je poursuis. — Mais, amy, laissons le discourir,
Dire cent et cent fois : « Il en faudroit mourir ! »
Sa barbe pinçoter, cageoller [20] la science,
Relever ses cheveux ; dire : « En ma conscience ! »
40 Faire la belle main, mordre un bout de ses guents [21],
Rire hors de propos, montrer ses belles dents,
Se carrer sur un pied, faire arser [22] son espée,
Et s'adoucir les yeux ainsi qu'une poupée.

                           Satire VIII, v. 4-46.

- *Étudiez comment, avec naturel, s'entrelacent dans ce passage les éléments suivants : récit, attitudes, fragments de dialogue, réflexions de l'auteur.*
- *Tracez, en regroupant et classant les traits épars, le portrait du jeune homme à la mode.*
- *A l'aide d'exemples précis, étudiez : a) la verve satirique de l'auteur pour caricaturer le « fâcheux » ; – b) l'humour avec lequel il peint ses propres attitudes et ses réactions.*
- **Exposé.** *L'art du portrait chez* RÉGNIER, *d'après les quatre extraits des Satires.*
- **Orthographe :** *a) Relevez les mots où un s a été remplacé par un accent circonflexe ; ceux où il n'a pas laissé de trace ; – b) Que représente le z de beautez (29) et vertuz (30) ? cf. méritez. – Expliquez, en remontant à sanctus l'orthographe de sainct (v. 35). Cf.* MOYEN AGE, *p. 225.*

— 9 *Bien apris :* cf. *malappris.* — 10 Me faire payer. — 11 Des usuriers. Pour la rime, comment faut-il prononcer le mot ? — 12 Sautillant d'un pied sur l'autre. — 13 *Barbe.* Cheval arabe (de Barbarie) ; *encastelé :* atteint d'une malformation du sabot qui l'empêche de marcher droit. — 14 Régnier raille maintenant l'*élocution* à la mode. — 15 Expliqué par les vers 30-31. Nous dirions : *il n'est de... que,* ou *il n'est point de... sinon.* — 16 Mérites, talents. — 17 *Caressé.* Comparaison très expressive. 18 Mes paroles s'embrouiller dans ma bouche. — 19 Proverbial : *rire forcé.* On représentait ce saint la bouche entrouverte, car on l'invoquait pour les maux de dents. — 20 Parler avec tendresse de. — 21 Gants. — 22 Redresser.

Poètes ridicules

Avec un *réalisme* presque féroce, mais saisissant, RÉGNIER nous peint ici les travers de tous ces poètes vaniteux, pédants, susceptibles, faméliques et quémandeurs, aussi dépourvus de savoir-vivre et de délicatesse que de talent, qui déshonorent l'art qu'ils prétendent servir. BOILEAU excellera dans ce genre de la *satire des gens de lettres*, mais Régnier est digne, sur ce point, de rivaliser avec lui : on ne saurait lui adresser plus bel éloge.

Or, laissant tout ceci [1], retourne à nos moutons,
Muse, et sans varier dis-nous quelques sornettes [2]
De tes enfants bâtards, ces tiercelets [3] de poètes [4],
Qui par les carrefours vont leurs vers grimaçants [5],
Qui par leurs actions font rire les passants,
Et quand la faim les point [6], se prenant sur le vôtre [7],
Comme les étourneaux ils s'affament l'un l'autre [8].
    Cependant, sans souliers, ceinture, ni cordon [9],
L'œil farouche et troublé, l'esprit à l'abandon,
10 Vous viennent accoster comme personnes ivres,
Et disent pour bonjour : « Monsieur, je fais des livres [10] ;
On les vend au Palais [11] et les doctes du temps,
A les lire amusés, n'ont d'autre passe-temps. »
De là, sans vous laisser, importuns ils vous suivent,
Vous alourdent [12] de vers, d'allégresse vous privent,
Vous parlent de fortune, et qu'il faut acquérir
Du crédit, de l'honneur, avant que de mourir ;
Mais que, pour leur respect [13], l'ingrat siècle où nous sommes
Au prix de la vertu [14] n'estime point les hommes ;
20 Que Ronsard, du Bellay, vivants n'ont eu du bien,
Et que c'est honte au roi de ne leur donner rien,
Puis, sans qu'on les convie, ainsi que vénérables [15],
S'asseyent en prélats les premiers à vos tables [16],
Où le caquet leur manque, et, des dents discourant,
Semblent avoir des yeux regret au demeurant [17].
    Or, la table levée, ils curent la mâchoire.
Après *grâces-Dieu but* [18], ils demandent à boire,
Vous font un sot discours, puis, au partir de là,
Vous disent : « Mais, monsieur, me donnez-vous cela ? »
30 C'est toujours le refrain qu'ils font à leur ballade.
Pour moi, je n'en vois point que je n'en sois malade ;

— 1 Retour au sujet après une digression (cf. *sans varier*). — 2 Est-ce le ton habituel des poètes s'adressant à leur muse ? — 3 Misérables petits poètes. *Tiercelet :* mâle de certains oiseaux de proie, plus petit d'un *tiers* que la femelle. — 4 Une syllabe. — 5 Noter l'accord du participe présent. — 6 Les étreint (littéralement : *pique*). — 7 Se servant sur votre bien. — 8 Comme des oiseaux se disputant leur pâture. — 9 Au chapeau. — 10 Quel trait de caractère révèle cette entrée en matière ? — 11 Cf. Boileau, *Lutrin*, p. 337. — 12 Accablent, assomment. — 13 A leur égard (cf. l'anglais *respect*). — 14 Mérite (cf. v. 44). — 15 Titre donné en particulier aux évêques et abbés (cf. *prélats*). — 16 En quoi manquent-ils ici aux usages ? — 17 Ils jettent des regards de regret sur ce qui reste dans les plats. — 18 Après avoir bu le coup qui accompagne les « grâces », prière par laquelle se termine le repas. L'expression pose un problème grammatical difficile.

J'en perds le sentiment, du corps tout mutilé [19],
Et durant quelques jours j'en demeure opilé [20].
  Un autre, renfrogné, rêveur, mélancolique,
Grimaçant son discours, semble avoir la colique ;
Suant, crachant, toussant, pensant venir au point [21],
Parle si finement [22] que l'on ne l'entend point.
  Un autre, ambitieux, pour les vers qu'il compose,
Quelque bon bénéfice en l'esprit se propose ;

40   Et dessus un cheval comme un singe attaché,
Méditant un sonnet, médite [23] un évêché.
  Si quelqu'un, comme moi, leurs ouvrages n'estime,
Il est lourd, ignorant, il n'aime point la rime,
Difficile, hargneux, de leur vertu jaloux,
Contraire en jugement au commun bruit de tous [24] ;
Que leur gloire [25] il dérobe avec ses artifices.
  Les dames cependant se fondent en délices
Lisant leurs beaux écrits et de jour et de nuit,
Les ont au cabinet [26], sous le chevet du lit ;

50   Que portés à l'église ils valent des matines [27],
Tant, selon leurs discours, leurs œuvres sont divines.
  Encore après cela ils sont enfants des cieux ;
Ils font journellement carousse [28] avec les dieux :
Compagnons de Minerve, et confits en science,
Un chacun d'eux pense être une lumière en France.

                                        Satire II, v. 122-176.

Contre Malherbe et ses disciples

RÉGNIER refuse de se soumettre à la *férule* de MALHERBE et part en guerre, avec sa *verve* accoutumée, contre le grammairien-poète et son école. Contre le magister, il invoque les droits du *naturel* et de l'*inspiration*, empruntant à RONSARD et à la PLÉIADE leurs termes mêmes et leurs images. C'est la querelle du génie contre le talent et le métier, de la fougue contre la patience minutieuse ; c'est aussi une querelle de personnes : contre Malherbe, Régnier défend son oncle DESPORTES et sa propre manière. Et il termine sur un argument mi-sérieux, mi-bouffon : gagnez autant d'argent que Desportes avant de le critiquer ! — Comparer la position de THÉOPHILE DE VIAU (p. 42).

Cependant leur savoir ne s'étend seulement [1]
Qu'à regratter un mot douteux au jugement,
Prendre garde qu'un *qui* ne heurte une diphtongue [2],
Épier si des vers la rime est brève ou longue [3],
Ou bien si la voyelle à l'autre s'unissant,
Ne rend point à l'oreille un son trop languissant [4],
Et laissent sur le vert [5] le noble [6] de l'ouvrage.

19 Rompu. — 20 « Constipé » ! — 21 Aborder le cœur du sujet. — 22 Péjoratif : d'une façon si peu claire. — 23 Régnier joue sur ce mot ; à préciser. — 24 A l'opinion unanime. — 25 Construction très libre : *ils disent que* (style indirect) ; cf. v. 50, et aussi v. 16. — 26 *Pièce* ou *meuble* où l'on conserve les choses précieuses. — 27 Livre de prières. — 28 *Faire carousse*, ou *carousser* : bien boire, s'enivrer.

— 1 Pléonasme insistant. — 2 Malherbe condamne l'*hiatus*. — 3 Une voyelle longue ne doit pas rimer avec une brève (ex. *glace* et *masse*). — 4 Malherbe proscrit, à l'intérieur du vers, les mots comme *vie*, *partie*, *loue*, lorsque le mot suivant commence par une consonne. — 5 Laissent de côté (proverbial). — 6 Adj. substantivé : héritage de la Pléiade (cf. infin. substantivé, v. 11 et 24).

Nul aiguillon divin n'élève leur courage [7] ;
Ils rampent bassement, faibles d'inventions,
Et n'osent, peu hardis, tenter les fictions,
Froids à l'imaginer : car, s'ils font quelque chose,
C'est proser de la rime et rimer de la prose,
Que l'art lime et relime, et polit de façon
Qu'elle rend à l'oreille un agréable son ;
Et voyant qu'un beau feu leur cervelle n'embrase,
Ils attifent leurs mots, enjolivent leur phrase,
Affectent leur discours tout si [8] relevé d'art,
Et peignent leurs défauts de couleur et de fard.
Aussi je les compare à ces femmes jolies
Qui par les affiquets [9] se rendent embellies,
Qui, gentes [10] en habits et sades [11] en façons,
Parmi leur œil coupé [12] tendent leurs hameçons,
Dont l'œil rit mollement avec afféterie,
Et de qui le parler n'est rien que flatterie ;
De rubans piolés [13] s'agencent proprement [14],
Et toute leur beauté ne gît [15] qu'en l'ornement ;
Leur visage reluit de céruse et de peautre [16] ;
Propres en leur coiffure, un poil ne passe l'autre.
Où [17] ces divins esprits, hautains [18] et relevés,
Qui des eaux d'Hélicon [19] ont les sens abreuvés,
De verve et de fureur leur ouvrage étincelle [20],
De leurs vers tout divins la grâce est naturelle,
Et sont, comme l'on voit, la parfaite beauté,
Qui, contente de soi, laisse la nouveauté
Que l'art trouve au Palais [21] ou dans le blanc d'Espagne.
Rien que le naturel sa grâce n'accompagne [22] ;
Son front, lavé d'eau claire, éclate d'un beau teint ;
De roses et de lys la nature la peint ;
Et, laissant là Mercure [23] et toutes ses malices,
Les nonchalances sont ses plus grands artifices.

Or, Rapin, quant à moi, je n'ai point tant d'esprit.
Je vais le grand chemin que mon oncle [24] m'apprit,
Laissant là ces docteurs, que les muses instruisent
En des arts tout nouveaux : et s'ils font, comme ils disent,
De ses fautes un livre aussi gros que le sien [25],

— 7 *Cœur, ardeur.* Relever les termes qui désignent l'*inspiration.* — 8 Tout relevé d'art de la sorte. — 9 *Parures,* avec une nuance ironique. Relever, v. 16-24, les mots qui évoquent une élégance artificielle. Montrer comment les sonorités mêmes traduisent l'insistance de Régnier et la monotonie des procédés qu'il réprouve. — 10 Elégantes. — 11 Aimables (c'est le contraire de *maussades*). — 12 Dentelle. — 13 De deux couleurs (comme la *pie*). — 14 Elégamment (cf. v. 28). — 15 Réside. — 16 Fard tiré de sels d'étain. — 17 Alors que. — 18 Nobles. — 19 Montagne chère aux Muses. Pégase y avait fait jaillir la fontaine Hippocrène. — 20 Noter la rupture de construction. Régnier veut sans doute montrer comment on écrit *de verve.* — 21 Chez les boutiquiers (merciers, parfumeurs), dans les galeries du Palais de Justice. — 22 Préciser le sens. — 23 Dieu des ruses et des artifices. — 24 Desportes. — 25 Le *Commentaire sur Desportes,* de Malherbe.

Telles je les croirai [26] quand ils auront du bien,
Et que leur belle muse, à mordre si cuisante [27],
Leur don'ra [28], comme à lui, dix mille écus de rente [29],
De l'honneur, de l'estime, et quand par l'univers
50   Sur le luth de David [30] on chantera leurs vers ;
Qu'ils auront joint l'utile avec le délectable [31],
Et qu'ils sauront rimer [32] une aussi bonne table.

Satire IX, v. 55-106.

THÉOPHILE DE VIAU

Un libertin   Né à Clairac-en-Agenais, fils d'un avocat huguenot,
Théophile de Viau (1590-1626) montre de bonne heure
une extrême indépendance. En dépit d'une solide formation protestante, à Montauban
puis à Leyde, il ne tarde pas à évoluer vers la libre pensée, à la fois spontanément et
sous l'influence de Vanini (cf. p. 127). Ami de Des Barreaux, Boisrobert, Mainard,
Saint-Amant, libertins d'esprit ou de mœurs, il est le plus hardi du groupe, et le plus
représentatif. Aussi est-il frappé de bannissement dès 1619, mais il rentre en grâce,
sous la protection de Luynes. En 1621, la publication du premier recueil de ses œuvres
et la représentation d'une tragédie, *Pyrame et Thisbé*, le rendent célèbre. Mais il est à
nouveau poursuivi pour impiété et condamné par contumace à être brûlé vif (1623).
Arrêté, il comparaît devant le Parlement, qui ne prononce contre lui qu'un simple bannissement (1625). Il meurt un an après sa libération, peut-être d'une maladie consé-
cutive aux privations de la captivité.

Ses idées   Élevé dans la religion protestante, converti pour la
forme au catholicisme au moment où la gloire lui sourit,
Théophile rejette les croyances chrétiennes. Sa philosophie est un *naturalisme épicurien*
de tendance nettement *matérialiste :*

Notre destin est assez doux,	*Le sot glisse sur les plaisirs,*
Et, pour n'être pas immortelle,	*Mais le sage y demeure ferme*
Notre nature est assez belle	*En attendant que ses désirs*
Si nous savons jouir de nous.	*Ou ses jours finissent leur terme.*

Il écrit encore : *J'approuve qu'un chacun suive en tout la nature : Son empire est plaisant
et sa loi n'est pas dure.* N'est-il pas significatif qu'il parle de la *nature* à peu près dans les
termes mêmes que Ronsard appliquait au Christ (cf. *XVIe Siècle*, p. 148, v. 31)?
C'est de même le goût du *naturel* qui résume sa doctrine poétique : *La règle me déplaît...
Jamais un bon esprit ne fait rien qu'aisément.* Ainsi, tout en reconnaissant que Malherbe
a été son maître de style, il revendique son indépendance : *Imite qui voudra les merveilles
d'autrui. Malherbe a très bien fait, mais il a fait pour lui.* Il suivra donc la pente de
son tempérament :

---

26 Je croirai que ce sont vraiment
des fautes. — 27 La métaphore paraît incohérente (cf. v. 8) ; mais c'est la *morsure* qui est
cuisante. — 28 Forme archaïque, conservée
comme licence poétique. — 29 Ce critère du
talent (cf. aussi v. 52) serait bien mesquin ;
mais Régnier parle-t-il tout à fait sérieusement ?
(cf. p. 40, v. 38-41). — 30 Allusion aux *Psaumes* de Desportes. — 31 C'est le fameux mot
d'Horace (*Art poét.*, v. 343) : *qui miscuit utile
dulci.* — 32 Acquérir en rimant.

Je veux faire des vers qui ne soient pas contraints,
Promener mon esprit par de petits desseins,
Chercher des lieux secrets où rien ne me déplaise,
Méditer à loisir, rêver tout à mon aise,
Employer toute une heure à me mirer dans l'eau,
Ouïr, comme en songeant, la course d'un ruisseau,
Écrire dans les bois, m'interrompre, me taire,
Composer un quatrain sans songer à le faire.

Le poète   On ne saurait mieux définir la grâce nonchalante de son lyrisme aimable et musical, mais parfois un peu maniéré (cf. p. 45). Telle est la tonalité dominante de ses *odes* et des ses *stances*, mais de nombreux passages révèlent d'autres aspects de son talent : un don visuel très pittoresque (cf. p. 44), un art très sûr de peintre animalier (cf. p. 45, strophe III). En outre, dans deux *satires*, dans certaines *élégies* (ce sont en réalité des épîtres) où il expose ses idées, il manie l'alexandrin avec aisance et fermeté et trouve des formules frappantes comme celles que nous venons de citer. Poète élégiaque, descriptif et intellectuel, Théophile ne mérite certes pas le dédain que lui témoignera l'âge classique.

La solitude

Quelques jolies touches, des vers « doux-coulants », de la grâce : mais, dans cette *ode*, THÉOPHILE n'égale ni SAINT-AMANT[1] (p. 47), ni TRISTAN (p. 54). La mélodie reste un peu monotone, et les apparitions mythologiques bien conventionnelles. Le lyrisme semble timide et comme *hésitant* : est-ce la fraîcheur du vallon qui séduit le poète, sa paix ou son mystère ? Il s'agit d'ailleurs d'une *solitude à deux*, et ces strophes ne sont qu'un *prélude* : présentation du paysage à la bien-aimée.

Dans ce val solitaire et sombre,
Le cerf, qui brame au bruit de l'eau[2],
Penchant ses yeux dans un ruisseau,
S'amuse à regarder son ombre[3].

De cette source une Naïade
Tous les soirs ouvre le portail[4]
De sa demeure de cristal,
Et nous chante une sérénade[5].

10 Les Nymphes que la chasse attire
A l'ombrage de ces forêts
Cherchent les cabinets[6] secrets,
Loin de l'embûche du satyre.

Jadis, au pied de ce grand chêne
Presque aussi vieux que le Soleil,

Bacchus, l'Amour et le Sommeil
Firent la fosse de Silène.

Un froid et ténébreux silence
Dort[7] à l'ombre de ces ormeaux,
Et les vents battent les rameaux
D'une amoureuse violence.   20

L'esprit plus retenu s'engage
Au plaisir de ce doux séjour,
Où Philomèle[8] nuit et jour
Renouvelle un piteux langage.

L'orfraie et le hibou s'y perche[9] ;
Ici vivent les loups-garous[10] ;
Jamais la justice en courroux
Ici de criminels ne cherche[11].

Strophes 1-7.

— 1 Il n'est pas certain, comme on l'avait cru longtemps, que Théophile ait imité Saint-Amant. — 2 Etudier les sonorités de ce vers. — 3 Après l'harmonie des sons, la grâce du tableau ; cf. La Fontaine (VI, 9) : *Dans le cristal d'une fontaine | Un cerf se mirant autrefois...* — 4 Portail. — 5 La mélodie de la source. —

6 Asiles. — 7 Apprécier le *choix* et la *place* du mot. — 8 Le *rossignol*, qui, d'après la légende grecque, pleure en des chants mélancoliques *(piteux)* la mort de son enfant. — 9 Noter l'accord. — 10 Ces deux vers évoquent ce que Mme de Sévigné appellera « *l'horreur des bois* » (cf. p. 387). — 11 C'est comme un *lieu d'asile*.

LE MATIN

Dans cette *ode*, que nous citons presque entièrement, THÉOPHILE montre autant d'*art* que de *sensibilité*. Le spectacle est vivant et coloré, l'observation pleine de vérité, et le *lyrisme*, loin d'être plaqué, naît spontanément de la *description*. En communion avec la *nature* et les *êtres vivants*, le poète a vraiment senti la *beauté* et l'*atmosphère* de cette heure du jour.

L'Aurore sur le front du jour
Sème l'azur, l'or et l'ivoire,
Et le soleil, lassé de boire[1],
Commence son oblique tour.

Ses chevaux, au sortir de l'onde,
De flamme et de clarté couverts,
La bouche et les naseaux ouverts,
Ronflent la lumière du monde[2].

Ardents ils vont en nos ruisseaux,
10 Altérés de sel et d'écume,
Boire l'humidité qui fume[3],
Sitôt qu'ils ont touché les eaux.

La lune fuit devant nos yeux,
La nuit a retiré ses voiles :
Peu à peu le front des étoiles
S'unit à la couleur des cieux.

Déjà la diligente avette[4]
Boit la marjolaine et le thym,
Et revient riche du butin
20 Qu'elle a pris sur le mont Hymette.[..]

Je vois les agneaux bondissants
Sur ces blés qui ne font que naître ;
Cloris, chantant, les mène paître
Parmi ces coteaux verdissants.

Les oiseaux, d'un joyeux ramage,
En chantant semblent adorer
La lumière qui vient dorer
Leur cabinet [5] et leur plumage.

La charrue écorche la plaine ;
Le bouvier, qui suit les sillons,   30
Presse de voix et d'aiguillons
Le couple de bœufs qui l'entraîne.

Alix apprête son fuseau ;
Sa mère, qui lui fait [6] la tâche,
Presse le chanvre qu'elle attache
A sa quenouille de roseau.

Une confuse violence
Trouble le calme de la nuit,
Et la lumière, avec le bruit,
Dissipe l'ombre et le silence.[...]   40

Les bêtes sont dans leur tanière,
Qui tremblent de voir le Soleil ;
L'homme, remis [7] par le sommeil,
Reprend son œuvre coutumière.

Le forgeron est au fourneau :
Ois [8] comme le charbon s'allume !
Le fer rouge, dessus l'enclume,
Étincelle sous le marteau.

— 1 A expliquer ; cf. v. 5. — 2 Les chevaux du soleil *hennissent la lumière ;* belle « correspondance », hardie et poétique. Cf. Hugo (*Contempl.*, VI, 10) : *Et le hennissement du blanc cheval aurore.* — 3 Le soleil *boit* l'eau en la transformant en vapeur. Rapprocher les vers 3 et 17-18 ; tenter de montrer l'effet produit. — 4 *Abeille.* Le mont *Hymette*, près d'Athènes, est célèbre par ses abeilles. — 5 Asile (cf. p. 43, v. 11). — 6 *Prépare.* On pense au *pensum* (poids de laine à filer) des Latins. — 7 Qui renaît grâce au... (cf. *se remettre de...*). — 8 Impér. du verbe *ouïr.*

Cette chandelle semble morte,
50 Le jour la fait évanouir ;
Le Soleil vient nous éblouir :
Vois qu'il passe au travers[9] la porte.

Il est jour : levons-nous, Philis [10] ;
Allons à notre jardinage,
Voir s'il est, comme ton visage,
Semé de roses et de lis [11].

Strophes 1-5, 8-12 et 14-17.

- *Indiquez les éléments de cette description ; étudiez comment le poète passe d'un thème à l'autre.*
- *Montrez comment s'entrelacent lyrisme et description pittoresque.*
- *Les sensations. Classez les notations éparses : a) Lumière et couleurs ; b) Sons ; c) Lumière et sons. N'y a-t-il pas encore une autre sensation, plus difficile à définir ?*
- *Comment le poète a-t-il rendu les impressions matinales de jeunesse, de joie et d'activité ?*
- **Comparaison.** SAINT-AMANT, *Le Soleil levant* (p. 50). Lequel de ces poèmes préférez-vous ? Pourquoi ?
- **Groupe thématique : Nature.** La poésie de la nature dans les extraits de RACAN, THÉOPHILE DE VIAU, SAINT-AMANT, TRISTAN L'HERMITE.

L'hiver

Ce texte laisse une impression assez mêlée : la *grâce* un peu *naïve* des premiers vers rappelle nos poètes du Moyen Age, en particulier CHARLES D'ORLÉANS ; après avoir sacrifié à la plus *fade préciosité*, l'auteur révèle un véritable *talent d'animalier*, pour revenir à des jeux passablement *affectés*, à l'exception de la dernière note. Que l'on songe aux qualités ou aux défauts, comme on est loin de MALHERBE ! Au XIXe siècle, THÉOPHILE GAUTIER fera renaître ce genre dans certains de ses poèmes descriptifs.

Tous nos arbres sont despouillez,
Nos promenoirs[1] sont tous[2] mouillez,
L'esmail de nostre beau parterre
A perdu ses vifves couleurs ;
La gelée a tué les fleurs ;
L'air est malade d'un caterre[3],
Et l'œil du ciel[4], noyé de pleurs,
Ne sçait plus regarder la terre.

La nassaille[5], attendant le flux
10 *Des ondes qui ne courent plus[6],*
Oysifve au port est retenue ;
La tortue et les limaçons
Trainent leurs pas par les glaçons ;
L'oyseau, sur une branche nue,
Attend, pour dire ses chansons,
Que la fueille soit revenue.

Le heron, quand il veut pescher,
Trouvant l'eau toute de rocher,
Se paist du vent et de sa plume [7] ;
Il se cache dans les roseaux,   20
Et contemple, au bord des ruisseaux,
La bize, contre sa coustume,
Souffler la neige sur les eaux
Où bouilloit [8] autresfois l'escume.

Les poissons dorment asseurez [9],
D'un mur de glace remparez,
Francs [10] de tous les dangers du monde,
Fors que [11] de toy [12] tant seulement,
Qui restreins [13] leur moite element
Jusqu'à la goutte plus [14] profonde,   30
Et les laisses sans mouvement
Enchassez [15] en l'argent de l'onde [16].

Contre l'hiver, strophes 5-8.

---

9 *A travers* (ou *au travers de*). — 10 *Cloris,*
Philis : toujours les noms grecs (cf. p. 29,
n. 1). — 11 Cf. p. 30, v. 43.

— 1 Allées où l'on se promène (cf. titre,
p. 54). — 2 Tout. — 3 *Catarrhe* (rhume). La
pluie est comme une maladie de l'air. — 4 Le
soleil (périphrase précieuse). — 5 Barque. —

6 Elles sont prises par les glaces (cf. v. 18 et
str. IV). — 7 Quelles *attitudes* de l'oiseau suggère ce vers? — 8 Bouillonnait. — 9 Tranquilles, en sûreté. — 10 Exempts, à l'abri. —
11 Sauf. — 12 Le poète s'adresse à l'hiver. —
13 Etreins et solidifies. *Moite* : humide, c.-à-d.
liquide. — 14 *La* plus. — 15 Comme une
pierre précieuse. — 16 Etudier la disposition
des rimes.

SAINT-AMANT

Sur les mers et sur les routes C'est un vrai *roman d'aventures* que la vie de SAINT-AMANT (1594-1661). Peu de poètes ont autant bourlingué que ce Rouennais, fils de marin, *hardi marin* lui-même et joyeux soldat. Après des études bâclées, il s'embarque : de longs voyages, mal connus d'ailleurs, le conduiront en Amérique, au Sénégal, aux Açores (cf. p. 52), peut-être aux Indes. En 1617, il suit le duc de RETZ à Belle-Isle, où le paysage terrestre et marin lui inspire son premier poème, *La Solitude* (cf. p. 47). Puis il séjourne à Paris, se lie avec Boisrobert, Faret, THÉOPHILE. Après diverses campagnes, il participe à l'expédition du comte d'HARCOURT qui, partie de l'île de Ré, va reprendre les îles de Lérins aux Espagnols : c'est pour lui l'occasion d'écrire *Le Passage de Gibraltar*, « caprice héroï-comique ». Toujours avec d'Harcourt, il va se battre en Piémont (1637).

Entre temps, il s'est acquitté de missions diplomatiques en Espagne et en Angleterre; après un séjour à Rome (cf. p. 51), il retourne en Angleterre en 1644. L'année suivante, MARIE DE GONZAGUE, devenant reine de Pologne, le nomme gentilhomme de sa chambre : encore un voyage en perspective ! « Saint-Amansky » (le mot est de lui !) le diffère pendant quelques années, mais se décide en 1650. De Pologne il revient par Stockholm et passe l'hiver à la cour de CHRISTINE DE SUÈDE. Pendant ses dernières années, il goûte un repos bien gagné, et meurt à Paris en 1661.

Une figure pittoresque « Le bon gros Saint-Amant » (c'est ainsi qu'il se qualifie lui-même) n'engendre pas la mélancolie. Il tonne contre ÉVREUX, car : *On y voit plus de trente églises | Et pas un pauvre cabaret !* Il est grand buveur, grand fumeur, gros mangeur. Gastronome inspiré, la vue d'un fromage, l'odeur d'un melon lui « réjouit le cerveau », lui « épanouit le cœur » ! Il consacre à ce *Melon* un long poème, d'abord lyrique puis épique. L'eau vous en vient à la bouche ! Il aime la *vie de bohème*, qu'il décrit avec une verve rare (cf. p. 53), les *beuveries* et les couplets bachiques : ainsi dans *La Crevaille* :

Qu'on m'apporte une bouteille
Qui d'une liqueur vermeille
Soit teinte jusqu'à l'ourlet,
Afin que sous cette treille
Ma soif la prenne au collet...

Sus donc, qu'on chante victoire,
Et que ce grand mot d'à boire
Mette tant de pots à sec
Qu'une éternelle mémoire
S'en puisse exercer le bec...

Bacchus aime le désordre,
Il se plaît à voir l'un mordre,
L'autre braire et grimacer,
Et l'autre en fureur se tordre
Sous la rage de danser...

Celui qui forgea ces rimes
Dont Bacchus fait tous les crimes,
C'est le bon et digne Gros
Qui voudrait que les abîmes
Se trouvassent dans les brocs.

D'ailleurs il est *libertin de mœurs* beaucoup plus que d'esprit, en dépit de ses relations. Né protestant, il se convertit au catholicisme et ne semble pas avoir encouru le reproche d'impiété. Mais la métaphysique ne l'empêche pas de dormir, encore que le spectacle de la mer lui inspire, dans *Le Contemplateur*, de belles méditations sur Dieu et le destin.

Sans doute Saint-Amant fut-il imprudent de répandre lui-même si complaisamment sa réputation de *goinfre :* la postérité s'y est longtemps laissé prendre. Or ce bon vivant fréquenta l'hôtel de Rambouillet, fut *académicien* et jouit de son temps de l'estime des plus difficiles, comme homme et comme poète.

Un moderne De fait, Boileau a beau le traiter de *fou*, pour quelque vers malheureux de sa longue idylle héroïque « *Moïse sauvé* », Saint-Amant est un poète étonnamment doué pour les genres les plus divers, et un poète très *moderne*. Il l'est d'abord au sens que prendra le mot dans la querelle des

Anciens et des Modernes (cf. p. 433), parce qu'il *proscrit l'imitation* et lui préfère l'inspiration et la verve. Il ne savait ni le grec ni le latin, mais entendait l'anglais, l'espagnol et l'italien. Il n'a pas été formé par des livres, mais *à l'école du vaste monde*, et ses voyages lui ont fourni maints sujets, de la description exotique (cf. p. 52) à la satire (*L'Albion, La Rome ridicule*).

Moderne il l'est encore d'une autre façon, par tous les aspects de la poésie du XIXᵉ siècle qu'il annonce si longtemps à l'avance : le *romantisme* des paysages tourmentés, des ruines, du fantastique (cf. p. 48) ; le goût de l'*exotisme* et la *plastique parnassienne* ; la *grâce* de certaines idylles de V. Hugo (p. 51, dernière strophe) ou de tableautins de GAUTIER. Ce n'est pas sans raison que ce dernier le réhabilitera dans *Les Grotesques*.

La vie débordante Son œuvre comprend deux aspects essentiels : *poésie de la nature* et veine *héroï-comique* ou *burlesque*. On a parfois l'impression qu'un abîme les sépare, mais au fond la sève est la même, il s'agit toujours d'un immense *appétit de vivre et de sentir*, qui se traduit soit par une communion enthousiaste avec la nature végétale et animale (cf. p. 49 et p. 50), soit par la verve satirique ou bouffonne (cf. p. 53), soit par cette exaltation, — plus dionysiaque encore qu'épicurienne, des plaisirs du goût et de l'odorat. C'est un *trop-plein de vie* qui semble à la source du lyrisme de Saint-Amant. A ce réaliste, le monde réel ne suffit pas, et voici qu'il s'aventure dans le domaine du *fantastique* (cf. p. 48) ou de l'*hallucination* (*Les Visions*), expérience passionnante qui d'ailleurs n'altère nullement la stabilité de ce tempérament optimiste.

Un art original Des recherches précieuses jusqu'au débraillé en passant par les froides entités mythologiques, Saint-Amant offre des exemples de tous les défauts de son temps. Mais, parmi tant d'écueils, il trouve, dans ses meilleures pièces, sa route personnelle. Nous sommes frappés d'abord par le *souffle*, par le *mouvement* et par la *vigueur de l'expression*, tantôt crue, tantôt plus soutenue. Il excelle dans le *genre descriptif* (cf. p. 50, 51 et 52); la facture de ses sonnets des *Saisons* est impeccable et harmonieusement adaptée aux climats, aux paysages qu'il évoque. Il unit la *couleur* à l'*harmonie*, l'ampleur du rythme à la minutie du détail. Il a aussi des réussites plus subtiles, plus *mystérieuses*, ainsi ces vers célèbres du *Contemplateur :*

> J'écoute, à demi transporté,
> Le bruit des ailes du silence,
> Qui vole dans l'obscurité.

LA SOLITUDE

On ne s'attendrait guère à trouver, au siècle de MALHERBE et du CLASSICISME, des vers tels que ceux-ci. Même lorsque THÉOPHILE, TRISTAN ou LA FONTAINE chantent la *solitude*, leurs accents ne sont pas comparables à ceux de SAINT-AMANT. Nous nous trouvons en présence d'un tempérament poétique vigoureux et original. On songe aux sorcières de *Macbeth*, à l'atmosphère des *ballades allemandes* ou des *Burgraves*, aux *dessins* de VICTOR HUGO. C'est un lyrisme *romantique* qui doit peu de chose à la tradition gréco-latine de notre littérature.

Oh! que j'aime la solitude!
Que ces lieux sacrés [1] à la nuit,
Éloignés du monde et du bruit,
Plaisent à mon inquiétude [2]!
Mon Dieu! que mes yeux sont contents

De voir ces bois, qui se trouvèrent
A la nativité [3] du temps
Et que tous les siècles révèrent,
Être encore aussi beaux et verts
Qu'aux premiers jours de l'univers! 10

— 1 Consacrés. — 2 Atmosphère « roman-
tique » dès l'abord. — 3 *Naissance*. Le sens du mot va se restreindre dès le XVIIᵉ s.

Un gai zéphire les caresse
D'un mouvement doux et flatteur[4].
Rien que leur extrême hauteur
Ne fait remarquer leur vieillesse.
Jadis Pan et ses demi-dieux
Y vinrent chercher du refuge,
Quand Jupiter ouvrit les cieux
Pour nous envoyer le déluge[5],
Et, se sauvant sur leurs rameaux,
20 A peine virent-ils les eaux.

Que sur cette épine fleurie,
Dont le printemps est amoureux,
Philomèle, au chant langoureux[6],
Entretient bien ma rêverie!
Que je prends de plaisir à voir
Ces monts pendant en précipices,
Qui, pour les coups du désespoir,
Sont aux malheureux si propices,
Quand la cruauté de leur sort
30 Les force à rechercher la mort[7]!

Que je trouve doux le ravage[8]
De ces fiers[9] torrents vagabonds,
Qui se précipitent par bonds
Dans ce vallon vert et sauvage!
Puis, glissant sous les arbrisseaux,
Ainsi que des serpents sur l'herbe,
Se changent en plaisants ruisseaux,
Où quelque Naïade superbe
Règne comme en son lit natal
40 Dessus un trône de cristal! [...]

Que j'aime à voir la décadence [10]
De ces vieux châteaux ruinés,
Contre qui les ans mutinés [11]
Ont déployé leur insolence!
Les sorciers y font leur sabbat [12];
Les démons follets s'y retirent,
Qui, d'un malicieux ébat,
Trompent nos sens et nous marty-
Là se nichent en mille trous [rent [13];
Les couleuvres et les hiboux. 50

L'orfraie, avec ses cris funèbres,
Mortels augures des destins,
Fait rire et danser les lutins
Dans ces lieux remplis de ténèbres.
Sous un chevron de bois maudit
Y branle le squelette horrible [14]
D'un pauvre amant qui se pendit
Pour une bergère insensible,
Qui d'un seul regard de pitié
Ne daigna voir son amitié.[15] 60

Aussi le Ciel, juge équitable,
Qui maintient les lois en vigueur,
Prononça, contre sa rigueur [16]
Une sentence épouvantable :
Autour de ces vieux ossements
Son ombre, aux peines [17] condamnée,
Lamente [18] en longs gémissements
Sa malheureuse destinée,
Ayant, pour croître son effroi,
Toujours son crime devant soi...

Strophes 1-4, 8-10.

– *Comment procède le poète pour nous communiquer progressivement, le frisson d'horreur sacrée auquel il se complaît lui-même ?*
– *Étudiez le mouvement lyrique qui anime le texte et en fait un hymne à la solitude.*
– *Quelle est ici la place de la mythologie antique ? Par quoi est-elle bientôt remplacée ?*
– *En quoi ce poème est-il romantique ? Étudiez : a) les liens entre le paysage et les sentiments de l'auteur ; b) la nature particulière de ce sentiment ; – c) la poésie des ruines ; – d) les éléments fantastiques et même macabres.*
• **Comparaison.** Comparez ce poème à *La solitude,* de Théophile, (p. 43), en soulignant : a) les ressemblances de détails ; b) la différence d'inspiration et d'intention.
– Quelle est votre préférence ? Justifiez votre choix.
• **Groupe thématique : Solitude.** Pages 43, 47, 239, 327, 387. – xvie siècle, pages 124, 126. – xviiie siècle, pages 316, 337, 345. – xixe siècle, pages 41, 42, 94, 217.

---

4 Cf. p. 43, v. 19-20. — 5 Le déluge apparaît aussi dans la mythologie païenne. — 6 Cf. p. 43, n. 8. — 7 Préciser l'atmosphère. Montrer comment ces vers annoncent la suite. — 8 Alliance de mots. — 9 Indomptables. — 10 Au sens propre. — 11 Poétique ; on disait aussi : *vents, flots mutinés.* — 12 Ici apparaît le *fantastique.* — 13 Martyrisent. — 14 Quel est ce nouvel élément? — 15 Amour. — 16 Le suicide de l'amant? ou la *rigueur* de la bergère? — 17 Quelles sont ces peines? — 18 Déplore.

LA PLUIE

Digne héritier du XVI*e* siècle, SAINT-AMANT *vibre* au rythme de la vie universelle : il *sent* la *soif*
de la *terre* comme sa propre soif ; sa joie, et celle des campagnards, *jaillit avec la sève*. Ainsi l'averse
n'est pas un incident banal, mais une fête pour la nature et pour les sens, et l'allégresse qui l'accueille
a quelque chose de *dionysiaque*. — La strophe est celle de Malherbe, p. 24.

Enfin, la haute Providence
Qui gouverne à son gré le temps,
Travaillant à notre abondance,
Rendra les laboureurs contents.
Sus, que tout le monde s'enfuie !
Je vois de loin venir la pluie,
Le ciel est noir de bout en bout,
Et ses influences bénignes
Vont tant verser d'eau sur les vignes
10 Que nous n'en boirons point du tout [1].

L'ardeur [2] grillait toutes les herbes,
Et tel les voyait consumer
Qui n'eût pas cru tirer des gerbes
Assez de grain pour en semer ;
Bref, la terre en cette contrée,
D'une béante [3] soif outrée [4],
N'avait rien souffert de pareil
Depuis qu'une audace trop vaine
Porta le beau fils de Climène [5]
20 Sur le brillant char du Soleil.

Mais les dieux, mettant bas les armes
Que leur font prendre nos péchés [6],
Veulent témoigner par des larmes [7]
Que les nôtres les ont touchés.
Déjà l'humide Iris [8] étale
Son beau demi-cercle d'opale
Dedans le vague champ [9] de l'air,
Et, pressant mainte épaisse nue,
Fait obscurcir à sa venue
30 Le temps qui se montrait si clair. [...]

Payen [10], sauvons-nous dans ta salle [11],
Voilà le nuage crevé.
Oh comme à grands flots il dévale !
Déjà tout en est abreuvé [12].
Mon Dieu ! quel plaisir incroyable !
Que l'eau fait un bruit agréable,
Tombant sur ces feuillages verts !
Et que je charmerais l'oreille,
Si cette douceur nonpareille
Se pouvait trouver en mes vers [13] ! [...] 40

Regarde à l'abri de ces saules
Un pèlerin [14] qui se tapit :
Le dégout [15] perce ses épaules,
Mais il n'en a point de dépit.
Contemple un peu dans cette allée
Thibaut [16], à la mine hâlée,
Marcher froidement par compas [17] :
Le bonhomme sent telle joie,
Qu'encore que cette eau le noie,
Si [18] ne s'en ôtera-t-il pas. 50

Vois de là dans cette campagne
Ces vignerons, tout transportés,
Sauter comme genêts d'Espagne [19],
Se démener de tous côtés ;
Entends d'ici tes domestiques
Entrecouper leurs chants rustiques
D'un fréquent battement de mains ;
Tous les cœurs s'en épanouissent,
Et les bêtes s'en réjouissent
Aussi bien comme [20] les humains.

- *Montrez comment le poète annonce la pluie et nous la fait désirer.*
- *Quels sont les effets de la pluie sur les choses et sur les êtres ?*
- *Étudiez le don d'observation et le sens descriptif du poète ; que pensez-vous du tableau final ?*
- *Comment se manifeste la communion de l'homme et de la nature ? à quoi tient cette allégresse ?*
• **Groupe thématique : la pluie.** XVIII*e* SIÈCLE, page 345. – XIX*e* SIÈCLE, pages 42, 76, 444, 509, 541.

— 1 Expliquer ce *trait*. La str. 6, que nous
sautons, est *bachique* : *Çà ! que l'on m'apporte
une coupe ! Du vin frais : il en est saison...* —
2 Chaleur brûlante. — 3 Qui la fait *béer* (cf. p.51
v. 5-6). — 4 Epuisée. — 5 Phaéton. — 6 Chaleur
accablante et sécheresse sont considérées comme
le signe du courroux des dieux. — 7 Quelles
sont ces *larmes ?* Apprécier la pointe précieuse.
— 8 L'arc-en-ciel. — 9 L'espace illimité. —
10 Cette pièce est adressée à Pierre Deslandes-

Payen, conseiller au Parlement, qui avait une
maison des champs à Rueil. — 11 Entrée, hall
d une maison. — 12 Noter la valeur de ce mot.
— 13 Réflexion à commenter. — 14 Voyageur.
— 15 L'eau qui traverse le feuillage, goutte
à goutte. — 16 Nom traditionnel de bergers
ou de paysans. — 17 Tranquillement, d'un pas
mesuré (au lieu de se mettre à courir). —
18 *Pourtant.* Commence à vieillir à cette date. —
19 Petits chevaux espagnols. — 20 Que.

LE SOLEIL LEVANT

Cette ode est conçue comme un *péan* au *soleil* : l'Aurore l'annonce, puis le « dieu » paraît et la nature entière le salue. Cet *hommage à la lumière*, source de vie, constitue le lien entre les tableaux successifs. La *description* est tantôt *éclatante*, tantôt *gracieuse*, toujours *suggestive* et *poétique* ; de l'aigle au papillon, SAINT-AMANT sait *peindre les animaux* avec un art consommé. « *L'idylle naturelle rit* », dira HUGO : telle est l'impression que nous laissent ces vers.

C'est le dieu sensible aux humains[1].
    C'est l'œil de la nature[2] ;
Sans lui les œuvres de ses[3] mains
    Naîtraient à l'aventure,
Ou plutôt on verrait périr
Tout ce qu'on voit croître et fleurir.

Aussi pleine d'un saint respect,
    Quand le jour se rallume,
La Terre, à ce divin aspect,
10   N'est qu'un autel qui fume[4],
Et qui pousse en haut comme encens
Ses sacrifices innocents.

Au vif éclat de ses rayons,
    Flattés d'un gai zéphire,
Ces monts sur qui[5] nous les voyons
    Se changent en porphyre,
Et sa splendeur fait de tout l'air
Un long et gracieux éclair.

Bref, la nuit, devant ses efforts,
20   En ombres séparée,
Se cache derrière les corps[6]
    De peur d'être éclairée,
Et diminue ou va croissant,
Selon qu'il monte ou qu'il descend.

Le berger, l'ayant révéré
    A sa façon champêtre,
En un lieu frais et retiré
    Ses brebis mène paître ;
Et se plaît à voir ce flambeau
30 Si clair, si serein, et si beau.

L'aigle, dans une aire à l'écart,
    Étendant son plumage,
L'observe d'un fixe regard
    Et lui rend humble hommage,
Comme au feu le plus animé
Dont son œil puisse être charmé.

Le chevreuil solitaire et doux,
    Voyant sa clarté pure
Briller sur les feuilles des houx
    Et dorer leur verdure,   40
Sans nulle crainte de veneur,
Tâche à lui faire quelque honneur.

Le cygne, joyeux de revoir
    Sa renaissante flamme,
De qui tout semble recevoir
    Chaque jour nouvelle âme[7],
Voudrait, pour chanter ce plaisir,
Que la Parque le vînt saisir[8].

Le saumon, dont au renouveau
    Thétis est dépourvue[9],   50
Nage doucement à fleur d'eau
    Pour jouir de sa vue,
Et montre au pêcheur indigent
Ses riches écailles d'argent.

L'abeille, pour boire des pleurs[10],
    Sort de la ruche aimée,
Et va sucer l'âme des fleurs
    Dont la plaine est semée ;
Puis de cet aliment du ciel
Elle fait la cire et le miel.   60

— 1 Qui s'impose aux *sens* des hommes. — 2 Cf. p. 45, v. 7. — 3 De la nature. — 4 Expliquer cette image. — 5 Sur lesquels. — 6 C'est comme un *jeu* entre la lumière et l'ombre — 7 Le matin est une sorte de *résur*-rection. — 8 D'après la légende, le cygne, au moment de mourir, a des accents très mélodieux. — 9 Au printemps, le saumon, quittant la mer (*Thétis*), remonte les fleuves. — 10 Expliquer et commenter ce vers et le vers 57 (cf. p. 44 v. 17-18).

Le gentil papillon la suit
  D'une aile trémoussante [11],
Et, voyant le soleil qui luit,
  Vole de plante en plante,
Pour les avertir que le jour
En ce climat est de retour.

Là, dans nos jardins embellis
  De mainte rare chose,
Il porte de la part du lis
  Un baiser à la rose,   70
Et semble, en messager discret,
Lui dire un amoureux secret [12].

Strophes 10-21.

– Composition. *a) Indiquez les grandes divisions du texte ; – b) Étudiez l'enchaînement des strophes et l'art des transitions ; – c) Montrez que le thème central (le soleil) est sans cesse rappelé.*
– *En quoi cette ode est-elle un hymne au soleil ? Quels sentiments éprouve le poète ?*
– *Montrez avec précision comment chaque animal est peint et situé dans son cadre.*
– *Relevez : a) des expressions précieuses et conventionnelles ; – b) des expressions qui vous semblent plus originales ; – c) les vers que vous préférez ; dites pourquoi.*
– *Etudiez la* strophe *: longueur des vers, agencement des rimes, variété des coupes.*
– *Enquête. L'évocation des* sensations *dans les poèmes de* SAINT-AMANT *sur les saisons (p. 51-52).*
• **Groupe thématique : Soleil levant.** Cf. page 62. – XVIᵉ SIÈCLE, page 99. – XIXᵉ SIÈCLE, page 67.

L'été de Rome

Saint-Amant a consacré quatre sonnets aux *saisons*, choisissant avec art la région où chacune a le plus d'*éclat* : ses impressions de grand voyageur lui permettaient cette variété. Laissant de côté *Le printemps des environs de Paris*, nous donnons ici les trois autres pièces.
Le poète rend de façon saisissante la chaleur et la sécheresse de la *canicule ;* la terre se craquelle, on dirait que le *Tibre* lui-même va être *réduit en cendres :* le paysage fait paraître naturelle l'image mythologique ; d'ailleurs, le sonnet dans son ensemble n'est-il pas tout *romain* par sa *plastique éclatante ?*

Quelle étrange [1] chaleur nous vient ici brûler ?
Sommes-nous transportés sous la zone torride,
Ou quelque autre imprudent [2] a-t-il lâché la bride
Aux lumineux chevaux qu'on voit étinceler ?

La terre, en ce climat, contrainte à panteler,
Sous l'ardeur des rayons s'entre-fend et se ride [3] ;
Et tout le champ romain [4] n'est plus qu'un sable aride
D'où nulle fraîche humeur [5] ne se peut exhaler.

Les furieux regards de l'âpre canicule
Forcent même le Tibre à périr comme Hercule [6],
Dessous l'ombrage sec des joncs et des roseaux.

Sa qualité de dieu ne l'en saurait défendre,
Et le vase natal [7] d'où s'écoulent ses eaux
Sera l'urne funeste [8] où l'on mettra sa cendre.

---

11 Participe présent de « se trémousser »; cf. « soleil *levant* ». — 12 Cf. Hugo (*Contemplations*, III, 22) : *Le bourdon galonné fait aux roses coquettes* | *Des propositions tout bas.*

— 1 Extraordinaire, qui semble *étrangère* aux climats tempérés. — 2 Allusion à Phaéton, qui n'avait pas su conduire les *chevaux* du Soleil. — 3 Ce détail n'est-il pas bien observé ? — 4 La campagne romaine. — 5 Humidité. — 6 Brûlé, comme Hercule sur le bûcher du mont Œta. — 7 On représentait les dieux-fleuves tenant une *urne* d'où s'écoulait leur source. — 8 *Funéraire.* Noter l'opposition entre *natal* et *funeste.*

L'automne des Canaries

En 1626, SAINT-AMANT fit escale aux CANARIES : il en gardera le souvenir d'un « second paradis ». Ce sonnet fut-il composé sur-le-champ ? On est tenté de le croire, tant les impressions sont *vives* et *savoureuses*, au sens propre de ce mot. En tout cas, il est remarquable par sa couleur *exotique* et ses vers vraiment *parnassiens*.

Voici les seuls coteaux, voici les seuls vallons
Où Bacchus et Pomone ont établi leur gloire ;
Jamais le riche honneur [1] de ce beau territoire
Ne ressentit l'effort des rudes aquilons.

Les figues, les muscats, lès pêches, les melons
Y couronnent ce dieu qui se délecte à boire ;
Et les nobles palmiers, sacrés [2] à la victoire,
S'y courbent sous des fruits qu'au miel nous égalons [3].

Les cannes au doux suc, non dans les marécages
Mais sur des flancs de roche, y forment des bocages
Dont l'or plein d'ambroisie [4] éclate et monte aux cieux.

L'orange [5] en même jour y mûrit et boutonne,
Et durant tous les mois on peut voir en ces lieux
Le printemps et l'été confondus en l'automne.

L'hiver des Alpes

SAINT-AMANT a été sensible, avant ROUSSEAU et les ROMANTIQUES, au charme de la haute montagne : ce sont d'abord les jeux étincelants du soleil sur la neige, et toute cette blancheur s'irise de mille feux ; puis le poète dit l'atmosphère vivifiante et pure qui règne sur les cimes, et termine par un mythe moins original que le reste du sonnet.

Ces atomes de feu [1] qui sur la neige brillent,
Ces étincelles d'or, d'azur et de cristal
Dont l'hiver, au soleil, d'un lustre [2] oriental
Pare ses cheveux blancs que les vents éparpillent ;

Ce beau coton du ciel de quoi les monts s'habillent,
Ce pavé transparent fait du second métal [3],
Et cet air net et sain, propre à l'esprit vital,
Sont si doux à mes yeux que d'aise ils en pétillent.

Cette saison me plaît, j'en aime la froideur ;
Sa robe d'innocence et de pure candeur
Couvre en quelque façon les crimes de la terre.

Aussi l'Olympien [4] la voit d'un front humain [5],
Sa colère l'épargne, et jamais le tonnerre
Pour désoler [6] ses jours ne partit de sa main.

— 1 Expliquer et commenter ce mot. — 2 Consacrés. — 3 Doux comme le miel. — 4 Ce mot (nourriture des dieux) n'est-il pas *amené* par le début du sonnet ? — 5 Désigne à la fois l'arbre et le fruit.

— 1 Les cristaux de neige. — 2 Eclat. — 3 L'*argent*, qui vient après l'or dans la hiérarchie des métaux et des âges. — 4 Jupiter. — 5 D'un visage (regard) bienveillant. — 6 *Dévaster*.

Les goinfres

Ce sonnet plein de verve illustre l'aspect « *grotesque* » de SAINT-AMANT. Comparé aux textes précédents, il permet de mesurer la *variété* de son talent. On notera le *mouvement* d'ensemble et les trouvailles du *réalisme*, dans l'observation comme dans l'expression. Dans ce genre, mineur sans doute, mais extrêmement vivant, Saint-Amant paraît inégalable.

Coucher trois dans un drap [1], sans feu ni sans chandelle,
Au profond de l'hiver, dans la salle aux fagots,
Où les chats, ruminant le langage des Goths [2],
Nous éclairent sans cesse en roulant la prunelle ;

Hausser notre chevet avec une escabelle [3],
Être deux ans à jeun comme les escargots,
Rêver en grimaçant ainsi que les magots [4]
Qui, bâillant au soleil, se grattent sous l'aisselle [5],

Mettre au lieu de bonnet la coiffe d'un chapeau,
Prendre pour se couvrir la frise [6] d'un manteau
Dont le dessus servit à nous doubler la panse ;

Puis souffrir cent brocards d'un vieux hôte irrité,
Qui peut fournir à peine à la moindre dépense [7],
C'est ce qu'engendre enfin la prodigalité.

TRISTAN L'HERMITE

Sa vie (1601-1655) La famille de François TRISTAN l'Hermite prétendait compter parmi ses ancêtres PIERRE L'HERMITE qui prêcha la première Croisade. Après une adolescence mouvementée, qu'il racontera en la romançant dans *Le Page disgrâcié*, Tristan entre en 1621 au service de GASTON D'ORLÉANS, qu'il suit en Lorraine et à Bruxelles, pour s'attacher plus tard (en 1646) au duc de GUISE. Il publie des vers dès 1627, fait représenter en 1636 une tragédie, *Mariamne*, qui n'a pas moins de succès que le *Cid*, et donne, jusqu'en 1648, divers recueils lyriques : les *Amours* (d'où est tiré *Le Promenoir des deux amants*), *La Lyre*, les *Vers héroïques*. N'appartenant à aucun groupe littéraire, il ne paraît pas avoir beaucoup attiré l'attention de ses contemporains; ses dons poétiques sont pourtant remarquables.

La grâce précieuse S'il se donne à l'occasion dans la veine *burlesque* — l'époque le veut ainsi, — se révèle plein de talent dans la *poésie descriptive* et pratique des genres très variés, Tristan est avant tout *élégiaque* et *précieux*. Il se plaît aux concetti à la manière du cavalier Marin (cf. p. 55) et parfois tombe dans la fadeur. Mais la *musique* de ses vers ne manque pas de séduction, ses *plaintes amoureuses* sont touchantes, et il excelle à suggérer de délicates *correspondances* entre un aimable paysage et une âme rêveuse alanguie par l'amour. Il s'inscrit ainsi dans une tradition lyrique qui s'étend de Charles d'Orléans (cf. *Moyen Age*, p. 205-209) au Symbolisme.

— 1 Pour tout le *mouvement* de ce sonnet, cf. Du Bellay (*Regrets*, 86) : *Marcher d'un grave pas... (XVIe S.*, p. 115). — 2 Ne croit-on pas les entendre ? — 3 Quel mol oreiller ! — 4 Singes. — 5 Don de l'*observation réaliste* chez Saint-Amant. — 6 Etoffe de laine à poil frisé (doublure). — 7 Pourquoi, selon vous ?

Le Promenoir des deux amants

Ce début d'ode nous charme par sa *musicalité*, son accent *élégiaque* et son atmosphère de *rêve*. D'aimables figures mythologiques se fondent avec les formes de la nature, leur donnant une résonance affective : dans ce paysage, tout parle d'*amour* ; ainsi se trouve amenée l'invitation à Climène, seconde partie du poème. Malheureusement, cette grâce est langoureuse, parfois jusqu'à la *fadeur* et à la *mièvrerie*. Comparer THÉOPHILE : *La Solitude*, p. 43.

Auprès de cette grotte sombre
Où l'on respire un air si doux,
L'onde lutte avec les cailloux,
Et la lumière avecque l'ombre[1].

Ces flots, lassés de l'exercice
Qu'ils ont fait dessus ce gravier,
Se reposent dans ce vivier
Où mourut autrefois Narcisse[2].

C'est un des miroirs où le Faune
10 Vient voir si son teint cramoisi,
Depuis que l'amour l'a saisi,
Ne serait pas devenu jaune[3].

L'ombre de cette fleur vermeille
Et celle de ces joncs pendants
Paraissent être là dedans
Les songes de l'eau qui sommeille[4].

Les plus aimables influences[5]
Qui rajeunissent l'univers
Ont relevé ces tapis verts
20 De fleurs de toutes les nuances.

Dans ce bois ni dans ces montagnes
Jamais chasseur ne vint encor[6] :
Si quelqu'un y sonne du cor,
C'est Diane avec ses compagnes.

Ce vieux chêne a des marques saintes[7] ;
Sans doute, qui le couperait[8],
Le sang chaud en découlerait
Et l'arbre pousserait des plaintes[9].

Ce rossignol mélancolique
Du souvenir de son malheur,   30
Tâche de charmer sa douleur,
Mettant son histoire en musique[10]

Il reprend sa note première,
Pour chanter d'un art sans pareil
Sous ce rameau que le soleil
A doré d'un trait de lumière[11].

Sur ce frêne deux tourterelles
S'entretiennent de leurs tourments,
Et font les doux appointements[12]
De leurs amoureuses querelles.   40

Un jour Vénus avec Anchise
Parmi ses forts[13] s'allait perdant
Et deux Amours, en l'attendant,
Disputaient pour une cerise[14].

Dans toutes ces routes divines,
Les Nymphes dansent aux chansons,
Et donnent la grâce[15] aux buissons
De porter des fleurs sans épines

Jamais les vents ni le tonnerre
N'ont troublé la paix de ces lieux,   50
Et la complaisance des cieux
Y sourit toujours à la terre.

Crois mon conseil, chère Climène :
Pour laisser arriver le soir,
Je te prie, allons nous asseoir
Sur le bord de cette fontaine.

Strophes 1-14.

— 1 Etudier les sonorités. — 2 Epris de sa propre image, il se noya dans la fontaine où il la contemplait et fut changé en fleur. — 3 L'amour consume l'amant comme une véritable maladie. — 4 Apprécier la grâce rêveuse et le mystère de cette strophe (v. 16 surtout), qui annonce le Symbolisme. — 5 Conjonctions astrales (cf. v. 51-52). — 6 Thème de la *solitude*, du *paysage vierge* (cf. v. 49-50, et Théophile, p. 43). — 7 Dans l'antiquité, on suspendait des ex-voto aux arbres sacrés ; cf. Du Bellay (*Antiq.*, 28), XVIe S., p. 106. — 8 Si on le coupait. — 9 Cf. Ronsard (*Elégies*, 24), XVIe S., p. 126. — 10 Cf. p. 43, v. 23-24, et p. 48, v. 23-24 ; on voit que le rossignol est un thème obligatoire ! — 11 Jolie touche colorée. — 12 Réconciliations. — 13 Ses profondeurs les plus touffues. — 14 Très mièvre. — 15 Faveur.

Lyrisme officiel,
lyrisme indépendant

P.P. Rubens, « La Félicité de la Régence ». (Peinture, vers 1621-1625.
Musée du Louvre, Paris. Ph. H. Josse © Photeb.)

Le lyrisme officiel de Malherbe. Une heureuse correspondance s'établit entre ce tableau de Rubens et le lyrisme officiel des grands poèmes de Malherbe comme la *Prière pour le Roi Henri le Grand* **(p. 21)** ou l'*Ode sur les heureux succès de la Régence* **(p. 24)**. On y trouve le même goût des symboles : à terre, les ennemis enchaînés ; le triomphe de la Paix, de la Justice, de l'Amour ; Minerve et les Beaux-Arts ; les fruits débordant de la corne d'abondance ; les trompettes de la Renommée. L'exubérance du baroque — qui avait aussi tenté Malherbe à ses débuts (cf. **p. 18**) — se concilie ici avec l'équilibre classique de la composition.

J. Jordaens, « Le Roi boit ». (Peinture, XVIIᵉ siècle. Musée du Louvre, Paris. Ph. H. Josse © Photeb.)

G. de La Tour, « La Diseuse de bonne aventure ». (Peinture, XVIIᵉ siècle.   Métropolitan Museum of Art, New York. Ph. H. Josse © Arch. Photeb.)

Le « bon gros Saint-Amant »

On croit changer de planète quand on passe du lyrisme officiel de Malherbe au lyrisme débridé de Saint-Amant. Le poète gourmet et sensuel de *La Crevaille* (**p. 46**), qui a aussi chanté *Le Melon, Le Cidre, Le Fromage*, se présente comme un bon vivant, gros mangeur, grand buveur, amateur de débauche et de chansons à boire, dans la veine truculente qui est aussi celle du peintre flamand Jordaens.

Romantique avant l'heure, ou, si l'on veut, « baroque », Saint-Amant aima la solitude, les tempêtes, les châteaux en ruines (**p. 47**) ; ce bohème manifeste de l'intérêt pour les visions étranges, le fantastique, l'irrationnel.

Le Nain, « La Tabagie. » (Peinture, 1643. Musée du Louvre, Paris. Ph. H. Josse © Photeb.)

J. van Craesbeeck, « Le Fumeur. » (Peinture, XVIIᵉ siècle. Musée du Louvre, Paris. Ph. H. Josse © Photeb.)

« L'herbe à Nicot »

Saint-Amant et ses joyeux compagnons étaient des fervents du tabac introduit en Europe depuis quelques décennies seulement. Il a chanté *La Pipe* et se plaît à brosser des scènes de tabagie : les rêves du fumeur l'affranchissent, dit-il, de son « sort inhumain », même s'il sait que le tabac est comme l'espérance « car l'un n'est que fumée et l'autre n'est que vent ».

III

La préciosité

N. Robert, « *La Guirlande de Julie.* » *(cf. p. 59-60.).* (Miniature, XVIIᵉ siècle. Collection particulière. Ph. © Giraudon.)

A. Bosse, « Réunion de dames ». (Peinture, 1635. Musée des Arts Décoratifs, Paris. Ph. Jeanbor © Arch. Photeb.)

La préciosité s'épanouit dans les « ruelles » et les salons où les dames se réunissent pour des jeux de société ou des divertissements littéraires et pour débattre de subtiles questions psychologiques ou sentimentales (cf. **p. 56-57**). Les invités, grands seigneurs ou poètes, rivalisent d'esprit galant et de trouvailles de style tantôt ingénieuses tantôt ridicules (cf. **p. 60-61**). Ainsi naît une littérature « précieuse » (cf. **p. 59-60**) dont l'animateur le plus représentatif est Vincent Voiture (cf. **p. 62-68**), le romancier le plus admiré Honoré d'Urfé, auteur de l'*Astrée* (cf. **p. 68-73**), la romancière la plus intarissable Mlle de Scudéry, auteur des dix volumes du *Grand Cyrus* et des dix volumes de *Clélie* (cf. **p. 73-74**).

A. Bosse, « L'Odorat ».

A. Bosse, « L'Ouïe ».
(Peintures, 1635. Musée des Beaux-Arts, Tours. Ph. J.J. Moreau © Arch. Photeb.)

La délicatesse précieuse

La suite allégorique des « *cinq sens* » d'Abraham Bosse illustre bien l'esprit précieux, c'est-à-dire le désir de donner « du prix » à sa personne, à ses sentiments, à ses actes, à son langage (cf. **p. 58**). Le raffinement se manifeste ici par le goût des parfums délicats (cf. *Portrait de Cléomire*, **p. 73-74**), tout comme par l'amour de la musique, étroitement lié à celui de la poésie.

« *Le saut de Céladon dans le Lignon* »
(cf. p. 69). (Tapisserie flamande, xviiᵉ siècle. Château de La Bastide d'Urfé, Forès. Ph. Y. Caillat © Arch. Photeb.)

Cl. Deruet, « Julie d'Angennes en costume d'Astrée ». (Peinture, xviiᵉ siècle. Musée des Beaux-Arts, Strasbourg. Ph. J. Franz © Arch. Photeb.)

Bergers et bergères de pastorale

Légèrement antérieure à la grande période de l'Hôtel de Rambouillet, *l'Astrée* reste le témoin d'une société en quête de mœurs délicates exprimées sous une forme raffinée : ce roman exerça une grande influence sur les salons (cf. **p. 68-73**).

Julie d'Angennes, fille de la marquise de Rambouillet, est ici représentée dans le costume d'Astrée. Elle tient sur ses genoux une couronne de fleurs rappelant la « guirlande de Julie », son plus beau titre à la postérité (cf. **p. 59-60**). Cette bergère de convention à la houlette enrubannée est bien digne de la bergère Astrée qui abusa si longtemps de la patience du pauvre Céladon (cf. analyse, **p. 69**) : elle aurait fait attendre quatorze ans son soupirant, le duc de Montausier, avant de lui accorder sa main !

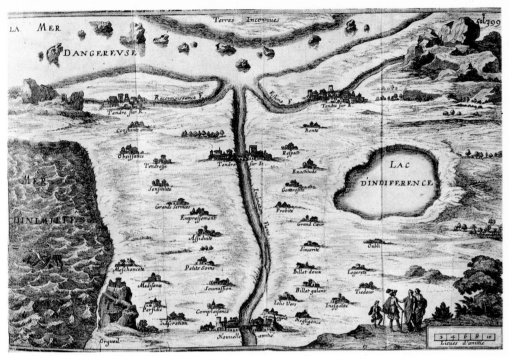

La « *Carte de Tendre* ». (Gravure anonyme, 1654. Bibl. Nat., Paris. Ph. L. Joubert © Arch. Photeb.)

La Carte de Tendre
Tome Ier de *Clélie*, de Mlle de Scudéry (cf. p. 59, 73, 356.).

« Comme la tendresse qui naît par inclination n'a besoin de rien autre chose pour être ce qu'elle est, Clélie n'a mis nul village le long de cette rivière [*d'Inclination*] qui va si vite qu'on n'a que faire de logement le long de ses rives pour aller de *Nouvelle-Amitié* à *Tendre*. Mais pour aller [de *Nouvelle-Amitié*] à *Tendre-sur-Estime*, Clélie a ingénieusement mis autant de villages qu'il y a de petites et de grandes choses qui peuvent contribuer à faire naître par estime cette tendresse dont elle entend parler. En effet vous voyez que de *Nouvelle-Amitié* on passe à un lieu qu'on appelle *Grand-Esprit*, parce que c'est ce qui commence ordinairement l'estime ; ensuite vous voyez ces agréables villages de *Jolis-vers*, de *Billet-galant* et de *Billet-doux* qui sont les opérations les plus ordinaires du grand esprit dans les commencements d'une amitié. Ensuite, pour faire un plus grand progrès dans cette route, vous voyez *Sincérité*, *Grand Cœur*, *Probité*, *Générosité*, *Respect*, *Exactitude* et *Bonté*, qui est tout contre *Tendre*, pour faire connaître qu'il ne peut y avoir de véritable estime sans bonté et qu'on ne peut arriver à *Tendre* de ce côté-là sans avoir cette précieuse qualité. »

VII

Burlesque et fantaisie

Raphaël, « L'Incendie du Bourg. » (Fresque, 1514-1517, détail.
Chambre de l'Incendie, Cité du Vatican. Ph. © Scala.)

La tradition classique

Dans ce détail de l'*Incendie du Bourg*, Raphaël s'est souvenu de la fuite d'Énée, portant respectueusement son père sur ses épaules, lors de l'incendie de Troie. Il a traité le thème selon la tradition classique, en s'inspirant de la description de Virgile dans l'*Énéide* (cf. le passage traduit **p. 76.**)

F. Chauveau, « La Fuite d'Énée ». (Gravure, xviiᵉ siècle. Ph. © Bibl. Nat., Paris
Arch. Photeb.)

La dérive burlesque

Cette illustration du *Virgile travesti* s'inspire fidèlement du texte de Scarron qu'on lira **p. 76**. La comparaison avec la scène traitée par Raphaël dans la tradition classique permettra d'identifier les procédés du burlesque qui tend à présenter les sujets nobles sous une forme vulgaire. On verra plus bas à propos de Boileau (planche L II) le rapport entre l'héroï-comique et le burlesque.

« *Ascension vers le Soleil, dans "une grande boîte fort légère et qui fermait fort juste".* »
(Gravure, XVIIe siècle. Bibl. Nat., Paris. Ph. Jeanbor © Arch. Photeb.)

« *Ascension vers la Lune, à l'aide de "quantité de fioles pleines de rosée", attirées par le soleil.* »
(Gravure, XVIIe siècle. Ph. © Harlingue. Viollet. Arch. Photeb.)

Au royaume des Oiseaux (cf. p. 79). (Gravure, XVIIe siècle. Ph. © Harlingue. Viollet. Photeb).

Cyrano de Bergerac
Un citoyen du « royaume de l'Imagination » (cf. **p. 79-80 ; 128 ; 187**).

PRÉCIEUX ET BURLESQUES

LA PRÉCIOSITÉ

Le courant précieux

I. A L'ÉTRANGER. Le triomphe de la préciosité au début du XVIIᵉ siècle est un *phénomène européen*. En Angleterre, avec son *Euphues* (1579-1581), John LILY lance l'*euphuïsme*, caractérisé par le maniérisme de la forme, l'ingéniosité, l'érudition. En Italie, c'est le *marinisme*, dont le chef-d'œuvre est l'*Adone* (1623) du cavalier MARIN, qui vivait à la cour de Louis XIII : vide de la pensée, mais feu d'artifice verbal, images, antithèses, pointes ou « concetti ». En Espagne, GONGORA est un poète plus authentique : d'après son *Ode sur la prise de Larache* (1610), le *gongorisme* ou *cultisme* se définit par la concentration et l'obscurité volontaire du style. Le cultisme s'élargit en *conceptisme* quand à la densité aristocratique de la forme s'ajoutent la recherche et la subtilité de la pensée.

II. EN FRANCE. La préciosité est une des tendances de notre esprit : elle apparaît dès la littérature courtoise et les allégories du *Roman de la Rose* (cf. *Moyen Age*, p. 43-76 et 191-196); on en trouve des traces chez MAROT (*XVIᵉ Siècle*, p. 18), et l'influence de la préciosité pétrarquiste est très sensible chez SCÈVE (p. 31-33), chez DU BELLAY (p. 98-100), dans les *Amours* de RONSARD (p. 131-145). Selon René Bray, plus que l'influence étrangère, c'est DESPORTES qui assure la transition vers notre littérature précieuse proprement dite : on retrouve chez lui tous les thèmes et les procédés d'expression de ses prédécesseurs, avec un tour galant et léger, une recherche de l'effet qui annoncent la littérature mondaine du XVIIᵉ siècle.

III. LA PRÉCIOSITÉ PHÉNOMÈNE SOCIAL. Il y a eu en France non seulement une poésie précieuse comme à l'étranger, mais une *société précieuse* qui s'est épanouie dans le cadre des salons. La vie de cour, brillante sous les derniers Valois, était devenue si grossière sous Henri IV que, vers 1600, les courtisans épris de politesse, de conversations galantes et raffinées, prirent l'habitude de se réunir dans quelques hôtels aristocratiques. De grandes dames, les duchesses de Rohan et de Nevers, Mᵐᵉˢ de Villeroy, de Guise, de Brienne, s'y retrouvaient avec des gentilshommes et des gens de lettres, parmi lesquels DESPORTES et MAINARD. On s'occupait de littérature, on faisait des vers, et le désir de se distinguer aboutissait parfois aux excès de la préciosité la plus ridicule. C'est à partir de 1607 que commence à paraître, avec un grand succès, l'*Astrée* d'Honoré d'URFÉ. Mais en 1610 l'assassinat du roi et les troubles de la Régence ralentissent la vie mondaine, et il faudra le rétablissement de l'ordre par Richelieu pour que les salons retrouvent leur activité. Ce sont les hôtels aristocratiques de Condé, de Clermont, de Ventadour, de Créqui, le salon de Mᵐᵉ des Loges, fréquenté par MALHERBE et BALZAC et surtout l'HOTEL DE RAMBOUILLET.

L'Hôtel   I. « L'INCOMPARABLE ARTHÉNICE ». Catherine
    de Rambouillet de VIVONNE, Italienne naturalisée, avait épousé en 1600
                  Charles d'Angennes, futur marquis de Rambouillet, et
lui donna sept enfants. De santé précaire, ne pouvant supporter les fatigues de la cour,
elle attire chez elle une société choisie et s'efforce de retrouver la vie brillante qu'elle a
connue en Italie. Vers 1604, elle a fait construire, rue Saint-Thomas-du-Louvre, l'HÔTEL
DE RAMBOUILLET dont elle a fourni les plans et dont les vastes pièces en enfilade émer-
veillent ses hôtes (p. 74). Elle reçoit ses intimes dans la célèbre *Chambre bleue*, bientôt
assistée de ses deux filles. JULIE D'ANGENNES, puis Angélique. Belle, vertueuse sans être
prude, cultivée sans être pédante, « *l'incomparable Arthénice* » (l'anagramme est de
Malherbe) sut faire de son salon le centre du bon goût et de la bienséance.

II. LES TROIS PÉRIODES. De 1620 A 1625, ses hôtes de marque sont Richelieu,
évêque de Luçon, Villars, Guiche, la princesse de Conti, Mme de Sablé, Mme de Clermont,
Mlle Paulet (« *la Lionne* », p. 66); des écrivains : Malherbe, des Yveteaux, Gombauld,
le cavalier Marin, Racan, Vaugelas, Conrart, Segrais, Chapelain. La DEUXIÈME PÉRIODE
(1625-1648), la plus brillante, va de la présentation à la mort de VOITURE. On y voit de
grands seigneurs : le duc d'Enghien, futur Grand Condé, et sa sœur Mlle de Bourbon,
le duc de La Rochefoucauld, le duc de Montausier, qui épousera Julie d'Angennes;
parmi les écrivains nouveaux : Voiture, Georges et Madeleine de Scudéry, Sarasin,
Mairet, Godeau, futur évêque de Grasse, Ménage, Cotin, Benserade, Scarron, Malleville; de temps en temps, Pierre Corneille vient y lire une nouvelle pièce, et on reçoit
une lettre de Balzac (cf. p. 369). Mais le mariage de Julie (1645), la mort de Pisani,
fils de la marquise, celle de Voiture (1648), puis la Fronde précipitent le déclin de
l'Hôtel. DE 1648 A 1665, jusqu'à la mort de Mme de Rambouillet, le salon, fréquenté
pourtant par Mme de Sévigné et Mme de La Fayette, est éclipsé par d'autres cercles plus
animés.

III. LA VIE A L'HOTEL DE RAMBOUILLET. Il faut se garder de l'imaginer à
travers les *Précieuses Ridicules* et les *Femmes Savantes* : l'Hôtel de Rambouillet est un
lieu où l'on s'amuse.

1. PLAISANTERIES ET JEUX DE SOCIÉTÉ. Un matin, on fait croire à GUICHE qu'il est
empoisonné par des champignons et qu'il est enflé : il n'entre plus dans ses habits, qu'on
a rétrécis pendant son sommeil; un autre jour, VOITURE introduit des ours dans le salon,
au grand effroi de la marquise et de ses hôtes; le même Voiture est condamné par un
« tribunal » à être *berné* (lancé en l'air sur une couverture) pour n'avoir pas su distraire
la petite Mlle de Bourbon malade.
On s'amuse à des *jeux de société* : jeu du cœur volé *(on cherche la « voleuse »)*, de la
chasse à l'amour *(qui se cache dans les yeux d'une dame)*, du corbillon (« *J'aime tel ou
telle pour telles qualités ou tels défauts* »,) de la lettre *(toutes les réponses doivent commencer
par la lettre convenue...).* On écoute chanter Mlle PAULET; on donne des bals masqués
(p. 67). Il arrive qu'on se rende à la campagne, au château de Rambouillet, pour y
donner un *cadeau* (collation champêtre) : les jeunes filles se déguisent en nymphes, et
l'on danse au son des violons cachés dans les massifs.

2. DIVERTISSEMENTS LITTÉRAIRES. Les habitués du salon lisent beaucoup et, en
souvenir de l'*Astrée* (p. 69), adoptent des noms romanesques : Mme de Rambouillet est
ARTHÉNICE, sa fille Julie est MÉLANIDE, son futur gendre Montausier est MENALIDUS,
Voiture est surnommé VALÈRE et le petit abbé Godeau est « le nain de Julie ». On participe aux controverses littéraires, à la guerre des *Matineuses* (p. 62), à la *querelle des
sonnets* (p. 63); on prend la défense de « *car* » menacé par l'Académie (p. 65); on joue
la *Sophonisbe* de Mairet (1636); on écoute, en jugeant sévèrement ce mélange de religion et d'amour profane, une lecture de *Polyeucte* par Corneille; un soir, le jeune Bossuet improvise un sermon. Les hôtes de Mme de Rambouillet écrivent eux-mêmes des
lettres et pratiquent tous les genres à la mode (cf. p. 59); beaucoup d'entre eux participent
au recueil collectif et galant de la *Guirlande de Julie* (p. 59-60).

3. LA CONVERSATION. C'est l'occupation précieuse par excellence, portée à la hauteur d'un art délicat et raffiné. On s'intéresse à des *débats psychologiques* : « La beauté est-elle nécessaire pour faire naître l'amour ? Le mariage est-il compatible avec l'amour ? » On en vient à de subtils problèmes de *casuistique amoureuse* : « Quel est l'effet de l'absence en amour ? », ou « Si la présence de ce qu'on aime cause plus de joie que les marques de son indifférence ne donnent de peine ». On discute « de l'embarras où se trouve une personne quand son cœur tient un parti et la raison un autre », et plus qu'au martyre de Polyeucte on s'intéresse à l'amour contrarié de Pauline et de Sévère. Le grand animateur de cette société est VOITURE; c'est lui qui organise les jeux, invente des divertissements, lance des modes littéraires nouvelles : il est vraiment « *l'âme du rond* » (p. 62-68).

Les autres salons   Après la Fronde, d'autres salons connaissent la noto-
riété : les cercles aristocratiques de Mme de Sablé et de Mlle de Montpensier, ceux de Mmes de Sully, de Choisy, de La Suze, les salons plus bourgeois de Mme Scarron (future Mme de Maintenon) et de Mlle Robineau. Mais le plus important, qui prétendait succéder à l'Hôtel de Rambouillet, fut celui de Mlle DE SCUDÉRY.

1. LE SALON DE Mlle DE SCUDÉRY. Ancienne habituée de la *Chambre bleue*, Mademoiselle de Scudéry était alors une vieille fille romanesque d'une quarantaine d'années. Vers 1652, tous les samedis, dans son salon du Marais, elle réunit des *bourgeoises* enthichées de romans et des *gens de lettres* : Conrart, Pellisson, Ménage, Godeau, Chapelain, d'Aubignac, le poète Sarasin, qui sera jusqu'à sa mort (1654) l'amuseur du groupe. Moins aristocratique, moins mondain que l'Hôtel de Rambouillet, ce salon a des *activités surtout littéraires*. Tous les ans, Mlle de Scudéry publie un ou plusieurs tomes de ses romans-fleuves : *Le Grand Cyrus* (10 vol., 1649-1653), puis *Clélie* (10 vol., 1654-1661). Les habitués du salon se reconnaissent dans les héros de ces romans, y retrouvent leurs histoires, leurs conversations sur des sujets galants ; chacun d'eux reçoit un surnom tiré du *Cyrus* : SAPHO (Mlle de Scudéry), ACANTE (Pellisson), le MAGE DE SIDON (Godeau)... On chante les « *chansons* » que l'on vient d'écrire ; on s'exerce aux *genres à la mode* ; on organise des *tournois poétiques* : vingt-cinq madrigaux sur un même sujet en une seule soirée! On commente les petits potins littéraires ; on prend parti dans la querelle entre Mlle de Scudéry et l'abbé d'Aubignac, qui lui dispute l'invention de la *Carte de Tendre* ; on répond à la cabale de Cotin contre *Clélie*. Ce salon a donné le ton de la préciosité littéraire et morale pendant de longues années.

2. « LE MYSTERE DES RUELLES ». C'est vers 1650, en effet, que les salons se multiplient et qu'apparaît la préciosité proprement dite. « *Il est impossible*, dit l'abbé DE PURE en 1656, *de savoir comment le début s'en est fait et comment la chose s'est rendue si commune. Il n'est plus de femme qui n'affecte d'avoir* (dans son salon) *une précieuse... Quand on entre dans une ruelle, comme les duchesses ont leur rang dans le cercle, ainsi la précieuse a le sien.* » A ce moment, le mot n'a rien de péjoratif, et les intéressées revendiquent ce titre pour se distinguer du vulgaire. René Bray a joliment évoqué le *salon du demi-siècle* : « Suivons nos précieux dans une ruelle du Marais. Dès l'entrée, nous remarquons le marteau emmailloté pour que le bruit du heurtoir ne trouble pas, dit-on, la conversation. » « Les dames reçoivent dans leur chambre, au premier étage de leur hôtel : sur une estrade trône le lit isolé par un balustre; la maîtresse des lieux se tient couchée ou assise au pied du lit; une ruelle est occupée par les domestiques, l'autre par les amies siégeant selon leur importance sur des fauteuils, des chaises, des tabourets ou des carreaux. » « La chambre est tenue parfois dans une demi-obscurité favorable à la beauté des dames et à la concentration de l'esprit. Tableaux et miroirs garnissent les murs. »

3. LA PRÉCIOSITÉ RIDICULE. Tous ces précieux font assaut d'esprit galant et cherchent à briller par leur talent littéraire. Voulant se distinguer même par le *costume*, ils suivent la mode en l'exagérant : « En 1660, SOMAIZE note que les dames portent des coiffures en pointe, à la picarde ou à la paysanne; elles brandissent d'un air badin une

petite canne; elles abusent des rubans et ornent leurs robes de crevés. Les hommes ont la perruque longue, des plumes extravagantes au chapeau, des rabats qui descendent dans le dos, des canons à trois étages autour de la jambe. » On fait grand usage de fards, de mouches et de parfums.

L'affectation gagne les belles manières : l'abbé DE PURE projette un *Dictionnaire des Ruelles précieuses,* « pour servir à l'intelligence des traits d'esprit, tons de voix, mouvements d'yeux et autres aimables grâces de la précieuse ». Et MOLIÈRE de renchérir dans le portrait de Climène : « *Il semble que tout son corps soit démonté, et que les mouvements de ses hanches, de ses épaules, et de sa tête, n'aillent que par ressorts. Elle affecte toujours un ton de voix languissant et niais, fait la moue pour montrer une petite bouche, et roule les yeux pour les faire paraître grands.* » *(Critique de l'École des Femmes.)*

Il exagérait à peine lorsqu'il raillait la coquetterie des *Précieuses Ridicules* (sc. 3), l'extravagance des costumes (sc. 4), les manifestations de politesse excessives (sc. 9). S'il a choisi ce sujet pour ses débuts à Paris, c'est qu'en 1659 le mal était d'actualité. Malgré ses protestations, il visait probablement Mlle de Scudéry, ou tout au moins les salons bourgeois de Paris et de province qui, pour singer la société élégante, tombaient dans le mauvais goût et l'extravagance. Quand il revient à la charge avec *Les Femmes Savantes* (1672), c'est sous un aspect nouveau de la préciosité qu'il attaque : l'engouement pour la science. La préciosité ridicule avait la vie dure : à partir de 1663, en pleine période classique, le *Recueil de poésies galantes* de la comtesse de La Suze (en 5 tomes !) compte une quinzaine de réimpressions. A la fin du siècle, les attaques de LA BRUYÈRE contre les cercles où règnent « *l'inintelligible et le subtil* » (p. 406), celles de BOILEAU contre « *la secte façonnière* » *(Satire sur les Femmes,* 1694) montrent que les précieuses n'ont pas totalement désarmé.

L'esprit précieux

1. EFFORT VERS LA DISTINCTION. La préciosité est essentiellement le désir de donner « *du prix* » à sa personne, à ses sentiments, à ses actes, à son langage. Certains s'élèvent d'instinct au-dessus du vulgaire; au contraire, la préciosité implique un *effort conscient,* un acte de volonté pour « *se tirer du prix commun des autres* » (abbé DE PURE). Elle peut être délicate et pleine de charme si elle est limitée par le bon goût et se concilie avec le naturel; elle devient ridicule lorsqu'elle dérive vers l'affectation et la recherche excessive. L'HÔTEL DE RAMBOUILLET reste habituellement dans le cadre du goût et de la bienséance. « *On n'y parle point savamment, mais on y parle raisonnablement, et il n'y a lieu du monde où il y ait plus de bon sens et moins de pédanterie* » (CHAPELAIN, 1638). La littérature y est un *divertissement d'amateurs* parmi beaucoup d'autres. Mlle DE SCUDÉRY se défend aussi de « faire la savante », mais son salon est plus porté vers la littérature et la science. C'est la prétention de se distinguer dans les « choses de l'esprit » qui a déterminé, du point de vue littéraire, la préciosité ridicule. Il y a toujours eu des précieux ridicules par manque de goût : il y en avait déjà avant 1610. S'ils sont plus nombreux à partir de 1650, c'est que la préciosité s'étend à des milieux plus bourgeois, que le bel esprit est chose rare et qu'il est dangereux de forcer la nature.

2. GOUT DES « CHOSES DE L'ESPRIT ». « *Je suis certain que la première partie d'une précieuse est l'esprit, et que pour porter ce nom il est absolument nécessaire qu'une personne en ait ou affecte de paraître en avoir, ou du moins qu'elle soit persuadée qu'elle en a.* » (SOMAIZE.) Mais toutes les femmes d'esprit ne sont pas précieuses, « *ce sont seulement celles qui se mêlent d'écrire ou de corriger ce que les autres écrivent, celles qui font leur principal de la lecture des romans et surtout celles qui inventent des façons de parler bizarres par leur nouveauté et extraordinaires dans leurs significations* ».

Comme il n'est pas toujours facile de se distinguer par l'originalité de la pensée, les précieux s'attachent surtout à la *forme,* à l'art de rendre les idées singulières par un langage piquant et ingénieux. Toutefois, ce sont avant tout des *mondains :* ils se défendent d'être auteurs de profession; ils écrivent pour leur plaisir, ont un faible pour « *l'impromptu* » et pratiquent les petits genres à la mode. Soucieux de plaire aux dames, ils composent des poèmes galants, évitent l'érudition et méprisent les Anciens, « ces vieux barbons » (abbé DE PURE).

LA LITTÉRATURE PRÉCIEUSE

Les idées   1. L'AMOUR ÉPURÉ. L'amour est le principal sujet
et les sentiments des précieux. Ce n'est plus l'amour gaillard du XVIe siècle :
Mme DE RAMBOUILLET exigeait dans son salon un par-
fait respect des convenances, et même la passion, qui aurait troublé le calme de la vie
mondaine, en était bannie. L'influence de l'*Astrée* (p. 69) a aussi contribué à dégager
l'*amour* de la sensualité vulgaire et de la passion aveugle. Les précieuses reviennent à
l'*amour courtois* et *platonique* : SAINT-ÉVREMOND leur reproche d'avoir « tiré une
passion très sensible du cœur à l'esprit et converti des mouvements en idées ». On les a
d'abord appelées *prudes*, et NINON DE LENCLOS les traitait de « *jansénistes de l'amour* ».
Mais cette austérité s'accompagne de *coquetterie* : les précieuses aiment la galanterie,
l'amour romanesque dont les longueurs permettent de savourer les nuances du sentiment
(cf. *Précieuses Ridicules*, sc. 4).

2. VOYAGES AU PAYS DE TENDRE. MONTAUSIER ne mit pas moins de quatorze ans à obtenir la main de JULIE D'ANGENNES par une cour raffinée dont la
Guirlande de Julie est un délicat témoignage. Mlle DE SCUDÉRY entretint pendant deux
ans (1652-1654) une correspondance sentimentale avec PELLISSON avant d'avouer
ainsi sa défaite :

Enfin, Acante, il faut se rendre   Je vous fais citoyen de Tendre
Votre esprit a charmé le mien.   Mais de grâce n'en dites rien.

C'est la *Carte de Tendre* qui symbolise les complications et les conventions de la
galanterie précieuse. Insérée dans la *Clélie*, elle était devenue un divertissement de
société : précieux et précieuses exploraient à l'envi le pays de Tendre, et les « jolis
commerces de prose et de vers » naissaient moins des sentiments sincères que du bel
esprit. On trouvait déjà dans l'*Astrée* l'éclosion et les progrès de l'amour, les rivalités,
les jalousies, les malentendus ; on se mit à raffiner encore sur ces nuances. On « *mettait
une question galante sur le tapis* » et l'on distinguait 9 sortes d'estime, 12 sortes de soupirs,
8 catégories de beautés! Ainsi s'explique le succès des interminables romans psychologiques.

3. MARIAGE ET FÉMINISME. Certaines précieuses étaient hostiles au mariage,
estimant qu'il condamne la femme à la servitude et altère la pureté de l'amour. Celles
qui l'admettaient se refusaient aux « *saletés* » et aux « *choses du mariage* » ; elles reven-
diquaient l'*indépendance* et l'*égalité des droits*. Mépris souverain de la matière, sans
doute ; ce serait aussi, selon la critique moderne, une réaction des bourgeoises souvent
mariées malgré elles et avides de conquérir la liberté relative dont jouissaient les femmes
de l'aristocratie. On voit même s'exprimer des thèses hardies, comme celles du divorce
ou du mariage à l'essai, et surtout l'idée des vengeances que peut exercer une femme
mariée contre son gré. Il est curieux de noter que, sur ce point du moins, Molière était
d'accord avec les précieuses !

Les genres précieux   Les poètes mondains ont pratiqué des *genres mineurs*,
                           petites œuvres fugitives que la mode imposait tour à
tour. René Bray les classe en trois groupes, selon les traits de l'esprit précieux.

1. GENRES GALANTS. Le compliment à une dame s'exprime dans une *lettre* (p. 66)
ou une *épigramme*, triomphe de COTIN (cf. *Femmes Savantes*, III, 2) et de BENSERADE.
Le *blason* est consacré aux beautés de la dame : BENSERADE a fait une série de 22 blasons
en antithèse sur la beauté et la laideur des parties du corps. VOITURE remit à la mode
le *rondeau* médiéval et triompha dans le *sonnet galant*, aimé pour sa difficulté (p. 63).
Le plus bel exemple de galanterie poétique est la *Guirlande de Julie* (1641), calli-
graphiée sur vélin et ornée de fleurs symboliques, offertes par MONTAUSIER à Julie
d'Angennes. La plupart des habitués de l'Hôtel de Rambouillet avaient collaboré à
ce recueil où diverses fleurs, tour à tour, célèbrent les qualités de la jeune fille. Voici
deux poèmes de MALLEVILLE, puis *La Tulipe* de MONTAUSIER et *Le Pavot* de SCUDÉRY.

LA COURONNE IMPÉRIALE.

Bien que de la Rose et du Lis
Deux rois d'éternelle mémoire
Fassent voir leurs front embellis,
Ces fleurs sont moindres que ta gloire ;
Il faut un plus riche ornement
Pour récompenser dignement
Une vertu plus que royale ;
Et si l'on se veut acquitter
On ne peut moins te présenter
Qu'une couronne impériale.

LA TULIPE FLAMBOYANTE.

Permettez-moi, belle Julie,
De mêler mes vives couleurs
A celle de ces rares fleurs
Dont votre tête est embellie :
Je porte le nom glorieux
Qu'on doit donner à vos beaux yeux.

L'ANGÉLIQUE.

Quand toutes les fleurs prennent place
Sur l'ivoire de votre front,
Il faut par raison que je fasse
Ce que par audace elles font ;
Et certes si la voix publique
Me nomme partout Angélique
Et me donne tant de renom,
Je réponds mal à ses louanges
Et ne mérite plus mon nom
Si je ne couronne les anges.

LE PAVOT.

Accordez-moi le privilège
D'approcher de ce front de neige,
Et si je suis placé (comme il est à propos)
Auprès de ces soleils que le soleil seconde,
Je leur donnerai le repos
Qu'ils déroberont à tout le monde.

2. GENRES INGÉNIEUX. L'*énigme* en vers est en vogue dès 1638 : COTIN en publie un recueil qui sera réimprimé jusqu'en 1687. Le *bout-rimé* exige de véritables prouesses : on écrivit 25 sonnets sur le même thème *(la mort d'un perroquet)* et sur les mêmes rimes ! La *glose* consiste à délayer un poème antérieur, à raison d'un quatrain pour chaque vers.

3. GENRES PSYCHOLOGIQUES. La MÉTAMORPHOSE fleurit vers 1640 : la dame se transforme en un être ou un objet qui correspond à ses qualités ; ainsi VOITURE a écrit la *Métamorphose de Julie en diamant*. Le PORTRAIT est le genre psychologique par excellence. Mlle DE SCUDÉRY trace les portraits de tout son entourage dans *Le Grand Cyrus* (p. 73) ; puis on s'amusa dans les salons à faire le portrait d'une personne désignée d'avance : c'était à qui découvrirait le trait juste, l'expression frappante. Enfin, vers 1659, Mlle de Montpensier publie un recueil de portraits écrits en collaboration avec ses hôtes, Segrais, La Rochefoucauld, Mmes de Sévigné et de La Fayette : le *genre du portrait* était né et allait prendre une place de choix dans notre littérature (cf. p. 396).

Le style précieux   Le désir de se distinguer s'affirme aussi dans le langage. « *Les précieuses sont fortement persuadées qu'une pensée ne vaut rien lorsqu'elle est entendue de tout le monde, et c'est une de leurs maximes de dire qu'il faut nécessairement qu'une précieuse parle autrement que le peuple, afin que ses pensées ne soient entendues que de ceux qui ont des clartés au-dessus du vulgaire* » (SOMAIZE). L'abbé DE PURE note que leur principale occupation est « la recherche des bons mots et des expressions extraordinaires ». Ainsi s'est créé une sorte de jargon précieux.

I. LE VOCABULAIRE. Parmi les cinq « *vœux solennels* » de la précieuse, l'abbé DE PURE compte « celui de la pureté du style » et « celui de l'extirpation des mauvais mots ». Ce sont, avec la singularité, les tendances essentielles du vocabulaire précieux.

1. LA SINGULARITÉ. D'après les contemporains, les précieux se distinguaient volontiers dans la conversation par la création de NÉOLOGISMES qui faisaient admirer leur ingéniosité. Mais peu de ces mots nouveaux ont trouvé place dans leurs écrits : citons *s'encanailler, féliciter, enthousiasmer, bravoure, anonyme, incontestable, pommadé* ; et parmi ceux qui se sont perdus : *débrutaliser, importamment, soupireur.*

L'EXAGÉRATION est aussi un moyen précieux de se singulariser ; on abuse des adverbes superlatifs *furieusement, terriblement, effroyablement,* et des adjectifs *furieux, terrible, effroyable, admirable, horrible, ravissant* ; on s'écrie : « *Est-ce qu'on n'en meurt point?* » Au lieu du superlatif, on emploie *le dernier* : « *Cela est du dernier galant.* »

2. LA PURETÉ. Par BIENSÉANCE, les précieux (rejoignant Malherbe et Vaugelas) rejettent les termes réalistes, éveillant des images « insupportables », équivoques ou contenant des « syllabes déshonnêtes ». On remplace par des *périphrases* des mots comme cadavre, charogne, cracher, vomir, excrément, chemise, balai ; on évite poi-

trine, parce qu'on dit poitrine de veau, et *pouls*, « à cause de l'équivoque de ce nom de vermine » *(pou)* ; Balzac trouve inconvenant ce vers de *Job* adressé à une dame : « Vous verrez sa misère nue » (p. 63). Par souci de NOBLESSE, on repousse les mots populaires (barguigner, besogne, bride, trogne, troquer), ainsi que les termes de métier, de palais, de chicane, termes techniques qu'on laisse aux « idiots et mécaniques » : pendant deux siècles, la langue va souffrir de cette division en castes de mots nobles et de mots bas.

On méprise également le « vieux langage » *(Femmes Savantes*, v. 552), malgré un engouement passager de l'Hôtel de Rambouillet pour les archaïsmes vers 1640.

3. PRÉCISION ET PROPRIÉTÉ DES TERMES. Par purisme aristocratique, les précieux respectent minutieusement la propriété des termes : il faut dire *aimer une dame*, mais *goûter le melon*. Ces amateurs de nuances psychologiques ont utilement fixé le sens de termes comme *bel esprit, galant, prude, précieuse, honnête homme*. Inversement, mais toujours par désir de se distinguer, ils émaillent leur langage de mots vagues ou inutiles : *joli, galant, ma chère, car enfin, air (bon air, bel air, l'air de la cour)*.

II. LE STYLE FIGURÉ. C'est surtout dans les *figures de style* que les précieux ont cherché l'originalité, en dépit de MALHERBE qui réagissait, il est vrai, contre les excès du début du siècle. Les principaux signes de cette recherche sont l'ingéniosité, la surprise, l'hyperbole, l'abstraction.

1. L'INGÉNIOSITÉ. La PÉRIPHRASE est utilisée soit pour éviter un mot bas, soit pour faire preuve d'ingéniosité. En voici quelques-unes, tirées du *Dictionnaire des Précieuses*, de SOMAIZE : le balai : *l'instrument de la propreté* ; la chandelle : *le supplément du soleil* ; le chapeau : *l'affronteur des temps* ; la cheminée : *l'empire de Vulcain* ; la main : *la belle mouvante* ; les pieds : *les chers souffrants* ; le pain : *le soutien de la vie* ; le miroir : *le conseiller des grâces* ; le fauteuil : *les commodités de la conversation*.

Certaines périphrases plus spirituelles renferment des MÉTAPHORES : les dents : *l'ameublement de la bouche* ; se farder : *lustrer son visage* ; les joues : *les trônes de la pudeur* ; la lune : *le flambeau de la nuit* ; la musique : *le paradis des oreilles* ; le nez : *les écluses du cerveau* ; les violons : *les âmes des pieds* ; les yeux : *le miroir de l'âme*.

La MÉTAPHORE propose à l'esprit une sorte de rébus qui exerce sa sagacité : *a)* tantôt c'est la substitution d'un objet à un autre : un peigne : *un dédale* ; un paravent : *un traître* ; des épingles : *des sangsues* ; — *b)* tantôt un adjectif désignant la qualité d'un objet est appliqué à un autre objet : billet *doux*, lèvres bien *ourlées*, cheveux d'un blond *hardi*. — *c)* Souvent la métaphore repose sur l'alliance du concret et de l'abstrait : avoir un *tour* admirable dans l'esprit *(tour : outil d'artisan)*, le *masque* de la générosité ; avoir l'âme *sombre, ma chère*, l'intelligence *épaisse* ; *travestir* sa pensée, *châtier* sa poésie.

Les précieux aiment *prolonger les métaphores* (p. 65, 66, 67) avec une subtilité dont s'est moqué MOLIÈRE *(Femmes Savantes*, v. 746-754). Les métaphores galantes comparent souvent l'amour à la guerre *(Précieuses*, sc. 9), aux duels, à la chasse, aux jeux de société. Le chef-d'œuvre du genre est la Carte de Tendre, où l'amour est un voyage.

2. LA SURPRISE. C'est un moyen ingénieux de rendre le style piquant. Par exemple, la POINTE apporte un élément inattendu à la fin d'un poème : ainsi cette épigramme de MÉNAGE : *Ce portrait ressemble à la Belle | Il est insensible comme elle*.

La surprise peut résulter d'une ANTITHÈSE *(Belle Philis on désespère | Alors qu'on espère toujours)* ou d'une ALLIANCE DE MOTS *(une douce cruauté, une personne audacieusement craintive)*. Les comparaisons visent souvent à des RAPPROCHEMENTS INATTENDUS : ainsi Cotin compare les taches sur le visage d'une dame... aux taches du soleil.

3. L'HYPERBOLE. Elle se rattache au goût précieux de l'outrance. Elle apparaît chaque fois qu'un amant évoque son martyre (p. 63), ses espérances, ou les charmes de sa dame. Ainsi TRISTAN L'HERMITE exprimant l'*Extase d'un baiser* s'écrie :

J'ai rencontré ma mort sur un bouton de rose.

4. L'ABSTRACTION. C'est aussi une tendance du style recherché : des termes comme *beauté, grâce, bonté, mérite, douceur, générosité* reviennent sans cesse dans la littérature précieuse, et souvent ces abstractions sont personnifiées. C'était aussi la mode de remplacer les mots abstraits par des adjectifs substantivés comme au temps de la *Pléiade* : *je n'ignore pas le fin et le délicat* ; *démêler le confus* ; *le haut du jour* ; *l'obscur des vallons*.

LA LITTÉRATURE DE SALON

Vincent Voiture   On ne saurait mieux étudier la littérature de salon que dans l'œuvre de VOITURE (1597-1648), l'animateur de l'Hôtel de Rambouillet. Né à Amiens, ce fils d'un marchand de vins fit de bonnes études et fut assez habile pour se glisser à la cour, puis chez Mme DE RAMBOUILLET. Il y devint indispensable par son *enjouement* et ses ressources d'*amuseur inépuisable.* Roturier fier de sa roture, il est mêlé à toutes les activités de ce salon aristocratique : il y brille par son *badinage galant* (p. 63) et prend part aux *querelles littéraires* (p. 65); durant ses voyages, il est encore présent dans la *Chambre bleue* par ses *lettres* pleines de verve et d'imagination (p. 66), chefs-d'œuvre du genre jusqu'à Mme DE SÉVIGNÉ.

LA BELLE MATINEUSE

Ce thème précieux avait déjà inspiré DU BELLAY (cf. *XVIe Siècle*, p. 99). Vers 1645, Voiture récita ce poème à l'Hôtel de Rambouillet. Aussitôt, Claude DE MALLEVILLE, auteur de trois sonnets de même inspiration, les opposa à celui de son rival. La *querelle* occupa quelque temps la belle société, où l'on semble avoir préféré les sonnets de Malleville, dont on lira plus bas le meilleur.

Des portes du matin l'amante de Céphale [1]
Ses roses épandait dans le milieu des airs,
Et jetait sur les cieux nouvellement ouverts
Ces traits d'or et d'azur qu'en naissant elle étale [2],

Quand la Nymphe divine, à mon repos fatale [3],
Apparut [4], et brilla de tant d'attraits divers
Qu'il semblait qu'elle seule éclairait l'univers
Et remplissait de feux [5] la rive orientale.

Le soleil se hâtant pour [6] la gloire des Cieux
Vint opposer sa flamme à l'éclat de ses yeux [7]
Et prit tous les rayons dont l'Olympe se dore.

L'onde, la terre et l'air s'allumaient à l'entour,
Mais auprès de Philis on le prit pour l'Aurore,
Et l'on crut que Philis était l'astre du Jour [8].

– *Indiquez les étapes de la progression entre le début et la fin du sonnet. Précisez les comparaisons impliquées dans les vers 13 et 14.*
– *Définissez d'après ce poème : a) l'esprit précieux ; – b) la préciosité littéraire.*
– *A quoi reconnaissez-vous qu'il s'agit ici d'un jeu littéraire ?*
– *Étudiez : a) l'harmonie des vers ; – b) les caractères de la versification.*

– EXERCICE : *Comparez* Les Matineuses *de* DU BELLAY, *de* VOITURE *et de* MALLEVILLE *(ci-dessous).*

Le silence régnait sur la terre et sur l'onde,
L'air devenait serein et l'Olympe vermeil,
Et l'amoureux Zéphyre, affranchi du sommeil,
Ressuscitait les fleurs d'une haleine féconde ;

L'Aurore déployait l'or de sa tresse blonde,
Et semait de rubis le chemin du soleil ;
Enfin ce Dieu venait au plus grand appareil
Qu'il soit jamais venu pour éclairer le monde,

Quand la jeune Philis au visage riant,
Sortant de son palais plus clair que l'Orient,
Fit voir une lumière et plus vive et plus belle.

Sacré flambeau du jour, n'en soyez point jaloux :
Vous parûtes alors aussi peu devant elle
Que les feux de la nuit avaient fait devant vous.

— 1 L'AURORE, déesse qui ouvrait au char du soleil les « portes » du ciel, s'était éprise du roi Céphale. Etudier ces deux périphrases. — 2. Cette peinture est-elle très originale ? très évocatrice ? — 3 Périphrase à expliquer. — 4 Commenter l'effet de cette coupe. — 5 Que symbolisent ces feux? — 6 *Pour assurer...* Idée précieuse. — 7 Montrer la préciosité de ce rapprochement. — 8 Cf. MALLEVILLE : *Sitôt qu'elle parut, ta clarté fut une ombre | Et l'on ne connut plus de soleil que ses yeux.*

LE SONNET D'URANIE

La querelle autour de ce sonnet de Voiture eut lieu, à vrai dire, après sa mort, entre 1648 et 1650. On lui opposa le *Job* de Benserade (1613-1691), qui briguait la succession de Voiture. Deux partis se formèrent : les *Uranistes*, dirigés par Mme de Longueville, et les *Jobelins*, sous le prince de Conti, son frère. Les « combattants » les plus connus étaient Sarasin, Georges et Madeleine de Scudéry, Chapelain, Desmarets de Saint-Sorlin et Balzac. Ce dernier consacra à la querelle une dissertation de vingt pages! Quant à Corneille, il s'en tira avec esprit et « répondit en Normand ».

Il faut finir mes jours en l'amour d'Uranie!
L'absence ni le temps ne m'en sauraient guérir,
Et je ne vois plus rien qui me pût [1] secourir,
Ni qui sût rappeler ma liberté bannie.

Dès longtemps [2] je connais sa rigueur infinie!
Mais, pensant aux beautés pour qui [3] je dois périr,
Je bénis mon martyre et, content de mourir,
Je n'ose murmurer contre sa tyrannie.

Quelquefois ma raison, par de faibles discours [4],
M'invite à la révolte et me promet secours.
Mais, lorsqu'à mon besoin [5] je me veux servir d'elle,

Après beaucoup de peine et d'efforts impuissants,
Elle dit qu'Uranie est seule aimable et belle,
Et m'y rengage [6] plus que ne font tous mes sens.

- *Distinguez les divers « actes » de ce petit drame psychologique. Quel rapport observez-vous entre les étapes de ce drame et l'organisation du sonnet ?*
- *Comment se manifeste la préciosité des sentiments exprimés ?*
- *Relevez les éléments précieux du style ; étudiez en particulier les métaphores et leur enchaînement.*

- Exercice : *Comparez* Job *et* Uranie *pour la composition, les sentiments, le ton, l'expression, la pointe finale. Qu'y a-t-il de spirituel dans le sonnet de* Corneille *(colonne de droite) ?*

Job[7], de mille tourments atteint,	Deux sonnets partagent la ville,
Vous rendra sa douleur connue,	Deux sonnets partagent la cour,
Et raisonnablement il craint	Et semblent vouloir à leur tour
Que vous n'en soyez point émue.	Rallumer la guerre civile.
Vous verrez sa misère nue :	Le plus sot et le plus habile
Il s'est lui-même ici dépeint.	En mettent leur avis au jour,
Accoutumez-vous à la vue	Et ce qu'on a pour eux d'amour
D'un homme qui souffre et se plaint.	A plus d'un échauffe la bile.
Bien qu'il eût d'extrêmes souffrances	Chacun en parle hautement
On voit aller des patiences	Suivant son petit jugement,
Plus loin que la sienne n'alla.	Et, s'il y faut mêler le nôtre,
S'il souffrit des maux incroyables,	L'un est sans doute mieux rêvé,
Il s'en plaignit, il en parla ;	Mieux conduit et mieux achevé ;
J'en connais de plus misérables.	Mais je voudrais avoir fait l'autre.

— 1 Pourrait. — 2 Depuis longtemps. — 3 Cf. App. C1. — 4 Raisonnements. — 5 Selon mon besoin. — 6 Me rengage à son service. — 7 Personnage biblique qui supporta la misère et la maladie sans désespérer de Dieu.

A Monseigneur le Prince

VOITURE fut quelquefois autre chose que « *l'âme du rond* ». Témoin cette *Épître au prince de Condé* : on admirera la souplesse de ce lyrisme apte à traiter avec grâce les thèmes les plus graves, à donner des conseils de prudence sur le ton enjoué du badinage affectueux. « *Il fait la chaîne entre Marot et La Fontaine* », dit avec raison M. René Bray, qui cite encore, dans la même lignée, Voltaire et Musset. A 24 ans, CONDÉ était déjà le vainqueur de Rocroi (1643) et de Nordlingen (1645) ; il venait de rentrer en France à la suite d'une maladie, et c'est au moment des fêtes en son honneur que VOITURE lui adressa cette épître.

Soyez, Seigneur, bien revenu
De tous vos combats d'Allemagne,
Et du mal qui vous a tenu
Sur la fin de cette campagne.[...]
Mais, dites-nous, je vous supplie,
La Mort, qui dans le champ de Mars,
Parmi les cris et les alarmes,
Les feux, les glaives et les dards,
Le bruit, et la fureur des armes,
10 Vous parut avoir quelques charmes [1],
Et vous sembla belle autrefois,
A cheval et sous le harnois [2],
N'a-t-elle pas une autre mine
Lors qu'à pas lents elle chemine
Vers un malade qui languit ?
Et semble-t-elle pas bien laide,
Quand elle vient, tremblante et froide [3],
Prendre un homme dedans son lit [4] ? [..]
Monseigneur, en ce triste état,
20 Confessez que le cœur vous bat,
Comme il fait à tant que nous sommes [5],
Et que vous autres demi-dieux,
Quand la mort ferme ainsi vos yeux,
Avez peur comme d'autres hommes [6] [...]
Commencez doncques à songer
Qu'il importe d'être de vivre.
Pensez mieux à vous ménager.
Quel charme a pour vous le danger,
Que vous aimiez tant à le suivre ?
30 Si vous aviez dans les combats
D'Amadis [7] l'armure enchantée,
Comme vous en avez le bras
Et la vaillance tant vantée,

De votre ardeur précipitée [8],
Seigneur, je ne me plaindrais pas.

Mais en nos siècles où les charmes [9]
Ne font pas de pareilles armes ;
Qu'on voit que le plus noble sang [10]
Fût-il d'Hector ou d'Alexandre,
Est aussi facile à répandre   40
Que l'est celui du plus bas rang,
Que d'une force sans seconde
La mort sait ses traits élancer [11],
Et qu'un peu de plomb peut casser
La plus belle tête du monde,
Qui l'a bonne [12] y doit regarder.
Mais une telle que la vôtre
Ne se doit jamais hasarder.
Pour votre bien et pour le nôtre,
Seigneur, il vous la faut garder.   50
C'est injustement que la vie
Fait le plus petit de vos soins :
Dès qu'elle vous sera ravie,
Vous en vaudrez de moitié moins.
Soit [13] roi, soit prince, ou conquérant,
On déchoit bien fort en mourant ;
Ce respect, cette déférence,
Cette foule qui suit vos pas,
Toute cette vaine apparence,
Au tombeau ne vous suivront pas.   60
Quoi que votre esprit se propose,
Quand votre course sera close,
On vous abandonnera fort :
Et, Seigneur, c'est fort peu de chose
Qu'un demi-dieu, quand il est mort.

— 1 Quelle est, d'après ce qui précède, la raison de ces « charmes » ? — 2 L'armure. — 3 Pr. *freide*. — 4 Comment le poète a-t-il suggéré l'opposition entre ces deux sortes de mort ? — 5 A *tous* tant que. — 6 Etudier la hardiesse de l'idée et la grâce de l'expression. —

7 AMADIS DE GAULE, héros d'un roman de chevalerie : son armure le rendait invulnérable. — 8 Irréfléchie (lat. *præceps*). — 9 Pouvoir magique. — 10 Le marquis de PISANI, fils de Mme de Rambouillet, venait d'être tué à Nordlingen. — 11 Lancer. — 12 Qui a *la tête* sensée. — 13 *Qu'on soit*.

Défense de « car »

En 1637, l'Hôtel de Rambouillet prit part à une *dispute grammaticale* sur le mot *car*. Cette conjonction avait eu le tort de déplaire à MALHERBE et GOMBERVILLE se flattait de l'avoir évitée dans les cinq volumes de son *Polexandre*. L'ACADÉMIE, saisie du problème, l'étudia avec une ardeur dont s'est moqué SAINT-EVREMOND (*comédie des Académistes*) : elle préférait *pour ce que*. D'où une bataille de pamphlets. Mlle de RAMBOUILLET appela VOITURE au secours : il répondit par un plaidoyer plein d'esprit qui se termine sur un madrigal.

Mademoiselle, *car* étant d'une si grande considération [1] dans notre langue, j'approuve extrêmement le ressentiment que vous avez du tort qu'on veut lui faire, et je ne puis bien espérer de l'Académie dont vous me parlez, voyant qu'elle se veut établir [2] par une si grande violence [3]. En un temps où la fortune joue des tragédies par tous les endroits de l'Europe, je ne vois rien si digne de pitié que quand je vois que l'on est prêt de [4] chasser et faire le procès [5] à un mot qui a si utilement servi cette monarchie [6] et qui, dans toutes les brouilleries du royaume, s'est toujours montré bon Français. Pour moi, je ne puis comprendre quelles raisons ils pourront alléguer contre une diction [7] qui marche toujours à la
10 tête de la raison, et qui n'a point d'autre charge que de l'introduire [8]. Je ne sais pour quel intérêt ils tâchent d'ôter à *car* ce qui lui appartient pour le donner à *pour ce que*, ni pourquoi ils veulent dire avec trois mots ce qu'ils peuvent dire avec trois lettres [9]. Ce qui est le plus à craindre, Mademoiselle, c'est qu'après cette injustice, on en entreprendra d'autres. On ne fera point de difficulté d'attaquer *mais*, et je ne sais si *si* demeurera en sûreté. De sorte qu'après nous avoir ôté toutes les paroles qui lient les autres, les beaux esprits nous voudront réduire au langage des anges, ou, si cela ne se peut, ils nous obligeront au moins à ne parler que par signes. Certes, j'avoue qu'il est vrai ce que vous dites [10], qu'on ne peut mieux connaître par aucun exemple l'incertitude des choses
20 humaines. Qui [11] m'eût dit, il y a quelques années, que j'eusse dû vivre plus longtemps que *car*, j'eusse cru qu'il m'eût promis une vie plus longue que celle des patriarches. Cependant, il se trouve qu'après avoir vécu onze cents ans, plein de force et de crédit, après avoir été employé dans les plus importants traités, et assisté toujours honorablement dans le conseil de nos rois, il tombe tout d'un coup en disgrâce et est menacé d'une fin violente. Je n'attends plus que l'heure d'entendre en l'air des voix lamentables, qui diront : *le grand car est mort*, et le trépas du grand *Cam* [12] ni du grand *Pan* [13] ne me semblerait pas si important ni si étrange.[...] Parmi tout cela, je confesse que j'ai été étonné de voir combien vos bontés sont bizarres et que je trouve étrange que vous, Mademoiselle, qui
30 laisseriez périr [14] cent hommes sans en avoir pitié, ne puissiez voir mourir une syllabe. Si vous eussiez eu autant de soin de moi que vous en avez de *car*, j'eusse été bien heureux malgré une mauvaise fortune. La pauvreté, l'exil et la douleur ne m'auraient qu'à peine touché. Et si vous ne m'eussiez pu ôter ces maux, vous m'en eussiez au moins ôté le sentiment...

— 1 *Dignité*. C'est un grand personnage ! Etudier la reprise de cette métaphore. — 2 Etablir son autorité récente (1635). — 3 Faite au langage. — 4 Prêt à. — 5 Double construction aujourd'hui incorrecte. Préciser. — 6 Cf. la formule qui terminait les actes royaux : « *Car* tel est notre bon plaisir. » — 7 Un mot. — 8 Jeu de mots à expliquer. — 9 Apprécier cet argument. — 10 Ce que vous dites est vrai (*Il*, pron. neutre, annonce *ce*). — 11 Si quelqu'un. — 12 Khan, nom des princes tartares. — 13 Selon Suétone et Plutarque, des navigateurs auraient entendu une voix gémissante qui répétait : « *Le Grand Pan est mort.* » — 14 *D'amour*. Cf. à Mlle de Bourbon : « *Ne pleurez pas les chiens, vous qui tuez les hommes.* »

LETTRE A UNE « LIONNE »

Au service de Monsieur, Gaston d'Orléans, frère de Louis XIII et éternel factieux, VOITURE fut longtemps suspect à Richelieu. Ses *exils* forcés ou volontaires lui fournirent l'occasion de voyager en Belgique, en Espagne et même au Maroc, et d'écrire à l'Hôtel de Rambouillet des *lettres pleines de fantaisie.* Celle qu'on va lire, datée de Ceuta (7 août 1633), est adressée à Mlle PAULET, surnommée *la Lionne* à cause de sa chevelure « d'un blond hardi » (c'est-à-dire rousse!). Voiture lui fit longtemps la cour, à la mode précieuse, puis le roman finit par une brouille. On pourra étudier dans cette lettre le *don de perpétuelle invention* qui fait le charme de Voiture épistolier.

Mademoiselle, enfin, je suis sorti de l'Europe, et j'ai passé ce détroit qui lui sert de bornes. Mais la mer qui est entre vous et moi ne peut rien éteindre de la passion que j'ai pour vous, et quoique tous les esclaves de la chrétienté se trouvent libres en abordant cette côte, je ne suis pas moins à vous pour cela [1]. Ne vous étonnez pas de m'ouïr dire des galanteries si ouvertement. L'air de ce pays m'a déjà donné je ne sais quoi de félon [2] qui fait que je vous crains moins, et quand je traiterai désormais avec vous, faites état que c'est de Turc à More [3].

Il ne vous doit pas pourtant déplaire que je vous parle d'amour de
10 si loin, et quand ce ne serait que par curiosité, vous devez être bien aise de voir des poulets [4] de Barbarie. Il manquait à vos aventures d'avoir un amant au-delà de l'Océan, et, comme vous en avez dans toutes les conditions, il faut que vous en ayez dans toutes les parties du monde. Je gravai hier vos chiffres [5] sur une montagne qui n'est guère plus basse que les étoiles et de laquelle on découvre sept royaumes, et j'envoie demain des cartels [6] aux Mores de Maroc et de Fez, où je m'offre à soutenir que l'Afrique n'a jamais rien produit de plus rare, ni de plus cruel que vous [7]. Après cela, je n'aurai plus rien à faire ici que d'aller voir vos parents [8], à qui je veux parler de ce mariage
20 qui a fait autrefois tant de bruit, et tâcher d'avoir leur consentement, afin que personne ne s'y oppose plus. A ce que j'entends ce sont gens peu accostables. J'aurai de la peine à les trouver. On m'a dit qu'ils doivent être au fond de la Libye, et que les lions de cette côte sont moins nobles et moins grands [9]. On en vend ici de jeunes qui sont extrêmement gentils. J'ai résolu de vous en envoyer une demi-douzaine, au lieu de gants d'Espagne : car je sais que vous les estimerez davantage, et ils sont à meilleur marché. Tout de bon, on en donne ici pour trois écus, qui sont les plus jolis du monde : en se jouant, ils emportent un bras ou une main à une personne [10], et après vous, je n'ai jamais

---

— 1 Montrer que, dans cette phrase, Voiture renouvelle deux thèmes usés de la galanterie précieuse. — 2 Expliquer l'allusion. — 3 *Sans pitié.* Expression courante dans les salons (cf. *Précieuses Ridicules,* sc. 9). Qu'a-t-elle ici de spirituel? — 4 Un *poulet* est un billet galant. Expliquer ce jeu de mots. — 5 *Vos initiales.*

Thème précieux, mais renouvelé par ce qui suit. — 6 Défi lancé par un chevalier qui veut combattre pour sa dame. — 7 Que penser de ce compliment? — 8 Se souvenir du surnom de Mlle Paulet. — 9 En quoi consiste ici la galanterie? — 10 Comment a été préparé cet effet de contraste?

₃₀ rien vu de plus agréable [11]. Disposez, s'il vous plaît, Mme Anne [12] à s'accommoder avec eux et à leur donner la place de Dorinthe [13]. Je vous les enverrai par le premier vaisseau qui partira et plût à Dieu que je pusse aller avec eux me mettre à vos pieds! Ce sera là, Mademoiselle, qu'ils auront sujet d'être les plus fiers animaux de la terre, et de s'estimer les rois de tous les autres [14].

- *Dégagez la compositon de la lettre ; quel en est le thème central ?*
- *Montrez comment l'*VOITURE *tire parti de son arrivée au Maroc pour : a) exprimer sa « passion » ; – b) faire accepter son « audace ».*
- *Comment la métaphore des lions est-elle présentée, puis prolongée ? Qu'y a-t-il d'ingénieux dans le badinage à propos de lionceaux ?*
- *Définissez, d'après cette lettre, l'esprit de* VOITURE *et les sentiments qu'il prête à Mlle Paulet.*
- **Groupe thématique : Préciosité.** VOITURE représentant de la préciosité d'après les extraits pages 62-68.

Lettre de la Carpe au Brochet

Lettre au duc d'Enghien (le GRAND CONDÉ) qui venait de passer le Rhin à la tête de ses troupes (1643), Quelque temps avant de quitter Paris, il avait pris part au *jeu des poissons*, probablement un divertissement masqué où il figurait le BROCHET vorace, et Voiture la CARPE. Avec une familiarité qu'autorise ce badinage, le poète s'empresse de complimenter le jeune héros en lui rappelant ingénieusement son déguisement allégorique. VOLTAIRE y voyait un *mélange de finesse et de grossièreté :* on s'efforcera de reconnaître, dans cet enchaînement de métaphores aquatiques, celles qui sont vraiment spirituelles et celles qui tombent dans le mauvais goût. C'est l'écueil de la préciosité : à vouloir montrer trop d'esprit, on donne dans l'affectation, l'outrance et le ridicule.

Hé! bonjour, mon compère le Brochet! bonjour, mon compère le Brochet! Je m'étais toujours bien doutée que les eaux du Rhin [1] ne vous arrêteraient pas ; et connaissant votre force et combien vous aimez à nager en grande eau [2], j'avais bien cru que celles-là ne vous feraient point de peur, et que vous les passeriez aussi glorieusement que vous avez achevé tant d'autres aventures [3]. Je me réjouis pourtant de ce que cela s'est fait plus heureusement encore que nous ne l'avions espéré, et que, sans que vous ni les vôtres y aient perdu une seule écaille [4], le seul bruit de votre nom ait dissipé tout ce qui se devait opposer à vous. Quoique vous ayez été excellent jusqu'ici à toutes les sauces [5] où l'on vous
₁₀ a mis, il faut avouer que la sauce d'Allemagne vous donne un grand goût et que les lauriers qui y entrent vous relèvent merveilleusement. Les gens de l'Empereur qui vous pensaient frire et vous manger avec un grain de sel en sont venus à bout comme j'ai le dos, et il y a du plaisir de voir que ceux qui se vantaient de défendre les bords du Rhin ne sont pas à cette heure assurés de ceux du Danube. Tête d'un poisson [6], comme vous y allez! Il n'y a point d'eau si trouble, si creuse, ni si rapide où vous ne vous jetiez à corps perdu. En vérité, mon Compère, vous faites bien mentir le proverbe qui dit : *Jeune chair et vieux*

---

11 Etudier l'enjouement et l'humour de tout le passage. — 12 Tante de Mlle Paulet. — 13 Sa femme de chambre. — 14 La lettre est signée VOITURE L'AFRICAIN.

— 1 Etudier ce procédé métaphorique dans toute la lettre. — 2 Expliquer cette expression usuelle. En quoi consiste le jeu de mots ? — 3 Allusion à la récente victoire de Rocroi. — 4 Interpréter cette métaphore. — 5 Se dit familièrement pour *dans toutes les circonstances*. Expliquer l'image et étudier comment elle se prolonge. — 6 Transposition plaisante du juron *tête bleu* (tête Dieu).

poisson. Car, n'étant qu'un jeune Brochet comme vous êtes, vous avez une fermeté que les plus vieux Esturgeons n'ont pas, et vous achevez des choses
20 qu'ils n'oseraient avoir commencées. Aussi vous ne sauriez vous imaginer jusques où s'étend votre réputation. Il n'y a point d'étangs, de fontaines, de ruisseaux, de rivières, ni de mers, où vos victoires ne soient célébrées ; point d'eau dormante où l'on ne songe à vous; point d'eau bruyante où il ne soit bruit de vous[7].[...] L'autre jour que mon compère le Turbot et mon compère le Grenaut, avec quelques autres poissons d'eau douce, soupions ensemble chez mon compère l'Éperlan, on nous présenta au second [8] un vieux Saumon, qui avait fait deux fois le tour du monde, qui venait fraîchement des Indes occidentales [9], et avait été pris comme espion en France, en suivant un bateau de sel. Il nous dit qu'il n'y avait point d'abîmes si profonds sous les eaux où vous ne fussiez connu et
30 redouté, et que les baleines de la mer Atlantique suaient à grosses gouttes et étaient toutes en eau [10] dès qu'elles vous entendaient nommer. Il nous en eût dit davantage, mais il était au court-bouillon, et cela était cause qu'il ne parlait qu'avec beaucoup de difficulté.[...] A dire le vrai, mon Compère, vous êtes un terrible Brochet.[...] Si vous continuez comme vous avez commencé, vous avalerez la mer et les poissons[11]. Cependant votre gloire se trouvant à un point qu'il est assuré qu'elle ne peut aller plus loin, ni plus haut, il est, ce me semble, bien à propos qu'après tant de fatigues vous veniez vous rafraîchir dans l'eau de la Seine et vous récréer joyeusement avec beaucoup de jolies Tanches, de belles Perches, et d'honnêtes Truites [12] qui vous attendent ici avec impatience. Quelque grande pourtant que soit la passion qu'elles ont de vous voir, elle n'égale pas la mienne, ni le désir que j'ai de pouvoir vous témoigner combien je suis votre très humble et très obéissante servante et commère,

LA CARPE.

LES ROMANS PRÉCIEUX

Honoré d'Urfé

HONORÉ D'URFÉ (1567-1625) a passé sa jeunesse dans le cadre Renaissance du château de La Bastie, sur les bords du Lignon, en Forez. Selon une tradition aujourd'hui contestée, au sortir du collège (à 17 ans), il est déjà épris de sa belle-sœur DIANE DE CHATEAUMORAND, mariée depuis dix ans à son frère aîné Anne d'Urfé : la famille éloigne l'adolescent, qui devient chevalier de Malte. De 1589 à 1601 il se lance avec fougue dans les désordres de la Ligue et combat avec acharnement les troupes royales. Fait prisonnier en 1595, il est libéré grâce à Diane, qui paye sa rançon. Il recommence la lutte, est repris, puis relâché, et passe en 1597-1598 au service du duc de Savoie contre le roi de France. Entre temps, DIANE obtient l'annulation de son mariage et HONORÉ D'URFÉ l'épouse (1600) après avoir rompu avec l'ordre de Malte. Dès lors, son mariage, la réconciliation de la Savoie avec la France font de lui un fidèle sujet d'Henri IV, dont il gagne la confiance. Il entreprend la publication de l'*Astrée* (Ire PARTIE : 1607; IIe PARTIE : 1610). Vers 1613, les deux époux, en désaccord, se séparent à l'amiable. D'Urfé se retire en Savoie, voyage à Rome, à Paris, à Turin, à Venise, guerroie pour le duc de Savoie, écrit la suite de l'*Astrée* (IIIe PARTIE : 1619; IVe PARTIE : 1624). Avec le temps, il se réconcilie avec Diane. Il commandait un régiment contre les Espagnols, dans la région de Gênes, quand il fut emporté par une pneumonie (1625); Diane mourut quelques mois plus tard. L'auteur de l'*Astrée* est donc un *homme d'action* qui a consacré aux lettres les loisirs d'une *vie aventureuse.*

---

7 Commenter et apprécier les jeux de mots: *dormante... songe ; bruyante... bruit.* — 8 Au second service. — 9 D'Amérique. Apprécier la fantaisie du passage. — 10 Songer aux jets d'eau qu'elles rejettent par leurs évents. Expliquer ces allusions. — 11 Expression familière adaptée à la situation. Expliquer. — 12 De quelle aimable société s'agit-il ?

L'ASTRÉE   *Au Ve siècle, sur les bords enchanteurs du Lignon, en*
                 Forez, le berger CÉLADON *aime depuis trois ans la bergère*
ASTRÉE ; *mais, leurs familles étant ennemies, elle lui a ordonné, par prudence, de faire*
ouvertement la cour à AMINTHE. *Or le perfide* SÉMIRE, *rival de Céladon, éveille la jalousie*
d'Astrée en lui persuadant que son amant est réellement épris d'Aminthe. N'écoutant que
sa colère, elle bannit l'infidèle de sa présence : de désespoir, il se précipite, les bras croisés,
dans la rivière qui l'emporte. En vain ASTRÉE *regrette son erreur, en vain elle chasse Sémire :*
CÉLADON *a disparu et sa bergère vit dans le désespoir.*

   Cependant le héros, déposé sur la berge, est recueilli par trois « nymphes » qui le trans-
portent au château d'Isoure. Toutes trois deviennent amoureuses de ce séduisant berger,
et surtout GALATHÉE, *fille de la reine du Forez ; mais* CÉLADON, *tout au souvenir d'*ASTRÉE,
résiste à cet amour et, avec la complicité du grand druide ADAMAS, *parvient à s'échapper.*
Respectant la volonté de son amante qui lui avait interdit de reparaître sans son ordre, il se
résigne à vivre en sauvage, dans la forêt; il élève un temple rustique consacré au culte
d'Astrée, en attendant qu'il plaise à l'Amour de favoriser son retour en grâce.

   Le druide ADAMAS *imagine alors un stratagème pour permettre à Céladon de se rappro-*
cher d'Astrée sans être rappelé : il l'habille en jeune fille et le fait passer pour sa propre
fille ALEXIS, *revenue d'un « couvent de druides ». Astrée se lie d'une vive amitié avec cette*
« jeune fille » qui lui rappelle son amant, et elle lui confie ses regrets. Il y a là de subtiles
analyses de sentiments. Le jeune homme est touché de cette fidèle affection, mais refuse de
se faire reconnaître tant qu'Astrée ne rappellera pas Céladon.

   Ici s'interrompt le roman, *que* D'URFÉ *n'a pas eu le temps de terminer. Son secrétaire,*
BARO, *lui a donné (en 1627) une fin pleine d'aventures héroïques et de merveilleux. La*
« nymphe » LÉONIDE *demande à* ASTRÉE *d'appeler* CÉLADON *à haute voix si elle désire*
le revoir. Croyant qu'on va évoquer l'ombre de son amant, ASTRÉE *obéit :* CÉLADON —
enfin rappelé ! — *se fait reconnaître et se jette aux pieds de sa bergère. Outrée de ce stra-*
tagème, elle le bannit à nouveau. Ils se retrouveront à la fontaine merveilleuse de la vérité
d'Amour, défendue par des animaux féroces : devant ces parfaits amants, l'enchantement
de la fontaine s'évanouit et, connaissant enfin la sincérité de leur amour réciproque, ils
s'épousent en se jurant une éternelle fidélité.

   Cette histoire assez simple n'est que le canevas d'un gros roman de plus de 5 000 pages.
Autour d'ASTRÉE et de CÉLADON gravitent des dizaines de personnages, dont les intrigues
se mêlent et nous intéressent tour à tour : DIANE et SILVANDRE, PHILIS et LYCIDAS,
FLORICE et HYLAS (p. 71), THAUMASTE et CÉLIDÉE, etc... Il y a 45 histoires qui, répar-
ties dans les 4 premiers volumes, y introduisent une variété d'aventures, d'intrigues,
de duels, de batailles, d'évasions, de déguisements. Le roman a de graves défauts :
sa longueur, ses lenteurs, ses digressions superflues, ses conversations interminables,
ses subtilités. Mais il reflète les mœurs du début du XVIIe siècle et il a exercé une grande
influence.

Intérêt littéraire   I. LA TRADITION PASTORALE. D'Urfé se con-
                            forme aux traditions du roman pastoral, dont l'immense
succès au XVIe siècle fut assuré en Italie par l'*Arcadia* de SANNAZAR (1502), en Espagne
par la *Diana* de MONTEMAYOR (1558) et la *Galatea* de CERVANTÈS (1585). Il nous présente, dans le décor bucolique d'un heureux pays où règne la paix (le Forez de sa jeunesse), des bergers et des bergères raffinés, élégamment vêtus, qui passent leurs jours
à aimer, à se conter des histoires galantes, à discuter de problèmes sentimentaux, à
écrire des vers. Ce sont, en réalité, des gentilshommes campagnards, et les « nymphes »
représentent des princesses du sang.

   II. LA PSYCHOLOGIE. Le grand mérite de l'*Astrée* tient à la vérité dans la peinture
des sentiments. D'URFÉ nous peint toutes les *manifestations de l'amour* : passion naissante, timidité, jalousies, rivalités, perfidies, ruses, vengeances criminelles. Chaque
héros incarne une nuance de ce sentiment; mais ce ne sont pas de froides abstractions :
l'auteur est parvenu à les individualiser, à en faire des êtres vivants. A côté des amants
mystiques et constants, comme ASTRÉE et CÉLADON, ou comme SILVANDRE, théoricien

de l'amour-religion, il nous montre par exemple HYLAS, champion de l'infidélité et de l'inconstance (p. 71). La plupart des « histoires » secondaires ont pour objet de traiter de problèmes du cœur ou de justifier une conception morale; il arrive même que les controverses sur l'amour entre bergers théoriciens soient soumises à un arbitre qui rend son verdict. Ainsi, derrière la fiction pastorale, l'*Astrée* nous offre de subtiles observations psychologiques et mérite le titre de *roman d'analyse.*

III. L'ASTRÉE ET L'HÉROISME. Ce livre est un précieux témoin du courant rationaliste déjà vigoureux au début du siècle, et qui trouvera des échos dans la psychologie cornélienne et la philosophie de Descartes. On découvre déjà dans l'*Astrée* la conception intellectualiste de l'amour lié à la connaissance du mérite de l'objet aimé. Elle s'exprime par des formules comme : « *Il est impossible d'aimer ce qu'on n'estime pas* », ou encore : « *L'amour jamais ne se prend aux choses méprisables, mais toujours aux plus rares, plus estimées et plus relevées.* » Ainsi, chez D'URFÉ comme chez CORNEILLE, c'est l'estime, et par suite la raison, qui justifie l'amour. On trouve même chez lui la situation chère à Corneille (cf. le *Cid, Polyeucte*) de deux amants séparés et unis à la fois par le souci de leur « *gloire* » : LYGDAMON aime d'autant plus SILVIE qu'elle le repousse par vertu; plus elle le refuse, plus elle mérite d'être aimée. Comme ceux de Corneille, ces héros raisonnables montrent une étonnante aptitude à *s'analyser lucidement,* sans se laisser égarer par leurs passions.

La volonté est, pour D'URFÉ, l'auxiliaire du jugement. Elle se porte vers « *ce que l'entendement juge bon* ». Elle s'exerce notamment pour combattre les passions désapprouvées par la raison et pour imposer silence au cœur quand la raison l'ordonne. Ainsi l'impératrice EUDOXE, qui est veuve, aime URSACE, mais repousse cet amour par souci de son rang : c'est la situation de l'INFANTE dans le *Cid* ; de même, comme PAULINE dans *Polyeucte*, ROSANIRE accepte, contre son cœur, d'épouser l'homme que choisira son père. Cette hégémonie de la volonté sur les passions annonce donc, dès 1607-1625, le CORNEILLE du *Cid* (1636) et le DESCARTES du *Traité des Passions* (1649).

IV. LE « ROMANTISME » DE L'ASTRÉE? Le thème de l'amant banni qui souffre dans la solitude était traditionnel. Peut-être D'URFÉ y a-t-il mêlé une confidence plus personnelle. Séparé de Diane « par les lois humaines et par l'honneur », n'avait-il pas lui-même éprouvé les sentiments qu'il a voulu peindre? Peut-être ses propres émotions donnent-elles plus de spontanéité à ces pages où il chante le pays de sa jeunesse, où Céladon s'attendrit à la vue des lieux témoins de son bonheur, où Silvandre rêve mélancoliquement au clair de lune, où Diane s'abandonne à une véritable méditation sur la fuite du temps. Selon M. Magendie, on verrait préluder dans l'*Astrée* bien des thèmes qui seront la matière des effusions romantiques (cf. *Du nouveau sur l'Astrée*, 1927).

Mais l'immense succès de ce roman, aujourd'hui peu lisible, a surtout marqué la sensibilité du XVIIᵉ siècle. Cette œuvre où s'exposaient « les effets de l'honnête amitié » a modelé les *pensées* et même les *mœurs* des *salons précieux* ; en façonnant le public, elle a indirectement exercé son influence sur bien des œuvres classiques. Elle a fourni à la littérature, et particulièrement au théâtre, un grand nombre de situations et de thèmes. Nous avons vu ses affinités avec la psychologie cornélienne; la profondeur de ses analyses rappelle souvent celles de Racine. Le *style,* enfin, admiré à l'époque pour sa pureté et sa simplicité, réagissait contre le galimatias alambiqué du roman sentimental à la fin du XVIᵉ siècle et a fait considérer d'URFÉ comme un des initiateurs de la *prose classique.*

* * *

HYLAS *s'est brouillé avec la jalouse* FLORICE *et a juré de se venger d'elle. Il est au mieux avec* DORINDE. *Pour reconquérir son amant,* FLORICE *veut exciter sa jalousie en feignant d'aimer* TÉOMBRE; *mais elle est prise à son propre piège, et ses parents veulent l'obliger à épouser* TÉOMBRE. *Elle écrit alors une lettre désespérée à* HYLAS : « *Il n'y a point d'autre remède, sinon que vous veuilliez à cette heure celle que vous avez déjà voulue tant de fois, m'assurant que mes parents choisiront toujours plutôt votre alliance que celle de Téombre, à qui, hélas, je suis destinée si vous ne m'aimez autant que je vous aime.* » *Que va décider* HYLAS? *C'est lui-même qui nous conte son aventure.*

Haute stratégie amoureuse

Il suffit de lire l'analyse du roman pour imaginer l'amour épuré et quelque peu douceâtre d'As-
TRÉE et de CÉLADON, « *qui se nourrissent de la pensée et de l'imagination* ». Mais, à l'opposé, voici un
personnage que LA FONTAINE, dans *Psyché*, n'hésitera pas à qualifier de « *véritable héros de l'Astrée...
plus nécessaire au roman qu'une douzaine de Céladons* ». HYLAS est le type du *courtisan volage* qui
n'écoute que son instinct : malheureux dans ses débuts de séducteur, il a décidé de se livrer désormais à des « *expériences* » sans engager son cœur. On étudiera l'habileté de sa stratégie, où se mêlent
la *sincérité* et la *rouerie*, les méandres et la précision nuancée de ces analyses faites à la fois de *raison*
et de *fine psychologie*.

L orsque cette lettre me fut apportée, j'estois en peine du bruit qui couroit de ce
mariage ; et quoyque je fusse, ce me sembloit, fort résolu d'estre tout à Dorinde,
si est-ce que [1] je ne laissois de ressentir la perte de Florice [2], car telle estimois-
je [3] l'alliance de Téombre ; et considérez la finesse de l'Amour. Il [4] connaissoit bien
que de m'attaquer tout ouvertement pour elle, il y perdoit sa peine, parce que j'estois
encore en colère ; il voulut donc me prendre d'un autre costé [5]. Premièrement, il
me propose [6] la haine que je portois à Téombre, combien peu il méritoit cet avantage, et puis, me représentant la beauté et les mérites de Florice, me faisoit regretter
que cet homme la possédât, me remettant en mémoire toutes les faveurs que j'avois
10 reçues d'elle. Bref, il les sut de telle sorte imprimer en mon âme, que je ne me donnai
garde que j'estois plus amoureux d'elle que de Dorinde. Si bien que, quand sa lettre
me vint entre les mains, j'avoue que tournant les yeux, d'un sain jugement, sur sa
qualité et sur ses mérites, je reconnus que j'avois eu tort de l'avoir quittée pour une
autre qui valoit moins [7], et m'en repentant, je fis dessein de retourner vers elle. Il est
vray que lisant le remède qu'elle me proposoit pour rompre le mariage de Téombre,
je ne sus jamais m'y résoudre, haïssant ce lien cruel plus que je ne saurois vous
dire, non pas pour le particulier de Florice, mais pour le regard de toutes les femmes,
me semblant qu'il n'y a point de tyrannie entre les humains si grande que celle du
mariage. Si [8] estois-je bien combattu ; car d'un costé Dorinde ne m'estoit point
20 désagréable, de l'autre, je ne pouvois souffrir que Téombre possédât Florice ; mais
surtout je ne voulois point l'espouser. Après avoir longuement débattu en moy-
mesme, je me résolus de renouer l'amour qui avoit esté entre nous, et de faire ce que
je pourrois pour empescher que Téombre ne l'eût pas [9]. Et pour mettre en effet [10]
cette pensée, je feignis de n'avoir reçu la lettre qu'elle m'avoit escrite ; ce que je fis
aisément, parce que celuy qui l'apporta l'avoit remise entre les mains d'un qui estoit
en mon logis, pensant qu'il fût à moy [11], sans luy dire de la part de qui elle venoit,
et par hasard il me la donna le soir, quand je me retirois. L'ayant lue, je le priai
de ne dire point que je l'eusse vue, mais que j'estois déjà party, et prenant la plume,
j'escrivis ainsi à Florice. :

LETTRE DE HYLAS A FLORICE.

30 *Vous avez donc le courage de vous donner à Téombre ? Vous avez donc si peu de
mémoire de l'amitié de Hylas que vous luy veuillez préférer un tel homme ? Donc vous
estes au monde pour le contenter, et moy pour vous regretter ? O Dieux, le permettrez-
vous ? Ou le permettant ne punirez-vous point cette ingrate et méconnaissante Florice ?*

— 1 Toutefois, je ne manquais pas. — 2 Remarquer cette analyse d'un état d'âme complexe. — 3 C'est ainsi que je considérais. —
4 *L'Amour* (personnifié). — 5 Etudier ces
détours de l'amour, que Racine analysera avec

tant de pénétration. — 6 Place devant les yeux.
— 7 Préciser cette conception de l'amour
(cf. p. 70). — 8 Ainsi. — 9 Etudier cette
subtile analyse. — 10 Réaliser. — 11 A mon
service.

Or je faisois semblant de n'avoir point reçu sa lettre, afin qu'elle ne crût pas que ce fussent ses paroles, mais mon amour seulement qui me faisoit revenir vers elle, parce que si j'eusse esté poussé par ses prières, il eût semblé que j'eusse eu moins d'affection qu'elle, ce que je ne voulois pas qu'elle pensât [12]. Quand elle reçut ma lettre, elle eut beaucoup de contentement de savoir que je l'aimois, et ne fut peu en peine de la sienne, voyant que je ne l'avois point reçue ; elle me récrivit donc, me fit
40 *savoir qu'elle m'avoit déjà averty du moyen qu'il falloit tenir [13] pour l'exempter de la misère qui luy estoit préparée. Et parce qu'elle craignoit que sa lettre ne fût perdue, elle me la redisoit encore ; mais sans attendre sa response, je fis semblant de partir de la ville, feignant d'y estre contraint, pour ne pouvoir [14] soutenir la vue de ce mariage ; et afin qu'elle le crût mieux, je donnay ordre que presqu'en mesme temps, une autre lettre des miennes luy fût portée. Elle estoit telle :*

Lettre de Hylas a Florice.

Puisqu'il est impossible que Florice ne suive le cours de son malheureux destin, je pars de cette ville, ne pouvant souffrir une vue si déplorable pour moy. J'ayme mieux en apprendre le malheureux succès [15] par mes oreilles que par mes yeux, réservant désormais ceux-cy pour pleurer un si misérable accident. Les Dieux vous en donnent [16]
50 *autant de contentement que vous m'en laissez peu, et vous les veuillent continuer aussi longuement que durera le cuisant regret que j'en ay, et qui m'accompagnera dans le cercueil, où mesme je me plaindray de vostre changement et de la rigueur de ma fortune.*

Or, je luy escrivois de cette sorte, afin qu'elle ne crût pas que j'eusse reçu sa lettre, parce qu'autrement j'eusse esté obligé, si je n'eusse voulu me séparer du tout [17] de son amitié, de la demander en mariage ; et j'eusse plutôt consenty à ma mort qu'à l'épouser ; non pas que je ne l'estimasse infiniment, mais pour l'extrême horreur que j'ay de ce lien, et j'avois bien une si bonne opinion de moy, que je tenois pour certain qu'elle ne me seroit point refusé [18] ; et de peur qu'elle ne fût en peine de la lettre qu'elle m'avoit escrite, je fis qu'elle luy fût rapportée par un des miens, qui luy
60 *fit entendre que j'estois party il y avoit deux ou trois jours, et que d'autant qu'il ne savoit où j'estois allé, il luy rendoit cette lettre, de peur qu'elle ne se perdît [19].*

Désespoir de Florice, qui ne peut repousser plus longtemps le mariage avec Téombre et écrit une nouvelle lettre à Hylas pour le supplier de la « *retirer du tombeau* ». Il résiste, malgré son émotion, et assiste, de sa fenêtre, au cortège nuptial.

De fortune [20], m'estant mis à la fenêtre que j'avois entrouverte pour la voir passer, elle m'apperçut ; mais, ô Dieux, quelle fut cette vue ! Elle tomba évanouie entre les bras de ceux qui la conduisoient, et pour n'en faire de mesme, je fus contraint de me mettre sur un lit, d'où je ne bougeai de la plupart du jour. Enfin, la voilà mariée avec tant de pleurs que chacun en avoit pitié ; mais parce que je craignois que, m'ayant vu, elle ne crût que j'eusse fait semblant de m'en aller, je fis en sorte que, dès le soir mesme, un de mes amis feignant de danser avec elle, luy fit entendre que je m'en estois allé, pour ne voir point ces malheureuses noces, en intention de ne
70 *revenir jamais, mais que mon affection avoit eu tant de force sur moy, qu'il m'avoit esté impossible d'en demeurer plus longtemps esloigné, et que par malheur j'estois*

---

12 Montrer l'habileté de ce calcul. — 13 C'est-à-dire l'épouser. — 14 Parce que je ne pouvais.

— 15 Résultat. — 16 Subj. de souhait. — 17 Tout à fait. — 18 En mariage. — 19 Apprécier ce calcul. — 20 Par hasard.

arrivé en l'instant le plus fâcheux que j'eusse pu rencontrer, que j'estois tellement hors de moy qu'il m'estoit impossible de vivre, si elle ne me donnoit quelque assurance que son amitié ne fût point changée. Elle, alors, sans faire semblant de l'avoir ouy, tirant une bague de son doigt, la luy mit en sa main. « Ce diamant, luy dit-elle, l'assurera qu'il a moins de fermeté que l'affection que je luy ai promise [21]. »*

L'Astrée, IIe partie.

Mlle de Scudéry   A la suite de l'*Astrée*, d'interminables romans ont conquis le public des salons. Si *La Calprenède* est le maître du roman d'aventures de cape et d'épée, c'est MADELEINE DE SCUDÉRY (cf. p. 57) qui règne sur les romans de galanterie. Dans *Le Grand Cyrus* (10 VOL., 1649-1653) défile sous des noms « persans » toute la belle société de l'Hôtel de Rambouillet : les héros principaux sont le GRAND CONDÉ *(Cyrus)* et sa sœur la duchesse de LONGUEVILLE *(Mandane,* que Cyrus finit par épouser au dernier volume, après avoir conquis toute l'Asie pour la retrouver). On y rencontre Mme de Rambouillet *(Cléomire),* Julie d'Angennes *(Philonide),* Voiture *(Callicrate)* et Mlle de Scudéry elle-même *(Sapho).* Négligeant toute vraisemblance historique, elle transporte dans l'antiquité la *vie de salon du XVIIe siècle,* les événements contemporains, la galanterie, les conversations mondaines : ses romans ont surtout un intérêt documentaire. Elle se flatte elle-même de la variété et de la vérité de ses analyses : « [*Sapho*] *exprime si délicatement les sentiments les plus difficiles à exprimer et elle sait si bien faire l'anatomie d'un cœur amoureux, s'il est permis de parler ainsi, qu'elle en sait décrire exactement toutes les jalousies, toutes les inquiétudes, toutes les impatiences, toutes les joies, tous les dégoûts, tous les murmures, tous les désespoirs, toutes les espérances, toutes les révoltes et tous ces sentiments tumultueux qui ne sont jamais bien connus que de ceux qui les sentent ou qui les ont sentis. Au reste, l'admirable Sapho ne connaît pas seulement tout ce qui dépend de l'amour, car elle ne connaît pas moins bien tout ce qui appartient à la générosité, et elle sait enfin si parfaitement écrire et parler de toutes choses qu'il n'est rien qui ne tombe dans sa connaissance.* »

Sous des noms *romains,* cette fois, on retrouve l'entourage de Mlle de Scudéry dans les dix volumes de la *Clélie* (1654-1661) où figure la célèbre *Carte de Tendre.*

PORTRAIT DE CLÉOMIRE

Cet éloge de la marquise de RAMBOUILLET, confirmé par le témoignage unanime des contemporains, permettra de comprendre pourquoi cette *femme d'élite* a pu exercer la plus heureuse influence. Nous sommes loin de la préciosité ridicule attaquée par SCARRON, FURETIÈRE et MOLIÈRE !

Cléomire est grande et bien faite ; tous les traits de son visage sont admirables ; la délicatesse de son teint ne se peut exprimer ; la majesté de toute sa personne est digne d'admiration et il sort je ne sais quel éclat de ses yeux qui imprime le respect dans l'âme de tous ceux qui la regardent.[...] Sa physionomie est la plus belle et la plus noble que je vis jamais, et il paraît une tranquillité sur son visage qui fait voir clairement qu'elle est celle de son âme. On voit même en la voyant seulement que toutes ses passions sont soumises à raison [1] et ne font point de guerre intestine dans son cœur ; en effet je ne pense

---

21 Le séducteur est donc parvenu à ses fins. | — 1 Noter l'importance de cette remarque.

10 pas que l'incarnat qu'on voit sur ses joues ait jamais passé ses limites
et se soit épanché sur tout son visage, si ce n'a été par la chaleur de
l'été ou par la pudeur, mais jamais par la colère ni par aucun dérèglement de l'âme ; ainsi Cléomire étant toujours également tranquille,
est toujours également belle.[...]

Au reste, l'esprit et l'âme de cette merveilleuse personne surpassent
de beaucoup sa beauté ; le premier n'a pas de bornes dans son étendue
et l'autre n'a point d'égale en générosité, en constance, en bonté, en
justice et en pureté. L'esprit de Cléomire n'est pas un de ces esprits
qui n'ont de lumière que celle que la nature leur donne, car elle l'a
20 cultivé soigneusement, et je pense pouvoir dire qu'il n'est point de
belles connaissances qu'elle n'ait acquises. Elle sait diverses langues
et n'ignore presque rien de tout ce qui mérite d'être su, mais elle le
sait sans faire semblant de le savoir et on dirait à l'entendre parler,
tant elle est modeste, qu'elle ne parle de toutes choses admirablement
comme elle fait, que par le simple sens commun et par le seul usage du
monde. Cependant elle se connaît à tout ; les sciences les plus élevées
ne passent point sa connaissance ; les arts les plus difficiles sont
connus d'elle parfaitement ; elle s'est fait faire un palais de son dessin[2],
qui est un des mieux entendus du monde, et elle a trouvé l'art de
30 faire en une place de médiocre [3] grandeur un palais d'une vaste étendue. L'ordre, la régularité et la propreté [4] sont dans tous ses appar-
tements et à tous ses meubles ; tout est magnifique chez elle et même
particulier [5] ; les lampes y sont différentes des autres lieux ; ses cabinets [6] sont pleins de mille raretés qui font voir le jugement de celle
qui les a choisies ; l'air est toujours parfumé dans son palais ; diverses
corbeilles magnifiques, pleines de fleurs, font un printemps continuel dans sa chambre [7], et le lieu où on la voit d'ordinaire est si
agréable et si bien imaginé, qu'on croit être dans un enchantement,
lorsqu'on y est auprès d'elle. Au reste personne n'a eu une connais-
40 sance si délicate qu'elle pour les beaux ouvrages de prose ni pour les
vers ; elle en juge pourtant avec une modération merveilleuse, ne
quittant jamais la bienséance de son sexe, quoiqu'elle en soit beaucoup
au-dessus.

Le Grand Cyrus.

- *Étudiez la composition du portrait ; à quoi reconnaît-on la volonté d'ordonner le développement ?*
- *Ce portrait vous permet-il d'imaginer l'aspect physique de Cléomire ?*
- *Quelles étaient, d'après cette page, les qualités dominantes de Mme de Rambouillet ?*
- *L'idéal de la femme cultivée, d'après ce portrait ; en quoi diffère-t-elle de la pédante ?*
- *Comment se manifestent dans sa maison la recherche et l'esprit raffiné de la marquise ?*
- ***Essai.*** *D'après les extraits, dans quelle mesure, malgré son caractère artificiel, la littérature précieuse vous semble-t-elle avoir pu favoriser certaines qualités du classicisme (cf. p. 13) ?*

2 Sur ses plans. — 3 Moyenne. — 4 Elé-
gance. — 5 Original. — 6 Petits salons de | réception substitués aux vastes salles. —
7 La *Chambre bleue* (Cf. p. 56).

Préciosité **Il y a eu une** *préciosité ridicule.* **Dire « ma commune,**
et classicisme allez querir mon zéphyr dans mon précieux », au lieu de
« ma suivante, allez querir mon éventail dans mon
cabinet » est un jargon inacceptable. Que dire d'une déclaration d'amour de ce genre :
« *Les escopettes de votre beauté brûlent assez le pourpoint de mon âme, sans que le canon
de votre rigueur brise les os de mes prétentions* »? Mais on ferait tort à la préciosité en
la confondant totalement avec les excès ridiculisés par MOLIÈRE et BOILEAU.

Encore pourrait-on en appeler de quelques jugements échappés à leur verve satirique.
MÉNAGE, le Vadius des *Femmes Savantes*, fut surtout un poète galant, humaniste, mais
non pédant. Quant à COTIN, son esprit, son sens du rythme, son goût du concret ne
méritent pas le ridicule d'un Trissotin : s'il a risqué le madrigal *Sur un carrosse amarante*
(*Femmes Savantes*, III, 2), il s'en excusait spirituellement, et ses poésies chrétiennes ne
manquent pas de valeur. D'ailleurs beaucoup d'expressions précieuses ne sont ridicules
que parce que MOLIÈRE les a isolées de leur contexte et multipliées dans la bouche de ses
« pecques provinciales ». Dire « *le miroir est le fidèle conseiller de la beauté* » est moins
blâmable que de s'écrier : « *Apportez-moi le conseiller de la beauté!* »

Historiquement ce serait un préjugé de croire que le classicisme, champion de la
raison et de la règle, a supplanté l'extravagance précieuse. En réalité, *le courant précieux
reste très vivace* dans la seconde moitié du siècle : à côté des grands genres où s'impose
le goût classique subsistent les *petits genres mondains* où règne l'esprit précieux. Le
public à qui s'adressent nos classiques fréquente encore les salons, et l'influence de la
préciosité est sensible dans la langue de CORNEILLE, RACINE et LA FONTAINE.

Si MOLIÈRE et BOILEAU ont attaqué et méprisé les précieux, ils n'ont pas vu qu'à
l'origine ceux-ci avaient ouvert la voie à la psychologie classique. Les salons ont combattu le pédantisme, adouci les mœurs, favorisé la bienséance et contribué à créer
l'idéal de « *l'honnête homme* » ; par leur goût de l'analyse nuancée et de la peinture de
l'amour, les précieux ont orienté le public et les auteurs vers une *littérature essentiellement psychologique* (cf. p. 335); ils ont eu le culte de la *perfection formelle*, et la langue
classique leur doit en partie sa *précision* et sa *pureté.*

BURLESQUE ET RÉALISME

Dès le début du siècle, l'opposition à l'esprit précieux apparaît dans des œuvres
d'inspiration *bourgeoise* et *populaire*, de tradition rabelaisienne. CHARLES SOREL (1599-
1674) évoque dans l'*Histoire comique de Francion* (1622) des aventures grossières et
bouffonnes dans des milieux louches de débauchés et de voleurs. Dans *Le Berger extravagant* (1627), il s'amuse à parodier les romans romanesques. On a vu que SAINT-
AMANT est précieux et burlesque à la fois (p. 46). Le *burlesque*, sorte de préciosité
« retournée » par parti pris de vulgarité, s'accompagne parfois chez SCARRON d'un
étonnant réalisme; chez CYRANO DE BERGERAC, au contraire, il se double de fantaisie.
Dans l'art de FURETIÈRE, enfin, la réaction anti-précieuse s'exprime par un réalisme
qui tend à la peinture exacte de la vie.

Burlesque **Paul SCARRON (1610-1660), né à Paris, fut attaché à**
et réalisme : Scarron l'évêque du Mans, ce qui ne l'empêcha pas de mener
joyeuse vie dans les milieux libertins. Atteint de rhu-
matismes, bossu et impotent, pensionné comme « malade de la reine », il cherche une
revanche dans la littérature burlesque où triomphe sa *verve* drue et malicieuse. Il publie
notamment *Le Typhon* (1644), des comédies et des farces (*Jodelet*, 1645; *Jodelet souf-
fleté*, 1646; *Don Japhet d'Arménie*, 1652); *Le Virgile travesti*, en vers burlesques (1649-
1659); des *Nouvelles tragi-comiques* (1655-1657), et surtout le *Roman Comique* (1651-
1657), son chef-d'œuvre. Il épousa, en 1652, la petite-fille d'Agrippa d'Aubigné, future
Mme DE MAINTENON, qui deviendra la femme de Louis XIV. Dans sa propre épitaphe,

ce prince du burlesque évoque ses interminables souffrances :

Celui qui ci maintenant dort
Fit plus de pitié que d'envie,
Et souffrit mille fois la mort
Avant que de perdre la vie.

Passant, ne fais ici de bruit,
Prends garde qu'aucun ne l'éveille ;
Car voici la première nuit
Que le pauvre Scarron sommeille.

LE VIRGILE TRAVESTI La *parodie burlesque* de l'épopée antique est en grande vogue vers le milieu du siècle. Après Scarron, FURETIÈRE écrira un *Quatrième Livre de l'Enéide travestie*, PERRAULT un *Chant VI de l'Enéide* et d'ASSOUCY un *Ovide en belle humeur* (1668). SCARRON « travestit » les 7 premiers chants de l'*Enéide*. Il nous conte comment Énée, « portant sur son dos son papa », fut reçu à Carthage chez Didon, « la grosse dondon », et lui narra ses multiples aventures, avant d'aborder enfin en Italie.

Fuite burlesque d'Énée

La comparaison de ces quelques vers et de leur modèle permettra de saisir les aspects essentiels du *burlesque*. D'un côté un texte bref, plein de gravité tragique et d'émotion religieuse ; de l'autre un développement *prolixe* où toute la noblesse du modèle est *travestie* en réalité *bourgeoise et banale*. Vulgarité des objets et de l'expression, anachronismes, gros bon sens, familiarité de l'octosyllabe, rimes cocasses, tout est en *discordance* avec la gravité héroïque de la situation. Par réaction contre la préciosité et la tyrannie de « l'usage », le style burlesque accueille tous les *mots condamnés* comme bas, vulgaires ou archaïques et se complaît dans la *trivialité*.

VIRGILE : *Enéide*, II (v. 717-723). Pendant l'incendie de Troie, Enée décide de quitter la ville en portant son père sur ses épaules : « *Toi, mon père, prends dans ta main les objets sacrés et les Pénates de nos ancêtres ; quant à moi, au sortir d'une lutte si vive et d'un tel carnage, je ne saurais les toucher sans impiété, jusqu'à ce que je me sois purifié dans une eau vive.* » A ces mots, j'étends sur mes larges épaules et sur ma nuque inclinée la peau d'un lion fauve et je me place sous mon fardeau.

L'un prit un poêlon, l'autre un seau,
L'un un plat et l'autre un boisseau.
Je me nantis [1] comme les autres :
Je mis les unes sur les autres
Six chemises, dont mon pourpoint
Fut trop juste de plus d'un point [2].
On n'oublia pas les cassettes,
Mon fils se chargea des mouchettes [3],
Mon père prit nos dieux en main ;
10 Car, quant à moi, de sang humain
Ma dextre avait été souillée ;
Devant [4] qu'avoir été mouillée
Dans plusieurs eaux quatre ou cinq fois
Et s'être [5] fait l'ongle des doigts,
Je n'eusse pas osé les prendre [6].
Quiconque eût osé l'entreprendre
Eût bientôt été loup-garou [7] :
Je n'étais donc pas assez fou.
Enfin, sur mon dos fort et large,
20 Mon bon père Anchise je charge,
D'une peau de lion couvert,

Et, de peur d'être pris sans vert [8],
Au côté ma dague tranchante.
L'affaire était un peu pressante,
Car le mal s'approchait de nous.
Nous entendions donner des coups,
Crier au feu, crier à l'aide.
A tout cela point de remède,
Sinon gagner vite les champs
Et laisser faire ces méchants.   30
Quoique j'eusse l'échine forte,
Mon bon père à la chèvre morte [9]
Ne put sur mon dos s'ajuster,
Ni je n'eusse pu le porter ;
Par bonheur je vis une hotte :
Mon père dedans on fagote [10]
Et tous nos dieux avecque lui ;
Puis, un banc me servant d'appui,
On charge sa lourde personne
Sur la mienne, qui s'en étonne [11]   40
Et fait des pas mal arrangés
Comme font les gens trop chargés.

— 1 Munis. — 2 Noter les anachronismes et la cocasserie de l'idée. — 3 Instrument pour *mo*ucher les chandelles. Etait-il indispensable ? — 4 Avant qu'elle ait été. — 5 M'être. —

6 Etudier comment le burlesque a « travesti » la piété du héros. — 7 Métamorphosé en loup. — 8 Au dépourvu. — 9 Comme on porte une chèvre morte. — 10 Commenter le « travestissement ». — 11 Est accablée.

LE ROMAN
COMIQUE
*Ce sont les aventures d'une troupe de comédiens ambu-
lants dans la ville du Mans et ses environs : le titre signifie
Roman des comédiens. Nous voyons leur arrivée pitto-
resque à l'auberge de la Biche, et c'est une estampe à la manière de* CALLOT :
« Un jeune homme aussi pauvre d'habits que riche de mine marchait à côté de la charrette. Il avait un grand emplâtre sur le visage, qui lui couvrait un œil et la moitié de la
joue, et portait un grand fusil sur son épaule, dont il avait assassiné plusieurs pies,
geais et corneilles, qui faisaient comme une bandoulière, au bas de laquelle pendaient
par les pieds une poule et un oison qui avaient bien la mine d'avoir été pris à la petite
guerre (la maraude). Au lieu de chapeau, il n'avait qu'un bonnet de nuit, entortillé
de jarretières de différentes couleurs, et cet habillement de tête était une manière de
turban qui n'était encore qu'ébauché et auquel on n'avait pas encore donné la dernière
main... » *C'est en réalité un jeune homme d'excellente famille qui se cache dans la troupe
avec son amie sous les noms d'emprunt de* DESTIN *et de* Mlle DE L'ÉTOILE, *pour échapper
à la jalousie du baron de* SALDAGNE. *La troupe comporte en outre le vieux comédien aigri*
LA RANCUNE, *l'acteur* L'OLIVE, *la vieille* LA CAVERNE *et sa fille* ANGÉLIQUE, *le valet*
LÉANDRE, *jeune bourgeois entré au théâtre par amour d'Angélique. Nous assistons à leur
première représentation interrompue par une bagarre où le lieutenant de police* LA RAPPI-
NIÈRE *prend leur parti.*

DISGRACE DE RAGOTIN

Le personnage de RAGOTIN est devenu un *type littéraire.* « C'était le plus grand petit
fou qui eût couru les champs depuis Roland... Il était menteur comme un valet, présomptueux et opiniâtre comme un pédant, et assez mauvais poète pour être étouffé
s'il y avait de la police dans le royaume. » Petit avocat prétentieux, colérique, galant
avec les dames qui se moquent de lui, il reste *incorrigible* en dépit des mésaventures où
il est toujours copieusement *rossé.* On étudiera dans cet épisode le mélange savoureux du
grotesque et de l'*observation réaliste.*

*L'auberge où est descendue la troupe est endeuillée par la mort de l'hôte. Le curé a eu
beaucoup de mal à apaiser une formidable bagarre provoquée par une plaisanterie macabre
des comédiens qui avaient dissimulé le cadavre. « Mais la Discorde aux crins de couleuvre
n'avait pas encore fait dans cette maison-là tout ce qu'elle avait envie d'y faire. »*

On entendit dans la chambre haute [1] des hurlements fort peu
différents de ceux que fait un pourceau qu'on égorge ; et celui qui les
faisait n'était àutre que le petit Ragotin. Le curé, les comédiens et
plusieurs autres coururent à lui et le trouvèrent tout le corps, à la
réserve de la tête, enfoncé dans un grand coffre de bois qui servait
à ranger le linge de l'hôtellerie ; et ce qu'il y avait de plus fâcheux
pour le pauvre encoffré, le dessus du coffre, fort pesant et massif,
était tombé sur ses jambes, et les pressait d'une manière fort douloureuse à voir [2]. Une puissante servante, qui n'était pas loin du coffre
quand ils entrèrent, et qui leur paraissait fort émue [3], fut soupçonnée
d'avoir si mal placé Ragotin. La chose était vraie, et elle en était toute
fière, si bien que, s'occupant à faire un des lits de la chambre, elle ne
daigna regarder de quelle façon on tirait Ragotin du coffre, ni même

---

1. Située à l'étage. — 2. Étudier la précision pittoresque de la description. — 3. Agitée.

répondre à ceux qui lui demandèrent d'où venait le bruit qu'on avait entendu [4]. Cependant le demi-homme fut tiré de la chausse-trape [5], et ne fut pas plus tôt sur ses pieds qu'il courut à une épée. On l'empêcha de la prendre, mais on ne put l'empêcher de joindre la grande servante, qu'il ne put aussi empêcher de lui donner un si grand coup sur la tête, que tout le vaste siège de son étroite raison en fut ébranlé [6].
20 Il en fit trois pas en arrière [7], mais c'eût été reculer pour mieux sauter, si l'Olive ne l'eût pas retenu par ses chausses, comme il allait s'élancer comme un serpent contre sa redoutable ennemie. L'effort qu'il fit, quoique vain, fut fort violent; la ceinture de ses chausses s'en rompit, et le silence aussi [8] de l'assistance, qui se mit à rire. Le curé en oublia sa gravité, et le frère de l'hôte de faire le triste [9]. Le seul Ragotin n'avait pas envie de rire, et sa colère s'était tournée contre l'Olive [10], qui, s'en sentant injurié, le porta tout brandi [11], comme on dit à Paris, sur le lit que faisait la servante, et là, d'une force d'Hercule, il acheva de faire tomber ses chausses dont la ceinture était déjà rompue, et
30 haussant et baissant les mains dru et menu [12] sur les cuisses, en moins de rien les rendit rouges comme de l'écarlate [13]. Le hasardeux Ragotin se précipita courageusement du lit en bas; mais un coup si hardi n'eut pas le succès qu'il méritait [14]. Son pied entra dans un pot de chambre [15] qu'on avait laissé dans la ruelle du lit pour son grand malheur, et y entra si avant que, ne l'en pouvant retirer à l'aide de son autre pied [16], il n'osa sortir de la ruelle du lit où il était, de peur de divertir davantage la compagnie et d'attirer sur soi la raillerie, qu'il entendait moins que personne au monde. Chacun s'étonnait fort de le voir si tranquille après avoir été si ému. La Rancune se douta
40 que ce n'était pas sans cause. Il le fit sortir de la ruelle du lit, moitié bon gré moitié par force; et lors tout le monde vit où était l'enclouure [17], et personne ne put s'empêcher de rire, voyant le pied de métal que s'était fait le petit homme. Nous le laisserons foulant l'étain d'un pied superbe [18], pour aller recevoir un train [19] qui entra en même temps dans l'hôtellerie.

Roman Comique, II, 7.

- *Comment s'enchaîne la cascade de malheurs qui s'abattent sur Ragotin ?*
- *Relevez les détails réalistes : a) par leur précision pittoresque ; – b) par la vérité de l'observation.*
- *Quels sont les éléments burlesques : a) dans les situations ; – b) dans le style ?*
- *Analysez le caractère de Ragotin : comment les comédiens se comportent-ils à son égard ?*
• **Groupe thématique : Burlesque.** Cf. page 76. – XVIᵉ SIÈCLE, pages 43, 56, 71, 78. – XVIIIᵉ SIÈCLE, pages 48, 62. – XIXᵉ SIÈCLE, pages 241, 252. – **Héroï-comique.** (Définition, p. 332) cf. pages 101, 235, 322, 333, 337.

4 Expliquer cette attitude. — 5 Expliquer l'image. — 6 Quels sont les éléments comiques de cette scène ? — 7 Est-ce bien observé ? — 8 A quoi tend cet effet de style ? — 9 La chose est-elle vraisemblable ? — 10 Cette réaction est-elle bien vue ? — 11 Tel quel. — 12 A coups redoublés. — 13 Nous voilà loin de l'esprit précieux! — 14 Etudier l'ironie du passage. — 15 Les précieuses auraient dit *une « soucoupe inférieure »!* — 16 Commenter ce détail. — 17 Blessure faite au pied d'un cheval en le ferrant. Le terme est-il bien choisi ? — 18 Commenter le ton. — 19 Equipage.

La suite du roman est assez lâche : nous assistons à l'enlèvement d'Angélique et à la poursuite des ravisseurs par toute la troupe; on retrouve la jeune fille qui a été enlevée par erreur, mais c'est pour apprendre que L'Étoile est enlevée à son tour. Heureusement Destin la découvre presque aussitôt. Il se révèle que les ravisseurs ont agi pour le compte de La Rappinière, et ce dernier, tout penaud, doit restituer des diamants volés jadis à Destin. Mais l'essentiel du récit est dans les épisodes reliés obliquement à cette intrigue : les assiduités du poète ROQUEBRUNE *et du ridicule* RAGOTIN *auprès des comédiennes, les représentations, les nouvelles espagnoles contées par dona* INÉZILLA, *femme d'un charlatan, les incidents dans les hôtelleries (bagarres en chemise dans l'obscurité!) et les mésaventures de Ragotin, où dominent les* pugilats en cascade *dont* SCARRON *détient le secret.*

Burlesque et fantaisie : Cyrano

CYRANO DE BERGERAC (1620-1655) s'illustra d'abord par sa bravoure militaire, puis par ses duels et ses polémiques littéraires. Il a écrit des poèmes burlesques, la tragédie « impie » d'*Agrippine*, la comédie du *Pédant Joué* d'où Molière a tiré deux scènes des *Fourberies de Scapin*, une *Physique* ou *Science des choses naturelles*. Disciple du philosophe épicurien GASSENDI, il avait acquis de vastes connaissances scientifiques et versait dans le libertinage philosophique (p. 128). Sa *fantaisie burlesque* se donne libre cours dans son *Histoire comique ou Voyage à la lune*, et son *Histoire comique des États et Empires du Soleil* (publiées après sa mort en 1656 et 1662). Ces aventures drolatiques ont amusé les contemporains, mais ces livres fourmillent d'*idées* qui font de CYRANO un *précurseur des philosophes du XVIIIe siècle :* principe de la montgolfière, rotation de la terre sur elle-même et autour du soleil, conception matérialiste de l'univers, satire de la royauté et surtout critique de la religion chrétienne et du miracle, poussée jusqu'à l'athéisme. Sa fantaisie inspirera SWIFT *(Gulliver)* et VOLTAIRE *(Micromégas).*

Au royaume des oiseaux

La partie la plus intéressante de l'*Histoire comique des Etats et Empires du Soleil* se déroule, comme la pièce d'Aristophane, chez les *oiseaux*. L'auteur y est condamné à mort pour s'être introduit sous un aspect si étrange dans la *République des Oiseaux*. Une pie et un perroquet qui l'ont connu sur le terre plaident sa cause et l'aideront à s'enfuir. Dans le passage qu'on va lire, on verra qu'à travers les variations de sa fantaisie Cyrano a inséré une *critique de l'absolutisme* et une vague idée du *régime démocratique. Voyant arriver un aigle, le héros le prend pour le roi des oiseaux et veut s'agenouiller, mais il est détrompé par la pie.*

« Pensiez-vous donc, me dit-elle, que ce grand aigle fût notre souverain? C'est une imagination de vous autres hommes qui, à cause que vous laissez commander aux plus grands, aux plus forts et aux plus cruels de vos compagnons, avez sottement cru, jugeant de toutes choses par vous, que l'aigle nous devait commander.

« Mais notre politique est bien autre ; car nous ne choisissons pour nos rois que les plus faibles, les plus doux, les plus pacifiques ; encore les changeons-nous tous les six mois, et nous les prenons faibles, afin que le moindre à qui ils auraient fait quelque tort se pût venger d'eux ; nous les choisissons doux, afin qu'ils ne haïssent ni ne se fassent haïr de personne, et nous voulons qu'ils soient d'une humeur pacifique, pour éviter la guerre, le canal de toutes les injustices.

« Chaque semaine, notre roi tient les États, où tout le monde est reçu à se plaindre de lui. S'il se rencontre seulement trois oiseaux mal satisfaits de son gouvernement, il est dépossédé, et l'on procède à une nouvelle élection.

« Pendant la journée que durent les États, notre roi est monté au sommet d'un grand if sur le bord d'un étang, les pieds et les ailes liés. Tous les oiseaux, l'un après l'autre, passent par-devant lui ; et, si quelqu'un d'eux le sait coupable du dernier supplice, il le peut jeter à l'eau. Mais il faut que sur-le-champ il justifie la raison qu'il en a eue, autrement il est condamné à la mort triste. »

20 Je ne pus m'empêcher de l'interrompre pour lui demander ce qu'elle entendait
par la *mort triste*, et voici ce qu'elle me répliqua : « Quand le crime d'un coupable
est jugé si énorme que la mort est trop peu de chose pour l'expier, on tâche d'en
choisir une qui contienne la douleur de plusieurs, et l'on y procède de cette façon :
   « Ceux d'entre nous qui ont la voix la plus mélancolique et la plus funèbre
sont délégués vers le coupable qu'on porte sur un funeste cyprès. Là, ces tristes
musiciens s'amassent tout autour et lui remplissent l'âme, par l'oreille, de chansons si lugubres et si tragiques que, l'amertume de son chagrin désordonnant
l'économie de ses organes et lui pressant le cœur, il se consume à vue d'œil et
meurt suffoqué de tristesse. »

Le réalisme : Furetière

Auteur d'un *Dictionnaire* publié avant celui de l'Académie, FURETIÈRE (1619-1688) a eu le mérite de s'engager, avec le *Roman Bourgeois* (1666), dans la voie du
réalisme littéraire. Son roman, de composition décousue, se déroule dans les milieux
bourgeois de la place Maubert : petites gens à la vie étriquée, avocats, plaideurs, écrivains faméliques, aventuriers, précieuses et pédantes. FURETIÈRE réagit consciemment
contre les peintures artificielles des romans à la mode : « Je vous raconterai sincèrement
et avec fidélité plusieurs historiettes ou galanteries arrivées entre des personnes qui ne
seront ni des héros ni des héroïnes, qui ne dresseront point d'armées, qui ne renver-
seront point de royaumes, mais qui seront de ces bonnes gens de médiocre condition
qui vont tout doucement leur grand chemin, dont les uns seront beaux et les autres
laids, les uns sages et les autres sots. » Tout en nous contant les intrigues des prétendants
à la main de JAVOTTE, fille du procureur VOLLICHON, il nous peint le cadre et les mœurs
de la vie bourgeoise avec un *réalisme satirique* qui, évitant l'énorme caricature, annonce
parfois celui d'HONORÉ DE BALZAC. Voici par exemple le portrait du procureur VOL-
LICHON : « *C'était un petit homme trapu, grisonnant, et qui était du même âge que sa calotte.
Il avait vieilli avec elle sous un bonnet gras et enfoncé qui avait plus couvert de méchanceté qu'il n'en aurait pu tenir dans cent autres têtes et sous cent autres bonnets ; car la chicane
s'était emparée du corps de ce petit homme, de la même manière que le démon se saisit du
corps d'un possédé... Il avait la bouche bien fendue, ce qui n'est pas un petit avantage pour
un homme qui passe sa vie à clabauder, et dont une des bonnes qualités, c'est d'être fort en
gueule. Ses yeux étaient fins et éveillés, son oreille était excellente... *»

Plaisante aventure de Javotte

Voici une amusante satire des *méfaits de la littérature romanesque*. Cette critique des divagations
précieuses, cette conception de l'éducation des filles font songer à MOLIÈRE. On appréciera la *finesse
de l'analyse* qui aboutit, dans le domaine moral, à un *réalisme* d'une exquise délicatesse de touche.
La jolie JAVOTTE, introduite dans le salon provincial d'ANGÉLIQUE, a assisté à une réception assez
ridicule dans cette « Académie bourgeoise ». Elle y a rencontré PANCRACE, jeune gentilhomme qui,
pour faire sa conquête, lui a prêté les cinq tomes de l'*Astrée*. « *Elle courut à sa chambre, s'enferma
au verrou et se mit à lire jour et nuit avec tant d'ardeur qu'elle en perdait le boire et le manger.* »

Comme il nous est fort naturel, quand on nous parle d'un homme inconnu,
   fût-il fabuleux, de nous en figurer au hasard une idée en notre esprit qui
se rapporte en quelque façon à celle de quelqu'un que nous connaissons,
ainsi Javotte, en songeant à Céladon, qui était le héros de son roman, se le figura
de la même taille et tel que Pancrace, qui était celui qui lui plaisait le plus de tous
ceux qu'elle connaissait. Et comme Astrée y était aussi dépeinte parfaitement
belle, elle crut en même temps lui ressembler, car une fille ne manque jamais de
vanité sur cet article. De sorte qu'elle prenait tout ce que Céladon disait à Astrée
comme si Pancrace le lui eût dit en propre personne, et tout ce qu'Astrée disait
10 à Céladon, elle s'imaginait le dire à Pancrace. Ainsi il était fort heureux, sans le
savoir, d'avoir un si galant sollicitateur qui faisait l'amour [1] pour lui en son absence,

et qui travailla si avantageusement, que Javotte y but insensiblement ce poison qui la rendit éperdument amoureuse de lui.[...] Si la lecture a été interdite à une fille curieuse, elle s'y jettera à corps perdu, et sera d'autant plus en danger que, prenant les livres sans choix et sans discrétion [2], elle en pourra trouver quelqu'un qui d'abord [3] lui corrompra l'esprit. Tel entre ceux-là est l'*Astrée* : plus il exprime naturellement les passions amoureuses, et mieux elles s'insinuent dans les jeunes âmes, où il se glisse un venin imperceptible, qui a gagné le cœur avant qu'on puisse avoir pris du contrepoison. Ce n'est pas comme ces autres romans
20 où il n'y a que des amours de princes et de paladins, qui n'ayant rien de proportionné avec les personnes du commun, ne les touchent point, et ne font point naître d'envie de les imiter.

Il ne faut donc pas s'étonner si Javotte, qui avait été élevée dans l'obscurité [4], et qui n'avait point fait de lecture qui lui eût pu former l'esprit ou l'accoutumer au récit des passions amoureuses, tomba dans ce piège, comme y tomberont infailliblement toutes celles qui auront une éducation pareille [5]. Elle ne pouvait quitter le roman dont elle était entêtée que pour aller chez Angélique. Elle ménageait toutes les occasions de s'y trouver, et priait souvent ses voisines de la prendre en y allant, et d'obtenir pour elle congé [6] de sa mère. Pancrace y
30 était aussi extraordinairement assidu, parce qu'il ne pouvait voir ailleurs sa maîtresse. En peu de jours il fut fort surpris de voir le progrès qu'elle avait fait à la lecture, et le changement qui était arrivé dans son esprit. Elle n'était plus muette comme auparavant, elle commençait à se mêler dans la conversation et à montrer que sa naïveté n'était pas tant un effet de son peu d'esprit que du manque d'éducation, et de n'avoir pas vu le grand monde.

Il fut encore plus étonné de voir que l'ouvrage qu'il allait commencer [7] était bien avancé, quand il découvrit qu'il était déjà si bien dans son cœur : car quoiqu'elle eût pris Astrée pour modèle et qu'elle imitât toutes ses actions et ses discours, qu'elle voulût même être aussi rigoureuse envers Pancrace que cette
40 bergère l'était envers Céladon, néanmoins elle n'était pas encore assez expérimentée ni assez adroite pour cacher tout à fait ses sentiments. Pancrace les découvrit aisément et pour l'entretenir dans le style de son roman, il ne laissa pas de feindre qu'il était malheureux, de se plaindre de sa cruauté, et de faire toutes les grimaces et les emportements que font les amants passionnés qui languissent, ce qui plaisait infiniment à Javotte, qui voulait qu'on lui fît l'amour dans les formes et à la manière du livre qui l'avait charmée [8]. Aussi, dès qu'il eut connu son faible, il en tira de grands avantages. Il se mit lui-même à relire l'*Astrée*, et l'étudia si bien qu'il contrefaisait admirablement Céladon. Ce fut ce nom qu'il prit pour son nom de roman, voyant qu'il plaisait à sa maîtresse,
50 et en même temps elle prit celui d'Astrée. Enfin, ils imitèrent si bien cette histoire qu'il sembla qu'ils la jouassent une seconde fois, si tant est qu'elle ait été jouée une première, à la réserve néanmoins de l'aventure d'Alexis [9] qu'ils ne purent exécuter. Pancrace lui donna encore d'autres romans, qu'elle lut avec la même avidité, et à force d'étudier [10] nuit et jour, elle profita tellement en peu de temps qu'elle devint la plus grande causeuse et la plus coquette fille du quartier.

Hélas ! le répugnant VOLLICHON *veut prosaïquement marier sa fille à l'imbécile et avare Jean* BEDOUT. JAVOTTE *refuse tout net et son père l'enferme dans un couvent. Fidèle aux traditions romanesques,* PANCRACE *enlève la belle et va l'épouser au delà de la frontière.*

— 1 Faisait sa cour en parlant d'amour. — 2 Discernement. — 3 Dès l'abord. — 4 L'ignorance. — 5 C'est la thèse de Molière dans

L'École des Femmes. — 6 Permission. — 7 La conquête de Javotte. — 8 Comparer cette satire à celle de Molière (*Précieuses*, sc. 4). — 9 Cf. p. 69. — 10 Commenter le terme.

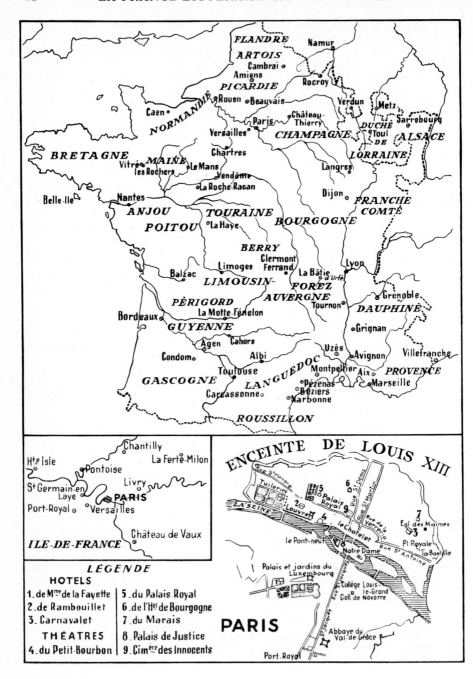

FLANDRE
ARTOIS
Namur
Cambrai
Amiens
PICARDIE
Rocroy
Caen
NORMANDIE
Rouen · Beauvais
Verdun
Metz
Sarrebourg
Paris
Château-
Thierry
DUCHÉ
DE
Toul
ALSACE
Versailles
CHAMPAGNE
LORRAINE
Chartres
BRETAGNE
MAINE
Vitré
les Rochers
Le Mans
Langres
Vendôme
La Roche-Racan
FRANCHE
COMTÉ
Dijon
Belle-Ile
Nantes
ANJOU
TOURAINE
BOURGOGNE
POITOU
La Haye
BERRY
Clermont
Ferrand
Lyon
Limoges
La Bâtie
d'Urfé
Balzac
LIMOUSIN
FOREZ
Grenoble
PÉRIGORD
AUVERGNE
Tournon
DAUPHINÉ
Bordeaux
La Motte-Fénelon
Grignan
GUYENNE
Agen
Cahors
Uzès
Avignon
Villefranche
Condom
Albi
Montpellier
Aix
PROVENCE
Toulouse
LANGUEDOC
Pézenas
Marseille
GASCOGNE
Béziers
Carcassonne
Narbonne
ROUSSILLON

Chantilly
H^{te} Isle
La Ferté-Milon
Pontoise
St Germain-en
Laye
Livry
PARIS
Port-Royal
Versailles
ILE-DE-FRANCE
Château de Vaux

ENCEINTE DE LOUIS XIII
Rue St Honoré
Tuileries
5
6
Rue St Denis
Palais
Royal
LA SEINE
Louvre
9
Rue St Martin
7
4
le Châtelet
Rue de
Verneuil
Egl des Minimes
le Pont-neuf
3
Pl Royale
Rue St Antoine
Notre Dame
La Bastille
Palais et jardins du
Luxembourg
Collège Louis-
le-Grand
Coll de Navarre
PARIS
Abbaye du
Val-de-Grâce
Port-Royal

LÉGENDE

HÔTELS	
1. de Mme de la Fayette	5. du Palais Royal
2. de Rambouillet	6. de l'H^{el} de Bourgogne
3. Carnavalet	7. du Marais
THÉÂTRES	8. Palais de Justice
4. du Petit-Bourbon	9. Cim^{ère} des Innocents

DESCARTES

Sa vie (1596-1650)   Né à La Haye (en Touraine) en 1596, René DESCARTES, fils d'un conseiller au Parlement de Bretagne, fit des études classiques chez les Jésuites de La Flèche. Il s'intéressait déjà aux mathématiques, « *à cause de la certitude et de l'évidence de leurs raisons* ». Licencié en droit à Poitiers (1616), il décide d'étudier dans « *le livre du monde* ».

1. « LE GRAND LIVRE DU MONDE » (1616-1629). Officier en Hollande sous Maurice de NASSAU, il trouve le temps d'écrire un *Traité de Musique* où il explique la musique par un calcul de proportions (1618). Au service du duc de Bavière, en Allemagne, à l'entrée de l'hiver 1619, il reste tout le jour dans un « *poêle* » (chambre chauffée par un poêle), à « *s'entretenir de ses pensées* » : le 10 novembre 1619, il y aurait découvert, dans l'enthousiasme, l'*idée d'une méthode universelle pour la recherche de la vérité*, et fait le vœu d'un pèlerinage à Notre-Dame-de-Lorette. Il poursuit ses voyages, non sans aventures, à travers l'Allemagne et la Hollande, retourne en France, repart pour la Suisse et l'Italie, visite Venise, s'acquitte de son pèlerinage (1620-1625). De retour en France, il séjourne à Paris (1625-1629), se mêle à la vie mondaine, lit des romans, se bat en duel. En novembre 1628, chez le nonce du pape, il émerveille l'auditoire par sa doctrine, et le cardinal de BÉRULLE lui fait un devoir de conscience de s'appliquer à *réformer la philosophie.*

2. RETRAITE PHILOSOPHIQUE EN HOLLANDE (1629-1649). Pendant 20 ans, il vivra en *Hollande* pour y travailler en pleine liberté. Il y compose un *Traité de Métaphysique*, puis une *Physique (Traité de la lumière)* ; mais la condamnation de GALILÉE par l'Inquisition lui fait ajourner la publication de ces ouvrages qui reposaient sur l'idée du mouvement de la terre (1633). En 1637, il publie le *Discours de la Méthode*, préface à trois traités scientifiques : la *Dioptrique*, les *Météores*, la *Géométrie*. En 1641, il expose sa métaphysique, en latin, dans ses *Méditations sur la philosophie première*. Le succès de sa philosophie qui ébranle l'autorité d'Aristote lui crée des ennuis avec les universités d'Utrecht et de Leyde : il est accusé de blasphème et même d'athéisme. Il complète néanmoins sa doctrine par les *Principes de la Philosophie*, en latin (1644). Sa réputation lui vaut une vaste correspondance avec l'Europe savante, et son intermédiaire en France est son condisciple le P. MERSENNE, « *résident de M. Descartes à Paris* ». Sa correspondante préférée, la princesse ÉLISABETH, fille du roi de Bohême détrôné, le consulte sur les problèmes *scientifiques*, mais aussi sur ses préoccupations *morales*. Ces réflexions sur la morale ont inspiré à DESCARTES le *Traité des Passions de l'âme* (1649).

3. DESCARTES EN SUÈDE (1649-1650). Invité par la reine CHRISTINE, il gagne Stockholm (sept. 1649). Mais il supporte mal le climat : les entretiens philosophiques avec la reine ont lieu à 5 heures du matin ! Il prend froid et meurt le 11 février 1650. Ses restes furent ramenés en France en 1667, sans les honneurs qu'il méritait : le cartésianisme était déjà suspect.

Le Discours   Le *Discours de la Méthode pour bien conduire sa raison*
de la Méthode   *et chercher la vérité dans les sciences* (1637) est la première grande œuvre philosophique et scientifique en français : DESCARTES veut être accessible à « ceux qui ne se servent que de leur raison naturelle toute pure ».

I. « CONSIDÉRATIONS TOUCHANT LES SCIENCES ». « *Le bon sens est la chose du monde la mieux partagée*... *La puissance de bien juger et distinguer le vrai d'avec le faux, qui est proprement ce qu'on nomme le bon sens ou la raison, est naturellement égale en tous les hommes ; et ainsi*... *la diversité de nos opinions ne vient pas de ce que les uns sont plus raisonnables que les autres, mais seulement de ce que nous conduisons nos pensées par diverses voies, et ne considérons pas les mêmes choses. Car ce n'est pas assez d'avoir l'esprit bon, mais le principal est de l'appliquer bien.* » Pour expliquer la découverte de sa méthode, DESCARTES évoque la stérilité des études de sa jeunesse : lettres, histoire, mathématiques, théologie, morale. Son désir « de distinguer le vrai d'avec le faux » l'a entraîné à acquérir de l'expérience « dans le grand livre du monde », puis lui a inspiré la résolution d'*étudier aussi en lui-même*.

II. « PRINCIPALES RÈGLES DE LA MÉTHODE ». C'est dans son « poêle », en Allemagne, que DESCARTES décide de faire *table rase* de toutes ses connaissances antérieures et de reconstituer l'édifice de son savoir à la seule lumière de sa raison. Il expose les *quatre règles* de sa méthode.

III. RÈGLES DE MORALE PROVISOIRE, en attendant la morale définitive.

LES QUATRE RÈGLES DE LA MÉTHODE

La « *révolution* » cartésienne réside essentiellement dans la volonté de s'affranchir de toute *autorité* étrangère, fût-elle d'Aristote, et de ne se rendre qu'à l'*évidence*. La Renaissance avait déjà suscité l'esprit de libre examen : LÉONARD DE VINCI, KÉPLER, GALILÉE avaient commencé avant DESCARTES la rénovation de la science. Mais il a eu le mérite de proclamer, en philosophe, le principe et la légitimité de cette rénovation.

Comme la multitude des lois fournit souvent des excuses aux vices, en sorte qu'un État est bien mieux réglé lorsque, n'en ayant que fort peu, elles y sont fort étroitement observées, ainsi, au lieu de ce grand nombre de préceptes dont la logique est composée [1], je crus que j'aurais assez des quatre suivants, pourvu que je prisse une ferme et constante résolution de ne manquer pas une seule fois à les observer.

Le premier [2] était de ne recevoir jamais aucune chose pour vraie que je ne la connusse évidemment [3] être telle ; c'est-à-dire d'éviter soigneusement la précipitation [4] et la prévention [5], et de ne comprendre rien de plus en mes jugements que ce qui se présenterait si clairement [6] et si distinctement à mon esprit que je n'eusse aucune occasion de le mettre en doute.

Le second [7], de diviser chacune des difficultés que j'examinerais en autant de parcelles qu'il se pourrait et qu'il serait requis pour les mieux résoudre.

Le troisième [8], de conduire par ordre mes pensées, en commençant par les objets les plus simples et les plus aisés à connaître [9], pour

---

— 1 Allusion aux subtilités de la logique *scolastique*. — 2 Règle de l'*évidence*. — 3 L'évident est ce dont la vérité apparaît directement à l'esprit, par une *intuition* rationnelle. — 4 Conclusion hâtive sans examen suffisant. — 5 Idée préconçue (danger des préjugés et de l'idée d'autorité). — 6 L'idée *claire* est immé-diatement présente à l'esprit ; elle est *distincte* quand elle est précise et différente de toutes les autres. — 7 Règle de l'*analyse :* décomposer le complexe en éléments simples, clairs et distincts. — 8 Règle de la *synthèse*, ou de la *déduction*. — 9. Notamment ceux qui sont connus par l'évidence.

monter peu à peu comme par degrés jusques à la connaissance des plus composés, et supposant même de l'ordre entre ceux qui ne se précèdent point naturellement les uns les autres [10].

Et le dernier [11], de faire partout [12] des dénombrements si entiers [13] et des revues si générales, que je fusse assuré de ne rien omettre.

Ces longues chaînes de raisons, toutes simples et faciles, dont les géomètres ont coutume de se servir pour parvenir à leurs plus difficiles démonstrations, m'avaient donné occasion de m'imaginer que toutes les choses qui peuvent tomber sous la connaissance des hommes s'entresuivent en même façon, et que, pourvu seulement qu'on s'abstienne d'en recevoir aucune pour vraie qui ne le soit, et qu'on garde toujours l'ordre qu'il faut pour les déduire les unes des autres, il n'y en peut avoir de si éloignées auxquelles enfin on ne parvienne, ni de si cachées qu'on ne découvre.

- *Première règle. Définissez les principes et les conditions de toute connaissance de la vérité. Montrez, par des exemples, comment la précipitation et la prévention mènent à l'erreur.*
- *En quoi les règles 2 et 3 permettent-elles de progresser dans la découverte de la vérité ?*
- Analyse et synthèse : *a) cherchez des applications en mathématiques, en physique, en chimie ; — b) en littérature : comment étudier une œuvre ? un courant littéraire ? la préciosité ? le romantisme ?*
- **Groupe thématique : Vérité.** Cf. p. 147 à 152. – XVIe SIÈCLE, p. 208. – XVIIIe SIÈCLE, p. 18, 24, 238.

Règles de morale provisoire

C'est la *troisième partie* du DISCOURS. On relèvera les traits qui s'expliquent par le caractère *provisoire* de cette morale et on étudiera au prix de quelles modifications elle pourrait devenir définitive. Autre question à préciser : DESCARTES et le *problème religieux.*

Mais, afin que je ne demeurasse point irrésolu en mes actions, pendant que la raison m'obligerait de l'être en mes jugements et que je ne laissasse pas de vivre dès lors le plus heureusement que je pourrais, je me formai une morale par provision [14], qui ne consistait qu'en trois ou quatre maximes dont je veux bien vous faire part.

La première était d'obéir aux lois et aux coutumes de mon pays, retenant constamment la religion en laquelle Dieu m'a fait la grâce d'être instruit dès mon enfance [15], et me gouvernant en toute autre chose suivant les opinions les plus modérées et les plus éloignées de l'excès qui fussent communément reçues en pratique par les mieux sensés de ceux avec lesquels j'aurais à vivre.[...]

Ma seconde maxime était d'être le plus ferme et le plus résolu en mes actions que je pourrais, et de ne suivre pas moins constamment les opinions les plus douteuses lorsque je m'y serais une fois déterminé que si elles eussent été très assurées.[...]

Ma troisième maxime était de tâcher toujours plutôt à me vaincre que la fortune [16], et à changer mes désirs que l'ordre du monde, et généralement de m'accoutumer à croire qu'il n'y a rien qui soit entièrement en notre pouvoir

---

— 10 *Idée capitale.* Descartes admet le *postulat* que tout objet de connaissance est rationnel et comporte un ordre (cf. l. 26-27) : l'esprit porte en lui l'ordre du monde. — 11 Règle des *dénombrements :* précaution à prendre à titre de vérification. — 12 Aussi bien dans l'analyse que dans la synthèse. — 13 En considérant les éléments un à un. — 14 Provisoire. — 15 Cf. Montaigne (*XVIe Siècle*, p. 235). — 16 Le cours des événements.

que nos pensées, en sorte qu'après que nous avons fait notre mieux touchant les choses extérieures, tout ce qui manque de nous réussir est au regard de nous
20 absolument impossible. Et ceci seul me semblait être suffisant pour m'empêcher de rien désirer à l'avenir que je n'acquisse, et ainsi pour me rendre content.[...]

Enfin, pour conclusion de cette morale, je m'avisai de faire une revue sur les diverses occupations qu'ont les hommes en cette vie, pour tâcher de faire choix de la meilleure ; et, sans que je veuille rien dire de celles des autres, je pensai que je ne pouvais mieux que de continuer en celle-là même où je me trouvais, c'est-à-dire que d'employer toute ma vie à cultiver ma raison, et m'avancer autant que je pourrais en la connaissance de la vérité, suivant la méthode que je m'étais prescrite.[...]

IV. « PREUVES DE L'EXISTENCE DE DIEU ET DE L'AME HUMAINE ». Si je doute de tout, une seule chose échappe à ce doute : c'est le *doute* lui-même qui est en ma pensée. D'où cette vérité saisie par une *intuition* directe : « *je pense, donc je suis* ». Et DESCARTES affirme l'existence de son *âme*, « substance dont toute l'essence ou la nature n'est que de penser », entièrement *distincte du corps*. Mais, le doute étant une imperfection, l'idée même du parfait qui est en nous entraîne l'existence (qui est une forme de perfection) d'un *Être parfait*, source de cette idée et auteur de notre être pensant. Dieu étant parfait ne peut nous tromper, et sa *véracité* nous garantit qu'à notre connaissance intellectuelle des choses par des idées *claires* et *distinctes* correspond la réalité permanente du monde extérieur.

V. « ORDRE DES QUESTIONS DE PHYSIQUE ». Les choses matérielles répondent à des lois « que Dieu a tellement établies en la nature, et dont il a imprimé de telles notions en nos âmes qu'après y avoir fait assez de réflexion nous ne saurions douter qu'elles ne soient exactement observées en tout ce qui est ou se fait dans le monde ». Ainsi l'*explication du monde matériel* ne doit faire intervenir que les *lois de l'étendue et du mouvement*, à l'exclusion de toute action surnaturelle. Même la vie physique des être organisés, hommes ou animaux, s'explique uniquement par les *lois générales de la matière*, sans que l'âme y contribue. A ce propos, DESCARTES expose sa théorie de l'activité automatique du corps par l'action des « *esprits animaux* » (cf. p. 87, I).

LES ANIMAUX-MACHINES. L'*homme* possède une âme unie à son corps, auquel elle commande par sa volonté; au contraire, l'*animal* n'a qu'un corps dont les activités sont automatiques. Trois arguments prouvent la théorie des animaux-machines.

1. *Ils n'ont pas de langage articulé.* « Et ceci ne témoigne pas seulement que les bêtes ont moins de raison que les hommes, mais qu'elles n'en ont pas du tout. » Car, chez les hommes, même les sourds et muets s'arrangent pour se faire comprendre.

2. *Leur faculté d'adaptation s'explique physiquement :* L'*instinct* n'a rien de commun avec l'intelligence. « Ce qu'ils font mieux que nous ne prouve pas qu'ils ont de l'esprit, car, à ce compte, ils en auraient plus qu'aucun de nous, et feraient mieux en toute autre chose; mais plutôt qu'ils n'en ont point, et que c'est la nature qui agit en eux selon la disposition de leurs organes : ainsi qu'on voit qu'une horloge, qui n'est composée que de roues et de ressorts, peut compter les heures et mesurer le temps plus justement que nous avec toute notre prudence. » (Cf. p. 250.)

3. *Ils n'ont donc pas d'âme.* « Après l'erreur de ceux qui nient Dieu, il n'y en a point qui éloigne plutôt les esprits faibles du chemin de la vertu que d'imaginer que l'âme des bêtes soit de même nature que la nôtre, et que par conséquent nous n'avons rien à craindre ni à espérer après cette vie, non plus que les mouches et les fourmis. » Ayant ainsi refusé d'accorder une âme aux animaux, DESCARTES affirme au contraire que l'*âme de l'homme*, « entièrement indépendante du corps », est immortelle.

VI. CONDITIONS « POUR ALLER PLUS AVANT » : LE PROGRÈS SCIENTI-FIQUE. DESCARTES proclame qu' « il est possible de parvenir à des connaissances qui soient fort utiles à la vie » et de « nous rendre comme maîtres et possesseurs de la nature ». Pour y parvenir, il a eu l'idée d'inviter les bons esprits à se communiquer leurs découvertes, « afin que les derniers commençant où les précédents auraient achevé, et ainsi joignant les vies et les travaux de plusieurs, nous allassions tous ensemble beaucoup plus loin que chacun en particulier ne saurait faire ». Les savants lutteront pour le progrès, « *car c'est véritablement donner des batailles que de tâcher à vaincre toutes les difficultés et les erreurs qui nous empêchent de parvenir à la connaissance de la vérité* ».

Le Traité des Passions

Il est important de connaître le *Traité des Passions de l'âme* (1649). La théorie physiologique de l'origine des passions est aujourd'hui abandonnée, mais elle nous aide à mieux comprendre la *psychologie cornélienne* et à dominer nos passions.

I. « LA MACHINE DE NOTRE CORPS ». Le cerveau est relié aux organes des sens, aux muscles et au cœur par les nerfs, tuyaux imperceptibles où circulent les « esprits animaux », parties du sang rendues très subtiles par la chaleur du cœur. Les « mouvements excités dans les organes des sens par leurs objets » entraînent dans les nerfs qui vont au cerveau un courant d'esprits animaux qui prennent spontanément leur cours, selon leur forme, leurs dimensions, « vers certains muscles plutôt que vers d'autres » et meuvent nos membres. Par exemple, devant un danger, les esprits se rendent *automatiquement* « dans les nerfs qui servent à tourner le dos et remuer les jambes pour s'enfuir ». Ainsi s'expliquent, chez l'homme, les *réflexes* et, chez les bêtes, *tous leurs mouvements* : c'est en ce sens qu'elles sont, pour DESCARTES, des « *machines* ».

II. LES FONCTIONS DE L'AME. Au contraire, l'homme est doué d'une âme en relation avec le corps par l'intermédiaire de la *glande pinéale* qui, placée au milieu du cerveau, est extrêmement sensible. Tout afflux des esprits animaux consécutif à une impression des sens extérieurs détermine un mouvement de la glande qui se transmet fidèlement à l'âme et lui donne la perception de la *sensation*. A son tour, l'*âme douée de volonté* peut, en agissant sur la glande, commander le déplacement des esprits animaux vers tel ou tel muscle et combattre les mouvements provoqués par l'automatisme.

1. LES « PASSIONS ». A côté des perceptions qui nous font connaître le monde extérieur, il en est qui sont intérieures et qu'on appelle les *passions de l'âme*. Ce sont des « émotions de l'âme » (admiration, amour, haine, désir, joie et tristesse) « qui sont causées, et entretenues, et fortifiées par quelque mouvement des esprits animaux ». Elles incitent l'âme à « *consentir et contribuer aux actions qui peuvent servir à conserver le corps* » et que l'automatisme du corps tend déjà à réaliser. Par exemple, devant le danger, le corps tend à fuir, et, *parallèlement*, les esprits animaux qui parviennent au cerveau sont « propres à entretenir et fortifier la passion de la peur ». Ainsi l'âme *subit* ses « passions » (*patior* = supporter), qui ont une cause physiologique, le mouvement des esprits animaux. Les passions sont bonnes ou mauvaises selon qu'elles sont conformes ou non à la *raison*. Mais, pour combattre les passions qu'elle juge mauvaises, l'âme a aussi ses « *actions* », c'est-à-dire *ses volontés qui sont absolument en son pouvoir*.

2. LA VOLONTÉ ET LES PASSIONS. La volonté ne peut pas *directement* changer nos passions, car elles s'accompagnent d'une « émotion » des esprits animaux qui s'impose à l'âme. « *Le plus que la volonté puisse faire pendant que cette émotion est en sa vigueur, c'est de ne pas consentir à ses effets, et de retenir plusieurs des mouvements auxquels elle dispose le corps. Par exemple, si la peur incite les gens à fuir, la volonté les peut arrêter.* » Mais notre volonté peut agir *indirectement* sur nos passions « *par la représentation des choses qui ont coutume d'être jointes avec les passions que nous voulons avoir et qui sont contraires à celles que nous voulons rejeter. Ainsi pour exciter en soi la hardiesse et ôter la peur, il ne suffit pas d'en avoir la volonté, mais il faut s'appliquer à considérer les raisons, les objets ou les exemples qui persuadent que le péril n'est pas grand ; qu'il y a toujours plus de sûreté en la défense qu'en la fuite, qu'on aura de la gloire et de la joie d'avoir vaincu, au lieu qu'on ne peut attendre que du regret et de la honte d'avoir fui et choses semblables* ». C'est cette conception qui éclaire la *psychologie cornélienne*. On voit en effet que la volonté peut directement suspendre les actes dictés par les passions, qu'elle peut indirectement combattre ces passions en suscitant des passions contraires, et même qu'elle peut faire naître des passions conformes à sa tendance raisonnable, aussi authentiques que celles qu'elle veut repousser.

3. AMES FORTES ET AMES FAIBLES. Les *âmes fortes* sont celles dont la volonté combat les passions mauvaises avec ses propres armes, c'est-à-dire « des jugements fermes et déterminés touchant la connaissance du bien et du mal, suivant lesquels elle a résolu de conduire les actions de sa vie ». Les *âmes faibles* en sont réduites à combattre une passion par une autre, par exemple en opposant à la peur, qui provoque la fuite, l'ambition « qui représente l'infamie de cette fuite comme un mal pire que la mort » : « Ces deux passions agitent diversement la volonté, laquelle obéissant tantôt à l'une, tantôt à l'autre, s'oppose continuellement à soi-même et rend ainsi l'âme esclave et malheureuse. » Mais « il n'y a point d'âme si faible qu'elle ne puisse, *étant bien conduite*, acquérir un pouvoir absolu sur ses passions ».

III. LA « GÉNÉROSITÉ ». « Je ne remarque en nous qu'une seule chose qui nous puisse donner juste raison de nous estimer, à savoir l'usage de notre libre arbitre, et l'empire que nous avons sur nos volontés; car il n'y a que les seules actions qui dépendent de ce libre arbitre pour lesquelles nous puissions avec raison être loués ou blâmés; et il nous rend en quelque façon semblables à Dieu en nous faisant maîtres de nous-mêmes... Ainsi je crois que la vraie générosité, qui fait qu'un homme s'estime au plus haut point qu'il se peut légitimement estimer, consiste seulement partie en ce qu'il connaît qu'il n'y a rien qui véritablement lui appartienne que cette libre disposition de ses volontés, ni pourquoi il doive être loué ou blâmé sinon pour ce qu'il en use bien ou mal, et partie en ce qu'il sent en soi-même une ferme et constante résolution d'en bien user, c'est-à-dire de ne manquer jamais de volonté pour entreprendre et exécuter toutes les choses qu'il jugera être les meilleures : ce qui est suivre parfaitement la vertu » (art. 152-153).

La GÉNÉROSITÉ, qui appartient aux *âmes bien nées*, « sert de remède contre tous les dérèglements des passions ». Semblables aux héros cornéliens, les généreux « sont naturellement portés à faire de grandes choses, et toutefois à ne rien entreprendre dont ils ne se sentent capables; ... ils sont entièrement maîtres de leurs passions, particulièrement des désirs, de la jalousie et de l'envie, et de la haine, et de la peur et de la colère ». Aussi le généreux, ayant conscience de *suivre parfaitement la vertu*, « en reçoit une satisfaction qui est si puissante pour le rendre heureux que les plus violents efforts des passions n'ont jamais assez de pouvoir pour troubler la tranquillité de son âme ».

L'influence cartésienne On ne peut parler d'*influence* avant 1650. DESCARTES, témoin de l'esprit contemporain, a donné une expression nette et définitive aux tendances confuses de son temps vers l'ordre et la logique. Cette *harmonie* avec Descartes apparaît surtout chez CORNEILLE, dont le théâtre fait une si large place à la *raison* et à la *grandeur d'âme*, et dont la *psychologie* annonce le *Traité des Passions*, paru treize ans après le *Cid*.

I. DESCARTES ET LE CLASSICISME. MOLIÈRE, LA FONTAINE et même PASCAL, formés avant 1650, sont peu sensibles à son influence. Au contraire, chez BOSSUET, la structure des développements rappelle les « *longues chaînes de raisons* » dont rêvait Descartes; BOILEAU admire en lui le penseur qui a proclamé la souveraineté de la raison, et LA BRUYÈRE lui doit l'essentiel de sa philosophie.

Descartes n'a pas tué le lyrisme et le sentiment de la nature, mais il a contribué à orienter la littérature vers l'*expression des idées* et les *analyses psychologiques et morales*. Heureusement, l'esthétique des classiques déborde l'étroite conception cartésienne des idées pures et abstraites; à l'exemple des anciens, ils conçoivent l'œuvre d'art comme une imitation de la vie où interviennent la sensibilité et l'imagination : plus ouvert à l'influence antique, RACINE est moins marqué de cartésianisme.

II. DESCARTES ET LES « PHILOSOPHES ». Dès la *fin du XVIIe siècle*, le cartésianisme va détruire l'art classique et l'esprit religieux. Les « *Modernes* » sont des cartésiens qui rejettent l'autorité des anciens et condamnent la poésie : les *philosophes* du siècle suivant créent une littérature d'idées, toute d'exactitude et de précision.

L'esprit cartésien va dominer presque tout le *travail philosophique*. Selon G. Lanson, bien des « faiseurs de systèmes » du XVIIIe siècle partent de principes et de définitions à priori. Enfin, le goût de la *certitude rationnelle* a conduit les « philosophes » à rejeter tout principe d'autorité : même les questions *politiques et religieuses* seront soumises à un audacieux examen critique, ce que Descartes n'avait pas souhaité.

Théâtre et illusion

A. Watteau, « Les Comédiens Français ». (Peinture, vers 1719-1720. The Jules Bache Collection, 1949. Ph. © du Musée The Metropolitan Museum of Art, New York.)

La vérité historique du décor et du costume, prônée par Fénelon (cf. **p. 432**) ne sera recherchée au théâtre qu'au XIXe siècle. Par la poésie des évocations mythologiques, par le jeu des allusions à la civilisation et aux événements, Racine baigne ses tragédies dans une atmosphère grecque, ou romaine, ou biblique, ou « turque » (cf. **p. 288**). Les costumes de scène contribuaient pour leur part à l'illusion théâtrale. Les personnages de haute condition portaient de riches vêtements rehaussés de broderies, de plumes, de parures clinquantes. La noblesse des attitudes, la pompe de la diction ajoutaient à l'impression de distance, nécessaire selon Racine à la grandeur tragique (cf. **p. 287**), comme si l'action, dont les personnages sont si près de nous par leur humanité, se déroulait dans un autre univers.

F. Chauveau, décor pour « Andromède » de P. Corneille.
(Gravure, 1651, détail. Ph. © Bibl. Nat., Paris Arch. Photeb.)

J. Lepautre, « Spectateurs de qualité sur la scène ». (Gravure,
XVIIᵉ siècle, détail. Bibl. Nat., Paris. Ph. Jeanbor © Arch. Photeb.)

Machinerie et illusion

Le XVIIᵉ siècle est l'âge d'or de la tragédie et de la comédie fondées sur la vérité et la finesse de l'observation psychologique. Mais au même moment le public était également friand de divertissements pour le plaisir des yeux et de l'oreille.

A l'occasion de la représentation de la tragédie-opéra d'*Andromède* (1650), les documents d'époque évoquent l'ingénieuse machinerie permettant de mettre en scène le merveilleux (cf. **XVIIIᵉ siècle, p. 26**). On voit ici Persée, monté sur Pégase, fondant du haut des airs sur le monstre marin prêt à dévorer Andromède. Paradoxalement la recherche de l'illusion devait composer avec la coutume, qui ne prit fin qu'en 1666, de réserver, de chaque côté de la scène, des sièges pour les spectateurs de qualité.

S. della Serra, « Costume de Louis XIV en "Apollon" ».
(Dessin, xviie siècle. Ph. © Bibl. Nat., Paris Arch. Photeb.)

La féerie du ballet

Corneille vieillissant ne dédaigna pas de composer avec Molière la tragédie-ballet de *Psyché* (cf. **p. 105**). Devenu en 1669 pourvoyeur des divertissements royaux (cf. **p. 175-176**), Molière introduisit des ballets burlesques dans de hautes comédies comme *Le Bourgeois gentilhomme* et *Le Malade imaginaire*. Dès 1664, il avait animé à Versailles les fêtes des *Plaisirs de l'Ile enchantée* où Louis XIV lui-même se produisit sur la scène. Le jeune roi aimait en effet se montrer, magnifiquement costumé, parmi les danseurs et les danseuses : on lui réservait le rôle le plus brillant comme celui d'Apollon dans le *Ballet de la Nuit* représenté au Louvre en 1653. Dans les *Lettres Philosophiques*, Voltaire ne manquera pas de souligner la contradiction entre le mépris officiel pour les acteurs, qui étaient excommuniés, et la prédilection du roi pour le rôle d'acteur (cf. **xviiie siècle, p. 123**).

L'héroïsme cornélien

Le jeune Horace donne une excellente définition des *héros cornéliens* lorsque, les montrant aux prises avec le sort, il s'écrie :
Et comme il voit en nous des âmes peu [communes
Hors de l'ordre commun il nous fait des [fortunes.

Gérard Philipe dans le rôle du Cid. (Avignon, 1951. Mise en scène : J. Vilar, costumes : L. Gischia. Ph. © Agnès Varda © by ADAGP 1985.)

Don Diègue remet son épée à Rodrigue. (T.N.P., 1954. Avec J. Deschamps et G. Philipe. Mise en scène : J. Vilar, costumes : L. Gischia. Ph. © Agnès Varda © by ADAPG 1985.)

Gérard Philipe a donné une vie nouvelle, et inoubliable, à la tragédie du *Cid*, en prêtant à Rodrigue toute sa fougue et l'éclat de sa jeunesse. On le voit ici recevant l'épée de son père, le vieux Don Diègue, avec la mission de venger son *honneur* bafoué par le Comte, père de Chimène (cf. **p. 112.**)

Entrevue de Rodrigue et de Chimène. (Avignon, 1958. Avec
G. Philipe et M. Casarès. Mise en scène : J. Vilar, costumes : L. Gischia. Ph. © Agnès Varda
© by ADAGP 1985.)

La tragédie de l'honneur

Dans l'entrevue de Rodrigue et de Chimène en grand deuil, la situation tragique atteint son point culminant. Pour venger l'honneur de son père, Rodrigue a dû tuer en duel le père de celle qu'il aime ; pour venger son père, Chimène doit exiger la mort de celui qu'elle aime. Miracle de la grandeur d'âme, ces deux êtres que le devoir oppose se comprennent, s'admirent mutuellement, et leur amour sortira grandi de cette épreuve (cf. **p. 114-115**).

J.L. David, « Le Serment des Horaces ». (Peinture, 1784. Musée du Louvre, Paris. Ph. H. Josse © Arch. Photeb.)

La tragédie du patriotisme

A la fin du XVIIIᵉ siècle, avec le retour à l'antique, la Rome de Corneille renaît dans cette toile de David. La scène n'a pas d'équivalent dans la tragédie d'*Horace*, puisqu'on n'y voit jamais que le Jeune Horace face à son père. Mais le peintre a saisi l'esprit de cette **tragédie du patriotisme** : la rigueur fanatique du Vieil Horace, le dévouement absolu des trois frères, la douleur des femmes menacées dans ce qu'elles ont de plus cher. On notera le recherche d'une plus grande vérité dans le costume et dans l'architecture.

Ch. Le Brun, « Le Combat des Horaces et des Curiaces ». (Gravé par P. Daret, 1641, détail. Ph. © Bibl. Nat., Paris. Arch. Photeb.)

Duvivier, « Le dernier des Horaces ou Meurtre de Camille ». (Peinture, xixe siècle. Musée de Tessé, Le Mans. Ph. L. de Selva © Arch. Photeb.)

Le crime d'une grande âme

« Ce qu'on ne doit point voir, qu'un récit nous l'expose » dit Boileau à propos de la tragédie (**p. 341**). Par « bienséance », aucune de ces deux scènes sanglantes n'est présentée sur le théâtre (cf. **p. 95**). Le combat donne lieu à un récit très animé, et d'une grande intensité tragique (acte v, scène 2). Par son courage, son intelligente tactique, le Jeune Horace triomphe, ce qui lui vaut la bénédiction de son père et les insultes de sa sœur Camille, dont il vient de tuer le fiancé. C'est alors que, par vertu patriotique, le héros se rend coupable d'un **crime** qui révolte notre sensibilité. On a beau invoquer, pour l'expliquer, l'excitation du combat, et, pour l'excuser, la gravité de la malédiction lancée contre Rome, il n'en est pas moins vrai que, par le meurtre de Camille, le Jeune Horace souille, aux yeux des modernes, la pureté de son image jusque-là immaculée (acte IV, scène 5).

Frontispice de « Cinna ou La Clémence d'Auguste ».
(Gravure anonyme, 1643. Ph. © Bibl. Nat., Paris-Photeb.)

La tragédie de la volonté

Dans *Cinna*, par rapport à *Horace*, le héros se distingue par une parfaite **maîtrise de soi** : le vieil empereur Auguste remporte sa plus grande victoire en trouvant la force de pardonner aux conjurés — ses plus chers amis ! — qui se disposaient à l'assassiner. Cette victoire sur lui-même, la plus difficile, il ne l'obtient que par la tension extrême de sa **volonté** contre l'instinct de conservation et contre la tentation de la vengeance (cf. **XXᵉ siècle, p. 688**). Il la célèbre avec exaltation :

> Je suis maître de moi comme de l'univers ;
> Je le suis ; je *veux* l'être. Ô siècles, ô mémoire,
> Conservez à jamais ma dernière victoire.

Et les conjurés, éperdus d'admiration devant tant de générosité, tombent à ses pieds en lui exprimant leur gratitude et leur dévouement.

Frontispice de « Polyeucte martyr ». (Gravure anonyme, 1643.
Ph. © Bibl. Nat., Paris. Arch. Photeb.)

La tragédie de la foi

Converti au christianisme, Polyeucte, seigneur arménien et gendre de Félix, gouverneur romain de la
province, obéit à son ardeur de néophyte et va briser dans leur temple les idoles du paganisme. Sous l'effet
de la **grâce**, il renonce à toute attache terrestre, à l'amour de sa jeune épouse Pauline, et résiste à la tentation d'abjurer pour échapper au martyre. Comme dans *Cinna*, cette grandeur d'âme est contagieuse :
elle entraîne la conversion de Pauline et de Félix. Au XVIIIᵉ siècle, on y verra un exemple typique de fana-
tisme aveugle. Mais dans l'optique de la foi, la « grandeur spirituelle » de Polyeucte appartient à un autre
« **ordre** », infiniment supérieur à celui des « grandeurs charnelles » (cf. **p. 167**). Au XXᵉ siècle, Péguy
parlera de la « promotion » du *Cid* à *Polyeucte* : à ses yeux, les trois tragédies antérieures, *Le Cid, Horace,
Cinna* culminent en *Polyeucte* : « Tout cet héroïsme temporel promu en héroïsme de sainteté, en héroïsme
éternel, en héroïsme de martyre » (cf. **XXᵉ siècle, p. 173-175**).

Portrait de P. Corneille. (Peinture anonyme, XVIIᵉ siècle. Musée National du Château de Versailles. Ph. H. Josse © Arch. Photeb.)

Ch. A. Coypel, « Cléopâtre vient d'avaler le poison ». (Peinture, 1749. Musée du Louvre, Paris. Ph. H. Josse © Arch. Photeb.)

Une âme égarée par les passions

La plupart du temps, les héros de Corneille luttent pour de nobles causes : l'honneur, la patrie, la foi. Mais le dramaturge n'exclut pas que des « âmes peu communes » puissent habiter des personnages égarés par leurs passions et devenus criminels. C'est le cas de **Cléopâtre**, déjà meurtrière de son mari et d'un de ses deux fils, et que son amour forcené du pouvoir pousse à empoisonner l'autre. Après avoir bu à la coupe pour décider son fils Antiochus à y boire à son tour, Cléopâtre meurt foudroyée par le poison sans avoir pu assouvir sa haine, sous les yeux d'Antiochus et de Rodogune (cf. **p. 108-110**).

LE THÉATRE

Le XVIIe siècle français est, par excellence, le *siècle du théâtre*. Événement littéraire et artistique, une représentation dramatique est aussi une *cérémonie*, un *rite social*, prolongement de ceux de la cour ou des salons. Ainsi la littérature classique, sociale et impersonnelle, fondée sur la culture commune à tous les « honnêtes gens » et sur une communion profonde entre auteurs et public, a trouvé dans le théâtre son mode d'expression favori. Aucun genre ne dépend davantage de la réalité sociale contemporaine et de l'état de la technique : donc, avant d'aborder les auteurs et les œuvres, faisons connaissance avec les *interprètes* et tentons d'imaginer l'*atmosphère d'une représentation*, en ce siècle qui vit naître à la fois les chefs-d'œuvre de Corneille, Racine et Molière, et des institutions nationales comme la Comédie-Française et l'Opéra. Cette étude documentaire permettra de replacer tragédies et comédies dans leur cadre historique, sans rien leur enlever, bien au contraire, de leur valeur éternelle.

I. ACTEURS ET THÉATRES

Tréteaux et tournées Au début du siècle, les *bateleurs*, en particulier TABARIN et Mondor, son compère, connaissent un vif succès sur les tréteaux des foires Saint-Germain et Saint-Laurent. D'autre part, des comédiens parcourent la province, jouant de ville en ville sur des scènes improvisées. Scarron a dépeint leurs aventures burlesques dans le *Roman Comique* (cf. p. 77) ; Callot a fixé avec un réalisme saisissant leur aspect souvent lamentable. Mais ces *troupes ambulantes* n'étaient pas toujours grotesques : celle de Floridor est restée célèbre, et surtout celle de MOLIÈRE, après l'échec de l'Illustre Théâtre (cf. p. 173).

Les théâtres de Paris 1. L'HOTEL DE BOURGOGNE. A Paris, les Confrères de la Passion (cf. *Moyen Age*, p. 160) avaient gardé le monopole des représentations, même après l'interdiction des Mystères. En 1599, ils cèdent leur privilège et leur salle, l'Hôtel de Bourgogne, à la troupe de Valleran-Lecomte. Cette compagnie, dont Hardy (cf. p. 92) était le poète attitré, ne se fixera à demeure à Paris qu'en 1628. Elle est alors « Troupe Royale » et joue d'abord des farces, avec Turlupin, Gros-Guillaume et Gautier-Garguille, puis des tragédies, avec Floridor, Montfleury et la CHAMPMESLÉ, immortelle interprète de Racine.

2. LE THÉATRE DU MARAIS. Dès 1600, l'installation d'une troupe rivale, dirigée par MONDORY, au jeu de paume du Marais, met fin au privilège de l'Hôtel de Bourgogne. On joue au Marais la farce, avec Jodelet, puis des pièces à machines (cf. p. 91). La troupe se dissout en 1673.

3. LA TROUPE DE MOLIÈRE (cf. p. 174) revient à Paris en 1658. Après avoir joué *Nicomède* au Louvre, devant le roi, elle reçoit le titre de « troupe de Monsieur » et s'installe au Petit-Bourbon, puis, à partir de 1661, au Palais-Royal, salles qu'elle partage avec les Comédiens italiens. Molière a des démêlés fort plaisants avec ses rivaux de l'Hôtel de Bourgogne, qu'il raille dans *L'Impromptu de Versailles*. Il est entouré d'ARMANDE BÉJART, sa femme, et de LA GRANGE, DU CROISY, BARON, la DU PARC et

son mari. A la mort de Molière, la troupe émigre à l'Hôtel Guénégaud, rue Mazarin, et fusionne avec celle du Marais.

4. LA COMÉDIE-FRANÇAISE. En 1680, Louis XIV sanctionne la fusion entre les troupes de l'Hôtel Guénégaud et de l'Hôtel de Bourgogne réconciliées, et accorde un privilège à la compagnie ainsi formée (les *Comédiens français*), qui s'installe en 1687 rue des Fossés-Saint-Germain (aujourd'hui rue de l'Ancienne-Comédie).

5. LA COMÉDIE ITALIENNE. Appelés à l'origine par Catherine de Médicis, les Comédiens italiens furent très goûtés à Paris et, en dépit de la différence de langue (ils jouaient en italien), leur succès se soutint jusque vers la fin du XVIIe siècle. Leur mimique était très expressive et ils improvisaient sur un simple scénario (*commedia dell'arte*). Trivelin et Scaramouche faisaient la joie des spectateurs, heureux de voir reparaître, dans des aventures toujours renouvelées, les *types* consacrés : Arlequin, Pierrot, Polichinelle, Pantalon.

6. L'OPÉRA. D'Italie nous vint aussi, au XVIIe siècle, le goût de l'opéra, et, en 1669, fut créée une « académie d'opéra ou représentations en musique ». Le genre fut illustré par QUINAULT pour les livrets et LULLI pour la musique.

Les comédiens et l'Église Par une contradiction frappante entre les mœurs et les principes, pendant tout le XVIIe siècle, l'Église fait peser une lourde *réprobation morale* sur le métier d'acteur. Quoiqu'ils soient indispensables à la ville et à la cour et, de plus, protégés par le roi (Molière en particulier), les comédiens sont *frappés d'excommunication*, et on leur refuse la sépulture en terre sainte (pour Molière, cf. p. 176 et p. 331, v. 19-20). L'Église restera longtemps intransigeante à cet égard, et des incidents se produiront encore à la mort d'Adrienne Lecouvreur, en 1730.

D'ailleurs, les jansénistes *condamnent le théâtre en lui-même* : « Tous les grands divertissements sont dangereux pour la vie chrétienne; mais, entre tous ceux que le monde a inventés, il n'y en a point qui soit plus à craindre que la comédie » (PASCAL). Pour NICOLE, « un poète de théâtre est un empoisonneur public, non des corps, mais des âmes des fidèles » (cf. p. 284). A la fin du siècle, la « Lettre d'un théologien... », qui contient une apologie du théâtre, fait scandale parmi les catholiques fervents. Elle est censurée par l'archevêque de Paris, et son auteur présumé, le P. CAFFARO, s'attire une sévère réplique de BOSSUET (cf. p. 281). Ainsi le fossé s'élargit, surtout depuis le jansénisme, entre *mondains* et *dévots*.

II. LE SPECTACLE

La salle et la scène L'agencement des *salles* de spectacle était à peu près le même que de nos jours, mais le *parterre* était réservé aux hommes, qui s'y tenaient debout : ce public populaire (la place de parterre ne coûtait que quinze sols) était fort turbulent; il jouissait pourtant de toute la sympathie de Molière (cf. p. 177), car, une fois conquis, il ne craignait pas de rire à gorge déployée. *Galeries* et *loges* accueillaient le public élégant.

Eclairée par des chandelles fixées au mur, puis par des lustres, la *scène* était *petite*. Pourtant, en 1656, on adopta pour un siècle (jusqu'en 1766) la coutume anglaise de disposer, de chaque côté de la scène, des sièges réservés aux spectateurs de marque : cela n'était pas fait pour faciliter les évolutions des acteurs.

Costumes, décors et machines Ceux-ci avaient des *costumes somptueux*, mais de *haute fantaisie* : un comédien vêtu « à la romaine » portait un chapeau à plumes et des gants! On aura une idée du costume « à la turque » par la gravure représentant la Champmeslé dans le rôle d'Atalide. Pas plus de souci de la couleur locale ni du réalisme dans le *décor*. Au début du siècle, comme la tragédie s'étalait dans l'espace et dans le temps, on avait utilisé les *décors simultanés* (comme au Moyen Age pour les *Mystères*); mais le triomphe de l'*unité de lieu* entraîna l'*unité de décor*, qui devint alors « un palais à volonté » et, pour la comédie, « une place de ville » ou un intérieur stylisé. Les indications scéniques données par l'auteur sont extrêmement vagues : « La scène est à Paris » (Molière); « La scène est à Trézène, ville du Péloponnèse » (Racine, pour *Phèdre*). Ainsi, l'élément pittoresque de la *Galerie du Palais* ou de la *Place Royale* (cf. Corneille, p. 99) disparaît vers le milieu du siècle.

En revanche, le public montre un goût de plus en plus marqué pour les *pièces à machines*, où tout est prévu pour le plaisir des yeux et l'émerveillement. Une machinerie savante permet les effets les plus divers, dans l'ordre de la *féerie* (changements à vue) ou de l'*imitation de la nature* (flots agités, nuages se mouvant dans le ciel). On retiendra comme types de ces pièces à machines, aux décors somptueux, l'*Andromède* de Corneille, donnée pour le carnaval de 1650, et la *Psyché* de Molière, Corneille, Quinault et Lulli, tragédie-ballet d'une poésie charmante, donnée pour le carnaval de 1671.

Les divertissements royaux En effet, la lecture des chefs-d'œuvre de Corneille et Racine, des grandes comédies de Molière, ne donne pas une idée complète de la vie concrète et diverse du théâtre au XVIIᵉ siècle, de son rôle dans les *divertissements* de la cour. Sous Louis XIV, le théâtre est d'abord un plaisir, plaisir de choix sans doute, mais non pas, comme nous serions tentés de l'imaginer, jouissance purement intellectuelle. Ainsi *Le Bourgeois Gentilhomme* et *Le Malade Imaginaire* sont des *comédies-ballets* : la danse, la musique, les déguisements viennent égayer le réalisme psychologique et ajouter au comique la *fantaisie*. La comédie trouve sa place dans les jeux du *carnaval*, dans les *fêtes* de Vaux (*Les Fâcheux*, 1661), de Saint-Germain (Ballet des Muses, 1666-1667) et de Versailles. Le parc de Versailles offre son cadre grandiose aux *Plaisirs de l'Ile enchantée*, du 7 au 13 mai 1664. Ce sont les fêtes les plus somptueuses du règne ; les comédiens côtoient les princes et se mêlent à leurs jeux mythologiques et romanesques. Molière, grand animateur de ces divertissements, incarne dans un ballet le dieu Pan ; puis voici *La Princesse d'Élide*, comédie galante « mêlée de danse et de musique » : sous le signe de l'art, de la poésie légère et des plaisirs, la magie du rêve confond les enchantements du théâtre et de la vie de cour. Pourtant, c'est au cours de ces mêmes fêtes que Molière donne pour la première fois *Tartuffe* (en trois actes, cf. p. 175) : double visage du siècle de Louis XIV.

LA TRAGÉDIE

I. LA TRAGÉDIE AVANT CORNEILLE

La tragédie au XVIᵉ siècle Au XVIᵉ siècle, la tragédie est conçue comme la peinture d'une illustre infortune, « la présentation d'un fait tragique à l'aide d'acteurs » (Lanson). Elle est éloquente, lyrique, le chœur déplorant longuement la catastrophe, mais en général ne comporte pas de véritable *action tragique*. L'idée même de *tragique* ne semble pas nettement dégagée : c'est le *pathétique* qui règne, avec le spectacle douloureux du malheur des héros et les accents déchirants de leurs plaintes. La tragédie classique, au contraire, marquera le triomphe de l'émotion tragique proprement dite, Racine incarnant l'idéal du *tragique pur*, distinct du pathétique comme du dramatique. Le *dramatique* (tragicomédie ou drame romantique) repose sur l'attente anxieuse du dénouement, tandis que les péripéties fortuites d'un conflit violent font alterner l'espoir et la crainte. Le *tragique* comporte des éléments pathétiques (pitié) et dramatiques, mais il les dépasse et se fonde sur la lutte éternelle de l'homme contre le destin inéluctable; il tient sa grandeur presque sacrée du mystère de la condition humaine, tel qu'il s'exprime dans le paroxysme d'une crise où sont plongés des êtres hors du commun, mais représentatifs de toute l'humanité.

A la fin du XVIᵉ siècle, la tragédie semble hésiter sur la route à suivre. On s'écarte du type qu'avait établi GARNIER, on oublie les unités que des théoriciens comme Scaliger et Jean de la Taille avaient conseillées. La tragédie tend à devenir l'*histoire d'une vie dramatique ou héroïque*. Peu à peu on aboutit, vers 1620, à une véritable crise de la tragédie.

Alexandre Hardy

Un auteur maintient pourtant la tradition et assure la continuité, de Garnier et Montchrestien à Mairet et surtout Corneille : c'est ALEXANDRE HARDY, notre premier *auteur dramatique de métier*. Nous savons très peu de chose de sa vie. Ses débuts littéraires semblent se placer vers 1595. Il accompagna une troupe de comédiens ambulants, puis devint l'auteur attitré de la troupe de Valleran-Lecomte à l'Hôtel de Bourgogne. Sa fécondité était prodigieuse : il aurait composé *plus de 600 pièces*, dont 34 seulement nous sont parvenues (tragédies et tragi-comédies). Il mourut en 1632.

Dans l'ensemble, Hardy continue la tragédie régulière du XVIᵉ siècle, mais il contribue aussi à la faire évoluer :

a) *Vers la tragi-comédie*, en prenant parfois des libertés avec l'unité de temps et l'unité de lieu, et en représentant sur la scène meurtres ou combats;

b) *Vers la tragédie classique*, en réduisant, puis en supprimant les chœurs; en donnant à ses pièces plus de mouvement, et aux discours plus de vraisemblance dramatique et d'à-propos; en discernant enfin l'importance de la psychologie des personnages.

Technicien expérimenté, il écrit pour la scène. Mais le style, très rhétorique, est le point faible de son œuvre, d'ailleurs hâtivement écrite.

Crise de la tragédie (vers 1620-1634)

Cependant la tragédie paraît menacée, ainsi que la comédie, par deux genres intermédiaires, la *tragi-comédie* et la *pastorale*, dont la vogue s'explique à la fois par des influences étrangères et par le succès de l'*Astrée* (cf. p. 69). Entre ces genres, pas de cloisons étanches d'ailleurs, ce qui rend parfois malaisé de définir leurs caractères propres. *Pyrame et Thisbé*, de Théophile de Viau (1621), tient de la tragédie, de la tragi-comédie et même de la pastorale; la *Sylvanire* de Mairet (1629) est une tragi-comédie pastorale; Corneille qualifiera d'abord le *Cid* de tragi-comédie.

LA TRAGI-COMÉDIE n'est pas, malgré son nom, un mélange de tragédie et de comédie. C'est une tragédie *qui finit bien*; c'est surtout une tragédie *romanesque* : l'amour y tient une grande place, les péripéties abondent et les scènes familières succèdent aux scènes tragiques. En général on se soucie peu des unités, et on ne craint pas de mettre « les accidents mêmes sur la scène ». Ainsi, dans le *Clitandre* de CORNEILLE (1631), on peut voir Dorise, déguisée en homme, crever un œil au traître Pymante. Ce genre nous vient d'Italie, mais Garnier l'avait inauguré en France dès 1582 avec *Bradamante;* sa vogue se prolongera jusque vers 1640.

Parmi les auteurs de tragi-comédies, nous citerons, outre Hardy, Du Ryer, Scudéry et surtout Rotrou (*Agésilan de Colchos, Laure persécutée*), qui se signale par une certaine vérité et des qualités pittoresques et poétiques.

LA PASTORALE est une idylle entre bergers et bergères, dans un cadre champêtre. Leurs amours sont longtemps contrariées, mais le dénouement est heureux. Notre Moyen Age avait connu une esquisse de ce genre avec le *Jeu de Robin et Marion*, d'Adam de la Halle (XIIIᵉ siècle); mais, au XVIᵉ siècle, c'est en Italie que nos auteurs cherchent des modèles tels que l'*Aminta* du Tasse (1582) ou le *Pastor Fido* de Guarini (1587); ou encore, en Espagne, avec le roman pastoral de Montemayor, *Diana enamorada* (« Diane amoureuse »). L'atmosphère devient féerique, avec l'apparition de *magiciens* et de *satyres*, et l'intrigue se charge de péripéties.

RACAN fait jouer ses *Bergeries* vers 1619; MAIRET donne *Sylvie* (1626) et *Sylvanire* (1630), GOMBAULD *Amaranthe*. Ces pièces ne sont pas sans grâce, mais nous paraissent aujourd'hui fades et peu dramatiques. A la suite de l'*Astrée*, elles préparent pourtant l'avènement de la tragédie classique par une étude parfois alambiquée mais attentive de la psychologie de l'amour.

On voit donc que, depuis la fin du XVIᵉ siècle, le théâtre tend à s'écarter des unités et de la vraisemblance, sur les sentiers du romanesque, de la fantaisie et de l'imagination. Ces caractères sont ceux de la littérature *baroque* qui règne à l'époque, non seulement en France mais dans toute l'Europe occidentale. Le triomphe des règles (suivant de près celui de Malherbe) va marquer un tournant décisif, et d'abord le renouveau de la tragédie proprement dite.

II. FORMATION DE LA TRAGÉDIE CLASSIQUE

Renouveau de la tragédie On assiste, à la veille du *Cid*, à toute une floraison de tragédies, qui marquent une réaction contre la tendance tragi-comique ; c'est l'*Hercule mourant* de ROTROU (1633), la *Sophonisbe* de MAIRET (1634), la *Mort de Mithridate* de LA CALPRENÈDE (1635), la *Mort de César* de SCUDÉRY (1636), la *Mariamne* de TRISTAN L'HERMITE (1636), la *Lucrèce* de DU RYER (1636). Ce sont en général des tragédies austères (« Mort de... »), dont le sujet est emprunté à l'histoire romaine et l'intrigue très simple. Le terrain est déjà préparé pour les tragédies romaines de Corneille. Cette transformation correspond à la réapparition des règles avec MAIRET.

Retour aux règles Mairet Les fameuses *règles*, centre de tant de controverses pendant des siècles, ne sont pas une nouveauté lorsque MAIRET s'en fait le champion. Jodelle avait pratiqué spontanément les unités, définies ensuite par les théoriciens (Scaliger et Jean de la Taille, cf. *XVIᵉ Siècle*, p. 168), mais depuis on les avait bien oubliées; on en venait même à les attaquer ouvertement. Ainsi François Ogier avait publié un plaidoyer pour le théâtre irrégulier que l'on a pu comparer à la Préface de *Cromwell*, de Victor Hugo. MAIRET lui répond dans la Préface de *Sylvanire* (1631) : ayant étudié les Italiens, il a trouvé qu' « ils n'avaient point eu de plus grand secret que de prendre leurs mesures sur celles des anciens, grecs et latins, dont ils ont observé les règles plus religieusement que nous n'avons point fait jusqu'ici ». Il s'est donc proposé de les imiter. Et, joignant l'exemple au précepte, il donne avec sa *Sophonisbe* une tragédie *régulière* type.

Unités et bienséances Les règles comprennent avant tout les TROIS UNITÉS, d'action, de temps et de lieu (cf. Boileau, p. 342): 1. L'intérêt doit être centré sur *une seule intrigue*, dépouillée de tout épisode secondaire (ainsi, dans le *Cid*, l'amour de l'Infante pour Rodrigue peut paraître contraire à l'unité d'action); 2. L'action doit se dérouler en *un jour*; 3. Elle doit avoir *un seul lieu* pour théâtre.

L'unité d'action entraîne l'unité de ton : on exclura donc tout mélange des genres; pas d'intermèdes comiques dans la tragédie. Avec la distinction des genres, on rejoint les BIENSÉANCES : la tragédie, mettant en scène des héros et des rois, devra être constamment empreinte de dignité et même de noblesse. Pas de réalisme vulgaire, pas de mots crus ou familiers. On va plus loin encore : on estime contraire aux bienséances de représenter sur le théâtre combats, duels ou suicides. « Ce qu'on ne *doit* point voir, qu'un récit nous l'expose » (Boileau). Bien des scènes de ce genre se trouvent également interdites par l'*unité de lieu* : une bataille rangée, un combat singulier ne peuvent avoir lieu dans l'antichambre d'un palais.

La controverse A la suite de Mairet, les théoriciens vont s'efforcer d'imposer les règles (CHAPELAIN, abbé D'AUBIGNAC); les pédants prétendront même les rendre de plus en plus rigoureuses : pour eux l'action devrait durer non pas vingt-quatre heures, mais du lever au coucher du soleil, sinon un temps plus voisin encore de la *durée réelle* de la représentation. L'abbé d'Aubignac condamne les *stances* comme contraires à la *vraisemblance*, à moins que le personnage qui les prononce ne soit poète. La résistance vient en général des auteurs, et CORNEILLE se sentira presque toujours mal à l'aide sous l'étroite contrainte des règles. RACINE, au contraire, y trouvera le cadre idéal de sa tragédie. En fait, les règles mettent une dizaine d'années à s'imposer. Vers 1640, leur triomphe est certain; Richelieu y est acquis, et avec lui le public mondain et lettré.

On tire les unités d'un passage de la *Poétique* d'Aristote, qui d'ailleurs ne dit rien de l'unité de lieu (on la déduit des unités de temps et d'action); on les discerne aussi dans le théâtre antique. Mais ces arguments historiques et savants ne seraient pas décisifs, si grande que soit l'autorité d'Aristote. On prétend surtout fonder les règles sur la *vraisemblance* et la *raison*. Même les non-conformistes acceptent le combat sur ce terrain, car il est plus d'une façon de concevoir la vraisemblance. Les bienséances s'appuient sur la vraisemblance psychologique et historique, et respectent les goûts et les tendances du public mondain, qui contribue à imposer le grand goût classique, sévère et rigoureux. Le danger, on le conçoit, sera de confondre préjugés et bienséances, et de méconnaître les droits du génie. Corneille défendra le point de vue des créateurs contre les « spéculatifs » qui ignorent trop *combien de belles choses* la stricte observation des règles *bannit de notre théâtre*.

III. LES RÈGLES ET L'ART CLASSIQUE

Valeur des règles   Aujourd'hui nous pouvons juger en toute sérénité les exigences parfois tatillonnes des théoriciens du XVIIe siècle, ainsi que les véhémentes protestations romantiques contre les règles, et discerner quels ont pu être leurs inconvénients et leurs avantages.

I. L'UNITÉ D'ACTION est celle qui prête le moins à discussion. Des divergences peuvent se manifester sur son interprétation précise, mais elle paraît indispensable : n'est-elle pas la manifestation même du tempérament français, épris de clarté et de composition rigoureuse ?

II. L'UNITÉ DE LIEU n'est pas sans présenter des inconvénients : 1. Elle exclut la représentation de certains lieux historiques, comme le Forum ou tel champ de bataille célèbre, qui présenteraient par eux-mêmes une valeur théâtrale. On sait le parti que V. Hugo tirera d'un cadre tel que le tombeau de Charlemagne à Aix-la-Chapelle (*Hernani*, acte IV). Le lieu de la scène risque de devenir invariablement une antichambre de palais, toujours la même quel que soit le pays où se déroule l'action. L'unité de lieu a contribué à écarter la tragédie classique de la *couleur locale*.

2. Les règles se sont imposées au nom de la *vraisemblance* ; mais, répliquera Hugo : « Quoi de plus invraisemblable et de plus absurde que ce vestibule, ce péristyle, cette antichambre, lieu banal où nos tragédies ont la complaisance de venir se dérouler, où arrivent, on ne sait comment, les conspirateurs pour déclamer contre le tyran, le tyran pour déclamer contre les conspirateurs ? » (Préface de *Cromwell*). De fait, au début de *Bérénice*, Antiochus doit expliquer en termes assez embarrassés à son confident, et au spectateur, quel est ce lieu où tous les personnages vont se rencontrer :

> Souvent ce cabinet superbe et solitaire
> Des secrets de Titus est le dépositaire.
> C'est ici quelquefois qu'il se cache à sa cour,
> Lorsqu'il vient à la Reine expliquer son amour.
> De son appartement cette porte est prochaine,
> Et cette autre conduit dans celui de la Reine.

Autre exemple, emprunté cette fois à la comédie : l'ingénieuse mise en scène de Louis Jouvet souligne l'invraisemblance de l'unité de lieu dans *L'École des Femmes* : les murs du jardin d'Arnolphe s'écartent pour les scènes qui ne peuvent, de toute évidence, avoir une place publique pour théâtre.

Corneille eût souhaité qu'on pût dans certains cas, tout en évitant la *dispersion*, étendre le lieu de l'action à une *ville entière*, et Voltaire notera à ce propos : « L'unité de lieu est tout le spectacle que l'œil peut embrasser sans peine. »

III. L'UNITÉ DE TEMPS : Ne faut-il pas quelque bonne volonté pour admettre que Rodrigue puisse, en vingt-quatre heures, tuer Don Gormas en combat singulier, écraser les Maures et désarmer Don Sanche au cours d'un nouveau duel? Ce chef-d'œuvre serait-il moins beau si l'action durait deux ou trois jours? La tragédie de Corneille, plus chargée d'événements que celle de Racine, s'accommode moins bien de ce cadre étroit. Mais, chez Racine même, la journée de *Mithridate* n'est-elle pas un peu chargée?

Quel est donc le véritable sens des unités de temps et de lieu? Ce sont les supports de l'unité d'action. Elles aident notre théâtre à s'orienter vers la *tragédie-crise* (cf. p. 289) et l'écartent de la représentation d'un *épisode dramatique* étalé dans l'espace et dans le temps et divisé en *tableaux*. La distinction entre *actes* et *tableaux* n'est pas une simple question de vocabulaire : elle traduit la différence entre deux conceptions de l'art dramatique.

Récits et bienséances

I. LES RÉCITS sont nombreux dans la tragédie classique; c'est une conséquence : *a*) de l'unité de lieu : on ne peut transporter le spectateur dans le port de Séville (le *Cid*) ou sur la plage de Trézène (*Phèdre*) ; *b*) des bienséances : on ne doit pas voir répandre le sang sur la scène. Les romantiques ne manqueront pas d'ironiser, trouvant que tout se passe en récits et discours : « Nous ne voyons en quelque sorte sur le théâtre que les coudes de l'action; ses mains sont ailleurs. Au lieu de scènes, nous avons des récits; au lieu de tableaux, des descriptions. » Quand on vient lui raconter « ce qui se fait dans le temple, dans le palais, dans la place publique », le spectateur est tenté de s'écrier : « Vraiment ! mais conduisez-nous donc là-bas ! On s'y doit bien amuser, cela doit être beau à voir ! » (HUGO, Préface de *Cromwell*).

N'étant pas en eux-mêmes dramatiques, les récits risquent d'ennuyer, ou au moins de briser le mouvement de l'action. Aussi les classiques, comprenant le danger, ont-ils particulièrement soigné ces morceaux. Leur art consiste à *animer* les récits, de façon qu'ils donnent l'illusion de l'action et prennent un caractère *épique* (ex. le *Cid*, IV, 3; *Polyeucte*, III, 2; *Iphigénie*, V, 6); parfois à donner la parole non pas à un messager quelconque, mais au *héros de l'action* (ainsi Rodrigue vainqueur des Maures); ou encore à nous faire attendre le récit avec *impatience*, et à mettre l'accent sur la *réaction des personnages* qui apprennent la nouvelle (*Horace* : récit de Julie, III, 6, et rebondissement avec le récit de Valère, IV, 2; *Andromaque*, V, 3).

On a jugé parfois le long *récit de Théramène*, dans *Phèdre* (72 vers), peu vraisemblable, sinon déplacé, quelles que soient ses qualités esthétiques. Pourtant, sans sacrifier à des « bienséances » surannées, on peut dire que *la tragédie classique a beaucoup plus gagné que perdu à ne pas tout représenter sur la scène*. Elle y a gagné :

1. EN DIGNITÉ : elle s'écarte résolument du mélodrame, en proscrivant le pathétique facile et assez bas qui consiste à donner au spectateur un frisson d'horreur physique (comme au Grand-Guignol, et parfois, au XVIIe siècle, dans la tragi-comédie).

2. EN PORTÉE : dans la tragédie classique, à la différence du drame romantique, on ne trouve pas de confusion entre *action* et *spectacle* ; nous ne vibrons pas au spectacle d'événements extérieurs, mais devant leur répercussion dans l'âme des personnages. Le cinquième acte de *Nicomède* est caractéristique à cet égard : les événements sont relégués en coulisse, mais nous sommes saisis par leur rythme, à mesure qu'il se précipite et retentit sur les héros enfermés dans le palais.

3. EN VRAISEMBLANCE, si paradoxal que cela paraisse : un beau récit de bataille nous impressionne beaucoup plus que la rencontre, sur la scène, de deux troupes de figurants, car le moindre incident technique peut rendre cette rencontre parfaitement bouffonne. Quelques vers de Racine parlent beaucoup plus à notre imagination qu'un pauvre poignard de carton.

II. LES BIENSÉANCES exigent de la tragédie une gravité constante, une solennité soutenue, une noble discrétion. Le langage tragique sera beaucoup moins direct et coloré chez nous que chez les Grecs : les héros d'Euripide s'injuriaient parfois aussi violemment que ceux d'Homère, mais les personnages raciniens, même au comble de la fureur, se souviennent qu'ils sont des rois. Les classiques pratiquent la *litote* (art d'exprimer le plus en disant le moins) : « Va, je ne te hais point » (le *Cid*); « Notre adieu ne fut pas un adieu d'ennemis » *(Suréna)*. Ils aiment aussi la *périphrase*, qui entoure d'un halo poétique la réalité matérielle; Ferdinand Brunot remarquait, non sans ironie, que « le simple appareil | D'une beauté qu'on vient arracher au sommeil » *(Britannicus,* II, 2) n'est après tout qu'une chemise; de même le fard devient « cet éclat emprunté | Dont elle avait eu soin de peindre et d'orner son visage | Pour réparer des ans l'irréparable outrage » *(Athalie,* II, 5). On peut donc regretter parfois que l'expression ne soit pas plus réaliste, mais le « mot propre » aurait-il eu les mêmes résonances affectives? Ne faut-il pas plutôt admirer, avec ANDRÉ GIDE, cet « *art de pudeur et de modestie* » et sa « *qualité la plus exquise : la réserve* »?

Conclusion   Considérer les règles comme des recettes infaillibles pour produire un chef-d'œuvre, tel est l'écueil que n'éviteront ni les médiocres au XVIIe siècle, ni les écrivains du XVIIIe siècle lorsqu'ils imiteront les grands classiques. Il n'est pas de règles qui dispensent d'avoir du génie, pas de règles que l'envie ait le droit d'opposer à un chef-d'œuvre avéré. C'est là le sens de la célèbre protestation de MOLIÈRE : « Vous êtes de plaisantes gens avec vos règles dont vous embarrassez les ignorants, et nous étourdissez tous les jours. Il semble, à vous ouïr parler, que ces règles de l'art soient les plus grands mystères du monde, et cependant ce ne sont que quelques observations aisées, que le bon sens a faites sur ce qui peut ôter le plaisir que l'on prend à ces sortes de poèmes... Je voudrais bien savoir si la grande règle de toutes les règles n'est pas de plaire, et si une pièce de théâtre qui a attrapé son but n'a pas suivi un bon chemin. » (*Critique de l'École des Femmes,* sc. VI.) RACINE dira à son tour : « La principale règle est de plaire et de toucher. Toutes les autres ne sont faites que pour parvenir à cette première. » (Préface de *Bérénice*). Mais, sauf lorsqu'elles ont servi d'armes à des rivaux jaloux, loin de constituer une gêne néfaste pour nos grands classiques, les règles ont été *fécondes* et *créatrices*. Elles ont pu embarrasser la conscience scrupuleuse de Corneille, elles ne l'ont pas empêché d'écrire ses chefs-d'œuvre, et elles ont été le cadre parfait de la tragédie racinienne. Elles représentent d'abord la contrainte que le génie créateur doit s'imposer à lui-même pour éviter la pente de la facilité : une œuvre est plus grande des difficultés vaincues. Et surtout, sous leur apparence arbitraire, elles ont aidé l'idéal classique à prendre conscience de lui-même et à se réaliser. Enfermée dans l'étroit réseau des unités et des bienséances, la tragédie se resserre et s'intériorise, gagne en *intensité* et en *profondeur*, révélant ainsi son caractère essentiel, qui est de placer « les événements hors du temps et de l'espace, dans le cœur humain » (Lanson). Les règles sont le creuset d'où est sortie la tragédie classique.

IV. AUTOUR DE CORNEILLE

Parmi les émules de CORNEILLE, que sa gloire a rejetés dans l'ombre, trois auteurs eurent leur heure de célébrité.

ROTROU (1609-1650). Cet ami de Corneille, normand comme lui, écrivit des comédies *(Les Sosies, La Sœur),* des tragi-comédies (cf. p. 92) et des tragédies, dont les plus intéressantes sont *Saint Genest* (1646), tragédie chrétienne relatant le martyre du comédien Genest sous Dioclétien, et *Venceslas* (1647).

THOMAS CORNEILLE (1625-1709) fut, au XVIIe siècle, presque aussi illustre que son aîné PIERRE CORNEILLE. En fait, il est peu original, s'inspirant de son frère, de RACINE et de MOLIÈRE. De son abondante production, on retiendra surtout deux tragédies : *Ariane* (1672) et *Le Comte d'Essex* (1678).

QUINAULT (1635-1688). Après avoir donné des comédies, des tragi-comédies et des tragédies du genre « *doucereux* » comme *Astrate*, raillée par BOILEAU (p. 323) et que VOLTAIRE tentera vainement de réhabiliter, Philippe QUINAULT, poète galant mais fade, trouva sa voie dans l'*opéra*, en collaboration avec LULLI (cf. p. 90).

CORNEILLE

Sa vie (1606-1684)   Pierre Corneille naquit à Rouen le 6 juin 1606 dans une famille de petite bourgeoisie qui avait accédé aux charges administratives ou judiciaires : son grand-père était commis au greffe du Parlement, son père maître des eaux et forêts. Il eut six frères et sœurs, parmi lesquels Thomas, son cadet de dix-neuf ans, fut également auteur dramatique (cf. p. 96).

LA FORMATION. A 9 ans, le jeune Pierre Corneille entre au collège des Jésuites de Rouen, où il fait d'excellentes études. Il se passionne déjà pour les stoïciens latins, Sénèque, Lucain, et leur *éloquence* raisonneuse ou enflammée. Après une rapide formation juridique (1622-1624), il devient *avocat* au Parlement de Rouen. Mais il est trop timide pour plaider avec succès et préfère le théâtre et la poésie à la jurisprudence. Il achète néanmoins, en 1628, deux offices d'avocat du roi, l'un au siège des eaux et forêts, l'autre « à la table de marbre du Palais », qu'il conservera jusqu'en 1650.

LES DÉBUTS. En 1629, il fait jouer à Paris une première comédie, *Mélite*. Désormais l'histoire de sa vie va se confondre, jusqu'en 1674, avec celle de sa carrière dramatique (cf. p. 99-105). Célèbre dès son coup d'essai, Corneille continue à donner des comédies (cf. p. 99). Il est présenté à Richelieu en 1633 et forme, avec Boisrobert, Colletet, L'Estoile et Rotrou, la *société des cinq auteurs* chargés de composer des pièces sur des idées du cardinal. Son génie se prête mal à cette étrange association littéraire, et il ne tarde pas à regagner Rouen. Le cardinal lui en voudra et participera bientôt à la cabale contre le *Cid*.

LA GLOIRE. Avec le *Cid* (joué sans doute au début de 1637), c'est la *gloire*, à 30 ans. « Tout Paris pour Chimène a les yeux de Rodrigue » (Boileau, cf. p. 325, v. 30); Louis XIII anoblit l'auteur. Mais Corneille connaît aussi l'amertume des *critiques jalouses;* pendant trois ans il se recueille avant de donner de nouveaux chefs-d'œuvre. En 1640, l'année d'*Horace* et de *Cinna*, il épouse Mlle DE LAMPÉRIÈRE. Le ménage vit à Rouen, mais Corneille vient souvent à Paris, où il fréquente l'Hôtel de Rambouillet (cf. p. 56). En 1647 (année d'*Héraclius*), il entre à l'Académie française.

RECUEILLEMENT. Après l'échec de *Pertharite* (1651), il semble *renoncer au théâtre* et se consacre à la méditation ou au lyrisme sacré : son adaptation en vers de l'*Imitation de Jésus-Christ* paraît de 1651 à 1656. *Polyeucte* (1642) avait déjà révélé la *ferveur mystique* du poète et la qualité de son *inspiration chrétienne*, mais le public contemporain avait été surpris de voir exprimer ces sentiments sur la scène. Plus tard (1670), Corneille donnera encore une traduction de l'*Office de la sainte Vierge* (vers et prose) *avec les Sept Psaumes pénitentiaux, les Vêpres et Complies du dimanche et tous les Hymnes du Bréviaire romain.*

Dans cette même période de retraite, il se livre aussi à des *réflexions sur son art* et son *système dramatique*, et rédige trois *Discours* : I. « De l'utilité et des parties du poème dramatique »; II. « De la tragédie »; III. « Des trois unités », ainsi que des *Examens* de chacune de ses pièces, qui paraîtront dans la première édition collective de son théâtre (1660).

LE DÉCLIN. Cependant, encouragé par FOUQUET, il revient à la scène avec *Œdipe* (1659), son dernier succès. Bientôt il va être éclipsé par RACINE et ne pourra accepter sans amertume le triomphe de ce rival heureux. D'une autre génération, il n'est plus à la mode et tente vainement des concessions parfois maladroites au goût du jour. Sa veine créatrice semble tarie : il continue à produire, mais ses tragédies ressemblent désormais à des caricatures des chefs-d'œuvre de sa maturité. Après un nouveau silence qui suit l'échec d'*Attila* (1666), il donne *Tite et Bérénice* (1670), peut-être à la demande de MADAME (Henriette d'Angleterre), désireuse de le confronter avec Racine sur le même sujet. Concertée ou non (l'authenticité de l'anecdote est très douteuse), la confrontation marque l'éclatante supériorité de Racine (*Bérénice*) sur Corneille vieilli. Il a pourtant encore de beaux sursauts de génie, mais le public s'est si bien détaché de lui qu'il ne sait pas reconnaître dans *Suréna* (1674) le chant du cygne. Il faudra attendre le XXe siècle pour que la critique réhabilite cette tragédie et reconnaisse le grand Corneille dans son dernier ouvrage.

TRISTESSE ET GRANDEUR. Ainsi *la vieillesse du poète est triste*. En 1674, un de ses fils est tué à la guerre. Aux déceptions, au chagrin s'ajoutent des difficultés d'argent. La pension royale de 2 000 livres qui lui avait été attribuée en 1663 est suspendue, puis payée irrégulièrement. Cependant la légende a exagéré sa pauvreté; en outre, dans ses dernières années, *il voit la faveur du public lui sourire de nouveau*. LOUIS XIV a donné l'exemple en faisant jouer à Versailles, en octobre 1676, *Cinna, Horace, Pompée, Œdipe, Sertorius* et *Rodogune*. Les théâtres reprennent nombre de ses pièces, et, en 1682, paraît une nouvelle édition de son théâtre. Dans sa retraite pieuse, Corneille jouit d'une réputation européenne. Il meurt à Paris dans la nuit du 30 septembre au 1er octobre 1684.

L'homme et l'auteur　　Pour qui cherche dans la vie d'un auteur les germes de son œuvre, le cas de Corneille est singulièrement embarrassant. Le poète de la majesté romaine et de l'héroïsme fut un paisible bourgeois de province, pratiquant modestement les vertus domestiques et chrétiennes tout au long d'une vie calme et unie. Si éloquent dans ses tragédies, il était timide, peu brillant en société et disait mal ses vers. *Le héros qu'il portait en lui, c'est dans son œuvre seulement qu'il l'a réalisé.*

Pourtant la séparation n'est pas totale entre l'homme et l'auteur. Sa *formation rhétorique et morale* par les Jésuites a eu une influence sur son œuvre (cf. p. 123, *Morale chrétienne*). Avocat et Normand, il aimait les beaux débats dialectiques et oratoires (cf. p. 125, *L'Éloquence*). Un *amour de jeunesse*, pour CATHERINE HUE, lui inspira sa première comédie, *Mélite*, et il n'est pas impossible que cet épisode sentimental ait trouvé un écho dans le *Cid*. A 52 ans, il éprouve un sentiment tendre pour une actrice de la troupe de Molière, MARQUISE DU PARC. Tristesse de vieillir quand le cœur reste jeune ! Corneille se plaît alors à peindre des vieillards amoureux tels que Sertorius et surtout Martian (dans *Pulchérie*), dont ces vers (II, 1) ont l'accent d'une *confidence personnelle* :

> J'aimais quand j'étais jeune, et ne déplaisais guère :
> Quelquefois de soi-même on cherchait à me plaire
> Je pouvais aspirer au cœur le mieux placé :
> Mais hélas ! j'étais jeune, et ce temps est passé.

Avec M. Jean Schlumberger (*Plaisir à Corneille*), on peut voir également un *trait d'autobiographie* dans l'émouvante affection qui unit les fils de Cléopâtre dans *Rodogune*, ainsi qu'Héraclius et Martian dans *Héraclius* (cf. p. 107) : Pierre et Thomas Corneille étaient eux-mêmes unis au point d'habiter constamment la même maison (à Rouen, rue de la Pie, jusqu'en 1662, puis à Paris) et de laisser leur héritage indivis.

Ainsi Corneille avait l'expérience de la passion et de « l'amitié fraternelle ». Enfin, si l'homme était modeste et l'écrivain plein de scrupules, le poète avait pleinement conscience de sa propre grandeur.

SA CARRIÈRE DRAMATIQUE

La longue carrière dramatique de Corneille (de 1629 à 1674) ne présente pas l'unité de celle de Racine : 1. D'abord, Corneille a pratiqué *plusieurs genres :* comédie, comédie héroïque, tragédie-ballet, tragédie proprement dite, tandis que *Les Plaideurs* apparaissent comme une exception, et presque un accident, dans l'œuvre de Racine. 2. D'autre part, il a cherché plus longuement sa voie, tenté constamment de se renouveler et produit des pièces médiocres après avoir atteint aux sommets de l'art tragique. Son dernier chef-d'œuvre, *Nicomède*, date de 1651 : pendant plus de vingt ans, Corneille va donner, dans l'ensemble, la pénible impression qu'il ne fait plus que survivre à lui-même.

Le romanesque   De 1628 à 1636, son *imagination romanesque* cherche
(1628-1636)   sa voie : comédie ou tragédie ? charme des imbroglios, de l'amour, de la magie, du théâtre ?

1. LES PREMIÈRES COMÉDIES. On aimait beaucoup le théâtre à Rouen; en 1628, Corneille va écouter MONDORY (cf. p. 89) et lui soumet le manuscrit de *Mélite* (ou *Les Fausses Lettres*) : la pièce est jouée à Paris (théâtre du Marais) en 1629 et connaît un vif succès. Viennent ensuite *La Veuve* (1631), puis *La Galerie du Palais* et *La Suivante*. Ce sont des *comédies d'intrigue* : divers obstacles, en particulier les ruses que trament les jaloux, séparent un moment les amoureux, puis tout rentre dans l'ordre à la fin du cinquième acte. L'intrigue est compliquée et artificielle, mais Corneille *innove* en faisant rire « sans personnages ridicules tels que les valets bouffons, les parasites, les capitans, les docteurs », par « l'humeur enjouée » de jeunes gens de la bonne société, et dans un style qui est « une peinture de la conversation des honnêtes gens » (Examen de *Mélite*).

   La Galerie du Palais, puis *La Place Royale* (1634) apportent une autre nouveauté : le cadre n'est plus vague et imaginaire, l'action se déroule dans un *décor réel,* familier aux contemporains, la galerie du Palais de Justice avec ses boutiques de merciers et de libraires (cf. Boileau, p. 337), puis la Place Royale, aujourd'hui Place des Vosges, promenade à la mode sous Louis XIII.

   Cette dernière comédie annonce aussi, sous la forme caricaturale d'un *cas précieux,* le *conflit cornélien :* le héros ALIDOR, « amoureux extravagant », souffre d'aimer car l'amour aliène sa liberté. Il fait si bien qu'il cause le malheur d'ANGÉLIQUE, son amante, qui entrera au couvent, et le sien propre, car il s'aperçoit de sa folie lorsqu'il est trop tard.

   Enfin, dans *La Veuve*, apparaissent des *stances*, pour la première fois dans l'œuvre de Corneille. Ce coup d'essai est un coup de maître : les stances de PHILISTE (II, I) annoncent celles de Rodrigue; celles de CLARICE sont pleines d'agrément, malgré l'abus des grâces précieuses (p. 100).

2. CLITANDRE, MÉDÉE. Corneille est moins heureux, à cette époque, lorsqu'il s'écarte du genre comique. *Clitandre* (tragi-comédie, 1631) est une folle aventure illustrée par les procédés les plus contestables du *pathétique direct :* on s'entre-tue sur la scène, et Dorise crève un œil au traître Pymante ! *Médée* (tragédie inspirée de SÉNÈQUE, 1635) contient de beaux vers, mais le caractère monstrueux de l'héroïne et ses sortilèges de magicienne enlèvent à la pièce toute vérité humaine.

3. L'ILLUSION COMIQUE. En 1636, le poète revient à la comédie. *L'Illusion comique* est une œuvre étrange où le réalisme se mêle à la féerie, le burlesque au pathétique. Corneille y campe, avec Matamore, une figure haute en couleurs de *soldat fanfaron* (cf. p. 101); il s'y livre aussi à des jeux étonnants que lui inspirent ses réflexions sur la *magie du théâtre.*

STANCES DE CLARICE

Une toute jeune veuve, CLARICE, est éprise d'un charmant jeune homme, PHILISTE. Il l'aime aussi, mais elle est riche et lui pauvre ; elle sait pourtant l'encourager, et Philiste ose avouer sa flamme. Clarice *déborde de joie*. Une jeune femme, seule dans un jardin, disant son amour et son allégresse à ses « chers confidents » les arbres et les fleurs, à la tombée de la nuit, heure où le cœur s'épanche (heure des enlèvements aussi !), *quelle jolie scène romanesque !*

Chers confidents de mes désirs,
Beaux lieux, secrets témoins de mon inquiétude [1],
Ce n'est plus avec des soupirs
Que je viens abuser de votre solitude ;
Mes tourments sont passés,
Mes vœux sont exaucés,
La joie aux maux succède :
Mon sort en ma faveur change sa dure loi,
Et pour dire en un mot le bien que je possède,
10   Mon Philiste est à moi.

En vain nos inégalités [2]
M'avaient avantagée à mon désavantage [3].
L'amour confond nos qualités [4],
Et nous réduit tous deux sous un même esclavage.
L'aveugle outrecuidé [5]
Se croirait mal guidé
Par l'aveugle fortune [6] ;
Et son aveuglement par miracle fait voir [7]
Que quand il nous saisit, l'autre [8] nous importune,
20   Et n'a plus de pouvoir.

Cher Philiste, à présent tes yeux
Que j'entendais [9] si bien sans les vouloir entendre,
Et tes propos mystérieux
Par leurs rusés détours n'ont plus rien à m'apprendre.
Notre libre entretien
Ne dissimule rien ;
Et ces respects farouches
N'exerçant plus sur nous de secrètes rigueurs,
L'amour est maintenant le maître de nos bouches
30   Ainsi que de nos cœurs.

— 1 Apprécier cette note romanesque, sinon romantique. — 2 Se jugeant trop pauvre pour Clarice, Philiste n'osait se déclarer. — 3 Commenter cette pointe ; cf. v. 22. — 4 Au sens social du terme. — 5 L'amour ; *outrecuidé* : outrecuidant, présomptueux. — 6 Expliquer et apprécier ce jeu précieux. — 7 Encore une pointe ! 8 De qui s'agit-il ? — 9 Comprenais.

Qu'il fait bon avoir enduré !
Que le plaisir se goûte au sortir des supplices !
Et qu'après avoir tant duré,
La peine qui n'est plus augmente nos délices [10] !
Qu'un si doux souvenir
M'apprête à l'avenir
D'amoureuses tendresses !
Que mes malheurs finis [11] auront de volupté !
Et que j'estimerai chèrement ces caresses
40   Qui m'auront tant coûté !

Mon heur me semble sans pareil ;
Depuis qu'en liberté mon amour m'en assure,
Je ne crois pas que le soleil...

                  La Veuve, III, 8.

Clarice est brusquement interrompue par deux jeunes gens qui viennent l'enlever. Mais tout s'arrangera : Clarice épousera son cher Philiste.

- Composition. *Étudiez, dans ces stances, la suite des idées et des sentiments.*
- *Comment se traduisent : a) la tendresse de Clarice ? – b) son allégresse ? – c) sa sensibilité romanesque ?*
- *Relevez les éléments précieux dans l'expression du sentiment ; cette préciosité peut-elle, à votre avis, se justifier ? Peut-elle s'accorder avec la sincérité ?*
• **Groupe thématique : Amour naissant.** Cf. pages 105, 357, 358. – XVIᵉ SIÈCLE, page 143. – XVIIIᵉ SIÈCLE, pages 50-59, 320, 329. – XIXᵉ SIÈCLE, pages 334, 342 ; – XXᵉ SIÈCLE, page 109.

Un foudre de guerre

Inquiet du sort de son fils CLINDOR *qui, traité sévèrement, a fui la maison paternelle,* Pridamant *vient consulter le magicien* Alcandre. *Celui-ci fait paraître à ses yeux des scènes de la vie de Clindor. Voici le jeune homme au service du capitan* MATAMORE, *foudre de guerre en imagination et amoureux d'*ISABELLE.

Le soldat fanfaron est un type comique traditionnel (*Miles gloriosus* de PLAUTE, capitan ou capitaine Fracasse de la comédie italienne). CORNEILLE l'a immortalisé sous les traits du Gascon MATAMORE (le pourfendeur de Mores!). Trait piquant, il caricature l'héroïsme exalté avant de le peindre sérieusement dans le *Cid !* Il retrouvera cette veine *héroï-comique* dans *Le Menteur* (1643), avec les récits enflammés où le héros, Dorante, conte ses exploits imaginaires.

CLINDOR

Quoi! Monsieur, vous rêvez! et cette âme hautaine,
Après tant de beaux faits [1], semble être encore en peine!
N'êtes-vous point lassé d'abattre des guerriers,
Et vous faut-il encor quelques nouveaux lauriers ?

MATAMORE

Il est vrai que je rêve, et ne saurais résoudre
Lequel je dois des deux le premier mettre en poudre,
Du grand sophi [2] de Perse, ou bien du grand mogor [3].

---

10 Commenter ce sentiment (v. 31-34). —
11 Latinisme : que *la fin de mes malheurs* me causera de plaisir !

— 1 Exploits (cf. *hauts faits*). — 2 Cf. p. **232,** n. 27. — 3 Mogol.

CLINDOR

Eh! de grâce, Monsieur, laissez-les vivre encor :
Qu'ajouterait leur perte à votre renommée ?
10   D'ailleurs quand auriez-vous rassemblé votre armée ?

MATAMORE

Mon armée ? Ah, poltron! ah, traître! pour leur mort
Tu crois donc que ce bras ne soit pas assez fort ?
Le seul bruit de mon nom renverse les murailles,
Défait les escadrons, et gagne les batailles [4].
Mon courage invaincu contre les empereurs
N'arme que la moitié de ses moindres fureurs ;
D'un seul commandement que je fais aux trois Parques,
Je dépeuple l'État des plus heureux monarques ;
Le foudre est mon canon, les Destins mes soldats :
20   Je couche d'un revers mille ennemis à bas.
D'un souffle je réduis leurs projets en fumée ;
Et tu m'oses parler cependant d'une armée [5]!
Tu n'auras plus l'honneur de voir un second Mars [6] :
Je vais t'assassiner d'un seul de mes regards [7],
Veillaque [8]. Toutefois je songe à ma maîtresse [9] :
Ce penser m'adoucit : va, ma colère cesse,
Et ce petit archer qui dompte tous les Dieux [10]
Vient de chasser la mort qui logeait dans mes yeux.
Regarde, j'ai quitté cette effroyable mine
30   Qui massacre, détruit, brise, brûle, extermine ;
Et, pensant au bel œil qui tient ma liberté,
Je ne suis plus qu'amour, que grâce, que beauté [11].

CLINDOR

O dieux! en un moment que tout vous est possible !
Je vous vois aussi beau que vous étiez terrible,
Et ne crois point d'objet [12] si ferme en sa rigueur
Qu'il puisse constamment vous refuser son cœur.

MATAMORE

Je te le dis encor, ne sois plus en alarme :
Quand je veux j'épouvante, et quand je veux je charme ;
Et, selon qu'il me plaît, je remplis tout à tour
Les hommes de terreur et les femmes d'amour [13].

                       L'Illusion comique, II, 2.

---

4 On comparera : LE COMTE : « Et ce bras du royaume est le plus ferme appui. | Grenade et l'Aragon tremblent quand ce fer brille ; | Mon nom sert de rempart à toute la Castille. » (*Le Cid*, v. 196-198.) — 5 Etudier le mouvement oratoire (v. 11-22). — 6 Matamore lui-même. — 7 Apprécier le comique de cette expression. — 8 *Maraud* (emprunt à l'espagnol). — 9 Commenter ce bruque changement de ton ; quelle en est la vraie raison, selon vous ? — 10 *L'amour* ; étudier le langage *précieux* dans cette fin de tirade. — 11 Apprécier l'effet de contraste entre les vers 29-30 et 31-32. — 12 Expliquer. — 13 Etudier le rythme et les antithèses dans ces trois derniers vers.

Clindor lui aussi aime Isabelle; le père de la jeune fille la presse d'épouser un troisième soupirant, Adraste. Matamore, surprenant une déclaration de Clindor à Isabelle, se répand en menaces hyperboliques... mais bat prudemment en retraite devant la ferme attitude de Clindor. Adraste est plus redoutable : il provoque Clindor, qui le blesse mais est aussitôt arrêté et risque une condamnation à mort. Il s'échappe et Isabelle va s'enfuir avec lui. Quel changement à l'acte V! Voici que Clindor délaisse Isabelle pour courtiser une princesse dont le mari le fait poignarder... Rassurons-nous : dans ce dernier épisode, Clindor et Isabelle, enrôlés dans une troupe de comédiens, jouaient une tragédie! Tout heureux, Pridamant, conquis par la prestigieuse magie du théâtre, « vole vers Paris », où il retrouvera son fils.

⋆

Le Cid (1637)

Avec le *Cid*, Corneille n'épilogue plus sur la *magie du théâtre*, il la met en action. Il prend conscience de son véritable génie au contact du drame espagnol. L'*honneur castillan*, romanesque, éloquent, exalté, révèle au poète le type d'humanité auquel il aspirait confusément. CORNEILLE *doit beaucoup à l'*ESPAGNE *(le* Cid, Le Menteur*), et aux écrivains latins d'origine espagnole :* SÉNÈQUE *(*Médée, Cinna*) et* LUCAIN *(*Pompée*).*

1. ROMANESQUE ET CLASSICISME. Son imagination romanesque trouve sa voie. Des *Mocedades del Cid* (« Enfances du Cid ») de GUILHEM DE CASTRO (pièce publiée en 1631), Corneille tire un chef-d'œuvre jeune et enthousiaste qui conquiert aussitôt tout Paris. Cette tragi-comédie est en fait notre première véritable *tragédie classique* et reste l'une des plus grandes. Mais elle garde un accent vibrant, spontané, des audaces qui font d'elle autre chose qu'une grande œuvre classique : jamais notre théâtre n'a été si près d'avoir son SHAKESPEARE. Avec la *fougue de la jeunesse et du génie*, Corneille bouscule les bienséances et plie les règles à son inspiration. Rien de compassé dans le *Cid;* une ardeur chevaleresque, des souffles de nuit d'Espagne; de l'ordre sans régularité.

2. LA QUERELLE DU « CID ». Aussi pédants et jaloux se déchaînent-ils contre cette pièce. Dans ses *Observations sur le Cid*, SCUDÉRY se plaint du sujet qu'il trouve mauvais, des emprunts à l'auteur espagnol, des libertés prises avec les règles. GUEZ DE BALZAC (cf. p. 370) prend la défense de Corneille. L'Académie rend alors sa sentence; selon CHAPELAIN et ses confrères, la pièce n'est conforme ni aux règles ni aux bienséances; elle ne laisse pas cependant d'être séduisante (*Sentiments de l'Académie sur le Cid*, 1638). Retenons surtout ce mot de Balzac (lettre à Scudéry) : CORNEILLE « *a un secret qui a mieux réussi que l'art même* ».

Horace, Cinna (1640)
Polyeucte (1642)

Corneille a médité les critiques de l'Académie. Il donne en 1640 deux tragédies romaines, *Horace* et *Cinna*, rigoureusement conformes aux règles, moins tendres et plus austères que le *Cid*, mais parfaitement accomplies. Après l'honneur castillan, il peint la *grandeur romaine* dans tout son éclat (cf. Balzac, p. 371).

Polyeucte confronte à cette grandeur romaine la *grandeur chrétienne*, au héros païen (Sévère) le *martyr* (Polyeucte). C'était une hardiesse, à l'époque, de porter à la scène un sujet *sacré* (emprunté à un auteur de *Vies de Saints* du Xᵉ siècle). D'ailleurs le public du XVIIᵉ siècle et du XVIIIᵉ siècle s'intéressa beaucoup plus au drame humain qu'au drame mystique. C'est pourtant cette insertion du *surnaturel* dans le *monde humain* qui donne à *Polyeucte* son véritable prix (cf. p. 116).

La croisée des chemins (1643-1652)

Avec *Polyeucte*, Corneille est arrivé au *sommet de sa carrière dramatique*. Il semble hésiter maintenant sur la voie à suivre, soucieux à la fois de *plaire* au public et d'*innover* sans cesse.

1. LE MENTEUR. Dès 1643, le poète revient à la comédie avec *Le Menteur*, complété en 1644 par la *Suite du Menteur*. En dépit de son titre, *Le Menteur* est plutôt une *comédie d'intrigue* qu'une comédie de caractère : le héros, DORANTE, confond les noms de deux jeunes filles, ce qui donne lieu à d'amusantes complications. Corneille attachait beaucoup de prix à cet imbroglio, emprunté à un auteur espagnol, ALARCON. La pièce est *très vivante*, le héros sympathique en dépit de sa fâcheuse habitude de sacrifier la vérité aux fictions d'une imagination débordante. Son père Géronte a de très beaux accents dans la scène où il rappelle au jeune homme les devoirs d'un gentilhomme (V, 3). MOLIÈRE s'en inspirera pour le rôle de Don Louis dans *Dom Juan* (IV, 4).

2. RODOGUNE, HÉRACLIUS. Avec *Rodogune* (1644) et *Héraclius* (1647), Corneille s'oriente vers le *mélodrame* : passions déchaînées (Cléopâtre), personnages odieux (Cléopâtre, Phocas), intrigue compliquée, doutes sur l'identité des personnages *(Héraclius)* ou leurs droits respectifs au trône *(Rodogune)*, coups de théâtre, dénouement spectaculaire (cf. p. 107 et p. 110), tels sont les caractères frappants de ces pièces *très théâtrales* mais passablement artificielles.

Entre temps, Corneille a donné, en 1645, une nouvelle tragédie sacrée, *Théodore vierge et martyre*, dont l'échec fut total et malheureusement mérité.

3. ANDROMÈDE, DON SANCHE. Le *romanesque* reprend aussi ses droits avec *Andromède*, pièce à machines mêlée de couplets lyriques, et *Don Sanche d'Aragon*, comédie héroïque de couleur très « romantique ». En 1660, Corneille donnera encore une pièce à machines, *La Toison d'or*.

4. DE POMPÉE A NICOMÈDE. Cette période de tâtonnements se couronne par une éclatante réussite, *Nicomède* (1651). Depuis longtemps Corneille était tenté par la parfaite maîtrise de soi du héros stoïcien, à laquelle Auguste (dans *Cinna*) accédait non sans luttes. *Pompée* (1643; titre de la 1ʳᵉ édition : *La Mort de Pompée*) était surtout remarquable par l'ombre du grand Romain qui planait sur la tragédie, incitant sa veuve Cornélie et César, son rival, à se montrer dignes de sa mémoire. *Nicomède* célèbre le triomphe éclatant, mais un peu froid, du *héros stoïcien*. C'est un chef-d'œuvre, mais aussi une impasse : Corneille ne pouvait aller plus loin dans cette voie (cf. p. 111).

La fin de l'année 1651 voit l'échec total de *Pertharite*, où la recherche du cas *extraordinaire* va jusqu'à l'*extravagance*.

Les dernières tragédies (1659-1674)

Après un long silence, Corneille donne *Œdipe*, en 1659 : c'est un succès, quoique la pièce ne soit pas bonne. Nouveau succès avec *Sertorius* (1662), qui marque, ainsi que *Sophonisbe* (1663) et *Othon* (1664), un retour à l'*histoire romaine*. En 1666, *Agésilas* échoue malgré des *innovations de forme* (vers inégaux, libre agencement des rimes). *Attila* (1667) plaît davantage, sans être vraiment un succès : le héros est un beau monstre, mais un monstre tendre, ce qui nous gêne aujourd'hui. Corneille commettra la même erreur dans *Tite et Bérénice* (1670) en donnant un rôle d'amoureux à Domitian (Domitien), que l'histoire a fixé sous les traits d'un cruel tyran. En effet, tandis qu'il *durcit* et son système dramatique et les caractères, Corneille âgé cède à l'appel de la *tendresse* contre lequel il avait lutté du temps des grandes tragédies romaines et surtout de *Nicomède* : c'est le charmant lyrisme amoureux de *Psyché* (cf. extrait p. 105), tragédie-ballet dont il versifie pour MOLIÈRE la plus grande partie (1671; cf. p. 176); c'est la peinture de Martian, vieillard amoureux, dans *Pulchérie* (1672); c'est enfin dans *Suréna* (1674), l'équilibre miraculeusement retrouvé entre la *tendresse* et l'*héroïsme* (cf. p. 118 et p. 120).

L'amour naissant

Comme l'ordonnait un oracle, PSYCHÉ a été exposée sur des « rochers affreux » pour y être la proie d'un monstre. Mais un premier prodige transforme ce « désert » en un magnifique palais ; puis, nouveau prodige ! au lieu du monstre tant redouté, c'est l'AMOUR en personne qui paraît. Psyché s'éprend de lui aussitôt et lui avoue son tendre émoi.

Corneille a su rendre avec une délicatesse charmante et une grâce aérienne la *naissance de l'amour* dans un cœur de jeune fille. Comme elle est aimable, cette Psyché étonnée et ravie, innocente et hardie, tout juste un peu précieuse ! La libre alternance de l'alexandrin, du décasyllabe et de l'octosyllabe, des rimes plates, croisées, embrassées, contribue à donner au lyrisme sa *légèreté mélodieuse.*

A peine je vous vois, que mes frayeurs cessées
Laissent évanouir l'image du trépas,
Et que je sens couler dans mes veines glacées
Un je ne sais quel feu [1] que je ne connais pas.
J'ai senti de l'estime et de la complaisance,
 De l'amitié, de la reconnaissance [2] ;
De la compassion les chagrins innocents
 M'en ont fait sentir la puissance ;
Mais je n'ai point encor senti [3] ce que je sens.
10 Je ne sais ce que c'est, mais je sais qu'il [4] me charme,
  Que je n'en conçois point d'alarme :
Plus j'ai les yeux sur vous, plus je m'en [5] sens charmer.
Tout ce que j'ai senti n'agissait point de même,
  Et je dirais que je vous aime,
Seigneur, si je savais ce que c'est que d'aimer.
Ne les détournez point, ces yeux qui m'empoisonnent [6],
Ces yeux tendres, ces yeux perçants, mais amoureux [7],
Qui semblent partager le trouble qu'ils me donnent.
  Hélas ! plus ils sont dangereux,
20 Plus je me plais à m'attacher sur eux.
Par quel ordre du ciel, que je ne puis comprendre,
  Vous dis-je plus que je ne dois,
Moi de qui la pudeur devrait du moins attendre
Que vous m'expliquassiez le trouble où je vous vois [8] ?
Vous soupirez, Seigneur, ainsi que je soupire :
Vos sens comme les miens paraissent interdits.
C'est à moi de m'en taire, à vous de me le dire ;
  Et cependant c'est moi qui vous le dis.

       Psyché, III, 3.

— 1 C'est le « je ne sais quoi » (p. 113 ; cf. v. 10). — 2 Cf. *Tendre sur estime* et *Tendre sur reconnaissance.* — 3 Nous dirions plutôt *ressenti* (cf. v. 13). — 4 Cela. — 5 Par vous. — 6 Commenter ce terme précieux. — 7 Alexandrin ternaire ; quel est l'effet de ce rythme ? — 8 Une femme ne devrait pas avouer son amour la première.

LE SYSTÈME DRAMATIQUE DE CORNEILLE
D'APRÈS LES DISCOURS ET LES EXAMENS

Système dramatique et génie créateur   Aucun auteur dramatique n'a approfondi l'essence de son art, et médité sur les problèmes qu'il pose, avec plus de rigueur et de scrupule que CORNEILLE. Avant d'étudier la conception de l'homme et du conflit tragique que nous révèlent ses chefs-d'œuvre, il convient donc d'exposer son *système dramatique* tel qu'il ressort de ses ouvrages théoriques, *Discours* et *Examens*.

Toutefois ce système n'a pris corps que de longues années après le *Cid* et *Polyeucte*. Ces tragédies le contenaient sans doute en germe, mais elles n'ont pas été faites pour illustrer une théorie dramatique. Lorsque Corneille fixe son système en 1660, il a vieilli déjà et éprouvé bien des déceptions; il songe à se défendre contre des critiques et à s'affirmer contre des rivaux heureux, Quinault par exemple; il commence à être prisonnier d'une idée de lui-même que s'est formée le « parti cornélien ». De même que l'*Art poétique* de BOILEAU raidit parfois le génie classique en le systématisant, de même les idées de Corneille sur son propre théâtre ne rendent parfaitement compte ni de sa richesse ni de sa réalité vivante. Elles mettent bien en évidence certaines tendances de son tempérament, certaines intentions dominantes de son œuvre, mais ne donnent pas une image fidèle de son génie dans sa spontanéité créatrice.

Le risque d'erreur est sérieux, car c'est l'auteur en personne qui nous guide. En outre, dans plusieurs de ses œuvres mineures il a appliqué ces théories d'une façon aussi exacte que malheureuse. Enfin on a trop souvent aggravé la raideur du système que Corneille nous expose, jusqu'à fausser complètement le sens de son théâtre. Il nous faudra donc en appeler de Corneille théoricien à Corneille créateur; le théoricien nous découvrira *d'importantes perspectives sur sa création tragique, mais non pas le secret de son génie.*

UNE TRAGÉDIE HÉROIQUE ET POLITIQUE

Le sujet tragique   Nous laisserons de côté les considérations sur la comédie et les discussions sur le *vraisemblable* et le *nécessaire*, sur les *règles* (cf. p. 94) et l'*utilité* (valeur morale) du poème dramatique, pour aller droit à l'essentiel, la conception de la tragédie, et d'abord de son sujet (Premier Discours). *La tragédie « veut pour son sujet une action illustre, extraordinaire, sérieuse ».*

I. ACTION ILLUSTRE

Le sujet tragique sera un épisode célèbre emprunté à l'*histoire* ou à la *légende* (cf. II, ci-dessous), ce qui exclut les intrigues inventées à plaisir. Corneille préfère d'ailleurs l'histoire, en particulier l'histoire romaine (*Horace, Cinna, Pompée,* etc...), au mythe (*Andromède, Œdipe*). L'action étant *illustre*, il lui sera difficile de prendre avec la tradition historique d'excessives libertés. Les personnages eux-mêmes seront *hors du commun* par leur *rang* (souverains, princes, grands capitaines) ou par leur *grandeur d'âme* (saints, héros).

II. ACTION « Les grands sujets qui remuent fortement les passions,
EXTRAORDINAIRE et en opposent l'impétuosité aux lois du devoir et aux
tendresses du sang, doivent toujours aller au-delà du
vraisemblable et ne trouveraient aucune croyance parmi les auditeurs, s'ils n'étaient
soutenus ou par l'autorité de l'histoire qui persuade avec empire, ou par la préoccupation (préjugé favorable) de l'opinion commune qui nous donne ces mêmes auditeurs
déjà tout persuadés. » Ainsi la tragédie cornélienne aura un sujet *extraordinaire*, qui
serait même *invraisemblable* s'il n'était fondé sur l'autorité de l'histoire ou de la légende
couramment admise. Prenons la donnée d'*Horace* : des beaux-frères, choisis comme
champions, parmi tant d'autres citoyens, par leurs cités devenues soudain rivales, sont
contraints de s'entretuer; un guerrier triomphe à lui seul de trois adversaires; un frère
abat sa sœur. Peut-on rêver concours de circonstances plus exceptionnel? Or c'est pour
Corneille le type même du sujet tragique, dès l'instant qu'il l'emprunte à un *historien*
(Tite-Live). *Au vraisemblable* étroitement limité plus tard par les *bienséances* (BOILEAU:
« Le vrai peut quelquefois n'être pas vraisemblable ») CORNEILLE *préfère une « vérité »
extraordinaire.*

LES PIÈCES IMPLEXES. Il a même un goût particulier pour les *intrigues compliquées* (« implexes »), tandis que l'idéal de Racine sera de « faire quelque chose de rien »
(cf. p. 289). La comparaison de *Tite et Bérénice* (Corneille) avec *Bérénice* (Racine) est
révélatrice à cet égard. Trouvant trop mince la donnée fournie par Suétone, Corneille
a voulu l'étoffer en ajoutant au couple Tite-Bérénice le couple Domitian-Domitie :
en fait, il a surchargé l'intrigue et dispersé l'intérêt. Dans *Œdipe*, il n'a pas conservé la
ligne pure de la tragédie de Sophocle. Même dans ses chefs-d'œuvre, *dont le schéma est
relativement simple*, l'unité d'action n'est pas toujours rigoureusement respectée (rôle
de l'Infante dans le *Cid*; dans *Polyeucte*, deux intrigues d'abord séparées se fondent
ensuite de la façon la plus heureuse). Quoiqu'il s'appuie sur l'histoire, Corneille attache
une extrême importance à l'*invention*. Malheureusement, la complication est telle
parfois que nous débrouillons avec peine les fils de l'intrigue : ainsi au 1ᵉʳ acte de *Rodo-
pune* (exposition), ainsi dans *Héraclius*, dont Corneille disait lui-même : « Le poème
est si embarrassé qu'il demande une merveilleuse attention. »

UN EXEMPLE : HÉRACLIUS. PHOCAS, *empereur d'Orient, veut contraindre*
PULCHÉRIE *à épouser son fils* MARTIAN. *La princesse refuse, car elle est fille de l'empereur
Maurice, jadis détrôné et assassiné par Phocas. Le pseudo-Martian refuse également :
il sait qu'il est en réalité* HÉRACLIUS, *fils de Maurice, donc frère de Pulchérie.* LÉONTINE
*a sauvé Héraclius, il y a vingt ans, préférant livrer au bourreau son propre enfant, Léonce,
plutôt que l'héritier du trône; puis, Phocas lui ayant confié le petit Martian, elle a procédé
à une nouvelle substitution d'enfants :* ainsi le véritable HÉRACLIUS passe pour Martian,
et le véritable MARTIAN pour Léonce, fils de Léontine. *Héraclius aime* EUDOXE, *fille de
Léontine; Martian aime Pulchérie, sœur d'Héraclius. Celui-ci est prêt à révéler son identité
réelle et à renverser Phocas; mais Léontine fait croire à Martian qu'il est lui-même Héraclius : quelle vengeance ! L'usurpateur sera abattu par son propre fils ! Cependant* EXUPÈRE
*dénonce le prince à Phocas, qui va le faire périr, lorsque le véritable Héraclius intervient :
« C'est moi qui suis fils de Maurice, dit-il au tyran, et tu vas tuer ton enfant ! » Le doute de
PHOCAS est atroce : de ces deux jeunes gens unis contre lui, lequel est son fils, lequel son
ennemi? Une seule chose est sûre : son fils le renie. Une tendresse aveugle pousse Phocas
vers le fils de Maurice : voilà tant d'années qu'il le considère comme son enfant. Cette
tendresse ébranle Héraclius : si après tout c'était à lui que Léontine avait menti... s'il était
Martian... Comme Phocas ne lui laisse pas d'autre moyen de sauver son ami Martian,
Héraclius se résigne à passer pour le fils du tyran. Alors celui-ci exige qu'il épouse Pulchérie, qui est sans doute sa sœur ! Tout est remis en question. Mais* PHOCAS *est abattu par
EXUPÈRE, dont la trahison n'était qu'une feinte. Léontine vient nous confirmer l'identité
définitive des deux princes : celui que le tyran prenait pour son fils est bien* HÉRACLIUS,
et le pseudo-Léonce est bien MARTIAN. *Héraclius va régner et épouser Eudoxe; Martian,
qui méritait si peu d'être fils de l'odieux Phocas, continuera à passer pour Léonce et il
épousera Pulchérie.*

III. ACTION   Corneille insiste sur la *dignité* de l'action tragique :
SÉRIEUSE « Sa dignité demande quelque grand intérêt d'État,
                   quelque passion plus noble et plus mâle que l'amour,
telles que sont l'ambition ou la vengeance, et veut donner à craindre des malheurs
plus grands que la perte d'une maîtresse. » S'il s'agit simplement d'une intrigue d'amour
entre des rois, sans que leur vie ni leur État soient en péril, la pièce ne sera pas une
tragédie, mais une *comédie héroïque* comme *Don Sanche d'Aragon.*

1. LA TRAGÉDIE POLITIQUE. *Les affaires d'État tiennent une place capitale dans
le théâtre de* CORNEILLE : le salut de Rome est en jeu dans *Horace*, la conception du pouvoir dans *Cinna*; dans *Nicomède*, le héros, fervent admirateur d'Annibal, s'insurge
contre la domination romaine en Orient. Même lorsque le sujet n'est pas politique,
quelque puissant intérêt d'État forme comme une toile de fond : dans le *Cid*, Rodrigue
sauve le royaume par sa victoire sur les Mores; dans *Polyeucte*, entre le drame humain
et le drame surnaturel intervient un problème politique : l'État romain devant le
christianisme.
    Les maximes politiques abondent : on pourrait rédiger d'après Corneille tout un code
à l'usage des souverains; ou plutôt deux codes, car deux thèses s'affrontent. D'une part,
une *conception noble et grandiose du pouvoir* : c'est celle d'Auguste dans *Cinna* (NAPO-
LÉON professait une vive admiration pour cette tragédie), celle de Nicomède (cf. p. 118)
et de CORNEILLE lui-même. Maîtrise de soi, lucidité, aspiration à la grandeur, justice
sereine, clémence : telles sont les vertus d'un empereur ou d'un roi. D'autre part, un
réalisme cynique, un *machiavélisme* allant jusqu'aux crimes les plus noirs : c'est le fait
des êtres éperdument épris du pouvoir, comme Cléopâtre dans *Rodogune* (cf. p. 109),
ou des souverains à l'âme basse (Prusias et surtout Arsinoé dans *Nicomède*, Oróde dans
Suréna) et de leurs conseillers (ainsi ceux de Ptolomée, dans *Pompée*).
    Les « cornéliens » reprocheront à RACINE de peindre des souverains (surtout Pyrrhus,
dans *Andromaque*) qui sacrifient l'intérêt de leur État à celui de leur amour. De fait,
tandis que les héros raciniens sont tout à leur passion, *les héros cornéliens n'oublient
jamais la cité dont ils sont les membres, et souvent les chefs* : dans *Horace*, Camille reçoit
un « châtiment soudain » pour avoir maudit sa patrie.

2. LES PASSIONS NOBLES ET MALES. Ainsi l'*amour* n'occupe pas dans l'ensemble
du théâtre cornélien la même place que dans la tragédie racinienne, et surtout il n'y joue
pas le même rôle. « Il faut qu'il se contente du second rang », laissant le premier soit au
« devoir de la naissance » et au « soin de l'honneur », soit à des passions réputées *plus
nobles et plus mâles*, telles que l'*ambition* et la *vengeance*. Il arrive même qu'il ne serve
que d'« ornement », mais alors la tragédie y perd beaucoup en valeur humaine. Corneille
théoricien considère l'amour comme une passion « chargée de faiblesse »; or l'un de ses
titres de gloire est justement d'avoir su le concevoir comme une passion noble et généreuse (cf. p. 114, *L'amour et l'honneur*). Il reste cependant que Corneille s'est vivement
intéressé à d'autres passions, en particulier l'*honneur* (cf. p. 112) et l'*amour du pouvoir* :
dans *Rodogune*, Cléopâtre parle à son *trône* comme à un amant. Son théâtre est extrêmement *viril*, parfois exagérément : Emilie dans *Cinna*, Cornélie dans *Pompée* nous
semblent singulièrement *peu féminines*. C'est le danger de la tension cornélienne, et de
ce goût pour les âmes hors du commun. Corneille n'a pas craint de porter par deux fois
à la scène le crime atroce d'une mère qui tue ses enfants : après Médée, que poussaient
la jalousie et le désir de vengeance, *voici* CLÉOPATRE, *égarée par l'ambition et par la haine.*

CLÉOPATRE DANS « RODOGUNE ». CLÉOPATRE, *reine de Syrie, a tué son mari
Démétrius Nicanor, parce qu'il voulait la répudier pour épouser* RODOGUNE, *princesse
des Parthes. L'amour du pouvoir la poussait à ce crime autant que la jalousie. Mais ses
deux fils,* SÉLEUCUS *et* ANTIOCHUS, *s'éprennent à leur tour de Rodogune. Comme les deux
princes, qui s'aiment tendrement, ne savent pas lequel d'entre eux est l'aîné et doit succéder
à son père,* Cléopâtre *leur propose un affreux marché : elle donnera le trône à celui qui aura
sacrifié Rodogune à sa haine :* Embrasser ma querelle est le seul droit d'aînesse : La
mort de Rodogune en nommera l'aîné. *Devant leur refus indigné, Cléopâtre décide de
les faire périr tous deux avant Rodogune. Elle a déjà frappé Séleucus et se dispose à empoisonner Antiochus.*

UNE AME ÉGARÉE PAR LES PASSIONS

Ce monologue de CLÉOPATRE illustre à merveille un aspect du système dramatique de Corneille : *des passions violentes et hautaines*, exemptes de « faiblesse » au point d'en être inhumaines, bannissent de l'âme de cette reine tout sentiment du devoir et *toute tendresse maternelle* (cf. p. 110, *Esquisse du conflit*). Cette peinture de la grandeur dans le crime tentait Corneille, mais elle n'apparaît guère dans ses plus belles tragédies.

Enfin, grâces aux dieux, j'ai moins d'un ennemi [1].
La mort de Séleucus m'a vengée à demi ;
Son ombre, en attendant Rodogune et son frère,
Peut déjà de ma part les promettre à son père :
Ils te [2] suivront de près, et j'ai tout préparé
Pour réunir bientôt ce que [3] j'ai séparé.
O toi, qui n'attends plus que la cérémonie
Pour jeter à mes pieds ma rivale punie,
Et par qui deux amants vont d'un seul coup du sort
10   Recevoir l'hyménée, et le trône, et la mort,
Poison, me sauras-tu rendre mon diadème ?
Le fer m'a bien servie, en feras-tu de même ?
Me seras-tu fidèle ? Et toi, que me veux-tu,
Ridicule retour d'une sotte vertu [4],
Tendresse dangereuse autant comme [5] importune ?
Je ne veux point pour fils l'époux de Rodogune [6],
Et ne vois plus en lui les restes de mon sang,
S'il m'arrache du trône et la met en mon rang.
Reste du sang ingrat d'un époux infidèle,
20   Héritier d'une flamme envers moi criminelle [7],
Aime mon ennemie et péris comme lui.
Pour la faire tomber j'abattrai son appui :
Aussi bien sous mes pas c'est creuser un abîme
Que retenir ma main sur la moitié du crime ;
Et, te faisant mon roi, c'est trop me négliger
Que te laisser sur moi père et frère à venger.
Qui se venge à demi court lui-même à sa peine :
Il faut ou condamner ou couronner [8] sa haine.
Dût le peuple en fureur pour ses maîtres nouveaux
30   De mon sang odieux [9] arroser leurs tombeaux,
Dût le Parthe [10] vengeur me trouver sans défense,

— 1 Un ennemi de moins. — 2 Elle s'adresse ici à Séleucus mort. — 3 Cf. App. C 2. — 4 Apprécier le ton et les termes. — 5 Cf. App. D 3. — 6 Commenter le sentiment et son expres- sion ; cf. v. 22. — 7 De l'amour de son père, Démétrius Nicanor, pour Rodogune ; cf. ana- lyse ci-dessus. — 8 Satisfaire jusqu'au bout. — 9 Odieux au peuple. — 10 Rodogune est sœur de Phraates, roi des Parthes.

Dût le ciel égaler le supplice à l'offense,
Trône, à t'abandonner je ne puis consentir [11] ;
Par un coup de tonnerre il vaut mieux en sortir ;
Il vaut mieux mériter le sort le plus étrange [12].
Tombe sur moi le ciel, pourvu que je me venge [13] !
J'en recevrai le coup d'un visage remis [14] :
Il est doux de périr après ses ennemis ;
Et, de [15] quelque rigueur que le destin me traite,
Je perds moins à mourir qu'à vivre leur sujette.

Rodogune, V, 1.

Cependant, par un coup de théâtre *saisissant,* ANTIOCHUS *et* RODOGUNE *seront sauvés. Au moment où Antiochus va boire le breuvage empoisonné préparé par sa mère, survient un personnage qui a recueilli les dernières paroles de Séleucus ; ces mots, ambigus, peuvent accuser aussi bien Rodogune que Cléopâtre : Antiochus est en proie à un doute affreux. Par un suprême effort pour le perdre,* CLÉOPÂTRE *boit la première et lui tend la coupe, mais les effets du poison sont si prompts que le prince comprend à temps l'atroce vérité. Cléopâtre n'a pas un élan de repentir ; son seul souci au moment de mourir est de ne pas s'effondrer aux pieds de ceux qu'elle hait, et qui ont triomphé de sa haine. Expirante, elle quitte la scène, appuyée sur sa suivante, dans un dernier geste d'orgueil.*

- *Quelles sont les deux passions qui enflamment le cœur de Cléopâtre ? Étudiez-les en détail.*
- *Par quels arguments justifie-t-elle son projet criminel ?*
- *Par quels arguments repousse-t-elle la révolte des « tendresses du sang » ?*
- *Comment se traduit l'exaltation de la criminelle ? Étudiez, en particulier, les apostrophes.*
- *Relevez quelques traits caractéristiques de l'éloquence cornélienne.*
• **Groupe thématique : Tragédie.** *La terreur.* Cf. pages 118, 120 ; – RACINE, pages 297, 300, 304.

Esquisse du conflit

Une phrase de Corneille déjà citée (cf. *Action extraordinaire*) nous offre un premier aperçu du *conflit tragique*, qui oppose « l'impétuosité des passions aux lois du devoir et aux tendresses du sang ». Il est aisé d'appliquer cette définition à ses principales tragédies. Dans l'extrait ci-dessus, la passion effrénée du pouvoir étouffe chez Cléopâtre le sentiment maternel, pour ne pas dire tout sentiment humain. Dans *Horace*, la passion patriotique fait taire chez ce personnage non seulement l'amour (sa femme Sabine est originaire d'Albe) et l'affection pour ses beaux-frères, mais jusqu'aux « tendresses du sang », puisqu'il tue sa sœur, coupable d'avoir souhaité la perte de Rome; chez Curiace, l'amour s'incline, à regret, devant le devoir patriotique. Le *Cid* oppose l'amour partagé de Rodrigue et de Chimène à leur devoir, qui consiste, pour l'un comme pour l'autre, à tout faire pour venger son père. Dans *Cinna*, Auguste est partagé entre son désir de vengeance et la clémence, devoir d'un souverain. Polyeucte lutte contre son amour pour Pauline pour satisfaire au devoir du chrétien : faire à Dieu le sacrifice de toutes les affections terrestres.

Ainsi le *conflit type* est provoqué par une situation exceptionnelle, mais, si importantes que soient les péripéties de l'action, il éclate *dans l'âme du héros*, partagé entre une *passion* et son *devoir* (ou la voix de la nature). Et, le plus souvent, *c'est le devoir qui l'emporte.* Pourtant ce schéma n'est qu'approximatif : il nous faudra revenir sur cette question quand nous aurons étudié la psychologie du héros cornélien (cf. p. 114).

---

11 Plus haut, à la scène 2 de l'acte II (v. 476), Cléopâtre s'adressait à son trône en ces termes : « *Délices de mon cœur*, il faut que je te quitte. » — 12 *Etrange :* préciser le sens d'après le vers suivant. — 13 Commenter — 14 Serein (latin *remissus :* détendu). — 15 Cf. App. D 1.

Un nouveau ressort : Son goût pour les grandes âmes conduit Corneille à
l'admiration une importante innovation dans le domaine tragique.
La fameuse théorie de la « *purgation* » *des passions*,
telle qu'il l'interprète, ne le satisfait pas. Selon Aristote, les deux ressorts tragiques sont
la *crainte* et la *pitié* : pitié pour un personnage sympathique en proie au malheur,
crainte que nos passions ne nous entraînent dans des malheurs semblables. D'où la
conception du héros « ni tout à fait bon ni tout à fait méchant ». Pour que la « purgation » puisse se produire, il faut en effet que le héros malheureux ne soit pas irrépro-
chable, tout en conservant notre sympathie. Il ne doit être ni odieux, ni frappé par un
sort entièrement immérité (on reconnaît ici les héros raciniens). Mais Corneille proteste :
« L'exclusion des personnages tout à fait vertueux qui tombent dans le malheur bannit
les martyrs de notre théâtre. Polyeucte y a réussi contre cette maxime. » (Second
Discours.) Un chrétien ne doit pas *craindre* de subir le sort de Polyeucte, et nous éprou-
vons pour le martyr non pas de la *pitié*, mais de l'*admiration*.

L'ADMIRATION, tel est le ressort tragique proprement cornélien. Nous admirons
Chimène et Rodrigue, Auguste, Curiace, Sévère et Polyeucte. Mais, de même que le
cœur de ces héros est partagé, au moins un moment, entre l'appel de la grandeur et la
tentation de la faiblesse, notre cœur à nous aussi est partagé : nous souffrons avec eux,
nous tremblons pour eux, et s'ils meurent nous pleurons. CORNEILLE *a tenté de fonder
une tragédie sur la seule grandeur d'âme du héros*, ne provoquant chez le spectateur que
de l'admiration. Cette tragédie, c'est *Nicomède*. « La tendresse et les passions, qui doivent être l'âme des tragédies, n'ont aucune part en celle-ci : la grandeur de courage
y règne seule et regarde son malheur d'un œil si dédaigneux qu'il n'en saurait arracher
une plainte. Elle y est combattue par la politique et n'oppose à ses artifices qu'une
prudence généreuse, qui marche à visage découvert, qui prévoit le péril sans s'émouvoir
et qui ne veut point d'autre appui que celui de sa vertu et de l'amour qu'elle imprime
dans les cœurs de tous les peuples. » (Examen de *Nicomède*.) *Plus de conflit intérieur,
mais l'assaut des médiocres contre le héros* (cf. p. 116), assaut parfaitement vain d'ailleurs :
le dénouement est heureux, c'est le triomphe complet de Nicomède. Celui-ci se montre
si grand, si sûr de lui tout au long de la tragédie que jamais nous ne tremblons vraiment pour lui. C'est un *cas limite*, un tour de force, que cette tragédie sans aucun élément pathétique. « La fermeté des grands cœurs, qui n'excite que de l'admiration
dans l'âme du spectateur, est quelquefois aussi agréable que la compassion que notre
art nous ordonne d'y produire par la représentation de leurs malheurs. » (Examen de
Nicomède.)

De cette étude du système dramatique de Corneille, trois idées se dégagent :

1. *L'action est complexe et parfois chargée*. Avec *Rodogune* et *Héraclius*, Corneille a
créé le drame, sinon le mélodrame, riche en péripéties et en coups de théâtre.

2. *L'intérêt politique est très important, souvent primordial*.

3. *Corneille a le goût des grandes âmes*. Il veut provoquer avant tout l'*admiration* des
spectateurs pour ses héros. M. Jean Schlumberger a pu dire que *Pompée* était un véritable *Chant funèbre sur la mort de Pompée*. S'il est vrai que la tragédie est une cérémonie,
celle de Corneille est une cérémonie du *culte des héros*.

L'on saisit aisément la *grandeur* de cette conception, mais ses dangers ne sont pas
moins frappants. Crises mettant en jeu le sort des États, situations extraordinaires,
personnages et passions hors du commun : cet univers tragique ne risque-t-il pas de
nous demeurer étranger ? Sans doute nous aurons un effort à faire pour nous hausser
à ce niveau, pénétrer dans cet univers et nous sentir de plain-pied avec ces héros.
Corneille n'en attendait pas moins de nous. Mais, dans tous ses chefs-d'œuvre, il nous
a rendu cet effort aisé et exaltant à la fois, il a su faire en sorte que ses héros aient une
valeur *exemplaire* mais non point transcendante, et que *nous reconnaissions en eux le
meilleur de nous-mêmes*.

LE HÉROS ET LE CONFLIT CORNÉLIENS

I. LE HÉROS CORNÉLIEN

Héros et monstres   Avec CORNEILLE, le *héros tragique* tend à devenir un *héros* tout court. Pourtant il n'en est pas toujours ainsi : Horace nous fait horreur lorsqu'il tue Camille; Médée et Cléopâtre sont des monstres. Il faut donc donner une définition qui comprenne aussi ces personnages : *le héros cornélien aspire à la plus complète réalisation de lui-même.* Ce sera d'ordinaire dans le bien, parfois dans le mal. « Un tout est beau parce qu'il est un, dira plus tard DIDEROT; et en ce sens Cromwell est beau, et Scipion aussi, et Médée, et Arria, et César, et Brutus. » *Corneille est invinciblement attiré par les âmes fortes*, les personnalités puissantes en qui rien de médiocre ne subsiste et qui, sans transiger, atteignent à une parfaite unité par le triomphe de leur tendance dominante.

Ainsi RODRIGUE est un héros de l'*honneur familial et féodal*; POLYEUCTE un *saint*; AUGUSTE renie en Octave les petitesses égoïstes de l'homme pour incarner l'*idéal du souverain.* Malgré les apparences, Cléopâtre est de la même race : pour Corneille, il est de grands criminels qui nous font horreur mais non point pitié, car leurs sentiments sont dénaturés sans être vulgaires. Une opposition frappante s'établit ainsi entre héros et médiocres (cf. p. 116). Mais, moralement, Médée, Cléopâtre, Horace lui-même s'égarent : ces personnages méritent l'intérêt passionné de leur créateur, non son adhésion; *la morale cornélienne n'est pas le culte de la volonté de puissance.*

La « gloire »   Les héros cornéliens parlent volontiers de leur *gloire* : cette gloire est une *forme passionnée de l'honneur.* Ces êtres « bien nés » ont une haute idée d'eux-mêmes et de ce qu'ils se doivent. Ils respectent tous les germes de grandeur qu'ils sentent en eux et s'appliquent à les développer. « L'estime de soi-même, dira ROUSSEAU, est le plus grand mobile des âmes fières. » Les cornéliens sont des âmes fières. Pour le héros, il s'agit avant tout de *ne pas déchoir* à ses propres yeux. Il veut *réaliser la plus haute image de lui-même* et doit pour cela « se faire un effort », c'est-à-dire faire un effort sur soi.

Devoir et honneur   Sans doute des considérations *extérieures* interviennent : s'il ne provoquait pas le Comte, RODRIGUE serait déshonoré aux yeux de son père, aux yeux de tous; honni comme un lâche par la société féodale dans laquelle il vit, il deviendrait une sorte de paria. Mais, loin de se révolter contre ce code social de l'honneur ou de s'y soumettre comme à une contrainte arbitraire, il le fait sien par l'adhésion de sa *raison.* Dès lors sa décision ne doit rien qu'à lui-même, à sa *volonté* libre et souveraine. S'il renonçait à venger son père il se dégraderait à ses propres yeux et aux yeux de Chimène (cf. p. 114, *L'amour et l'honneur*). Une fois le Comte mort, CHIMÈNE agira comme lui, pour les mêmes raisons. En revanche, Rodrigue ne craint pas de braver l'opinion et les bienséances en paraissant chez Chimène dont il vient de tuer le père.

Lorsque l'INFANTE lutte contre son amour pour Rodrigue, elle n'obéit pas à un simple préjugé de caste. Elle se jugerait diminuée si, dédaignant ce qu'elle se doit, elle cédait à son inclination. Cet amour pourtant est bien loin d'être un égarement; mais sa raison lui persuade qu'elle doit renoncer à Rodrigue : *il y va de sa gloire*, c'est-à-dire du respect qu'elle se doit à elle-même, comme princesse de sang royal.

L'idéal qui guide POLYEUCTE est l'accomplissement le plus haut pour un chrétien : *la sainteté et le martyre.* L'éminente dignité du héros tient à ce que cet idéal, sans être inhumain ni surhumain, est cependant *plus qu'humain.* Bien au-delà du devoir, la « gloire » rejoint ici la « grâce ». La grandeur d'âme de Polyeucte se communique à ceux qui l'entourent, haussant Pauline et Sévère à son niveau : symbole humain de cette *transmission des mérites surnaturels* qui permettra à Polyeucte martyr d'obtenir, à la fin de la pièce, la conversion de sa femme Pauline et de Félix son bourreau.

II. LE CONFLIT CORNÉLIEN

Les obstacles   Sur le chemin de la grandeur, le héros rencontre des *obstacles* qu'il doit surmonter pour se réaliser pleinement. Des événements extraordinaires vont le mettre à l'épreuve et l'obliger à choisir. De ces obstacles naît une *crise morale* douloureuse et émouvante, mais ils donnent aussi au héros l'occasion de *se dépasser*. Sa décision sera lucide, rapide et irrévocable : « *Je le ferais encor si j'avais à le faire* » s'écrie Polyeucte (v. 1671) comme Rodrigue (v. 878). Auguste doit lutter contre son propre passé d'ambitieux sans scrupules. Tout le mouvement dramatique de *Polyeucte* réside dans les *assauts successifs que le héros repousse* : tentation de l'instinct de conservation et de la peur (Félix fait exécuter Néarque sous ses yeux), de l'ambition (IV, 3, v, 1173-1198), du devoir civique (v. 1199-1214). A l'acte V, scène 2, Félix a recours à un subterfuge : il veut être initié au christianisme, son gendre doit donc renoncer au martyre pour assurer le salut d'une autre âme et, par la conversion de Félix, sauver la vie de nombreux chrétiens ; la feinte est subtile, mais Polyeucte a tôt fait de la percer à jour. Contre l'*appel divin*, une seule tentation l'ébranle vraiment, celle de l'*amour humain*. Il doit *prier* (stances) pour avoir le courage de résister à Pauline. La brusquerie même de ses répliques prouve à quel point il est sensible à son charme et à son appel. Un moment vient où *son émotion ne peut plus se contenir* (« Hélas ! » v. 1252). Il *triomphe* pourtant, et pour être tout à fait sûr que son amour pour Pauline est dépouillé de toute faiblesse humaine et parfaitement compatible avec l'amour de Dieu, par un suprême effort il veut la confier à Sévère, son rival (IV, 4).

L'amour cornélien   Ainsi *l'amour seul est digne d'être confronté avec la gloire*. C'est que s'ils s'opposent souvent, ou du moins paraissent s'opposer, leur essence au fond est la même : la gloire est fondée sur l'estime de soi-même, l'amour sur l'estime pour l'être aimé. Corneille dira plus tard que l'amour est une passion « chargée de faiblesse ». En est-il bien ainsi dans ses chefs-d'œuvre ?

NAISSANCE   Ce n'est pas un choix conscient et raisonné qui préside
DE L'AMOUR   à sa naissance, pas davantage un simple attrait physique, mais une inclination mystérieuse, un « *je ne sais quoi* », un « *charme* » au sens plein de ce mot (cf. p. 105). « Un je ne sais quel charme auprès d'elle m'attache », dit Florame dans *La Suivante*, et Pauline de son côté avoue à Sévère (*Polyeucte*, v. 505) : « Un je ne sais quel charme encor vers vous m'emporte. »
Mais les héros cornéliens ont le cœur trop haut pour que leur inclination puisse les asservir à un être indigne d'eux. S'il ne naît pas d'une démarche rationnelle, l'amour est pourtant fondé en raison. Le cœur a comme une *intuition* de la valeur de l'être auquel il va s'attacher : « Je l'aimai, Stratonice : il le méritait bien » dit Pauline, parlant de Sévère (*Polyeucte*, v. 184). Ainsi, à la différence de RACINE, CORNEILLE peint généralement l'amour *partagé*. Par un instinct sûr, le héros s'éprend de la femme la plus parfaite qu'il connaisse, et celle-ci est séduite à son tour par cet élan vers la perfection qu'elle devine chez lui. L'intuition est en effet *divinatrice* : Chimène aime Rodrigue avant qu'il ait eu l'occasion de s'illustrer ; elle pressent en lui (de même que l'Infante) le héros futur. A mérite égal, c'est le « je ne sais quoi » qui décide. Deux frères, Antiochus et Séleucus, aiment Rodogune ; celle-ci répond à l'amour d'Antiochus et n'éprouve qu'indifférence pour Séleucus : Comme ils ont même sang avec pareil mérite,

> Un avantage égal pour eux me sollicite ;
> Mais il est malaisé, dans cette égalité,
> Qu'un esprit combattu ne penche d'un côté.
> Il est des nœuds secrets, il est des sympathies,
> Dont par le doux rapport les âmes assorties
> S'attachent l'une à l'autre, et se laissent piquer
> Par ces je ne sais quoi qu'on ne peut expliquer.
> C'est par là que l'un d'eux obtient la préférence (*Rodogune*, 355-363).

AMOUR, ESTIME   L'*estime réciproque* va nourrir et vivifier l'*amour*
   ET « GLOIRE »   *partagé.* Les amants peuvent compter absolument l'un
                               sur l'autre, et un constant échange s'établit : l'estime
attise l'amour, l'amour exalte la « gloire ». Rodrigue est invincible parce qu'il aime et se
sent aimé. Au cours du combat contre les Mores, il est animé, n'en doutons pas, par
l'aveu de Chimène : « Va, je ne te hais point » (v. 963; cf. v. 981-984), et par ces mots
de Don Diègue : Si tu l'aimes, apprends que revenir vainqueur
                    C'est l'unique moyen de regagner son cœur (v. 1095-1096).

Avant le duel avec Don Sanche, au cri que l'amour arrache à Chimène : « Sors vainqueur
d'un combat dont Chimène est le prix », la généreuse exaltation du Cid ne connaît plus
de borne :   Est-il quelque ennemi qu'à présent je ne dompte?
                   Paraissez, Navarrais, Mores et Castillans,
                   Et tout ce que l'Espagne a nourri de vaillants;
                   Unissez-vous ensemble et faites une armée,
                   Pour combattre une main de la sorte animée :
                   Joignez tous vos efforts contre un espoir si doux;
                   Pour en venir à bout, c'est trop peu que de vous (v. 1558-1564).

Ainsi l'amour cornélien ressemble à l'amour *courtois* du Moyen Age féodal. Pour sa
dame, le chevalier était capable de toutes les prouesses (cf. *Moyen Age*, p. 61 à 63). Cette
conception *chevaleresque* de l'amour rappelle aussi celle du roman précieux (cf. p. 69-70),
et l'idéal *héroïque* et *romanesque* des seigneurs et nobles dames du règne de Louis XIII
et de la Fronde. Mais si Corneille se rattache à une tradition et exprime les aspirations
de son temps, il apporte surtout une révélation marquée par le sceau du génie : *l'amour
véritable est une passion noble*, qui fait non pas des lâches, mais des *héros*.

L'amour   Nous sommes maintenant en mesure de donner son
   ## et l'honneur   véritable sens au *conflit cornélien*. L'honneur ne triomphe
                     pas de l'amour, il le contraint à se dépasser, à renoncer
à ses aspirations immédiates pour survivre dans son essence même. Curiace ne cesse
pas d'aimer Camille lorsqu'il combat contre Rome, ni Sévère d'aimer Pauline lorsqu'il
renonce à la revoir (II, 2), puis décide de tout faire pour sauver Polyeucte (IV, 6).

LE CID   Suivons le débat dans l'âme de RODRIGUE (stances :
                  I, 6) : « Contre mon propre honneur mon amour s'inté-
resse » (prend parti). Telle est la première impression. Mais le héros *ne peut conserver
l'amour de Chimène s'il renonce à venger son père* :

              J'attire en me vengeant sa haine et sa colère;
              J'attire ses mépris en ne me vengeant pas.

Il écarte alors la *tentation du suicide*, qui serait fatal à son amour comme à son honneur.
Sa décision est prise :

              Allons, mon bras, sauvons du moins l'honneur,
              Puisque après tout il faut perdre Chimène.

La perd-il vraiment? Au contraire; sacrifiant en apparence son amour, il a choisi le seul
moyen de le sauver. Le voici devant Chimène (III, 4) :

              Écouter ton amour, obéir à sa voix,
              C'était m'en rendre indigne et diffamer ton choix...
              Je t'ai fait une offense, et j'ai dû m'y porter
              Pour effacer ma honte, et pour te mériter.

Il ne s'est pas trompé sur les sentiments de CHIMÈNE :

              Ah ! Rodrigue, il est vrai, quoique ton ennemie,
              Je ne te puis blâmer d'avoir fui l'infamie.

Elle est contrainte à son tour de poursuivre Rodrigue *pour rester digne de lui* :

> De quoi qu'en ta faveur mon amour m'entretienne,
> Ma générosité doit répondre à la tienne :
> Tu t'es, en m'offensant, montré digne de moi ;
> Je me dois, par ta mort, montrer digne de toi.

Dira-t-on que le rôle de Chimène est faux et contre nature, parce qu'elle s'acharne contre celui qu'elle aime, tout en priant le ciel que ses efforts n'aboutissent pas ? N'oublions pas le caractère *exemplaire* de la tragédie, de la tragédie cornélienne en particulier, qui enferme les personnages dans de terribles dilemmes. En fait la leçon n'est pas déclamatoire, mais *profondément humaine* [1]. On songe à la parole de l'Évangile : « Celui qui veut sauver sa vie la perdra. » Il en est de même de l'amour chez Corneille. Le *sacrifice*, en le magnifiant, *assure son triomphe*. Sans doute le mariage des jeunes gens, possible dans une société féodale, choque aujourd'hui nos mœurs ; mais il garde toute sa valeur de symbole. Chez Corneille aussi, et justement parce qu'il est fondé sur l'estime, *l'amour est plus fort que tout*, plus fort que la mort même. Un même tombeau unira Curiace et Camille, que la vie a séparés (cf. *Moyen Age*, p. 56, Analyse). César reconnaît l'âme de Pompée en sa veuve Cornélie (*Pompée*) : « Il vit, il vit encore en l'objet de sa flamme, | Il parle par sa bouche, il agit dans son âme. »

Le véritable amour est bien autre chose qu'une « surprise des sens ». En dépit des obstacles, il unit miraculeusement les amants sous le signe de leur *gloire*. Chimène est présente en Rodrigue lorsqu'il décide de provoquer le Comte, et Rodrigue en Chimène lorsqu'elle demande sa tête au roi. Ce lien entre l'honneur et l'amour, PÉGUY l'a exprimé en termes inoubliables : « *L'honneur est aimé d'amour, l'amour est honoré d'honneur. L'honneur est encore un amour et l'amour est encore un honneur.* » C'est le « secret même de la poétique et du génie de Corneille ». (*Note conjointe.*)

Lorsque Don Diègue lui dit (III, 6) :

> Nous n'avons qu'un honneur, il est tant de maîtresses !
> L'amour n'est qu'un plaisir, l'honneur est un devoir.

Rodrigue répond, indigné :

> L'infamie est pareille, et suit également
> Le guerrier sans courage et le perfide amant.

PAULINE ET POLYEUCTE — Le sentiment de l'honneur règle la *conduite* des héros cornéliens, mais il est impuissant à arracher l'amour de leur cœur. PAULINE est la plus fidèle des épouses, mais elle chérit la mémoire de Sévère qu'elle croit mort. Lorsqu'il paraît (II, 2), sans lui laisser aucun espoir, elle lui avoue pourtant qu'elle l'aime encore. Elle peut se permettre cet aveu parce qu'elle est sûre de ne point faiblir. Sa *raison* a assuré sa soumission à la volonté d'un père, elle a épousé Polyeucte :

> Quand je vous aurais vu, quand je l'aurais haï,
> J'en aurais soupiré, mais j'aurais obéi,
> Et sur mes passions ma raison souveraine
> Eût blâmé mes soupirs et dissipé ma haine.

Mais cette même raison ne pouvait lui faire oublier Sévère, car il *méritait* son amour :

> Ma raison, il est vrai, dompte mes sentiments,
> Mais quelque autorité que sur eux elle ait prise,
> *Elle n'y règne pas, elle les tyrannise.*

Elle ne peut pas davantage lui faire aimer d'amour son mari, pour qui elle éprouve pourtant estime et affection.

— 1 *Combattre un ennemi qu'on aime :* situation proprement cornélienne qui donne au conflit son caractère à la fois héroïque et tragiquement humain (cf. *Polyeucte*, v. 357, et *Horace*, v. 443-448).

Comment va-t-elle passer de l'amour de Sévère à l'amour de Polyeucte ? Non point par un calcul raisonné qui lui *démontrerait* que le mérite du « chevalier chrétien » est supérieur à celui du « chevalier romain » (Péguy), qu'un saint est plus avancé dans la voie de la perfection, par conséquent plus digne d'amour, qu'un soldat héroïque. Son âme noble et passionnée a la révélation bouleversante de la *grandeur* de Polyeucte qu'elle avait ignorée jusque-là. Grandeur d'autant plus attirante peut-être pour une femme qu'elle est mystérieuse, « d'un autre ordre » (cf. Pascal, p. 167); cette païenne devine, sans la comprendre, l'éminente dignité du chrétien marqué par la grâce. Elle s'attache à Polyeucte à mesure que celui-ci semble lui échapper davantage : c'est là justement le drame de son amour. Sa *fierté* intervient aussi, dès qu'elle apprend que Polyeucte est chrétien : elle ne saurait l'abandonner alors que tous le renient et l'accablent. Comment accepterait-elle de le trahir au moment suprême, fût-ce de son propre aveu, lorsqu'il la confie à Sévère ? Ce geste même de Polyeucte, qui est pourtant une insulte à la gloire de Pauline (v. 1585, 1592 sq.), achève de la conquérir. Elle sait bien qu'il l'aime encore : quel sens sublime prend alors *ce renoncement sans exemple !* Elle s'élève donc de l'amour de Sévère à l'amour de Polyeucte par une démarche parallèle à celle de Polyeucte, qui cesse de l'aimer charnellement pour mieux l'aimer en Dieu. Mais *comme ils souffrent tous deux !* Pauline a beau supplier son époux, le disputer désespérément au Dieu des chrétiens (IV, 3, et V, 3), il reste inflexible, il ne peut plus l'entendre. Et Polyeucte est contraint de considérer « comme un obstacle à son bien » cette Pauline qu'il aime « beaucoup moins que (son) Dieu, mais bien plus que (lui-)même » (v. 1279-1280), cette Pauline qui se révolte lorsqu'il lui parle de devenir chrétienne.

Ainsi le *conflit cornélien oppose deux passions nobles :* la plus noble l'emporte, mais sans humilier sa rivale, bien au contraire. C'est un combat déchirant, mais généreux et loyal, où les adversaires se ressemblent plus encore qu'ils ne s'opposent, semblable aux combats des héros cornéliens entre eux, du Cid avec le Comte, des Horaces avec les Curiaces. De sa confrontation avec l'honneur, *l'amour,* d'abord meurtri, sort *grandi et épuré,* cependant que l'*honneur,* mesurant le prix de la tendresse, en devient *plus humain.*

III. HÉROS ET MÉDIOCRES

Les médiocres   Mais la tragédie cornélienne n'oppose pas toujours les héros entre eux ou le héros à lui-même. Elle confronte parfois deux types d'humanité, l'*humanité héroïque* et l'*humanité médiocre.* Nous sentons bien déjà que Cinna n'est pas de la même trempe qu'Émilie, qui doit user de tout son ascendant pour le hausser à son niveau; il fait également piètre figure à côté d'Auguste. C'est une *âme faible,* hésitante. Dans *Pompée,* César n'est pas vraiment un héros : il s'efforce de le paraître : pourtant il n'est pas médiocre, ses aspirations le prouvent.

FÉLIX   C'est dans *Polyeucte* que l'opposition apparaît pour la première fois en pleine lumière. FÉLIX n'est pas un monstre, c'est simplement un *faible,* comme il en est tant ! Mais il paraît égaré dans cet univers héroïque. Comment se traduit sa *médiocrité ?* Il a sans doute de bons sentiments, et, lorsqu'il lui vient « un penser indigne, bas et lâche » (v. 1049), il s'efforce de le repousser. Mais c'est en vain. Il calcule, il hésite; il ne sait ce qu'il doit faire et regrette ce qu'il a fait : que n'a-t-il consenti, jadis, au mariage de Pauline avec Sévère ! Combien d'ennuis maintenant lui seraient épargnés ! C'est un fonctionnaire timoré, qui a peur d'être blâmé et révoqué par l'autorité supérieure. Il ne comprend rien au drame de la grandeur d'âme qui se joue autour de lui, enfermé qu'il est dans un *égoïsme mesquin* : « Que je suis malheureux ! » dit-il à son confident, qui répond : « Tout le monde vous plaint » (v. 1005). Or c'est de ce fantoche que dépend le sort humain, la vie ou la mort de Polyeucte.

PRUSIAS   Le conflit se précise dans *Nicomède.* Contre le couple
ET ORODE   héroïque Nicomède-Laodice se déchaîne la *cabale des médiocres.* La reine ARSINOÉ est *odieuse,* mais le roi PRUSIAS, jouet entre ses mains, est surtout *lamentable.* Son fils tente en vain de lui

apprendre le métier de roi (cf. p. 118). Prusias est bien le frère de Félix dans la médiocrité : mais son cas est plus grave, car le sort l'a fait roi. Il est offusqué par la grandeur de son fils, qui l'a « trop bien servi ». Dans *Suréna*, le roi ORODE exprimera cyniquement ce sentiment bas, mais hélas ! très humain (III, I) :

> Un service au-dessus de toute récompense
> A force d'obliger tient presque lieu d'offense.

Il hait Suréna, chef de ses armées, vainqueur de Crassus. Haine insensée : Suréna est le seul soutien de son trône; sans lui, Orode ne serait plus rien; *haine insensée mais insurmontable*. Il veut humilier le héros, le ravaler à son propre niveau, l'asservir. Qu'il devienne son gendre, ou qu'il meure. Le refus de Suréna, qui aime une autre femme, Eurydice, n'est qu'un prétexte. Suréna ne s'y trompe pas : « *Mon vrai crime est ma gloire, et non pas mon amour* » (p. 121, v. 27).

Ainsi, dans ces deux pièces, la grandeur des héros est comme une insulte pour les médiocres, qui tentent de se venger comme ils peuvent de cette supériorité insupportable; s'ils ne peuvent rabaisser le héros, ils tentent de l'abattre. Mais, vainqueur (Nicomède) ou vaincu (Suréna), *le héros les écrase de toute sa grandeur*.

FAIBLESSE RIDICULE OU ODIEUSE Corneille est dur pour les faibles : pas de demi-mesures, *il faut choisir entre la grandeur et la bassesse*. A la fin de *Nicomède*, Attale, conquis par le rayonnement de son frère, passe du clan des médiocres au parti des héros. Il sauve Nicomède et lui sacrifie son amour et ses ambitions. Des âmes basses le héros peut avoir pitié (Nicomède), mais non pas l'auteur. Plein de mépris pour ces êtres veules, il nous les montre *odieux* comme Orode, ou *ridicules* comme Prusias et Félix (cf. ci-dessus). « Ah ! ne me brouillez point avec la république » s'écrie Prusias (v. 564); ce souverain timoré, ballotté entre des influences contradictoires, voudrait bien, comme le Sosie de Molière, être « ami de tout le monde », et surtout des Romains, dont le protectorat suffit à sa gloire.

Pour peindre ces êtres faibles, Corneille retrouve sa *veine comique*. Il dessine Félix et Prusias avec un *réalisme* qui le rapproche de Molière. A ces personnages ridicules, il prête des *mots de comédie* (cf. les répliques citées ci-dessus). Avec eux la tragédie se détend un moment, et nous retrouvons l'atmosphère de la réalité quotidienne, l'*humanité banale* et même *grotesque*. Mais l'élément comique ne doit pas nous faire oublier la rigueur de la *condamnation portée par l'auteur*. Ce sont des êtres vils; à la différence d'une Cléopâtre, « ces âmes que le ciel ne forma que de boue » (*Pompée*, v. 265) ne sont même pas capables d'oser quelque grand crime.

Le héros stoïcien Cette confrontation met le héros encore plus en valeur. En face des âmes vulgaires, il devient un être parfaitement accompli, *absolument maître de soi* sans avoir même à lutter contre ses passions. Auguste disait déjà : « Je suis maître de moi comme de l'univers » (v. 1696), mais il avait dû se vaincre d'abord par un effort douloureux et méritoire. Tandis que NICOMÈDE est constamment sûr de lui, sûr de Laodice, sûr de son triomphe final : *impassible*, il est comme un roc contre lequel se brisent les vains assauts de la médiocrité. Il n'a pas une faiblesse; pas un seul instant son amour et sa gloire ne s'opposent, et, d'être si tranquille, son amour nous paraît moins grand. Quelle que soit notre admiration pour Nicomède, nous préférons le déchirement intérieur et l'enthousiasme militant de Rodrigue et de Polyeucte. Avec Nicomède, le héros généreux se durcit en *héros stoïcien*. Son humanité, supérieure aux passions, ne se traduit plus que par l'*ironie* hautaine qu'il oppose aux médiocres (cf. I, 2 et 3, et p. 119); Laodice, qui lui ressemble beaucoup, un peu trop même, ironise comme lui avec Attale (I, 2).

Le héros et le destin A ce niveau, *peu importe* en somme *que le héros triomphe ou soit accablé*. Fixé à jamais, immobile en sa perfection, *il est plus grand que le destin même* : la mort n'est pour lui, comme pour le martyr (cf. *Polyeucte*, v. 1151-1154), que le *passage à l'immortalité*. Ainsi SURÉNA attend la mort avec une sorte de fatalisme (cf. p. 120). Il ternirait sa gloire s'il paraissait tenir trop à la vie (cf. le *Cid*, v. 440). Il ne fera pas un geste pour échapper

au guet-apens que lui prépare Orode. Il meurt fidèle à lui-même, à Eurydice, à ce roi
qui l'assassine et contre lequel il serait légitime, mais indigne de lui, de se révolter.
Aboutissement suprême de la psychologie cornélienne ou signe d'une lassitude et d'une
déception chez le grand Corneille vieilli? Peut-être entre-t-il un peu de ces deux éléments dans l'*acceptation* sublime et passive à la fois de son dernier héros. Quoi qu'il
en soit, *Suréna nous émeut plus que Nicomède* ; il est plus grand encore dans sa défaite
que Nicomède dans son triomphe; il est plus *tragique*, il est plus humain et plus tendre,
quoiqu'il s'en défende (cf. p. 122, v. 51-54); et la dernière tragédie de Corneille nous
ramène à *sa véritable conception de l'amour*, inséparable de la gloire, puissant, invincible
même : Eurydice ne peut ni renoncer à Suréna ni lui survivre.

LEÇON DE GRANDEUR A UN ROI

Sous la pression de sa seconde femme Arsinoé et de l'ambassadeur romain Flaminius,
PRUSIAS, roi de Bithynie, voudrait contraindre son fils NICOMÈDE, né d'un premier lit,
à renoncer à la main de Laodice, reine d'Arménie, en faveur d'Attale son demi-frère, fils
de Prusias et d'Arsinoé. Insensible aux calomnies d'Arsinoé, qui l'accuse de conspirer
contre son père (v. 2), comme à la colère de celui-ci, *Nicomède ne sacrifiera ni le trône
ni son amour.* Nous le voyons d'abord (v. 12-20) tenter vainement de ranimer chez Prusias le sentiment de la grandeur royale. Après quoi, sans insolence mais avec une *ironie
hautaine* qui se complaît à égarer un moment le vieillard, il lui montre que ses menaces
sont vaines : Prusias ne peut rien contre les droits, la valeur et la popularité de Nicomède.

PRUSIAS

Nicomède, en deux mots, ce désordre me fâche [1].
Quoi qu'on t'ose imputer, je ne te crois point lâche,
Mais donnons quelque chose à Rome, qui se plaint,
Et tâchons d'assurer [2] la Reine, qui te craint [3].
J'ai tendresse [4] pour toi, j'ai passion pour elle ;
Et je ne veux pas voir cette haine éternelle,
Ni que des sentiments que j'aime à voir durer
Ne règnent dans mon cœur que pour le déchirer.
J'y veux mettre d'accord l'amour et la nature,
10 Etre père et mari dans cette conjoncture...

NICOMÈDE

Seigneur, voulez-vous bien vous en fier à moi?
Ne soyez l'un ni l'autre.

PRUSIAS

Et que dois-je être?

NICOMÈDE

Roi [5].
Reprenez hautement ce noble caractère [6].

— 1 Etudier le ton : est-il tragique? —
2 De *rassurer*. — 3 Prusias voudrait contenter
tout le monde. — 4 Cf. *j'ai passion*, et v. 50,
voir différence : cf. App. A. — 5 Apprécier la
façon dont le mot est mis en valeur (cf. *Régnez*,
v. 15, et *régner*, v. 20). — 6 Le titre du roi doit
marquer de son *empreinte* l'âme du souverain.

Un véritable roi n'est ni mari ni père ;
Il regarde [7] son trône, et rien de plus. Régnez,
Rome vous craindra plus que vous ne la craignez.
Malgré cette puissance et si vaste et si grande [8],
Vous pouvez déjà voir comme elle m'appréhende,
Combien en me perdant elle espère gagner,
20   Parce qu'elle prévoit que je saurai régner.

PRUSIAS

Je règne donc, ingrat ! puisque tu me l'ordonnes [9] :
Choisis, ou Laodice, ou mes quatre couronnes [10].
Ton roi fait ce partage entre ton frère [11] et toi ;
Je ne suis plus ton père, obéis à ton roi.

NICOMÈDE

Si vous étiez aussi le roi de Laodice
Pour l'offrir à mon choix avec quelque justice,
Je vous demanderais le loisir d'y penser ;
Mais enfin, pour vous plaire, et ne pas l'offenser,
J'obéirai, Seigneur, sans répliques frivoles,
30   A vos intentions, et non à vos paroles.
A ce frère si cher transportez tous mes droits,
Et laissez Laodice en liberté du choix.
Voilà quel est le mien.

PRUSIAS

                        Quelle bassesse d'âme [12],
Quelle fureur t'aveugle en faveur d'une femme ?
Tu la préfères, lâche ! à ces prix glorieux
Que ta valeur unit au bien de tes aïeux !
Après cette infamie es-tu digne de vivre [13] ?

NICOMÈDE

Je crois que votre exemple est glorieux à suivre :
Ne préférez-vous pas une femme à ce fils
40   Par qui tous ces Etats aux vôtres sont unis [14] ?

PRUSIAS

Me vois-tu renoncer pour elle au diadème ?

NICOMÈDE

Me voyez-vous pour l'autre y renoncer moi-même [15] ?

---

7 Prend en considération. — 8 *Grande* ne
fait-il que répéter *vaste* ? — 9 Qu'y a-t-il de
comique dans cette réplique ? — 10 Il en doit
trois aux conquêtes de Nicomède (cf. v. 35-36
et 39-40). — 11 Attale. — 12 Le reproche est
piquant, adressé par Prusias à Nicomède. —

13 Montrer d'après la suite que Prusias se
méprend sur les intentions de son fils. —
14 Etudier l'*ironie* dans cette réplique. —
15 Nicomède va enfin dissiper le malentendu,
et révéler, à mots couverts mais sans ambiguïté,
ses véritables intentions.

Que cédé-je à mon frère en cédant vos Etats ?
Ai-je droit d'y prétendre avant votre trépas ?
Pardonnez-moi ce mot, il est fâcheux à dire,
Mais un monarque enfin comme un autre homme expire ;
Et vos peuples alors, ayant besoin d'un roi,
Voudront choisir peut-être [16] entre ce prince et moi.
Seigneur, nous n'avons pas si grande ressemblance
50   Qu'il faille de bons yeux pour y voir différence ;
Et ce vieux droit d'aînesse est souvent si puissant
Que pour remplir un trône il rappelle un absent.
Que si leurs sentiments se règlent sur les vôtres,
Sous le joug de vos lois j'en ai bien rangé d'autres ;
Et dussent vos Romains en être encor jaloux,
Je ferai bien pour moi ce que j'ai fait pour vous [17].

Nicomède, IV, 3.

Prusias veut livrer Nicomède aux Romains ; alors le peuple se soulève en faveur du prince. Le roi songe à le mettre à mort, mais on l'en dissuade. Attale délivre son frère, et Nicomède triomphant pardonne à Prusias et à Arsinoé.

– *Comment se traduit la grandeur d'âme de Nicomède ? A quels traits de caractère la reconnaît-on ?*
– *Quelles sont les faiblesses du caractère de Prusias ? Sa colère est-elle terrible ou ridicule ?*
– *Quelle est la relation entre le ton et le caractère de chaque personnage ? Expliquez le changement de ton chez Prusias et chez Nicomède.*
– *Comment Nicomède échappe-t-il au dilemme où voulait l'enfermer Prusias ?*
– *Exposez l'idéal de la majesté souveraine selon Nicomède.*
– *Exposé. Étudiez dans cet extrait et le suivant l'opposition cornélienne entre « **héros et médiocres** ».*
• **Groupe thématique : Tragédie.** La *grandeur d'âme,* cf. pages 118, 120, 304. – XVIᵉ SIÈCLE, page 169.

« *MON VRAI CRIME EST MA GLOIRE* ... »

EURYDICE, fille du roi d'Arménie, doit, à la suite d'un traité, épouser Pacorus, fils d'Orode, roi des Parthes. Mais elle aime d'un amour partagé SURÉNA, général des Parthes vainqueur des Romains. Cependant la gloire de Suréna porte ombrage à Orode : ou Suréna épousera sa fille Mandane (Orode s'assurerait ainsi de son loyalisme), *ou il périra.* Réduite par son devoir à subir une union qui lui fait horreur, Euridyce souhaiterait du moins ne pas voir Suréna épouser Mandane. Suréna décline l'offre du roi; il tente vainement de dissimuler sous des prétextes respectueux la véritable cause de son refus; son amour pour Eurydice est découvert. Dès lors sa perte est assurée s'il ne cède pas. Sa sœur PALMIS a beau le lui montrer et tout tenter pour le fléchir, *le héros reste inébranlable* (Suréna, V, 3).

SURÉNA

Que faire donc, ma sœur ?

PALMIS

Votre asile est ouvert.

SURÉNA

Quel asile ?

---

16. Commenter ce mot — 17 Expliquer.

PALMIS

L'hymen qui vous vient d'être offert.
Vos jours en sûreté dans les bras de Mandane,
Sans plus rien craindre...

SURÉNA

Et c'est ma sœur qui m'y condamne!
C'est elle qui m'ordonne avec tranquillité
Aux yeux de ma princesse [1] une infidélité !

PALMIS

Lorsque d'aucun espoir notre ardeur [2] n'est suivie,
Doit-on être fidèle aux dépens de sa vie [3] ?
Mais vous [4] ne m'aidez point à le persuader,
10 Vous qui d'un seul regard pourriez tout décider ?
Madame, ses périls ont-ils de quoi vous plaire ?

EURYDICE

Je crois faire beaucoup, Madame, de me taire.
Et tandis qu'à mes yeux vous donnez tout mon bien,
C'est tout ce que je puis que de ne dire rien.
Forcez-le, s'il se peut [5], au nœud [6] que je déteste ;
Je vous laisse en parler, dispensez-moi du reste :
Je n'y mets point d'obstacle, et mon esprit confus...
C'est m'expliquer assez : n'exigez rien de plus.

SURÉNA

Quoi? vous vous figurez que l'heureux nom de gendre,
20 Si ma perte est jurée, a de quoi m'en défendre,
Quand malgré la nature, en dépit de ses lois,
Le parricide a fait la moitié de nos rois,
Qu'un frère pour régner se baigne au [7] sang d'un frère,
Qu'un fils impatient prévient la mort d'un père ?
Notre Orode lui-même, où serait-il sans moi [8] ?[...]
Car enfin mes refus ne font pas mon offense [9] ;
Mon vrai crime est ma gloire, et non pas mon amour :
Je l'ai dit, avec elle il croîtra chaque jour ;
Plus je les servirai, plus je serai coupable ;
30 Et s'ils veulent ma mort, elle est inévitable.
Chaque instant que l'hymen pourrait la reculer
Ne les attacherait qu'à mieux dissimuler ;
Qu'à rendre, sous l'appas d'une amitié tranquille,

— 1 Etudier la gradation. — 2 Amour (cf. *flamme*).— 3 Non, selon la morale commune ; mais ce n'est pas celle des grandes âmes. — 4 Palmis s'adresse maintenant à Eurydice. — 5 Commenter cette restriction. — 6 Au mariage (avec Mandane) ; cf. v. 35. — 7 Cf. App. D 1. — 8 Suréna évoque ici les dissensions d'Orode avec son frère, et de ses fils entre eux. — 9 Expliquer ce vers à l'aide du suivant.

L'attentat plus secret, plus noir et plus facile.
Ainsi dans ce grand nœud chercher ma sûreté,
C'est inutilement faire une lâcheté,
Souiller en vain mon nom, et vouloir qu'on m'impute
D'avoir enseveli ma gloire sous ma chute [10].
Mais, Dieux! se pourrait-il qu'ayant si bien servi,
40 Par l'ordre de mon roi [11] le jour me fût ravi?
Non, non : c'est d'un bon œil qu'Orode me regarde ;
Vous le voyez, ma sœur, je n'ai pas même un garde [12] :
Je suis libre.

PALMIS

Et j'en crains d'autant plus son courroux :
S'il vous faisait garder, il répondrait de vous [13].
Mais pouvez-vous, Seigneur, rejoindre votre suite?
Etes-vous libre assez pour choisir une fuite?
Garde-t-on chaque porte à moins d'un grand dessein?
Pour en rompre l'effet, il ne faut qu'une main [14].
Par toute l'amitié [15] que le sang doit attendre,
50 Par tout ce que l'amour a pour vous de plus tendre...

SURÉNA

La tendresse n'est point de l'amour d'un héros :
Il est honteux pour lui d'écouter des sanglots ;
Et parmi la douceur des plus illustres flammes,
Un peu de dureté sied bien aux grandes âmes.

PALMIS

Quoi? vous pourriez...

SURÉNA

Adieu : le trouble où je vous voi [16]
Me fait vous craindre plus que je ne crains le Roi [17].

Suréna quitte la scène, et Palmis continue à supplier Eurydice d'intervenir. Cruellement déchirée, celle-ci cède enfin, mais on apprend à l'instant même que Suréna est tombé, percé de flèches, dès sa sortie du palais. A cette nouvelle, Eurydice s'écroule expirante entre les bras de sa suivante, tandis que Palmis crie son ardent désir de venger son frère.

- *Exposez :* a) *le* tragique *de la situation ; –* b) *le caractère* pathétique *de cette scène.*
- *Analysez et expliquez les sentiments de Palmis ; comparez sa morale à celle de Suréna.*
- *En tenant compte du dénouement, que pensez-vous des sentiments d'Eurydice ?*
- *Dégagez la suite des idées dans les v. 19-43. Comment interprétez-vous le revirement de Suréna ?*
- **Comparaison.** Le **refus** de Suréna et celui de Bajazet. (cf. p. 303-306).
- *Entretien. Comparez « l'héroïsme » de Suréna et celui de Nicomède. Lequel des deux préférez-vous ? Justifiez cette préférence.*

---

10 Cf. Rodrigue (Stances, v. 333-334) : *Endurer que l'Espagne impute à ma mémoire | D'avoir mal soutenu l'honneur de ma maison!* — 11 Appécier la nuance affective. — 12 Je ne suis pas même gardé à vue. — 13 Sur sa propre tête, devant le peuple et l'armée. — 14 Il suffit que vous acceptiez la main de Mandane. — 15 Affection. — 16 Orth. étymologique : à cette date, licence poétique. — 17 En dépit des vers 51-54, Suréna est ému.

IV. LA MORALE CORNÉLIENNE

Exaltés comme Horace et Cléopâtre, héros généreux (Rodrigue, Chimène, Polyeucte, Pauline et Sévère), âmes romaines (Auguste, le vieil Horace), ou stoïciennes (Nicomède, Suréna), personnages aussi nobles mais moins entiers, comme Curiace, âmes séduites par la grandeur (Cinna, Attale), enfin êtres faibles ou vils (Félix, Prusias, Orode) : le théâtre de Corneille nous offre une grande variété de types humains. Mais de cette diversité se dégage un *idéal psychologique et moral*. Quelle est la conception cornélienne de l'homme ?

Morale optimiste   La psychologie et la morale de Corneille sont *optimistes* : elles mettent l'accent sur la *grandeur* de l'homme et sur sa *liberté*. L'homme a des passions nobles, et il est en son pouvoir de les faire triompher. *Il forge son propre destin;* comme le dira MICHELET : « L'homme est son propre Prométhée. » C'est l'originalité essentielle de la tragédie de Corneille par opposition à celle de Racine, qui montre l'homme impuissant devant la fatalité qu'il porte en lui (cf. p. 310). Ainsi LA BRUYÈRE pourra dire que Corneille « peint les hommes comme ils devraient être », tandis que Racine « les peint tels qu'ils sont » (cf. p. 399). Mais on se gardera bien d'en conclure que Corneille fait bon marché de la vérité humaine. Il a confiance en l'homme, mais ses héros ne sont pas surhumains. Ils sont représentatifs, tout comme ceux de Racine, mais de l'aspect opposé de la nature humaine. Leur *vérité* n'est pas banale et quotidienne, mais *exemplaire*.

Cet optimisme de Corneille se retrouve dans son goût pour les *dénouements heureux* (*le Cid, Cinna, Nicomède*, etc...). La mort même du héros ne constitue pas un dénouement malheureux : elle est exaltante et non déprimante. Polyeucte, par le martyre, accède à la gloire surnaturelle; la mort de Suréna est encore une victoire. Le trépas du héros devient son suprême accomplissement.

Éléments de cette morale   Cette conception de l'homme est liée à l'époque et à divers courants moraux. Il faut étudier ces influences non pas pour réduire la morale cornélienne à des composantes qu'elle unit tout en les dépassant, mais au contraire pour en mieux pénétrer la nature et l'originalité.

1. STOÏCISME. Comme le sage stoïcien, le héros cornélien aspire à une parfaite *maîtrise de soi;* il sait *dompter ses passions* et n'hésite pas à choisir la voie la plus difficile, sûr ainsi de ne pas céder inconsciemment à la faiblesse. On aboutit même parfois à une sévérité toute stoïcienne : « La tendresse n'est point de l'amour d'un héros », dit Suréna; et encore : « Un peu de dureté sied bien aux grandes âmes. » Pourtant, dans ses chefs-d'œuvre, Corneille a su éviter la tentation de cette austérité froide et rigide. Son stoïcisme est plutôt *l'ardeur héroïque* qui, depuis le milieu du XVIᵉ siècle (Plutarque d'Amyot, 1559) jusqu'à l'échec de la Fronde, enflamme en France toutes les âmes nobles.

2. MORALE CHRÉTIENNE. C'est aussi une morale chrétienne, car elle est fondée sur la notion de salut personnel et montre dans Polyeucte que l'accomplissement suprême de l'homme est d'ordre surnaturel. Plus précisément, c'est une morale d'inspiration *moliniste* (cf. p. 132, *La grâce*, § 3), tandis que la conception racinienne sera profondément marquée par le jansénisme (cf. p. 310). Comme les jésuites qui l'ont formé, *Corneille a foi dans l'homme*, en dépit du péché originel, et affirme hautement son *libre arbitre*. Le molinisme rend compatibles inspiration chrétienne et inspiration stoïcienne.

3. CARTÉSIANISME. Les dates le prouvent, Corneille n'est pas le disciple de DESCARTES : il s'agit d'une rencontre. Le héros cornélien ressemble au *généreux* de Descartes (cf. p. 88). Il raisonne beaucoup et se décide en toute lucidité, pour des motifs

qui ont une valeur universelle. *Sa raison a prise sur ses passions.* Mais, pour les contemporains de Corneille jeune comme pour ses héros, raison et volonté ne sont pas de
froides entités : elles tendent à devenir elles-mêmes ce que nous appellerions aujourd'hui
des passions. Les cornéliens ne raisonnent pas pour raisonner, ni même pour se convaincre : ils raisonnent pour « *se connaître* » et répondre lucidement à l'appel de leur
gloire.

Les âmes bien nées   Les cornéliens sont des *enthousiastes*, des « âmes bien
nées » qu'un élan spontané pousse vers la grandeur.
Ainsi la morale cornélienne est *aristocratique : les héros constituent une *élite* humaine,
une noblesse non pas tant du rang social que du cœur. Sans doute le *rang* joue son rôle.
Dans *Pompée* (v. 275-276), une princesse, Cléopâtre, parle de

> Cette haute vertu dont le ciel et le sang
> Enflent toujours les cœurs de ceux de notre rang.

Mais Prusias et Orode sont des rois indignes, tandis qu'un héros comme Sévère n'est
qu'un simple chevalier romain. Le rôle du « *sang* » est capital : Rodrigue et Chimène
sont des héros issus de héros. Si Nicomède est fils du lâche Prusias, la valeur d'une longue
lignée d'ancêtres rois revit en lui. L'hérédité des cornéliens joue en sens inverse de celle
des raciniens, qui sera un lourd héritage passionnel (cf. p. 309) et non plus un *patrimoine d'héroïsme. L'éducation*, elle aussi, peut faire des héros, qu'elle confirme l'appel
de l'hérédité ou le corrige. Ainsi Nicomède est disciple d'Annibal. Dans *Héraclius*
(cf. p. 107), Léontine dit de Martian, fils de l'odieux Phocas (v. 1434-1436) :

> C'est du fils d'un tyran que j'ai fait ce héros;
> Tout ce qu'il a reçu d'heureuse *nourriture* (éducation)
> Dompte ce mauvais sang qu'il eut de la nature.

La famille des héros n'est donc pas une caste fermée : on y peut accéder par plus d'une
voie. *Aucune lourde prédestination ne pèse sur les hommes.*
   Ainsi l'œuvre de Corneille est fondée sur une *morale généreuse et exaltante.* Une *ardeur*
jeune et fougueuse, une *joie* anime les héros cornéliens jusque dans le sacrifice suprême.
Ils sont toujours prêts à renoncer à la vie, par amour, par amitié, par gloire, et pourtant
leur *honneur* semble une forme supérieure de *vitalité.* A la fois réfléchis et impulsifs,
passionnés et libres, ils perpétuent l'idéal de toute une époque, qui a aimé comme eux
la vie dangereuse, les passions nobles et l'honneur (cf. Condé, La Rochefoucauld, p. 349,
et même Retz, p. 372). Et surtout ils incarnent un *très beau type humain* dont les vertus
antiques, chevaleresques et chrétiennes, n'ont rien perdu de leur actualité.

L'ART DE CORNEILLE

L'art dramatique   Corneille excelle à transposer sur la scène une page
d'histoire. Son *invention dramatique* s'exerce dans deux
directions : 1º mettre en valeur les situations propres à illustrer par un beau *débat*
tragique sa *conception du héros*; 2º ménager des *rebondissements* de l'action et des
coups de théâtre. On peut étudier à cet égard l'effet produit par la méprise de Chimène
(V, 5), l'arrivée de Sévère que l'on croyait mort (I, 4). l'annonce de la victoire d'Horace
(IV, 2) après celle de sa fuite (III, 6), le revirement d'Auguste à la dernière scène de
Cinna, l'intervention inattendue d'Attale en faveur de Nicomède (V, 7 et 9). Au cinquième acte de *Rodogune*, le spectateur, fasciné par la coupe fatale contenant le poison,
se demande avec anxiété si Antiochus y trempera ses lèvres; de rebondissement en
rebondissement, l'auteur le tient en haleine jusqu'aux dernières répliques. Au début
d'*Horace*, un *oracle* nous égare, nous donnant à croire que la tragédie se terminera par le
mariage de Curiace et de Camille. Dans *Polyeucte*, le *songe* de Pauline (I, 3) nous éclaire
et nous égare à la fois sur la suite de l'action.

Ainsi ballottés *entre l'espoir et la crainte*, nous sommes pris par le *mouvement drama-tique*. Les exemple les plus frappants de ce mouvement sont fournis par *Polyeucte* dans son ensemble et par la « montée des périls » au cinquième acte de *Nicomède*.

L'éloquence   Corneille aime les *débats oratoires*. Il organise de véritables *procès* : procès de RODRIGUE devant le roi Don Fernand, avec le réquisitoire de Chimène et le plaidoyer de Don Diègue (II, 8); procès d'HORACE (V, 2 et 3) avec les interventions de Valère, d'Horace lui-même, de Sabine, du vieil Horace, et la sentence du roi. Dans *Cinna* (II, 1), nous assistons à un *débat politique* en forme sur les avantages respectifs de la république et de l'empire. De longues tirades se répondent alors, enflammées, ardentes, mais rigoureusement composées. Cette *éloquence ample et lucide* ne laisse pas d'être entraînante, mais elle risque de lasser à la longue et de paraître tendue, enflée ou monotone. *D'autres débats* viennent en varier le rythme : c'est la scène où Rodrigue provoque le Comte (II, 2); celle où la foi de Polyeucte s'oppose à l'amour de Pauline (IV, 3, v. 1273-1291). Les répliques sont alors hachées, pressées, lapidaires; *l'éloquence concise porte le pathétique à son comble.*

Ou bien nous assistons à des *délibérations :* dans *Pompée,* le roi d'Égypte Ptolomée réunit son conseil pour décider du sort du général romain. Mais le plus souvent la *déli-bération* est *intérieure* et prend la forme du *monologue :* ainsi le monologue d'Auguste (IV, 2), aussi solidement charpenté qu'un discours en forme, mais qui traduit cepen-dant le désarroi d'une âme partagée. Parfois le monologue, sans perdre son caractère dialectique et oratoire, prend une forme et un élan lyriques : ce sont les *Stances* de Rodrigue, de l'Infante, et Polyeucte.

Éloquence et poésie   Il est souvent impossible de distinguer, chez Corneille, *éloquence et poésie.* Certaines tirades manifestement oratoires sont pourtant lyriques par le sentiment passionné qui les anime d'un bout à l'autre : *profession de foi de Polyeucte* (« Je n'adore qu'un Dieu, maître de l'univers », v. 1657-1673), *monologue de Don Diègue* (« O rage ! ô désespoir ! ô vieillesse ennemie ! » I, 4), *imprécations de Camille* (« Rome, l'unique objet de mon ressentiment ! » IV, 5).

La *poésie héroïque* latente éclate soudain en éclairs fulgurants : écoutons le Comte et Don Diègue chanter *leur* gloire ou *la* gloire (acte I), Rodrigue défier l'Espagne entière (v. 1558-1564); représentons-nous Sévère reparaissant devant Pauline tout auréolé de lauriers (cf. v. 281-316). Les *récits,* celui de Rodrigue en particulier (IV, 3 : combat contre les Mores), forment de magnifiques fragments d'*épopée.*

LE SYMBOLISME   Les puristes comme Voltaire ont souvent reproché à *HÉROIQUE*   Corneille son manque de mesure, ses fautes de goût, ses *métaphores* « *baroques* », ainsi ces vers du *Cid* où Chi-mène évoque, devant le roi, son père tué par Rodrigue (v. 673-678) :

> Son flanc était ouvert, et pour mieux m'émouvoir,
> *Son sang dans la poussière écrivait mon devoir;*
> Ou plutôt *sa valeur* en cet état réduite
> *Me parlait par sa plaie,* et hâtait ma poursuite;
> Et pour se faire entendre au plus juste des rois,
> *Par cette triste bouche elle empruntait ma voix.*

Cette sorte de jeu de mots sur les « lèvres » d'une plaie peut en effet paraître aujour-d'hui insupportable, mais il n'est pas légitime d'isoler de pareilles expressions. Le *Cid* dans son ensemble est animé par une métaphore puissante, celle du *sang généreux,* versé ou offert, du sang de la race, qui ne peut mentir, ou qui crie vengeance (cf. Don Diègue, v. 266 : « Viens, mon fils, viens, *mon sang...* »; Rodrigue, v. 401-402 : « Cette ardeur que dans les yeux je porte, Sais-tu que c'est *son sang?* le Sais-tu? »; acte II, scène 8; acte III, scène 4). Tragédie du *sang généreux, le Cid* est aussi la tragédie des *épées* (épée de Don Diègue, v. 255-260; épée de Rodrigue, v. 857-868, que Chimène prend à l'acte V pour celle de Don Sanche, v. 1705-1706). Ainsi tout un *symbolisme* hardi et vibrant, *poétique et pathétique,* transfigure les métaphores et confère à la pièce une atmosphère héroïque.

Le lyrisme

A la poésie héroïque répond le *lyrisme de la tendresse*. Depuis ses premières comédies (cf. p. 100) jusqu'à *Psyché* (cf. p. 105) et à *Suréna*, Corneille a été un grand poète de l'amour. L'austérité romaine et stoïcienne a pu l'écarter à plusieurs reprises de l'expression de la tendresse, il y revient toujours, sans que son cœur vieillisse. Qu'on songe aux *duos d'amour* de Rodrigue et Chimène (III, 4, en particulier v. 985-1000, et V, 1), à la passion de Camille, à l'ardente flamme de Pauline. *Suréna* reprend, près de quarante ans après *le Cid*, l'élégie de l'amour malheureux : Eurydice évoque avec mélancolie le moment où Suréna l'a quittée, alors qu'ils venaient de s'éprendre l'un de l'autre : « Notre adieu ne fut point un adieu d'ennemis » (v. 80). A la plainte déchirante d'Eurydice (v. 267-268) :

> Je veux, sans que la mort ose me secourir,
> Toujours aimer, toujours souffrir, toujours mourir.

Suréna fait écho (v. 347-348) :

> Où dois-je recourir,
> O ciel ! s'il faut toujours aimer, souffrir, mourir ?

LES STANCES

Lorsque l'émotion du héros devient trop forte, le *lyrisme*, brisant l'uniformité du rythme tragique, s'épanouit dans des *stances*. Des théoriciens formalistes comme l'abbé d'Aubignac condamnaient au nom de la vraisemblance cette insertion de passages lyriques dans une pièce de théâtre, mais Corneille n'y renonça qu'après 1660. Depuis *La Veuve* (1631; cf. p. 100) jusqu'à *La Toison d'or* (1660), il a largement utilisé les stances, légitimant sa méthode par des *réussites éclatantes* comme les stances de Rodrigue (I, 6) et de Polyeucte (IV, 2). Loin d'interrompre l'action, ces moments de *suspension* en marquent le *tournant décisif* : à la fin de ses stances, Rodrigue voit clair dans son cœur (cf. p. 114); dans l'*effusion mystique et la prière*, Polyeucte trouve la force de résister à la tentation de l'amour : « C'est vous, ô feu divin que rien ne peut éteindre, | Qui m'allez faire voir Pauline sans la craindre » (v. 1155-1156). D'autre part, la *variété des rythmes et des rimes*, les effets de *refrain* (« Faut-il punir le père de Chimène? » etc.) permettent au poète de rendre avec plus de nuances et plus d'intensité les *sentiments* de son héros dans la *crise* qu'il traverse.

Le sublime

Mais le style le plus typique de Corneille n'est ni lyrique ni proprement oratoire. Il a su mieux que tout autre « rehausser l'éclat des belles actions » et mettre en valeur les nobles pensées par des formules accomplies, brèves mais riches de suggestions, frappantes sans grandiloquence, qui se gravent dans la mémoire. Que de *maximes* nous lui devons !

> A qui venge son père il n'est rien impossible...
> Je suis jeune, il est vrai, mais aux âmes bien nées
> La valeur n'attend pas le nombre des années.

Il atteint alors le SUBLIME, idéal suprême du XVIIᵉ siècle classique, que LA BRUYÈRE définissait ainsi : « Le sublime ne peint que la *vérité*, mais en un *sujet noble*; il la peint *tout entière*, dans sa cause et dans son effet; il est *l'expression ou l'image la plus digne de cette vérité* » (*Caractères*, I, 55). Boileau voyait dans le « Qu'il mourût » du vieil Horace (v. 1021) le type même du sublime, magnifique et absolument dépouillé. On pourrait citer encore le mot fameux de Médée (I, 5; cf. p. 118, v. 12) :

NÉRINE : Dans un si grand revers que vous reste-t-il? MÉDÉE : *Moi.*
Moi, dis-je, et c'est assez.

ou ce vers de Cornélie dans *Pompée* (1001) :

> Ma mort était ma gloire, et le destin m'en prive...

« Pour le sublime, il n'y a, même entre les grands génies, que les plus élevés qui en soient capables » (La Bruyère).

Vers l'ordre classique

Portrait de R. Descartes. (Peinture d'après Frans Hals, XVIIᵉ siècle. Musée du Louvre, Paris. Ph. H. Josse © Arch. Photeb.)

A la même époque, **Descartes** (cf. **p. 84**) et **Corneille** manifestent l'exigence d'un **ordre raisonnable,** source de parfaite **clarté**. Ce sera l'un des traits dominants du classicisme français. Une de ses illustrations les plus accomplies — liée aux impératifs de l'exposé oral — s'observe dans l'éloquence de Bossuet (cf. **p. 257-258**). On retrouve cette exigence, à des degrés divers, dans les œuvres majeures du XVIIᵉ et du XVIIIᵉ siècle ; elle est réaffirmée dans le *Discours sur le style*, de Buffon (cf. **XVIIIᵉ siècle, p. 257**). C'est là, semble-t-il, une constante du **génie français**. A travers les bouleversements de l'esthétique, elle renaît au cours des siècles : il n'est que de comparer à celles des romans russes ou anglo-saxons les normes observées, comme spontanément, par les romanciers français. Un cas intéressant est celui des longues tirades de la tragédie : paradoxalement Corneille et surtout Racine parviennent à suggérer le désordre de la passion dans des tirades qui sont des modèles de composition logique et rigoureusement ordonnée (cf. **p.109, 118, 120 ; p. 292, 297, 300, 304, 312**).

N. Poussin, « Les Bergers d'Arcadie ». (Peinture, XVIIᵉ siècle. Musée du Louvre, Paris. Ph. H. Josse © Arch. Photeb.)

Correspondance classique

Peintre français, qui vécut à Rome la plus grande partie de sa carrière, Nicolas Poussin traite surtout des sujets antiques — d'inspiration mythologique ou biblique — où, même quand le paysage occupe une grande place, l'histoire et les sentiments **humains** sont d'une grande importance. Il s'agit ici d'un thème qui invite à la méditation. Sur le tombeau, ces bergers déchiffrent une inscription latine : ET IN ARCADIA EGO (*Et moi aussi* [j'ai vécu] *en Arcadie*) : c'est comme un avertissement donné aux vivants.

Correspondant à l'**ordre** dans le discours, l'**équilibre de la composition**, la **clarté** et la netteté du dessin font de cette œuvre un témoignage de notre peinture **classique** à son apogée, au moment où le classicisme commence à s'affirmer en littérature.

LE COURANT LIBERTIN

A travers ce siècle chrétien, des écrivains assurent la transition entre l'*humanisme* de la Renaissance et la « *philosophie* » du XVIIIᵉ siècle. Ceux qu'on appelle les *libertins* tendent à se libérer des religions pour donner à l'existence humaine un sens uniquement terrestre. Hardis au début du siècle, combattus par Richelieu, ils retrouvèrent leur audace de 1643 à 1653, surtout à la faveur de la Fronde. Malgré la réaction chrétienne dont on trouve l'écho chez Pascal et Bossuet, l'esprit libertin subsista sous Louis XIV et s'affirma avec une vigueur accrue à partir de 1680, à l'aube du siècle des *philosophes*.

Les poètes libertins Le supplice de Vanini, brûlé à Toulouse en 1619, ne découragea pas les libertins, qui se groupaient en « *cabales* » secrètes. Vers 1620-1622, l'un de ces groupes unit les poètes THÉOPHILE DE VIAU (cf. p. 42), BOISROBERT et, semble-t-il, SAINT-AMANT (cf. p. 46). Protestants convertis pour leur tranquillité au catholicisme, ils critiquaient hardiment la religion, et les contemporains les accusaient d'athéisme. THÉOPHILE proclamait, en disciple d'Épicure, que l'homme doit jouir de son être et vivre « *Suivant le libre train que Nature prescrit* ». Ils affichaient leur non-conformisme jusque dans la liberté de leurs mœurs. Mais, après la condamnation de THÉOPHILE, ses deux amis se rallièrent au parti dévot.

Le libertinage philosophique Sous Richelieu, à partir de 1628, le cercle des frères DUPUY réunit des érudits et des philosophes comme LA MOTHE LE VAYER, GASSENDI, GUY PATIN et NAUDÉ. Les mesures de répression imposant la prudence, l'influence de ces derniers s'est répandue par leurs *conversations* plus que par leurs écrits. Sceptiques à la manière de Montaigne, ils rejettent le dogmatisme religieux. Témoins inlassables de la diversité humaine, ils s'élèvent contre le rationalisme cartésien, qui suppose chez tout homme l'existence d'une raison universelle et identique, à l'image de Dieu. Ils tendent au contraire à une *connaissance positive* des hommes, en dehors de toute croyance a priori : ils pensent que le *progrès des sciences* (histoire, géographie, archéologie, astronomie) permettra d'expliquer l'homme et de trouver dans sa nature les éléments d'une *morale* adaptée à sa *vie terrestre*. C'est la *tendance naturaliste*, en germe dans RABELAIS et dans MONTAIGNE, qui trouvera son aboutissement chez les *Encyclopédistes*.

LA MOTHE LE VAYER Magistrat, précepteur du duc d'Orléans, puis de Louis XIV, LA MOTHE LE VAYER (1588-1672) est avant tout un *sceptique*. Ses livres portent des titres significatifs : *Discours de la contrariété d'humeur qui se trouve entre certaines nations; Du peu de certitude qu'il y a dans l'histoire; Discours pour montrer que les doutes de la philosophie sceptique sont d'un grand usage dans les sciences...* Morale et religion, rien n'échappe à son doute. Il en vient à considérer qu'à l'image des explications provisoires que la science donne des phénomènes physiques, « tout ce que nous apprenons des dieux et des religions n'est rien que ce que les plus habiles hommes ont conçu de plus raisonnable... pour expliquer les phénomènes des mœurs, des actions et des pensées des pauvres mortels, afin de leur donner de certaines règles de vie, exemptes, autant que faire se peut, de toute absurdité » (*Dialogue entre Orasius et Orontes*, 1631). Il est particulièrement sceptique sur les *miracles :* « Tous les livres des païens sont remplis de semblables narrations et nous devons donc nous mettre en garde contre le merveilleux ». LA MOTHE prétend que son scepticisme, supprimant les superstitions, est la meilleure *base de la religion :* « L'âme du sceptique chrétien est comme un champ purgé de mauvaises plantes. » Il écrivit même, au service de Richelieu, des ouvrages fort orthodoxes. Mais, s'il se défendait d'être un libertin, *sa doctrine déjà voltairienne incitait au libertinage*.

PIERRE GASSENDI Professeur de philosophie à Aix, puis au Collège de France (1645), GASSENDI (1592-1655) fut presque aussi célèbre que Descartes dont il combattit l'influence. Disciple de Montaigne, il conclut à la vanité de toute tentative pour expliquer le monde, car l'esprit humain ne peut émettre que « des opinions sur des ombres ». DESCARTES conçoit l'âme comme séparée de la matière (cf. p. 86) et pourvue d'idées innées, d'origine divine, qui lui permettent d'atteindre la certitude; GASSENDI lui oppose sa doctrine *sensualiste* qui rattache aux sens l'origine de l'intelligence. Ce sensualisme qui conduit à une *conception matérialiste* de la personne humaine sera une des bases de l'*esprit philosophique* au XVIIIe siècle.

Cependant, en dépit de son scepticisme, GASSENDI a élaboré une *explication du monde inspirée d'Épicure :* il admet que la matière est composée de combinaisons d'*atomes* et qu'il y a, à tous les degrés de la création, une hiérarchie d'âmes s'élevant jusqu'à un Dieu souverain. CYRANO DE BERGERAC, son disciple (cf. p. 79), précise à son tour cette idée. Devant l'immensité du ciel, loin d'aboutir, comme PASCAL (p. 144) à la contemplation religieuse, il professe une sorte de *matérialisme* qui fait de la « matière infinie » la substance unique et généralisée de la création. Pour lui, il n'y a aucune différence de nature entre la pierre, le végétal, l'animal et l'homme : l'arbre « suce et digère » le gazon qui l'environne, le pourceau mange le fruit de l'arbre, l'homme mange le pourceau. « Ainsi, dit-il, cet homme que vous voyez était peut-être, il y a soixante ans, une touffe d'herbe dans mon jardin. » C'est l'amorce du *matérialisme* de DIDEROT.

GASSENDI conciliait son épicurisme avec un *christianisme* épuré des « superstitions », au nombre desquelles il plaçait l'Enfer et le Purgatoire. Il vivait comme un sage et mourut chrétiennement; mais beaucoup de ses disciples poussèrent jusqu'à l'irréligion.

NAUDÉ   Si les deux auteurs précédents restent attachés au christianisme, sinon par le dogme, du moins par leur philosophie morale, Gabriel NAUDÉ (1600-1650) se range à peu près sûrement parmi les *athées*. Il repousse la croyance à la raison universelle et toute science a priori de l'univers. Il pense que la connaissance doit partir des choses particulières et s'élever jusqu'à des « spéculations plus éminentes », par l'application d'une *rigoureuse méthode historique* permettant d'éliminer préjugés et miracles.

Le libertinage mondain
Des cercles érudits, le libertinage s'insinuait dans les *milieux mondains*, représenté par Condé, la princesse Palatine, le cardinal de Retz; le chevalier de Méré et Miton, amis de Pascal (p. 130); Bussy-Rabutin, cousin de Mme de Sévigné... Le groupe le plus nombreux fréquentait le salon de NINON DE LENCLOS. C'est par son intermédiaire que SAINT-ÉVREMOND, exilé, put exercer une sorte de royauté spirituelle.

SAINT-ÉVREMOND   Après de brillants débuts dans la carrière militaire, SAINT-ÉVREMOND (1613-1703) se trouva compromis par la découverte d'une lettre contre Mazarin et le Traité des Pyrénées. Exilé en *Angleterre* (1661), il y passa le reste de sa vie dans la société brillante d'Hortense Mancini. Sa liberté d'esprit se manifeste dans des écrits irrévérencieux comme la *Conversation du maréchal d'Hocquincourt avec le P. Canaye* (1665). Le P. Canaye, sorti tout droit des *Provinciales*, y parle des miracles avec une naïveté qui trahit le scepticisme de l'auteur. Soucieux « d'éviter, plus que la peste, ces esprits forts qui veulent examiner toutes choses par la raison », il s'extasie ingénument sur la brutale profession de foi du Maréchal : « Un diable de philosophe m'avait tellement embrouillé la cervelle de *premiers parents*, de *pomme*, de *serpent*, de *paradis terrestre* et de *chérubins*, que j'étais sur le point de ne rien croire. Le diable m'emporte si je croyais rien. Depuis ce temps-là, je me ferais crucifier pour la religion. Ce n'est pas que j'y voie plus de raison; au contraire, moins que jamais : mais je ne saurais que vous dire, je me ferais crucifier sans savoir pourquoi. — Tant mieux, Monseigneur, reprit le Père d'un ton de nez fort dévot, tant mieux; ce ne sont point mouvements humains, cela vient de Dieu. *Point de raison !* C'est la vraie religion cela... » C'est presque le ton de l'ironie voltairienne. Avant Voltaire, Saint-Évremond voudrait substituer à la religion une morale naturelle : « L'humanité mêle aisément ses erreurs en ce qui concerne la créance : elle se mécompte peu dans la pratique des vertus; car il est moins en notre pouvoir de penser juste sur les choses du ciel que de bien faire. Il n'y a jamais à se méprendre aux actions de justice ou de charité. »

Ce grand seigneur épicurien, déiste et tolérant, est déjà du siècle suivant, comme BAYLE et FONTENELLE, dont il convient de rattacher l'étude à celle du XVIIIe siècle.

De l'homme déchu à l'homme sauvé

J. Domat, « Portrait de Blaise Pascal ». (Sanguine, XVIIᵉ siècle. Ph. © Bibl. Nat., Paris. Arch. Photeb.)

L'itinéraire spirituel que nous voyons s'esquisser à la lecture des *Pensées* de Pascal est celui qui conduit de l'idée de la « chute » de l'homme par la faute du « Premier Adam » à celle de sa « rédemption » par le sacrifice de Jésus-Christ (cf. **p. 143-144**).

Nous ne pouvons déterminer avec certitude ce qu'aurait été, dans le détail, l'ouvrage en préparation dans les notes rassemblées sous le titre de *Pensées*. Mais nous pouvons repérer les questions essentielles sur lesquelles portait la réflexion pascalienne. On en prendra connaissance par le commentaire des documents des planches XXIV à XXX.

« *L'Abbaye de Port-Royal-des-Champs* ». (Gouache d'après une gravure de L.M. Cochin-Horthemels, vers 1710. Musée National des Granges de Port-Royal. Ph. L. Joubert © Arch. Photeb.)

La rupture avec le « monde »

Port-Royal a joué un rôle considérable dans la vie de Pascal et sa méditation sur l'homme. Adepte du jansénisme, qu'il a défendu passionnément dans *Les Provinciales* (cf. **p. 131-138**), il a vécu avec rigueur l'existence d'un « solitaire » de Port-Royal. Cette rupture avec le « monde » s'accorde avec sa conviction que l'univers de la « chute » est le lieu d'une dangereuse illusion, de l'aveuglement sur de faux biens, où tout est corrompu, et où mille pièges sont tendus à la « misère de l'homme sans Dieu » (cf. **p. 144-157**).

Avec une lucidité implacable, il nous invite — après Montaigne — à voir partout, sous les apparences, les signes de notre « misère ». Toute explication véritable exigerait que l'on pût remonter, de proche en proche, jusqu'à l'infini, et nous sommes prisonniers du fini (cf. **p. 144-147**). Incapable d'atteindre la moindre certitude, car elle est le jouet de « puissances trompeuses » (cf. **p. 147-152**), notre raison nous abuse encore lorsque nous prétendons à cet autre absolu qu'est la justice (cf. **p.152-154**). Pire encore, comme nous sommes doués de raison, nous sommes incapables de savoir certainement et d'ignorer absolument !

La rupture avec la vie mondaine n'implique pas le renoncement à toute forme d'action. Les religieuses méditaient ensemble dans la « solitude » de Port-Royal, en se livrant à divers travaux, et, par charité chrétienne, elles soignaient les malades (cf. planche XXV). De même Pascal n'a pas abandonné pour autant les mathématiques, et les *Pensées* sont le reflet d'une activité intellectuelle intense.

« *Les religieuses de Port-Royal faisant la conférence dans la solitude.* » (Gouache d'après une gravure de L.M. Cochin. Horthemels, vers 1710. Musée National des Granges de Port-Royal. Ph. L. Joubert. © Arch. Photeb.)

« *Les religieuses de Port-Royal soignant les malades.* » (Gouache d'après une gravure de L.M. Cochin-Horthemels, vers 1710. Musée National des Granges de Port-Royal. Ph. H. Josse © Arch. Photeb.)

La chasse : « Ils ne savent pas que ce n'est que la chasse, et non pas la prise, qu'ils recherchent ». (Tapisserie de la série « Les Chasses de Maximilien » d'après B. van Orley, vers 1530, détail. Musée du Louvre, Paris. Ph. H. Josse © Photeb.)

A. Bosse, « Le Bal ». « La danse : il faut bien penser où l'on mettra ses pieds. » (Gravé par J. Le Blond, XVIIᵉ siècle. Ph. © Bibl. Nat., Paris. Arch. Photeb.)

Le « divertissement »

« La seule chose qui nous console de notre misère est le divertissement, et cependant, c'est la plus grande de nos misères. Car c'est cela qui nous empêche principalement de penser à nous », c'est-à-dire : de prendre conscience de notre néant. Telle est l'explication de toutes les distractions vers lesquelles se précipitent les hommes : le jeu, la conversation des femmes, la chasse, la danse (cf. **p.155-156**).

En nous donnant l'illusion d'être heureux, le divertissement nous détourne de « l'ennui », c'est-à-dire du dégoût de nous-mêmes. Or l'ennui nous inviterait à chercher comment sortir de notre condition misérable, et nous mettrait ainsi sur la voie qui mène à Dieu.

Ch. Le Brun, « Le Chancelier Séguier ». (Peinture, XVIIᵉ siècle. Musée du Louvre, Paris. Ph. S. Guiley. Lagache © Arch. Photeb.)

Séance des Grands Jours d'Auvergne. (Gravure anonyme, XVIIᵉ siècle. Ph. © Bibl. Nat., Paris - Arch. Photeb.)

Les magistrats avec leurs robes rouges, leurs hermines, les palais où ils jugent, les fleurs de lys... (cf. p. 148).

Tout est « divertissement »

Dans l'analyse du « divertissement », l'originalité de Pascal consiste à dépasser la notion banale de distraction pour rendre au terme son sens étymologique. Selon lui, les plus hautes activités ne sont pour l'homme que des moyens de détourner ses yeux de sa « misère » : « le voilà heureux pendant ce temps là » (cf. **p. 156**).

« Qu'est-ce autre chose d'être surintendant, chancelier, premier président, sinon d'être en une condition où l'on a dès le matin un grand nombre de gens qui viennent de tous côtés pour ne leur laisser pas une heure en la journée où ils puissent penser à eux-mêmes ? » Le roi lui-même n'échappe pas à cette nécessité : « Un roi sans divertissement est un homme plein de misères ».

J. Valdes Leal, « Finis gloriae mundi » (« Ainsi finit la gloire du monde »).
(Peinture, vers 1672. Hôpital de la Charité, Séville. Ph. © Oronoz-Artephot.)

La décomposition de la chair

Pour nous persuader de l'immortalité de l'âme, qui ne saurait périr avec le corps, Bossuet évoque la décomposition de la chair. Elle deviendra « un je ne sais quoi qui n'a plus de nom dans aucune langue » (cf. **p. 266, 276**). De même, Valdes Leal, peintre espagnol du XVIIe siècle, nous montre ici les restes, provisoires ! de quelques grands de ce monde, dominés par une balance dont un plateau est chargé d'animaux représentant les vices, et l'autre contient les symboles des vertus chrétiennes. C'est entre ces deux voies que nous devons choisir — même, dit Pascal, au prix d'un « pari » **(p. 162-164)** —, si nous voulons assurer à notre âme le vrai bonheur **(p. 271)**, recherché en vain dans la vie terrestre où « tout est vanité » (cf. **p. 263, 274**).

Pascal n'évoque guère l'anéantissement de la chair. Il y a assez de preuves de la « *misère* » mais aussi de la *grandeur* de l'homme — ce « roseau pensant » **(p. 157)** — pour nous inspirer le désir d'élucider l'énigme de la condition humaine, à la fois misère et grandeur **(p. 160)**. La mort n'est que le « dernier acte » de la comédie terrestre, une certitude angoissante débouchant sur une foule d'incertitudes qui, selon lui, ne peuvent être résolues que par la foi.

G. de La Tour, « Madeleine, la pécheresse repentie, en médi-tation ». (Peinture, XVIIᵉ siècle. Musée du Louvre, Paris. Ph. H. Josse © Arch. Photeb.)

La quête de Dieu

« Le malheur des hommes, dit Pascal, vient d'une seule chose, qui est de ne pas savoir demeurer en repos, dans une chambre », — en repos, c'est-à-dire dans une disposition favorable à la **méditation**. C'est dans une interrogation persévérante de l'Ancien et du Nouveau Testament (**p. 164-169**), dans une médi-tation angoissée, que Pascal a cherché des preuves rationnelles assez fortes pour disposer son cœur à accueillir les certitudes de la foi, qui ne peut être qu'un « don de Dieu » (**p. 169**). De ses nuits de médita-tion, nous avons des témoignages bouleversants : le *Mystère de Jésus* (**p. 170**), et surtout l'extase mysti-que transcrite dans le *Mémorial* que Pascal portait, au moment de sa mort, dans la doublure de son vêtement (cf. **p. 172**).

Ph. de Champaigne, « *La Cène* ». (Peinture, XVIIᵉ siècle. Musée du Louvre, Paris. Ph. H. Josse © Photeb.)
Peintre janséniste, Philippe de Champaigne a traité ce sujet avec une simplicité pleine de grandeur. Lors de la dernière cène (repas) avec ses disciples, Jésus, partageant avec eux le pain et le vin, promet aux hommes qu'il sera présent, auprès d'eux, chaque fois qu'ils répéteront ce geste en mémoire de lui.

Rembrandt, « *Christ en croix* ». (Peinture, XVIIᵉ siècle, détail. Église paroissiale, Le Mas d'Agenais. Ph. © Lauros-Giraudon.)

La « certitude » de la rédemption

Dans le *Mystère de Jésus*, méditant sur l'Évangile, Pascal accompagne, avec angoisse, les souffrances morales de Jésus au cours de son *agonie* au Jardin des Oliviers (**p. 170**). Dans le *Mémorial*, il s'accuse d'être responsable, comme tous les pécheurs, des tourments — subis volontairement — par lesquels, dans sa *passion* (cf. Bossuet, **p. 259**), Jésus a « racheté » sur la croix la possibilité du salut pour tous les hommes qui accepteront de le suivre dans « les voies enseignées dans l'Évangile » (**p. 172**).

Et chaque fois, Pascal, dans une extase mystique, a le bonheur de recevoir la « certitude » de son salut : « Console-toi, tu ne me chercherais pas, si tu ne m'avais trouvé ».

PASCAL

Un génie précoce   Né à Clermont-Ferrand le 19 juin 1623, **Blaise Pascal**
perdit sa mère à l'âge de trois ans. Son père, président
à la Cour des Aides, était cultivé et curieux de sciences. En 1631, il s'établit à Paris
pour veiller à l'éducation de ses trois enfants, dont l'aînée, **Gilberte**, tenait.lieu de mère
aux deux autres, **Blaise** et **Jacqueline**.

I. UN « EFFRAYANT GÉNIE ». Dès l'enfance, **Pascal** se révéla, selon le mot de
Chateaubriand, un « *effrayant génie* ». A 11 ans, il écrivit un petit traité sur la propagation
des sons. Craignant de le voir négliger l'étude des langues anciennes, son père voulut
retarder son initiation mathématique ; mais à 12 ans, en cachette, l'enfant retrouva
seul les *trente-deux premières propositions d'Euclide*. Son père, ému, lui remit alors les
Éléments d'Euclide et l'admit aux entretiens qu'il avait avec des savants comme le
P. Mersenne, Fermat, Roberval, Desargues. A 16 ans, par son *Essai sur les Coniques*,
Pascal fit l'admiration de ces mathématiciens.

A la fin de 1639, la famille s'installe à Rouen, où le père vient d'être nommé intendant
« pour l'impôt et la levée des tailles ». Afin de simplifier les calculs de son père, le jeune
Blaise réalise pratiquement la *machine arithmétique* (la première machine à calculer).

II. CONVERSION AU JANSÉNISME (1646). A Rouen, la famille Pascal s'occupait
aussi de *littérature :* elle recevait le grand **Corneille**, alors au plus haut de sa gloire, qui
s'intéressait aux essais poétiques de la jeune Jacqueline. Mais un *incident* allait changer
leur vie. En janvier 1646, le père de Pascal fit une chute et se brisa la jambe. Il fut
soigné par deux gentilshommes qui passèrent trois mois dans sa maison. Nouvellement
convertis au jansénisme, ils révélèrent à leurs hôtes les œuvres de **Jansénius**, de
Saint-Cyran et d'**Arnauld** (p. 132). Pascal, vivement ému par ces lectures, se persuada
dès lors que le but suprême de l'homme n'est pas la vérité, mais la *sainteté*.

Il souffrait d'une terrible *maladie* (peut-être d'origine tuberculeuse) qui lui paralysait
le bas du corps et l'obligeait à marcher avec des béquilles. Au témoignage de sa sœur,
« il ne pouvait absorber que chaud et goutte à goutte », et il disait que, « depuis l'âge de
18 ans, il n'avait pas passé un jour sans douleur ». Néanmoins, devenu janséniste, il
portait un cilice et endurait ses souffrances en remerciant Dieu de l'inviter ainsi à
prendre conscience des maladies de son âme : c'est le sens de sa *Prière pour demander à
Dieu le bon usage des maladies*. L'ardeur de Pascal gagna son père et tous les siens :
Jacqueline, âgée de 21 ans, renonça définitivement au monde, et sa sœur Gilberte,
devenue Mme **Périer**, mena, ainsi que son mari, une vie édifiante et austère.

III. RELIGION ET SCIENCE. Pascal n'abandonna pas ses études scientifiques.
Dans son *Traité sur le Vide* (1647), il distingue en effet entre les *sciences d'autorité*
(comme la théologie), où toute vérité se trouve dans les livres sacrés, et les *sciences de
raisonnement*, où la raison et l'expérience conduisent à la connaissance. Cette distinction
lui permit de concilier son activité de savant et sa vie religieuse. Il prit même hardiment
parti *contre l'autorité des anciens en matière scientifique*, proclamant sa confiance dans la
continuité du progrès (cf. p. 433).

En 1647, il entreprend de vérifier les découvertes de **Torricelli** sur l'« équilibre des
liqueurs », multiplie les expériences à Rouen et à Paris, et les fait contrôler par son
beau-frère au bas et au sommet du Puy-de-Dôme (1648) : il conclut à l'existence du
vide (contrairement au préjugé que « la nature a horreur du vide ») et à l'idée que la
hauteur de la colonne de mercure qui s'élève dans les tuyaux est en relation avec la

pesanteur de l'air (principe du baromètre). Il prépare un *Traité du Vide* où il pose les principes de la *presse hydraulique*.

A la même époque, les lettres de Pascal à Mme Périer nous révèlent son ardente piété, bientôt stimulée par ses visites à Port-Royal. On y trouve l'écho de son *inquiétude religieuse* et déjà l'idée maîtresse de l'*Apologie* : la possibilité de préparer par le raisonnement l'adhésion du cœur à la religion chrétienne. La perte de son père, en 1651, lui porte un coup très vif et l'entraîne à méditer sur la mort.

La période mondaine (1651-1654)

JACQUELINE ne tarda pas à entrer en religion, et Pascal, épuisé par le surmenage, se tourna de plus en plus vers le « *divertissement* » de la vie mondaine. Il fréquentait le salon aristocratique de Mme D'AIGUILLON, nièce de Richelieu, et probablement celui de Mme DE SABLÉ.

I. LES « HONNETES GENS ». Il se lia surtout avec le jeune duc de ROANNEZ, le chevalier de MÉRÉ et MITON. C'étaient des esprits brillants et cultivés dont la finesse et la connaissance du monde ont enrichi l'expérience de Pascal. Le chevalier de Méré surtout, auteur d'un *Discours de la vraie honnêteté*, avait une sorte de religion de l'« honnêteté », qu'il définissait comme l'art d'« exceller en tout ce qui regarde les agréments et les bienséances de la vie ». Cet art relève beaucoup plus de l'*instinct* que de la raison. Il consiste à savoir s'accommoder aux autres tout en restant naturel. « Il faut, dit-il, observer tout ce qui se passe dans le cœur et l'esprit des personnes qu'on entretient et s'accoutumer de bonne heure à connaître les sentiments et les pensées par des signes presque imperceptibles... Il faut avoir l'esprit bien pénétrant pour découvrir la manière la plus conforme aux gens qu'on fréquente. » PASCAL ne pouvait que s'affiner et apprendre « *l'art de plaire* », en cette compagnie. Il eut l'impression de découvrir un monde nouveau, étranger à son esprit mathématique, un monde où le *bon sens* et l'*intuition* sont des moyens de connaissance plus efficaces que le raisonnement géométrique (cf. p. 140).

Ces « honnêtes gens » étaient, en matière de religion, des *indifférents* et peut-être même des « *libertins* ». Lorsqu'il méditera son *Apologie*, Pascal songera à ce milieu dont la philosophie, si différente du christianisme, visait essentiellement à réaliser une forme de bonheur terrestre par l'adaptation de l'individu à un idéal mondain.

II. ACTIVITÉS DU CŒUR ET DE L'ESPRIT. Au contact de ces mondains, Pascal semble avoir perdu de sa ferveur religieuse. La conversation tendait à la connaissance de l'homme, de son esprit et de son cœur : on cherchait des leçons de morale chez le stoïcien EPICTÈTE et surtout chez MONTAIGNE, dont l'auteur des *Pensées* s'inspirera si souvent. PASCAL menait assez grand train; certains prétendent même qu'il fut amoureux et songea à se marier. On lui attribue le *Discours sur les Passions de l'Amour* (vers 1652). A la même époque, il perfectionne la machine arithmétique, dont il envoie un exemplaire, accompagné d'une lettre fort remarquable, à la reine CHRISTINE DE SUÈDE. En 1653-1654, il résout, à la demande de Méré, le « *problème des partis* » : répartition équitable des enjeux, selon les chances de gain, quand, au jeu, une partie est interrompue.

Pascal à Port-Royal

Progressivement, la maladie, la lassitude de la vie mondaine et surtout l'influence de sa sœur Jacqueline vont entraîner PASCAL vers Port-Royal. Échappant à un accident de voiture au pont de Neuilly, il se crut marqué par la Providence. Surtout, la *nuit du 23 novembre* 1654, il eut une méditation suivie d'une *extase mystique* dont il conservait le souvenir dans un parchemin, ou *Mémorial*, trouvé sur lui au moment de sa mort (p. 172). Décidant enfin de tout sacrifier à sa certitude religieuse, il se retira à Port-Royal-des-Champs.

I. LE « SOLITAIRE » DE PORT-ROYAL. Malgré sa santé délicate, PASCAL pratiqua l'ascétisme le plus rigoureux. Il prit comme directeur le neveu d'Arnauld, le doux M. DE SACI, avec qui il eut en 1655 un célèbre *entretien sur Épictète et Montaigne* (p. 159). Pascal eut la joie de convertir son ami le duc de Roannez et écrivit en 1656 à Mlle de Roannez de nombreuses *lettres de direction* toutes nourries des Écritures qu'il applique à la vie pratique. Selon Mme Périer, beaucoup de gens « demandaient ses avis et les suivaient fort exactement ».

II. LES PROVINCIALES (1656-1657). Au cours de la polémique qui s'envenimait entre jansénistes et jésuites au sujet de l'*Augustinus*, PASCAL fut invité à défendre la cause de ses amis. Il se lança dans la bataille avec toute l'ironie, la passion, l'éloquence des *Provinciales* (p. 134). La persécution de Port-Royal (mars 1656), la condamnation papale, la mise à l'index des *Provinciales*, rien n'affaiblit l'ardeur de Pascal, qui écrivait pamphlet sur pamphlet. Il était obligé de changer fréquemment de nom et de domicile pour échapper aux poursuites. Mais sa foi se trouvait exaltée par le *miracle de la sainte Épine* par lequel sa nièce MARGUERITE PÉRIER s'était trouvée guérie instantanément d'une fistule lacrymale en touchant une épine de la sainte Couronne (mars 1656). C'est probablement vers cette époque que Pascal forma le projet d'écrire cette *Apologie du Christianisme* dont il ne nous reste que des notes éparses : les *Pensées*.

III. LES DERNIÈRES ANNÉES (1658-1662). Il revint pourtant aux mathématiques : en 1658, au cours d'une nuit d'insomnie, il résolut le difficile problème de la « *Cycloïde* ». Roannez le persuade de rendre publique sa découverte, dans l'intérêt de son œuvre apologétique. Pascal met le problème au concours entre tous les savants; aucun ne peut le résoudre : il publie alors toutes les solutions dans des traités qui, dit-on, auraient mis LEIBNITZ sur la voie du *calcul infinitésimal*.

La reprise des persécutions contre Port-Royal, l'expulsion des religieuses en 1661, l'affaire du « *formulaire* » papal condamnant l'*Augustinus*, que la plupart des religieuses se résignèrent à signer, trouvèrent en Pascal le plus intransigeant des jansénistes. Il entra en querelle avec ARNAULD et NICOLE, partisans de la soumission. Ces discussions l'épuisaient ; son mal s'aggrava. Il vécut ses quatre dernières années dans des *souffrances ininterrompues*. Néanmoins il s'attachait à réaliser son idéal de vie chrétienne : il respectait scrupuleusement sa religion, mortifiait ses sens, pratiquait le pardon des injures. Le 29 juin 1662, il se faisait porter chez sa sœur pour laisser sa maison à un enfant malade, disant qu' « il y avait moins de danger pour lui que pour cet enfant à être transporté ». Sur son lit de mort, il se reprochait de n'avoir pas assez fait pour les pauvres et demandait d'être transféré aux Incurables pour y mourir « *en la compagnie des pauvres* ». Il s'éteignit à 39 ans, le 19 août 1662.

LES PROVINCIALES

Pascal venait d'entrer à Port-Royal (janvier 1655) lorsque le débat, pendant depuis plusieurs années, entre jansénistes et jésuites prit soudain une acuité accrue, un prêtre de Saint-Sulpice ayant refusé l'absolution au duc de Liancourt, suspect de jansénisme. Mettant son talent et l'ardeur de sa conviction au service de la cause janséniste, Pascal va publier, du 23 janvier 1656 au 24 mars 1657, dix-huit Lettres que l'on désigne sous le titre commun de *Provinciales*. Pour comprendre ces Lettres, il faut connaître la discussion théologique qui leur a donné naissance.

La question de la grâce   D'après la doctrine chrétienne, l'homme, déchu depuis le péché originel, ne peut être sauvé que par les mérites de Jésus-Christ (mystère de la Rédemption). Comment s'opère le *salut* que le Christ est venu apporter aux hommes? Par l'action surnaturelle de la *grâce* de Dieu : la nature humaine, corrompue, ne pouvant *mériter* ce bien surnaturel qu'est la félicité éternelle, la grâce est un don gratuit. Cependant l'homme est libre : comment concilier ce *libre arbitre* avec le *choix des élus* par Dieu et l'*efficacité souveraine* de sa grâce?

L'Église catholique a eu le souci constant de maintenir l'équilibre entre ces deux termes en apparence contradictoires, en réalité complémentaires, et tous deux articles de foi. Ainsi PÉLAGE (Ve siècle) fut réfuté par saint Augustin, puis condamné par les conciles, pour avoir soutenu que l'homme pouvait gagner le ciel par ses mérites propres.

En revanche la doctrine opposée, celle de CALVIN (*XVI*e S., p. 34), fut également déclarée hérétique : pour Calvin, les hommes sont *prédestinés* au salut ou à la damnation; tout l'accent est mis sur le choix de Dieu, incompréhensible pour la raison humaine, au détriment du libre arbitre.

L'orthodoxie catholique était définie par la doctrine de SAINT AUGUSTIN. Répondant à Pélage, celui-ci avait insisté sur la *gratuité* et l'*efficacité* de la grâce. Mais SAINT THOMAS, au XIIIe siècle, et surtout le Père jésuite espagnol MOLINA, qui répondait à Calvin (*Accord du Libre Arbitre et de la Grâce*, 1588), avaient assoupli la thèse augustinienne; l'intention de Molina était manifeste : donner aux fidèles l'espoir d'obtenir la grâce par la pratique des sacrements, de la prière et des vertus.

Le jansénisme

Contre cette tendance optimiste, JANSÉNIUS, évêque d'Ypres, réagit avec vigueur dans son *Augustinus* (posthume, 1640), Il prétend revenir à la pure doctrine de saint Augustin, mais la rend plus rigoureuse encore, se rapprochant par là de Calvin, d'où l'accusation d'hérésie que les jésuites, disciples de Molina (molinistes), vont lancer contre les jansénistes.

Les jansénistes considèrent : 1. Que la grâce n'est pas donnée à tous les hommes. — 2. Que tous les justes ont le pouvoir d'accomplir les commandements de Dieu. — 3. Qu'ils ont néanmoins besoin pour les accomplir, et même pour prier, d'une grâce efficace qui détermine leur volonté. — 4. Que cette grâce efficace n'est pas toujours donnée à tous les justes, et qu'elle dépend de la pure miséricorde de Dieu (Ire Provinciale). Selon Pascal, ces quatre points seraient des articles de foi, et l'hérésie serait le molinisme : les jésuites auraient inventé toute une terminologie arbitraire, dans le double dessein de faire admettre leur interprétation et d'abattre le jansénisme. En réalité, la distinction apparaît mal entre la thèse janséniste et la prédestination calviniste, car les jansénistes insistent sur les deux idées suivantes : 1. *Jésus-Christ n'est pas venu sauver tous les hommes*, à l'exception des pécheurs endurcis responsables de leur damnation, *mais un petit nombre d'élus*. — 2. Il arrive que *Dieu refuse sa grâce à des justes*, ainsi à saint Pierre lorsqu'il a renié le Christ (cf. p. 18 et p. 310, l'interprétation de *Phèdre*).

Il y a quelque chose de sublime dans la rigueur janséniste; les religieuses, les solitaires de Port-Royal, Pascal lui-même donnaient l'exemple des plus hautes et des plus rares vertus. Mais cette doctrine, exaltante, pour des âmes d'élite, et qui a marqué profondément la pensée française pendant la seconde moitié du XVIIe siècle (cf. Introduction, p. 11), risquait de réduire la masse des fidèles à l'indifférence ou au désespoir. C'est ce que redoutaient thomistes (disciples de saint Thomas) et molinistes convaincus.

La querelle

Dans quel sens opterait l'Église? La question était grave pour tous les catholiques. Malheureusement trop de passions humaines intervinrent, envenimant sans cesse le débat, qui se poursuivra au XVIIIe siècle, longtemps après la condamnation du jansénisme par la bulle *Unigenitus* (1713), et aura de graves répercussions morales et politiques.

Mais revenons-en aux premières escarmouches. En 1653, le pape condamne, à la requête des molinistes, *cinq propositions* tirées de l'*Augustinus* sans s'y trouver textuellement exprimées. Après l'incident du duc de Liancourt, ARNAULD (le Grand Arnauld, 1612-1694) affirme dans la *Seconde lettre à un duc et pair* : 1. Qu'il n'a pas trouvé dans Jansénius les cinq propositions condamnées. — 2. Que la grâce a manqué à saint Pierre. Déféré à la Sorbonne (Faculté de Théologie de Paris), il est déclaré *téméraire* sur le premier point (question de *fait*); le second point (question de *droit*) n'était pas encore tranché lorsque parut une *Lettre écrite à un provincial par un de ses amis sur le sujet des disputes récentes de la Sorbonne* (Ire Provinciale).

Les Provinciales

Les dix-huit « petites lettres » sont des publications clandestines, parues sans autorisation, dont l'auteur, couvert par l'anonymat, puis par le pseudonyme de Louis de Montalte, est recherché en vain par la police. Elles font sensation : succès de curiosité et de scandale, succès profond surtout, dû au génie de Pascal et à sa conviction passionnée. Il révèle d'emblée un talent polémique hors de pair; abordant les problèmes théologiques les plus difficiles avec l'ardeur du néophyte, l'aisance du mondain qu'il était hier encore et la rigueur mathématique du savant, il rend accessible à tout « honnête homme » des questions ardues réservées jusque-là à quelques spécialistes. Il les rend même passionnantes et réussit le tour de force d'*amuser* le lecteur, tout en l'édifiant (cf. p. 134, *L'ironie*).

Les lettres I à X sont adressées à un provincial par un de ses amis (d'où le titre traditionnel, d'ailleurs impropre), et dialoguées. Pascal abandonne ensuite la forme du dialogue et s'adresse directement aux révérends pères jésuites (XI à XVI), puis au R. P. Annat, jésuite (XVII et XVIII). Ce changement de présentation se superpose à une importante évolution du débat lui-même.

LA GRACE — Les lettres I à IV sont consacrées à la question de la grâce, qui sera reprise dans les lettres XVII et XVIII. Pascal veut montrer : 1. Que la doctrine janséniste, loin d'être hérétique, représente la pure tradition augustinienne. — 2. Que tout le débat repose sur l'ambiguïté de certains termes : « pouvoir *prochain* d'accomplir les commandements », « grâce *suffisante* » (p. 134), ambiguïté entretenue à dessein par les jésuites pour réunir en Sorbonne une majorité artificielle contre les jansénistes, alors qu'au fond thomistes et jansénistes seraient d'accord contre les molinistes. — La lettre IV amorce un changement de front : il s'agit toujours de la doctrine de la grâce, mais considérée dans ses répercussions sur la *morale* (théorie de la responsabilité et de l'acte volontaire).

CONTRE LA MORALE DES CASUISTES — La lettre V porte le débat sur le plan de la morale, beaucoup plus accessible, et où la position janséniste est inattaquable. Le dessein de Pascal est double : réagir contre des abus intolérables et déconsidérer l'adversaire. Comment les jésuites auraient-ils raison sur le dogme s'ils ont tort sur la morale ? D'autant qu'aux yeux de Pascal l'erreur est la même dans les deux cas : au lieu de maintenir les principes chrétiens dans leur intégrité, les jésuites pactisent avec la faiblesse humaine.

La CASUISTIQUE est l'étude des *cas* de conscience, autrement dit l'application des règles morales générales à des cas particuliers. C'est une science indispensable aux croyants, que doivent pratiquer notamment les confesseurs. La casuistique est à la morale ce que la jurisprudence est à la législation. Mais certains casuistes, des jésuites étrangers pour la plupart, ont peu à peu dénaturé son objet, en cherchant systématiquement à minimiser les fautes et à rendre la dévotion aisée. Pascal va dénoncer cette *morale relâchée*, qui permettrait de faire le mal en toute tranquillité de conscience. Pour juger sans parti pris, il faut se rappeler que les souverains catholiques et les grands seigneurs avaient généralement des pères jésuites pour confesseurs; or, tout en professant officiellement la religion, ils pratiquaient rarement les vertus chrétiennes; fallait-il les rejeter du sein de l'Église, ce qui aurait eu des conséquences graves (cf. le schisme anglican), ou traiter avec indulgence ces entorses à la morale chrétienne ? Les jésuites optaient pour la seconde solution, mais les jansénistes s'indignent de ce compromis.

Pascal attaque donc la doctrine de la *probabilité*, selon laquelle les pénitents pouvaient invoquer à leur décharge toute opinion *probable*, c'est-à-dire soutenue par un casuiste sérieux (V et VI); la *direction d'intention* (VII et VIII; cf. p. 136), qui excuse les crimes les plus graves tels que le duel et l'homicide en général; la *dévotion aisée*; la pratique de la *restriction mentale*, mensonge à peine déguisé : « On peut jurer qu'on n'a pas fait une chose, quoiqu'on l'ait faite effectivement, en entendant en soi-même qu'on ne l'a pas faite un certain jour, ou avant qu'on fût né... sans que les paroles dont on se sert aient aucun sens qui le puisse faire connaître » (IX); enfin la *dispense d'aimer Dieu* (X). A la fin de cette lettre X (cf. p. 134), succédant à l'ironie, l'*indignation* éclate : c'est le prélude au ton des lettres suivantes.

En effet, dans les lettres XI à XVI, sans cesser ses attaques contre la morale relâchée, Pascal répond avec véhémence aux « impostures » et aux « calomnies » des jésuites (p. 137 et 138).

Pascal n'est pas un juge impartial et serein : son indignation l'emporte, il se laisse aller à des généralisations hâtives, certains passages qu'il cite n'ont pas, dans leur contexte, la résonance qu'il leur prête. Mais il porte des coups terribles, au moyen de ces trois armes que sont la *dialectique*, l'*ironie* et l'*éloquence*. Et surtout les *Provinciales* demeurent un monument littéraire et moral impérissable (cf. p. 138).

LA DIALECTIQUE : Pascal excelle dans l'art de percer à jour illogismes et faux-fuyants, de convaincre le lecteur par des déductions serrées, de le contraindre à opter en l'enfermant dans d'impeccables dilemmes. Jamais *art de persuader* n'a été plus lucide et plus efficace.

L'IRONIE : La dialectique s'adresse à la *raison* : par l'*ironie*, Pascal met aussi les gens d'*esprit* de son côté. Il n'a rien à envier aux plus grands ironistes du XVIIIᵉ siècle, tant sa manière est brillante et variée. Il pratique la *candeur feinte* : l'ami du Provincial est un profane sans parti pris, qui s'informe en toute naïveté, si nous en croyons Pascal, pour se faire une opinion raisonnée. Ainsi la thèse janséniste sera présentée comme l'aboutissement inévitable de tout raisonnement clair et impartial (p. 136, l. 45-48). Parfois l'auteur affecte à l'égard des bons pères une grande cordialité, et une vive admiration pour leur habileté, quitte à leur répliquer de la façon la plus cinglante lorsqu'ils lui dévoilent innocemment leur tactique. Ce sont enfin des jeux de mots : le *pouvoir* qui ne *peut* pas, la grâce *suffisante* qui ne *suffit* pas (cf. p. 135), et le plus célèbre d'entre eux, à la fin de la *Iʳᵉ Provinciale :* après avoir longuement épilogué sur ce mot *prochain* (« pouvoir prochain ») sur lequel thomistes et molinistes ne seraient d'accord que du bout des lèvres, Pascal conclut : « Je vous laisse cependant dans la liberté de tenir pour le mot de *prochain*, ou non ; car j'aime trop mon prochain pour le persécuter sous ce prétexte. »

L'ÉLOQUENCE : Enfin Pascal touche le *cœur* par les élans d'une éloquence sublime. « Le premier livre de génie qu'on vit en prose, écrira Voltaire dans *Le Siècle de Louis XIV*, fut le recueil des Lettres provinciales. » Ajoutons avec lui : « Toutes les sortes d'éloquence y sont renfermées, depuis le sarcasme et l'anathème jusqu'à la méditation et à l'adjuration pathétique. » Outre la péroraison de la XIIᵉ Provinciale (p. 138), nous citerons ce passage de la Xᵉ : « Le prix du sang de Jésus-Christ sera de nous obtenir la dispense de l'aimer ! Avant l'Incarnation, on était obligé d'aimer Dieu ; mais, depuis que *Dieu a tant aimé le monde qu'il lui a donné son fils unique*, le monde, racheté par lui, sera déchargé de l'aimer ! Étrange théologie de nos jours ! On ose lever l'*anathème* que saint Paul prononce *contre ceux qui n'aiment pas le Seigneur Jésus !* On ruine ce que dit saint Jean, que qui n'aime point, demeure en la mort ; et ce que dit Jésus-Christ même, que qui ne l'aime point, ne garde point ses préceptes ! Ainsi on rend digne de jouir de Dieu dans l'éternité ceux qui n'ont jamais aimé Dieu en toute leur vie ! Voilà le mystère d'iniquité accompli. Ouvrez enfin les yeux, mon Père ; et, si vous n'avez point été touché par les autres égarements de vos casuistes, que ces derniers vous en retirent par leur excès. Je le souhaite de tout mon cœur pour vous et pour tous vos Pères ; et je prie Dieu qu'il daigne leur faire connaître combien est fausse la lumière qui les a conduits jusqu'à de tels précipices, et qu'il remplisse de son amour ceux qui en osent dispenser les hommes. »

La grâce suffisante

Ces lignes contiennent l'essentiel du débat sur la conception de la grâce : position respective des jésuites et des jansénistes (1ᵉʳ §), position intermédiaire des thomistes, qui, d'après Pascal, seraient d'accord sur le *fond* avec les jansénistes, sur certains *termes* seulement avec les jésuites. On notera, d'autre part, la *vie* que le *dialogue* et cette *ironie* subtile confèrent à une question pourtant si abstraite. — Un ami des jésuites a renseigné l'auteur, qui poursuit en ces termes :

Je sus donc, en un mot, que leur différend, touchant *la grâce suffisante*, est en ce que les jésuites prétendent qu'il y a une grâce donnée généralement à tous, soumise de telle sorte au libre arbitre, qu'il la rend efficace ou inefficace à son choix, sans aucun secours de Dieu, et sans qu'il manque rien de sa part pour agir effectivement ; et c'est pourquoi ils l'appellent *suffisante*, parce qu'elle seule suffit pour agir. Et que les jansénistes, au contraire, veulent qu'il n'y ait aucune grâce actuellement [1] suffisante, qui ne soit aussi efficace, c'est-à-dire que toutes celles qui ne déterminent point la volonté à agir effectivement sont insuffisantes pour agir, parce qu'ils disent qu'on n'agit jamais sans *grâce efficace.*

Le Provincial s'informe ensuite de la doctrine des nouveaux thomistes : il apprend que ceux-ci admettent comme les jésuites une grâce suffisante *donnée à tous les hommes, mais « veulent néanmoins que les hommes n'agissent jamais avec cette seule grâce, et qu'il faille, pour les faire agir, que Dieu leur donne une* grâce efficace *qui détermine réellement leur volonté à l'action, et laquelle Dieu ne donne pas à tous ». Pour en avoir le cœur net, il va consulter un de ces thomistes au couvent des Jacobins.*

10   Je trouvai à la porte un de mes bons amis, grand janséniste, car j'en ai de tous les partis [2], qui demandait quelque autre Père que celui que je cherchais. Mais je l'engageai à m'accompagner, à force de prières, et demandai un de mes nouveaux thomistes. Il fut ravi de me revoir : Eh bien! mon Père, lui dis-je, ce n'est pas assez que tous les hommes aient un *pouvoir prochain* [3], par lequel pourtant ils n'agissent en effet [4] jamais, il faut qu'ils aient encore une *grâce suffisante* avec laquelle ils agissent aussi peu. N'est-ce pas là l'opinion de votre école? — Oui, dit le bon Père ; et je l'ai bien dit ce matin en Sorbonne... — Mais enfin, mon Père, cette grâce donnée à tous les hommes est *suffisante?* — Oui, dit-il.— Et néanmoins, elle n'a nul effet *sans grâce efficace?* — Cela est vrai, dit-il. — Et
20 tous les hommes ont la *suffisante,* continuai-je, et tous n'ont pas l'*efficace* [5]. — Il est vrai, dit-il. — C'est-à-dire, lui dis-je, que tous ont assez de grâce, et que tous n'en ont pas assez ; c'est-à-dire que cette grâce suffit, quoi qu'elle ne suffise pas ; c'est-à-dire [6] qu'elle est suffisante de nom, et insuffisante en effet. En bonne foi, mon Père, cette doctrine est bien subtile. Avez-vous oublié, en quittant le monde [7], ce que le mot de *suffisant* y signifie? Ne vous souvient-il pas qu'il enferme tout ce qui est nécessaire pour agir? Mais vous n'en avez pas perdu la mémoire ; car, pour me servir d'une comparaison qui vous sera plus sensible, si l'on ne vous servait à dîner que deux onces de pain et un verre d'eau, seriez-vous content de votre prieur, qui vous dirait que cela serait suffisant pour vous nour-
30 rir, sous prétexte qu'avec autre chose qu'il ne vous donnerait pas [8], vous auriez tout ce qui serait nécessaire pour bien dîner? Comment donc vous laissez-vous aller à dire que tous les hommes ont la *grâce suffisante* pour agir, puisque vous confessez qu'il y en a une autre absolument nécessaire pour agir, que tous n'ont pas? Est-ce que cette créance [9] est peu importante, et que vous abandonnez à la liberté des hommes de croire que la grâce efficace est nécessaire ou non? Est-ce une chose indifférente de dire qu'avec la grâce suffisante on agit en effet [10]? — Comment, dit ce bon homme [11], indifférente! C'est *une hérésie,* c'est *une hérésie* formelle. La nécessité de la *grâce efficace* pour agir effectivement est *de foi ;* il y a *hérésie* à la nier.
40 — Où en sommes-nous donc? m'écriai-je, quel parti dois-je donc prendre? Si je nie la grâce suffisante, je suis janséniste. Si je l'admets comme les jésuites, en sorte que la grâce efficace ne soit pas nécessaire, je serai *hérétique,* dites-vous. Et si je l'admets comme vous en sorte que la grâce efficace soit nécessaire, je pèche contre le sens commun, et je suis *extravagant,* disent les jésuites. Que

---

— 1 Réellement. — 2 Analyser l'ironie. — 3 La 1ʳᵉ Provinciale examinait la question suivante : *tous les justes ont-ils toujours le pouvoir d'accomplir les commandements?* Non, répondent les jansénistes. Ils en ont le pouvoir *prochain,* répondent jésuites et thomistes, entendant par là les uns possibilité *effective,* les autres possibilité *théorique.* — 4 En fait. — 5 Pour les jansénistes, il n'est pas de grâce qui ne soit efficace (§ 1), et la grâce n'est pas donnée à tous les hommes. — 6 Quel est l'effet de cette répétition? — 7 Pour entrer au couvent. — 8 Allusion à la *grâce efficace ;* noter, d'autre part, le procédé comique. — 9 Croyance. — 10 Effectivement. — 11 Homme âgé.

dois-je donc faire dans cette nécessité inévitable d'être ou extravagant, ou hérétique, ou janséniste ? Et en quels termes sommes-nous réduits, s'il n'y a que les jansénistes qui ne se brouillent ni avec la foi ni avec la raison, et qui se sauvent tout ensemble de la folie et de l'erreur ?

IIe Provinciale.

LA DIRECTION D'INTENTION

Pour juger un acte, on doit tenir compte plus encore de l'intention de son auteur que de la matérialité du fait ; ainsi, moralement, un homicide par imprudence n'a rien de commun avec un meurtre. Partant de cette vérité, certains casuistes avaient élaboré toute une doctrine de la *direction d'intention*, qui risquait d'être extrêmement pernicieuse. Pour la réfuter, Pascal emploie ici une *ironie* discrète, mais cinglante. Plus tard (XIIIe lettre), il donnera libre cours à son indignation.

Sachez [1] donc que ce principe merveilleux est notre grande méthode *de diriger l'intention*, dont l'importance est telle dans notre morale, que j'oserais quasi la comparer à la doctrine de la probabilité [2]. Vous en avez vu quelques traits en passant, dans de certaines maximes que je vous ai dites. Car lorsque je vous ai fait entendre comment les valets peuvent faire en conscience de certains messages fâcheux, n'avez-vous pas pris garde que c'était seulement en détournant leur intention du mal dont ils sont les entremetteurs [3], pour la porter au gain qui leur en revient ? Voilà ce que c'est que *diriger l'intention* ; et vous avez vu
10 de même que ceux qui donnent de l'argent pour des bénéfices seraient de véritables simoniaques [4] sans une pareille diversion. Mais je veux maintenant vous faire voir cette grande méthode dans tout son lustre, sur le sujet de l'homicide, qu'elle justifie en mille rencontres [5], afin que vous jugiez par un tel effet tout ce qu'elle est capable de produire [6]. — Je vois déjà, lui dis-je, que par là tout sera permis ; rien n'en échappera. — Vous allez toujours d'une extrémité à l'autre, dit le Père ; corrigez-vous de cela. Car, pour vous témoigner que nous ne permettons pas tout, sachez, par exemple, que nous ne souffrons jamais d'avoir l'intention formelle de pécher pour le seul dessein de pécher [7] ; et que
20 quiconque s'obstine à borner son désir dans le mal pour le mal même, nous rompons avec lui ; cela est diabolique : voilà qui est sans exception d'âge, de sexe, de qualité. Mais quand on n'est pas dans cette malheureuse disposition, alors nous essayons de mettre en pratique notre méthode de *diriger l'intention*, qui consiste à se proposer pour fin de ses actions un objet permis. Ce n'est pas qu'autant qu'il est en notre pouvoir nous ne détournions les hommes des choses défendues ; mais, quand

---

—1 C'est un jésuite qui parle. — 2 Cf. p. 133, *La casuistique.* — 3 Intermédiaires. — 4 La *simonie* consiste justement à acheter ou à vendre des biens spirituels tels que *bénéfices* ecclésiastiques ou sacrements. — 5 Occasions. — 6 En quoi consiste ici l'ironie ? — 7 Le cas est-il fréquent ?

nous ne pouvons pas empêcher l'action, nous purifions au moins l'intention [8] ; et ainsi nous corrigeons le vice du moyen par la pureté de la fin.

30 Voilà par où nos Pères ont trouvé moyen de permettre les violences qu'on pratique en défendant son honneur ; car il n'y a qu'à détourner son intention du désir de vengeance, qui est criminel, pour la porter au désir de défendre son honneur, qui est permis selon nos Pères [9]. Et c'est ainsi qu'ils accomplissent tous leurs devoirs envers Dieu et envers les hommes. Car ils contentent le monde, en permettant les actions ; et ils satisfont à l'Evangile, en purifiant les intentions [10]. Voilà ce que les anciens [11] n'ont point connu, voilà ce qu'on doit à nos Pères. Le comprenez-vous maintenant ? — Fort bien, lui dis-je. Vous accordez aux hommes la substance grossière [12] des choses, et vous donnez à Dieu

40 ce mouvement spirituel de l'intention ; et par cet équitable [13] partage, vous alliez les lois humaines [14] avec les divines.   VIIe Provinciale.

- *En quoi consiste, d'après ce texte, la direction d'intention ? Donnez des exemples.*
- *Cette méthode vous paraît-elle diminuer la gravité de la faute ? Justifiez votre réponse.*
- *Quel est le mobile avoué de ces casuistes ? Pourquoi* PASCAL *condamne-t-il leur morale relâchée ?*
- *En quoi le procédé du dialogue rend-il le débat plus clair ? – et plus vivant ?*
- *Comment vous représentez-vous les deux personnages et leurs rapports, d'après leur ton respectif ?*
- *L'ironie. Comment jugez-vous l'enthousiasme du Père pour ce « principe merveilleux » ? Son éloge de la direction d'intention est-il convaincant ? N'appelle-t-il pas des objections ?*
- **Groupe thématique : Ironie.** Cf. *Les Provinciales*, pages 134 à 138 : définition, aspects, degrés, justification.

L'ironie au service de la vérité

Ses adversaires lui ayant reproché de *se moquer des choses saintes*, Pascal leur répond que l'ironie est une arme légitime lorsqu'elle sert à discréditer l'erreur ; il profite de l'occasion pour redoubler ses attaques contre les « opinions extravagantes » des casuistes. On admirera sa *dialectique* aussi brillante que serrée.

Quoi ! mes Pères, les imaginations de vos écrivains passeront pour les vérités de la foi, et on ne pourra se moquer des passages d'Escobar [1] et des décisions si fantasques [2] et si peu chrétiennes de vos autres auteurs, sans qu'on soit accusé de rire de la religion ? Est-il possible que vous ayez osé redire si souvent une chose si peu raisonnable ? Et ne craignez-vous point, en me blâmant de m'être moqué de vos égarements, de me donner un nouveau sujet de me moquer de ce reproche, et de le faire retomber sur vous-mêmes, en montrant que je n'ai pris

---

8 Cf. Molière, *Tartuffe* (1489-92). — 9 Pour accepter un duel, Dom Juan, devenu faux dévot, utilisera une autre forme de la direction d'intention : *Je m'en vais passer tout à l'heure dans cette petite rue écartée... mais je vous déclare, pour moi, que ce n'est point moi qui veux me battre : le Ciel m'en défend la pensée ; et si vous m'attaquez, nous verrons ce qui en arrivera* (V. 4). — 10 Prétendre concilier le *monde et*

l'*Evangile*, c'est le reproche fondamental de Pascal aux casuistes. — 11 Les Pères de l'Eglise. — 12 Réalité matérielle. — 13 Quel est le ton ? — 14 Non pas les *ordonnances royales* (qui interdisent le duel), mais le *code mondain* de l'honneur, qui ordonne le duel.

— 1 Jésuite espagnol, un des principaux casuistes auxquels s'attaque Pascal. — 2 Contraires à la raison.

sujet de rire que de ce qu'il y a de ridicule dans vos livres ; et qu'ainsi, en me
moquant de votre morale, j'ai été aussi éloigné de me moquer des choses saintes,
10 que la doctrine de vos casuistes est éloignée de la doctrine sainte de l'Évangile ?

En vérité, mes Pères, il y a bien de la différence entre rire de la religion, et
rire de ceux qui la profanent par leurs opinions extravagantes. Ce serait une
impiété de manquer de respect pour les vérités que l'esprit de Dieu a révélées ;
mais ce serait une autre impiété de manquer de mépris [3] pour les faussetés que
l'esprit de l'homme leur oppose.

Car, mes Pères, puisque vous m'obligez d'entrer en ce discours [4], je vous
prie de considérer que, comme les vérités chrétiennes sont dignes d'amour et de
respect, les erreurs qui leur sont contraires sont dignes de mépris [5] et de haine,
parce qu'il y a deux choses dans les vérités de notre religion, une beauté divine
20 qui les rend aimables [6], et une sainte majesté qui les rend vénérables ; et qu'il y a
aussi deux choses dans les erreurs, l'impiété qui les rend horribles, et l'imperti-
nence [7] qui les rend ridicules. Et c'est pourquoi, comme les saints ont toujours
pour la vérité ces deux sentiments d'amour et de crainte [8], et que leur sagesse
est toute comprise entre la crainte qui en est le principe, et l'amour qui en est
la fin, les saints ont aussi pour l'erreur ces deux sentiments de haine et de mépris,
et leur zèle s'emploie également à repousser avec force la malice des impies et à
confondre avec risée leur égarement et leur folie.   XIe Provinciale.

La violence et la vérité

Quels que soient le talent dialectique de Pascal, l'ardeur de sa sincérité, la noblesse de sa cause,
la polémique des *Provinciales* laisse parfois une impression de gêne : le lecteur aspire à se replonger
dans l'atmosphère des *Pensées*. Ce qui fait justement l'éternelle grandeur de ce passage, c'est la
façon dont Pascal *élève le débat*. Tant que la violence tentera d'instaurer son règne tyrannique,
ceux qui souffrent persécution pour la vérité trouveront dans ces lignes une consolation sublime, un
réconfort exaltant. L'*éloquence* contenue (« la vraie éloquence se moque de l'éloquence ») est toute
vibrante d'une *lucidité* souveraine et d'une *conviction passionnée*.

Je vous plains, mes Pères, d'avoir recours à de tels remèdes [1]. Les injures que
vous me dites n'éclairciront pas nos différends, et les menaces que vous me
faites en tant de façons ne m'empêcheront pas de me défendre. Vous croyez
avoir la force et l'impunité, mais je crois avoir la vérité et l'innocence. C'est une
étrange [2] et longue guerre que celle où la violence essaie d'opprimer la vérité. Tous
les efforts de la violence ne peuvent affaiblir la vérité, et ne servent qu'à la relever
davantage. Toutes les lumières de la vérité ne peuvent rien pour arrêter la violence, et ne font que l'irriter encore plus. Quand la force combat la force, la plus
puissante détruit la moindre ; quand on oppose les discours [3] aux discours, ceux
10 qui sont véritables et convaincants confondent et dissipent ceux qui n'ont que
la vanité et le mensonge ; mais la violence et la vérité ne peuvent rien l'une sur
l'autre. Qu'on ne prétende pas de là néanmoins que les choses soient égales ; car
il y a cette extrême différence, que la violence n'a qu'un cours borné par l'ordre
de Dieu qui en conduit les effets à la gloire de la vérité qu'elle attaque ; au lieu
que la vérité subsiste éternellement, et triomphe enfin de ses ennemis, parce
qu'elle est éternelle et puissante comme Dieu même [4].   XIIe Provinciale.

3 Expression frappante et originale, formée sur
manquer de respect. — 4 Raisonnement. —
5 *Mépris* manifesté par l'*ironie.* — 6 Dignes
d'être aimées (sens fort). — 7 L'extravagance.

— 8 Crainte révérencielle (cf. *vénérables*).

— 1 Les *injures* et les *menaces*. — 2 Extraordinaire. — 3 Raisonnements. — 4 Violence
et vérité ne sont pas du même *ordre* (cf. p. 167).
Noter l'ampleur et la solennité de ces lignes.

LES PENSÉES

Le manuscrit   Depuis quelques années, Pascal préparait une *Apologie de la Religion chrétienne* et disait qu'il lui fallait « dix ans de santé » pour terminer cet ouvrage. Selon Étienne Périer, il gardait habituellement en lui les idées qu'il découvrait, ne jetant sur le papier que l'état définitif de sa pensée; mais, dans ses cinq dernières années, se défiant de sa mémoire, il notait tout ce qui se présentait à son esprit. Ce sont ces *notes*, recueillies après sa mort, que nous appelons les *Pensées*. Il s'agit de feuilles de dimensions diverses, rédigées parfois par des secrétaires et le plus souvent par Pascal, d'une écriture difficilement lisible. Tous les états d'un ouvrage en préparation s'y trouvent représentés : idées notées d'un mot, d'une phrase, références de lectures, indications sur l'ordre et la présentation de l'*Apologie*, maximes aux raccourcis nerveux, confidences personnelles, passages spontanés, développements soigneusement écrits qui doivent être des rédactions définitives; il y a malheureusement aussi des notes étrangères à l'*Apologie* et concernant, par exemple, les *Provinciales*. Pascal avait classé la moitié environ de ces notes en 27 liasses, mais au XVIIIe siècle, pour les conserver, on les a collées sur les pages d'un album sans respecter strictement l'ordre établi par leur auteur. Il faut donc renoncer à reconstituer *avec certitude* l'ouvrage qui s'élaborait dans son esprit.

L'édition de Port-Royal   La première édition des *Pensées de M. Pascal sur la Religion* (1669-1670) fut l'œuvre de Port-Royal : Arnauld, Nicole, Filleau de La Chaise y travaillèrent, sous la direction de Mme Périer et du duc de Roannez. Cette édition était très infidèle : pour éviter de nouvelles hostilités contre Port-Royal, les éditeurs écartèrent prudemment les *pensées* trop hardies et firent subir aux autres de nombreuses altérations, surtout des atténuations. L'ouvrage eut un *grand succès au XVIIe siècle*, en dépit des réserves de certains chrétiens comme FÉNELON, déconcertés par la rigueur et le pessimisme décourageant de la doctrine pascalienne.

Au XVIIIe siècle, la critique philosophique s'attaque sans répit à PASCAL, coupable d'éveiller l'inquiétude métaphysique et ses « vaines spéculations », coupable de « nous faire horreur de notre être » et de nous détourner du bonheur terrestre. VOLTAIRE s'en prend à lui comme à son plus direct adversaire dès les *Lettres Philosophiques* (XXVe lettre, 1734).

Les éditions intégrales   Au XIXe siècle, CHATEAUBRIAND réhabilite Pascal dans une page célèbre du *Génie du Christianisme* (1802), et les romantiques s'enthousiasment pour l'imagination et l'angoisse frémissante de cette âme passionnée. V. COUSIN expose en 1842 la nécessité de revenir au manuscrit intégral des *Pensées*, et son vœu est réalisé avec des tendances diverses par les éditeurs modernes.

1. TENTATIVES DE RECONSTITUTION. Faugère (1844), Molinier (1877), Chevalier (1925), Massis (1929) s'efforcent de retrouver, en utilisant tous les fragments, l'ordre et la structure de l'*Apologie*. L'édition Lafuma (1948) a l'avantage de prendre pour base une copie établie avant leur dispersion sur les pages d'un album; elle donne des indications sur le classement conçu par Pascal, mais laisse de côté près de la moitié des *Pensées*. Ces tentatives demeurent donc incertaines : qui nous garantit que tous les fragments concernent l'*Apologie*, qu'ils auraient tous été utilisés, que Pascal n'en aurait pas rédigé d'autres, qu'il n'avait pas certains développements tout prêts dans son esprit?

2. CLASSEMENT LOGIQUE. En 1897, Léon BRUNSCHVICG s'est contenté de classer les *Pensées* en sections dont chacune groupe un ensemble de textes portant sur une même question; on voit ainsi se dégager certaines idées générales qu'il est possible de relier logiquement pour la commodité de l'étude, en s'inspirant des indications mêmes de l'auteur, mais sans pouvoir assurer que cet ordre eût été adopté par Pascal.

C'est à ce classement que renvoient les numéros placés à la fin de chacun de nos extraits.

PASCAL ET L'ART DE PERSUADER

Les deux entrées de l'âme   Comment persuader les incroyants? Pascal avait une tendresse de savant pour la logique irréfutable du *raisonnement mathématique;* mais son sujet ne s'y prêtait guère. D'ailleurs, ses lecteurs *mondains* n'auraient-ils pas été rebutés par des démonstrations rigoureuses? Peut-être l'auteur de l'*Apologie* aurait-il, dans son avant-propos, exposé ses idées sur l'art de persuader. Il y a dans les *Pensées* toute une « rhétorique ».

1. ORDRE NATUREL ET ORDRE SURNATUREL. Dans son traité *De l'Art de persuader* (1658), il distingue « deux entrées par où les opinions sont reçues dans l'âme » : « *l'entendement* » (intelligence) et « *la volonté* » (ou encore « *le cœur* »). La « volonté », c'est l'intuition, l'instinct qui nous fait croire sans démonstration que certaines choses sont vraies, comme si leur vérité exerçait sur nous un attrait mystérieux *(« l'agrément »).*

Pour PASCAL, la seule voie légitime, dans *l'ordre naturel* des choses humaines, est celle de l'entendement qu'on peut convaincre par des preuves. La voie de « l'agrément » n'est valable que pour les *choses divines,* où « on n'entre dans la vérité que par la charité *(l'amour)* » : « il faut les aimer pour les connaître »; c'est « *l'ordre surnaturel* » où s'exerce l'intuition, d'essence *mystique* (cf. p. 169). Dieu veut, en effet, que les vérités divines « entrent du cœur dans l'esprit, et non pas de l'esprit dans le cœur, pour humilier cette superbe puissance du raisonnement. » Aussi PASCAL s'indigne-t-il de voir que *les hommes ont corrompu l'ordre naturel,* en lui appliquant abusivement la voie de « l'agrément », réservée à l'ordre surnaturel : « nous ne croyons presque que ce qui nous plaît. »

2. NÉCESSITÉ D'AGRÉER DANS L'ORDRE NATUREL. Les hommes vont donc vers la vérité soit par le raisonnement *(esprit de géométrie),* soit par l'intuition *(esprit de finesse).* PASCAL découvre même que, parmi les vérités reçues dans l'âme, « bien peu entrent par l'esprit, au lieu qu'elles y sont introduites en foule par les caprices téméraires de la volonté, sans le conseil du raisonnement ». Ainsi, quand on s'adresse aux hommes, la preuve reste souvent impuissante, et « *l'art de persuader consiste autant en celui d'agréer qu'en celui de convaincre* ». Pascal se résigne, à contre-cœur, à cette corruption de l'ordre naturel : il devra recourir lui-même à « *l'agrément* », à l'art de présenter les idées pour que les cœurs les accueillent plus volontiers.

L'esprit de géométrie et l'esprit de finesse

Au contact du duc de Roannez, de Miton et surtout du chevalier de Méré (p. 130), notre grand mathématicien, « qui ne savait que cela », s'émerveille de la *finesse intuitive* des « honnêtes gens » accoutumés « *à connaître les sentiments et les pensées par des signes presque imperceptibles* » (MÉRÉ). D'où la distinction si féconde entre l'*esprit de géométrie* et l'*esprit de finesse,* deux moyens parallèles et souvent complémentaires d'aller vers la vérité. Faut-il ajouter que, comme Pascal savant et poète, les grands génies les possèdent tous deux au plus haut degré? On s'attachera à préciser tous les *caractères* de l'esprit de géométrie, puis ceux de l'esprit de finesse, et on étudiera les *sources d'erreurs* chez les géomètres et chez les esprits fins.

E

n l'un [1], les principes [2] sont palpables [3], mais éloignés de l'usage commun [4] ; de sorte qu'on a peine à tourner la tête [5] de ce côté-là, manque d'habitude : mais pour peu qu'on l'y tourne, on voit les principes à plein ; et il faudrait avoir tout à fait l'esprit faux pour mal raisonner sur des principes si gros [6] qu'il est presque impossible qu'ils échappent.

— 1 L'esprit de géométrie. — 2 Les axiomes et les définitions, bases de la déduction scientifique. — 3 Faciles à « saisir », à « manier » (cf. *manié,* l. 21, et *manier,* l. 22). — 4 On ne s'en sert pas dans la vie courante. — 5 Diriger son attention. — 6 *Perceptibles.* Songer à la démonstration d'un théorème simple.

Mais dans l'esprit de finesse, les principes [7] sont dans l'usage commun et devant les yeux de tout le monde. On n'a que faire [8] de tourner la tête, ni de se faire violence ; il n'est question que d'avoir bonne vue [9], mais il faut l'avoir bonne ; car les principes sont si déliés [10] et en si grand nombre qu'il est presque impossible qu'il n'en échappe. Or, l'omission d'un principe mène à l'erreur ; ainsi, il faut avoir la vue bien nette pour voir tous les principes, et ensuite l'esprit juste pour ne pas raisonner [11] faussement sur des principes connus [12].

Tous les géomètres seraient donc fins s'ils avaient la vue bonne, car ils ne raisonnent pas faux sur les principes qu'ils connaissent ; et les esprits fins seraient géomètres s'ils pouvaient plier leur vue vers les principes inaccoutumés de géométrie [13].

Ce qui fait donc que de certains esprits fins ne sont pas géomètres, c'est qu'ils ne peuvent du tout se tourner vers les principes de géométrie ; mais ce qui fait que des géomètres ne sont pas fins, c'est qu'ils ne voient pas ce qui est devant eux, et qu'étant accoutumés aux principes nets et grossiers de géométrie, et à ne raisonner qu'après avoir bien vu et manié leurs principes, ils se perdent dans les choses de finesse [14], où les principes ne se laissent pas ainsi manier. On les voit à peine, on les sent plutôt qu'on ne les voit [15] ; on a des peines infinies à les faire sentir à ceux qui ne les sentent pas d'eux-mêmes : ce sont choses tellement délicates et si nombreuses, qu'il faut un sens bien délicat et bien net pour les sentir, et juger droit et juste selon ce sentiment, sans pouvoir le plus souvent les démontrer par ordre [16] comme en géométrie, parce qu'on n'en possède pas ainsi les principes, et que ce serait une chose infinie de l'entreprendre. Il faut tout d'un coup [17] voir la chose d'un seul regard, et non pas par progrès de raisonnement, au moins jusqu'à un certain degré. Et ainsi il est rare que les géomètres soient fins et que les fins soient géomètres, à cause que les géomètres veulent traiter géométriquement ces choses fines, et se rendent ridicules, voulant commencer par les définitions et ensuite par les principes, ce qui n'est pas la manière d'agir en cette sorte de raisonnement. Ce n'est pas que l'esprit ne le fasse ; mais il le fait tacitement, naturellement et sans art [18], car l'expression en passe [19] tous les hommes, et le sentiment n'en appartient qu'à peu d'hommes.

Et les esprits fins, au contraire, ayant ainsi accoutumé à juger d'une seule vue, sont si étonnés — quand on leur présente des propositions où ils ne comprennent rien, et où pour entrer il faut passer par des définitions et des principes si stériles, qu'ils n'ont point accoutumé de voir ainsi en détail — qu'ils s'en rebutent et s'en dégoûtent. — Mais les esprits faux ne sont jamais ni fins ni géomètres.

Les géomètres qui ne sont que géomètres ont donc l'esprit droit, mais pourvu qu'on leur explique bien toutes choses par définitions et principes ; autrement ils sont faux et insupportables, car ils ne sont droits que sur les principes bien éclaircis.

Et les fins qui ne sont que fins ne peuvent avoir la patience de descendre jusque dans les premiers principes des choses spéculatives [20] et d'imagination, qu'ils n'ont jamais vues dans le monde, et tout à fait hors d'usage (1).

7 Observations qui guident l'intuition vers la vérité. — 8 On n'a pas besoin. — 9 Une observation juste et perspicace. — 10 Subtils (s'oppose à *gros*, l. 4). — 11 La finesse suppose donc un raisonnement rapide, sans qu'on en ait conscience (cf. l. 34). — 12 La finesse s'exerce en psychologie, en morale. Songer au « flair » qui nous fait deviner le caractère d'un homme, aux sympathies ou antipathies que nous croyons irraisonnées. — 13 Puisqu'ils raisonnent juste (cf. l. 12). — 14 Que traduit le vague de cette expression ? — 15 Expliquer cette antithèse. — 16 En suivant un enchaînement logique. — 17 *D'un seul coup.* Cf. MÉRÉ : « Lorsqu'on a l'esprit vif et les yeux fins, on remarque à la mine et à l'air des personnes qu'on voit quantité de choses qui peuvent beaucoup servir. » — 18 Sans se plier à des règles. — 19 Dépasse les moyens de... — 20 Abstraites.

« L'art d'agréer »   Entré malgré lui dans cette voie « basse, indigne et étrangère », Pascal semble s'être laissé griser par cette « *manière d'agréer* », « plus difficile, plus subtile, plus *utile* et plus admirable » que l'art de convaincre. Il y a en effet « des règles aussi sûres pour plaire que pour démontrer », mais elles sont infiniment délicates, aussi complexes que le cœur de l'homme : « *le cœur a ses raisons, que la raison ne connaît point* » (277).

I. LA CONNAISSANCE DU CŒUR HUMAIN. L'art d'agréer consiste dans « une correspondance qu'on tâche d'établir entre l'esprit et le cœur de ceux à qui l'on parle d'un côté, et de l'autre les pensées et les expressions dont on se sert; ce qui suppose qu'on aura bien étudié le cœur de l'homme...» (15 App.).

1. LA PERSUASION INSINUANTE. Cet art n'impose pas les idées légitimement : il les insinue *illégalement* en nous, comme un usurpateur. Ainsi l'esprit se trouve porté insensiblement vers la croyance, comme une barque au fil de l'eau :
« Eloquence qui persuade par douceur, non par empire, en tyran, non en roi » (15).
« Les rivières sont des chemins qui marchent, et qui portent où l'on veut aller » (17).

2. MÉNAGER L'AMOUR-PROPRE. Ne jamais heurter de front un adversaire. « Quand on veut reprendre avec utilité, et montrer à un autre qu'il se trompe, il faut observer par quel côté il envisage la chose, car elle est vraie ordinairement de ce côté-là, et lui avouer cette vérité, mais lui découvrir le côté par où elle est fausse. Il se contente de cela, car il voit qu'il ne se trompait pas, et qu'il manquait seulement à voir tous les côtés; or on ne se fâche pas de ne pas tout voir, mais on ne veut pas s'être trompé » (9).

3. FAIRE DÉCOUVRIR LA VÉRITÉ AU LIEU DE L'IMPOSER. C'est la méthode de Socrate et de Montaigne (*XVIᵉ Siècle*, p. 209). « On se persuade mieux, pour l'ordinaire, par les raisons qu'on a soi-même trouvées, que par celles qui sont venues dans l'esprit des autres » (10). « Quand un discours naturel peint une passion ou un effet *(un fait)*, on trouve dans soi-même la vérité de ce qu'on entend, laquelle on ne savait pas qu'elle y fût, en sorte qu'on est porté à aimer celui qui nous le fait sentir; car il ne nous a pas fait montre de son bien, mais du nôtre » (14).

4. S'ADAPTER A L'AUDITEUR. « En sachant la passion dominante de chacun, on est sûr de lui plaire » (106). Il faut donc présenter différemment l'idée selon la personne qu'on a devant soi : « Un homme a d'autres plaisirs qu'une femme ; un riche et un pauvre en ont de différents; un prince, un homme de guerre, un marchand, un bourgeois, un paysan, les vieux, les jeunes, les sains, les malades, tous varient. »

II. LE NATUREL. Tout doit tendre à exprimer directement et clairement la pensée. Pascal s'élève contre la *préciosité*, le *pédantisme* et la *rhétorique* coupables de « masquer la nature et la déguiser » (49). « L'éloquence est une peinture de la pensée; et ainsi ceux qui, après avoir peint, ajoutent encore, font un tableau *(c'est-à-dire une œuvre artificielle)* au lieu d'un portrait » (26).

1. CONTRE LA PRÉCIOSITÉ. Pascal critique les métaphores « trop luxuriantes », comme « *éteindre le flambeau de la sédition* » (59); il se moque du jargon précieux : « On a inventé de certains termes bizarres : « *siècle d'or, merveille de nos jours, fatal* », etc.; et on appelle ce jargon beauté poétique. » Il nous invite à imaginer une femme sur ce modèle-là, « une jolie damoiselle toute pleine de miroirs et de chaînes » : elle serait ridicule, « mais ceux qui ne s'y connaîtraient pas l'admireraient en cet équipage; et il y a bien des villages où on la prendrait pour la reine; et c'est pourquoi nous appelons les sonnets faits sur ce modèle-là les reines de village » (33). « Il faut de l'agréable et du réel; mais il faut que cet agréable soit lui-même pris du vrai » (25).

2. CONTRE LA FAUSSE RHÉTORIQUE. « La vraie éloquence se moque de l'éloquence » (4). Pascal dénonce les « *fausses beautés* » de Cicéron, et les antithèses forcées : « Ceux qui font des antithèses en forçant les mots sont comme ceux qui font de fausses fenêtres pour la symétrie : leur règle n'est pas de parler juste, mais de faire des figures justes » (27).

3. CONTRE LE PÉDANTISME. L'écrivain qui veut persuader doit se mettre à la portée de tous. « Il faut qu'on n'en puisse [dire], ni : « *il est mathématicien* », ni « *prédicateur* », ni « *éloquent* », mais : « *il est honnête homme* » (35).

4. L'IDÉAL DE PASCAL : LE STYLE NATUREL. « Quand on voit le style naturel, on est

tout étonné et ravi, car on s'attendait de voir un auteur, et on trouve un homme. Au, lieu que ceux qui ont le goût bon, et qui en voyant un livre croient trouver un homme sont tout surpris de trouver un auteur » (29).

III. L'ART DU STYLE. Le naturel n'exclut pas le *travail du style*. La force et l'originalité de l'écrivain résident justement dans son art d'utiliser avec naturel tous les moyens de rendre sa pensée plus claire, plus frappante et, par suite, plus efficace.

1. EMPLOI DU TERME PROPRE. « Carrosse *versé* ou *renversé* selon l'intention » (53).

2. EMPLOI JUDICIEUX DES PÉRIPHRASES. « Il y a des lieux où il faut appeler Paris, Paris, et d'autres où il la faut appeler capitale du royaume » (49).

3. CHOIX DES MOTS ET DE L'ORDRE DES MOTS. « Un même sens change selon les paroles qui l'expriment. Les sens reçoivent des paroles leur dignité, au lieu de la leur donner » (50) .« Les mots diversement rangés font un divers sens, et les sens diversement rangés font divers effets » (23).

4. EMPLOI VOULU DE MOTS RÉPÉTÉS. « Quand dans un discours se trouvent des mots répétés, et qu'essayant de les corriger, on les trouve si propres qu'on gâterait le discours, il les faut laisser, c'en est la marque (= *c'est la preuve qu'il faut les laisser*) » (48).

5. SAVOIR « PLACER LA BALLE ». C'est l'art de la composition et du style qui fait l'originalité d'un écrivain, même s'il imite un modèle, comme PASCAL lui-même imite MONTAIGNE : « Qu'on ne dise pas que je n'ai rien dit de nouveau : la disposition des matières est nouvelle; quand on joue à la paume, c'est une même balle dont joue l'un et l'autre, mais l'un la place mieux » (22). « Ce n'est pas dans Montaigne, mais dans moi, que je trouve tout ce que j'y vois » (64).

Le plan de l'Apologie PASCAL n'a laissé que des notes éparses, mais il revient sans cesse sur sa préoccupation de trouver « *l'ordre* ». Quel eût été cet ordre? N'en doutons pas, l'*Apologie* aurait été dominée par la connaissance du cœur humain et par l'art d'agréer.

I. INSUFFISANCE DE L'ORDRE GÉOMÉTRIQUE. Il a poussé aussi loin qu'il le pouvait l'appel aux *procédés de démonstration* que lui suggérait son génie logique et mathématique : raisonnements par élimination, syllogismes, argumentation *a fortiori*. Toutefois, il a reconnu l'impossibilité de suivre cet ordre jusqu'au bout : « ... Mais l'ordre ne serait pas gardé. Je sais un peu ce que c'est, et combien peu de gens l'entendent. Nulle science humaine ne le peut garder. Saint Thomas ne l'a pas gardé » (61).

II. L'ORDRE CONVERGENT. Il fallait donc un autre ordre plus souple, moins monotone, capable de *toucher le cœur*, puisqu'on ne pouvait convaincre la raison par une progression rigoureuse et sans défaut. PASCAL en trouvait l'exemple dans l'*Écriture* elle-même : « Le cœur a son ordre; l'esprit a le sien, qui est par principe et démonstration, le cœur en a un autre.[...] Jésus-Christ, saint Paul ont l'ordre de la charité, non de l'esprit; car ils voulaient échauffer, non instruire.[...] Cet ordre consiste principalement à la digression sur chaque point qu'on rapporte à la fin, pour la montrer toujours » (283). Sa méthode aurait donc consisté à accumuler les observations qui toutes auraient *convergé* vers le but suprême : *Jésus-Christ et sa religion*. Le procédé d'*obsession* s'accordait d'ailleurs avec sa théorie de l'*automatisme* qui dispose à la croyance (cf. p. 169).

Ces idées, toutes tournées vers le même objet, PASCAL n'aurait négligé aucun moyen de les rendre attachantes, et c'est ici que « *l'art d'agréer* » aurait trouvé son application : appel à l'imagination, à « l'amour-propre », pittoresque réaliste, dialogues, lettres, discours et prosopopées; le ton aurait été tantôt riant et familier, tantôt indigné, tantôt « tyrannique ». Par cette variété, l'*Apologie* aurait pu toucher les esprits les plus divers.

III. LES IDÉES MAITRESSES. Il paraît impossible de reconstituer dans le détail le plan d'un livre inachevé. Nous pouvons seulement imaginer les grandes lignes de l'*Apologie*, d'après les notes de PASCAL et le compte rendu, par FILLEAU DE LA CHAISE, d'un exposé qu'il fit à ses amis vers 1658. Le fait essentiel et le mieux établi, c'est qu'en *psychologue* averti Pascal voulait, avant de découvrir au lecteur les « preuves » de sa religion, le disposer à les rechercher et lui faire désirer qu'elles soient vraies (187).

1. Misère et grandeur de l'homme. Peinture de la *misère* de l'homme, perdu entre les deux infinis, incapable d'atteindre la vérité, égaré par les « puissances trompeuses » (imagination, coutume, amour-propre), incapable d'atteindre la justice et voué au « divertissement » pour détourner ses yeux du spectacle intolérable de son néant. En face de cette misère, *l'autre aspect de l'homme*, inséparable du premier : sa *grandeur*, qui se déduit de sa pensée et de son aspiration invincible vers l'infini. Cette analyse de l'âme humaine — la partie la plus profonde et la plus achevée des *Pensées* — aurait été la grande entrée de l'*Apologie*, posant au lecteur le problème inquiétant de sa *double nature*.

2. La recherche. Comment résoudre cette énigme ? Aucune des philosophies humaines n'en a donné la solution. Seule la *religion chrétienne* explique cette double nature de l'homme par la *chute originelle*. Explication qui rebute la raison, sans doute, mais Pascal voulait persuader le lecteur que la raison doit abdiquer devant les faits qui la dépassent et que l'homme a intérêt à « parier » que Dieu est.

3. Les preuves de la religion chrétienne. Peut-on admettre l'existence de Dieu sans s'inquiéter de la *vraie religion ?* Pascal aurait rassemblé toutes les *preuves historiques et morales* dont la convergence lui paraissait établir une présomption suffisante en faveur de la religion chrétienne : prophéties, « figures », miracles, personnalité de Jésus-Christ médiateur entre Dieu et les hommes, caractère sublime de sa doctrine.

Mais il ne dissimule pas qu'*il reste une étape essentielle à franchir*, celle qui fait passer de la connaissance à l'*amour de Dieu*, et qui relève du surnaturel. Il a fait, quant à lui, tout ce qui, dans l'ordre humain, pouvait disposer les hommes à la foi : le reste, la vraie conversion, n'appartient qu'à *Dieu*.

I. MISÈRE DE L'HOMME SANS DIEU

Disproportion   Dès le début de l'*Apologie*, Pascal aurait impitoyable-
de l'homme   ment ruiné, après Montaigne, toute prétention de
                         l'homme à atteindre la vérité par ses propres moyens :
il prévoyait une « Lettre de la folie de la science humaine et de la philosophie » (74) et se
proposait d'écrire « contre ceux qui approfondissent trop la science », notamment Descartes (76). Il y a en effet « disproportion » physique et intellectuelle entre l'être humain
et la nature, et rien n'égale la vanité des hommes qui prétendent la connaître « comme
s'ils avaient quelque proportion avec elle » (72).

LES DEUX INFINIS

Avec une rigueur toute scientifique, Pascal nous découvre l'existence des infinis dont il puisait la notion dans ses études mathématiques; par une *intuition* vraiment géniale, son imagination poétique anticipe sur les découvertes les plus étonnantes de la science moderne. Mais ce *savant*, ce poète, est avant tout un *moraliste :* s'il pique la curiosité du libertin, c'est pour lui démontrer son néant; s'il s'efforce de nous communiquer son « effroi », c'est qu'il veut secouer notre quiétude et nous poser jusqu'à l'obsession cette angoissante *énigme de l'homme* « flottant » entre les deux infinis. S'il y parvient, il a gagné la partie : son interlocuteur suivra son enquête avec passion, jusqu'à la conclusion.

D*isproportion de l'homme.* — ... Que l'homme contemple [1] donc la nature entière dans sa haute et pleine majesté, qu'il éloigne sa vue des objets bas [2] qui l'environnent. Qu'il regarde cette éclatante

---

— 1 Rédact. primitive : *considère*. Montrer la supériorité de la 2ᵉ rédaction. — 2 Terrestres.

lumière [3], mise comme une lampe éternelle pour éclairer l'univers [4], que la terre lui paraisse comme un point au prix [5] du vaste tour que cet astre décrit et qu'il s'étonne de ce que ce vaste tour [6] lui-même n'est qu'une pointe très délicate à l'égard de celui que les astres qui roulent dans le firmament embrassent [7]. Mais si notre vue s'arrête là, que l'imagination passe outre ; elle se lassera plutôt de concevoir [8], que la nature de fournir. Tout ce monde visible n'est qu'un trait imperceptible dans l'ample [9] sein de la nature. Nulle idée n'en approche. Nous avons beau enfler nos conceptions au-delà des espaces imaginables, nous n'enfantons que des atomes [10], au prix de la réalité des choses [11]. C'est une sphère [12] dont le centre est partout, la circonférence nulle part [13]. Enfin c'est le plus grand caractère sensible de la toute-puissance de Dieu, que notre imagination se perde dans cette pensée.

Que l'homme, étant revenu à soi, considère ce qu'il est au prix de ce qui est [14] ; qu'il se regarde comme égaré dans ce canton [15] détourné de la nature ; et que de ce petit cachot où il se trouve logé [16], j'entends l'univers [17], il apprenne à estimer la terre, les royaumes, les villes [18] et soi-même son juste prix. Qu'est-ce qu'un homme dans l'infini [19] ?

Mais pour lui présenter un autre prodige aussi étonnant, qu'il recherche dans ce qu'il connaît les choses les plus délicates [20]. Qu'un ciron [21] lui offre dans la petitesse de son corps des parties incomparablement plus petites, des jambes avec des jointures, des veines [22] dans ces jambes, du sang dans ces veines, des humeurs [23] dans ce sang, des gouttes dans ces humeurs, des vapeurs dans ces gouttes ; que, divisant encore ces dernières choses, il épuise ses forces en ces conceptions, et que le dernier objet où il peut arriver soit maintenant celui de notre discours [24] ; il pensera peut-être que c'est là l'extrême petitesse de la nature. Je veux lui faire voir là-dedans un abîme nouveau [25]. Je lui veux peindre non seulement l'univers visible, mais l'immensité qu'on peut concevoir

---

3 Cf. p. 143 (III, 2). — 4 Commenter cette comparaison. Cf. la 1re rédact. : *Qu'il l'étende (sa vue) à ces feux innombrables qui roulent si fièrement sur lui.* — 5 En comparaison (cf. l. 13 et 17). — 6 Pour les répétitions, dans tout le passage, cf. p. 143 (III, 4). — 7 Quel effet produit ce verbe rejeté en fin de phrase ? Etudier le rythme ample et la poésie de ce développement. — 8 Pascal a supprimé le C[t] : *des immensités d'espaces.* A-t-il eu raison ? — 9 Pascal a hésité entre le *vaste*, l'*immense*, puis l'*amplitude.* — 10 Particules extrêmement petites. — 11 Rédact. prim. : *au prix de cette vastitude infinie.* — 12 Rédact. prim. : *infinie*, puis *étonnante.* — 13 En quoi cette formule donne-t-elle l'impression de l'infini ? La comparaison, déjà dans Rabelais, Montaigne, Gas-

sendi, appartient, pour la postérité, à Pascal ; il a mieux su « placer la balle » (cf. p. 143, III, 5). — 14 Cette antithèse est-elle une « *fausse fenêtre* »? Cf. p. 142 (II, 2). — 15 Coin. — 16 Expliquer l'image. Cf. Montaigne, II, 12 : « *Ce petit caveau où tu es logé.* » — 17 Dans le manuscrit, cette explication est en surcharge. — 18 Rédact. prim. : *maisons.* Dans quel ordre sont placés ces termes ? Quel est l'effet obtenu ? — 19 Rédact. prim. : « *dans la nature* ». Préciser le *ton* et l'*intention* de l'auteur. — 20 Rédact. prim. : *imperceptibles.* Justifier la correction. — 21 Le plus petit animalcule visible à l'œil nu. Depuis 1590, on disposait de microscopes rudimentaires. — 22 Rédact. prim. : *nerfs.* — 23 Substances fluides. — 24 Propos. — 25 Rédact. prim. : *Je veux lui en montrer l'infinie grandeur.* Montrer la supériorité de la 2e rédact.

de la nature, dans l'enceinte de ce raccourci d'atome [26]. Qu'il y voie une
infinité d'univers [27], dont chacun a son firmament, ses planètes, sa terre,
en la même proportion que le monde visible ; dans cette terre, des animaux, et enfin des cirons, dans lesquels il retrouvera ce que les premiers
ont donné ; et trouvant-encore dans les autres la même chose sans fin
et sans repos, qu'il se perde dans ces merveilles, aussi étonnantes [28]
40 dans leur petitesse que les autres [29] par leur étendue ; car qui n'admirera [30] que notre corps, qui tantôt n'était pas perceptible dans l'univers,
imperceptible lui-même [31] dans le sein du tout, soit à présent un colosse,
un monde, ou plutôt un tout [32], à l'égard du néant où l'on ne peut
arriver ?

Qui se considérera de la sorte s'effrayera de soi-même [33], et, se considérant soutenu dans la masse [34] que la nature lui a donnée, entre ces
deux abîmes [35] de l'infini et du néant, il tremblera [36] dans la vue de ces
merveilles [37] ; et je crois que sa curiosité se changeant en admiration,
il sera plus disposé à les contempler en silence qu'à les rechercher avec
50 présomption.

Car enfin qu'est-ce que l'homme dans la nature ? Un néant à l'égard
de l'infini, un tout à l'égard du néant, un milieu entre rien et tout.
Infiniment éloigné de comprendre les extrêmes, la fin des choses et
leur principe sont pour lui invinciblement cachés dans un secret impé-
nétrable [38], également incapable de voir le néant d'où il est tiré, et l'infini
où il est englouti [39].

Que fera-t-il donc, sinon d'apercevoir (quelque) apparence du milieu
des choses [40], dans un désespoir éternel de connaître ni leur principe
ni leur fin ? Toutes choses sont sorties du néant et portées jusqu'à l'infini.
60 Qui suivra ces étonnantes démarches ? L'auteur de ces merveilles les
comprend. Tout autre ne le peut faire (72).

- *Étudiez en détail la suite des idées et leur organisation dans l'ensemble du texte. Pourquoi* PASCAL *a-t-il commencé par l'infini de grandeur ? Justifiez la place du § consacré à l'homme.*
- L'infini de grandeur. *Comment procède l'auteur pour nous rendre sensible : a) la progression vers l'infini ; – b) l'immensité de la nature ? – Distinguez la part de l'esprit scientifique et celle de l'imagination.*
- L'infini de petitesse : *a) Ressemblances et différences avec la présentation de l'infini de grandeur ; – b) Comment* PASCAL *utilise-t-il l'un pour aider à imaginer l'autre ?*
- *Par quelles expressions* PASCAL *traduit-il l'impuissance de l'homme à « comprendre » les deux infinis ?*
- **Contraction** *(ensemble du texte) –* **Essai.** PASCAL *et les modernes devant le cosmos.*
- **Commentaire composé :** *(l. 1-22). Rigueur scientifique et imagination poétique.*
- **Essai.** *Le classicisme de* PASCAL *d'après les corrections signalées en note. Montrez à l'aide d'exemples qu'il recherchait la* simplicité, *la* concision, *la* précision, *la* propriété des termes.
- • **Groupe thématique : Cosmos.** XVIe SIÈCLE, pages 78, 99. – XVIIIe SIÈCLE, pages 18, 26, 28, 138, 378. — XIXe SIÈCLE, pages 83, 91, 192, 395.

---

26 A quoi tient la force de cette expression ?
— 27 Intuition géniale, confirmée par les découvertes modernes sur la constitution de la
matière. — 28 Sens très fort, à préciser. —
29 Celles de l'infini de grandeur. — 30 Considérera avec étonnement (lat. *miror*). Cf. l. 48. —
31 Représente : *l'univers.* — 32 Le mot a-t-il
le même sens que plus haut (*dans le sein du
tout*) ? — 33 A son sujet. — 34 « Matière ». —
35 Mot à résonance religieuse, qui crée une
impression d'horreur et d'angoisse. — 36 Cf.
« *Le silence éternel de ces espaces infinis m'ef-
fraie* » (206). — 37 Choses extraordinaires, qui
dépassent l'intelligence. — 38 Après avoir posé
le problème de l'homme, que veut nous
montrer Pascal ? — 39 Rédact. prim. : *Le néant
d'où* tout *est tiré, et l'infini où* tout *est poussé.*
Différence ? Cette affirmation métaphysique,
reprise plus bas, est-elle indiscutable ? — 40
Placées, comme lui, « au milieu » entre les infinis.

« Connaissons donc notre portée... Notre intelligence tient dans l'ordre des choses intelligibles le même rang que notre corps dans l'étendue de la nature... Les choses extrêmes sont pour nous comme si elles n'étaient point, et nous ne sommes point à leur égard : elles nous échappent, ou nous à elles. »

L'homme, incapable d'atteindre les infinis et de connaître « *le tout* », ne peut pas davantage comprendre « *ce milieu qui nous est échu en partage* » :

« Il aspirera peut-être à connaître au moins les parties avec lesquelles il a de la proportion. Mais les parties du monde ont toutes un tel rapport et un tel enchaînement l'une avec l'autre, que je crois impossible de connaître l'une sans l'autre et sans le tout.

L'homme, par exemple, a rapport à tout ce qu'il connaît. Il a besoin de lieu pour le contenir, de temps pour durer, de mouvement pour vivre, d'éléments pour le composer, de chaleur et d'aliments pour [se] nourrir, d'air pour respirer; il voit la lumière, il sent les corps; enfin tout tombe sous son alliance. Il faut donc, pour connaître l'homme, savoir d'où vient qu'il a besoin d'air pour subsister; et pour connaître l'air, savoir par où il a ce rapport à la vie de l'homme, etc. La flamme ne subsiste point sans l'air; donc, pour connaître l'un, il faut connaître l'autre. Donc toutes choses étant causées et causantes, aidées et aidantes, médiates et immédiates, et toutes s'entretenant par un lien naturel et insensible qui lie les plus éloignées et les plus différentes, je tiens impossible de connaître les parties sans connaître le tout, non plus que de connaître le tout sans connaître particulièrement les parties » (72).

Bien loin de comprendre la nature, *nous sommes même incapables de nous comprendre nous-mêmes :* « L'homme est à lui-même le plus prodigieux objet de la nature; car il ne peut concevoir ce que c'est que corps, et encore moins ce que c'est qu'esprit, et moins qu'aucune chose comme un corps peut être uni avec un esprit. C'est là le comble de ses difficultés, et cependant c'est son propre être. »

Cette impuissance de notre nature est la *marque même de notre misère*, puisque nous sommes assez intelligents pour nous poser ces problèmes essentiels, que nous sentons en nous un insatiable besoin de les résoudre, et que la vérité est irrémédiablement hors de notre portée. Pascal a admirablement exprimé ce qu'il y a de *tragique* dans cette « *disproportion de l'homme* », aux yeux de l'être pensant, en particulier des *libertins*, si fiers de leur raison :

« Voilà notre état véritable; c'est ce qui nous rend incapables de savoir certainement et d'ignorer absolument. Nous voguons sur un milieu vaste, toujours incertains et flottants, poussés d'un bout vers l'autre. Quelque terme où nous pensions nous attacher et nous affermir, il branle et nous quitte; et si nous le suivons, il échappe à nos prises, nous glisse et fuit d'une fuite éternelle. Rien ne s'arrête pour nous. C'est l'état qui nous est naturel, et toutefois le plus contraire à notre inclination; nous brûlons de désir de trouver une assiette ferme, et une dernière base constante pour y édifier une tour qui s'élève à l'infini, mais tout notre fondement craque, et la terre s'ouvre jusqu'aux abîmes.

Ne cherchons donc point d'assurance et de fermeté. Notre raison est toujours déçue par l'inconstance des apparences, rien ne peut fixer le fini entre les deux infinis, qui l'enferment et le fuient » (72).

Les puissances trompeuses

« Il faut commencer par là le chapitre des puissances trompeuses. *L'homme n'est qu'un sujet plein d'erreur, naturelle et ineffaçable sans la grâce.* Rien ne lui montre la vérité. Tout l'abuse; ces deux principes de vérités, la raison et les sens, outre qu'ils manquent chacun de sincérité, s'abusent réciproquement l'un l'autre. Les sens abusent la raison par de fausses apparences; et cette même piperie (*tromperie*) qu'ils apportent à la raison, ils la reçoivent d'elle à leur tour : elle s'en revanche. Les passions de l'âme troublent les sens, et leur font des impressions fausses. Ils mentent et se trompent à l'envi » (83).

Parmi ces « *principes d'erreur* » qui faussent le jugement de la raison, PASCAL insiste sur l'*imagination*, la *coutume* et l'*amour-propre*. Il cite encore les *maladies* qui « nous gâtent le jugement et les sens »; la « *volonté* » (désirs, passions) qui oriente notre attention vers la chose qu'elle aime, et « détourne l'esprit de considérer les qualités de celle qu'elle n'aime pas à voir » (99); les « *impressions anciennes* », ou au contraire les « *charmes*

de la nouveauté » : « De là viennent toutes les disputes des hommes, qui se reprochent
ou de suivre leurs fausses impressions de l'enfance, ou de courir témérairement après
les nouvelles » (82).

1. L'IMAGINATION   Ce poète, qui a si magnifiquement parlé à notre
                                     imagination dans le texte sur les *deux infinis*, dénonce
avec vigueur cette « *maîtresse d'erreur et de fausseté*, et d'autant plus fourbe qu'elle ne
l'est pas toujours, [...] marquant du même caractère le vrai et le faux ».

« Cette superbe puissance, ennemie de la raison, qui se plaît à la contrôler et à la
dominer, pour montrer combien elle peut en toutes choses, a établi dans l'homme une
seconde nature. Elle a ses heureux, ses malheureux, ses sains, ses malades, ses riches,
ses pauvres; elle fait croire, douter, nier la raison; elle suspend les sens, elle les fait
sentir, elle a ses fous et ses sages : et rien ne nous dépite davantage que de voir qu'elle
remplit ses hôtes d'une satisfaction bien autrement pleine et entière que la raison. Les
habiles par imagination se plaisent tout autrement à eux-mêmes que les prudents
(sages) ne se peuvent raisonnablement plaire. Ils regardent les gens avec empire (autorité); ils disputent avec hardiesse et confiance; les autres, avec crainte et défiance :
et cette gaîté de visage leur donne souvent l'avantage dans l'opinion des écoutants,
tant les sages imaginaires ont de faveur auprès des juges de même nature. Elle ne peut
rendre sages les fous; mais elle les rend heureux, à l'envi (au contraire) de la raison
qui ne peut rendre ses amis que misérables, l'une les couvrant de gloire, l'autre de
honte » (82).

La force et la « grimace »

« Qui dispense la réputation ? Qui donne le respect et la vénération aux personnes, aux ouvrages,
aux lois, aux grands, sinon cette faculté imaginante ? » (82). Ce texte, prudemment écarté par Port-
Royal, nous révèle la *pénétration* et l'*observation satirique* d'un homme qui regarde d'un œil averti
la comédie humaine.

Nos magistrats ont bien connu ce mystère. Leurs robes rouges, leurs hermines,
dont ils s'emmaillotent en chats fourrés [1], les palais où ils jugent, les fleurs
de lis [2], tout cet appareil auguste était fort nécessaire ; et si les médecins [3]
n'avaient des soutanes et des mules, et que les docteurs [4] n'eussent des bonnets carrés et des robes trop amples de quatre parties [5], jamais ils n'auraient dupé le monde
qui ne peut résister à cette montre si authentique [6]. S'ils avaient la véritable
justice et si les médecins avaient le vrai art de guérir, ils n'auraient que faire de
bonnets carrés ; la majesté de ces sciences serait assez vénérable d'elle-même.
Mais n'ayant que des sciences imaginaires, il faut qu'ils prennent ces vains
10 instruments qui frappent l'imagination à laquelle ils ont affaire ; et par là, en
effet, ils s'attirent le respect. Les seuls gens de guerre ne se sont pas déguisés
de la sorte, parce qu'en effet [7] leur part est plus essentielle [8], ils s'établissent
par la force, les autres par grimace [9].
   C'est ainsi que nos rois n'ont pas recherché ces déguisements. Ils ne se sont
pas masqués d'habits extraordinaires pour paraître tels ; mais ils se sont accom-
pagnés de gardes, de hallebardes [10]. Ces trognes [11] armées qui n'ont de mains et
de force que pour eux, les trompettes et les tambours qui marchent au-devant

---

— 1 Cf. Rabelais (V, 11), dans notre
XVIᵉ Siècle (p. 75 et 89). — 2 Qui ornent les
cours de justice. — 3 Cf. Molière (p. 194). —
4 En droit ou en théologie. — 5 Des quatre
cinquièmes. — 6 Cet extérieur qui garantit
la *vérité* de leur science. — 7 En réalité. —
8 Plus près de « *l'essence* », de la réalité. —

9 Feinte, tromperie. — 10 Cf. « *Le chancelier
est grave et revêtu d'ornements, car son poste
est faux ; et non le roi : il a la force, il n'a que
faire de l'imagination. Les juges, médecins, etc.,
n'ont que l'imagination* » (307). — 11 On ne
sait s'il faut lire *troupes* ou *trognes*. Quel est le
terme le plus expressif ?

et ces légions qui les environnent, font trembler les plus fermes. Ils n'ont pas l'habit seulement, ils ont la force [12]. Il faudrait avoir une raison bien épurée [13]
20 pour regarder comme un autre homme le Grand Seigneur [14] environné, dans son superbe sérail, de quarante mille janissaires.

Nous ne pouvons pas seulement voir un avocat en soutane et le bonnet en tête, sans une opinion avantageuse de sa suffisance [15].

L'imagination dispose de tout ; elle fait la beauté, la justice et le bonheur, qui est le tout du monde [16] (82).

L'IMAGINATION

« *Je ne parle pas des fous, je parle des plus sages* », dit PASCAL en énumérant les victimes de l'imagination. On étudiera avec quel sens du réel il présente ces exemples *vivants* et *concrets*, les meilleurs pour illustrer sa thèse. Et quel art de condenser l'idée, de piquer l'esprit par le ton et le tour même de la phrase !

Ne diriez-vous pas que ce magistrat, dont la vieillesse vénérable impose le respect à tout un peuple, se gouverne [1] par une raison pure et sublime [2], et qu'il juge des choses dans leur nature sans s'arrêter à ces vaines circonstances [3] qui ne blessent [4] que l'imagination des faibles [5] ? Voyez-le entrer dans un sermon [6] où il apporte un zèle tout dévot, renforçant la solidité de sa raison par l'ardeur de sa charité [7]. Le voilà prêt à l'ouïr avec un respect exemplaire [8]. Que le prédicateur vienne à paraître, que la nature lui ait donné une voix enrouée et un tour de visage bizarre, que son barbier l'ait mal rasé, si le hasard l'a encore
10 barbouillé de surcroît [9], quelque grandes vérités qu'il annonce [10], je parie la perte de la gravité de notre sénateur [11].

Le plus grand philosophe du monde, sur une planche plus large qu'il ne faut [12], s'il y a au-dessous un précipice [13], quoique sa raison le convainque de sa sûreté, son imagination prévaudra [14]. Plusieurs n'en sauraient soutenir la pensée sans pâlir et suer [15].

Je ne veux pas rapporter tous ses effets [16].

Qui ne sait que la vue de chats, de rats, l'écrasement d'un charbon, etc., emportent la raison hors des gonds [17] ? Le ton de voix impose aux plus sages, et change un discours et un poème de force [18].

— 12 Comparer l'idée avec cette autre pensée : « *Quand la force attaque la grimace, quand un simple soldat prend le bonnet carré d'un premier président, et le fait voler par la fenêtre* » (310). — 13 Affranchie de la tyrannie de l'imagination. — 14 Sultan de Turquie. — 15 Capacité. — 16 L'essentiel pour les hommes.

— 1 Montrer la propriété du terme. — 2 Au-dessus des erreurs grossières. — 3 L'accessoire, par opposition à la « nature » profonde des choses. — 4 Frappent. — 5 Relever les détails qui soulignent la gravité du personnage. — 6 Rédact. prim. : *dans une église.* — 7 Amour de Dieu (*caritas* : amour, tendresse). — 8 Rôle de cette courte phrase ? — 9 *En plus.* Montrer qu'il s'agit de « vaines circonstances ». — 10 Souligner l'effet de contraste. — 11 Commenter le ton. — 12 Pour traverser sans danger. — 13 Construction fréquente chez Pascal, cf. p. 156 (l. 11). — 14 Valeur de ce futur ? — 15 Montrer la gradation sur l'idée précédente. — 16. Ceux de l'imagination. — 17 Expliquer l'image. — 18 En quoi ces faits montrent-ils la tyrannie de l'imagination ?

20 L'affection ou la haine change la justice de face. Et combien un avocat bien payé par avance trouve-t-il plus juste la cause qu'il plaide ! Combien son geste hardi la fait-il paraître meilleure aux juges, dupés par cette apparence [19] ! Plaisante raison qu'un vent manie, et à tout sens [20] !

Je rapporterais presque toutes les actions des hommes qui ne branlent [21] presque que par ses secousses. Car la raison a été obligée de céder, et le plus sage prend pour ses principes [22] ceux que l'imagination des hommes a témérairement introduits en chaque lieu [23].

Qui voudrait ne suivre que la raison serait fou au jugement du 30 commun des hommes. Il faut juger au jugement de la plus grande partie du monde. Il faut, parce qu'il leur a plu, travailler tout le jour pour des biens reconnus pour imaginaires, et quand le sommeil nous a délassés des fatigues de notre raison, il faut incontinent se lever en sursaut pour aller courir après les fumées et essuyer les impressions de cette maîtresse du monde. Voilà un des principes d'erreur, mais ce n'est pas le seul (82).

— Le magistrat. *En quoi cet exemple prouve-t-il la tyrannie de l'imagination : a) sur le magistrat ? — b) sur « tout un peuple » qui le respecte ?*
— Le philosophe. *En quoi le choix du personnage renforce-t-il la démonstration ? Étudiez comment, par la composition de la phrase,* Pascal *pique l'intérêt et met l'idée en relief.*
— **Essai.** *La critique de la société contemporaine et de la société des hommes en général d'après les extraits des* Pensées. *Quelles est la raison d'être de cette critique ?*
— **Commentaire composé : lignes 1-15.** *Art d'argumenter et art d'écrire au service d'une idée.*
• **Comparaison.** Pascal et Montaigne. Comparez le § consacré au philosophe, au passage de Montaigne sur *Le Vertige* dont il s'est inspiré (cf. XVIᵉ siècle, pages 227-228, l. 1-12). A quels indices reconnaissez-vous les tendances classiques de l'art de Pascal ?

---

2. LA COUTUME

La force de la *coutume* est si grande qu'elle supplante non seulement la raison, mais la *nature*. « Qu'est-ce que nos principes naturels, sinon nos principes accoutumés ? Et dans les enfants, ceux qu'ils ont reçus de la coutume de leurs pères, comme la chasse dans les animaux ? Une différente coutume nous donnera d'autres principes naturels, cela se voit par expérience » (92). *Pascal va même plus loin*, devançant les évolutionnistes modernes : « La coutume est une seconde nature, qui détruit la première. Mais qu'est-ce que nature ? Pourquoi la coutume n'est-elle pas naturelle ? J'ai grand'peur que cette nature ne soit elle-même qu'une première coutume, comme la coutume est une seconde nature » (93). Il s'étonne que la prévention *(préjugé qu'on a reçu)* confie au caprice du sort le choix de la religion, de la patrie, du métier :

« La chose la plus importante à toute la vie est le choix du métier : le hasard en dispose. La coutume fait les maçons, soldats, couvreurs. « C'est un excellent couvreur », dit-on ; et en parlant des soldats : « Ils sont bien fous », dit-on ; et les autres au contraire : « Il n'y a rien de grand que la guerre ; le reste des hommes sont des coquins. » A force d'ouïr louer en l'enfance ces métiers, et mépriser tous les autres, on choisit ; car naturelle-

---

— 19 Expliquer d'après ce passage l'enchaînement qui fausse la justice. — 20 A quoi ressemble cette raison ? Cf. Montaigne : « *Vraiment, il y a bien de quoi faire une si grande fête de la fermeté de cette belle pièce qui se laisse* manier et changer au branle et accident d'un si léger vent ! » En quoi Pascal est-il supérieur ? — 21 Ne sont mis en mouvement. — 22 La *raison* la plus sage prend pour principes *raisonnables…* — 23 En toute circonstance.

ment on aime la vérité, et on hait la folie; ces mots nous émeuvent : on ne pèche qu'en l'application. Tant est grande la force de la coutume, que, de ceux que la nature n'a faits qu'hommes, on fait toutes les conditions des hommes; car des pays sont tous de maçons, d'autres tous de soldats, etc. Sans doute que la nature n'est pas si uniforme. C'est la coutume qui fait donc cela, car elle contraint la nature; et quelquefois la nature la surmonte, et retient l'homme dans son instinct, malgré toute coutume, bonne ou mauvaise » (97).

3. *L'AMOUR-PROPRE*   « *Notre propre intérêt est encore un merveilleux instrument pour nous crever les yeux agréablement* » (82).
Avec la lucidité désabusée d'un La Rochefoucauld (p. 350), Pascal analyse les effets de cet *amour-propre* (c'est-à-dire l'amour que chacun a pour soi-même).

« La nature de l'amour-propre et de ce *moi* humain est de n'aimer que soi et de ne considérer que soi. Mais que fera-t-il? Il ne saurait empêcher que cet objet qu'il aime ne soit plein de défauts et de misères : il veut être grand, et il se voit petit; il veut être heureux, et il se voit misérable; il veut être parfait, et il se voit plein d'imperfections; il veut être l'objet de l'amour et de l'estime des hommes, et il voit que ses défauts ne méritent que leur aversion et leur mépris. Cet embarras où il se trouve produit en lui la plus injuste et la plus criminelle passion qu'il soit possible de s'imaginer; car il conçoit une haine mortelle contre cette vérité qui le reprend, et qui le convainc de ses défauts. Il désirerait de l'anéantir, et, ne pouvant la détruire en elle-même, il la détruit, autant qu'il peut, dans sa connaissance et dans celle des autres; c'est-à-dire qu'il met tout son soin à couvrir ses défauts et aux autres et à soi-même, et qu'il ne peut souffrir qu'on les lui fasse voir, ni qu'on les voie... Car n'est-il pas vrai que nous haïssons la vérité et ceux qui nous la disent, et que nous aimons qu'ils se trompent, à notre avantage, et que nous voulons être estimés d'eux autres que nous ne sommes en effet? » (100).

L'amour-propre

Loué par les *philosophes* du XVIIIe siècle, « *l'amour-propre* » était déjà, aux yeux des *molinistes* du XVIIe siècle (p. 132), un moyen détourné de Dieu pour nous mener au bien. Pascal, dont le *pessimisme* rejoint celui de La Rochefoucauld, y voit au contraire une puissance trompeuse. Fin psychologue, moraliste satirique, ne nous paraît-il pas ici un peu trop *misanthrope?* Ce texte est d'une rédaction achevée; sans en méconnaître la sûreté, la logique pure, le dépouillement classique, ne peut-on préférer le Pascal plus passionné, plus frémissant, des pages qui n'avaient pas encore trouvé leur forme définitive ?

Il y a différents degrés dans cette aversion pour la vérité ; mais on peut dire qu'elle est dans tous en quelque degré, parce qu'elle est inséparable de l'amour-propre. C'est cette mauvaise délicatesse qui oblige ceux qui sont dans la nécessité de reprendre [1] les autres, de choisir tant de détours et de tempéraments [2] pour éviter de les choquer [3]. Il faut qu'ils diminuent nos défauts, qu'ils fassent semblant de les excuser, qu'ils y mêlent des louanges et des témoignages d'affection et d'estime [4]. Avec tout cela, cette médecine [5] ne laisse pas d'être amère à l'amour-propre. Il en prend le moins qu'il peut, et toujours avec dégoût, et souvent même avec un secret dépit contre ceux qui la lui présentent.

10   Il arrive de là que si on a quelque intérêt d'être aimé de nous, on s'éloigne de nous rendre un office [6] qu'on sait nous être désagréable ; on nous traite comme nous voulons être traités : nous haïssons la vérité, on nous la cache ; nous vou-

---

— 1 *De réprimander les autres.* Allusion probable à la souplesse des jésuites comme directeurs de conscience. — 2 Ménagements. — 3 Cf. l'embarras d'Alceste pour critiquer le sonnet d'Oronte (*Misanthrope*, I, 2). — 4 Gradation à étudier. Chercher des exemples de ces « ménagements » dans Molière et Racine. — 5 Etudier la justesse et le développement de l'image. — 6 Service.

lons être flattés, on nous flatte ; nous aimons à être trompés, on nous trompe [7].

C'est ce qui fait que chaque degré de bonne fortune [8] qui nous élève dans le monde nous éloigne davantage de la vérité, parce qu'on appréhende plus de blesser ceux dont l'affection est plus utile et l'aversion plus dangereuse. Un prince sera la fable de toute l'Europe, et lui seul n'en saura rien [9]. Je ne m'en étonne pas : dire la vérité est utile à celui à qui on la dit, mais désavantageux à ceux qui la disent, parce qu'ils se font haïr. Or, ceux qui vivent avec les princes

20 aiment mieux leurs intérêts que celui du prince qu'ils servent [10] ; et ainsi, ils n'ont garde de lui procurer un avantage en se nuisant à eux-mêmes [11].

Ce malheur est sans doute plus grand et plus ordinaire dans les plus grandes fortunes ; mais les moindres n'en sont pas exemptes, parce qu'il y a toujours quelque intérêt à se faire aimer des hommes [12]. Ainsi la vie humaine n'est qu'une illusion perpétuelle ; on ne fait que s'entre-tromper et s'entre-flatter. Personne ne parle de nous en notre présence comme il en parle en notre absence. L'union qui est entre les hommes n'est fondée que sur cette mutuelle tromperie ; et peu d'amitiés subsisteraient, si chacun savait ce que son ami dit de lui lorsqu'il n'y est pas, quoiqu'il en parle alors sincèrement et sans passion.

30 L'homme n'est donc que déguisement, que mensonge et hypocrisie, et en soi-même et à l'égard des autres [13]. Il ne veut pas qu'on lui dise la vérité, il évite de la dire aux autres ; et toutes ces dispositions, si éloignées de la justice et de la raison, ont une racine naturelle dans son cœur [14] (100).

⁎⁎⁎

La justice ?
l'homme l'ignore   Incapable de vérité, puisque sa raison est sans cesse égarée par les puissances trompeuses, l'homme serait-il plus apte à concevoir la justice ? Pas davantage. « La justice et la vérité sont deux pointes si subtiles que nos instruments sont trop mousses pour y toucher exactement. S'ils y arrivent, ils en écachent (émoussent) la pointe, et appuient tout autour, plus sur le faux que sur le vrai » (82).

« Vérité au deçà des Pyrénées, erreur au delà »

Comme MONTAIGNE, dont il suit de très près la malicieuse critique de la justice humaine, PASCAL montre que cette justice, loin d'être un absolu, n'est qu'une notion *relative* et chancelante, variable avec les mœurs et les latitudes. Près d'un siècle plus tard, MONTESQUIEU mettra en lumière, dans l'*Esprit des Lois*, les causes de ces variations. La comparaison de ce passage avec celui de MONTAIGNE (*XVIᵉ Siècle*, p. 229-230) permettra de reconnaître ce qu'il y a de plus nerveux, de plus piquant, de plus démonstratif chez Pascal.

Sur quoi la fondera-t-il, l'économie [1] du monde qu'il veut gouverner ? Sera-ce sur le caprice de chaque particulier ? quelle confusion ! Sera-ce sur la justice ? Il l'ignore [2].

Certainement s'il la connaissait, il n'aurait pas établi cette maxime, la plus générale de toutes celles qui sont parmi les hommes, que chacun suive les mœurs

---

— 7 Etudier, l. 10-13, cette progression. Que traduit la symétrie de ces formules ? — 8 Prospérité. — 9 Giraudoux a traité ce thème dans une scène d'*Ondine*. — 10 Chercher des exemples dans le théâtre classique. — 11 Etudier la rigueur logique de cette explication présentée comme un syllogisme. — 12 Montrer comment l'idée se généralise. — 13 Rapprocher ce pessimisme de celui d'Alceste dans *Le Misanthrope* (1666). — 14 Montrer que l' « art d'agréer » repose justement sur cette connaissance de la faiblesse humaine.

— 1 L'organisation. — 2 *La justice.*

de son pays ; l'éclat de la véritable équité aurait assujetti tous les peuples, et les législateurs n'auraient pas pris pour modèle, au lieu de cette justice constante, les fantaisies et les caprices des Perses et Allemands. On la verrait plantée par [3] tous les États du monde et dans tous les temps, au lieu qu'on ne voit rien de juste ou d'injuste qui ne change de qualité en changeant de climat. Trois degrés d'élévation [4] du pôle renversent toute la jurisprudence, un méridien décide de la vérité ; en peu d'années de possession [5], les lois fondamentales changent ; le droit a ses époques, l'entrée de Saturne [6] au Lion nous marque l'origine d'un tel crime [7]. Plaisante justice qu'une rivière borne ! Vérité au deçà des Pyrénées, erreur au delà.

Ils confessent que la justice n'est pas dans ces coutumes, mais qu'elle réside dans les lois naturelles, connues en tout pays. Certainement ils le soutiendraient opiniâtrement, si la témérité [8] du hasard qui a semé les lois humaines en avait rencontré au moins une qui fût universelle ; mais la plaisanterie est telle, que le caprice des hommes s'est si bien diversifié qu'il n'y en a point. Le larcin, l'inceste, le meurtre des enfants et des pères, tout a eu sa place entre les actions vertueuses. [...] Il y a sans doute [9] des lois naturelles ; mais cette belle raison corrompue a tout corrompu (294).

1. « LA COUTUME FAIT TOUTE L'ÉQUITÉ ». La coutume, l'imagination jouent ici encore leur rôle de puissances trompeuses. « La coutume fait toute l'équité, par cette seule raison qu'elle est reçue ; c'est le fondement mystique de son autorité. Qui la ramène à son principe, l'anéantit. Rien n'est si fautif que ces lois qui redressent les fautes ; qui leur obéit parce qu'elles sont justes, obéit à la justice qu'il imagine, mais non pas à l'essence de la loi : elle est toute ramassée en soi ; elle est loi, et rien davantage » (294). En des fragments restés célèbres, PASCAL signale, à propos de la *guerre* et du *droit de propriété*, quelques-unes de ces injustices légitimées par la coutume :

« Pourquoi me tuez-vous ? — Eh quoi ! ne demeurez-vous pas de l'autre côté de l'eau ? Mon ami, si vous demeuriez de ce côté, je serais un assassin et cela serait injuste de vous tuer de la sorte ; mais puisque vous demeurez de l'autre côté, je suis un brave, et cela est juste » (293).

« Quand il est question de juger si on doit faire la guerre et tuer tant d'hommes, condamner tant d'Espagnols à la mort, c'est un homme seul qui en juge, et encore intéressé : ce devrait être un tiers indifférent » (296).

« *Mien, tien*. « Ce chien est à moi », disaient ces pauvres enfants. « C'est là ma place au soleil. » Voilà le commencement et l'image de l'usurpation de toute la terre » (295).

2. « NE POUVANT TROUVER LE JUSTE, ON A TROUVÉ LE FORT » (297). L'impossibilité d'établir irréfutablement ce qui est juste explique la prééminence occupée dans les sociétés, non par la justice, qui se discute, mais par la *force*, qui s'impose.

Justice, force. — Il est juste que ce qui est juste soit suivi, il est nécessaire (inévitable) que ce qui est le plus fort soit suivi. La justice sans la force est impuissante ; la force sans la justice est tyrannique. La justice sans force est contredite (contestée), parce qu'il y a toujours des méchants ; la force sans la justice est accusée. Il faut donc mettre ensemble la justice et la force ; et pour cela faire que ce qui est juste soit fort, ou que ce qui est fort soit juste.

---

3 Enracinée parmi... — 4 Trois degrés de latitude. — 5 Où les lois sont en application. — 6 La *date* d'entrée de la *planète* Saturne dans la *constellation* du Lion. — 7 Si, à partir de cette date, telle action jusque-là permise devient criminelle selon la loi. — 8 Le caprice. — 9 Certainement.

La justice est sujette à dispute (discussion), la force est très reconnaissable et sans dispute. Ainsi on n'a pu donner la force à la justice, parce que la force a contredit la justice et a dit que c'était elle qui était juste. Et ainsi ne pouvant faire que ce qui est juste fût fort, on a fait que ce qui est fort fût juste (298).

3. « LA RAISON DES EFFETS ». Faut-il donc s'élever contre cette usurpation par la force du respect qui ne devrait revenir qu'à la justice? PASCAL nous révèle ce qu'il appelle « *la raison des effets* », c'est-à-dire la raison *profonde* de faits en apparence injustes ou absurdes. Ainsi, malgré son injustice, le règne de la force ou de la coutume devient, *en pratique*, une sorte de justice, parce qu'il maintient la *paix*, « qui est le souverain bien » (299).

Les choses du monde les plus déraisonnables deviennent les plus raisonnables à cause du dérèglement des hommes. Qu'y a-t-il de moins raisonnable que de choisir, pour gouverner un État, le premier fils d'une reine ? On ne choisit pas pour gouverner un vaisseau celui des voyageurs qui est de la meilleure maison.
Cette loi serait ridicule et injuste ; mais parce qu'ils (les hommes) le sont et le seront toujours, elle devient raisonnable et juste, car qui choisira-t-on, le plus vertueux et le plus habile? Nous voilà incontinent aux mains, chacun prétend être ce plus vertueux et ce plus habile. Attachons donc cette qualité à quelque chose d'incontestable. C'est le fils aîné du roi ; cela est net, il n'y a point de dispute. La raison ne peut mieux faire, car la guerre civile est le plus grand des maux (320).

Sur ce point, PASCAL rejoint le *conservatisme pratique* de MONTAIGNE (cf. *XVIᵉ Siècle*, p. 235-236). Mais sa prudence va encore plus loin : il conseille de laisser le peuple dans *l'illusion* que les lois sont respectables *parce qu'elles sont justes :* « Ainsi il y obéit; mais il est sujet à se révolter dès qu'on lui montre qu'elles ne valent rien; ce qui se peut faire voir de toutes, en les regardant d'un certain côté » (325).

4. « LA PENSÉE DE DERRIÈRE ». Mais l'*homme averti* peut-il respecter, avec le même aveuglement que le peuple, ces lois qu'il sait mal fondées? PASCAL distingue toute une « gradation » dans l'échelle des hommes; si les *demi-habiles* discutent l'ordre social, les *habiles* rejoignent le peuple : ils respectent cet ordre avec la « *pensée de derrière la tête* » qu'il est sans fondement raisonnable, mais qu'il faut le respecter *extérieurement* pour maintenir la paix civile. Quant aux « *chrétiens parfaits* », c'est parce que Dieu seul compte pour eux qu'ils admettent cette imperfection de l'ordre terrestre voulue par lui (336, 337, 338).

Ainsi, dans trois *Discours sur la condition des Grands* (qui nous ont été fidèlement rapportés par Nicole), PASCAL, s'adressant à un jeune duc, lui montre que sa grandeur n'est qu'une « *grandeur d'établissement* », résultant d'une convention sociale : « Cet ordre n'est fondé que sur la volonté des législateurs, qui ont pu avoir de bonnes raisons, mais dont aucune n'est prise d'un droit naturel que vous ayez sur ces choses » (*Premier Discours*). Ces grandeurs d'établissement ne méritent que des « *respects d'établissement* », « c'est-à-dire certaines cérémonies extérieures ». « Mais pour les *respects naturels* qui consistent dans l'estime, nous ne les devons qu'aux *grandeurs naturelles...* Il n'est pas nécessaire, parce que vous êtes duc, que je vous estime; mais il est nécessaire que je vous salue. Si vous êtes duc et honnête homme, je rendrai ce que je dois à l'une et à l'autre de ces qualités. Je ne vous refuserai point les cérémonies que mérite votre qualité de duc, ni l'estime que mérite celle d'honnête homme. Mais si vous étiez duc sans être honnête homme, je vous ferais encore justice; car en vous rendant *les devoirs extérieurs* que l'ordre des hommes a attachés à votre naissance, je ne manquerais pas d'avoir pour vous le *mépris intérieur* que mériterait la bassesse de votre esprit » (*Second Discours*).

Le divertissement   « Rien n'est si insupportable à l'homme que d'être dans un plein repos, sans passions, sans affaire, sans divertissement, sans application. Il sent alors son néant, son abandon, son insuffisance, sa dépendance, son impuissance, son vide. Incontinent il sortira du fond de son âme l'ennui, la noirceur, la tristesse, le chagrin, le dépit, le désespoir » (131).

1. L'ENNUI. Cette *impossibilité de rester seul avec soi-même* sans prendre conscience de son néant se retrouve *chez tous les hommes*, même les plus puissants :

« Qu'on en fasse l'épreuve : qu'on laisse un roi tout seul, sans aucune satisfaction des sens, sans aucun soin (souci) dans l'esprit, sans compagnie, penser à lui tout à loisir; et l'on verra qu'un roi sans divertissement est un homme plein de misères. Aussi on évite cela soigneusement, et il ne manque jamais d'y avoir auprès des personnes des rois un grand nombre de gens qui veillent à faire succéder le divertissement à leurs affaires, et qui observent tout le temps de leur loisir pour leur fournir des plaisirs et des jeux, en sorte qu'il n'y ait point de vide; c'est-à-dire qu'ils sont environnés de personnes qui ont un soin merveilleux de prendre garde que le roi ne soit seul et en état de penser à soi, sachant bien qu'il sera misérable, tout roi qu'il est, s'il y pense » (142).

2. LE « DIVERTISSEMENT ». Cette misère est à l'origine de ce que Pascal appelle le « divertissement » : « Les hommes n'ayant pu guérir la mort, la misère, l'ignorance, ils se sont avisés, pour se rendre heureux, de n'y point penser » (168).

Le divertissement désigne d'abord les *distractions* qui nous font oublier nos soucis : le jeu, la conversation des femmes, la chasse (cf. p. 156, 1. 9), la danse : « *La danse : il faut bien penser où l'on mettra ses pieds* » (139).

Mais, au sens pascalien, plus général et plus profond, le « divertissement » désigne *tout ce qui détourne l'homme de découvrir son néant (di-vertere = se détourner de)*. Les *activités les plus sérieuses* comme le métier, les hautes fonctions (cf. page 156, 1. 21), les recherches de la science ne sont que divertissements.

La nature du divertissement exige d'ailleurs que l'homme *se dupe lui-même* sur la signification réelle de son activité.

« Tel homme passe sa vie sans ennui, en jouant tous les jours peu de chose. Donnez-lui tous les matins l'argent qu'il peut gagner chaque jour, à la charge (condition) qu'il ne joue point : vous le rendez malheureux. On dira peut-être que c'est qu'il cherche l'amusement du jeu, et non pas le gain. Faites-le donc jouer pour rien, il ne s'y échauffera pas et s'y ennuiera. Ce n'est donc pas l'amusement seul qu'il recherche : un amusement languissant et sans passion l'ennuiera. Il faut qu'il s'y échauffe et qu'il se pipe (trompe) lui-même, en s'imaginant qu'il serait heureux de gagner ce qu'il ne voudrait pas qu'on lui donnât à condition de ne point jouer, afin qu'il se forme un sujet de passion et qu'il excite sur cela son désir, sa colère, sa crainte, pour l'objet qu'il s'est formé, comme les enfants qui s'effrayent du visage qu'ils ont barbouillé... Et ainsi, quand on leur reproche que ce qu'ils recherchent avec tant d'ardeur ne saurait les satisfaire, s'ils répondaient, comme ils devraient le faire s'ils y pensaient bien, qu'ils ne recherchent en cela qu'une occupation violente et impétueuse qui les détourne de penser à soi, et que c'est pour cela qu'ils se proposent un objet attirant qui les charme et les attire avec ardeur, ils laisseraient leurs adversaires sans repartie. Mais ils ne répondent pas cela, parce qu'ils ne se connaissent pas eux-mêmes. Ils ne savent pas que ce n'est que la chasse, et non pas la prise, qu'ils recherchent... Ils s'imaginent que, s'ils avaient obtenu cette charge, ils se reposeraient ensuite avec plaisir, et ne sentent pas la nature insatiable de leur cupidité. Ils croient chercher sincèrement le repos, et ne cherchent en effet (en réalité) que l'agitation » (139).

« *Misère*. La seule chose qui nous console de nos misères est le *divertissement*, et cependant c'est la *plus grande de nos misères*. Car c'est cela qui nous empêche principalement de penser à nous, et qui nous fait perdre insensiblement. Sans cela, nous serions dans l'ennui, et cet ennui nous pousserait à chercher un moyen plus solide d'en sortir. Mais le divertissement nous amuse et nous fait arriver insensiblement à la mort » (171).

« Nous courons sans souci dans le précipice, après que nous avons mis quelque chose devant nous pour nous empêcher de le voir » (183).

L'HOMME ESCLAVE DU DIVERTISSEMENT

PASCAL est tout entier dans ces quelques lignes : souplesse et rigueur de l'argumentation; psychologie pénétrante et art de pousser jusqu'à leurs conséquences inattendues (et même paradoxales) des constatations en apparence banales; présentation concrète et piquante des idées; formules saisissantes; ironie et observation satirique des mœurs contemporaines; pessimisme janséniste, et pourtant désir de conquérir les esprits pour sauver les âmes.

Ainsi l'homme est si malheureux, qu'il s'ennuierait même sans aucune cause d'ennui, par l'état propre de sa complexion, et il est si vain [1], qu'étant plein de mille causes essentielles [2] d'ennui [3], la moindre chose, comme un billard et une balle qu'il pousse, suffisent pour le divertir.[...]

D'où vient que cet homme, qui a perdu depuis peu de mois son fils unique [4], et qui, accablé de procès [5] et de querelles, était ce matin si troublé, n'y pense [6] plus maintenant? Ne vous en étonnez point : il est tout occupé à voir par où passera ce sanglier que les chiens pour-
10 suivent avec tant d'ardeur depuis six heures [7]. Il n'en faut pas davantage [8]. L'homme, quelque plein de tristesse qu'il soit, si [9] on peut gagner sur lui de le faire entrer en quelque divertissement [10], le voilà heureux pendant ce temps-là; et l'homme, quelque heureux qu'il soit, s'il n'est diverti et occupé par quelque passion ou quelque amusement qui empêche l'ennui de se répandre, sera bientôt chagrin et malheureux [11]. Sans divertissement il n'y a point de joie, avec le divertissement il n'y a point de tristesse [12]. Et c'est aussi ce qui forme le bonheur des personnes de grande condition, qu'ils [13] ont un nombre de personnes [14] qui les divertissent [15], et qu'ils ont le pouvoir de se
20 maintenir [16] en cet état.

Prenez-y garde. Qu'est-ce autre chose d'être surintendant [17], chancelier [18], premier président [19], sinon d'être en une condition où l'on a dès le matin un grand nombre de gens qui viennent de tous côtés pour ne leur laisser pas une heure en la journée où ils [20] puissent penser à eux-mêmes? Et quand ils sont dans la disgrâce et qu'on les renvoie à leurs maisons des champs, où ils ne manquent ni de biens, ni de domestiques pour les assister dans leur besoin [21], ils ne laissent pas d'être misérables [22] et abandonnés [23], parce que personne ne les empêche de songer à eux (139).

— 1 Léger. — 2 Qui tiennent à sa nature. — 3 Sens très fort au XVIIᵉ s. : *douleur odieuse* (in odium). — 4 Montrer l'importance de cet adj. — 5 Ils étaient fréquents au XVIIᵉ s. Pourquoi ce redoublement? — 6 Mot essentiel : le divertissement détourne de penser. — 7 Etudier l'effet de contraste. — 8 Préciser le ton. — 9 Tour très vif, aimé de Pascal (cf. p. 149, l. 13). — 10 Montrer la vérité de l'analyse. — 11 En quoi cette réflexion renchérit-elle sur la précédente? — 12 Préciser le rapport entre cette formule et ce qui précède. — 13 Les Grands. — 14 S'agit-il d'amuseurs de profession? Cf. la suite. — 15 Préciser le sens du terme. — 16 A opposer au bonheur passager des autres hommes. — 17 Chargé des finances : c'est Fouquet qui occupait alors le poste (cf. p. 209). — 18 Garde des sceaux. — 19 Du Parlement. — 20 On... leur... ils : Pascal suit son idée plus que la grammaire. — 21 Quand ils en ont besoin. — 22 Malheureux. — 23 Montrer le contraste entre ces termes et le contexte.

– *Étudiez l'élargissement progressif : d'un fait particulier à des conclusions générales.*
– *En quoi consiste ici le pessimisme de* PASCAL *? Que pensez-vous de son explication du « bonheur » humain ? Croyez-vous que l'homme ne trouve le bonheur que dans le « divertissement » ?*
– *Comment procède* PASCAL *pour présenter ses idées sous une forme concrète et vivante ?*
– *Étudiez dans le détail du style l'art de piquer la curiosité et de stimuler l'intérêt.*
– *Comment se traduisent : a) l'ironie de l'auteur ? – b) son tempérament passionné ?*

• **Comparaison.** PASCAL et le travail du style. Voici la rédaction primitive des lignes 6-20 :

« *Cet homme si affligé de la mort de sa femme et de son fils unique, qui a cette grande querelle qui le tourmente, d'où vient qu'à ce moment il n'est pas triste, et qu'on le voit si exempt de toutes ces pensées pénibles et inquiétantes ? Il ne faut pas s'en étonner ; on vient de lui servir une balle, et il faut qu'il la rejette à son compagnon ; il est occupé à la prendre à la chute du toit, pour gagner une chasse* (terme du jeu de paume) ; *comment voulez-vous qu'il pense à ses affaires, ayant cette autre affaire à manier ? Voilà un soin digne d'occuper cette grande âme, et de lui ôter toute autre pensée de l'esprit. Cet homme né pour connaître l'univers, pour juger de toutes choses, pour régir tout un État, le voilà occupé et tout rempli du soin de prendre un lièvre ! Et s'il ne s'abaisse à cela et veuille toujours être tendu, il n'en sera que plus sot, parce qu'il voudra s'élever au-dessus de l'humanité, et il n'est qu'un homme, au bout du compte, c'est-à-dire capable de peu et de beaucoup, de tout et de rien : il n'est ni ange ni bête, mais homme* » (140).

– *D'après les corrections de l'auteur, étudiez le* classicisme *de* PASCAL : *densité du style ; vraisemblance accrue ; valeur humaine plus générale ; ordre et progression dans le raisonnement.*

– **Commentaire composé : lignes 6-20.** *Élargissement progressif ; art d'intéresser ; forme vivante.*
– **Contraction :** *L'amour-propre (p. 151).* **Essai.** *Appliquez ces observations de* PASCAL *à des personnages littéraires rencontrés dans les œuvres que vous avez lues personnellement.*
• **Groupe thématique : La condition humaine.** PASCAL (p. 144-157) et VOLTAIRE : XVIIIᵉ SIÈCLE, pages 121, 125 à 127 ; 138 ; 167 ; 172 à 174 ; 175 ; 180. D'après la suite du chapitre sur PASCAL, est-il équitable de limiter l'optique pascalienne à la « misère de l'homme sans Dieu » ?

II. GRANDEUR DE L'HOMME

LE ROSEAU PENSANT

N'est-il pas émouvant de voir ce malade, perpétuellement accablé de tourments physiques, proclamer la *supériorité de l'homme sur la matière* qui l'écrase ? C'est ici que PASCAL se sépare de MONTAIGNE. Ce savant mathématicien, ce physicien ne pouvait méconnaître la noblesse du *génie humain.* Mais Pascal est en même temps *chrétien :* comme s'il avait trop voulu « faire l'ange », il corrige dans le fragment 365 ce qu'il y avait d'absolu dans la pensée 347. Pour lui, *grandeur* et *misère* sont, selon le mot de M. Strowski, les deux plateaux inséparables d'une même balance : si l'un ne s'abaisse pas, l'autre ne s'élève point.

L'homme n'est qu'un roseau, le plus faible de la nature ; mais c'est un roseau pensant [1]. Il ne faut pas que l'univers entier s'arme [2] pour l'écraser : une vapeur, une goutte d'eau [3], suffit pour le tuer [4]. Mais, quand [5] l'univers l'écraserait, l'homme serait encore [6] plus noble [7] que ce qui le tue, parce qu'il sait qu'il meurt, et l'avantage [8] que l'univers a sur lui ; l'univers n'en sait rien [9].

— 1 Comment Pascal a-t-il préparé ce rapprochement inattendu? — 2 Commenter l'image. — 3 Justifier l'ordre des termes. — 4 Pascal parle ailleurs (176) du « *petit grain de sable* » (calcul) qui coûta la vie à Cromwell et changea la destinée de l'Angleterre. — 5 Même si... — 6 Même dans ce cas. — 7 Montrer qu'il s'agit ici d'un autre « *ordre* » de grandeur (cf. p. 167). — 8 Deuxième complément de *sait*. Quel est l'effet de cette double construction? — 9 Préciser le ton.

Toute notre dignité consiste donc en la pensée. C'est de là [10] qu'il faut nous relever [11], et non de l'espace et de la durée, que nous ne saurions remplir [12]. Travaillons donc à bien penser : voilà le principe de la morale [13] (347).

Roseau pensant. — Ce n'est point de l'espace que je dois chercher ma dignité, mais c'est du règlement de ma pensée. Je n'aurai pas davantage en possédant des terres : par l'espace, l'univers me comprend et m'engloutit comme un point ; par la pensée, je le comprends [14] (348).

Grandeur de l'homme. — Nous avons une si grande idée de l'âme de l'homme, que nous ne pouvons souffrir d'en être méprisés, et de n'être pas dans l'estime d'une âme ; et toute la félicité des hommes consiste dans cette estime [15] (400).

La grandeur de l'homme est grande en ce qu'il se connaît misérable. Un arbre ne se connaît pas misérable.

C'est donc être misérable que de (*se*) connaître misérable ; mais c'est être grand que de connaître qu'on est misérable [16] (397).

Dans une série de courtes réflexions, PASCAL insiste sur cette noblesse de l'homme qui le rend supérieur à la matière, aux machines, aux bêtes : « Je ne puis concevoir l'homme sans pensée : ce serait une pierre ou une brute » (339). Mais cette considération est pour lui inséparable de celle de notre faiblesse et de notre néant.

Pensée. — Toute la dignité de l'homme consiste en la pensée.

La pensée est donc une chose admirable et incomparable par sa nature. Il fallait qu'elle eût d'étranges défauts pour être méprisable ; mais elle en a de tels que rien n'est plus ridicule. Qu'elle est grande par sa nature! Qu'elle est basse par ses défauts!

Mais qu'est-ce que cette pensée? Qu'elle est sotte [17]! (365).

Il est dangereux de trop faire voir à l'homme combien il est égal aux bêtes, sans lui montrer sa grandeur. Il est encore dangereux de lui trop faire voir sa grandeur sans sa bassesse. Il est encore plus dangereux de lui laisser ignorer l'un et l'autre. Mais il est très avantageux de lui représenter l'un et l'autre [18]. Il ne faut pas que l'homme croie qu'il est égal aux bêtes, ni aux anges, ni qu'il ignore l'un et l'autre, mais qu'il sache l'un et l'autre (418).

L'homme n'est ni ange ni bête, et le malheur veut que qui veut faire l'ange fait la bête [19] (358).

10 A partir de là. — 11 De notre « bassesse ». — 12 Cf. la *pensée* suivante, et les *Deux Infinis* (p. 144). — 13 Règle pour réaliser pleinement notre être. — 14 Je l'embrasse tout entier. — 15 En quoi cette pensée complète-t-elle les deux précédentes? — 16 Etudier la différence des deux tours et l'opposition de sens qui en résulte. — 17 Phrase ajoutée en note par Pascal. — 18 Quel est le point de vue de Pascal lorsqu'il parle de ces dangers et de cet avantage? — 19 Critique des stoïciens et de leur présomption.

– *Exposez, en les reliant logiquement, les idées de* PASCAL *dans ce groupement de pensées.*
– *Le roseau pensant (l. 1-10). a) Étudiez la présentation « géométrique » : théorème, démonstration, conséquences ; – b) L'argumentation « a fortiori » : montrez que* PASCAL *se place dans les circonstances les plus défavorables à sa thèse pour la rendre plus forte. – c) Relevez les contrastes : quel est l'effet recherché ? – d) Étudiez la poésie évocatrice du passage.*

• **Comparaison.** PASCAL (n° 347) et MONTAIGNE (II, 12) : « Quant à la force, il n'est animal au monde en butte de tant d'offenses que l'homme : il ne nous faut point une baleine, un éléphant et un crocodile, ni tels autres animaux desquels un seul est capable de défaire un grand nombre d'hommes : les poux sont suffisants pour faire vaquer (*mettre fin à*) la dictature de Sylla ; c'est le déjeuner d'un petit ver, que le cœur et la vie d'un grand et triomphant empereur ». Comparez la pensée et le style des deux écrivains.

– *Essai. Commentez l'opinion d'un critique moderne selon lequel le symbole du roseau pensant constitue la réplique essentielle à* MONTAIGNE, *pour qui la pensée est « la misère même de l'homme » :* PASCAL, *dit-il, « proclame la revanche de l'homme ».*

III. LE CHRISTIANISME, SEULE EXPLICATION DE NOTRE NATURE

L'énigme de notre nature « A mesure que les hommes ont de lumière, ils trouvent et grandeur et misère en l'homme. En un mot, l'homme connaît qu'il est misérable : il est donc misérable, puisqu'il l'est; mais il est bien grand puisqu'il le connaît » (416). Ces « contrariétés » constituent l'*énigme de l'homme* qui reste entière tant qu'on n'explique pas la coexistence, en lui, de la *grandeur* et de la *misère*. « *S'il se vante, je l'abaisse; s'il s'abaisse, je le vante; et le contredis toujours, jusqu'à ce qu'il comprenne qu'il est un monstre* (prodige) *incompréhensible* » (420). C'est à cet état d'esprit que PASCAL voulait mener le *libertin* pour que, renonçant aux faibles explications de la sagesse humaine, il « *cherche en gémissant* » à résoudre l'énigme de sa propre nature : « Je blâme également, et ceux qui prennent parti de louer l'homme, et ceux qui le prennent de se divertir; et je ne puis approuver que ceux qui cherchent en gémissant » (421). « Il est bon d'être lassé et fatigué par l'inutile recherche du vrai bien, afin de tendre les bras au Libérateur » (422).

Stoïciens et Sceptiques 1. L'ENTRETIEN AVEC M. DE SACI. En janvier 1655, PASCAL eut avec son directeur de conscience une conversation qui nous a été rapportée par FONTAINE, secrétaire de M. DE SACI, dans l'admirable *Entretien avec M. de Saci sur Épictète et Montaigne.* Pascal s'attachait à montrer l'erreur des *Stoïciens* (représentés par ÉPICTÈTE) qui ne voient que la grandeur de l'homme, et celle des *Sceptiques* (représentés par MONTAIGNE) qui ne voient que la misère de l'homme. Ne retenant les uns et les autres qu'un aspect de la nature humaine, *ils n'ont pu en donner une explication véritable :* « La source des erreurs de ces deux sectes est de n'avoir pas su que l'état de l'homme à présent diffère de celui de sa création; de sorte que l'un, remarquant quelques traces de sa première grandeur, et ignorant sa corruption, a traité la nature comme sainte et sans besoin de réparateur, ce qui le mène au comble de la superbe; au lieu que l'autre, éprouvant la misère présente et ignorant la première dignité, traite la nature comme nécessairement infirme et irréparable, ce qui le précipite dans le désespoir d'arriver à un véritable bien, et de là dans une extrême lâcheté ». Or *on ne peut les compléter l'un par l'autre,* « car l'un établissant la certitude, l'autre le doute, l'un la grandeur de l'homme, l'autre sa faiblesse, ils ruinent la vérité aussi bien que la fausseté l'un de l'autre. De sorte qu'ils ne peuvent subsister seuls à cause de leurs défauts, ni s'unir à cause de leurs oppositions, et qu'ainsi ils se brisent et s'anéantissent pour faire place à la vérité de l'Évangile. C'est elle qui accorde les contrariétés par un art tout divin... tout ce qu'il y a d'infirme appartenant à la nature, tout ce qu'il y a de puissant appartenant à la grâce ».

2. L'APOLOGIE. PASCAL aurait recouru dans l'*Apologie* à une argumentation semblable. Diverses notes nous le montrent préoccupé de détruire l'une par l'autre les thèses des *Stoïciens* et des *Pyrrhoniens* (ou Sceptiques) :

a) LES STOICIENS ont raison de proclamer notre *dignité;* mais ils ont tort de considérer comme nature ordinaire de l'homme ce qu'il ne réalise qu'exceptionnellement : « Ces grands efforts d'esprit, où l'âme touche quelquefois, sont choses où elle ne se tient pas; elle y saute seulement, non comme sur le trône, pour toujours, mais pour un instant seulement » (351). « On ne montre pas sa grandeur pour être à une extrémité, mais bien en touchant les deux à la fois, et remplissant tout l'entre-deux » (353).

b) LES PYRRHONIENS ont raison de *rabaisser la vanité humaine,* de montrer notre incapacité d'établir une vérité dans la morale ou même dans la science; mais ils ont tort de ne pas voir l'instinct invincible qui porte l'homme vers la vérité : « Nous avons une impuissance de prouver, invincible à tout le dogmatisme. Nous avons une idée de la vérité, invincible à tout le pyrrhonisme » (395). « Malgré la vue de toutes nos misères, qui nous touchent, qui nous tiennent à la gorge, nous avons un instinct que nous ne pouvons réprimer, qui nous élève » (411).

Ainsi, *Stoïciens et Pyrrhoniens ont également échoué,* faute de connaître entièrement la nature humaine : « Les uns ont voulu renoncer aux passions, et devenir dieux; les autres ont voulu renoncer à la raison, et devenir bêtes brutes... Mais ils ne l'ont pu, ni les uns ni les autres... » (413).

« Ce sont misères de grand seigneur »

« Toutes ces contrariétés, qui semblaient le plus m'éloigner de la connaissance de la religion, est ce qui m'a le plus tôt conduit à la véritable » (424). « Il faut, pour faire qu'une religion soit vraie, qu'elle ait connu notre nature. Elle doit avoir connu la grandeur et la petitesse, et la raison de l'une et de l'autre. Qui l'a connue, que (*sinon*) la chrétienne ? » (433). « Toutes ces misères-là prouvent sa grandeur. Ce sont misères de grand seigneur, misères d'un roi dépossédé » (398).

Quelle chimère [1] est-ce donc que l'homme ? Quelle nouveauté, quel monstre, quel chaos, quel sujet de contradiction, quel prodige ! Juge de toutes choses, imbécile [2] ver de terre ; dépositaire du vrai, cloaque [3] d'incertitude et d'erreur ; gloire et rebut de l'univers.

Qui démêlera cet embrouillement ? La nature confond [4] les pyrrhoniens, et la raison confond les dogmatiques. Que deviendrez-vous donc, ô hommes qui cherchez quelle est votre véritable condition par votre raison naturelle ? Vous ne pouvez fuir une de ces sectes, ni subsister dans aucune.

Connaissez donc, superbe [5], quel paradoxe vous êtes à vous-même. Humiliez-vous, raison impuissante ; taisez-vous, nature imbécile : apprenez que l'homme passe [6] infiniment l'homme, et entendez [7] de votre maître votre condition véritable que vous ignorez. Écoutez Dieu.

Car enfin, si l'homme n'avait jamais été corrompu, il jouirait dans son innocence et de la vérité et de la félicité avec assurance ; et si l'homme n'avait jamais été que corrompu, il n'aurait aucune idée ni de la vérité ni de la béatitude. Mais, malheureux que nous sommes, et plus que s'il n'y avait point de grandeur dans notre condition, nous avons une idée du bonheur, et ne pouvons y arriver ; nous

---

— 1 Monstre composé de plusieurs êtres. — | prim. : *amas.* — 4 Montre l'erreur des... —
2 Faible (sens latin. Cf. l. 10). — 3 Rédact. | 5 Orgueil. — 6 Dépasse. — 7 Apprenez.

sentons une image de la vérité, et ne possédons que le mensonge ; incapables d'ignorer absolument et de savoir certainement, tant il est manifeste que nous
20 avons été dans un degré de perfection dont nous sommes malheureusement déchus [8]! (434).

Dans une éloquente prosopopée, PASCAL *nous fait entendre la* Sagesse de Dieu *qui nous explique enfin notre nature :*

« N'attendez pas, dit-elle, ni [9] vérité, ni consolation des hommes. Je suis celle qui vous ai formés et qui puis seule vous apprendre qui vous êtes. Mais vous n'êtes plus maintenant en l'état où je vous ai formés. J'ai créé l'homme saint, innocent, parfait ; je l'ai rempli de lumière et d'intelligence ; je lui ai communiqué [10] ma gloire et mes merveilles. L'œil de l'homme voyait alors la majesté de Dieu. Il n'était pas alors dans les ténèbres qui l'aveuglent, ni dans la mortalité et dans les misères qui l'affligent. Mais il n'a pu soutenir tant de gloire sans tomber dans la présomption. Il a voulu se rendre centre de lui-même, et
30 indépendant de mon secours. Il s'est soustrait de ma domination [11] ; et, s'égalant [12] à moi par le désir de trouver sa félicité en lui-même, je l'ai abandonné à lui ; et, révoltant [13] les créatures, qui lui étaient soumises, je les lui ai rendues ennemies : en sorte qu'aujourd'hui l'homme est devenu semblable aux bêtes, et dans un tel éloignement de moi, qu'à peine lui reste-t-il une lumière [14] confuse de son auteur : tant toutes ses connaissances ont été éteintes ou troublées! Les sens, indépendants de la raison, et souvent maîtres de la raison, l'ont emporté à la recherche des plaisirs. Toutes les créatures ou l'affligent ou le tentent, et dominent sur lui, ou en le soumettant par leur force, ou en le charmant par leur douceur, ce qui est une domination plus terrible et plus impérieuse.
40 « Voilà l'état où les hommes sont aujourd'hui. Il leur reste quelque instinct impuissant du bonheur de leur première nature, et ils sont plongés dans les misères de leur aveuglement et de leur concupiscence, qui est devenue leur seconde nature.

« De ce principe que je vous ouvre, vous pouvez reconnaître la cause de tant de contrariétés [15] qui ont étonné tous les hommes, et qui les ont partagés en de si divers sentiments. Observez maintenant tous les mouvements de grandeur et de gloire que l'épreuve de tant de misères ne peut étouffer, et voyez s'il ne faut pas que la cause en soit en une autre nature » (430).

Cette transmission du péché originel *à tous les hommes nous paraîtra, sans doute, très* injuste, « *car qu'y a-t-il de plus contraire aux règles de notre misérable justice que de damner éternellement un enfant incapable de volonté, pour un péché où il paraît avoir si peu de part, qu'il est commis six mille ans avant qu'il fût en être? Certainement rien ne nous heurte plus rudement que cette doctrine; et cependant ! sans ce mystère, le plus incompréhensible de tous, nous sommes incompréhensibles à nous-mêmes. Le nœud de notre condition prend ses replis et ses tours dans cet abîme ; de sorte que l'homme est plus inconcevable sans ce mystère que ce mystère n'est inconcevable à l'homme* » (434).

---

8. Tout ce développement est à rapprocher du *Sermon sur la Mort*, second point (cf p. 271). — 9 Cf. App. E, 1. — 10 Donné une part de. —

11 Allusion au péché originel. — 12 Puisqu'il s'égalait. — 13 Puisqu'il poussait à la révolte. — 14 Connaissance. — 15 Contradictions.

IV. *L'ARGUMENT DU* « *PARI* »

C'est ici le *point délicat :* l'incrédule suivra volontiers la pénétrante analyse de la nature humaine, mais acceptera-t-il de *passer du domaine de l'observation à celui de la foi?* Comment le décider à franchir cet abîme? PASCAL voudrait lui inspirer le *désir* de prendre cette *décision capitale.*

« L'immortalité de l'âme est une chose qui nous importe si fort, qui nous touche si profondément, qu'il faut avoir perdu tout sentiment pour être dans l'indifférence de savoir ce qui en est. Toutes nos actions et nos pensées doivent prendre des routes si différentes, selon qu'il y aura des biens éternels à espérer ou non, qu'il est impossible de faire une démarche avec sens et jugement, qu'en la réglant par la vue de ce point, qui doit être notre dernier objet. Ainsi notre premier intérêt et notre premier devoir est de nous éclaircir sur ce sujet, d'où dépend toute notre conduite. Et c'est pourquoi, entre ceux qui n'en sont pas persuadés, je fais une extrême différence de ceux qui travaillent de toutes leurs forces à s'en instruire, à ceux qui vivent sans s'en mettre en peine et sans y penser... Cette négligence en une affaire où il s'agit d'eux-mêmes, de leur éternité, de leur tout, m'irrite plus qu'elle ne m'attendrit; elle m'étonne et m'épouvante, c'est un monstre pour moi » (194).

La vie est en effet si peu de chose devant l'éternité qu'il *est insensé de détourner les yeux de ce problème essentiel :* « Un homme dans un cachot, ne sachant si son arrêt est donné, n'ayant plus qu'une heure pour l'apprendre, cette heure suffisant, s'il sait qu'il est donné, pour le faire révoquer, il est contre nature qu'il emploie cette heure-là, non à s'informer si l'arrêt est donné, mais à jouer au piquet. Ainsi, il est surnaturel que l'homme, etc. » (200).

Par l'ARGUMENT DU PARI (233), Pascal s'efforce de démontrer, pour ainsi dire mathématiquement, que, dans l'ignorance, l'homme a tout intérêt à « parier » pour l'existence de Dieu, et plus précisément pour la religion chrétienne.

1. « IL FAUT PARIER : VOUS ÊTES EMBARQUÉ ». *Notre raison ne nous permet pas de trancher la question de l'existence de Dieu. Aussi ne peut-on reprocher aux chrétiens de ne pas la démontrer : ils affirment eux-mêmes que leur croyance échappe à la raison. Mais nous ne pouvons rester dans le doute : il faut parier pour ou contre :*

Examinons donc ce point, et disons : « Dieu est, ou il n'est pas. » Mais de quel côté pencherons-nous? La raison n'y peut rien déterminer : il y a un chaos infini qui nous sépare [1]. Il se joue un jeu, à l'extrémité de cette distance infinie, où il arrivera croix [2] ou pile. Que gagerez-vous? Par raison, vous ne pouvez faire ni l'un ni l'autre ; par raison, vous ne pouvez défendre nul des deux.

Ne blâmez donc pas de fausseté ceux qui ont pris un choix ; car vous n'en [3] savez rien. — « Non ; mais je les blâmerai d'avoir fait, non ce choix, mais un choix ; car, encore que celui qui prend croix et l'autre soient en pareille faute, ils sont tous deux en faute : le juste est de ne point parier. »

— Oui ; mais il faut parier ; cela n'est pas volontaire [4], vous êtes embarqué. Lequel prendrez-vous donc? Voyons. Puisqu'il faut choisir, voyons ce qui vous intéresse le moins...

2. NOUS AVONS AVANTAGE A PARIER QUE DIEU EST. — Votre raison n'est pas plus blessée, en choisissant l'un que l'autre, puisqu'il faut nécessairement choisir. Voilà un point vidé. Mais votre béatitude [5]? Pesons le gain et la perte, en prenant croix que Dieu est. Estimons ces deux cas : si vous gagnez,

---

— 1 De Dieu. — 2 « *Face* ». Au revers du côté « *pile* », les monnaies portaient non une effigie, mais une *croix*. — 3 Sur la valeur de ce choix. — 4 Ne dépend pas de votre volonté. — 5 Bonheur.

vous gagnez tout ; si vous perdez, vous ne perdez rien. Gagez donc qu'il est, sans hésiter. — « Cela est admirable. Oui, il faut gager ; mais je gage peut-être trop [6]. » — Voyons. Puisqu'il y a pareil hasard de gain et de perte, si vous n'aviez qu'à gagner deux vies pour une, vous pourriez encore gager ; mais s'il y en avait trois à gagner, il faudrait jouer (puisque vous êtes dans la nécessité de jouer), et vous seriez imprudent, lorsque vous êtes forcé à jouer, de ne pas hasarder votre vie pour en gagner trois à un jeu où il y a pareil hasard de perte et de gain. Mais il y a une éternité de vie et de bonheur [7].

Même au cas où l'on n'aurait qu'une seule chance de gagner sur une infinité de hasards, on devrait encore hasarder une vie terrestre pour gagner « une infinité de vie infiniment heureuse ». Mais, en réalité, les conditions sont encore plus favorables :

Mais il y a ici une infinité de vie infiniment heureuse à gagner, un hasard de gain contre un nombre fini de hasards de perte, et ce que vous jouez est fini [8]. Cela ôte tout parti [9] : partout où est l'infini, et où il n'y a pas infinité de hasards de perte contre celui de gain, il n'y a point à balancer, il faut tout donner. Et ainsi, quand on est forcé à jouer, il faut renoncer à la raison [10] pour garder la vie, plutôt que de la hasarder pour le gain infini aussi prêt à arriver [11] que la perte du néant [12].

N'y a-t-il pas néanmoins une différence avec les paris ordinaires? Ne peut-on objecter « qu'il est incertain si on gagnera, et qu'il est certain qu'on hasarde »? Il en est ainsi, dit PASCAL, *dans tous les jeux, et même dans toute la vie : « Tout joueur hasarde avec certitude pour gagner avec incertitude; et néanmoins il hasarde certainement le fini pour gagner incertainement le fini, sans pécher contre la raison. » Il est donc normal que l'on joue pour gagner incertainement l'infini.*

Et ainsi, notre proposition est dans une force infinie, quand il y a le fini à hasarder à un jeu où il y a pareils hasards de gain que de perte, et l'infini à gagner. Cela est démonstratif ; et si les hommes sont capables de quelque vérité, celle-là l'est [13]. — « Je le confesse, je l'avoue. Mais encore n'y a-t-il point moyen de voir le dessous du jeu [14]? » — Oui, l'Écriture, et le reste, etc.

3. NOUS N'AVONS RIEN A PERDRE, TOUT A GAGNER. — « Oui ; mais j'ai les mains liées et la bouche muette ; on me force à parier et je ne suis pas en liberté ; on ne me relâche pas, et je suis fait d'une telle sorte que je ne puis croire. Que voulez-vous donc que je fasse ? » — Il est vrai. Mais apprenez au moins que votre impuissance à croire vient de vos passions, puisque la raison vous y porte, et que néanmoins vous ne le pouvez. Travaillez donc, non pas à vous convaincre par l'augmentation des preuves de Dieu, mais par la diminution de vos passions. Vous voulez aller à la foi, et vous n'en savez pas le chemin ; vous voulez vous guérir de l'infidélité, et vous en demandez le remède ; apprenez de ceux qui ont été liés comme vous, et qui parient maintenant tout leur bien ; ce sont gens qui savent ce chemin que vous voudriez suivre, et guéris d'un mal dont vous voulez guérir. Suivez la manière par où ils ont commencé : c'est en faisant tout comme s'ils croyaient, en prenant de l'eau bénite, en faisant

6 Ce que je joue (c'est-à-dire *ma vie terrestre*) est trop important par rapport au gain incertain. Argument de joueur pour qui une partie est intéressante dans la mesure où le produit *gain × chances de gagner* l'emporte sur le produit *enjeu × chances de perdre*. — 7 *A gagner* (au lieu de *trois* vies seulement.) — 8 Limité (c'est la vie terrestre). — 9 Toute hésitation. — 10 Il faudrait être insensé. — 11 En effet, les chances sont égales. — 12 La vie terrestre, qui est le *néant* par rapport à *l'infini*. — 13 C'en est une. — 14 Les éléments qui guideraient le choix. Cf. p. 164, *Preuves*.

dire des messes, etc. Naturellement même cela vous fera croire et vous abêtira [15].
— « Mais c'est ce que je crains. » — Et pourquoi ? Qu'avez-vous à perdre ?

Mais pour vous montrer que cela y mène, c'est que cela diminuera les passions, qui sont vos grands obstacles.

Fin de ce discours. — Or, quel mal vous arrivera-t-il en prenant ce parti ? Vous serez fidèle, honnête, humble, reconnaissant, bienfaisant, ami sincère, véritable. A la vérité, vous ne serez point dans les plaisirs empestés, dans la gloire, dans les délices ; mais n'en aurez-vous point d'autres ? Je vous dis que vous y gagnerez en cette vie ; et qu'à chaque pas que vous ferez dans ce chemin, vous verrez tant de certitude du gain, et tant de néant de ce que vous hasardez, que vous reconnaîtrez à la fin que vous avez parié pour une chose certaine, infinie, pour laquelle vous n'avez rien donné.

— « Oh ! ce discours me transporte, me ravit, etc. »

— Si ce discours vous plaît et vous semble fort, sachez qu'il est fait par un homme qui s'est mis à genoux auparavant et après, pour prier cet Être infini et sans parties, auquel il soumet tout le sien [16], de se soumettre aussi le vôtre pour votre propre bien et pour sa gloire ; et qu'ainsi la force s'accorde avec cette bassesse [17] (233).

Tel est ce célèbre *argument du Pari* qui a soulevé tant de controverses. Il faut, pour respecter l'*intention de* PASCAL, considérer qu'il ne prétend pas démontrer l'existence de Dieu. Pratiquant « *l'art d'agréer* », il s'adresse à un homme du monde habitué à jouer et à calculer son intérêt. Le raisonnement, dans son second point, ressemble à celui que supposent tous les *jeux de hasard*. Seul, le troisième point introduit des *notions morales*, par la définition d'une vie vertueuse selon l'idéal chrétien. C'est peut-être par là que l'argument, valable en somme pour toutes les religions, s'accorde plus particulièrement avec le dessein de Pascal. Il lui suffit de gagner son interlocuteur à l'*idée de Dieu*. Les preuves en faveur du christianisme viendront par la suite.

Quelle eût été la place du Pari : au début de l'Apologie, pour secouer l'indifférence des incrédules ? à la fin, comme moyen désespéré de les gagner à la vie chrétienne ? L'argument paraît s'adresser à un hésitant déjà troublé par l'énigme de l'homme et désireux de croire : sans doute vaut-il mieux l'insérer, selon la tradition, entre les données de l'observation et l'appel à la croyance.

V. PREUVES DE LA RELIGION CHRÉTIENNE

Une fois admise l'existence de Dieu, il reste une étape à franchir : *comment choisir entre les religions* qui toutes se prétendent vraies ? Pascal s'élève *contre le déisme*, « presque aussi éloigné de la religion chrétienne que l'athéisme », et insuffisant pour le salut (556). Rejetant donc la méthode usuelle des apologistes qui veulent « prouver Dieu par les ouvrages de la nature » (292), il aurait cherché à *établir la supériorité de sa religion* sur celle de MAHOMET et sur toutes les autres (589-601). Il se proposait, comme le demande l'interlocuteur du « Pari », de montrer « *le dessous du jeu* », c'est-à-dire les preuves de la religion chrétienne.

Cette partie de l'œuvre est trop souvent laissée dans l'ombre parce que la rédaction n'en est pas aussi poussée que celle de la précédente. Elle occupait pourtant dans l'esprit de PASCAL *une place essentielle;* les fragments qui la concernent représentent près de la

---

15 Cet « *automatisme* » *même* (cf. p. 169, *La machine*) vous aidera à croire sans consulter la raison, qui est impuissante contre vos passions. — 16 Son être. — 17 La « *bassesse* » de s'agenouiller et de prier, qui rebute le libertin.

moitié des *Pensées*, et il est émouvant de le voir s'ingénier inlassablement à présenter un même argument sous la forme la plus démonstrative. Il nous paraît donc indispensable d'en donner les *grandes lignes*, ne fût-ce que pour rendre intelligible l'acharnement des *philosophes du XVIIIe siècle* (surtout VOLTAIRE), à ruiner l'authenticité de la Bible.

Dans des *pensées* frémissantes d'inquiétude humaine, PASCAL en vient à attirer l'attention sur les *prophéties*, « les plus grandes des preuves de Jésus-Christ ».

« *Le dernier acte est sanglant, quelque belle que soit la comédie en tout le reste : on jette enfin de la terre sur la tête, et en voilà pour jamais* » (210).

« *Qu'on s'imagine un nombre d'hommes dans les chaînes, et tous condamnés à la mort, dont les uns étant chaque jour égorgés à la vue des autres, ceux qui restent voient leur propre condition dans celle de leurs semblables, et, se regardant les uns et les autres avec douleur et sans espérance, attendent à leur tour. C'est l'image de la condition des hommes* » (199).

« *En voyant l'aveuglement et la misère de l'homme, en regardant tout l'univers muet, et l'homme sans lumière, abandonné à lui-même, et comme égaré dans ce recoin de l'univers, sans savoir qui l'y a mis, ce qu'il y est venu faire, ce qu'il deviendra en mourant, incapable de toute connaissance, j'entre en effroi comme un homme qu'on aurait porté endormi dans une île déserte et effroyable, et qui s'éveillerait sans connaître où il est, et sans moyen d'en sortir. Et sur cela j'admire comment on n'entre point en désespoir d'un si misérable état... Pour moi, ... considérant combien il y a plus d'apparence qu'il y a autre chose que ce que je vois, j'ai recherché si Dieu n'aurait point laissé quelque marque de soi.*

« *Je vois plusieurs religions contraires, et partant toutes fausses, excepté une. Chacune veut être crue par sa propre autorité et menace les incrédules. Je ne les crois donc pas là-dessus. Chacun peut dire cela, chacun peut se dire prophète. Mais je vois la chrétienne où se trouvent des prophéties, et c'est ce que chacun ne peut pas faire.* » (693).

Les prophéties

A partir des prophéties de l'*Ancien Testament*, PASCAL comptait prouver que JÉSUS-CHRIST est l'envoyé de Dieu et que lui seul peut nous faire connaître Dieu. Voici l'essentiel de son argumentation.

1. PERPÉTUITÉ DES PROPHÉTIES. Sans interruption, depuis la naissance du monde jusqu'à Jésus, des prophètes ont annoncé la venue d'un Messie (et même « le temps et la manière de sa venue », 617), « *en prédisant toujours d'autres choses, dont les événements* (la réalisation), *qui arrivaient de temps en temps à la vue des hommes, marquaient la vérité de leur mission, et par conséquent celle de leurs promesses touchant le Messie* » (616). Cette « perpétuité » a quelque chose de *surnaturel*, et PASCAL l'oppose à la diversité des sectes éphémères qui divisent les philosophes (618).

2. RÉALISATION DES PROPHÉTIES. Ses notes nous le montrent occupé à dresser des *listes de prédictions réalisées* : d'une part, les « prédictions des choses particulières » concernant l'histoire du Monde et notamment du peuple juif (captivité de Babylone, destruction du temple, etc.); d'autre part, les prédictions de la venue et des principales actions du Messie : sa naissance à Bethléem, de la famille de David, sa pauvreté, ses miracles, la nature de son enseignement, ses souffrances, sa passion, sa résurrection, son triomphe. Ainsi, la possibilité de vérifier la réalisation historique des « *prophéties particulières* » nous garantit la vérité des prophéties concernant le Messie et sa mission.

3. LES FIGURES. *Qui est ce Messie?* Si on sait lire les Écritures, on voit que tout y est tourné vers JÉSUS-CHRIST, « *Jésus-Christ que les deux Testaments regardent, l'*ANCIEN *comme son attente, le* NOUVEAU *comme son modèle, tous deux comme leur centre* » (740). Les prophéties de l'Ancien Testament sont en effet *symboliques;* elles ont un apparence un *sens matériel*, mais sont réalisées *au sens spirituel*, par Jésus-Christ, dans le Nouveau Testament; cette correspondance est la « *preuve des deux Testaments à la fois* » (642).

Les prophéties concernant le Messie doivent être convenablement interprétées, « car les prophètes entendaient par les biens temporels d'autres biens ». Il faut voir « que leurs discours expriment très clairement la promesse des biens temporels, et qu'ils disent néanmoins que leurs discours sont obscurs, et que leur sens ne sera point entendu. D'où il paraît que ce sens secret n'était pas celui qu'ils exprimaient à découvert, et que, par conséquent, ils entendaient parler d'autres sacrifices, d'un autre libérateur » (659). Ceux qui interprètent *correctement* les prophéties comprennent donc que JÉSUS-CHRIST èst bien le Messie depuis le commencement du monde, dans tout l'Ancien Testament. Si les Juifs, dépositaires de la Bible, refusent de le reconnaître comme Messie, c'est qu'ils prennent *à la lettre* les Écritures.

4. LA MISSION DU PEUPLE JUIF. « *C'est visiblement un peuple fait exprès pour servir de témoin au Messie* » (641). Depuis le début du monde, les patriarches juifs se transmettent le récit de la chute originelle et la promesse d'un Rédempteur (618). A la venue du Messie qu'ils annonçaient, ils ont refusé de le reconnaître : ce refus, *qui avait été prédit*, vérifiait une fois de plus les prophéties et a fait d'eux des *témoins irrécusables* du Christ, puisqu'ils étaient ses ennemis (761).

D'où vient leur erreur ? Dans toutes les religions, il y a les *charnels* qui n'aiment que les biens de la terre, et les *spirituels* qui placent les vrais biens hors de la terre. « *Les Juifs charnels attendaient un Messie charnel; les chrétiens grossiers croient que le Messie les a dispensés d'aimer Dieu; les vrais Juifs et les vrais chrétiens adorent un Messie qui les fait aimer Dieu* » (609).

Jésus-Christ

Par ses propres *miracles*, JÉSUS-CHRIST a donné lui-même la preuve de sa divinité. Étant à la fois Dieu et homme, il est le *Médiateur* entre les hommes et Dieu. Par sa *doctrine* il nous a enseigné les voies du salut, et par son sacrifice il a rendu possible le salut de l'humanité.

1. LES MIRACLES. De son vivant, on ne pouvait le reconnaître pour le Messie, puisqu'il n'avait pas encore réalisé les prophéties : « *Avant donc qu'il ait été mort, ressuscité, et converti les nations, tout n'était pas accompli; et ainsi il a fallu des miracles pendant tout ce temps* » (838). Les miracles étaient des *preuves* destinées aux contemporains; ils ont aussi la valeur de « *figures* », et prouvent son pouvoir sur les âmes par celui qu'il a sur les corps. « *Les figures de l'Évangile pour l'état de l'âme malade sont des corps malades; mais parce qu'un corps ne peut être assez malade pour le bien exprimer, il en a fallu plusieurs. Ainsi il y a le sourd, le muet, l'aveugle, le paralytique, le Lazare mort, le possédé. Tout cela ensemble est dans l'âme malade* » (658).

2. LE MÉDIATEUR. « *Nous ne connaissons Dieu que par Jésus-Christ. Sans ce Médiateur, est ôtée toute communication avec Dieu; par Jésus-Christ, nous connaissons Dieu. Tous ceux qui ont prétendu connaître Dieu et le prouver sans Jésus-Christ n'avaient que des preuves impuissantes. Mais pour prouver Jésus-Christ, nous avons les prophéties, qui sont des preuves solides et palpables. Et ces prophéties. étant accomplies, et prouvées véritables par l'événement, marquent la certitude de ces vérités, et partant, la preuve de la divinité de Jésus-Christ. En lui et par lui, nous connaissons donc Dieu. Hors de là et sans l'Écriture, sans le péché originel. sans Médiateur nécessaire promis et arrivé, on ne peut prouver absolument Dieu, ni enseigner ni bonne doctrine ni bonne morale. Mais par Jésus-Christ et en Jésus-Christ, on prouve Dieu, et on enseigne la morale et la doctrine. Jésus-Christ est donc le véritable Dieu des hommes.*

« *Mais nous connaissons en même temps notre misère, car ce Dieu-là n'est autre chose que le Réparateur de notre misère. Ainsi nous ne pouvons bien connaître Dieu qu'en connaissant nos iniquités. Aussi ceux qui ont connu Dieu sans connaître leur misère ne l'ont pas glorifié, mais s'en sont glorifiés* » (547).

« *La connaissance de Dieu sans celle de sa misère fait l'orgueil. La connaissance de sa misère sans celle de Dieu fait le désespoir. La connaissance de Jésus-Christ fait le milieu parce que nous y trouvons et Dieu et notre misère* » (527).

« *Jésus-Christ est un Dieu dont on s'approche sans orgueil, et sous lequel on s'abaisse sans désespoir* » (528).

3. LE RÉDEMPTEUR. Les preuves de la divinité de JÉSUS-CHRIST, en dehors même des prédictions et des miracles, Pascal les voit dans le caractère sublime de sa doctrine et la simplicité avec laquelle il l'a présentée (797). Son passage sur la terre est suivi d'un *changement inouï dans les âmes* et sa doctrine triomphe de tous les obstacles.

C'est que le Messie a offert son sacrifice pour racheter *tous les hommes* de la faute originelle : « *L'Église même n'offre le sacrifice que pour les fidèles : Jésus-Christ a offert celui de la croix pour tous* » (774). « *Jésus-Christ rédempteur de tous. — Oui, car il a offert, comme un homme qui a racheté tous ceux qui voudront venir à lui. Ceux qui mourront en chemin, c'est leur malheur, mais quant à lui, il leur offrait rédemption* » (781). Il semble en effet que, sans abandonner le jansénisme, PASCAL *aurait voulu adoucir les conséquences pratiques de la doctrine de la prédestination :* « Quand on dit que Jésus-Christ n'est pas mort pour tous, vous abusez d'un vice des hommes qui s'appliquent incontinent cette exception, ce qui est favoriser le désespoir; au lieu de les en détourner pour favoriser l'espérance. Car on s'accoutume ainsi aux vertus intérieures par ces habitudes extérieures » (781). Pour lui, en effet, la pratique extérieure de la religion, le « *mécanisme* », est un des moyens de parvenir à la vraie foi, et par là même au salut (cf. p. 169).

Le Dieu caché Mais, dira-t-on, *Dieu ne pouvait-il se révéler aux hommes de façon éclatante? Pourquoi cette obscurité?* Remarquons d'abord qu'on ne saurait en tirer argument contre la religion chrétienne : elle proclame justement que « Dieu s'est voulu cacher ». « *Dieu étant ainsi caché, toute religion qui ne dit pas que Dieu est caché n'est pas véritable; et toute religion qui n'en rend pas la raison n'est pas instruisante. La nôtre fait tout cela* » (585). Quelle est donc cette raison? C'est que l'obscurité est une épreuve pour « *aveugler les uns et éclairer les autres* ».

« Dieu a voulu racheter les hommes et ouvrir le salut à ceux qui le cherchaient. Mais les hommes s'en rendent si indignes qu'il est juste que Dieu refuse à quelques-uns, à cause de leur endurcissement, ce qu'il accorde aux autres par une miséricorde qui ne leur est pas due... Voulant paraître à découvert à ceux qui le cherchent de tout leur cœur, et caché à ceux qui le fuient de tout leur cœur, il tempère sa connaissance, en sorte qu'il a donné des marques de soi visibles à ceux qui le cherchent, et non à ceux qui ne le cherchent pas. Il y a assez de lumière pour ceux qui ne désirent que de voir, et assez d'obscurité pour ceux qui ont une disposition contraire » (430). « *Il y a assez de clarté pour éclairer les élus et assez d'obscurité pour les humilier. Il y a assez d'obscurité pour aveugler les réprouvés et assez de clarté pour les condamner et les rendre inexcusables* » (578).

GRANDEUR DE JÉSUS-CHRIST : LES TROIS « ORDRES »

Certains s'étonnent de la « *bassesse* » de JÉSUS-CHRIST : un Dieu fait homme ne devrait-il pas surpasser tous les hommes? PASCAL va montrer que la grandeur de Jésus est d'un *autre ordre* que les « grandeurs charnelles ou spirituelles », et supérieure à celles-ci. L'exposé, en cette matière délicate, est d'une *netteté* et d'une *logique* parfaites. Mais, quand il proclame la vraie grandeur de Jésus-Christ, l'âme de Pascal vibre si intensément que chez lui la logique perd sa froideur pour se résoudre en *élans de charité*. C'est déjà le *lyrisme mystique* que nous découvrirons dans le *Mystère de Jésus*.

La distance infinie des corps aux esprits figure [1] la distance infiniment plus infinie des esprits à la charité [2], car elle est surnaturelle.

Tout l'éclat des grandeurs [3] n'a point de lustre [4] pour les gens qui sont dans les recherches de l'esprit.

La grandeur des gens d'esprit est invisible aux rois, aux riches, aux capitaines, à tous ces grands de chair.

La grandeur de la sagesse, qui n'est nulle sinon de Dieu [5], est invisible aux charnels et aux gens d'esprit. Ce sont trois ordres différents de genre.

10 Les grands génies ont leur empire [6], leur éclat, leur grandeur, leur

---

— 1 Représente, symbolise (cf. p. 165, § 3). — 2 L'amour de Dieu. — 3 Matérielles. — 4 De splendeur. — 5 *Qui n'est rien si elle ne vient* | *de Dieu.* Il n'y a de sagesse que celle des *saints.* — 6 *Leur domination.* A l'intérieur de chaque ordre *règne* la grandeur qui lui est propre.

victoire, leur lustre, et n'ont nul besoin des grandeurs charnelles, où [7] elles n'ont pas de rapport. Ils sont vus non des yeux, mais des esprits, c'est assez.

Les saints ont leur empire, leur éclat, leur victoire, leur lustre, et n'ont nul besoin des grandeurs charnelles ou spirituelles [8], où elles n'ont nul rapport, car elles n'y ajoutent ni ôtent. Ils sont vus de Dieu et des anges, et non des corps ni des esprits curieux [9] : Dieu leur suffit.

Archimède [10], sans éclat [11], serait en même vénération. Il n'a pas donné des batailles pour les yeux, mais il a fourni à tous les esprits 20 ses inventions. Oh! qu'il a éclaté [12] aux esprits!

Jésus-Christ sans biens et sans aucune production au dehors de science, est dans son ordre de sainteté. Il n'a point donné d'invention, il n'a point régné; mais il a été humble, patient, saint, saint, saint à Dieu, terrible aux démons, sans aucun péché. Oh! qu'il est venu en grande pompe et en une prodigieuse magnificence, aux yeux du cœur et qui voient la sagesse [13]!

Il eût été inutile à Archimède de faire le prince dans ses livres de géométrie, quoiqu'il le fût [14].

Il eût été inutile à Notre Seigneur Jésus-Christ pour éclater dans 30 son règne de sainteté de venir en roi; mais il y est bien venu avec l'éclat de son ordre [15]!

Il est bien ridicule de se scandaliser de la bassesse [16] de Jésus-Christ, comme si cette bassesse était du même ordre duquel est la grandeur qu'il venait faire paraître. Qu'on considère cette grandeur-là dans sa vie, dans sa passion, dans son obscurité, dans sa mort, dans l'élection des siens, dans leur abandon [17], dans sa secrète résurrection, et dans le reste, on la verra si grande, qu'on n'aura pas sujet de se scandaliser d'une bassesse qui n'y est pas [18].

Mais il y en a qui ne peuvent admirer que les grandeurs charnelles, 40 comme s'il n'y en avait pas de spirituelles [19]; et d'autres qui n'admirent que les spirituelles, comme s'il n'y en avait pas d'infiniment plus hautes dans la sagesse.

Tous les corps, le firmament, les étoiles, la terre et ses royaumes, ne valent pas le moindre des esprits [20]; car il connaît tout cela, et soi; et les corps, rien.

Tous les corps ensemble, et tous les esprits ensemble et toutes leurs productions, ne valent pas le moindre mouvement de charité [21]. Cela est d'un ordre infiniment plus élevé.

De tous les corps ensemble, on ne saurait en [22] faire réussir [23] une

---

7 *Là où...* — 8 Noter la progression. — 9 Ceux des savants, dont le propre est la *curiosité.* — 10 Savant du IIIᵉ siècle av. J.-C. Exemple de grandeur selon l'esprit. — 11 Même s'il n'était pas de famille royale. — 12 *Fait resplendir sa grandeur.* — 13 Montrer la progression. — 14 Il était parent de Hiéron, roi de Syracuse. —

15 La grandeur *correspondant* à son ordre. — 16 Selon la *chair* et l'*esprit.* — 17 Le *choix* de ses disciples, puis leur *défection.* — 18 Si on le considère dans son *ordre,* celui de la sainteté. — 19 Cf. p. 166, § 4. — 20 Cf. le « roseau pensant » (p. 157). — 21 Amour de Dieu. — 22 Pléonasme (cf. App. B 3). — 23 Sortir.

50 petite pensée : cela est impossible, et d'un autre ordre. De tous les corps et esprits, on n'en saurait tirer un mouvement de vraie charité, cela est impossible, et d'un autre ordre, surnaturel (793).

– *Définissez les trois « ordres » dont parle PASCAL ; étudiez la relation qu'il établit entre eux.*
– *A quoi reconnaissez-vous que PASCAL génie humilie le génie devant la sainteté ?*
– *Etudiez comment la passion et le mysticisme donnent une autre dimension à l'argumentation.*
– *Par quels moyens PASCAL cherche-t-il à nous rendre sensible la grandeur surnaturelle de Jésus ?*
• **Groupe thématique : Mysticisme.** Cf. p. 170, 172. – XIXe SIÈCLE, p. 513. – XXe SIÈCLE p. 110, 152, 190.

VI. LA FOI : DIEU SENSIBLE AU CŒUR

Le cœur   Même si ces preuves convergentes ont été assez fortes pour le convaincre de la vérité du christianisme, elles ne suffiront pas pour faire du lecteur un vrai chrétien : il lui faut encore la foi. « *La foi est différente de la preuve : l'une est humaine, l'autre est un don de Dieu* » (248). Et Pascal de s'écrier : « *Qu'il y a loin de la connaissance de Dieu à l'aimer !* » (280).

La foi est donc, avant tout, amour, élan vers Dieu. C'est elle qui nous permet de discerner la vérité à travers les voiles qui l'enveloppent; c'est elle qui nous introduit dans l'ordre de Jésus-Christ, celui de la charité. « *C'est le cœur qui sent Dieu, et non la raison. Voilà ce que c'est que la foi, Dieu sensible au cœur, non à la raison* » (278). Ne disons pas que la raison est inutile; elle est insuffisante. Le juste vit de la foi, « *de cette foi que Dieu lui-même met dans le cœur* », de cette foi qui « *fait dire non scio, mais credo* (= non *je sais*, mais *je crois*) » (248).

Par l'*intuition* qui lui est propre, le cœur permet en effet de dépasser la connaissance rationnelle, « *le cœur a ses raisons, que la raison ne connaît point* » (277). « *Et c'est pourquoi ceux à qui Dieu a donné la religion par sentiment du cœur sont bien heureux et bien légitimement persuadés. Mais ceux qui ne l'ont pas, nous ne pouvons la* (leur) *donner que par raisonnement, en attendant que Dieu la leur donne par sentiment de cœur, sans quoi la foi n'est qu'humaine, et inutile pour le salut* » (282).

« La machine »   Mais n'est-il pas décourageant d'attendre, dans l'incertitude, que Dieu nous donne « par sentiment de cœur » cette foi indispensable au salut? Comment décider les hésitants à persévérer? Pascal les invite à « *ôter les obstacles* », à « *plier la machine* » par la coutume et par l'humilité.

1. LA COUTUME. Convenablement dirigée, cette « puissance trompeuse » (cf. p. 150) peut devenir un utile soutien de la croyance : « *Il faut que l'extérieur soit joint à l'intérieur pour obtenir de Dieu; c'est-à-dire que l'on se mette à genoux, prie des lèvres, etc., afin que l'homme orgueilleux, qui n'a voulu se soumettre à Dieu, soit maintenant soumis à la créature. Attendre de cet extérieur le secours est être superstitieux, ne vouloir pas le joindre à l'intérieur est être superbe* » (orgueilleux) » (250). « *Car il ne faut pas se méconnaître : nous sommes automate autant qu'esprit; et de là vient que l'instrument par lequel la persuasion se fait n'est pas la seule démonstration... Les preuves ne convainquent que l'esprit. La coutume fait nos preuves les plus fortes et les plus crues; elle incline l'automate, qui entraîne l'esprit sans qu'il y pense* » (252).

2. L'HUMILITÉ. C'est en pratiquant les vertus chrétiennes, en combattant notre corruption, que nous fléchirons peut-être la miséricorde divine, car la Grâce vient à ceux qui se haïssent eux-mêmes et s'humilient pour n'aimer que Dieu; leur âme doit être chrétienne avant même que la grâce ne vienne couronner cette conversion : « *Il est juste qu'un Dieu si pur ne se découvre qu'à ceux dont le cœur est purifié* (737). Il faut donc commencer par la pénitence et les mortifications (493; 661), et attendre la volonté divine, car nos efforts ne suffisent pas : « *Consolez-vous; ce n'est pas de vous que vous devez l'attendre, mais au contraire, en n'attendant rien de vous, que vous devez l'attendre* » (517).

Le Mystère de Jésus

Méditant sur le récit de saint Matthieu avec l'intuition ardente des grands mystiques, *Pascal revit l'agonie du Christ :* il entre en sympathie avec les souffrances, surtout avec la terrible *solitude morale* de Jésus. Deux motifs obsédants reviennent sans cesse : l'abandon de Jésus par les hommes, la bonté de Jésus qui les sauve malgré eux. Au moment où, plein d'angoisse, le janséniste cherche la voie du salut, au fond de son âme la parole de son Sauveur se fait entendre, rassurante et douce, pour lui apporter la *paix des certitudes :* oui, il est élu, prédestiné ; et, dans l'émoi de l'extase, il fait à ce Dieu qui l'a choisi le don total et fervent de lui-même. Comment rester insensible au *drame intérieur* de cette âme inquiète, à la *poésie* de ces évocations douloureuses, à la *douceur lyrique* de cette extase où viennent s'anéantir toutes les misères terrestres ?

L e *Mystère de Jésus.* — Jésus souffre dans sa passion les tourments que lui font les hommes ; mais dans l'agonie [1] il souffre des tourments qu'il se donne à lui-même : *turbare semetipsum* [2]. C'est un supplice d'une main non humaine, mais toute-puissante, car il faut être tout-puissant pour le soutenir [3].

Jésus cherche quelque consolation au moins dans ses trois plus chers amis [4] et ils dorment ; il les prie de soutenir un peu avec lui [5], et ils le laissent [6] avec une négligence entière, ayant si peu de compassion qu'elle ne pouvait seulement les empêcher de dormir un moment. Et ainsi Jésus était délaissé seul à la colère de Dieu.

Jésus est seul [7] dans la terre, non seulement qui ressente et partage sa peine, mais qui la sache : le ciel et lui sont seuls dans cette connaissance.

Jésus est dans un jardin, non de délices comme le premier Adam, où il [8] se perdit et [9] tout le genre humain, mais dans un de supplices, où il [10] s'est sauvé et tout le genre humain.

Il souffre cette peine et cet abandon dans l'horreur de la nuit.

Je crois que Jésus ne s'est jamais plaint que cette seule fois ; mais alors il se plaint comme s'il n'eût plus pu contenir sa douleur excessive : « Mon âme est triste jusqu'à la mort [11]. »

Jésus cherche de la compagnie et du soulagement de la part des hommes. Cela est unique en toute sa vie, ce me semble. Mais il n'en reçoit point, car ses disciples dorment.

Jésus sera en agonie jusqu'à la fin du monde : il ne faut pas dormir [12] pendant ce temps-là.

Jésus au milieu de ce délaissement universel et de ses amis choisis pour veiller avec lui, les trouvant dormant, s'en fâche à cause du péril où ils exposent non lui, mais eux-mêmes, et les avertit de [13] leur propre salut et de leur bien avec une tendresse cordiale pour eux pendant leur ingratitude [14], et les avertit que l'esprit est prompt et la chair infirme [15].

Jésus, les trouvant encore dormant, sans que ni sa considération [16] ni la leur [17] les en eût retenus, il a la bonté de ne pas les éveiller, et les laisse dans leur repos [18].

Jésus prie dans l'incertitude de la volonté du Père, et craint la mort ; mais, l'ayant connue [19], il va au-devant s'offrir à elle : *Eamus. Processit* (Joannes) [20].

Jésus a prié les hommes, et n'en a pas été exaucé.

— 1 La *passion* est le supplice de la croix ; l'*agonie* est la torture morale de Jésus au Jardin des Oliviers. — 2 *Se torturer soi-même.* Saint Jean (XI, 33, douleur de Jésus à la mort de Lazare). — 3 Supporter. — 4 Pierre, Jacques et Jean (Matth., XXVI, 38). — 5 L'aider à supporter. — 6 Délaissent. — 7 Est seul, *sur... à ressentir.* — 8 Ce dernier. — 9 Ainsi que. — 10 *Jésus.* Apprécier ces antithèses. — 11 Matth., XXVI, 38. — 12 Etudier la portée de ce mot, qui s'élargit symboliquement. — 13 Leur rappelle. — 14 Noter le contraste. — 15 Faible (Matth., XXVI, 41). — 16 Celle de sa détresse. — 17 Celle de leur salut. — 18 Matth., XXVI, 43-44. — 19 La volonté du Père. — 20 *Allons. Il s'avança.* Pascal cite maintenant le texte de saint Jean (XVIII, 4).

Jésus, pendant que ses disciples dormaient, a opéré leur salut. Il l'a fait à chacun des justes pendant qu'ils dormaient, et dans le néant avant leur naissance, et dans les péchés depuis leur naissance [21].

Il ne prie qu'une fois que le calice passe et encore avec soumission, et deux fois qu'il vienne s'il le faut [22].

Jésus dans l'ennui [23].

40 Jésus, voyant tous ses amis endormis et tous ses ennemis vigilants, se remet tout entier à son Père.

Jésus ne regarde pas dans Judas son inimitié, mais l'ordre de Dieu qu'il aime, et la [24] voit si peu qu'il l'appelle ami [25].

Jésus s'arrache d'avec ses disciples pour entrer dans l'agonie ; il faut s'arracher de ses plus proches et des plus intimes pour l'imiter.

Jésus étant dans l'agonie et dans les plus grandes peines, prions plus longtemps.

Nous implorons la miséricorde de Dieu, non afin qu'il nous laisse en paix dans nos vices, mais afin qu'il nous en délivre.

Si Dieu nous donnait des maîtres de sa main, oh ! qu'il leur faudrait obéir de
50 bon cœur ! La nécessité et les événements en sont infailliblement [26].

— « Console-toi, tu ne me chercherais pas, si tu ne m'avais trouvé [27].

« Je pensais à toi dans mon agonie, j'ai versé telles gouttes de sang [28] pour toi.

« C'est me tenter plus que t'éprouver, que de penser si tu ferais bien [29] telle et telle chose absente : je la ferai en toi si elle arrive.

« Laisse-toi conduire à [30] mes règles, vois comme j'ai bien conduit la Vierge et les saints qui m'ont laissé [31] agir en eux.

« Le Père aime tout ce que JE fais.

« Veux-tu qu'il me coûte toujours du sang de mon humanité [32], sans que tu donnes des larmes ?

60 « C'est mon affaire que ta conversion ; ne crains point, et prie avec confiance comme pour moi.

« Je te suis présent par ma parole dans l'Écriture, par mon esprit dans l'Église et par les inspirations [33], par ma puissance dans les prêtres, par ma prière [34] dans les fidèles.

« Les médecins ne te guériront pas [35], car tu mourras à la fin. Mais c'est moi qui guéris et rends le corps immortel.

« Souffre les chaînes et la servitude corporelles ; je ne te délivre que de la spirituelle à présent.

« Je te suis plus un ami que tel et tel ; car j'ai fait pour toi plus qu'eux, et
70 ils ne souffriraient pas ce que j'ai souffert de toi et ne mourraient pas pour toi dans le temps de tes infidélités et cruautés, comme j'ai fait et comme je suis prêt à faire, et fais dans mes élus et au Saint Sacrement [36].

« Si tu connaissais tes péchés, tu perdrais cœur [37]. »

— Je le perdrai donc, Seigneur, car je crois leur malice [38] sur votre assurance [39].

---

21 Idée capitale pour cette âme en quête de certitude. — 22 Matth., XXVI, 39, 42 et 44. Le calice symbolise l'épreuve qu'il va subir. — 23 Tourment (sens class.). — 24 Son inimitié. — 25 Matth., XXVI, 50. — 26 En : *des maîtres*. — 27 C'est Jésus qui lui répond avec bonté. — 28 Luc, XXII, 44 : « *Il priait plus instamment et sa sueur devint comme de grosses gouttes de sang qui tombaient à terre.* » — 29 Si tu pourrais faire. — 30 Par. — 31 On le voit, Pascal accorde une place, si minime soit-elle, au libre arbitre. — 32 La *nature humaine* que j'ai voulu revêtir. — 33 Les clartés que donne la grâce. — 34 Les prières qu'on m'adresse. — 35 Songer aux souffrances continuelles de Pascal. — 36 C'est toute la doctrine de la Rédemption. — 37 Courage. — 38 Malfaisance — 39 Puisque vous me l'assurez.

— « Non, car moi, par qui tu l'apprends, t'en [40] peux guérir, et ce que [41] je te le dis est un signe que je te veux guérir. A mesure que tu les expieras, tu les connaîtras, et il te sera dit : « Vois les péchés qui te sont remis. » Fais donc pénitence pour tes péchés cachés et pour la malice occulte de ceux que tu connais. »

80   — Seigneur, je vous donne tout.

— « Je t'aime plus ardemment que tu n'as aimé tes souillures, *ut immundus pro luto* [42]. Qu'à moi en soit la gloire et non à toi, ver et terre.

« Interroge ton directeur [43], quand mes propres paroles te sont occasion de mal, et de vanité ou curiosité. »

— Je vois mon abîme d'orgueil, de curiosité, de concupiscence. Il n'y a nul rapport de moi à Dieu, ni à Jésus-Christ juste. Mais il a été fait péché par moi [44] ; tous vos fléaux [45] sont tombés sur lui. Il est plus abominable [46] que moi, et, loin de m'abhorrer, il se tient honoré que j'aille à lui et le secoure.

Mais il s'est guéri lui-même, et me guérira à plus forte raison.

90   Il faut ajouter mes plaies aux siennes, et me joindre à lui, et il me sauvera en se sauvant. Mais il n'en faut pas ajouter à l'avenir (553).

EXERCICE : *Étudier le mysticisme de Pascal d'après le* MYSTÈRE DE JÉSUS *et le* MÉMORIAL *qu'il gardait dans sa doublure, depuis la nuit d'extase où il trouva la « certitude » (cf. p. 130).*

†
L'an de grâce 1654,

Lundi, 23 novembre, jour de saint Clément, pape et martyr, et autres au martyrologe,
Veille de saint Chrysogone, martyr, et autres,
Depuis environ dix heures et demie du soir jusques environ minuit et demi,
feu .[1].
« Dieu d'Abraham, Dieu d'Isaac, Dieu de Jacob [2] », non des philosophes et des savants.
Certitude. Certitude. Sentiment. Joie. Paix [3].
Dieu de Jésus-Christ.
Deum meum et Deum vestrum [4].
« Ton Dieu sera mon Dieu [5]. »
Oubli du monde et de tout, hormis Dieu.
Il ne se trouve que par les voies enseignées dans l'Evangile.
Grandeur de l'âme humaine.
« Père juste, le monde ne t'a point connu, mais je t'ai connu. » [6]
Joie, joie, joie, pleurs de joie.
Je m'en suis séparé :
Dereliquerunt me fontem aquae vivae [7].
« Mon Dieu, me quitterez-vous [8] ? »
Que je n'en sois pas séparé éternellement.
« Cette [9] est la vie éternelle, qu'ils te connaissent seul vrai Dieu, et celui que tu as envoyé, Jésus-Christ. Jésus-Christ.   Christ. »
Je m'en suis séparé ; je [10] l'ai fui, renoncé, crucifié
Que je n'en sois jamais séparé.
Il ne se conserve que par les voies enseignées dans l'Evangile.
Renonciation totale et douce.
Soumission totale à Jésus-Christ et à mon directeur.
Eternellement en joie pour un jour d'exercice sur la terre.
Non obliviscar sermones tuos [11]. Amen.

— 1 Mot isolé au milieu de la ligne : feu intérieur de la certitude, ou vision surnaturelle éblouissante, comme l'a cru Barrès ? — 2 *Exode*, III, 6 : Dieu se définit ainsi à Moïse ; définition reprise par Jésus (Matth., XXII, 32). — 3 Ligne ajoutée après coup, dans l'exaltation de la certitude. — 4 Jean, XX, 17 : « (Je monte vers) *mon Dieu et votre Dieu.* » — 5 *Ruth* (I, 16) : paroles de Ruth à sa belle-mère Noémi. — 6 Jean, XVII, 25, où Jésus apparaît comme « médiateur ». — 7 « *Ils m'ont abandonné, moi la source d'eau vive* » (reproches de l'Eternel aux Hébreux, dans *Jérémie*, II, 13). — 8 Matth., XXVII, 46. Cri d'angoisse de Jésus sur la croix, qui reprend un psaume prophétique (XXII, 2). — 9 *Cette* : cela (annonce « *qu'ils te connaissent...* »). Paroles de Jésus à Dieu (Jean, XVII, 3). — 10 Fin de phrase ajoutée en surcharge. — 11 « *Je n'oublierai pas tes paroles.* » (Ps. CXVIII, 16.)

---

40 De tes péchés. — 41 Le fait que. — 42 « *Comme un animal immonde aime sa fange* ». — 43 De conscience. — 44 Souillé de mes propres | péchés. — 45 Châtiments de Dieu (lang. biblique). — 46 Puisqu'il s'est chargé des péchés de *tous*.

Manuscrit autographe du « Mémorial », 1654.
(Ph. © Bibl. Nat., Paris. Arch. Photeb.)

Cette copie accompagnait le parchemin du **Mémorial**, aujourd'hui disparu, qui fut trouvé dans la doublure du vêtement de Pascal après sa mort. On comprendra, d'après cet autographe, les difficultés que présente la lecture du manuscrit des *Pensées* (cf. **p. 172**).

imonin Fecit

e vray Portrait de M' de Moliere en Habit de Sganarelle.

(Molière en habit de Sganarelle, gravure de Simonin, xviiᵉ siècle. Ph. © Bibl. Nat., Paris. Arch. Photeb.)

MOLIÈRE

Éducation bourgeoise — Né à Paris en 1622, JEAN-BAPTISTE POQUELIN a passé sa jeunesse dans ce milieu de *bourgeoisie aisée* qui servira de cadre à beaucoup de ses comédies. Son père, tapissier du roi, le mit au *collège de Clermont* (aujourd'hui Louis-le-Grand), où il reçut l'éducation soignée des « honnêtes gens ». Il étudia les mathématiques et la physique, la danse et l'escrime; il connut la philosophie scolastique, qu'il couvrira si souvent de ridicule; il savait assez de *latin* pour lire dans le texte les *comédies* de Plaute et de Térence et pour traduire Lucrèce. Avait-il suivi, comme on l'a cru, les leçons de Gassendi (cf. p. 127), en compagnie de Cyrano ? En tout cas, il fut probablement en relations avec des libertins.

L'Illustre Théâtre — En 1642, à l'âge de 20 ans, il aurait, comme *tapissier du roi*, accompagné Louis XIII à Narbonne. C'est que son père lui réservait la survivance de sa charge. Mais il avait la *vocation du théâtre*, peut-être depuis le temps où, tout enfant, on le menait à la foire applaudir des *farces* et des parades de charlatans. Brusquement, en 1643, au mépris des préjugés de son temps (les acteurs étaient excommuniés), le jeune POQUELIN décide de se faire *comédien* et, chose étrange, semble avoir obtenu sans trop de mal l'assentiment et même le soutien de son père. Assez vite, il prend le nom de MOLIÈRE et fonde, avec l'actrice MADELEINE BÉJART, la troupe de l'*Illustre Théâtre*, composée de dix acteurs. Ils jouent des tragédies à la mode, mais ne parviennent pas à s'imposer contre les troupes déjà bien assises de l'*Hôtel de Bourgogne* et du *Marais* (cf. p. 89) : à plusieurs reprises, MOLIÈRE *est emprisonné pour dettes* au Châtelet. Il décide alors d'aller tenter la fortune en province.

Molière en province — I. LA TROUPE DE DU FRESNE (1645-1650). Molière et les Béjart s'associent à la troupe de DU FRESNE, protégée par le duc d'Épernon, gouverneur de Guyenne : Agen, Toulouse, Albi, Carcassonne, Nantes, Narbonne, telles sont les principales étapes de leur tournée de 1645 à 1650. On ne commet plus l'erreur d'imaginer ces comédiens d'après les pauvres hères du *Roman Comique* (cf. p. 77) : en réalité, ils faisaient bien leurs affaires et étaient estimés pour la « magnificence de leurs habits ». Vers l'été 1650, le duc d'Épernon quitte la Guyenne, et Du Fresne cède la *direction* à MOLIÈRE, qui la gardera jusqu'à sa mort.

II. MOLIÈRE EN LANGUEDOC (1650-1658). La troupe eut son « port d'attache » à Lyon, où le public était gagné au théâtre par les habiles *comédiens italiens*. De Lyon, elle rayonne à travers tout le Languedoc, jouant à Montpellier, Narbonne, Béziers, Avignon, Grenoble, et souvent à Pézenas, où le prince de CONTI, ancien condisciple de Molière, préside les États du Languedoc. Gratifiés d'une pension, les comédiens prennent le titre de *Troupe de M. le Prince de Conti*, de 1653 à 1657, date où le prince, devenu janséniste, prit en horreur la comédie et se brouilla avec son protégé. En 1658, MOLIÈRE s'installe à Rouen pour se rapprocher de Paris. Il obtient la protection de MONSIEUR, frère du roi, et, prenant sa revanche de l'échec de l'*Illustre Théâtre*, il va faire, en octobre 1658, sa rentrée à Paris.

III. L'APPRENTISSAGE DE MOLIÈRE. Loin d'être du temps perdu, ces douze années de province ont été les années d'apprentissage de MOLIÈRE acteur et auteur comique.

1. L'EXPÉRIENCE DU DIRECTEUR DE TROUPE. Molière a connu les *responsabilités* et les *soucis* du directeur de troupe. Il fallait négocier pour faire face aux impôts, locations de salles, taxes municipales, contributions pour les pauvres; il fallait lutter contre les troupes rivales, manœuvrer pour toucher les subventions accordées par Conti; on se heurtait à l'hostilité du clergé et des dévots, qui faisaient échouer les représentations. Toutes ces *épreuves* ont commencé à user la santé de Molière et probablement contribué à mûrir son génie : nous leur devons peut-être certaines *hardiesses* de son théâtre, cette tendance à mêler au comique sa *réflexion profonde*, et sans doute certains aspects relâchés de sa morale.

2. CONNAISSANCE DE LA NATURE HUMAINE. Boileau l'a surnommé *le Contemplateur*, et ses adversaires l'ont présenté comme « un dangereux personnage », qui « ne va pas sans ses yeux ni sans ses oreilles » (Donneau de Visé : *Zélinde*). Quel vaste *champ d'observations* lui offraient les longs voyages et les contacts les plus divers ! Grands seigneurs, hobereaux, villageois, marchands, artisans, paysans aux patois variés, il les a tous étudiés dans leur cadre, avec leurs mœurs et leurs ridicules.

3. LE MÉTIER D'ACTEUR ET D'AUTEUR. Chez lui, l'*auteur* a bénéficié de l'expérience de l'acteur et du directeur de troupe : il a pu étudier le jeu et le répertoire des compagnies rivales, surtout des Italiens, qui jouaient à Lyon la *Commedia dell'arte* (cf. p. 90,5°); il savait par cœur les rôles des pièces qu'il interprétait; il pouvait observer les situations et les effets qui provoquaient irrésistiblement le rire. Dès son séjour en province, il est certain qu'il a écrit des farces, *La Jalousie du Barbouillé*, *Le Médecin Volant*, et peut-être d'autres encore : il avait une connaissance approfondie de la *farce traditionnelle*, dont il reprendra les procédés jusque dans ses plus hautes comédies. Il a également joué en province, avec un vif succès, deux comédies d'intrigue, *L'Etourdi* (Lyon, 1655) et *Le Dépit Amoureux* (Béziers, 1656) : ainsi, à son retour à Paris, MOLIÈRE a déjà pris conscience de son génie et des enrichissements qu'il a pu recevoir de sa tournée.

Les premiers succès   Au Louvre, le 24 octobre 1658, devant le roi, la cour et les comédiens rivaux de l'*Hôtel de Bourgogne*, MOLIÈRE joue *Nicomède* (p. 118) sans grand succès, mais il a l'habileté de terminer le spectacle par la farce du *Docteur Amoureux* : c'est un triomphe, et la *Troupe de Monsieur* est autorisée à jouer au théâtre du Petit-Bourbon.

I. LES PRÉCIEUSES RIDICULES (1659). Le premier grand succès de cette troupe, enrichie de JODELET et de LA GRANGE, fut remporté en novembre 1659 avec *Les Précieuses Ridicules*. C'est une vraie *farce*, avec d'énormes procédés comiques, le visage enfariné de Jodelet et le masque traditionnel de Mascarille; mais c'est aussi une *peinture de mœurs* qui inaugure, par son observation caricaturale, une tendance nouvelle de la comédie. Dès l'année suivante (1660), il redouble son succès avec *Sganarelle*, encore une farce, mais plus française, dont les personnages à visage découvert, le valet Gros-René, les « bourgeois de Paris » Sganarelle et Gorgibus.

II. TRAGÉDIE OU COMÉDIE? N'était-il qu'un « farceur » incapable de s'élever, comme l'insinuaient ses rivaux ? Il voulut démontrer le contraire, inaugurant sa nouvelle salle du Palais-Royal (janvier 1661) avec *Don Garcie de Navarre*, comédie héroïque en cinq actes et en vers, à laquelle il travaillait depuis des années. La pièce n'eut que sept représentations : il fallut tirer la leçon de cet échec. De tempérament mélancolique et réfléchi, naturellement porté vers les rôles tragiques, Molière avait cherché dans la tragédie une profondeur et une dignité d'expression que n'offraient ni la farce ni la comédie d'intrigue : après l'échec de *Don Garcie*, pour exprimer vraiment sa personnalité, il devra s'efforcer « *d'élever la comédie à un rang égal à celui de la tragédie* » (R. Fernandez). En quelques mois il termine *L'Ecole des Maris* (juin 1661) et retrouve son public avec cette comédie d'intrigue mêlée de farce, doublée comme les *Précieuses* d'une peinture de mœurs et de caractères, mais enrichie d'un élément nouveau : une *thèse morale* en faveur de l'éducation des filles par la douceur dans la liberté.

Quelques semaines plus tard, à Vaux, aux fêtes données par FOUQUET en l'honneur du roi, Molière remporte un nouveau succès avec *Les Fâcheux* (août 1661); cette comédie-ballet révélait une autre forme de son art : une série de *portraits satiriques* dont le naturel a séduit La Fontaine (cf. p. 213). Louis XIV, qui commence à s'intéresser à Molière, s'amuse même à lui suggérer un portrait supplémentaire : celui de M. de Soyecourt, enragé chasseur.

III. L'ÉCOLE DES FEMMES (1662). A ce moment où la fortune lui sourit, Molière épouse Armande, sœur de Madeleine Béjart (janvier 1662) : elle a vingt ans de moins que lui et ne tardera pas à éveiller sa *jalousie*. En décembre 1662, il joue *L'Ecole des Femmes*, la première en date de ses grandes comédies par la *vérité profondément humaine* des caractères et la gravité des *problèmes moraux* qu'elle aborde (cf. p. 201). La pièce remporte un immense succès; le roi accorde mille livres de pension à l'auteur, « excellent poète comiqué ». Molière venait d'élever la comédie au niveau humain de la tragédie : il ne pouvait triompher sans s'attirer des *ennemis*. On trouve, ligués contre lui, ses victimes (précieuses et marquis), ses rivaux, acteurs de l'Hôtel de Bourgogne et auteurs dramatiques encouragés en sous-main par Corneille. Il réplique habilement (juin 1663) en exposant ses idées sur la comédie dans la *Critique de l'Ecole des Femmes*.

Mais la *querelle s'envenime* : on excite les dévots contre l' « impiété » de *L'Ecole des Femmes* ; on accuse Molière de faire des satires individuelles; on l'attaque dans sa vie privée (Boursault : *Le Portrait du Peintre*). Soutenu par le roi, il répond en jouant *L'Impromptu de Versailles* (oct. 1663), où, tout en présentant sa défense, il se moque de ses adversaires et flétrit leur déloyauté. Cette « *guerre comique* » provoque une avalanche de ripostes de Donneau de Visé, de Montfleury, de Robinet, mais Molière a définitivement conquis le roi, qui accepte d'être parrain de son premier fils (1664).

La lutte contre la « cabale » Pour répondre au désir du roi, il écrit rapidement *Le Mariage Forcé* (joué au Louvre en janvier 1664), comédie-ballet où, pour la première fois, les intermèdes de danse sont très heureusement rattachés à l'intrigue. Molière devient le *fournisseur des divertissements royaux*, mais il va se heurter à ses ennemis les plus impitoyables.

I. LE PREMIER TARTUFFE. Il méditait de s'attaquer aux excès de la *Compagnie du Saint-Sacrement*, dont quelques confrères, fanatiques ou fripons, semaient le désordre dans les familles sous prétexte d'en réformer les mœurs. Il semble avoir obtenu l'approbation du roi pour une *première ébauche de Tartuffe*. En 1664, aux grandes fêtes des *Plaisirs de l'Ile Enchantée*, à Versailles, il présenta *La Princesse d'Elide*, comédie romanesque et précieuse, reprit *Les Fâcheux* et *Le Mariage Forcé*, et enfin, le 12 mai, risqua la représentation de *Tartuffe ou l'hypocrite*, trois actes en vers. Influencé par l'archevêque de Paris, le roi interdit de jouer la pièce en public, et le curé Roullé va jusqu'à demander le bûcher pour l'auteur. Molière a beau s'assurer l'appui de Madame, de Condé, du Cardinal Chigi, légat du Pape, la « cabale des dévots » est la plus forte : il ne peut jouer sa pièce qu'en privé, chez Monsieur et chez la Princesse Palatine.

II. DOM JUAN ET LE MISANTHROPE. Il se hâte d'écrire une nouvelle comédie sur un sujet traditionnel qui faisait recette, *Dom Juan* (février 1665). Mais, emporté par le combat du *Tartuffe*, il fait de Dom Juan, grand seigneur débauché, un impie et un hypocrite de dévotion châtié par la vengeance divine (cf. p. 207). En quelques semaines la « cabale » fait supprimer la pièce : elle ne sera imprimée qu'après la mort de l'auteur. Louis XIV lui manifeste pourtant sa protection : dans l'été de 1665, Molière devient chef de la *Troupe du Roi* et joue *L'Amour Médecin*, comédie-ballet qui contient une amusante satire des médecins de la cour. En dépit de ces encouragements, *l'année 1665 est une année sombre pour Molière* : deux pièces ont été interdites coup sur coup; il commence à cracher le sang et doit s'interrompre plusieurs mois; il se brouille avec Racine, qui lui avait confié *La Thébaïde* et lui préfère maintenant l'Hôtel de Bourgogne.

C'est pourtant en 1666, au milieu de tous ces ennuis, que Molière donne sa plus fine comédie, *Le Misanthrope* (4 juin) et, deux mois plus tard, la meilleure de ses farces, *Le Médecin malgré lui* (6 août). A la fin de l'année, nous le trouvons aux fêtes de Saint-Germain, où, docile amuseur du roi, il contribue au *Ballet des Muses* de Benserade, avec les délicatesses précieuses de *Mélicerte*, « comédie-pastorale héroïque » (2 décembre), avec le livret de la *Pastorale Comique* (5 janvier 1667) et une délicieuse comédie-ballet, *Le Sicilien ou l'Amour Peintre* (14 février).

III. DU MISANTHROPE AU SECOND TARTUFFE. Mais Molière ne peut se résigner à l'interdiction de *Tartuffe*. Il remanie sa pièce, habille son faux dévot en homme du siècle, adoucit certains propos dangereux et, profitant du séjour du roi à l'armée des Flandres, donne une représentation publique de *Panulphe ou l'imposteur* (5 août 1667). Aussitôt Lamoignon, premier président du Parlement et membre de la Compagnie, interdit la pièce, et l'archevêque de Paris excommunie les spectateurs. Il faut se résigner : *Molière tombe malade*, et le théâtre reste fermé jusqu'à Noël.

En 1668, sa production est des plus éclatantes, mais on dirait que Molière a renoncé à flétrir les vices de son siècle : *Amphitryon* (13 janvier), pièce charmante et détendue, marque une volonté de délassement (cf. p. 182); *George Dandin* (18 juillet), comédie cruelle, revient aux effets de farce de *La Jalousie du Barbouillé* ; *L'Avare* (9 septembre) est sans doute une puissante comédie de caractère, mais c'est la peinture la plus générale qu'il ait réalisée.

Pourtant Molière allait enfin connaître *sa revanche*, L'écrasement des jansénistes, le soutien du roi lui permirent de représenter au Palais-Royal *Tartuffe ou l'Imposteur* (5 février 1669), avec un très vif succès consacré par une cinquantaine de représentations dans l'année. Il avait fallu cinq ans d'une lutte épuisante !

Le triomphe de Molière

Molière est alors le pourvoyeur des divertissements royaux. Ses dernières pièces seront influencées par le goût de Louis XIV pour les *ballets*, la *musique*, les *spectacles délassants*.

I. DIVERTISSEMENTS ROYAUX. Aux fêtes de Chambord (octobre 1669), il donne une comédie-ballet, *M. de Pourceaugnac*, aux procédés de farce un peu lourds (cf. p. 194). A Saint-Germain, supplantant Benserade, il organise un *Divertissement Royal* où il insère la comédie romanesque des *Amants Magnifiques* (février 1670). C'est à la demande du roi lui-même qu'il écrit, en collaboration avec Lulli, *Le Bourgeois Gentilhomme*, comédie-ballet jouée à Chambord en octobre 1670. En 1671, en collaboration cette fois avec Corneille et Quinault, il compose *Psyché*, tragédie-ballet « à machines »; il revient enfin à la farce avec *Les Fourberies de Scapin* (cf. p. 186) et *La Comtesse d'Escarbagnas*.

2. LES DERNIÈRES ANNÉES. Molière retrouve la haute comédie en vers avec *Les Femmes Savantes* (11 mars 1672), pièce à laquelle il travaillait depuis plus de deux ans et qui fut un succès. Mais *la fin de sa vie fut assombrie* par la maladie, la perte de son fils, puis de sa vieille amie Madeleine Béjart, et par des difficultés matérielles. Louis XIV paraît lui avoir préféré Lulli, à qui il accorda le monopole de la musique et des ballets. Molière présente au Palais-Royal la comédie-ballet du *Malade Imaginaire* (10 février 1673); mais il est pris d'une défaillance au cours de la quatrième représentation qu'il s'était obstiné à donner pour assurer le pain de ses employés; quelques heures plus tard, il meurt en crachant le sang. Armande dut faire intervenir Louis XIV pour obtenir de l'archevêque des funérailles nocturnes et une sépulture chrétienne.

LA DOCTRINE LITTÉRAIRE DE MOLIÈRE

Pour répondre à ses ennemis, Molière a exposé ses idées sur la comédie dans les Préfaces des *Précieuses Ridicules* et du *Tartuffe*, l'Avertissement des *Fâcheux*, la *Critique de l'Ecole des Femmes* et *L'Impromptu de Versailles*. De ces textes polémiques on peut dégager une doctrine cohérente qui éclaire l'art de Molière.

PLAIRE AU PUBLIC

I. « LA GRANDE RÈGLE DE TOUTES LES RÈGLES ». Dans l'Avertissement des *Fâcheux*, il refuse d'examiner « *si tous ceux qui s'y sont divertis ont ri selon les règles* ». Pour lui, les règles ne sont pas des lois mystérieuses : ce sont de simples *observations du bon sens* que chacun peut faire à son tour. En réalité, « la grande règle de toutes les règles » est de *plaire* (cf. p. 179, l. 38). C'est la doctrine des grands classiques (cf. p. 286 et 342).

2. « LE PUBLIC EST JUGE ABSOLU » (Préface des *Précieuses*). Il ne faut donc pas juger une pièce d'après les règles, mais d'après « l'effet qu'elle fait sur nous ». Molière ne récuse comme juges que les acteurs jaloux de son succès et les pédants qui jugent d'après Aristote et Horace; à ces exceptions près, *il se soumet au goût de son public*, *aussi bien de « la multitude »* que des « honnêtes gens ». Dorante, son interprète, prend la défense du parterre et de la cour *(Critique*, sc. 5 et 6. — Cf. *Femmes Savantes*, v. 1331-1346). Au parterre comme à la cour, il y a des *connaisseurs* aussi informés des règles que les pédants, et surtout des hommes qui « *juger de la bonne façon d'en juger, qui est de se laisser prendre aux choses* ». Ce souci de plaire à des publics variés explique en partie la *diversité* du théâtre de Molière : il a des recettes infaillibles pour amuser « la multitude », mais il faut s'élever plus haut pour plaire aux courtisans, « des personnes qui nous impriment le respect et ne rient que quand ils veulent » *(Impromptu*, sc. 1) : « *c'est une étrange entreprise que celle de faire rire les honnêtes gens* » (cf. p. 178, l. 24).

Conception de la comédie — En 1660, on se détourne de la fantaisie et de la singularité qui avaient fleuri vers 1640; on s'intéresse au *naturel*, au *vraisemblable*, aux *analyses psychologiques :* les « honnêtes gens » écrivent des maximes et des portraits. C'est en peignant des caractères avec naturel et vraisemblance que Molière va répondre au goût de ce public.

1. LA MATIÈRE DE LA COMÉDIE. Molière revient à maintes reprises sur son dessein de peindre la *nature humaine* : il veut « entrer comme il faut dans le ridicule des hommes ». Il concilie la généralité de cette observation avec la *peinture des mœurs contemporaines :* « Vous n'avez rien fait si vous n'y faites reconnaître les gens de votre siècle » (cf. p. 178, l. 20). Les sujets qui l'inspirent particulièrement sont l'*hypocrisie* et les « *vicieuses imitations* » *de la vertu :* « J'aurais voulu faire voir... que les plus excellentes choses sont sujettes à être copiées par de mauvais singes qui méritent d'être bernés; que ces vicieuses imitations de ce qu'il y a de plus parfait ont été de tous temps la matière de la comédie » (Préf. des *Précieuses*). C'est ainsi qu'il nous montre dans les *Précieuses* une caricature de l'esprit, dans le *Tartuffe* une caricature de la dévotion. Il a voulu attaquer *sans exception* les vices de son siècle : « Si l'emploi de la comédie est de corriger les vices des hommes, je ne vois pas par quelle raison il y en aurait de privilégiés » (Préface du *Tartuffe*). On sait ce qu'il lui en a coûté pour avoir porté si haut la dignité de son art.

2. « PEINDRE D'APRÈS NATURE ». Cette peinture est d'*esprit satirique*, mais, pour répondre à des accusations parfois méritées, Molière se défend de confondre la comédie avec la satire personnelle : « Elle se tient dans la satire honnête et permise », dit-il dans la Préface des *Précieuses*. « Son dessein est de peindre les mœurs sans vouloir toucher aux personnes... Comme l'affaire de la comédie est de représenter en général tous les défauts des hommes, et principalement des hommes de notre siècle, il est impossible à Molière de faire aucun caractère qui ne rencontre quelqu'un dans le monde » *(Impromptu*, sc. 4).

Cette *peinture générale* repose, en effet, sur une observation si attentive de la nature humaine que chacun peut s'y reconnaître : « ce sont miroirs publics ». Dans son ardeur de polémiste, Molière a soutenu, fort injustement, que *la comédie est plus difficile que la tragédie* parce qu'il faut, dit-il, « *peindre d'après nature* » : « On veut que ces portraits ressemblent » (cf. p. 178, l. 19). La querelle de *L'École des Femmes* l'a même conduit à préciser la nature de ce *réalisme psychologique* qui fait la complexité et la vérité humaine de ses personnages : « Il n'est pas incompatible qu'une personne soit ridicule en de certaines choses et honnête homme en d'autres... Et quant au transport amoureux du cinquième acte (cf. p. 201) qu'on accuse d'être trop outré ou trop comique, je voudrais bien savoir si ce n'est pas faire la satire des amants, et si les honnêtes gens même et les plus sérieux, en de pareilles occasions, ne font pas des choses... Mais enfin si nous nous regardions nous-mêmes quand nous sommes bien amoureux... Est-ce que dans la violence de la passion...? » *(Critique*, sc. 6).

Ainsi Molière avait découvert, selon le mot de Fernandez, que « le ridicule est un point de vue sur l'homme tout entier, ... un mode d'expression qui vaut, au même degré que la tragédie, pour tout ce qui de l'homme est à exprimer. »

LA TRAGÉDIE, LA COMÉDIE ET LES RÈGLES

Après Climène la prude, malade des « *ordures et saletés* » de *L'Ecole des Femmes*, après le Marquis, qui blâme la pièce parce qu'elle plaît au parterre, le pédant Lysidas vient de s'indigner de l'insuccès des « pièces sérieuses » alors que les « bagatelles » et les sottises de Molière font courir tout Paris (*Critique de l'Ecole des Femmes*, sc. 6).

Dorante : Vous croyez donc, Monsieur Lysidas, que tout l'esprit et toute la beauté sont dans les poèmes sérieux [1], et que les pièces comiques sont des niaiseries qui ne méritent aucune louange?

Uranie : Ce n'est pas mon sentiment, pour moi. La tragédie, sans doute, est quelque chose de beau quand elle est bien touchée [2] ; mais la comédie a ses charmes, et je tiens que l'une n'est pas moins difficile à faire que l'autre.

Dorante : Assurément, Madame ; et quand, pour la difficulté, vous mettriez un *plus* du côté de la comédie, peut-être que vous ne vous
10 abuseriez pas. Car enfin, je trouve qu'il est bien plus aisé de se guinder[3] sur de grands sentiments, de braver en vers la Fortune, accuser les Destins, et dire des injures aux Dieux [4], que d'entrer comme il faut dans le ridicule des hommes [5], et de rendre agréablement sur le théâtre les défauts de tout le monde [6]. Lorsque vous peignez des héros, vous faites ce que vous voulez. Ce sont des portraits à plaisir [7], où l'on ne cherche point de ressemblance ; et vous n'avez qu'à suivre les traits d'une imagination qui se donne l'essor, et qui souvent laisse le vrai pour attraper le merveilleux [8]. Mais lorsque vous peignez les hommes, il faut peindre d'après nature. On veut que ces portraits ressemblent ; et vous n'avez
20 rien fait, si vous n'y faites reconnaître les gens de votre siècle. En un mot, dans les pièces sérieuses, il suffit, pour n'être point blâmé, de dire des choses qui soient de bon sens et bien écrites ; mais ce n'est pas assez dans les autres, il y faut plaisanter ; et c'est une étrange [9] entreprise que celle de faire rire les honnêtes gens [10].[...]

Lysidas, *s'attaquant alors directement à* L'École des Femmes, *se fait fort « d'y montrer partout cent défauts visibles ».*

Uranie : Mais, de grâce, Monsieur Lysidas, faites-nous voir ces défauts, dont je ne me suis point aperçue.

Lysidas : Ceux qui possèdent Aristote et Horace voient d'abord [11],

---

— 1 Tragédies. La *Sophonisbe* de Corneille (1663) avait eu peu de succès. — 2 Terme de peinture. Expliquer. — 3 S'élever avec affectation. — 4 Cf. Corneille : *Horace* (v. 423-452). — 5 Préciser le sens, par opposition avec ce qui précède. — 6 Commenter cette formule importante. — 7 A expliquer, d'après la phrase précédente. — 8 *L'extraordinaire.* Expliquer et discuter cette appréciation. — 9 Qui est de l'ordinaire. — 10 Les gens du monde. — 11 *Dès l'abord.* Les règles étaient tirées de la *Poétique* d'Aristote et de l'*Art poétique* d'Horace.

Madame, que cette comédie pèche contre toutes les règles de l'art.

URANIE : Je vous avoue que je n'ai aucune habitude avec ces Mes-
30 sieurs-là, et que'je ne sais point les règles de l'art.

DORANTE : Vous êtes de plaisantes gens avec vos règles, dont vous
embarrassez les ignorants et nous étourdissez tous les jours. Il semble,
à vous ouïr parler, que ces règles de l'art soient les plus grands mystères du monde ; et cependant ce ne sont que quelques observations
aisées, que le bon sens a faites sur ce qui peut ôter le plaisir que l'on
prend à ces sortes de poèmes ; et le même bon sens qui a fait autrefois
ces observations les fait aisément tous les jours, sans le secours d'Horace
et d'Aristote. Je voudrais bien savoir si la grande règle de toutes les
règles [12] n'est pas de plaire, et si une pièce de théâtre qui a attrapé son
40 but n'a pas suivi un bon chemin. Veut-on que tout un public s'abuse
sur ces sortes de choses, et que chacun n'y soit pas juge du plaisir qu'il
y prend [13] ?

URANIE : J'ai remarqué une chose de ces Messieurs-là : c'est que
ceux qui parlent le plus des règles, et qui les savent mieux que les
autres, font des comédies que personne ne trouve belles.

DORANTE : Et c'est ce qui marque, Madame, comme on doit s'arrêter
peu à leurs disputes embarrassées. Car enfin si les pièces qui sont selon
les règles ne plaisent pas et que celles qui plaisent ne soient pas selon
les règles, il faudrait de nécessité que les règles eussent été mal faites.
50 Moquons-nous donc de cette chicane où ils veulent assujettir le goût
du public, et ne consultons dans une comédie que l'effet qu'elle fait
sur nous. Laissons-nous aller de bonne foi aux choses qui nous prennent
par les entrailles [14], et ne cherchons point de raisonnements pour nous
empêcher d'avoir du plaisir.

URANIE : Pour moi, quand je vois une comédie, je regarde seulement
si les choses me touchent ; et, lorsque je m'y suis bien divertie, je ne
vais point demander si j'ai eu tort, et si les règles d'Aristote me défen-
daient de rire.

– *Sur quel point porte la comparaison dans les lignes 1-24 ? Précisez les arguments de Dorante.*
– *Vérifiez sur des exemples cette critique de la tragédie ; discutez-la à l'aide d'autres exemples.*
– *Quelle est, selon* MOLIÈRE, *la matière de la comédie ? Quelles en sont les difficultés ?*
– *Distinguez les arguments de Dorante contre les règles. Les acceptez-vous sans réserve ?*
– **Essai.** *Pensez-vous que le grand public puisse être juge suprême d'une œuvre dramatique ?*
• **Groupe thématique : Règles de l'art.** Cf. pages 94-96 ; 330, 340 à 346, 399, 400, 435, 437, 438.

---

12 Expliquer la formule. — 13 Préciser cet argument. — 14 Cf. « Je me fierais assez à l'approbation du parterre, par la raison qu'entre ceux qui le composent il y en a plusieurs qui sont capables de juger d'une pièce selon les règles, et que les autres en jugent par la bonne façon d'en juger, qui est de se laisser prendre aux choses, et de n'avoir ni prévention aveugle, ni complaisance affectée, ni délicatesse ridicule. » (*Critique*, sc. 5).

MOLIÈRE ET LA FARCE

La part de la farce   Molière a le goût et le génie de la farce. A son retour
à Paris, il obtient son premier succès avec *Le Docteur
Amoureux*, « une farce dont il régalait les provinces » (1658). C'est que ce genre, farce
française ou italienne, attirait encore le grand public (cf. p. 90).

Molière a toujours continué à écrire des farces : c'était un moyen facile de remplir
une salle. Il est malaisé de classer dans un genre déterminé la plupart de ses comédies;
néanmoins on peut ranger parmi les farces pures *Sganarelle* (1660), *Le Mariage Forcé*
(1664), *L'Amour Médecin* (1665), *Le Médecin malgré lui* (1666), *George Dandin* (1668);
parmi les comédies d'intrigue où domine la farce : *Le Sicilien* (1666), *Monsieur de Pourceaugnac* (1669), *Les Fourberies de Scapin* (1671). Certaines comédies de mœurs et de
caractère restent, à bien des égards, des farces : *Les Précieuses Ridicules* (1659), *L'Ecole
des Maris* (1661), *La Comtesse d'Escarbagnas* (1672), et même *L'Avare* (1668), *Le
Bourgeois Gentilhomme* (1670) et *Le Malade Imaginaire* (1673). Enfin il y a des scènes
et des procédés de farce dans les hautes comédies comme *L'Ecole des Femmes*, *Dom
Juan*, *Tartuffe* et *Les Femmes Savantes*. *Le Misanthrope*, qui se déroule dans le cadre
élégant d'un salon, ferait exception si le valet Du Bois ne venait apporter une note de
farce à la fin de l'acte IV.

Les farces pures   Dans la farce, l'auteur n'a pour but que de nous *faire
rire*. Il recourt naturellement aux procédés les plus
faciles, les plus éprouvés, c'est-à-dire les plus gros, qui portent sur tous les publics.

I. CARACTÈRES TRADITIONNELS. On retrouve aisément chez MOLIÈRE les
éléments traditionnels de la farce française et italienne. Il y a des effets *dignes de gui-
gnol* : coups de bâton (p. 184, cf. *L'Avare*, III, 2), gifles qui souvent se trompent d'adresse
(p. 183, cf. *Tartuffe*, II, 2), déguisements (p. 182, cf. *Bourgeois Gent.*, IV, 3; *Malade
Imaginaire* III, 14); jeux de scène de fantaisie (personnages qui se cherchent, pi-
rouettes...). Les *origines populaires* du genre se traduisent encore par des emprunts
aux vieux conteurs (*Le Médecin malgré lui*), par des allusions à l'actualité et même
aux personnes (caricature des médecins de la cour dans *L'Amour Médecin*). La langue
en est vigoureuse, et MOLIÈRE n'hésite pas à joindre la grossièreté des paroles à celle
des gestes (*Médecin malgré lui*, *Pourceaugnac*, *Malade Imaginaire*). Sur ce point,
toutefois, son comique est *plus discret* que celui de ses prédécesseurs, SCARRON, DESMA-
RETS ou CYRANO DE BERGERAC.

II. RENOUVELLEMENT DE LA FARCE. S'il a puisé dans les procédés comiques
de la vieille farce, il n'a pas manqué de la renouveler par son génie de l'*observation*
et de la *vie*.

1. VÉRITÉ DE L'OBSERVATION. Les personnages de la farce française et italienne étaient
des *types traditionnels*, des pantins au caractère immuable, le capitan, le parasite, le
pédant, le barbon, l'intrigante, le valet naïf ou le « fourbe ». De ces fantoches, Molière
a fait des *êtres humains*. Il a éliminé à peu près totalement le capitan et le parasite.
Les *pédants* deviennent des philosophes, des médecins (p. 195), des précieux comme
ceux que l'auteur observait autour de lui : ils ont leur déformation professionnelle et
des caractères différents qui les individualisent. C'est surtout dans les personnages de
valets et de *servantes*, issus directement de la farce, qu'on peut mesurer la *variété* de son
observation. Quelle différence entre l'effronté Scapin (p. 187), le poltron Sosie (p. 182),
le naïf Du Bois (*Misanthrope*) ; entre La Flèche et Maître Jacques (*L'Avare*) ; entre l'intelligente Dorine (*Tartuffe*), l'alerte et fruste Nicole (*Bourgeois Gentilhomme*), la rustique
Martine (*Femmes Savantes*), la rusée Toinette (*Malade Imaginaire*) ! Molière prête
aux personnages de farce des mots, des attitudes d'une grande *vérité humaine*. Qu'on
étudie par exemple les réactions de Sosie en présence de Mercure (p. 183), du vieil
avare Géronte devant Scapin (p. 187), ou de Pourceaugnac entre ses deux médecins
(p. 195).

2. SIMPLIFICATION CARICATURALE. Loin de pousser à fond ses peintures « d'après nature », MOLIÈRE se contente, *dans la farce*, de saisir les *traits saillants* de ses héros. Il aimait forcer les effets comiques : Mlle Des Jardins nous le décrit dans le rôle de MASCARILLE avec une perruque « si grande qu'elle balayait la place à chaque fois qu'il faisait la révérence », un chapeau minuscule, un immense rabat, des canons jusqu'à terre, une profusion de glands qui lui sortaient de la poche, des souliers à talons « d'un demi-pied de haut » et couverts de rubans. De ces *outrances caricaturales,* il résulte une *vigueur simplificatrice* qui laisse à ses personnages de farce, à travers leur vérité humaine, une certaine *raideur* de marionnettes. Cette rigidité mécanique, chez des êtres que nous sentons d'autre parts vivants, provoque un rire souvent irrésistible.

C'est ce *mélange habilement dosé de bouffonnerie et de réalité* qui caractérise la farce de Molière. Son art consiste à trouver un point d'équilibre : nous nous attachons à des faits invraisemblables à cause de la réalité qui s'y trouve mêlée, et pourtant, si graves que soient les situations, nous ne pouvons qu'en rire, car la part de convention théâtrale nous empêche de nous en émouvoir.

La farce et la grande comédie En dehors des « farces pures », ce genre de comique intervient, à divers degrés, dans *toutes les grandes comédies.* Il faut en chercher la raison profonde dans le tempérament de Molière; mais ce recours à la farce, qui n'est *presque jamais gratuit,* répond habituellement à sa *technique dramatique* ou à une *intention artistique.* On verra plus loin (p. 200) qu'il fait systématiquement intervenir la farce pour dissiper la gravité de certaines situations. Mais, d'une façon générale, elle devient un moyen de peindre les *caractères* ou d'exprimer des *idées.*

1. RÉVÉLATIONS PSYCHOLOGIQUES. Dans les grandes comédies, la plupart des effets de farce sont intimement liés au contenu psychologique. Par exemple, au début de *L'Avare,* la discussion entre Harpagon et La Flèche (I, 3), tout en gestes et en jeux de farce, nous découvre à chaque trait le caractère de l'avare, inquiet, soupçonneux, toujours aux aguets, toujours à tâter, à vérifier, à surveiller les paroles; de même la scène des préparatifs du repas (III, 1), avec les pittoresques transformations de Maître Jacques en cuisinier et en cocher, a pour objet d'enrichir, par petites touches, le portrait du maître de maison (cf. aussi *Bourgeois Gentilhomme,* actes I et II). Au même titre que le comique de situation ou de caractère, la farce peut devenir un *moyen d'expression* et contribuer à la *peinture* d'un personnage.

2. MÉCANISME ET PEINTURE DE L'OBSESSION. Dans certains cas, les *procédés mécaniques* de la farce, avec leur simplification caricaturale, se révèlent les meilleurs pour peindre les caractères de *maniaques* et d'*obsédés* comme Harpagon, Orgon, M. Jourdain ou Argan. Leur passion les aveugle au point de les *isoler* de la réalité et de les rendre insensibles à ce qui n'est pas leur idée fixe.

Songer par exemple au *quiproquo* du cochon de lait, suivi de celui de la cassette dans *L'Avare* (V, 2 et 3), ou au quiproquo de Bélise sur Henriette (*Femmes Savantes,* I, 4).

Les « *mots de nature* » nous permettent de mieux saisir encore le rapport entre le côté mécanique de la farce et la vie réelle. Les plus célèbres d'entre eux, le « *Sans dot* » d'Harpagon (*Avare,* I, 7) et « *Le pauvre homme!* » d'Orgon (*Tartuffe,* I, 3) sont déjà, la première fois qu'ils leur échappent, des *révélations psychologiques* pleines de naturel. Quand ces mots sont répétés jusqu'à quatre fois, nous quittons la vraisemblance pour tomber dans la farce. Si la répétition n'est pas vraisemblable, elle trahit néanmoins une vérité profonde : dans la vie, Orgon ne dit qu'une fois « *Le pauvre homme!* », mais il pense sans cesse à Tartuffe et le mêle à toutes ses actions. On pourra étudier de même la « scène de la galère » des *Fourberies de Scapin* (p. 187).

3. VALEUR SYMBOLIQUE. La farce peut donc être conçue comme un moyen de rendre matériellement sensible au spectateur une vérité morale ou une idée. Ce caractère symbolique est un des traits *dominants* du théâtre de Molière. Par exemple, pour exprimer le fossé entre les belles théories et les réalités pratiques, deux moyens s'offrent à lui : il pourra recourir à une fine *étude psychologique* en nous peignant l'embarras d'Alceste qui, en dépit de ses franches résolutions, n'ose pas dire à Oronte ce qu'il

pense de son sonnet (*Misanthrope*, I, 2); mais il pourra aussi symboliser *matériellement* la chose en nous montrant M. Jourdain désireux de prouver à Nicole les merveilles de l'escrime et accablé de coups par cette « coquine » qui ne lui laisse pas le temps de parer (*Bourgeois Gentilhomme*, III, 3). Si l'on y réfléchit, la scène où Harpagon maudit son fils en le menaçant du bâton (*L'Avare*, IV, 3-5), la consultation burlesque de Toinette déguisée en médecin (*Malade Imaginaire*, III, 14), les cérémonies où M. Jourdain devient mamamouchi et où Argan devient médecin déchaînent le rire mécanique de la farce, mais ont aussi une *signification morale*. C'est peut-être dans *Tartuffe* que ce caractère symbolique de la farce est le plus évident. Au moment où Orgon chasse injustement son fils (III, 6), un énorme effet de farce nous montre Orgon et Tartuffe agenouillés face à face : l'*hypocrisie* de Tartuffe peut-elle être mieux suggérée que par son attitude à genoux, intercédant en faveur de Cléante au moment même où il le fait chasser? et la *tendresse éplorée* d'Orgon peut-elle mieux se traduire que par son agenouillement devant Tartuffe? (cf. Aveuglement d'Orgon, IV, 4; et d'Argan : *Malade Imaginaire*, III, 16-18).

On voit comment Molière a su, des médiocres procédés de la farce, faire jaillir une peinture plus riche et plus profonde de l'*âme humaine*. En dépit de BOILEAU qui refusa de reconnaître « l'*auteur du Misanthrope* » dans le « sac ridicule » des *Fourberies de Scapin* (p. 190), ce serait donc une erreur de condamner en bloc le *comique de farce*, élément inséparable du génie de Molière.

Les deux Sosie

La farce évoque ordinairement un comique assez *lourd* (cf. p. 195) : cette scène d'*Amphitryon* (I, 2) permettra d'apprécier par contraste la *souplesse* de l'art de MOLIÈRE. Scène de farce s'il en fut, avec déguisement, gifles et coups de bâton! Nous voici donc en pleine *bouffonnerie* ; et pourtant est-il rien de plus *naturel* que le ton et les réactions de ce poltron qui voudrait se donner de l'assurance et impressionner son vis-à-vis, puis cède devant les coups sans pouvoir cependant renoncer à lui-même! Mais, en même temps, ce dialogue si *spirituel* est l'œuvre d'un *poète* et, par la magie de sa versification, la scène de farce se déroule avec le *rythme léger* et la *grâce bondissante* d'un ballet. La pièce est imitée de PLAUTE.

La scène est à Thèbes, la nuit. Le valet SOSIE *vient annoncer à* ALCMÈNE, *femme du général* AMPHITRYON, *la victoire et le retour prochain de son maître. Mais* JUPITER *a pris la forme d'Amphitryon pour faire la cour à Alcmène. De son côté* MERCURE *a revêtu l'aspect de Sosie et veut empêcher le vrai Sosie, qui n'est pas rassuré, de pénétrer dans sa maison.*

SOSIE :   Ah! par ma foi, j'avais raison :
C'est fait de moi, chétive créature!
Je vois devant notre maison
Certain homme dont l'encolure
Ne me présage rien de bon.
Pour faire semblant d'assurance,
Je veux chanter un peu d'ici.

*(Il chante ; à mesure que Mercure parle,
la voix de Sosie s'affaiblit peu à peu.)*

MERCURE :   Qui donc est ce coquin qui prend tant de licence
Que de chanter et m'étourdir ainsi?
Veut-il qu'à l'étriller ma main un peu s'applique?   10

SOSIE *(à part)* : Cet homme assurément n'aime pas la musique.

MERCURE :   Depuis plus d'une semaine
Je n'ai trouvé personne à qui rompre les os ;
La vigueur de mon bras se perd dans le repos ;
Et je cherche quelque dos
Pour me remettre en haleine.

SOSIE *(à part)* :   Quel diable d'homme est-ce ci ?
De mortelles frayeurs je me sens l'âme atteinte.
         Mais pourquoi tant tembler aussi ?
Peut-être a-t-il dans l'âme autant que moi de crainte,   20
         Et que le drôle parle ainsi
Pour me cacher sa peur sous une audace feinte.
Oui, oui, ne souffrons point qu'on nous croie un oison ;
Si je ne suis hardi, tâchons de le paraître.
         Faisons-nous du cœur par raison :
Il est seul comme moi : je suis fort, j'ai bon maître,
         Et voilà notre maison.

MERCURE : Qui va là ?	SOSIE : Moi.
MERCURE : Qui, moi ?	SOSIE : Moi. *(A part.)* Courage, Sosie.
MERCURE : Quel est ton sort, dis-moi ?	SOSIE : D'être homme et de parler. 30
MERCURE : Es-tu maître ou valet ?	SOSIE : Comme il me prend envie.
MERCURE : Où s'adressent tes pas ?	SOSIE : Où j'ai dessein d'aller.
MERCURE : Ah! ceci me déplaît.	SOSIE : J'en ai l'âme ravie.

MERCURE :   Résolument, par force ou par amour,
         Je veux savoir de toi, traître,
      Ce que tu fais, d'où tu viens avant jour,
         Où tu vas, à qui tu peux être.
SOSIE :   Je fais le bien et le mal tour à tour ;
      Je viens de là, vais là, j'appartiens à mon maître.
MERCURE : Tu montres de l'esprit, et je te vois en train   40
      De trancher avec moi de l'homme d'importance.
      Il me prend un désir, pour faire connaissance,
         De te donner un soufflet de ma main.
SOSIE : A moi-même ? MERCURE : A toi-même, et t'en voilà certain. *(Il le gifle.)*
SOSIE :   Ah! Ah! c'est tout de bon.
              MERCURE : Non ce n'est que pour rire
      Et répondre à tes quolibets.
SOSIE :   Tudieu! l'ami, sans vous rien dire,
         Comme vous baillez des soufflets!
MERCURE :   Ce sont là de mes moindres coups,   50
      De petits soufflets ordinaires.
SOSIE :   Si j'étais aussi prompt que vous,
      Nous ferions de belles affaires.
MERCURE :   Tout cela n'est encor rien.
      Nous verrons bien autre chose ;
      Pour y faire quelque pause,
      Poursuivons notre entretien.
SOSIE : Je quitte la partie. MERCURE *(l'arrêtant)* : Où vas-tu ? SOSIE : Que t'importe ?
MERCURE :   Je veux savoir où tu vas.
SOSIE :   Me faire ouvrir cette porte.   60
      Pourquoi retiens-tu mes pas ?
MERCURE : Si jusqu'à l'approcher tu pousses ton audace,
      Je fais pleuvoir sur toi un orage de coups.
SOSIE :   Quoi ? tu veux, par ta menace,
      M'empêcher d'entrer chez nous ?
MERCURE : Comment, chez nous ?   SOSIE : Oui, chez nous.

MERCURE :   O le traître
                    Tu te dis de cette maison ?
SOSIE :   Fort bien. Amphitryon n'en est-il pas le maître ?
MERCURE :   Hé bien ! Que fait cette raison ?
SOSIE :   Je suis son valet.   MERCURE : Toi ?   SOSIE : Moi.   70
MERCURE : Son valet ?   SOSIE : Sans doute.
MERCURE : Valet d'Amphitryon ?   SOSIE : D'Amphitryon, de lui.
MERCURE : Ton nom est ?   SOSIE : Sosie.
MERCURE : Hé ? comment ?   SOSIE : Sosie.
                                     MERCURE : Écoute.
              Sais-tu que de ma main je t'assomme aujourd'hui ?
SOSIE :   Pourquoi ? De quelle rage est ton âme saisie ?
MERCURE : Qui te donne, dis-moi, cette témérité
                    De prendre le nom de Sosie ?
SOSIE :   Moi, je ne le prends pas, je l'ai toujours porté.   80
MERCURE : O le mensonge horrible, et l'impudence extrême !
              Tu m'oses soutenir que Sosie est ton nom ?
SOSIE :   Fort bien ; je le soutiens par la grande raison
              Qu'ainsi l'a fait des dieux la puissance suprême ;
              Et qu'il n'est pas en moi de pouvoir dire non,
                    Et d'être un autre que moi-même.
MERCURE : Mille coups de bâton doivent être le prix
                    D'une pareille effronterie.
SOSIE *(battu par Mercure)* : Justice, citoyens ! Au secours, je vous prie !
MERCURE : Comment ! bourreau, tu fais des cris !   90
SOSIE :   De mille coups tu me meurtris
                    Et tu ne veux pas que je crie ?
MERCURE : C'est ainsi que mon bras...   SOSIE : L'action ne vaut rien :
                    Tu triomphes de l'avantage
              Que te donne sur moi mon manque de courage ;
                    Et ce n'est pas en user bien.
                    C'est pure fanfaronnerie
              De vouloir profiter de la poltronnerie
                    De ceux qu'attaque notre bras.
              Battre un homme à jeu sûr n'est pas d'une belle âme ;   100
                    Et le cœur est digne de blâme,
                    Contre les gens qui n'en ont pas.
MERCURE *(il le frappe de nouveau)* : Hé bien ! es-tu Sosie à présent ? qu'en dis-tu ?
SOSIE :   Tes coups n'ont point en moi fait de métamorphose ;
              Et tout le changement que je trouve à la chose,
                    C'est d'être Sosie battu.
MERCURE *(menaçant Sosie)* : Encor ? cent autres coups pour cette autre impudence.
SOSIE :   De grâce, fais trêve à tes coups.
MERCURE :   Fais donc trêve à ton insolence.
SOSIE :   Tout ce qu'il te plaira ; je garde le silence :   110
              La dispute est par trop inégale entre nous !
MERCURE :   Es-tu Sosie encor ? dis, traître !
SOSIE :   Hélas ! je suis ce que tu veux ;
              Dispose de mon sort tout au gré de tes vœux :
                    Ton bras t'en a fait le maître.
MERCURE : Ton nom était Sosie, à ce que tu disais ?

SOSIE :   Il est vrai, jusqu'ici j'ai cru la chose claire,
               Mais ton bâton sur cette affaire
               M'a fait voir que je m'abusais.

MERCURE : C'est moi qui suis Sosie, et tout Thèbes l'avoue :   120
               Amphitryon n'en eut jamais d'autre que moi.

SOSIE :   Toi, Sosie?
              MERCURE : Oui, Sosie. Et si quelqu'un s'y joue,
               Il peut bien prendre garde à soi.

SOSIE *(à part)* : Ciel! me faut-il ainsi renoncer à moi-même,
               Et par un imposteur me voir voler mon nom?
               Que son bonheur est extrême
               De ce que je suis poltron!
               Sans cela, par la mort...
                       MERCURE : Entre tes dents, je pense,
               Tu murmures je ne sais quoi?

SOSIE :   Non. Mais, au nom des dieux, donne moi la licence   130
               De parler un moment à toi.

MERCURE :   Parle.
          SOSIE :   Mais promets-moi, de grâce,
               Que les coups n'en seront point.
               Signons une trêve.
                 MERCURE : Passe :
               Va, je t'accorde ce point.

SOSIE :   Qui te jette, dis-moi, dans cette fantaisie?
               Que te reviendra-t-il de m'enlever mon nom?
               Et peux-tu faire enfin, quand tu serais démon,
               Que je ne sois pas moi? que je ne sois Sosie?

MERCURE *(levant son bâton)* : Comment! tu peux...?
                    SOSIE :   Ah! tout doux :   140
               Nous avons fait trêve aux coups.

MERCURE :   Quoi! pendard, imposteur, coquin...
                  SOSIE : Pour des injures,
               Dis-m'en tant que tu voudras ;
               Ce sont légères blessures
               Et je ne m'en fâche pas.

MERCURE :   Tu te dis Sosie?
               SOSIE : Oui. Quelque conte frivole...

MERCURE :   Sus, je romps notre trêve, et reprends ma parole.

Sosie se résigne à retourner auprès d'Amphitryon, à qui il fait un récit incompréhensible de son aventure :

AMPHITRYON : On t'a battu? — SOSIE : Vraiment. — AMPHITRYON : Et qui? — SOSIE : Moi. — AMPHITRYON : Toi, te battre?
SOSIE : Oui, moi ; non pas le moi d'ici, Mais le moi du logis, qui frappe comme quatre.

La suite de l'action contient des scènes de comédie galante et précieuse où Jupiter-Amphitryon fait la cour à la vertueuse Alcmène, et des scènes bouffonnes dues aux quiproquos entre Alcmène et les deux Amphitryon et entre Cléanthis, femme du valet, et les deux Sosie. A la dernière scène (triomphe de la machinerie!) JUPITER, « annoncé par le bruit du tonnerre, armé de son foudre, dans un nuage sur son aigle », donne l'explication de tous ces malentendus et, ayant rendu la paix aux humains, « il se perd dans les nues ».

STRUCTURE DES COMÉDIES DE MOLIÈRE

La comédie Hormis les farces grossières, notre théâtre comique
avant Molière n'était guère représenté que par des *comédies d'intrigue*,
le plus souvent mêlées de farce. *Dans la comédie d'in-
trigue, l'intérêt repose sur la complication croissante de l'action que l'ingéniosité de l'auteur
parvient à dénouer, après avoir porté au plus haut point la curiosité du spectateur.* Les
comédies à succès s'inspiraient très directement de pièces espagnoles et italiennes. Ainsi,
en 1654-1655, d'une comédie de l'Espagnol ZORRILLA dérivent *L'Ecolier de Salamanque*
de SCARRON, *Les Généreux ennemis* de BOISROBERT et *Les Illustres Ennemis* de THOMAS
CORNEILLE, roi de la comédie d'intrigue. Les défauts de ce théâtre sont l'obscurité
embrouillée des événements (l'*imbroglio*, comme disent les Italiens), le romanesque
poussé jusqu'à l'absurdité, la complication précieuse et le manque de naturel des sentiments (surtout dans les comédies galantes de QUINAULT). Ce ne sont que pirates,
enlèvements, déguisements, quiproquos, substitutions, naufrages, reconnaissances.
PIERRE CORNEILLE avait innové (p. 99) en remplaçant par des « honnêtes gens » les
valets sans scrupules, les parasites, capitans et docteurs de la comédie italienne ; mais
ses intrigues restent fort enchevêtrées, et ses complications sentimentales sont encore
loin du naturel qui triomphera chez MOLIÈRE.

Molière et Avant 1659, il avait donné en province deux adapta-
la comédie d'intrigue tions de pièces italiennes, *L'Étourdi* et *Le Dépit Amoureux*. Mais, soucieux de peindre les mœurs et les carac-
tères, il placera rarement dans l'intrigue elle-même l'intérêt essentiel de ses comédies.
On peut néanmoins rattacher à la comédie d'intrigue *Le Sicilien* (1666), *Amphitryon*
(1668), *Monsieur de Pourceaugnac* (1669), *Les Fourberies de Scapin* (1671).
Dans toutes ces pièces, l'unité de l'action est due à un personnage emprunté à la
comédie italienne : le *valet*, complice des amours de son maître aux dépens d'un barbon
ou d'un jaloux. Il s'appelle Mascarille dans *L'Étourdi* et dans *Le Dépit Amoureux*,
Hali dans *Le Sicilien*, Mercure dans *Amphitryon* (p. 182), Sbrigani dans *Pourceaugnac*
(p. 194), Scapin dans *Les Fourberies de Scapin*. Ce valet est un « *fourbe* » : sans scrupules,
prompt à se déguiser et à jouer du bâton, il n'hésite pas à voler son maître et le sert
autant par amour de l'aventure que pour lui faire sentir sa supériorité. Ici encore
Molière a su marquer ces pièces du sceau de son génie : spontanéité et fraîcheur des
amants dans *Le Dépit Amoureux;* grâce irréelle qui annonce Marivaux et Musset dans
Le Sicilien; fantaisie, virtuosité de la versification, juste observation du caractère de
Sosie dans *Amphitryon* (p. 182); réalisme des mœurs dans *Pourceaugnac* (p. 195);
vérité humaine dans les caractères des jeunes gens et surtout des deux vieillards dans
Les Fourberies de Scapin.

LES FOURBERIES ACTE I. *A Naples, en l'absence de son père ARGANTE,
DE SCAPIN le jeune OCTAVE a épousé HYACINTE, jeune fille de naissance inconnue ; quant à LÉANDRE, fils de GÉRONTE,
il s'est épris de ZERBINETTE, qui appartient à une troupe d'Égyptiens, et veut la racheter.
Le retour simultané des deux pères menace ces amours. Mais SCAPIN, valet de Léandre,
réussit par de beaux discours à amadouer Argante.*

ACTE II. *Gourmandé par son père et croyant que Scapin l'a trahi, Léandre menace le
« fourbe » de son épée et lui fait avouer toutes sortes de méfaits. Mais, comme les Égyptiens
vont emmener Zerbinette si Léandre ne la rachète dans les deux heures, le jeune homme
supplie Scapin de lui procurer la somme nécessaire. Le valet décide d'extorquer l'argent à
Argante et à Géronte. Au premier, il raconte que le frère d'Hyacinte, dangereux spadassin
consentira à un arrangement si on lui donne deux cents pistoles : le vieillard résiste ; mais
Silvestre, valet d'Octave, déguisé en matamore, terrorise Argante, qui s'empresse de lâcher la
somme. Et d'un ! Mais voici GÉRONTE : Scapin sera-t-il assez habile pour lui arracher
cinq cents écus ?*

LA SCÈNE DE LA GALÈRE

Scène célèbre imitée du *Pédant Joué* de CYRANO DE BERGERAC. « Il y a peu de choses qui me soient impossibles quand je veux m'en mêler », s'écrie SCAPIN au début de la pièce. Voici le « *fourbe* » en pleine action : c'est bien en effet le plus habile « *ouvrier de ressorts et d'intrigues* » ! Même à l'occasion de cette scène d'intrigue mêlée de farce, on verra avec quelle *vérité* Molière a esquissé, dans ses traits dominants, le caractère du vieux GÉRONTE (*Fourberies de Scapin*, II, 7).

SCAPIN : *(tout affolé)* Monsieur...   GÉRONTE : Quoi ?
SCAPIN : Monsieur, votre fils...   GÉRONTE : Hé bien ? mon fils...
SCAPIN : Est tombé dans une disgrâce la plus étrange du monde.
GÉRONTE : Et quelle ?
SCAPIN : Je l'ai trouvé tantôt tout triste de je ne sais quoi que vous lui avez dit, où vous m'avez mêlé assez mal à propos [1] ; et cherchant à dissiper cette tristesse, nous nous sommes allés promener sur le port. Là, entre autres plusieurs choses, nous avons arrêté nos yeux sur une galère turque assez bien équipée. Un jeune Turc de bonne mine nous a invités d'y entrer, et nous a présenté la main. Nous y [10] avons passé ; il nous a fait mille civilités, nous a donné la collation, où nous avons mangé des fruits les plus excellents qui se puissent voir, et bu du vin que nous avons trouvé le meilleur du monde [2].
GÉRONTE : Qu'y a-t-il de si affligeant à tout cela ?
SCAPIN : Attendez, Monsieur, nous y voici. Pendant que nous mangions, il a fait mettre la galère en mer ; et, se voyant éloigné du port, il m'a fait mettre dans un esquif, et m'envoie vous dire que si vous ne lui envoyez par moi tout à l'heure cinq cents écus, il va vous emmener votre fils en Alger.
GÉRONTE : Comment, diantre ! cinq cents écus [3] ?   [20]
SCAPIN : Oui, monsieur ; et, de plus, il ne m'a donné pour cela que deux heures.
GÉRONTE : Ah ! le pendard de Turc ! m'assassiner de la façon [4] !
SCAPIN : C'est à vous, monsieur, d'aviser promptement aux moyens de sauver des fers un fils que vous aimez avec tant de tendresse.
GÉRONTE : Que diable allait-il faire dans cette galère ?
SCAPIN : Il ne songeait pas à ce qui est arrivé.
GÉRONTE : Va-t'en, Scapin, va-t'en dire à ce Turc que je vais envoyer la justice après lui [5].
SCAPIN : La justice en pleine mer ! vous moquez-vous des gens ?   [30]
GÉRONTE : Que diable allait-il faire dans cette galère ?
SCAPIN : Une méchante destinée conduit quelquefois les personnes.

— 1 Géronte, se disant renseigné par Scapin, a reproché sa conduite à Léandre. — 2 A quoi tend ce long récit ? — 3 Commenter cette première réaction. — 4 De *cette* façon. Quel autre personnage vous rappelle cette réplique ? — 5 Pourquoi cette solution ?

GÉRONTE : Il faut, Scapin, il faut que tu fasses ici l'action d'un serviteur fidèle[6].

SCAPIN : Quoi, monsieur?

GÉRONTE : Que tu ailles dire à ce Turc qu'il me renvoie mon fils,
et que tu te mettes à sa place jusqu'à ce que j'aie amassé la somme
qu'il demande [7].

SCAPIN : Eh! Monsieur, songez-vous à ce que vous dites? et vous
figurez-vous que ce Turc ait si peu de sens, que d'aller recevoir un 40
misérable comme moi à la place de votre fils?

GÉRONTE : Que diable allait-il faire dans cette galère?

SCAPIN : Il ne devinait pas ce malheur. Songez, monsieur, qu'il ne
m'a donné que deux heures.

GÉRONTE : Tu dis qu'il demande...   SCAPIN : Cinq cents écus.

GÉRONTE : Cinq cents écus! N'a-t-il point de conscience?

SCAPIN : Vraiment oui! de la conscience à un Turc!

GÉRONTE : Sait-il bien ce que c'est que cinq cents écus?

SCAPIN : Oui, monsieur, il sait que c'est mille cinq cents livres.

GÉRONTE : Croit-il, le traître, que mille cinq cents livres se trouvent 50
dans le pas d'un cheval?

SCAPIN : Ce sont des gens qui n'entendent point de raison.

GÉRONTE : Mais que diable allait-il faire dans cette galère?

SCAPIN : Il est vrai; mais quoi? on ne prévoyait pas les choses.
De grâce, monsieur, dépêchez.

GÉRONTE : Tiens, voilà la clef de mon armoire.   SCAPIN : Bon.

GÉRONTE : Tu l'ouvriras.   SCAPIN. : Fort bien.

GÉRONTE : Tu trouveras une grosse clef du côté gauche, qui est celle
de mon grenier.   SCAPIN : Oui.

GÉRONTE : Tu iras prendre toutes les hardes qui sont dans cette 60
grande manne [8], et tu les vendras aux fripiers pour aller racheter mon
fils.

SCAPIN (rendant la clef) : Eh! monsieur, rêvez-vous? Je n'aurais
pas cent francs de tout ce que vous dites; et de plus, vous savez le peu
de temps qu'on m'a donné.

GÉRONTE : Mais que diable allait-il faire dans cette galère?

SCAPIN : Oh! que de paroles perdues! Laissez là cette galère, et songez
que le temps presse, et que vous courez risque de perdre votre fils.
Hélas! mon pauvre maître, peut-être que je ne te verrai de ma vie,
et qu'à l'heure que je parle on t'emmène esclave en Alger! Mais le 70
Ciel me sera témoin que j'ai fait pour toi ce que j'ai pu, et que, si tu
manques à être racheté, il n'en faut accuser que le peu d'amitié [9] d'un
père.

---

6 Expliquer l'intention qui dicte
ce compliment. — 7 Apprécier sa sincérité
(cf. 1. 87). — 8 *Panier d'osier*. Comment l'auteur a-t-il préparé cet effet comique? —
9 *Affection*. A quels sentiments s'adresse-t-il?

GÉRONTE : Attends, Scapin, je m'en vais querir cette somme.

SCAPIN : Dépêchez donc vite, monsieur ; je tremble que l'heure ne sonne.

GÉRONTE : N'est-ce pas quatre cents écus que tu dis ?

SCAPIN : Non, cinq cents écus.

GÉRONTE : Cinq cents écus ?   SCAPIN : Oui.

GÉRONTE : Que diable allait-il faire dans cette galère ?   80

SCAPIN : Vous avez raison, mais hâtez-vous.

GÉRONTE : N'y avait-il point d'autre promenade ?

SCAPIN : Cela est vrai ; mais faites promptement.

GÉRONTE : Ah! maudite galère!

SCAPIN *(à part)* : Cette galère lui tient à cœur.

GÉRONTE : Tiens, Scapin, je ne me souvenais pas que je viens juste-ment de recevoir cette somme en or ; et je ne croyais pas qu'elle dût m'être sitôt ravie. Tiens, va-t-en racheter mon fils. *(Il lui présente sa bourse)*

SCAPIN *(il tend la main, mais Géronte garde sa bourse)* : Oui, monsieur.

GÉRONTE : Mais dis à ce Turc que c'est un scélérat.   90

SCAPIN *(tendant la main)* : Oui.

GÉRONTE *(tendant la bourse)* : Un infâme.

SCAPIN *(la main tendue)* : Oui.

GÉRONTE *(même jeu)* : Un homme sans foi, un voleur.

SCAPIN : Laissez-moi faire.

GÉRONTE *(même jeu)* : Qu'il me tire cinq cents écus contre toute sorte de droit.   SCAPIN : Oui.

GÉRONTE *(même jeu)* : Que je ne les lui donne ni à la mort, ni à la vie.   SCAPIN : Fort bien.

GÉRONTE *(de même)* : Et que, si jamais je l'attrape, je saurai me venger de lui [10].   SCAPIN : Oui.   100

GÉRONTE *(rentrant sa bourse)* : Va, va vite requérir [11] mon fils.

SCAPIN : Holà! monsieur.

GÉRONTE : Quoi ?   SCAPIN : Où est donc cet argent ?

GÉRONTE : Ne te l'ai-je pas donné ?

SCAPIN : Non, vraiment, vous l'avez remis dans votre poche.

GÉRONTE : Ah! c'est la douleur qui me trouble l'esprit [12].

SCAPIN : Je le vois bien.

GÉRONTE : Que diable allait-il faire dans cette galère? Ah! maudite galère! traître de Turc à tous les diables!

– Montrez avec précision l'habileté et le sens psychologique de Scapin. Précisez son caractère.
– Quel est le trait dominant du caractère de Géronte ? A quelles réactions le reconnaît-on ?
– A chaque réplique, précisez le ton du « refrain » de Géronte ; quels sentiments s'expriment ainsi ?
– Distinguez : a) le comique de farce ; – b) le comique de caractère. Comment se combinent-ils ?
• Groupe thématique : Valet de comédie. Cf. pages 182, 187. – XVIIIe siècle, pages 35, 40, 48, 388-404.

— 10 Montrer la vérité du caractère dans tout | ce passage. — 11 Te faire rendre. — 12 Est-ce la vraie raison?

ACTE III. SCAPIN *se venge de* GÉRONTE *qui l'avait dénoncé à Léandre. C'est la scène du* « *sac ridicule où Scapin s'enveloppe* » *dont parle* BOILEAU (p. 345); *en réalité, c'est Géronte que Scapin a mis dans un sac sous prétexte de le dérober à des spadassins. Feignant, à plusieurs reprises, d'être attaqué par les reîtres dont il imite la voix, le valet frappe à coups redoublés sur le sac et son* « *contenu* », *jusqu'au moment où sa fourberie est éventée :*
GÉRONTE *(sortant sa tête hors du sac) :* Ah ! je suis roué. — SCAPIN : Ah ! je suis mort.
GÉRONTE : Pourquoi diantre faut-il qu'ils frappent sur mon dos ?
SCAPIN *(lui remettant encore la tête dans le sac)* : Prenez garde, voici une demi-douzaine de soldats tous ensemble. *(Contrefaisant la voix de plusieurs personnes) :* « Allons, tâchons à trouver ce Géronte, cherchons partout. N'épargnons point nos pas. Courons toute la ville. N'oublions aucun lieu. Visitons tout. Furetons de tous les côtés. Par où irons-nous ? Tournons par là. Non, par ici. A gauche. A droite. Nenni. Si fait. » *(A Géronte avec sa voix ordinaire)* : Cachez-vous bien. « Ah ! camarade, voici son valet. Allons, coquin, il faut que tu nous enseignes où est ton maître. » Eh, messieurs, ne me maltraitez point. « Allons, dis-nous où il est; parle. Hâte-toi, expédions. Dépêche, vite. Tôt. » Hé ! messieurs, doucement. *(Géronte met doucement la tête hors du sac, et aperçoit la fourberie de Scapin) :* « Si tu ne nous fais trouver ton maître tout à l'heure, nous allons faire pleuvoir sur toi une ondée de coups de bâton. » J'aime mieux souffrir toute chose que de vous découvrir mon maître. « Nous allons t'assommer. » Faites tout ce qu'il vous plaira. « Tu as envie d'être battu. » Je ne trahirai point mon maître. « Ah ! tu en veux tâter ! Voilà... » Oh ! *(Comme il est près de frapper, Géronte sort du sac, et Scapin s'enfuit.)*

A son tour, ZERBINETTE *apprend par mégarde à* GÉRONTE *qu'il a été dupé. Tout irait très mal si une double reconnaissance ne venait arranger les choses : on découvre que Hyacinte est une fille de Géronte et que Zerbinette a été autrefois enlevée à son père Argante ! Rien ne s'oppose donc plus au bonheur des deux couples. Quant à* SCAPIN, *la tête entourée de linges comme s'il avait été blessé, il obtient le pardon des deux vieillards... et il se fait transporter au bout de la table du festin.*

L'INTRIGUE DANS LES GRANDES COMÉDIES

Molière est donc capable de bâtir une intrigue attachante, imprévue et bien enchaînée. Mais, dès *L'École des Femmes* (p. 201), où l'intrigue occupe encore une grande place, il se tourne vers l'*étude des mœurs* et surtout des *caractères*. Dans ses meilleures comédies, *Tartuffe, Le Misanthrope, L'Avare, Le Bourgeois Gentilhomme, Les Femmes Savantes, Le Malade Imaginaire*, il est avant tout soucieux de peindre « *d'après nature* », et il lui arrive de *négliger l'intrigue*, ou tout au moins de la subordonner à la vérité de la peinture.

Le schéma habituel Si l'on excepte *Le Misanthrope*, Molière reste fidèle, dans ces pièces, au *schéma habituel de la comédie d'intrigue*. Le problème qui recevra sa solution au dénouement est celui d'un *mariage contrarié* par les parents de la jeune fille. Mais généralement le personnage qui s'oppose au mariage est un *maniaque* aveuglé par ses vices ou ses travers, et l'action a pour objet de mettre en lumière les *défauts* et les *ridicules* de son caractère.

1. LES « HÉROS » DE MOLIÈRE. C'est pour satisfaire une *idée fixe* que le personnage central contrarie le mariage de son enfant et veut lui en imposer un autre. HARPAGON veut marier son fils à une riche veuve, et sa fille au seigneur Anselme « qui n'a pas plus de 50 ans et dont on vante les grands biens ». ORGON donne sa fille au bigot Tartuffe. M. JOURDAIN refuse Lucile à Cléante parce qu'il n'est pas gentilhomme : elle sera marquise et même duchesse ! PHILAMINTE, femme savante, destine Henriette à son « héros d'esprit » Trissotin. Quant au « malade imaginaire », sa fille Angélique ne saurait épouser qu'un médecin ! « *C'est pour moi que je lui donne ce médecin,* dit-il, *et une fille de bon naturel doit être ravie d'épouser ce qui est utile à la santé de son père.* »

2. LES « EXPLOITEURS ». Autour de ces maniaques se trouvent des *intrigants* qui exploitent leur idée fixe : *coureurs de dot*, Tartuffe et Trissotin; *personnages avides*, comme Béline, qui convoite l'héritage du « malade imaginaire ». Quant à Dorante, il lui suffit d'être gentilhomme pour vivre largement aux dépens de M. Jourdain. Ce sont d'*habiles hypocrites*, taillés en somme dans la même étoffe que SCAPIN, mais leur jeu est infiniment plus souple, tout en nuances, et leur action persévérante suppose une connaissance profonde de leur dupe.

3. LE PARTI DU BON SENS. Face à cette coalition des parents maniaques et de leurs exploiteurs, voici d'abord le *couple des amoureux menacés*. Ils sont généralement très épris mais désarmés, et heureusement soutenus par des *personnes raisonnables* et parfois ingénieuses : la franche Mme Jourdain, le bonhomme Chrysale, les frères ou beaux-frères à qui leurs tirades sensées et quelque peu monotones ont valu le titre de « *raisonneurs* » : Cléante, Ariste, Béralde. Mais l'opposition aux maniaques est le plus souvent conduite par des *servantes* à la langue bien pendue, capables d'inventer des ruses pour démasquer les hypocrites et faire triompher l'amour. La « suivante » Dorine voit clair dans le jeu de Tartuffe (I, 2) et soutient la révolte de Mariane contre l'aveuglement d'Orgon (II, 2). Dans *Le Malade Imaginaire*, c'est Toinette qui dit son fait à Argan (I, 5) et démasque par un stratagème l'hypocrite Béline (III, 18). Pour berner M. Jourdain, Covielle, valet de Cléante, imagine de lui présenter son maître comme le fils du Grand Turc ! Enfin, la bonne Martine elle-même encourage Chrysale à braver Philaminte : « *La poule ne doit pas chanter devant le coq* » (v. 1644).

L'art des situations   En dépit de tant d'éléments communs, ces *pièces sont loin de se ressembler*, car MOLIÈRE a l'art d'imaginer pour chaque comédie la situation la plus propre à *mettre en lumière les caractères*. Rien n'est plus instructif à cet égard que de comparer *Tartuffe* et *Les Femmes Savantes*. Des deux côtés, un hypocrite se fait bien accueillir dans une maison, convoite la main et la dot de la fille du logis et se trouve démasqué par un stratagème.

Dans *Tartuffe*, le faux dévot a réussi à s'implanter chez le pieux Orgon. Choyé par son protecteur dont il exploite la dévotion naïve, il est à son aise pour tendre ses filets, brouiller Orgon avec son fils, obtenir la main de sa fille et même la donation totale de ses biens. Il aura la faiblesse de courtiser la femme d'Orgon et c'est ce qui le perdra : attiré par deux fois dans un piège (actes III et IV), il sera enfin pris en flagrant délit.

Dans *Les Femmes Savantes*, au contraire, la manœuvre de Trissotin passe au second plan, et c'est la *peinture des mœurs* qui constitue l'essentiel de la pièce. La ruse qui démasque l'hypocrite, au lieu d'occuper deux actes, n'apparaît qu'à la dernière scène.

Dans *L'Avare*, la situation impose à Harpagon des *dépenses* qui le mettent à la torture : *riche bourgeois*, il doit avoir un train de maison, un intendant, des laquais, un carrosse; *père de famille*, il a un fils amoureux et prodigue, et une fille qu'il veut marier « sans dot »; *veuf*, il voudrait se remarier, mais la jeune Mariane est pauvre et il faut lui offrir un grand festin...

Mais le « coup de génie », c'est la situation du *Misanthrope*. Alceste, pessimiste, grognon, blessé par l'hypocrisie sociale, est *amoureux d'une coquette* attachée à toutes les conventions mondaines; il est ainsi exposé à rencontrer dans le salon de Célimène la société la plus fausse, la plus éloignée de la franche nature.

Perfection de   L'idéal eût été de concevoir des intrigues dont le
certaines intrigues   *déroulement normal* pût offrir les situations les plus propres à peindre les mœurs et les hommes. Molière n'y parvient que dans quelques hautes comédies : *Tartuffe, Les Femmes Savantes, Le Misanthrope*.

1. DANS TARTUFFE, la question de l'aveuglement d'Orgon et celle du mariage de sa fille sont si *étroitement liées* que toute action de nature à démasquer Tartuffe favorise les projets de Mariane et de Valère. Aussi pouvons-nous dire qu'on n'en saurait retrancher une scène sans nuire à l'intrigue : il n'y en a presque pas une seule où il ne soit question de ce *mariage* au moins par allusion. C'est en faveur de Mariane qu'Elmire fait sa première tentative auprès de Tartuffe, et c'est pour convaincre son mari et

sauver la jeune fille qu'elle s'expose une seconde fois aux assiduités du faux dévot. Au cinquième acte, il est plus question, à la vérité, des méfaits de l'imposteur que du mariage; mais, après l'arrestation du criminel, la joie des amants enfin réunis vient dénouer cette intrigue où le machiavélisme de Tartuffe n'a jamais cessé de menacer leur bonheur et celui de toute une famille.

2. L'INTRIGUE DES FEMMES SAVANTES est habilement centrée sur le problème du mariage d'Henriette et de Clitandre menacé par les projets de Philaminte et d'Armande. *C'est à propos de ce mariage que s'affirment les caractères :* proclamations héroïques et capitulations de Chrysale, tyrannie hautaine de Philaminte, stratégie et cynisme de Trissotin, douce folie de Bélise, aigreur d'Armande, charmante spontanéité d'Henriette et Clitandre.

3. QUELLE EST L'INTRIGUE DU MISANTHROPE? On dit parfois que la pièce en est dénuée. Mais, si l'on considère le *drame intérieur* qui l'anime, on verra au contraire qu'il s'agit d'une action parfaitement enchaînée. C'est le drame d'Alceste qui aime et se croit aimé : il attribue aux « vices du temps » les défauts qu'il voit en Célimène et il a l'espoir d'en « purger son âme ». Il décide, *dès le premier acte*, de la mettre en demeure de choisir entre lui et ses rivaux; mais, chaque fois qu'il va poser la question, tantôt la coquette se dérobe, tantôt des fâcheux viennent les séparer. *D'acte en acte, l'irritation d'Alceste grandit :* il soupçonne douloureusement que Célimène le trahit, il découvre qu'elle est méprisable et qu'il est néanmoins incapable de vaincre sa passion pour elle. Lorsque, *à la fin de la pièce,* il aura la certitude d'être trompé, il trouvera la force de rompre et de se retirer. *L'unité de la pièce* vient de ce drame moral, et les scènes qui paraissent extérieures à l'action (par ex. : II, 4) doivent être étudiées par rapport au *caractère d'Alceste,* rendu sensible à toutes les influences par sa jalousie et par le pessimisme qu'elle entretient dans son âme.

Intrigues « psychologiques »

La tentation de *bâtir l'intrigue en fonction du personnage central* l'a emporté dans *Dom Juan* (p. 206), *L'Avare, Le Malade Imaginaire,* et surtout *Le Bourgeois Gentilhomme.* On dirait que MOLIÈRE, oubliant ses couples d'amoureux et leur bonheur menacé, s'ingénie à rassembler les scènes qui nous montrent sous tous leurs aspects les caractères de son avare, de son malade, de son bourgeois gentilhomme. Dans *L'Avare,* plusieurs intrigues s'entrelacent, celle d'Élise et de Valère, celle de Cléante et de Mariane, celle d'Harpagon amoureux de Mariane et rival de son fils. En réalité, *l'unité de la pièce vient du caractère de l'avare,* père d'une fille à marier et d'un fils prodigue, de l'avare partagé entre son amour et son argent, de l'avare qui monte la garde auprès de sa cassette. En dépit d'une cascade de reconnaissances, le *dénouement heureux* ne survient que parce qu'il retrouve sa cassette et marie ses enfants sans délier sa bourse.

Dans *Le Malade Imaginaire,* combien de scènes, surtout au troisième acte, ne restent liées à l'intrigue que par le caractère du personnage central ! Mais c'est *Le Bourgeois Gentilhomme* qui montre à quel point Molière ne vient à négliger l'intrigue; les deux premiers actes sont sur le modèle d'une *revue :* tour à tour défilent devant M. Jourdain des personnages qui exploitent sa passion de la « qualité » : maître à danser, maître de musique, maître d'armes, maître de philosophie, maître tailleur et garçons tailleurs. On pourrait à volonté ajouter ou retrancher des scènes sans rien changer à l'intrigue. Cette dernière n'apparaît qu'à la fin du troisième acte, tourne à la mystification au quatrième acte et à l'énorme farce au cinquième.

Les dénouements

Poussées jusqu'à leurs conséquences *logiques,* beaucoup d'intrigues de MOLIÈRE tourneraient normalement au *drame.* Dans la vie courante, la jeune Henriette n'échapperait pas plus à Trissotin que la naïve Agnès à l'odieux Arnolphe de *L'École des Femmes* (p. 201); *Tartuffe* se terminerait sur le spectacle d'une famille ruinée, peut-être déshonorée, et d'un hypocrite triomphant; l'*Avare* ne retrouverait sûrement pas sa cassette; le *Bourgeois* et le *Malade* seraient ruinés par les hypocrites qui les exploitent. Bonheurs détruits, familles désunies, fortunes anéanties, tel serait le dénouement logique des intrigues de Molière.

I. DÉNOUEMENTS ARTIFICIELS. Comme le genre même de la comédie suppose une *fin heureuse* où les méchants sont punis et les bons récompensés, et que Molière tient à montrer le triomphe de la paix domestique et de la raison, il recourt à divers types de *dénouements artificiels*, pleins de romanesque et de fantaisie.

  1. RECONNAISSANCES. C'est le moyen traditionnel, qui apparaît dès *L'Etourdi* et *L'Ecole des Femmes* (p. 204). Il faut une double reconnaissance pour terminer *Les Fourberies de Scapin* (p. 190). Quant à *L'Avare*, quel invraisemblable concours de circonstances ! Pour que le rideau se baisse sur un double mariage, il faut qu'à la suite d'un naufrage les membres d'une famille italienne aient été séparés en trois groupes, qu'ils aient tous changé de nom, qu'ils soient tous venus vivre à Paris, que des intrigues sentimentales les attirent tous en même temps chez Harpagon, et qu'ils se reconnaissent au bon moment !

  2. STRATAGÈMES. L'événement qui dénoue l'intrigue provient cette fois non du hasard, mais de l'habileté d'un personnage. Les amants *se déguisent* en médecins pour épouser leurs belles en dépit des jaloux *(L'Amour Médecin, Le Médecin malgré lui)* ; les jeunes filles se déguisent également pour échapper à leurs gardiens et épouser ceux qu'elles aiment *(Le Dépit Amoureux, L'Ecole des Maris, Le Sicilien)*. Dans *Les Femmes Savantes*, c'est un billet d'Ariste qui éclaire Philaminte sur les vrais sentiments de Trissotin et de Clitandre. Dans *Le Bourgeois Gentilhomme* et *Le Malade Imaginaire*, on décide l'un, devenu « mamamouchi », à donner Lucile au « fils du Grand Turc », l'autre à donner sa fille à un « futur médecin » et à se faire lui-même médecin; ces deux pièces se terminent d'ailleurs par des *ballets* qui dissipent dans l'euphorie l'invraisemblance des dénouements.

  II. DÉNOUEMENTS SURNATURELS. A la fin d'*Amphitryon*, l'apparition de Jupiter dans un nuage donne un parfait exemple du « *Deus ex machina* » (p. 185); *Dom Juan* est entraîné aux Enfers par la statue du Commandeur (p. 208). Si le dénouement du *Tartuffe* n'est pas « surnaturel », l'intervention de l'Exempt, à la dernière minute, présente pourtant un caractère quasi miraculeux : seul le roi, dans sa toute-puissance, pouvait mettre fin aux exploits de Tartuffe, comme seul il a pu faire jouer la pièce.

  III. DÉNOUEMENTS LOGIQUES ET PESSIMISTES. Hormis le dénouement amer de *George Dandin*, seul celui du *Misanthrope* obéit jusqu'au bout à la logique des caractères, et cette fin exprime la *tendance pessimiste de Molière*. ALCESTE, enfin désabusé, découvre que Célimène est incorrigible et qu'elle n'est pas faite pour lui : il trouve la force de rompre et de se retirer du monde.
  Cette fidélité du héros à lui-même, clairement exprimée dans *Le Misanthrope*, MOLIÈRE nous la *suggère* d'autres fois à travers l'*artifice* même et la *désinvolture* de ses dénouements. Entre le moment où TARTUFFE est découvert et celui de son arrestation, l'auteur a voulu compléter, de façon dramatique, cette puissante figure : nous voyons l'hypocrite se redresser, prétendant agir dans l'intérêt du Ciel et du Prince, sachant « se faire un beau manteau de tout ce qu'on révère » (v. 1586). L'intervention de l'Exempt ne se produit qu'*au dernier moment*, sans doute pour laisser Tartuffe aller jusqu'au bout de son infamie, mais aussi pour nous montrer quelle serait la *suite véritable de cette aventure* sans le « miracle » (si rare !) d'une action opportune de la justice incarnée par le roi.
  Mais, dira-t-on, ORGON n'a-t-il pas été désabusé? L'intrigue aboutit souvent, en effet, à *éclairer un personnage aveugle* comme le sont Orgon, Alceste ou Philaminte. *Le sont-ils de façon définitive?* Est-on certain qu'Orgon ne sera plus « mené par le nez », et que Philaminte ne reviendra pas à « sa longue lunette à faire peur au gens », tout comme Harpagon retourne à sa « chère cassette » ? Il y a des *incorrigibles* qui ne comprendront jamais : Dom Juan, M. Jourdain, Harpagon, Argan. Les vices humains, *véritable danger social*, sont trop enracinés pour qu'une seule épreuve puisse en venir à bout, et Molière le souligne par l'invraisemblance de dénouements qui ne résolvent que *provisoirement* les problèmes. Telle est, en définitive, l'*impression sinon de pessimisme*, du moins de lucidité sans illusion que nous laissent, quand nous avons bien ri, la plupart des comédies de Molière.

MOLIÈRE PEINTRE DE MŒURS

Son humeur satirique　　Il y avait dans le tempérament de Molière une *verve satirique* assez voisine de celle de Boileau, et il n'a pas manqué de railler les *mœurs de son siècle*. Il n'a guère écrit de comédies de mœurs à proprement parler, mais ses intrigues se situent dans des *milieux contemporains* observés avec précision et il donne à ses personnages la marque de leur *métier* et de leur *condition* ; enfin, il parsème ses pièces de *tableaux malicieux* qui « mettent la dernière main au portrait du siècle » (cf. les *Fâcheux*, en entier; *l'Ecole des Maris*, I, 1; *l'Ecole des Femmes* I, 1; *Tartuffe*, II, 3; et surtout le *Misanthrope*).

Le « portrait du siècle »　　On trouve dans ses comédies, un tableau complet de la société contemporaine, aussi bien que chez La Fontaine (p. 224) et La Bruyère (p. 401).

I. LA COUR. Elle est représentée par les habitués du salon de Célimène, les marquis vaniteux des *Fâcheux* et du *Misanthrope*, les grands seigneurs désinvoltes et cyniques comme *Dom Juan* (p. 207) ou sans scrupules comme Dorante *(Bourgeois Gentilhomme)*.

Cependant Molière a peint également des gentilshommes sympathiques comme Alceste et Dom Louis.

2. LA BOURGEOISIE PARISIENNE. C'est le cadre habituel de la plupart de ses comédies. Nous pénétrons chez des *marchands* comme M. Jourdain, des *bourgeois aisés* comme Chrysale, Argan ou Orgon, de *grands bourgeois* comme Harpagon. Sous nos yeux défilent des *commerçants* : M. Josse, M. Guillaume (*L'Amour Médecin*, I, 1) ou M. Dimanche (*Dom Juan*, IV, 3), des professeurs (le *Mariage Forcé*, sc. 4 et 5; le *Bourgeois Gentilhomme*, acte I), des notaires *(Malade Imaginaire*, I, 9), des huissiers (*Tartuffe*, V, 4), des médecins et des apothicaires (cf. ci-dessous).

Nous jetons même un regard sur les *milieux louches* de la grande ville : usuriers *(l'Avare*, II, 1), spadassins *(Précieuses*, sc. 15), intrigants de toute sorte *(Tartuffe, l'Avare, Pourceaugnac)*.

3. LA PROVINCE. Elle fournit le monde vivant et généralement sympathique des *valets* et des *servantes*. Nous évoquons la vie étriquée des petites villes à travers *Tartuffe* (II, 3), *George Dandin, la Comtesse d'Escarbagnas* ; nous entendons le jargon des paysans dans le *Médecin malgré lui* et *Dom Juan*. Car c'est un trait remarquable du style de Molière : il laisse à chacun le *langage de sa condition* et de son milieu.

MONSIEUR DE POURCEAUGNAC　　*Éraste est amoureux de Julie, fille d'Oronte ; mais ce dernier veut la donner à M. de Pourceaugnac, gentilhomme provincial qui arrive à Paris pour connaître la jeune fille. Les « intrigants » Sbrigani et Nérine, au service d'Éraste, s'ingénient à rendre la vie parisienne intenable au provincial et à lui faire reprendre au plus vite le chemin du retour. Éraste lui offre l'hospitalité dans sa maison et le confie à deux médecins à qui il l'a présenté d'avance comme un parent devenu fou. Pourceaugnac croit qu'il s'agit de deux maîtres d'hôtel chargés de lui faire faire bonne chère !*

Médecins du grand siècle

Malade de bonne heure, Molière a pu observer sans illusion les médecins de son siècle : il faut lire, dans *Le Malade Imaginaire*, la scène où Béralde, son interprète, fait une critique en règle de la médecine (III, 3). Pour ridiculiser cette « science », Molière nous montre tantôt des personnages qui *parodient* les médecins (*Médecin malgré lui* : II, 4 et III, 2 ; *Le Malade Imaginaire*, III, 10), tantôt de *vrais médecins*, ayant une confiance totale et pointilleuse en leur art, comme dans cette scène de *Pourceaugnac* (*L'Amour Médecin*, II, 2 à 5 ; *Le Malade Imaginaire*, II, 6 ; III, 5). Peinture à peine exagérée, semble-t-il, des mœurs médicales du « grand siècle » : on pourra discerner, à travers cette caricature, les *principaux griefs* de l'auteur contre les médecins de son temps.

LE MÉDECIN : Ce m'est beaucoup d'honneur, Monsieur, d'être choisi pour vous rendre service.

POURCEAUGNAC : Je suis votre serviteur.

LE MÉDECIN : Voici un habile homme, mon confrère, avec lequel je vais consulter de la manière dont nous vous traiterons [1].

POURCEAUGNAC : Il n'y faut point tant de façons, vous dis-je ; je suis homme à me contenter de l'ordinaire.

LE MÉDECIN : Allons, des sièges. *(Des laquais donnent trois sièges)* [...] Allons, Monsieur, prenez votre place, Monsieur. *(Pourceaugnac est assis entre les deux médecins.)*   10

POURCEAUGNAC : Votre très humble valet. *(Chacun lui tâte le pouls.)* Que veut dire cela ?

LE MÉDECIN : Mangez-vous bien, Monsieur ?

POURCEAUGNAC : Oui, et bois encore mieux.

LE MÉDECIN : Tant pis. Cette grande appétition du froid et de l'humide est une indication de la chaleur et de la sécheresse qui est au dedans. Dormez-vous fort ?

POURCEAUGNAC : Oui, quand j'ai bien soupé.

LE MÉDECIN : Faites-vous des songes ?   POURCEAUGNAC : Quelquefois.

LE MÉDECIN : De quelle nature sont-ils ?

POURCEAUGNAC : De la nature des songes. Quelle diable de conversation est-ce 20 là ?[...]

LE MÉDECIN : Un peu de patience : nous allons raisonner sur votre affaire devant vous ; et nous le ferons en français pour être plus intelligibles [2].

POURCEAUGNAC : Quel grand raisonnement faut-il pour manger un morceau ?

LE MÉDECIN *(à son confrère)* : [...] Je dis donc, Monsieur, avec votre permission, que notre malade ici présent est malheureusement attaqué, affecté, possédé, travaillé de cette sorte de folie que nous nommons fort bien mélancolie [3] hypo-condriaque, espèce de folie très fâcheuse, et qui ne demande pas moins qu'un Esculape comme vous, consommé dans notre art ; vous, dis-je, qui avez blanchi sous le harnais, et auquel il en a tant passé par les mains de toutes les façons [4]. Je l'appelle mélancolie hypocondriaque pour la distinguer des deux autres ; car 30 le célèbre Galien établit doctement, à son ordinaire, trois espèces de cette maladie que nous nommons mélancolie, ainsi appelée non seulement par les Latins, mais encore par les Grecs, ce qui est bien à remarquer pour notre affaire [5] : la première, qui vient du propre vice du cerveau ; la seconde, qui vient de tout le sang fait et rendu atrabilaire ; la troisième, appelée hypocondriaque, qui est la nôtre, laquelle procède du vice de quelque partie du bas-ventre, et de la région inférieure, mais particulièrement de la rate, dont la chaleur et l'inflammation portent au cerveau de notre malade beaucoup de fuligines [6] épaisses et crasses dont la vapeur noire et maligne cause dépravation aux fonctions de la faculté princesse [7], et fait la maladie dont, par notre raisonnement, il est manifeste- 40 ment atteint et convaincu [8]. Qu'ainsi soit, pour diagnostic incontestable de ce que je dis, vous n'avez qu'à considérer ce grand sérieux que vous voyez, cette tristesse accompagnée de crainte et de défiance [9], signes pathognomoniques et individuels de cette maladie, si bien marqués chez le divin vieillard Hippocrate ; cette physionomie, ces yeux rouges et hagards, cette grande barbe, cette habi-

---

— 1 *Traiter* signifie *soigner* et *régaler*. Etudier le quiproquo. — 2 Préciser la satire. — 3 « *Bile noire* ». — 4 Que veut nous montrer Molière (cf. l. 58-66) ? — 5 Nouvelle allusion satirique. — 6 Fumées. — 7 L'intelligence. — 8 Apprécier cette belle « explication ». — 9 Imaginer les réactions de Pourceaugnac !

tude[10] du corps menue, grêle, noire et velue. [...] Premièrement, pour remédier à cette pléthore [11] obturante, et à cette cacochymie [12] luxuriante par tout le corps, je suis d'avis qu'il soit phlébotomisé [13] libéralement, c'est-à-dire que les saignées soient fréquentes et plantureuses, en premier lieu de la basilique, puis de la céphalique [14], et même, si le mal est opiniâtre, de lui ouvrir la veine du front, 50 et que l'ouverture soit large, afin que le gros sang puisse sortir ; et en même temps, de le purger, désopiler et évacuer par purgatifs propres et convenables, c'est-à-dire par cholagogues, mélanogogues, et cœtera [15].[...] Mais avant toute chose, je trouve qu'il est bon de le réjouir par agréables conversations, chants, et instruments de musique [16] ; à quoi il n'y a pas d'inconvénient de joindre des danseurs, afin que leurs mouvements, disposition et agilité, puissent exciter et réveiller la paresse de ses esprits engourdis, qui occasionne l'épaisseur de son sang, d'où procède la maladie. Voilà les remèdes que j'imagine, auxquels pourront être ajoutés beaucoup d'autres meilleurs par Monsieur notre maître et ancien [17], suivant l'expérience, jugement, lumière et suffisance qu'il s'est acquis 60 dans notre art. *Dixi* [18].

SECOND MÉDECIN : A Dieu ne plaise, Monsieur, qu'il me tombe en pensée d'ajouter rien à ce que vous venez de dire! Vous avez si bien discouru sur tous les signes, les symptômes et les causes de la maladie de Monsieur ; le raisonnement que vous en avez fait est si docte et si beau, qu'il est impossible qu'il ne soit pas fou et mélancolique hypocondriaque ; et, quand il ne le serait pas, il faudrait qu'il le devînt pour la beauté des choses que vous avez dites et la justesse du raisonnement que vous avez fait. [..] Et il ne me reste rien ici que de féliciter Monsieur d'être tombé entre vos mains, et de lui dire qu'il est trop heureux d'être fou [19] pour éprouver l'efficace et la douceur des remèdes que vous avez si 70 judicieusement proposés [20]. [...]

POURCEAUGNAC : Messieurs, il y a une heure que je vous écoute. Est-ce que nous jouons ici une comédie?

LE MÉDECIN : Non, Monsieur, nous ne jouons point.

POURCEAUGNAC : Qu'est-ce que tout ceci? et que voulez-vous dire avec votre galimatias et vos sottises?

LE MÉDECIN : Bon. Dire des injures, voilà un diagnostic qui nous manquait [21] pour la confirmation de son mal, et ceci pourrait bien tourner en manie.

POURCEAUGNAC : Avec qui m'a-t-on mis ici? *(Il crache deux ou trois fois.)*

LE MÉDECIN : Autre diagnostic : la sputation fréquente.   80

POURCEAUGNAC : Laissons cela, et sortons d'ici.

LE MÉDECIN : Autre encore : l'inquiétude de changer de place.

POURCEAUGNAC : Qu'est-ce donc que toute cette affaire? et que me voulez-vous?

LE MÉDECIN : Vous guérir selon l'ordre qui nous a été donné. P. : Me guérir?

LE MÉDECIN : Oui.   POURCEAUGNAC : Parbleu! je ne suis pas malade.

LE MÉDECIN : Mauvais signe, lorsqu'un malade ne sent pas son mal.

---

10 Constitution. Le « diagnostic » se poursuit encore longuement. — 11 Abondance (traitée ordinairement par des saignées). — 12 Humeurs viciées (traitées par des purgations). — 13 Saigné. — 14 Veines du bras. — 15 Ici, d'autres remèdes pour chasser les humeurs noires : bains d'eau pure, de petit-lait clair... — 16 Molière prépare l'entrée du ballet qui termine cet acte. — 17 Le second médecin. — 18 *J'ai dit.* —

19 Apprécier l'humour et l'ironie de Molière dans toute cette tirade. — 20 Il approuve ces remèdes, mais veut les purgations « en nombre impair », le lait avant le bain, « faire blanchir les murailles de sa chambre », et surtout commencer par « un petit lavement ». — 21 Etudier jusqu'à la fin de la scène, ce procédé de farce et les idées sérieuses (peut-être de tous les temps!) qu'il recouvre.

POURCEAUGNAC : Je vous dis que je me porte bien.

LE MÉDECIN : Nous savons mieux que vous comment vous vous portez, et nous sommes médecins, qui voyons clair dans votre constitution. ⁹⁰

POURCEAUGNAC : Si vous êtes médecins, je n'ai que faire de vous ; et je me moque de la médecine.

LE MÉDECIN : Hon! hon! Voici un homme plus fou que nous ne pensons.

POURCEAUGNAC : Mon père et ma mère n'ont jamais voulu de remèdes, et ils sont morts tous deux sans l'assistance ²² des médecins.

LE MÉDECIN : Je ne m'étonne pas s'ils ont engendré un fils qui est insensé. *(Au second médecin.)* Allons, procédons à la curation ²³ ; et par la douceur exhilarante ²⁴ de l'harmonie, adoucissons, lénifions et accoisons ²⁵ l'aigreur de ses esprits, que je vois prêts à s'enflammer ²⁶.

Monsieur de Pourceaugnac, I, 8.

Surviennent des apothicaires armées de seringues. *Eperdu,* POURCEAUGNAC *s'enfuit dans la salle, où les apothicaires le poursuivent parmi les spectateurs. Cette* Course *des* apothicaires, *farce un peu lourde mais divertissante, est restée traditionnelle. Tout éberlué, le Limousin tombe de mésaventure en mésaventure.* SBRIGANI *le présente à Oronte comme couvert de dettes.* LUCETTE, *déguisée en Languedocienne, puis* NÉRINE, *en Picarde, viennent, dans leur patois, raconter qu'il les a épousées et abandonnées avec leurs enfants. Le voilà polygame ! Le malheureux se déguise en femme pour quitter la capitale sans ennui. Quant à Eraste, il obtient la main de Julie.*

LA PEINTURE DES CARACTÈRES

« Peindre d'après nature » I. VÉRITÉ HUMAINE ÉTERNELLE. Molière voulait *« peindre d'après nature »* (cf. p. 177). Il a créé des *types immortels,* solidement enracinés dans la réalité contemporaine sans doute (p. 194), mais *dépassant leur temps* et la personne même de leur auteur. Son avare, son hypocrite, ses précieuses et ses bas-bleus, ses bourgeois vaniteux, son « grand seigneur méchant homme », son misanthrope et sa coquette restent vrais comme au premier jour; et pourtant, loins d'être des peintures abstraites de l'avarice, de l'hypocrisie, etc., ce sont des *êtres vivants.* Il a eu le génie de les faire en même temps *universels* et *particuliers,* au point que leurs noms sont devenus symboliques : ne dit-on pas un harpagon, un tartuffe, un Alceste, une Célimène, un Trissotin?

II. COMPLEXITÉ DE CERTAINS CARACTÈRES. Parce qu'il observe la vie, MOLIÈRE en saisit la *variété* et la *complexité.* Nous avons déjà noté la diversité de ses *valets* (p. 180); on découvre aisément celle des trois *« femmes savantes »* et de leurs deux *pédants* Vadius et Trissotin ; dans la famille d'Orgon, on a la violence dans le sang, mais elle se manifeste fort différemment chez Orgon, Mme Pernelle, Damis et Mariane.

Il a donné à ses personnages importants la complexité, et même les *contradictions* des êtres vivants. Leur passion dominante s'accompagne d'autres traits de caractère avec lesquels elle est parfois en conflit. HARPAGON est avare et amoureux; il rechigne à la dépense et pourtant il garde le souci de l'opinion et doit avoir un train de maison. TARTUFFE, hypocrite habile et cynique, est cependant sensuel jusqu'à l'imprudence. ARMANDE est une précieuse qui discourt contre le mariage, mais elle recherche la main de Clitandre. ARNOLPHE aime Agnès, mais il voudrait se faire aimer avec l'autorité et la tyrannie d'un tuteur égoïste (p. 201)! Les figures les plus complexes de Molière

---

22 Comment comprendre ce mot? — 23 Cure. — 24 Réjouissante. — 25 Apaisons (cf. se tenir *coi).* — 26 Imaginer encore la physionomie de Pourceaugnac.

sont celles de Dom Juan et d'Alceste. Dom Juan, coureur d'aventures indomptable, cynique, souvent odieux, a pourtant une désinvolture, un courage, un charme qui nous le rendent parfois sympathique (p. 206). Quant à Alceste, ce pessimiste « ennemi du genre humain » qui cherche pourtant à l'améliorer, ce champion de la franchise qui soupire aux pieds d'une coquette, cet homme d'honneur estimable et ridicule, pouvons-nous nous défendre de l'aimer, avec ses contradictions, et de le reconnaître pour *un de nos semblables ?*

L'art de peindre les caractères — Il suffit de connaître *l'Avare* ou *le Bourgeois Gentilhomme* pour voir que *tout est bon à Molière*, jusqu'aux scènes de grosse farce (p. 181), pour nous peindre ses personnages. On a vu plus haut avec quel art il sait choisir les *situations* propres à révéler les caractères (p. 191). Voici quelques aspects remarquables de sa technique :

I. LA PEINTURE INDIRECTE. Très souvent le personnage nous est dépeint *avant son entrée en scène :* dès qu'il apparaît, nous le reconnaissons. Ainsi le portrait d'Harpagon est esquissé au début de la pièce, et dès qu'il se montre (I, 3) son avarice se manifeste avec tout son relief. Dès le lever du rideau, nous apprenons par Sganarelle la « méchanceté » de Dom Juan, la vanité de M. Jourdain par l'entretien des maîtres de danse et de musique, les travers de Chrysale et de Philaminte par la discussion entre Henriette et Armande. L'exemple le plus remarquable de cette « *peinture indirecte* » est celui de Tartuffe, qui n'apparaît qu'au troisième acte : dès l'exposition, chef-d'œuvre admiré de Gœthe, une querelle de famille nous fait connaître non seulement les sept personnages en scène, mais surtout le caractère de Tartuffe, source de la dispute; ce portrait ira se précisant dans les deux premiers actes.

Dans le cours même de l'action, Molière trace également des portraits pour *préparer une scène* et lui donner tout son effet (cf. *Tartuffe*, I, 2; *l'Avare*, II, 4; *le Misanthrope* : II, 1, et III, 3; *Femmes Savantes*, IV, 3). Notre connaissance des personnages s'élargit aussi par la conversation de *leur entourage* : nous devinons les activités secrètes d'Harpagon d'après la scène de l'usurier (II, 1), la légende qui se forge à son sujet d'après les papotages des valets (III, 1); nous pressentons le passé douteux de Tartuffe, nous imaginons la vie des « femmes savantes » en écoutant les révélations de Chrysale.

II. LA PEINTURE PAR LA « DÉMONSTRATION ». Les principaux personnages de Molière sont en proie à une *idée fixe* qui se révèle lorsqu'elle se heurte à un *obstacle* ou, au contraire, lorsqu'elle trouve un *climat favorable*. Les scènes caractéristiques sont ainsi des sortes d'*expériences* auxquelles on soumet le personnage, et prennent la valeur de *démonstrations*.

1. L'obstacle révélateur. Tenir tête à un maniaque, c'est l'entraîner, par contraste, à découvrir sa passion : loin d'entendre raison, il se bute, il ne voit les choses qu'à travers sa manie et prononce inconsciemment des *répliques révélatrices*, des « mots de nature ». C'est le cas d'Orgon, à qui tour à tour Cléante et Dorine voudraient ouvrir les yeux : il leur répond par des éloges de Tartuffe où éclatent sa naïveté et son aveuglement (I, 5 et II, 2). Même situation dans *le Malade Imaginaire*, quand Toinette (I, 5), puis Béralde (III, 3) dissuadent Argan de donner sa fille au médecin Diafoirus. Le « *Sans dot* » de *l'Avare* (I, 5) tire toute sa valeur des efforts de Valère, qui en appelle même à la tendresse paternelle, pour détourner Harpagon de marier Élise contre son gré.

Le caractère du monomane se révèle avec plus de relief encore lorsqu'il est obligé de *contenir ses sentiments*. C'est ainsi qu'Harpagon assiste aux prodigalités de son fils en faveur de Mariane : il se voit dépouillé et doit faire bonne figure (III, 3 sq.). Dans *l'Ecole des Femmes*, Arnolphe doit subir les confidences d'Horace qui lui apprend à quel point il est berné : il est à la torture ! Qu'on songe aussi à la scène du sonnet (I, 2) et à la scène des portraits (II, 4) où Alceste ne peut dominer ses sentiments.

Parfois la « démonstration » est *sciemment organisée* par un personnage qui en tire la leçon à la fin de la scène. Jetant un coup d'œil complice à Cléante, Dorine *fait exprès* de revenir malicieusement sur la maladie d'Elmire et d'insister, avec une insolence caricaturale, sur l'égoïsme de Tartuffe. Elmire malade, Tartuffe éclatant de santé,

Orgon qui ne s'apitoie que sur le « pauvre homme » : la *démonstration est complète*. Et Dorine de conclure avec ironie :   Tous deux se portent bien enfin ;
                            Et je vais à Madame annoncer par avance
                            La part que vous prenez à sa convalescence (256-258).

2. L'EXPLOITATION DE L'IDÉE FIXE. Le caractère d'un maniaque se révèle aussi à sa *joie* lorsqu'on favorise son idée fixe, et surtout à la facilité avec laquelle les *flatteurs* parviennent à l'exploiter. Dans ce cas, MOLIÈRE fait d'une pierre deux coups : il nous peint à la fois l'*hypocrisie* du flatteur et la *manie* de la victime. Avec quel ravissement HARPAGON se voit soutenu par Valère lorsque Maître Jacques lui demande l'argent du repas (III, 1)! Pour berner M. JOURDAIN, il est une formule magique : il suffit de lui parler des « gens de qualité »; Dorante le sait bien, qui s'entend à merveille à exploiter son orgueil de parvenu (III, 4), tout comme DOM JUAN flatte M. Dimanche pour ne pas le payer (IV, 3). Songeons aux « FEMMES SAVANTES » béates d'admiration devant Trissotin qui est tout prêt à partager leurs enthousiasmes philosophiques et à applaudir leurs « découvertes » (III, 2). C'est surtout quand TARTUFFE est démasqué pour la première fois (III, 7) que l'aisance avec laquelle il renverse la situation prend la valeur d'une véritable *démonstration* : avec son « charme » habituel. plein d'humilité et de grimaces dévotes, il *envoûte* si bien Orgon qu'il finit par tout se faire donner « de force » en feignant de tout refuser (comparer *Malade Imaginaire*, I, 8). Cette peinture de la *dupe réjouie* est une des formes les plus plaisantes du comique de caractère.

III. L'ART DU RACCOURCI. Point n'est besoin de longues scènes pour nous dévoiler une âme. Un des aspects les plus admirés du génie de Molière, c'est son art de ramener la peinture à des *éléments simples*, tout en conservant au personnage sa vérité humaine. Il lui suffit de quelques *traits caractéristiques* pour tracer un portrait en un saisissant raccourci. Quand ORGON entre en scène, dès ses deux premières réponses, nous le connaissons déjà (*Tartuffe*, I, 4). Voici l'AVARE évoqué en deux répliques (III, 13) :

BRINDAVOINE : Monsieur, il y a là un homme qui veut vous parler.
HARPAGON : Dis-lui que je suis empêché et qu'il revienne une autre fois.
BRINDAVOINE : Il dit qu'il vous apporte de l'argent.
HARPAGON (*à Mariane*) : Je vous demande pardon, je reviens tout à l'heure.

IV. LE PERSONNAGE « GUIDE ». Dans la scène où apparaît Tartuffe (III, 2), DORINE commente tout bas l'attitude du faux dévot : « Que d'affectation et de forfanterie ! » Lorsqu'il lui tend son mouchoir, la trouvant trop décolletée, elle réplique : « Vous êtes donc bien tendre à la tentation ! » Dès qu'il accepte, sur un ton mortifié, de recevoir Elmire, elle se dit à mi-voix : « Comme il se radoucit ! » C'est un des procédés habituels de Molière : on le retrouve par exemple dans *Tartuffe* (I, 4, et II,2), *l'Avare* (I,5), *le Bourgeois Gentilhomme* (III, 4). Dans ces répliques d'un *personnage « guide »*, c'est l'auteur lui-même qui oriente le jugement du spectateur.

LE COMIQUE DE MOLIÈRE

Molière au bord du tragique   On parle souvent de la *mélancolie* de Molière. GŒTHE trouvait que ses pièces « touchent à la tragédie » et MUSSET s'écriait à propos du *Misanthrope : Quelle mâle gaîté, si triste et si profonde | Que lorsqu'on vient d'en rire on devrait en pleurer.* Cependant on ne peut souscrire sans réserve à ces jugements teintés de romantisme.

I. LE SUBJECTIVISME DE MOLIÈRE? Son humeur satirique lui a inspiré des couplets amers contre les « mœurs du siècle ». Il semble avoir exprimé *directement* sa colère contre les hypocrites dans *Dom Juan* (V, 2; p. 207) et dans *le Misanthrope* (v. 123-144). Mais faut-il croire que les souffrances d'Arnolphe (p. 201) et d'Alceste sont des confidences douloureuses de Molière? Rien n'autorise cette interprétation.

II. LE PESSIMISME DE MOLIÈRE. La *gravité* de son théâtre tiendrait plutôt à son *réalisme*. Il y a quelque chose de désolant dans cette humanité médiocre.

1. LES RAVAGES DU VICE. Ses héros se rendent *malheureux* et *se dégradent* moralement, car le vice engendre le vice. Harpagon devient un louche usurier; Orgon en vient à trahir les devoirs de l'amitié et à pratiquer la restriction mentale (v. 1591-1592); M. Jourdain, Argan deviennent durs et dissimulés. Ce sont tous des *inadaptés* qui prennent le faux pour le vrai, agissent contre tout bon sens et tendent vers la folie (cf. Monologue d'Harpagon, IV, 7).

2. LE MALHEUR D'UNE FAMILLE. L'égoïsme des maniaques fait le malheur de leur entourage. Orgon s'écrie : « *Et je verrais mourir frère, enfants, mère et femme | Que je m'en soucierais autant que de cela* » (v. 278-279). Harpagon regarde ses enfants comme ses ennemis. Argan, M. Jourdain, Orgon, Harpagon, Philaminte exigent des gendres conformes à leurs manies. Nous avons le spectacle de familles désunies et menacées de ruine. Quant à *Dom Juan*, en dépit de scènes comiques, c'est un *drame*.

Son génie comique　　À la représentation, *le comique passe au premier plan* et nous fait oublier la gravité de ces peintures. L'art de Molière consiste justement à *traiter de façon amusante des situations pénibles*.

I. PERMANENCE DU COMIQUE. Il évite d'assombrir ses comédies. Si certains personnages sont odieux, ils sont tellement *absurdes* qu'au lieu d'indigner ils provoquent le rire; généralement ils sont escortés de *valets* chargés de détendre l'atmosphère aux moments les plus graves. Dans la scène où Harpagon fait avouer à Cléante qu'il aime Mariane (IV, 3), Maître Jacques essaie ridiculement de réconcilier les deux rivaux : après cet intermède d'énorme farce, le spectateur peut entendre sans émotion la querelle où le fils insulte son père et où l'avare déshérite son fils ! (cf. au contraire *Mithridate*, p. 300). On étudiera encore cette intervention de la farce dans *l'Avare*, II, 2; *Tartuffe*, III, 6, et IV, 4. La vie des personnages n'est jamais en danger et les *dénouements heureux* viennent dissiper la tristesse de certaines situations (cf. p. 193).

Le comique est le moyen d'expression naturel de MOLIÈRE. Tous les procédés signalés plus haut (p. 198) pour peindre les caractères aboutissent naturellement au rire; inversement, ses effets comiques sont toujours *liés à la vérité psychologique* (p. 181). C'est cette ambiance comique qui fait « *l'unité d'atmosphère* » de ses pièces.

II. SOURCES DE CE COMIQUE. On trouve chez MOLIÈRE tout ce qui peut susciter le rire : comique de mots, de gestes, d'interruptions, de répétitions, quiproquos, mots de nature, situations, extravagance des idées et des actes. *Deux tendances essentielles :*

1. LE CONTRASTE. Molière aime *opposer ses personnages* par le caractère, le vocabulaire, les mœurs : Gorgibus et les précieuses; Alceste et Philinte; Orgon et Dorine; M. Jourdain et sa femme; Chrysale et Philaminte. Il aime *opposer ses personnages à eux-mêmes :* contradictions d'Alceste, de Chrysale, d'Armande, de M. Jourdain. De là l'impression de *déséquilibre*, d'*inadaptation* où BERGSON voyait l'essence même du rire.

Dans les *scènes à renversement*, c'est un revirement de situation qui provoque le contraste comique : entrevues d'Alceste et de Célimène (II, 1, et IV, 3), entretiens entre Célimène et Arsinoé (III, 4), entre M. Jourdain et Dorante (III, 4); entre Harpagon et Frosine (II, 5), entre Vadius et Trissotin (*F. Sav.*, III, 3) ; scènes de dépit amoureux (*Tartuffe*, II, 4 ; *Bourgeois*, III, 10).

2. COMIQUE DE PARODIE. Plus raffiné que le précédent, ce comique fait participer le spectateur à une sorte de *jeu intellectuel :* c'est à lui de découvrir (avec quelle délectation !) les *intentions satiriques* de l'auteur. Parodie des mœurs contemporaines dans *les Précieuses* (sc. 3 et 9), dans *le Misanthrope* (II, 5); parodie littéraire (*Misanthrope*, I, 2; *Critique* et *Impromptu*); parodie du jargon médical (p. 195); parodie du théâtre tragique (*Misanthrope*, IV, 3). Au comique de parodie se rattache le recours au *langage indirect :* critique du sonnet d'Oronte par Alceste (I, 2), échange de politesses empoisonnées entre Célimène et Arsinoé (III, 4), déclaration déguisée de Cléante à Mariane en présence d'Harpagon (III, 3). Les chefs-d'œuvre de ce langage à double sens sont peut-être les tirades amoureuses en style dévot de *Tartuffe* et le langage d'Elmire adressé à la fois à Tartuffe et à Orgon (III, 3, et IV, 5).

III. LA HAUTE COMÉDIE. C'est par ce comique plus relevé, par ce « *rire dans l'âme* », que MOLIÈRE voulait plaire aux « honnêtes gens ». Sans tomber dans le drame bourgeois qui aboutira à la pièce sérieuse moderne, il tendait vers l'idéal d'un comique épuré et de scènes semblables à des tranches de conversation, pleines de vie et de naturel. Il l'a réalisé en partie dans *l'École des Femmes, Dom Juan, Tartuffe, les Femmes Savantes.* Il l'a réalisé totalement dans *le Misanthrope,* où il parvient à éviter toute vulgarité et à rester néanmoins comique à peu près jusqu'au bout.

L'ÉCOLE DES FEMMES   *Le quadragénaire* ARNOLPHE *rêvait d'une femme parfaitement fidèle et soumise à ses volontés. Il a pris soin de choisir autrefois, à la campagne, une fillette de 4 ans et l'a formée selon sa « méthode » : l'ignorance totale de la vie.* AGNÈS *a maintenant 17 ans et, en attendant de l'épouser, son tuteur la tient jalousement enfermée. Mais l'ignorance, « les verrous et les grilles » suffisent-ils à garantir l'honnêteté d'une femme? Pour s'assurer de sa fidélité, ne vaut-il pas mieux se faire aimer d'elle? C'est le problème de la pièce. Que le jeune* HORACE *passe dans la rue et, en l'absence d'Arnolphe, Agnès se sentira invinciblement attirée par son charme. Mais voilà qu'à la faveur d'une méprise Arnolphe devient le confident d'Horace! Ne se doutant pas qu'Arnolphe, ami de son propre père, et M. de la Souche, tuteur d'Agnès, ne sont qu'une même personne, le jeune homme lui confie qu'il doit enlever Agnès le soir même. Toute l'intrigue va reposer sur cette méprise. Arnolphe devra subir les confidences d'Horace et pourra déjouer en partie ses entreprises.*

AGNÈS avoue ingénument à Arnolphe sa tendresse pour Horace, mais le tuteur jaloux lui présente cet amour hors du mariage comme un crime et lui enjoint de chasser le jeune homme à coups de pierre. Elle obéit, et, pour la préparer à l'épouser, Arnolphe lui fait lire les rébarbatives « Maximes du Mariage ». Mais il apprend bientôt d'Horace lui-même que la pierre lancée par Agnès s'accompagnait d'une délicieuse déclaration d'amour! Arnolphe redouble de vigilance : quand Horace se présente pour l'escalade, il tombe de l'échelle sous les coups des valets d'Arnolphe, qui le croient mort. Il s'en tire pourtant sans grand mal et demande à Arnolphe de cacher Agnès pour la dérober à M. de la Souche. Le visage voilé, ARNOLPHE *emmène* AGNÈS *que lui confie Horace; resté seul avec elle, il se fait reconnaître, mais la jeune fille se révolte contre son autorité tyrannique.*

ARNOLPHE MALHEUREUX ET RIDICULE

Situation *douloureuse* d'un homme qui aime, qui ne sait ni se faire aimer ni trouver les mots pour émouvoir, et qui en a désespérément conscience. Il souffre, et pourtant nous nous sentons détachés de lui : nous le trouvons *grotesque* et même *odieux.* « Notre rire est taillé dans l'angoisse d'Arnolphe, angoisse tout humaine, toute dramatique... Le drame qui se déroule tout entier et de toute sa force nous communique à son insu le rire qui nous en délivre et le jugement qui le condamne » (R. Fernandez). On étudiera avec quelle maîtrise, tout en démontrant les *thèses* de sa pièce, Molière a su nous faire *rire* d'une situation en elle-même « *tragique* » pour AGNÈS comme pour ARNOLPHE.

AGNÈS :   Chez vous le mariage est fâcheux et pénible,
            Et vos discours en font une image terrible ;
            Mais, las! il le fait, lui [1], si rempli de plaisirs
            Que de se marier il donne des désirs.
ARNOLPHE : Ah! c'est que vous l'aimez, traîtresse.
                                          AGNÈS : Oui, je l'aime.
ARNOLPHE : Et vous avez le front de le dire à moi-même!
AGNÈS :   Et pourquoi, s'il [2] est vrai, ne le dirais-je pas ?

— 1 Horace. — 2 Si cela.

ARNOLPHE : Le deviez-vous aimer, impertinente?

                               AGNÈS : Hélas!

           Est-ce que j'en puis mais? Lui seul en est la cause,

           Et je n'y songeais pas lorsque se fit la chose [3].   10

ARNOLPHE : Mais il fallait chasser cet amoureux désir.

AGNÈS :   Le moyen de chasser ce qui fait du plaisir [4]?

ARNOLPHE : Et ne saviez-vous pas que c'était me déplaire?

AGNÈS :   Moi? point du tout : quel mal cela vous peut-il faire?

ARNOLPHE : Il est vrai, j'ai sujet d'en être réjoui.

           Vous ne m'aimez donc pas, à ce compte?

                                  AGNÈS : Vous?

                               ARNOLPHE : Oui.

AGNÈS :   Hélas! non.

          ARNOLPHE : Comment, non?

                     AGNÈS : Voulez-vous que je mente?

ARNOLPHE : Pourquoi ne m'aimer pas, Madame l'impudente [5]?

AGNÈS :   Mon Dieu! ce n'est pas moi que vous devez blâmer :

           Que ne vous êtes-vous comme lui fait aimer?   20

           Je ne vous en ai pas empêché, que je pense.

ARNOLPHE : Je m'y suis efforcé de toute ma puissance ;

           Mais les soins que j'ai pris, je les ai perdus tous.

AGNÈS :   Vraiment, il en sait donc là-dessus plus que vous,

           Car à se faire aimer il n'a point eu de peine.

ARNOLPHE : Voyez comme raisonne et répond la vilaine [6]!

           Peste! une précieuse [7] en dirait-elle plus?

           Ah! je l'ai mal connue, ou, ma foi, là-dessus

           Une sotte en sait plus que le plus habile homme.

           Puisqu'en raisonnements votre esprit se consomme [8],   30

           La belle raisonneuse, est-ce qu'un si long temps

           Je vous aurai pour lui nourrie [9] à mes dépens?

AGNÈS :   Non, il vous rendra tout jusques au dernier double [10].

ARNOLPHE : Elle a de certains mots où mon dépit redouble.

           Me rendra-t-il, coquine, avec tout son pouvoir,

           Les obligations que vous pouvez m'avoir?

AGNÈS :   Je ne vous en ai pas de si grandes qu'on pense.

ARNOLPHE : N'est-ce rien que les soins d'élever votre enfance?

AGNÈS :   Vous avez là dedans bien opéré vraiment,

           Et m'avez fait en tout instruire joliment!   40

           Croit-on que je me flatte [11], et qu'enfin dans ma tête

           Je ne juge pas bien que je suis une bête?

           Moi-même j'en ai honte, et, dans l'âge où je suis,

---

3 Cf. p. 205. — 4 Agnès n'écoute que son instinct : elle n'a pas appris à contrôler ses passions. Que penser de cette morale? — 5 Montrer le ridicule de ces questions et l'importance de la réplique d'Agnès. — 6 *Paysanne* (péjoratif). D'où vient son étonnement? — 7 Expliquez l'allusion. — 8 Atteint la perfection. — 9 Elevée. — 10 *Petite monnaie*. Préciser le ton et le sentiment. — 11 Que je me fasse des illusions.

	Je ne veux plus passer pour sotte, si je puis...
ARNOLPHE :	Je ne sais qui me tient [12] qu'avec une gourmade [13]
	Ma main de ce discours ne venge la bravade [14].
	J'enrage quand je vois sa piquante [15] froideur,
	Et quelques coups de poing satisferaient mon cœur.
AGNÈS :	Hélas! vous le pouvez, si cela peut vous plaire.
ARNOLPHE :	Ce mot, et ce regard, désarme [16] ma colère, 50
	Et produit un retour de tendresse de cœur
	Qui de son action m'efface la noirceur.
	Chose étrange d'aimer, et que pour ces traîtresses
	Les hommes soient sujets à de telles faiblesses [17]!
	Tout le monde connaît leur imperfection :
	Ce n'est qu'extravagance et qu'indiscrétion [18];
	Leur esprit est méchant, et leur âme fragile [19];
	Il n'est rien de plus faible et de plus imbécile [20],
	Rien de plus infidèle ; et, malgré tout cela,
	Dans le monde on fait tout pour ces animaux-là [21]. 60
	Hé bien! faisons la paix ; va, petite traîtresse [22],
	Je te pardonne tout, et te rends ma tendresse.
	Considère par là l'amour que j'ai pour toi,
	Et, me voyant si bon, en revanche aime-moi.
AGNÈS :	Du meilleur de mon cœur je voudrais vous complaire.
	Que me coûterait-il, si je le pouvais faire?
ARNOLPHE :	Mon pauvre petit bec [23], tu le peux, si tu veux [24].
(Il soupire.)	Ecoute seulement ce soupir amoureux ;
	Vois ce regard mourant, contemple ma personne,
	Et quitte ce morveux et l'amour qu'il te donne. 70
	C'est quelque sort qu'il faut qu'il ait jeté sur toi,
	Et tu seras cent fois plus heureuse avec moi.
	Ta forte passion est d'être brave [25] et leste [26] :
	Tu le seras toujours, va, je te le proteste [27]...
	Tout comme tu voudras tu pourras te conduire.
	Je ne m'explique point, et cela c'est tout dire.
(A part.)	Jusqu'où la passion peut-elle faire aller [28]?
(Haut.)	Enfin, à mon amour rien ne peut s'égaler.
	Quelle preuve [29] veux-tu que je t'en donne, ingrate?
	Veux-tu me voir pleurer? veux-tu que je me batte? 80
	Veux-tu que je m'arrache un côté de cheveux?
	Veux-tu que je me tue? Oui, dis si tu le veux.

---

12 Ce qui me retient de... — 13 Coup de poing. — 14 Audace insolente (cf. *braver*). — 15 Blessante. — 16 Cf. App. F. 2. — 17 Cf. *Misanthrope* (v. 1415) : *Ah ! traîtresse, mon faible est étrange pour vous !* (Cf. aussi v. 514-520 et 1747-1750). — 18 Manque de discernement. — 19 Faible. — 20 Sans force. — 21 Commenter l'idée et l'expression. — 22 Expliquer le changement de ton. — 23 Terme d'affection. — 24 Etudier, dans ces deux répliques, l'art du raccourci (cf. p. 199). — 25 Elégante. — 26 En bel équipage. — 27 *Déclare solennellement.* A quels sentiments fait-il appel ? — 28 C'est la négation de toutes ses théories. — 29 Ces *preuves* peuvent-elles toucher Agnès ?

AGNÈS :
Je suis tout prêt, cruelle, à te prouver ma flamme.
Tenez, tous vos discours ne me touchent point l'âme.
Horace, avec deux mots, en ferait plus que vous.

ARNOLPHE :
Ah! c'est trop me braver, trop pousser mon courroux.
Je suivrai mon dessein, bête trop indocile,
Et vous dénicherez à l'instant de la ville.
Vous rebutez mes vœux, et me mettez à bout,
Mais un cul de couvent me vengera de tout.

L'École des Femmes, V, 4.

Tout s'arrange pour ceux qui s'aiment. ENRIQUE *arrive à point d'Amérique pour reconnaître en* AGNÈS *la fille qu'il a jadis confiée à une paysanne; il la donne à* HORACE, *fils de
son excellent ami* ORONTE ! *Quant à* ARNOLPHE, *muet de rage, on va le dédommager de ses
dépenses*   « Et rendre grâce au Ciel qui fait tout pour le mieux. »

— Distinguez les sentiments successifs d'Arnolphe. Expliquez comment ils s'enchaînent.
— Comment expliquez-vous le calme d'Agnès ? Quel est son intérêt dramatique ?
— Quels sont les arguments d'Arnolphe ? Et ses preuves d'amour ? Qu'en pensez-vous ?
— Pourquoi les plaintes d'Arnolphe ne touchent-elles pas Agnès ? Est-elle volontairement cruelle ?
— A quels traits reconnaissez-vous la souffrance d'Arnolphe ? Pouvez-vous le plaindre, et pourquoi ?
— **Entretien.** En quoi Arnolphe peut-il être émouvant ? En quoi est-il ridicule ?
— **Essai.** Dégagez de la scène les deux conceptions de l'amour et du mariage. Quelle est votre opinion ?
• **Groupe thématique : Amour naissant.** Cf. pages 405, 100, 105, 357-358, et questionnaire page 101.

LES IDÉES DE MOLIÈRE

L'auteur comique peut-il « corriger les vices des hommes » ? Molière pense qu'il peut,
du moins, « travailler à rectifier et adoucir les passions » (Préf. du *Tartuffe*). Les grandes
comédies contiennent toujours une *thèse* qui ne commande pas l'action, mais ressort
naturellement du jeu des caractères. Il en résulte certaines ambiguïtés, comme dans
Dom Juan, où le « méchant homme » a des côtés sympathiques, et dans *le Misanthrope*,
où l'on hésite entre Alceste et Philinte. Mais ce théâtre y gagne en richesse et en profondeur : au lieu de subir une leçon de morale, nous saisissons des personnages dans
leur réalité complexe, et c'est la *vie elle-même* qui nous invite à la réflexion.

Les thèses   Devant les problèmes que pose la vie, MOLIÈRE a
    de Molière   une *réaction d'humeur*, réaction sommaire qui traduit
                      son tempérament et qu'on a appelée sa « *philosophie* »
de la nature. Mais il est des questions qu'il a étudiées de plus près.

I. LA PRÉCIOSITÉ. Il est impitoyable pour la *préciosité ridicule* des « pecques
provinciales », des bourgeoises prétentieuses et des « gens à latin ». Cette caricature n'est
certes pas une image fidèle des salons épris de bon goût et d'« honnêteté », mais, à travers la fantaisie de ses peintures, c'est le *principe même de la préciosité* qui est atteint.
Précieuses et « femmes savantes » ont la sotte prétention de vouloir *se distinguer* du
commun, de ne vivre que pour l'esprit et de mépriser « la partie animale Dont l'appétit
grossier aux bêtes nous ravale » (*F. Sav.*, v. 47-48). Molière raille la *pruderie* de ces
femmes qui veulent retrancher de la langue les « syllabes sales » et repoussent le mariage
comme un esclavage vulgaire et grossier (*F. Sav.*, I, 1). Il s'en prend à l'*affectation*
de leurs mœurs et surtout de leur langage : abus des périphrases et des métaphores,
poésie futile et artificielle des « beaux esprits » (*Précieuses*, sc. 9; *F. Sav.*, III, 2; *Misanthrope*, I, 2). C'est ALCESTE qui. avec sa rude franchise, exprime le sentiment de Molière
sur la préciosité : « *Ce n'est que jeu de mots, qu'affectation pure
    Et ce n'est pas ainsi que parle la nature.* »

II. L'ÉDUCATION DES FILLES. Cette question préoccupait le XVIIᵉ siècle. Fallait-il en rester à l'enseignement surtout pratique des couvents ? La petite élite des précieuses et des savantes revendiquait au contraire le droit d'être mathématiciennes, physiciennes et philosophes, comme les hommes. Molière conseille *l'éducation par la douceur* : « C'est l'honneur qui les doit tenir dans le devoir, Non la sévérité que nous leur faisons voir » (*Ec. des Maris*, v. 166-167). Il ne croit pas que l'ignorance soit le plus sûr garant de la vertu, et se prononce pour une « honnête liberté » (*Éc. des Femmes*, I, 1).

> Une femme d'esprit peut trahir son devoir
> Mais il faut pour le moins qu'elle ose le vouloir,
> Et la stupide au sien peut manquer d'ordinaire
> Sans en avoir l'envie et sans penser le faire.

Mais, s'il nous montre l'échec de Sganarelle et d'Arnolphe (p. 201), partisans de la contrainte et de l'ignorance, MOLIÈRE n'est pas davantage partisan des « femmes docteurs ». Grammairiennes, astronomes et philosophes, desséchées par l'abus de la science, perdent leur charme féminin et leurs qualités de maîtresses de maison. Sans penser comme Chrysale que le savoir de la femme doit se réduire « à connaître un pourpoint d'avec un haut-de-chausse », ses préférences vont à la jeune HENRIETTE : ni philosophe ni helléniste, elle est vertueuse, sensée et même spirituelle ; elle sait regarder, comprendre, placer au besoin le mot juste, et c'est cette *réserve intelligente* qui fait tout son charme. Cet idéal qui correspond à celui de « l'honnête homme » s'exprime par la bouche de CLITANDRE : Je consens qu'une femme ait des clartés de tout,

> Mais je ne lui veux point la passion choquante
> De se rendre savante afin d'être savante...
> Qu'elle sache ignorer les choses qu'elle sait (*F. Sav.*, v. 218 sq.).

Une jeune fille ainsi élevée doit devenir une épouse comme ELMIRE, pleine de distinction et de charme, élégante, spirituelle, maîtresse d'elle-même et parfaitement vertueuse, d'une vertu discrète et « qui ne soit point diablesse » (*Tartuffe*, v. 1334).

III. L'AMOUR ET LE MARIAGE. Un auteur dramatique est naturellement conduit à se poser ces problèmes ; MOLIÈRE les résout peut-être d'après sa propre expérience.

1. L'AMOUR. C'est un *élan du cœur*, jailli des profondeurs de l'*instinct*, qui ne dépend ni du mérite, ni du bon sens, ni de la sagesse : « Le caprice y prend part et, quand quelqu'un nous plaît, Souvent nous avons peine à dire pourquoi c'est » (*F. Sav.*, v. 1499-1500). On ne saurait l'imposer par la force ni par la raison (*Misanthrope*, 1297 sq.) :

> Je sais que sur les vœux on n'a point de puissance,
> Que l'amour veut partout naître sans dépendance,
> Que jamais par la force on n'entra dans un cœur,
> Et que toute âme est libre à nommer son vainqueur.

ALCESTE voudrait se persuader que la raison lui interdit d'aimer l'indigne Célimène, « *Mais la raison n'est pas ce qui règle l'amour* » (v. 248). Quant au malheureux ARNOLPHE, que peuvent ses arguments contre la jeunesse et le charme naturel d'Horace (p. 204)?

2. LE MARIAGE. Molière combat la conception autoritaire qui avait cours au XVIIᵉ siècle. Il nous rend *odieux* les parents qui veulent marier les enfants contre leur inclination. Il nous montre la révolte de l'instinct chez les jeunes filles : Élise, Mariane parlent de se tuer plutôt que d'épouser Anselme ou Tartuffe. Il évoque le *malheur* et les *infidélités* qui découlent des mariages contre l'amour (cf. *Tartuffe*, II, 2 ; *L'Avare*, I, 4 ; *F. Sav.*, V, 1). Dorine plaide la cause de toutes les mal mariées quand elle invite Mariane à supplier son père :

> ...Lui dire qu'un cœur n'aime point par autrui
> Que vous vous mariez pour vous, non pas pour lui,
> Qu'étant celle pour qui se fait toute l'affaire,
> C'est à vous, non à lui, que le mari doit plaire.

Pour MOLIÈRE, le mariage est « une chose sainte et sacrée » (*Précieuses*, sc. 4), qui doit apporter à la femme la joie et non le renoncement. « *Il y va d'être heureux ou malheureux toute sa vie* » ; aussi faut-il que les époux soient *assortis* « d'âge, d'humeur et de sentiments » (*L'Avare*, I, 5). Il y faut aussi l'harmonie des conditions : les mésalliances aboutissent à des heurts familiaux (*Bourgeois Gentilhomme*, III, 2) et à des infortunes conjugales (*George Dandin*). Loin de reposer sur l'obéissance où la femme doit être « pour son mari, son chef, son seigneur et son maître » (*École des Femmes*, III, 2), le mariage heureux sera l'accord de deux êtres qui s'aiment. « *Je vous refuse* », dit noblement Alceste à Célimène, « *Puisque vous n'êtes pas, en des liens si doux, Pour trouver tout en moi comme moi tout en vous.* » Est-il une plus noble définition du mariage?

IV. LA RELIGION. Molière était-il secrètement libertin? Dans *Dom Juan*, a-t-on dit, la religion n'est défendue que par l'imbécile Sganarelle contre le libertinage d'un homme supérieurement intelligent (p. 207). Mais c'est oublier les leçons que donnent à Dom Juan son père Dom Louis, sa femme Dona Elvire et le pauvre, chrétien sublime qui « aime mieux mourir de faim » que de blasphémer. D'ailleurs on en saurait accuser l'auteur de tendresse pour le « méchant homme ». Peut-être faut-il simplement expliquer la chose par le réalisme de Molière : n'y a-t-il pas des Dom Juan parmi les libertins et des Sganarelle parmi les dévots?

1. LES FAUX DÉVOTS. L'auteur du *Tartuffe* se défend d'être libertin (v. 1621). Il met cette accusation sur le compte des hypocrites qui veulent le perdre : *C'est être libertin que d'avoir de bons yeux* » (v. 320). Aussi multiplie-t-il les distinctions entre l'hypocrisie et la dévotion. Il dénonce les faux dévots et leur grimace « sacrilège et trompeuse », ces « charlatans » qui se jouent à leur gré « de ce qu'ont les mortels de plus saint et sacré » et veulent « par le chemin du Ciel courir à leur fortune ». Dans une tirade indignée (I, 5), c'est sa *cause personnelle* qu'il défend, avec une verve satirique qu'on retrouve dans *Dom Juan* (p. 207). Par contraste, il proclame son respect pour « *les bons et vrais dévots* »; mais la définition qu'il en donne a pu prêter à des *confusions regrettables*.

2. LES « PARFAITS DÉVOTS ». Par la bouche de Cléante, en effet, Molière ne se contente pas de dénoncer les hypocrites. Peut-être à la suite de ses démêlés avec la puissante *Compagnie du Saint-Sacrement* (cf. p. 175), il prend aussi parti *contre la dévotion rigoureuse* et envahissante qu'on rend insupportable « Pour la vouloir outrer et pousser trop avant » (v. 344). Mais comme, dans la même tirade, il attaque tour à tour les hypocrites et les dévots « excessifs » qui poussent leur conviction sincère jusqu'à l'intolérance, on a accusé MOLIÈRE de les confondre et de ramener la dévotion à la « grimace » hypocrite.

Pourtant, il s'est efforcé de définir les « *parfaits dévots* », les « dévots de cœur » qui restent dans les limites de la « juste nature » et pratiquent l'*indulgence* et la *modération*. « C'est par leurs actions qu'ils reprennent les nôtres », dit-il. « Et leur dévotion est humaine et traitable. » Prenant parti contre les rigueurs du jansénisme, Molière n'adhérait pas pour autant à la morale relâchée de certains casuistes. Il y a dans *Tartuffe* des formules qui pourraient être issues des *Provinciales* : elles condamnent ces « accommodements » avec le ciel qui permettent « D'étendre les liens de notre conscience Et de rectifier le mal de l'action Avec la pureté de notre intention » (cf. v. 1486-1506 et 1591-1592). Ainsi, repoussant le *jansénisme* et la *morale relâchée*, Molière pense qu'on peut aimer Dieu et faire son salut tout en goûtant honnêtement les douceurs de la vie.

DOM JUAN   « Un grand seigneur méchant homme est une terrible chose. » DOM JUAN, *libertin et débauché, abandonne sa femme* ELVIRE *et projette d'enlever une jeune fille à son fiancé :* « Je me sens un cœur à aimer toute la terre. » *Sauvé d'un naufrage par le paysan* PIERROT, *il fait la cour à* CHARLOTTE, *fiancée de son sauveur, ainsi qu'à* MATHURINE : *il promet aux deux paysannes de les épouser. Ne croyant ni au Ciel ni à l'Enfer, il tente d'acheter la conscience d'un* PAUVRE, *mais ce dernier refuse de jurer, et Dom Juan finit par lui donner un louis* « pour l'amour de l'humanité ». *Avec quelle élégance il éconduit son créancier,* M. DIMANCHE!

Mais, passant devant le tombeau d'un COMMANDEUR *qu'il a tué six mois plus tôt, il l'a invité à dîner, par bravade : la statue a acquiescé d'un signe de tête! Elle vient en effet à sa table et, à son tour, invite Dom Juan, qui fait bonne contenance et accepte.*

MOLIÈRE, *le premier, a complété le portrait du Dom Juan traditionnel en en faisant un hypocrite de religion (acte V). Il reçoit très dévotement son père et lui laisse croire qu'il va s'amender. Mais, aussitôt après, il détrompe son inséparable valet, le crédule* SGANARELLE, *qui remerciait déjà le Ciel de cette conversion.*

« *L'hypocrisie, vice privilégié* »

Dans cette tirade, c'est l'*auteur lui-même* que nous entendons. Lancé dans la bataille du *Tartuffe* (cf. p. 175), Molière saisit l'occasion de dire leur fait à ses adversaires. On étudiera dans quelle mesure cette *peinture satirique de l'hypocrisie* trouve son application dans le *Tartuffe* et son illustration complémentaire dans la lutte de Molière contre la « cabale ». (DOM JUAN, V, 2).

SGANARELLE : Quoi ? vous ne croyez rien du tout, et vous voulez cependant vous ériger en homme de bien ?

DOM JUAN : Et pourquoi non ? Il y en a tant d'autres comme moi, qui se mêlent de ce métier, et qui se servent du même masque pour abuser le monde !

SGANARELLE : Ah ! quel homme ! quel homme !

DOM JUAN : Il n'y a plus de honte maintenant à cela : l'hypocrisie est un vice à la mode, et tous les vices à la mode passent pour vertus. Le personnage [1] d'homme de bien est le meilleur de tous les personnages qu'on puisse jouer aujourd'hui, et la profession d'hypocrite a de merveilleux avantages. C'est un art de qui [2] l'imposture est toujours respectée ; et quoiqu'on la découvre, on [10] n'ose rien dire contre elle. Tous les autres vices des hommes sont exposés à la censure, et chacun a la liberté de les attaquer hautement ; mais l'hypocrisie est un vice privilégié, qui, de sa main, ferme la bouche à tout le monde [3], et jouit en repos d'une impunité souveraine. On lie, à force de grimaces, une société étroite avec tous les gens du parti [4]. Qui en choque [5] un, se les jette tous sur les bras ; et ceux que l'on sait même agir de bonne foi là-dessus, et que chacun connaît pour être véritablement touchés [6], ceux-là, dis-je, sont toujours les dupes des autres ; ils donnent hautement dans le panneau des grimaciers, et appuient aveuglément les singes de leurs actions. Combien crois-tu que j'en connaisse qui, par ce stratagème, ont rhabillé [7] adroitement les désordres de leur [20] jeunesse, qui se sont fait un bouclier du manteau de la religion, et, sous cet habit respecté, ont la permission d'être les plus méchants hommes du monde [8] ? On a beau savoir leurs intrigues et les connaître pour ce qu'ils sont, ils ne laissent pas pour cela d'être en crédit parmi les gens ; et quelque baissement de tête, un soupir mortifié, et deux roulements d'yeux [9] rajustent dans le monde tout ce qu'ils peuvent faire. C'est sous cet abri favorable que je veux me sauver, et mettre en sûreté mes affaires. Je ne quitterai point mes douces habitudes ; mais j'aurai soin de me cacher et me divertirai à petit bruit. Que si je viens à être découvert, je verrai, sans me remuer, prendre mes intérêts à toute la cabale [10], et je serai défendu par elle envers et contre tous. Enfin c'est là le vrai moyen [30] de faire impunément tout ce que je voudrai. Je m'érigerai en censeur des actions d'autrui, jugerai mal de tout le monde, et n'aurai bonne opinion que de moi. Dès qu'une fois on m'aura choqué tant soit peu, je ne pardonnerai jamais et garderai tout doucement une haine irréconciliable. Je ferai [11] le vengeur des intérêts du Ciel [12], et, sous ce prétexte commode, je pousserai [13] mes ennemis, je les accuserai d'impiété, et saurai déchaîner contre eux des zélés indiscrets [14],

---

— 1 Le rôle. — 2 Dont. Cf. App. C, 1. — 3 Songer à l'interdiction du Tartuffe. — 4 Allusion à la « cabale des dévots » (cf. p. 175). — 5 Heurte, atteint. — 6 D'une foi sincère, comme Orgon. — 7 Réparé. — 8 Allusion possible au prince de Conti (cf. p. 173), qui, d'après certains, serait visé dans Dom Juan. — 9 Cf. le « franc scélérat » hypocrite du *Misanthrope* (v. 127). — 10 Il vise en particulier la Compagnie du Saint-Sacrement (cf. p. 175). — 11 Jouerai le rôle de. — 12 L'expression « *les intérêts du Ciel* » revient souvent dans *Tartuffe*. — 13 Ferai reculer. — 14 Dévots sincères mais sans discernement.

qui, sans connaissance de cause, crieront en public contre eux, qui les accable-
ront d'injures, et les damneront hautement de leur autorité privée. C'est ainsi
qu'il faut profiter des faiblesses des hommes, et qu'un sage esprit s'accommode
aux vices de son siècle.   40
     SGNANARELLE : O Ciel! qu'entends-je ici ? Il ne vous manquait plus que d'être
hypocrite pour vous achever de tout point, et voilà le comble des abominations.

A ces raisonnements cyniques, le pauvre SGNANARELLE *ne peut opposer que des arguments
stupides, une série incohérente de proverbes et d'absurdités. Dès la scène suivante,* DOM
JUAN, *refuse hypocritement à Dom Carlos, frère d'Elvire, de réparer ses torts : comment
reprendrait-il sa femme puisqu'il se retire du monde?* « J'obéis à la voix du Ciel », *dit-il.
Mais voici la* STATUE DU COMMANDEUR *qui l'invite à lui donner la main. Sans trembler,*
DON JUAN *tend sa main : aussitôt son corps* « devient un brasier ardent » *et il est précipité
dans les abîmes au milieu d'un fracas de tonnerre.*

La « philosophie » de Molière

Peut-on parler avec Brunetière d'une « *philosophie* »
de Molière? Plutôt qu'une doctrine organisée, il faut
voir dans les tendances surtout pratiques de sa morale
un « *art de vivre* » issu de son tempérament et de son expérience.

I. LA « JUSTE NATURE ». La grande règle est pour lui la *nature*, qu'il faut prendre
au sens classique de bon sens et raison, plutôt qu'au sens du naturalisme du XVIIIe siècle.
Il ne divinise pas l'instinct et les désirs, mais il pense qu'il y a des *instincts raisonnables*
et des passions qui ne sont pas forcément funestes. Vouloir les méconnaître, c'est s'exposer à des échecs. Arnolphe, Armande, M. Jourdain, Alceste même voudraient braver la
nature : elle ne tarde pas à reprendre ses droits. Par goût de la « juste nature », Molière,
comme BOILEAU, s'attaque à tous les *déguisements*, à tous les excès : déguisement
littéraire des précieux, déguisement des bourgeois en gentilshommes, des femmes en
bas-bleus, fausse science des médecins, excès de la franchise (Alceste) ou de la dévotion
(Orgon). Il s'attaque enfin à l'*hypocrisie* avec *Tartuffe*, et surtout avec *Dom Juan*, qui
est d'abord contre nature (« un monstre dans la nature ») et finit par devenir un hypocrite comme Tartuffe.

II. LE CONFORMISME DE MOLIÈRE. On lui a reproché sa morale du « *juste
milieu* », ses formules platement conformistes : « *Toujours au plus grand nombre on doit
s'accommoder* »; il vaut mieux souffrir d'être au nombre des fous « *Que du sage parti
se voir seul contre tous* » (*École des Maris*). « *La parfaite raison fuit toute extrémité Et veut
que l'on soit sage avec sobriété* » (*Le Misanthrope*). Les personnages qu'il attaque se singu-
larisent par leur affectation, leur aveuglement, leur excès, et c'est au nom du *bon sens
bourgeois* qu'il les couvre de ridicule. Aussi ROUSSEAU l'accuse-t-il de plier lâchement
devant la société, de vouloir corriger non les vices, mais les ridicules; VOLTAIRE voit
en lui le « législateur des bienséances du monde » : autant dire qu'il n'est pas vraiment
moraliste.

Si MOLIÈRE, en effet, est souvent conformiste, c'est qu'il croit à la nécessité d'une
morale sociale; mais il faut éviter de sous-estimer cet idéal de sagesse raisonnable, cette
voie moyenne chère à MONTAIGNE et dont l'accès n'est pas toujours si facile ! *Il lui
arrive d'ailleurs de proposer une morale plus relevée :* l'idéal de la « femme d'esprit »
qui agit en pleine conscience (p. 205), celui d'Elmire si parfaitement maîtresse d'elle-
même (*Tartuffe*, IV, 3) rejoignent la morale aristocratique des « gens libères » dont parle
RABELAIS (*XVIe Siècle*, p. 69). Le Misanthrope, où l'homme vertueux devient ridicule
parce qu'il n'est pas « sage avec sobriété », peut passer à première vue pour « le triomphe
du public », selon le mot de R. Fernandez; mais n'y a-t-il pas aussi *toute une satire de
la société* par ALCESTE, qui paraît bien être sur ce point l'interprète de Molière? Le
dénouement, où se dégage habituellement le sens de ses comédies, n'a *rien de conformiste* : c'est une sécession.

Trahi de toutes parts, accablé d'injustices,   Et chercher sur la terre un endroit écarté
Je vais sortir d'un gouffre où triomphent les vices   Où d'être homme d'honneur on ait la liberté.

     A la fin de cette pièce où la vertu extrême a été bafouée, nous entendons la *protes-
tation d'un homme* contre cette amère vérité morale : *la vertu et le siècle sont inconciliables.*

Le grand maître du comique

P. Mignard, « Portrait de Molière ». (Peinture, 1671.
Musée Condé, Chantilly. Ph. H. Josse © Arch. photeb.)

Selon l'usage des classiques, **Molière** « prend son bien où il le trouve » : sans scrupule, il emprunte des sujets, des personnages, des effets comiques aussi bien à ses contemporains (cf. **p. 187**) qu'aux anciens (cf. **p. 182**). Inversement, à tous les niveaux de la comédie, il est pour ses successeurs le grand maître, le modèle et la source inépuisable. A partir de ses pièces, on pourrait dresser un répertoire à peu près exhaustif de tous les moyens de provoquer le rire, depuis celui que déchaînent les plus gros effets de farce jusqu'au « rire dans l'âme » qu'il éveille dans ses hautes comédies (cf. **p. 200-201**).

« *Farceurs français et italiens* ». (Peinture anonyme, XVIIᵉ siècle, détail : Bibl. Musée de la Comédie-Française, Paris. Ph. L. Joubert © Arch. Photeb.)

Au commencement était la farce

Les premiers succès de Molière acteur, d'abord en province, puis à Paris, sont placés sous le signe de la **farce** (cf. **p. 173-174**). Le peintre a représenté ici des types traditionnels de la *Commedia dell'arte* (Arlequin, le Capitan, le Docteur), des farceurs que Molière a pu admirer dans son enfance (Turlupin, Guillot-Gorju, Gros-Guillaume), d'autres enfin qui firent partie de sa troupe (Jodelet, Poisson). Molière est à l'extrême gauche, dans le costume d'Arnolphe, de *L'École des femmes*. Il ne renoncera jamais à la farce, qui reparaît jusque dans ses hautes comédies (cf. **p. 180-182**). Ce qui est remarquable, c'est l'art avec lequel, tout en conservant le bénéfice du comique lié aux effets et aux personnages de la farce, il a fait de ces fantoches des êtres humains, ridicules par certains côtés, mais parfois aussi émouvants : c'est le cas d'Arnolphe (cf. **p. 201**).

« *Les Précieuses ridicules* » : *Madeleine Béjart et Charles La Grange dans les rôles de Magdelon et de Mascarille.* (Peintures anonymes sur marbre, Coll. J. Kugel. 2 Ph. L. Joubert © Arch. Photeb.)

« *La "turquerie" du Bourgeois gentilhomme* ». (Avec J. Charon, mise en scène de J.L. Barrault, 1972 ; chorégraphie de Cl. Bessy. Comédie-Française, Chapiteau des Tuileries, Paris Ph. © Ph. Coqueux.)

Farce, ballet, comédie de mœurs

Premier succès de Molière, en 1659 (cf. **p. 174**), la comédie des *Précieuses ridicules* est une **farce**, mais, bien que satirique et caricaturale, l'observation des « pecques provinciales » y est si vraie que la farce s'élève ici au niveau de la **comédie de mœurs**.

Dans *Le Bourgeois gentilhomme* où le comique de farce se mêle au comique de **mœurs** et de **caractère**, Molière introduit l'attrait supplémentaire du **ballet**, et de la scène où Monsieur Jourdain est fait **Mamamouchi** au cours de la « turquerie » qui le porte au comble de la félicité.

Fesch et Whirsker, « Scapin, qui mène le jeu, se prosterne hypocritement aux pieds de son maître ». (Gouache, XVIIIᵉ siècle, Bibl. Musée de La Comédie-Française, Paris. Ph. Jeanbor © Arch. Photeb.)

Fesch et Whirsker, « Sosie messager d'Amphitryon ». (Gouache, XVIIIᵉ siècle. Bibl. Nat., Paris. Ph. J.L. Charmet © Arch. Photeb.)

Fesch et Whirsker, « La leçon d'armes de M. Jourdain ». (Gouache, XVIIIᵉ siècle. Bibl. Musée de la Comédie-Française, Paris. Ph. F. Foliot © Arch. Photeb.)

Intrigues et meneurs de jeu

Dans *Les Fourberies de Scapin*, le moteur de l'intrigue est **Scapin**, « fourbe » aux mille ruses, emprunté à la comédie italienne (cf. **p.186-190**). A ce type se rattachent les valets et servantes de Molière, de caractères très divers (cf. **p.180**), qui jouent parfois un rôle décisif. Ce personnage de valet deviendra un héros de premier plan, le Figaro de Beaumarchais (cf. **XVIIIᵉ siècle, p. 383-404**, et pl. V).

Dans *Amphitryon*, le meneur de jeu est... le dieu Mercure. On voit ici le messager Sosie s'exerçant à faire à sa maîtresse un récit « fidèle » d'exploits imaginaires, mais Mercure y mettra bon ordre ! (Cf. **p. 182**.) Dans *Le Bourgeois gentilhomme* l'intrigue est « à tiroirs » : c'est une succession de scènes où se révèle la manie de M. Jourdain qui rêve de passer pour un « homme de qualité ».

Le Misanthrope (IV, 4).
Ah ! traîtresse, mon faible est étrange pour vous !
Vous me trompez sans doute avec des mots si doux.

(Avec L. Mikael et M. Aumont. Mise en scène : J.P. Vincent, décor :
J.P. Chambas, costumes : P. Cauchetier. Comédie-Française, Paris,
1984. Ph. © Ph. Coqueux.)

Le Malade imaginaire (I, 6).
— Elle a eu l'effronterie de me dire que je ne suis
point malade. — C'est une impertinente.

(Avec M. Bouquet et M. Chevalier. Réalisation : Cl. Santelli, Télévision Française, 1970. Coll. Télé 7 Jours. Ph. © Ruhaut-Scoop.)

Tartuffe (III, 1).
— N'accepterez-vous pas ce que je vous propose ?
— La volonté du Ciel soit faite en toute chose !

Tartuffe (IV, 5).
Le Ciel défend, de vrai, certains contentements ;
Mais on trouve avec lui des accommodements.

(Avec R. Hirsch et, à droite : Cl. Winter ; à gauche : J. Charon. Mise en scène et décors : R. Hirsch. Comédie-Française, 1968. Ph.
© Agence Bernand.)

La haute comédie

    Molière a eu le génie de s'élever jusqu'à la peinture de **caractères universels** avec une analyse aussi fouillée que celle qu'on admire dans la tragédie de Racine (cf. **p. 197-199**). A travers ses personnages, il a le courage d'exposer ses vues sur de grandes questions qui préoccupaient ses contemporains et qui parfois se posent encore (cf. **p. 204-208**). Et cela, en mettant au service de la haute comédie son expérience du comique, toutes les ressources de son art de dramaturge et de peintre des mœurs. C'est la fusion harmonieuse de ces éléments qui fait des grandes comédies de Molière des œuvres imitées, mais inégalées (cf. **XIXᵉ siècle, p. 229**).

Dom Juan devant la statue du Commandeur. (Avec M. Piccoli, réalisation :
M. Bluwal ; Télévision Française, 1965. Coll. Télé 7 Jours ; Ph. © R. Bernard-Scoop/T.)

*Ch. Bérard, décor pour « L'École des fem-
mes ».* (Dessin, 1936. Coll. particulière. Ph. J.L. Charmet ©
Arch. Photeb © by SPADEM 1985.)

*Ch. Bérard, décor pour « L'École des fem-
mes ».* (Dessin, 1936. Coll. L. Jouvet ; Dept. des Arts du Spectacle, Bibl. Nat., Paris. Ph. © Bibl. Nat. Arch. Photeb © by
SPADEM, 1985.)

L'éternelle jeunesse de Molière

Chaque époque découvre dans Molière des personnages, des thèmes répondant à ses aspirations : ainsi
de Dom Juan (cf. **p. 206-208**) ou de la condition de la femme (cf. **p. 201-206**). Molière pouvait-il imaginer qu'on verrait un jour, au petit écran, Dom Juan face à la statue du Commandeur ? Il admirerait
aussi l'ingénieux décor de Christian Bérard : certaines scènes de l'*École des femmes* se passent dans la
rue, à l'angle des murs de clôture du jardin d'Arnolphe ; pour les scènes d'intérieur, on voit les deux
murs s'écarter, et l'action se déroule alors dans le jardin.

L'universalité des "Fables"

F. de Troy, « Portrait de J. de La Fontaine ». (Peinture, XVIIᵉ siècle, Bibl. Publique et Universitaire, Genève. Ph. J. Arlaud © Arch. Photeb.)

Le Lion, le Loup et le Renard. (Miniature indienne, XIXᵉ siècle. Coll. Feuillet de Conches ; Musée J. de La Fontaine, Château-Thierry. Ph. Jeanbor © Arch. Photeb.)

Le « bonhomme » La Fontaine n'était pas très bien vu à la cour. Il a pris sa revanche devant la postérité. En dépit des critiques (cf. **p. 238** et **XVIIIᵉ siècle, p. 299**), il appartient comme Molière au patrimoine de l'humanité. Il est de tous les temps, de tous les pays. Les fables se passent le plus souvent dans la société animale, mais les animaux et même les plantes y parlent tout comme des humains. Elles se déroulent sur la terre, sous la terre, sur l'eau, sous l'eau, dans les airs, dans l'Olympe, aux Enfers. Il y a des hommes, des femmes, des enfants, des dieux, des allégories. Il y a des fables pour toutes les circonstances de notre vie. Il y a des contes, des drames, des romans d'aventures ; des récits, des dialogues, de longs discours et des épigrammes ; des fables lyriques, épiques, héroï-comiques. La Fontaine pouvait proclamer à juste titre : « Diversité, c'est ma devise ».

F. Chauveau, « Le Jardinier et son Seigneur » (cf. p. 233). (Gravure, 1668. Ph. © Bibl. Nat., Paris. Arch. Photeb.)

J.B. Oudry, « La Mort et le Bûcheron » (cf. p. 215). (Gravé par Bertin, 1776. Bibl. des Arts Décoratifs, Paris. Ph. J.L. Charmet © Arch. Photeb.)

H. Fragonard, « Le Pot au lait » (cf. p. 231). (Peinture XVIIIᵉ siècle. Musée Cognacq-Jay, Paris. Ph. L. de Selva © Arch. Photeb.)

A travers les siècles : de Chauveau à Oudry

Dans la première édition, les *Fables* étaient illustrées de petites vignettes de François Chauveau, ami de La Fontaine. Au XVIIIᵉ siècle, Fragonard a été tenté, dans son style un peu leste, par le thème de *La laitière et le pot au lait*. Mais à cette époque, quelle que soit la réputation de la luxueuse édition des Fermiers généraux, le grand illustrateur des *Fables* demeure J.-B. Oudry qui leur a consacré d'admirables gravures, des tableaux, des cartons de tapisserie.

« Le Coq et la Perle. » (Illustration japonaise, 1894. Ph. © Bibl. Nat., Paris. Arch. Photeb.)

Grandville, « La Cigale et la Fourmi ». (Gravé par Brévière et Hébert, 1838-40. Ph. © Bibl. Nat., Paris. Arch. Photeb.)

Au XIXᵉ siècle

Parmi les illustrateurs de **La Fontaine** au XIXᵉ siècle, il convient de citer Gustave Doré, aux gravures toujours très fidèles et soignées jusqu'aux infimes détails (cf. **XVIᵉ siècle**, planche V, et **XIXᵉ siècle**, planches II et III). Les illustrations de Grandville se signalent par l'ingéniosité avec laquelle il suggère la parenté entre la comédie animale et la comédie humaine, comme dans cette originale interprétation de *La Cigale et la Fourmi*. On ne peut qu'admirer, d'autre part, la finesse et la poésie de l'illustration japonaise (1894). On y verra une confirmation de l'universalité de La Fontaine à travers le temps et l'espace.

« *Les Deux Pigeons* » *(cf. p. 241).*

Le Savetier et le Financier » *(cf. p. 229).*
(Tapisseries de Beauvais d'après des cartons de J.B. Oudry, XVIIIᵉ siècle. Musée Jacquemart-André, Paris. Ph. Jeanbor © Arch. Photeb.)

R. Dufy, « *L'âne portant des reliques ; L'éléphant et le singe de Jupiter* ». (Peinture, 1936, détail. Museum d'Histoire Naturelle, Paris. Ph. Jeanbor © Arch. Photeb © by SPADEM 1985.)

A travers les siècles : Oudry et Dufy

Au XVIIIᵉ siècle, l'illustration des *Fables*, d'après les cartons d'Oudry, a servi de thème pour des tapisseries de Beauvais tendues sur un ensemble de dossiers de fauteuils. On retrouve les *Fables*, au XIXᵉ siècle, dans des décors de papiers peints, de services de vaisselle, de toiles cirées, sur des bons points destinés à récompenser les élèves ! Et au XXᵉ siècle, parmi bien d'autres illustrateurs, Raoul Dufy a choisi ses teintes les plus délicates pour illustrer quelques fables de la Fontaine.

LA FONTAINE

La vie provinciale
(1621-1658) De souche bourgeoise et provinciale, Jean de LA FONTAINE est né en 1621 à Château-Thierry : il y sera un jour *maître des eaux et forêts*, comme son père et son grand-père. Même transplanté à Paris, il reviendra souvent en Champagne, où s'est écoulée la majeure partie de sa jeunesse.

1. UN MÉNAGE DÉSUNI. Au collège de Château-Thierry, il apprend le latin et peut-être un peu de grec. A vingt ans (1641), il se croit la vocation ecclésiastique; mais il quitte bientôt la théologie pour le droit et reçoit le titre d'avocat au Parlement. En 1647, il épouse Marie HÉRICART, parente éloignée de Racine. Il a 26 ans; elle en a 14 et lui apporte une belle dot. Mais leur union ne fut pas heureuse. Mlle de La Fontaine, précieuse de province, grande lectrice de romans, n'avait rien d'une femme d'intérieur. Quant à La Fontaine, rêveur, distrait, bon vivant, il était trop amateur d'aventures galantes; il ne parvint même pas à s'intéresser à *son fils* (né en 1653), qu'il oublia dès qu'il lui eut procuré une situation. Des *difficultés d'argent* ajoutèrent à la désunion du ménage. En 1658, LA FONTAINE *se fixe à Paris* et, progressivement, sans scandale, les deux époux vont s'éloigner l'un de l'autre.

2. LES DÉBUTS POÉTIQUES. Dès 1656, au cercle littéraire des *Chevaliers de la Table Ronde*, où il rencontre MAUCROIX, PELLISSON, FURETIÈRE, TALLEMANT DES RÉAUX, La Fontaine admire les odes « héroïques » de MALHERBE et s'inspire des grâces de VOITURE. Il se nourrit de Rabelais, de Marot, de Boccace, qu'il imitera dans ses *Contes*; il a un faible pour les romans précieux. Mais surtout il étudie Homère et Platon, Horace, Virgile et Ovide. Sa première œuvre imprimée était une adaptation en vers de *L'Eunuque* de Térence (1654).

Ainsi, *jusqu'à l'âge de 37 ans* où il se fixe à Paris (1658), LA FONTAINE n'est encore qu'*un inconnu*, « ignorant de son talent et accaparé par tous les **agréments** et tous les ennuis d'une existence de province » (Giraudoux). Pourtant l'auteur des *Contes* et des *Fables* se préparait déjà en lui. Il connaît bien le milieu bourgeois, les petites gens, la vie rustique. Il a le goût de la campagne et de la vraie nature que (depuis 1652) sa charge de *maître des eaux et forêts* — tout administrative qu'elle est — l'invite à mieux connaître encore.

Le protégé et l'ami
de Fouquet
(1658-1661) Vers 1657, son oncle Jannart le présente au surintendant FOUQUET, rival de Colbert et protecteur des arts. Le poème d'*Adonis* (1658) lui vaut une pension et lui permet de figurer parmi les protégés du surintendant : Mlle de Scudéry, Scarron, Perrault, Corneille, Molière.

1. « LE SONGE DE VAUX ». Nouveau Marot, il s'acquitte en poésies de cour, ballades, rondeaux, madrigaux et chansons dédiés à son protecteur et à sa femme « *Sylvie* ». A la demande du surintendant, il entreprend en 1658 *Le Songe de Vaux*, description (prose et vers) des merveilles futures, et entrevues « *en songe* », du château de Vaux-le-Vicomte (près de Melun) que FOUQUET embellissait avec orgueil pour sa petite cour.

2. LA DISGRACE DE FOUQUET (1661). Mêlé à la vie brillante de Vaux, il connaît Mme DE SÉVIGNÉ, admire MOLIÈRE, se lie avec RACINE. Tout à coup, sur l'ordre de Louis XIV, Fouquet est arrêté, pour ne jamais recouvrer sa liberté. Courageusement, malgré l'hostilité de Colbert, le poète sollicite l'indulgence du roi dans l'*Élégie aux Nymphes de Vaux* (1661) et dans l'*Ode au Roi pour M. Fouquet* (1663) où l'on entend les accents d'une amitié profonde et sincère. En 1663, dans les lettres à sa femme *(Relation d'un voyage au Limousin)*, il dit encore son émotion devant la cellule de Tours où avait été enfermé Fouquet : « Je fus longtemps à considérer la porte, et me fis conter la manière dont le prisonnier était gardé... Sans la nuit, on ne m'eût pu arracher de cet endroit. »

Ces quatre années auraient pu le détourner de son génie : c'est la « *tentation* » des femmes et de la vie mondaine dont parle Giraudoux. Mais LA FONTAINE *n'a jamais été l'esclave de Fouquet :* entre 1658 et 1661, il loge à Paris chez son oncle Jannart et revient souvent à Château-Thierry. Les séjours à Vaux ont élargi son *expérience :* après la bourgeoisie provinciale, il a connu les grands seigneurs, les financiers, les magistrats; il s'est lié avec les grands artistes contemporains. Encouragé par ses succès poétiques, il va chercher de nouveaux protecteurs, chose normale au XVIIe siècle pour un poète sans fortune.

Au Luxembourg (1664-1672)

Le voici gentilhomme servant de MADAME, duchesse douairière d'Orléans. Il reçoit le vivre et le couvert et réside au *palais du Luxembourg.* La vie y est austère; mais ses succès vont lui ouvrir les salons les plus brillants, ceux de Mme DE LA FAYETTE (où il rencontre LA ROCHEFOUCAULD), de Mme DE SÉVIGNÉ, de Mme DE LA SABLIÈRE. Il devient familier du duc de BOUILLON et surtout de la jeune duchesse, Marie-Anne MANCINI (nièce de Mazarin), qui raffole de ses *Contes* et restera sa protectrice et son amie pendant trente ans.

1. LES CONTES ET LES FABLES. Coup sur coup, en effet (décembre 1664, janvier 1665, janvier 1666), LA FONTAINE publie des recueils de *Contes et Nouvelles* en vers, tirés de Boccace et de l'Arioste. Désormais il a trouvé un large public et, après avoir été admiré comme poète galant et comme conteur, il publie, à 47 ans, le *Premier Recueil* de ces *Fables* qui le rendront immortel (1668). Reçu dans les salons, protégé des grands, il est même honoré d'une audience à Versailles pour présenter à LOUIS XIV ses *Amours de Psyché et de Cupidon* (1669) : l'hostilité du roi, attribuée aux *Contes*, n'était donc pas aussi vive qu'on l'a dit.

2. RECUEILS DIVERS. Tout en rédigeant de nouvelles fables, il multiplie les *œuvres de circonstance* pour se ménager les faveurs. Un « *Recueil de Poésies Chrétiennes* » ne l'empêche pas de sacrifier encore à la veine légère des *Contes* (1671). Pour honorer la duchesse d'Orléans, il dédie à son gendre un *Recueil de Fables Nouvelles* (1671). Aussi, à la mort de la duchesse (1672), ne fut-il pas en peine pour trouver d'autres protecteurs.

Chez Madame de La Sablière

Riche et vivant assez librement, Mme DE LA SABLIÈRE était curieuse de science et de philosophie. Elle recevait les plus grands *savants* de son temps; elle accueillit LA FONTAINE. Dans ce salon, le « bonhomme » connut des jours tranquilles auprès d'une protectrice qui, loin de l'abandonner quand son salon se dispersa, l'installa dans une maison voisine de la sienne.

1. LE « PAPILLON DU PARNASSE ». Dans cette période de vingt ans, il a tenté sa voie dans tous les genres. Après le poème janséniste de *La Captivité de Saint Malc* (1673), il écrit un livret d'opéra pour Lulli *(Daphné,* 1674); puis, se brouillant avec le musicien, il dirige contre lui la satire du *Florentin.* En 1675, il revient aux *Contes* (quatrième partie), publiés clandestinement avec un succès toujours croissant. Après une *Ode pour la Paix* (1674), il écrit le poème didactique du *Quinquina* (1682) et revient à la poésie dramatique (*Astrée,* 1691). Mais la grande œuvre de cette période ce sont encore les *Fables,* l'admirable *Second Recueil* (1678-1679).

2. LA FONTAINE A L'ACADÉMIE. Il voulut être académicien. LOUIS XIV ne donna pas aussitôt son agrément : le poète dut multiplier les éloges du roi et même de COLBERT, promettre de ne plus écrire de *Contes* et attendre l'élection de BOILEAU pour être enfin admis (1684). Lors de sa réception, il honora sa protectrice en prononçant le *Discours à Mᵐᵉ de La Sablière*. Il exerça sérieusement ses fonctions. Il combattit FURE-TIÈRE, dont le projet de dictionnaire attentait aux droits de l'Académie (1685); au début de la *querelle des Anciens et des Modernes*, malgré son amitié pour PERRAULT, il prit parti pour les Anciens (*Épître à Huet*, 1687 — cf. p. 437, Culte de l'Antiquité).

3. LA CONVERSION. Depuis 1678, Mᵐᵉ de La Sablière s'était retirée du monde pour se faire garde-malade et se convertir au jansénisme. La Fontaine fut alors reçu chez CONDÉ, à Chantilly, chez les VENDOME, neveux de Mᵐᵉ de Bouillon, et il est même navrant de voir ce vieillard de 70 ans s'associer, pour gagner argent et protections, aux orgies de jeunes débauchés.

Mais *il tombe malade* en décembre 1692. Mᵐᵉ de La Sablière lui envoie un abbé qui finit par obtenir du vieux poète une *conversion solennelle* et retentissante : il renie ses *Contes* et brûle une pièce de théâtre qu'il vient d'achever.

Chez les d'Hervart (1693-1695)

A la mort de Mᵐᵉ de La Sablière, il fut accueilli chez M. et Mᵐᵉ D'HERVART. Ces amis jeunes et gais adoucirent les dernières années du fabuliste dans leur somptueux hôtel et dans leur château de Bois-le-Vicomte. La Fontaine se mit à traduire des *hymnes* et des *psaumes*. Ne dit-on pas qu'il portait même un cilice ? Il trouva encore la force de publier en septembre 1694 le *Livre XII* des *Fables*. Quelques mois plus tard (13 avril 1695), il rend le dernier soupir, et son ami Maucroix écrit dans ses *Mémoires* cet émouvant témoignage : « *C'était l'âme la plus sincère, la plus candide que j'aie jamais connue : jamais de déguisement; je ne sais s'il a menti dans sa vie.* »

L'œuvre

Les Fables ne sont qu'une faible partie de son œuvre. Quand LA FONTAINE publie le *Premier Recueil* (1668), il a 47 ans, et ses autres écrits l'ont déjà rendu presque célèbre. Dans son roman de *Psyché* (1669), évoquant la « société » de *quatre amis* qu'on a longtemps pris pour Racine, Boileau, Molière et lui-même (thèse aujourd'hui abandonnée), il se peint, semble-t-il, dans le personnage de POLYPHILE, celui qui « *aimait toutes choses* » :

> J'aime le jeu, l'amour, les livres, la musique,
> La ville et la campagne, enfin tout; il n'est rien
>   Qui ne me soit souverain bien,
> Jusqu'au sombre plaisir d'un cœur mélancolique *(Livre II)*.

Dans le second *Discours à Mᵐᵉ de La Sablière* (1684), il se dira encore « Papillon du Parnasse et semblable aux abeilles », ajoutant comme un aveu : « *Je suis chose légère et vole à tout sujet, Je vais de fleur en fleur et d'objet en objet.* » Il s'est essayé dans tous les genres : POÉSIES DE CIRCONSTANCE pour s'acquitter envers ses protecteurs, Fouquet, duchesses d'Orléans et de Bouillon, Mᵐᵉ de La Sablière; POÉSIE DESCRIPTIVE : *Le Songe de Vaux*; POÉSIE GALANTE ET ÉLÉGIAQUE : *Adonis, Élégies à Clymène, Psyché*; POÉSIE RELIGIEUSE : *La Captivité de Saint Malc*; POÉSIE DIDACTIQUE : *Le Quinquina*; POÉSIE SATIRIQUE ; *Le Florentin*; POÉSIE DRAMATIQUE : *L'Eunuque*; farce-ballet des *Rieurs du Beau-Richard*; *Achille*, tragédie inachevée, *Clymène*, comédie; surtout des *opéras* qu'il croyait conformes à sa veine semi-dramatique, semi-lyrique : *Daphné, Galatée, Astrée*. Citons encore des ÉPITRES (*A Huet*, 1687), des DISCOURS *(A Mᵐᵉ de La Sablière*, 1684), des LETTRES où il se révèle chroniqueur enjoué et réaliste (*Voyage au Limousin; Lettres* à Maucroix, à Saint-Évremond).

Mais la postérité a surtout retenu les *Contes* et les *Fables*. Ces dernières ont paru en trois fois. Le *Premier Recueil* (1668) comprend les livres I à VI. Le *Second Recueil* (1678-1679) ajoute aux fables précédentes les livres VII à XI. Enfin, dernière œuvre de La Fontaine, le *Livre XII* paraît en 1694.

LES FABLES

Conception de la fable   « *Fables choisies, mises en vers par M. de La Fontaine* » : par ce titre modeste, le poète se présentait comme le continuateur des fabulistes anciens, ESOPE et PHÈDRE. « L'apologue, dit-il dans la *Préface de 1668*, est composé de deux parties... Le corps est la fable, l'âme la moralité. »

I. LA FABLE TRADITIONNELLE. Chez les anciens, toute la fable était orientée vers la *moralité* (cf. *Source*, p. 214). Dédiant au Dauphin son *Premier Recueil* composé pour les enfants, La Fontaine insiste sur ses intentions morales : « *Je me sers d'animaux pour instruire les hommes.* » Il indiquera même ses deux méthodes favorites, la *satire* et le *contraste* (V, 1) :

« Je tâche d'y tourner le vice en ridicule,	«... J'oppose quelquefois, par une double image,
Ne pouvant l'attaquer avec les bras d'Hercule. »	Le vice à la vertu, la sottise au bon sens. »

Et s'il souligne l'intérêt du récit, c'est pour le subordonner à l'*intention morale* (VI, 1) :

« Une morale nue apporte de l'ennui :	En ces sortes de feinte, il faut instruire et plaire
Le conte fait passer le précepte avec lui.	Et conter pour conter me semble peu d'affaire. »

II. LA FABLE « ÉGAYÉE ». Avait-il donc adopté pour la fable une esthétique inverse de celle qu'il avait définie à propos des *Contes* en 1665, et qu'il réaffirmera en 1671 :

« Contons, mais contons bien; c'est le point principal, C'est tout » ?

En réalité, c'est par respect pour la *tradition* qu'il souligne le caractère « utilitaire » de ses fables. Peu d'entre elles restent entièrement fidèles à Esope et à Phèdre. Il s'en excuse, mais comment résister au génie de conteur qui le pousse sans cesse à enrichir le récit ? Ne pouvant égaler la concision de Phèdre (par insuffisance de talent, dit-il !), il a l'idée de compenser cette faiblesse et « *d'égayer* » *la matière par* « *un certain charme, un air agréable qu'on peut donner à toutes sortes de sujets, même les plus sérieux.* » Dès le *Premier Recueil*, il a déjà trouvé la définition de son ouvrage : « *Une ample comédie à cent actes divers, Et dont la scène est l'Univers* » (V, 1). Le caractère dramatique de cette « comédie » produit un véritable « enchantement » qui laisse au second plan la moralité. Relisons *l'Hirondelle et les Petits Oiseaux*, *le Chêne et le Roseau*, *l'Aigle et l'Escarbot*, *le Lion et le Moucheron* (p. 218) ; *le Meunier*, *son Fils et l'Ane* ; *l'Œil du Maître* ; *l'Aigle*, *la Laie et la Chatte* ; *le Jardinier et son Seigneur* (p. 233) ; *l'Alouette et ses Petits* ; *le Cochet*, *le Chat et le Souriceau* ; *la Jeune Veuve* : ce sont de petites comédies souvent dialoguées, des récits romanesques parfois où, de toute évidence, l'auteur se préoccupe plutôt de « conter pour conter » que de donner une leçon de morale.

III. LE SECOND RECUEIL. Dès l'*Avertissement du Second Recueil* (1678), le fabuliste indique qu'il lui a donné « un air et un tour un peu différent » : il a « *cherché d'autres enrichissements et étendu davantage les circonstances de ces récits* ». Affirmation souvent controversée. Il n'y a pas, dit-on, de différences fondamentales entre les deux recueils : il y a déjà dans le *Premier* quelques fables aussi riches que celles du *Second* (p. 233), et il reste dans le *Second* bien des fables semblables à celles du *Premier;* néanmoins, une lecture intégrale révèle la richesse et la complexité plus grandes du *Second Recueil*.

1. « IL A ÉTENDU LES CIRCONSTANCES », sous l'influence du conteur oriental PILPAY, mis à la mode et, semble-t-il, révélé à La Fontaine par le grand voyageur BERNIER, hôte de Mme de La Sablière. Plus longues, plus souples que celles d'Esope, ouvertes à la fantaisie, à la sympathie pour le vie de la nature, les *fables orientales* se perdent volontiers

en circonstances gratuites qui ne sont pas indispensables pour dégager la morale (cf. *Source*, p. 221). Dans la même veine, chez notre fabuliste les sujets tendent à devenir *plus complexes*, comme l'indiquent les titres eux-mêmes : *les Animaux malades de la peste, le Rat qui s'est retiré du monde, l'Ingratitude et l'Injustice des hommes envers la Fortune*, etc...

De plus en plus, la fable ressemble à une *comédie* par la multiplication des scènes et l'emploi de dialogues à plusieurs répliques (p. 219; p. 225; p. 229; cf. *L'Homme et la Couleuvre*). Comme chez les conteurs orientaux, le récit tourne parfois au *roman* où s'enchaînent une série d'épisodes (p. 241; p. 243; cf. *L'Homme qui court après la Fortune; Le Marchand, le Gentilhomme, le Pâtre et le Fils de Roi; les Deux Aventuriers et le Talisman*). Volontiers, LA FONTAINE étend les circonstances par de véritables *préludes* où il s'efforce de créer une atmosphère (p. 224; cf. *La Cour du Lion, Le Paysan du Danube; Le Coche et la Mouche*).

Ainsi, la fable s'éloigne davantage de la conception ésopique pour tendre au *récit pur*, au « conte ». Après *Le Héron*, La Fontaine éprouve le besoin de redoubler aussitôt sur le même sujet avec *La Fille*, en nous disant : « Écoutez, humains, un autre conte »; de même, après *La Laitière et le Pot au Lait*, il place *Le Curé et le Mort*, dont le thème est identique, ce qui s'explique uniquement par le désir de conter une anecdote contemporaine.

2. LES « ENRICHISSEMENTS ». Ils se traduisent par la *diversité* beaucoup plus grande du *Second Recueil*. Ayant épuisé en partie le fonds traditionnel des sujets antiques, LA FONTAINE doit créer davantage en faisant appel à son observation. De plus en plus le moraliste s'intéresse à l'homme, et, dans ses récits, les êtres humains interviennent plus fréquemment : la conclusion morale s'élargit volontiers vers les *questions sociales ou politiques*, et il accorde désormais plus de place à la *satire de la société contemporaine* (p. 224 et 235). Il crée lui-même ses *moralités*, qui deviennent *plus complexes* (morale double, parfois triple), et surtout plus personnelles. Entraîné à mettre davantage de lui-même dans ses fables, il en vient à proposer une *vision plus philosophique du monde*, à insérer sa propre « sagesse » dans l'œuvre : il est curieux de le voir passer d'Esope à une philosophie plus proche de l'épicurisme d'HORACE, élevant la fable au rang de l'*essai moral* et du *poème lyrique*.

Aussi assistons-nous, dans ce *Second Recueil*, à un élargissement du genre où l'on ne reconnaîtrait plus la fable antique. A côté des « comédies » et des « romans », voici des récits à allusions politiques (p. 235), des confidences lyriques (p. 240), des élégies (p. 242), des églogues (*Tircis et Amarante*), des discours (*Le Paysan du Danube*), des contes (p. 243), des poèmes philosophiques (p. 247) ou même scientifiques (p. 250). Ainsi s'explique ce jugement de SAINTE-BEUVE : « *La fable n'était chez La Fontaine que la forme préférée d'un génie bien plus vaste que ce genre de poésie.* »

La Fontaine et l'imitation

I. LA NATURE ET LES ANCIENS. LA FONTAINE, qui fut un des artistes les plus indépendants de son siècle, n'est presque jamais entièrement personnel dans ses chefs-d'œuvre, les *Fables* et les *Contes*. Il a partagé les idées littéraires des autres grands classiques et, sur la fin de sa vie, au moment de la *querelle des Anciens et des Modernes* (p. 437), il réaffirmait dans l'*Épître à Huet* la doctrine de l'imitation, qu'il avait exprimée bien des fois dans sa carrière.

Esprit observateur et raisonnable, il proclamait, dès 1661, au sortir d'une représentation de MOLIÈRE, la nécessité de respecter la nature : « *Et maintenant il ne faut pas. Quitter la nature d'un pas.* » Dans l'*Épître à Huet* (1687) il prêche encore « *l'art de la simple nature* ». Mais, d'accord avec RACINE et BOILEAU, il affirme que les anciens ont si bien imité la nature humaine qu'il faut les prendre pour modèles : « *Art et guides, tout est dans les Champs Élysées.* » Néanmoins, hostile à toute imitation servile, il proclame sa volonté de choisir, de faire œuvre originale : « *Mon imitation n'est point un esclavage.* » Le véritable artiste est maître d'enrichir son modèle par sa propre connaissance de la nature et son propre génie littéraire. Ainsi, pour LA FONTAINE, l'imitation n'est pas une fin en soi : elle n'est qu'un moyen de réaliser la beauté et, en définitive, de *plaire* : « *Mon principal but est toujours de plaire* » (Préface de *Psyché*, 1669).

II. LES FABLES ET LEURS « SOURCES ». Ce genre avait déjà brillé dans l'Inde ancienne et dans l'antiquité gréco-latine. La Fontaine s'inspire essentiellement (surtout dans le *Premier Recueil*) des fables en prose du Grec Ésope (6ᵉ s. av. J.-C.) et des fables latines en vers de Phèdre (1ᵉʳ s. après J.-C.). Dans le *Second Recueil*, il recourt assez largement aux récits de l'Indien Pilpay, dont le *Livre des Lumières* était traduit en français depuis 1644. Mais, comme Molière, La Fontaine « prend son bien où il le trouve »: il imite des fabulistes moins connus, les anciens Babrius et Aphthonius, l'humaniste Abstemius (XVᵉ siècle); il puise assez abondamment chez les savoureux conteurs du XVIᵉ siècle, Rabelais, Bonaventure des Périers; il emprunte tel sujet à Horace ou à Aulu-Gelle, tel développement à Virgile ou même, incidemment, à des contemporains; enfin, il accueille volontiers des anecdotes récentes (*Le Curé et le Mort; Les Souris et le Chat-Huant*). Si nous comptons seulement une vingtaine de fables de son invention (p. 233) — surtout dans le *Second Recueil*, — c'est que pour La Fontaine, comme pour tous les classiques, l'invention n'est pas dans la matière, mais dans la manière.

III. « MON IMITATION N'EST POINT UN ESCLAVAGE ». Il a toujours revendiqué cette liberté « d'y mettre du sien sans scrupule et sans crainte ». « [L'auteur] retranche, il amplifie, il change les incidents et les circonstances, quelquefois le principal événement et la suite; enfin ce n'est plus la même chose, c'est proprement une nouvelle nouvelle; et celui qui l'a inventée aurait bien de la peine à reconnaître son propre ouvrage. » Ce qu'il affirmait ainsi des *Contes* (Préface de 1666), il pouvait le dire aussi des *Fables*. L'étude des sources que nous citons permettra de mesurer la *liberté* et la *variété* de cette imitation originale : autant de fables, autant de cas particuliers. Ce n'est pas le poète qui s'adapte à ses modèles, c'est l'œuvre imitée qui subit *mille transformations* pour aboutir à cette œuvre d'art si originale, si inimitable elle-même : une fable de La Fontaine. Sans se perdre dans le détail, on pourrait définir les principes généraux de cette imitation :

1. Quand il s'inspire d'un *modèle sec et laconique*, comme Esope, Phèdre ou Abstemius, il enrichit prodigieusement le récit (cf. p. 215; p. 227; p. 246; p. 247). Au contraire, il resserre les *longs développements* de Pilpay, supprime les détails inutiles, accentue la concentration dramatique et la vigueur du dénouement (p. 219). Il lui arrive de fondre en une seule fable *deux sources différentes* (p. 229).

2. Quand ses modèles lui donnent tous *les éléments du récit*, il rend la présentation plus vivante et plus complète (p. 243), transforme parfois les circonstances (p. 246; p. 247), ou modifie l'équilibre de la fable pour mieux en dégager la leçon (p. 218).

3. Pour faire de la fable une « *comédie* », il individualise les personnages, qui prennent un caractère humain et dialoguent selon leur psychologie (p. 219; p. 243; p. 246).

4. Beaucoup de modifications sont destinées à *accroître la vraisemblance* de l'intrigue.

5. Enfin la *personnalité du conteur* intervient sans cesse pour animer et « égayer » le récit.

**

« *Nous ne saurions aller plus avant que les anciens : ils ne nous ont laissé pour notre part que la gloire de les bien suivre* », disait modestement La Fontaine (I, 15). Il faut lire les fables d'Esope pour mesurer à quel point notre fabuliste reste *original* et *personnel* en imitant. Voici, par exemple, une traduction de la fable *Le Vieillard et la Mort* qui a inspiré à La Fontaine *La Mort et le Bûcheron* :

« Un jour, un vieillard, ayant coupé du bois et le portant sur son dos, faisait une longue route. Fatigué par la marche, il déposa son fardeau et il appelait la mort. La mort parut et lui demanda pourquoi il l'appelait. Le vieillard répondit : « Pour que tu soulèves mon fardeau. » Cette fable montre que tout homme est attaché à la vie, même s'il est malheureux. »

Boileau, *trouvant la fable de* La Fontaine « *languissante* », *l'a refaite à sa façon* :

Le dos chargé de bois et le corps tout en eau,
Un pauvre bûcheron, dans l'extrême vieillesse,
Marchait en haletant de peine et de détresse.
Enfin, las de souffrir, jetant là son fardeau,
Plutôt que de s'en voir accablé de nouveau,

Il souhaite la Mort, et cent fois il l'appelle.
La Mort vint à la fin. « Que veux-tu ? cria-t-elle.
— Qui ? Moi! dit-il alors, prompt à se corriger,
Que tu m'aides à me charger. »
(Poésies diverses, 1670.)

LA MORT ET LE BUCHERON

D'un apologue sec et incolore, La Fontaine tire un récit pittoresque, réaliste, émouvant par tout ce qu'il contient d'*observation* et de *vérité humaine*. Ce bûcheron, c'est l'homme malheureux de tous les temps ; c'est plus particulièrement le *paysan du XVIIe siècle* que La Fontaine a pu observer lui-même. Ainsi cette peinture morale est à la fois l'œuvre d'un profond psychologue, d'un cœur sensible et d'un artiste de génie. (I, 16).

Un pauvre Bûcheron, tout couvert de ramée [1],
Sous le faix du fagot aussi bien que des ans [2]
Gémissant et courbé [3], marchait à pas pesants,
Et tâchait de gagner sa chaumine [4] enfumée.
5   Enfin, n'en pouvant plus d'effort et de douleur [5],
Il met bas son fagot, il songe à son malheur [6].
Quel plaisir a-t-il eu depuis qu'il est au monde [7] ?
En est-il un plus pauvre en la machine ronde [8] ?
Point de pain quelquefois, et jamais de repos [9] :
10   Sa femme, ses enfants [10], les soldats [11], les impôts [12],
      Le créancier [13] et la corvée
Lui font d'un malheureux la peinture achevée.
Il appelle la Mort [14]. Elle vient sans tarder,
      Lui demande ce qu'il faut faire.
15   « C'est, dit-il, afin de m'aider
A recharger ce bois ; tu ne tarderas guère [15]. »

      Le trépas vient tout guérir ;
      Mais ne bougeons d'où nous sommes :
      Plutôt souffrir que mourir,
      C'est la devise des hommes.

– Le bûcheron (*v. 1-4*) : *a*) *Relevez les détails pittoresques évoquant sa situation et ses sentiments ;* – b) *Comment la structure de la phrase et la versification suggèrent-elles sa démarche ?*
– Le découragement : *a*) *Montrez la vérité humaine des réflexions du malheureux ;* – b) *Qu'est-ce qui rend vraisemblable son appel à la mort ?*
– Le dénouement : *a*) *Le merveilleux vous paraît-il ici surnaturel ?* – b) *Comment expliquez-vous la volte-face du bûcheron ? Quelle signification lui donnez-vous ?*
• **Comparaisons.** a) Étudiez les enrichissements apportés à la fable d'Ésope par La Fontaine (cf. p. 214, bas) ; – b) Comparez les fables d'Ésope, de La Fontaine et de Boileau.
– *Commentaire composé. Réalisme de la peinture ; vérité de l'observation morale.*
• **Groupe thématique : Paysans.** Cf. pages 231, 233, 419. – XVIe siècle, page 177. – XIXe siècle, pages 114, 296. – XXe siècle, pages 512 à 517.

— 1 Branchages munis de leurs feuilles. — 2 Expliquer l'idée et apprécier le tour. — 3 Quel est l'effet obtenu par le rejet ? — 4 Cabane recouverte de *chaume* (archaïsme). Montrer qu'une telle évocation complète la peinture de cette misère. — 5 Commenter les deux termes. — 6 Montrer le passage naturel à cette douloureuse méditation. — 7 Expliquer cette exagération. — 8 *La terre* (familier). Comment prend-il plus nettement conscience de sa misère ? — 9 Noter la progression. — 10 Pourquoi la pensée de ces êtres chers ajoute-t-elle à sa détresse ? — 11 Ils logent chez le paysan, notamment quand il ne paye pas ses impôts. — 12 Ils écrasent le paysan ; la *corvée* est encore plus impopulaire. — 13 Auquel il faut recourir pour payer les impôts : c'est un cercle vicieux. — 14 Qu'indique cette phrase rapide ? — 15 « *Tu ne perdras guère de temps.* » Expliquer l'intention.

L'ART DU FABULISTE

La légende   Il faut se défier des *légendes* qui donnent du fabuliste
du « bonhomme »   une idée inexacte et qu'il s'est complu à accréditer. On
                          l'a appelé « *le bonhomme* », ce qui, à vrai dire, signifie
« le vieillard », avec une nuance d'indulgente familiarité ; on l'a considéré comme un
grand enfant nonchalant et rêveur dont l'ingénuité divertissait les salons. Or ses fables
sont d'un *observateur lucide* et parfois cruel ; sa vie nous le montre *habile*, expert dans
l'art de trouver des protecteurs et attentif aux goûts du public. Il était donc *faussement
endormi* : sa feinte naïveté lui permettait de garder l'esprit libre et, selon le mot de
Valéry, de « choisir sa nourriture ».

Il s'est dit paresseux et ami du sommeil (p. 240), déclarant dès 1659 dans son *Épitaphe* qu'il avait fait deux parts en sa vie, consacrées « *L'une à dormir, et l'autre à ne rien
faire* ». Une de ses protectrices ne l'appelait-elle pas son *fablier*, un fablier qui produi-
rait des fables aussi naturellement qu'un pommier produit des pommes ? Mais son
œuvre est trop vaste et trop achevée pour confirmer totalement cette réputation de
paresse. Il ne reste de ses *brouillons* que le premier état de la fable *Le Renard, les Mouches
et le Hérisson* : il l'a corrigé impitoyablement et n'en a conservé que deux vers entiers
et une dizaine de mots. Il suffit de le comparer à ses modèles, d'étudier le détail de ces
petits chefs-d'œuvre pour comprendre que la facilité, le naturel des *Fables* sont le fruit
d'un *travail minutieux* et d'une longue patience.

La « comédie »   « *Diversité, c'est ma devise* », disait LA FONTAINE. Nous
                         avons déjà signalé l'infinie variété des fables ; toutefois
il avait lui-même indiqué le caractère dominant de son œuvre, « *une ample comédie à
cent actes divers* ». Ses récits sont toujours dramatiques ; on dirait qu'il ne « raconte »
pas : *il met en scène*. Aussi ses fables ont bien des points communs avec le théâtre
classique, et d'abord leur *schéma habituel*, qui comporte une exposition, une série
d' « actes » (ou d'épisodes) et un dénouement.

I. L'EXPOSITION. Elle est ordinairement très *brève*. En quelques mots pittoresques,
le poète évoque le *décor* (réduit aux éléments utiles pour l'action) et nous présente les
personnages. Leur caractère se dessine déjà, et parfois quelques traits physiques nous
aident à mieux les imaginer. Dès l'exposition, *le problème est posé :* nous connaissons les
circonstances et souvent l'atmosphère qui nous aideront à comprendre l'action.

II. L'ACTION. Toujours vivante, elle est vraisemblable et s'enchaîne logiquement.

1. ELLE EST VIVANTE. Le conteur anime ses personnages : nous imaginons leurs *gestes*,
leurs attitudes, leurs « jeux de physionomie », suggérés plutôt que peints (p. 218). Derrière leurs actes, nous devinons leurs *pensées* et leurs *sentiments* ; le « dramaturge » en
vient tout naturellement à les faire parler au *style direct*. Cette union du geste et de la
parole crée l'*illusion théâtrale :* le dialogue est parfois si vivant qu'on croirait lire les
répliques d'une comédie ; parfois aussi l'auteur, qui a grandi à l'époque Louis XIII où
le plaidoyer était à la mode, prête au personnage une *longue tirade* où s'expriment ses
idées les plus chères (p. 246). Mais cette action est toujours *rapide et nette :* le conteur
a l'art de glisser sur les détails secondaires ; ses dialogues nerveux vont à l'essentiel, et
il lui suffit de deux répliques pour nous donner la substance d'une scène entière.

2. ELLE EST « VRAISEMBLABLE ». Si l'on fait la part des conventions et de la fantaisie
du genre lui-même, si l'on admet que les animaux de LA FONTAINE aient des caractères
humains, on trouve autant de *vraisemblance psychologique* dans les *Fables* que dans le
théâtre classique. Ses personnages, hommes ou animaux, ne sont pas des allégories du
vice ou de la vertu : ils ont *un caractère*, avec, autour d'un trait dominant, des sentiments assez nuancés pour les individualiser et les rendre vivants. Leur *psychologie* se
révèle dans leurs actes, dans leurs paroles, et souvent dans celles qu'on leur adresse.
Chacun d'eux parle et agit selon sa condition et selon le caractère qui lui est donné dès
l'exposition. La Fontaine excelle à maintenir jusqu'au bout cette *unité psychologique*.

3. **Elle s'enchaine logiquement.** La *logique interne* des pièces classiques se retrouve dans les *Fables*. C'est le jeu des caractères qui dicte les décisions, pousse aux actes et détermine les épisodes qui conduisent au dénouement. On dirait que l'artiste les laisse vivre chacun de leur vie propre et n'intervient que pour régler l'*ordre* et la *progression* des péripéties selon les lois de l'*intérêt dramatique*.

III. **LE DÉNOUEMENT.** Il est toujours *bref, rapide*, et *parle à l'imagination*, car ce sont des *faits*, assez souvent inattendus, qui dénouent les intrigues des fables (p. 221; p. 244). Malgré cette recherche de l'effet de surprise, le dénouement est lui aussi *vrai-semblable* et découle logiquement du jeu des caractères. A cet élément de perfection artistique vient s'associer une *réelle efficacité morale :* les personnages subissent les consé-quences de leurs propres défauts, et c'est le dénouement qui nous invite à dégager la leçon de la fable. Assez souvent, d'ailleurs, c'est le héros lui-même qui exprime, au style direct, la moralité de son aventure.

L'art de La Fontaine fabuliste rappelle donc celui de Racine ou de Molière : comme toute la littérature classique, ses *Fables* concernent surtout l'homme, ses sentiments et ses passions. Mais cet « auteur comique » se double d'un *malicieux conteur :* un mot, une parenthèse, un changement de ton, et nous le devinons toujours présent dans la coulisse. « Il vit familièrement avec ses personnages. Il les blâme, les approuve, les encou-rage, sourit de leurs manigances, s'associe à leurs craintes, entremêle leurs aventures de retours sur lui-même » (A. Bellessort). C'est un des charmes de cette « comédie » : nous y assistons en *compagnie de l'auteur*, le plus sensible et le plus spirituel des hommes.

L'art de l'expression

Par l'*art de l'expression* La Fontaine se hausse au niveau de nos plus grands écrivains. Nul n'a réalisé plus parfaitement une *adaptation totale* de la forme à l'idée. Son style évoque tous les aspects de la réalité concrète, traduit toutes les nuances de la pensée et de la sensibilité. Il a un *don de sympathie* qui lui permet de tout rendre vivant.

I. **LA LANGUE ET LE STYLE.** On ne peut imaginer plus grande *variété*. Soucieux d'exprimer la vie et de parler à tous nos sens, La Fontaine accueille des *mots de toutes provenances*. Il puise chez les conteurs du XVIe siècle, dans les dialectes provinciaux, dans le langage populaire ou même vulgaire, aussi bien que dans la langue noble ou précieuse. Rien de guindé ni de puriste dans son style : l'essentiel pour lui, c'est que le mot ou le tour soient *savoureux* et *évocateurs*. Son *naturel* tient au choix d'expressions qui nous paraissent irremplaçables.

Ses récits sont *brefs*, mais par la propriété, le relief, la valeur expressive de son style, il arrive à créer une *impression d'abondance*, à évoquer toutes sortes de scènes, à enrichir de mille nuances la peinture des sentiments. La *densité* de son expression fait que sa brièveté n'a rien de commun avec la sécheresse de ses modèles antiques.

D'ailleurs, on trouve chez lui *tous les tons :* narratif, tragique, comique, épique, lyrique, satirique, burlesque, il passe d'un ton à l'autre avec une *souplesse* qui nous charme.

II. **LA VERSIFICATION.** Les *Fables*, comme les *Contes*, sont écrites en « vers variés », incomparable moyen d'expression pour qui sait en tirer parti : La Fontaine « ne les saura faire qu'au bout de vingt ans qu'il aura dédiés aux vers symétriques » (P. Valéry). Mais aussi quelle souplesse, quel *art d'utiliser toutes les ressources du vers!* Il suffit d'examiner de près une fable pour voir comment La Fontaine sait adapter la longueur du vers à son sujet, jouer des changements de mètre, des enjambements et des rejets, utiliser les coupes secondaires, user de l'harmonie imitative et créer des effets de rythme et de rime. Sa versification est à elle seule une *peinture*.

La Fontaine a doté notre littérature d'un type de poésie très original, très français; une poésie qui n'a rien d'oratoire, une poésie de l'intelligence où rayonnent l'humour et l'ironie, enfin une poésie jaillie sans effort de la technique elle-même. Jamais peut-être le mot de Platon n'a été plus vrai : « Le poète est chose légère, ailée... » (cf. p. 211).

Cet art du fabuliste ne peut vraiment être perçu que *dans les textes*. On pourra en reconnaître les éléments essentiels dans les quelques *fables types* que nous donnons ci-dessous. Mais, à la vérité, on ne saurait étudier aucune fable sans accorder la plus grande importance à la *mise en œuvre littéraire*, car, chez La Fontaine, le moraliste, le peintre de la société, le philosophe sont toujours inséparables de l'*artiste*.

Le Lion et le Moucheron

Voici l'aspect éminent du génie de LA FONTAINF, son talent de *peintre* et de *conteur*. Par le choix des tableaux et des mots pittoresques, par les mille ressources d'une versification toujours moulée sur l'idée et les sentiments, il parvient à nous faire vivre intensément ce combat singulier. Nous *voyons* l'attaque fulgurante du Moucheron, la noble colère du Lion, son déchaînement bestial, son accablement, sa défaite ; nous *entendons* l'échange d'insultes à la manière homérique, les rugissements de l'un, le chant de victoire de l'autre. Nous *devinons* même l'irritante forfanterie du Moucheron, l'orgueil blessé, puis l'humilation de son ennemi : *à la peinture des attitudes et des mouvements correspond la peinture des caractères.* Et quelle souplesse évocatrice, glissant tout naturellement du ton héroïque au ton familier ou même ironique! Quel art de jouer avec nos passions, de porter notre sympathie, tantôt vers l'un, tantôt vers l'autre, de nous faire désirer le dénouement (II, 9)!

« Va-t'en, chétif insecte [1], excrément [2] de la terre! »
C'est en ces mots que le Lion
Parlait un jour au Moucheron [3].
L'autre lui déclara la guerre [4].
« Penses-tu, lui dit-il, que ton titre de roi
Me fasse peur ni me soucie [5] ?
Un bœuf est plus puissant que toi :
Je le mène à ma fantaisie. »
A peine il achevait ces mots
Que lui-même il sonna la charge,
Fut le trompette et le héros [6].
Dans l'abord [7] il se met au large [8].
Puis prend son temps, fond sur le cou
Du lion [9], qu'il rend presque fou [10].
Le quadrupède [11] écume, et son œil étincelle ;
Il rugit ; on se cache, on tremble à l'environ [12] :
Et cette alarme universelle
Est l'ouvrage d'un moucheron [13].
Un avorton de [14] mouche en cent lieux le harcelle,
Tantôt pique l'échine, et tantôt le museau,
Tantôt entre au fond du naseau [15].
La rage alors se trouve à son faîte montée.
L'invisible ennemi triomphe [16], et rit de voir
Qu'il n'est griffe ni dent en la bête [17] irritée
Qui de la mettre en sang ne fasse son devoir [18].
Le malheureux Lion se déchire lui-même [19],
Fait résonner sa queue à l'entour de ses flancs [20],
Bat l'air, qui n'en peut mais [21] ; et sa fureur extrême
Le fatigue, l'abat : le voilà sur les dents [22].

— 1 Imaginer ce qui s'est passé antérieurement. — 2 Cf. MALHERBE, à Concini : « *Va-t'en à la malheure, excrément de la terre!* » L'expression était-elle familière ? — 3 Apprécier le choix des rimes. — 4 A-t-il beaucoup tardé ? — 5 *M'inquiète.* Que traduit cette redondance ? — 6 Changement de ton : étudier le rythme et les images. — 7 Au commencement. — 8 « *Prend du champ.* » Noter la légèreté du mouvement. — 9 Montrer l'effet de contraste produit par les coupes des vers 12-13, puis l'enjambement. — 10 Le conteur a omis certains détails ; quel est l'effet obtenu ? — 11 Etudier la propriété du terme. — 12 Montrer la valeur expressive des coupes. — 13 Préciser le ton. — 14 Explétif. Cf. « un saint homme *de* chat ». — 15 Etudier la gradation. — 16 Mot mis en valeur par le déplacement de la coupe. — 17 Montrer que c'est ici le terme propre. — 18 *Ne s'applique à* (cf. v. 26). Que traduit le rythme désordonné de la phrase ? — 19 Préciser le ton. — 20 Vers sonore et évocateur. — 21 *Davantage* (magis) : *qui n'y est pour rien.* — 22 Comme un cheval épuisé qui pèse des dents sur le mors. *Etudier la progression.*

30 L'insecte du combat se retire avec gloire :
Comme il sonna la charge, il sonne la victoire,
Va partout l'annoncer, et rencontre en chemin
L'embuscade d'une araignée ;
Il y rencontre aussi sa fin.

Quelle chose par là nous peut être enseignée ?
J'en vois deux, dont l'une est qu'entre nos ennemis
Les plus à craindre sont souvent les plus petits ;
L'autre, qu'aux grands périls tel a pu se soustraire
Qui périt pour la moindre affaire.

- *Précisez la composition du récit. Montrez ses qualités dramatiques. Quels sont les traits communs à l'exposition et au dénouement ?*
- *Dégagez les caractères du Lion et du Moucheron ; étudiez les rapports entre les actions et la psychologie de chacun d'eux.*
- *Comment le poète déplace-t-il notre sympathie de l'un à l'autre ?*
- *Relevez : a) les développements épiques ; – b) les passages à des éléments familiers et même ironiques.*
- *Par quels tableaux le poète a-t-il évoqué : a) la noblesse ; puis la rage ; puis l'accablement du Lion ? – b) l'activité et la hardiesse du Moucheron ?*
- *Versification : a) Expliquez les effets obtenus par les changements de mètre et par les enjambements ; – b) Étudiez la valeur expressive de certaines coupes (surtout aux v. 26-31) ; – c) Relevez les inversions ; quels mots soulignent-elles ? – d) Relevez les mots mis à la rime particulièrement évocateurs.*
- **Commentaire composé.** *Le récit dramatique ; l'art de peindre.*
- **Essai.** *Le rapport entre les forts et les faibles dans les extraits des Fables ; les leçons qu'en tire le poète.*

- EXERCICE : ÉSOPE *donnait à* LA FONTAINE *à peu près tous les éléments de sa fable :*
   « Un moucheron s'approcha d'un lion et lui dit : « Je n'ai pas peur de toi et tu n'es pas plus puissant que moi. Si tu prétends le contraire, en quoi consiste ta force ? Tu déchires avec tes griffes et tu mords avec tes dents ? Une femme qui se bat avec son mari en fait autant. Mais moi je suis beaucoup plus fort que toi. Si tu veux, engageons le combat. » Et le moucheron sonna de la trompette, puis fondit sur son adversaire, lui mordant le museau, dans la partie dépourvue de poils, autour des narines. Le lion se déchirait de ses propres griffes, jusqu'au moment où il renonça au combat. Alors le moucheron, vainqueur du lion, sonna de la trompette, entonna un chant de victoire et s'envola. Mais, empêtré dans le filet d'une araignée, pendant qu'elle le dévorait, il se lamentait de périr, lui qui faisait la guerre aux plus puissants, sous les coups d'un vil animal, une araignée.
   a) Montrez que LA FONTAINE *a modifié l'éclairage et l'équilibre de la fable.*
   b) Étudiez avec quel art il a, dans le récit du combat, enrichi chaque suggestion de son modèle.
   c) Montrez la supériorité de LA FONTAINE *dans l'exposition et dénouement.*

Le Chat, la Belette et le Petit Lapin

A son génie pictural, LA FONTAINE joint un *tempérament dramatique* qui fait de la plupart des fables autant de petites *comédies*. Ne pourrait-on jouer et mimer presque entièrement cette querelle de plaideurs si expéditivement « mis d'accord » par Grippeminaud ? Dans la brièveté, le dialogue, si vivant, si naturel, est admirablement conduit. Chaque personnage a son caractère qui apparaît dès l'exposition, puis se confirme et se précise à chaque réplique. Mais le conteur ne s'efface jamais totalement, et c'est pour nous un charme de plus : tour à tour enjoué, délicieusement poétique, malicieux, ironique, attendri ou brutal, le « *metteur en scène* » est toujours présent, enrichissant de mille nuances un dialogue où rien n'est laissé au hasard (VII, 16).

Du palais [1] d'un jeune [2] Lapin
Dame [3] Belette, un beau matin,
S'empara [4] : c'est une rusée.

— 1 Emphase humoristique. Cette fable en offre de nombreux exemples. — 2 Détail essentiel. Préciser. — 3 Désigne souvent une personne respectable. Expliquer l'ironie. — 4 Rejet expressif : contraste avec le rythme précédent.

Le maître étant absent, ce lui fut chose aisée.
Elle porta chez lui ses pénates [5], un jour
Qu'il était allé faire à l'Aurore [6] sa cour
            Parmi le thym et la rosée [7].
Après qu'il eut brouté, trotté, fait tous ses tours [8],
Janot Lapin retourne aux souterrains séjours [9].
10   La Belette avait mis le nez à la fenêtre [10].
« O Dieux hospitaliers [11]! que vois-je ici paraître?
Dit l'animal chassé du paternel logis.
        Holà! Madame la Belette,
        Que l'on déloge sans trompette [12],
Ou je vais avertir tous les Rats [13] du pays [14]. »
La dame au nez pointu [15] répondit que la terre
        Etait au premier occupant [16].
        C'était [17] un beau sujet de guerre,
Qu'un logis où lui-même il n'entrait qu'en rampant [18].
20   « Et quand ce serait un royaume,
Je voudrais bien savoir, dit-elle, quelle loi
        En a pour toujours fait l'octroi [19]
A Jean, fils ou neveu de Pierre ou de Guillaume,
        Plutôt qu'à Paul, plutôt qu'à moi [20]! »
Jean Lapin allégua la coutume [21] et l'usage ;
« Ce sont, dit-il, leurs lois qui m'ont de ce logis
Rendu maître et seigneur [22], et qui, de père en fils,
L'ont de Pierre à Simon, puis à moi, Jean, transmis [23].
Le premier occupant, est-ce une loi plus sage?
30   — Or bien, sans crier davantage [24],
Rapportons-nous, dit-elle, à Raminagrobis [25]. »
C'était un Chat vivant comme un dévot ermite,
        Un Chat faisant la chattemite [26],
Un saint homme de Chat, bien fourré [27], gros et gras [28],
        Arbitre expert sur tous les cas.
        Jean Lapin pour juge l'agrée.
        Les voilà tous deux arrivés
        Devant Sa Majesté fourrée [29].

---

5 *Pénates* : dieux du foyer, chez les Romains. — 6 Déesse qu'il honore comme une reine. Mais comment fait-il « sa cour » ? — 7 Apprécier la poésie et la fraîcheur de ce tableautin. — 8 Montrer le pittoresque du rythme et des allitérations. — 9 Etudier l'humour de l'expression et le contraste avec le vers suivant. — 10 Evocation amusante (cf. v. 16). Expliquer cette attitude. — 11 Protecteurs du logis. — 12 Sans bruit (image militaire). — 13 Cf. *Le Combat des Rats et des Belettes.* — 14 Comment s'expriment la faiblesse et l'inexpérience du Lapin? — 15 Cf. « Dame Belette au long corsage » (VIII, 22), « au corps long et flouet » (III, 17). — 16 Montrer sa mauvaise foi. —

17 Noter la souplesse de ce style indirect. — 18 Quel est le ton et le but de cet argument ? — 19 *La concession.* Quel est le mot essentiel de ce vers? — 20 De quelle institution sociale fait-elle la critique? — 21 Législation tirée des *usages* (termes juridiques). — 22 Expliquer la redondance. — 23 Montrer la netteté de l'argumentation. Mais en quoi consiste la naïveté du Lapin? — 24 Que penser de ce reproche? — 25 Cf. p. 236, v. 25. — 26 Hypocrite et doucereux (« mot vieux et burlesque »). — 27 Rabelais appelle les juges « *les Chats Fourrés* ». — 28 Cf. Tartuffe : « *gros et gras, le teint frais et la bouche merveille* ». Montrer le caractère inquiétant du personnage. — 29 Expliquer la rapidité du récit.

Grippeminaud [30] leur dit : « Mes enfants, approchez,
40 Approchez, je suis sourd, les ans en sont la cause [31]. »
L'un et l'autre approcha, ne craignant nulle chose.
Aussitôt qu'à portée il vit les contestants,
    Grippeminaud, le bon apôtre [32],
Jetant des deux côtés la griffe en même temps,
Mit les plaideurs d'accord en croquant l'un et l'autre [33].

Ceci ressemble fort aux débats qu'ont parfois
Les petits souverains se rapportants [34] aux rois.

– L'intrigue : *a) Distinguez les phases de ce petit drame ; – b) Comment procède le fabuliste pour ménager l'intérêt jusqu'au dénouement ?*
– La comédie : *a) D'après « l'exposition » précisez l'objet du conflit et les caractères des deux personnages ; – b) Étudiez la relation entre le caractère de chacun d'eux et ses paroles ou ses actions ; – c) Tracez le portrait moral de Grippeminaud.*
– La fable. *a) Par quels traits le fabuliste évoque-t-il l'aspect physique de ces animaux ? – b) Étudiez la relation entre le caractère qu'il leur prête et leur aspect physique ; – c) Définissez le type humain symbolisé par chacun d'eux ; – d) Relevez les traits par lesquels le poète s'amuse à les assimiler à des personnes de qualité.*
– **Exposé.** *Récit, style direct, style indirect, style indirect libre : étudiez l'utilisation alternée de ces ressources stylistiques dans cette fable. – On peut étendre cette enquête à d'autre fables, par exemple p. 215, 224, 229, 246.*

• **Comparaison.** LA FONTAINE imitateur de PILPAY : *Livre des Lumières : « Du Chat et d'une Perdrix »* [*C'est le corbeau qui parle*]. « J'avais fait mon nid sur un arbre auprès duquel il y avait une perdrix de belle taille et de bonne humeur. Nous liâmes un commerce d'amitié et nous nous entretenions souvent ensemble. Elle s'absenta, je ne sais pour quel sujet, et demeura si longtemps sans paraître que je la croyais morte. Néanmoins elle revint, mais elle trouva sa maison occupée par un autre oiseau. Elle le voulut mettre dehors, mais il refusa d'en sortir, disant que sa possession était juste. La perdrix, de son côté, prétendait rentrer dans son bien et tenait cette possession de nulle valeur. Je m'employai inutilement à les accorder. A la fin, la perdrix dit : « Il y a ici près un chat très dévot : il jeûne tous les jours, ne fait de mal à personne et passe les nuits en prière : nous ne saurions trouver juge plus équitable. » L'autre oiseau y ayant consenti, ils allèrent tous deux trouver ce chat de bien. La curiosité de le voir m'obligea de les suivre. En entrant, je vis un chat debout, très attentif à une longue prière, sans se tourner de côté ni d'autre, ce qui me fit souvenir de ce vieux proverbe : que la longue oraison devant le monde est la clef de l'enfer. J'admirai cette hypocrisie et j'eus la patience d'attendre que ce vénérable personnage eût fini sa prière. Après cela, la perdrix et sa partie [son adversaire] s'approchèrent de lui fort respectueusement et le supplièrent d'écouter leur différend et de les juger suivant sa justice ordinaire. Le chat, faisant le discret, écouta le plaidoyer de l'oiseau, puis s'adressant à la perdrix : « Belle fille, ma mie, lui dit-il, je suis vieux et n'entends pas de loin ; approchez-vous et haussez votre voix afin que je ne perde pas un mot de tout ce que vous me direz. » La perdrix et l'autre oiseau s'approchèrent aussitôt avec confiance, le voyant si dévot, mais il se jeta sur eux et les mangea l'un après l'autre. »

a) Quelles transformations essentielles a subi la présentation de l'aventure ? Relevez les détails inutiles négligés par le fabuliste et des précisions que Pilpay avait omises.
b) Montrez que LA FONTAINE a individualisé ses personnages en donnant à chacun d'eux un caractère humain. Relevez des traits qui donnent plus de vraisemblance au récit.
c) Comment a-t-il rendu le récit plus vivant, plus rapide et plus dramatique ? Montrez sa supériorité au point de vue du pittoresque, de la gaîté et de la poésie des descriptions.

---

30 Nom de « *l'archiduc des Chats Fourrés* », dans Rabelais. — 31 Préciser le ton et l'intention. — 32 Expliquer cette expression ironique. —

33 Etudier la peinture par le rythme, les sons, les allitérations. — 34 Accord du participe comme dans l'ancienne langue. Cf. App. F 1.

L'UNIVERS POÉTIQUE DES FABLES

La Nature   Le classicisme n'a pas ignoré le pittoresque de la nature, tout au moins de la campagne, mais, par une séparation excessive des arts, il paraît avoir réservé aux *peintres* le privilège d'imiter la *nature extérieure*. LA FONTAINE est un des rares écrivains qui aient accordé quelque place à la campagne et à la vie rustique.

1. DANS LES FABLES, LA NATURE N'INTERVIENT JAMAIS POUR ELLE-MÊME : elle est le *décor* de la « comédie », parfois même une sorte de *personnage muet* (p. 234), élément indispensable de l'action. Ce que le poète évoque le plus volontiers, ce sont les paysages qu'il connaît le mieux, les lignes modérées de la Champagne et de l'Ile-de-France. Que de *visions gracieuses, riantes, lumineuses*, apparues soudain au détour d'un vers, comme des échappées sur une nature harmonieuse ! Car ces peintures sont d'une extrême *sobriété*, des crayons où quelques traits suffisent pour évoquer plus qu'un tableau, une *atmosphère*. Tel est le secret de l'art de La Fontaine : sans renoncer à la précision du détail, *il suggère beaucoup plus qu'il n'en dit*, il crée des impressions très variées, il nimbe les choses de la campagne d'une charmante poésie.

2. CERTAINES DE CES ÉVOCATIONS RESTENT INOUBLIABLES : « *Le long d'un clair ruisseau buvait une colombe* » (II, 12) ; « *L'onde était transparente ainsi qu'aux plus beaux jours* » (VII, 4) ; « *Dans la saison Que les tièdes zéphyrs ont l'herbe rajeunie* » (V, 8). On connaît la poésie de la nature dans *le Chêne et le Roseau*, dans *l'Hirondelle et les Petits Oiseaux*. Qu'on relise la description du potager dans *le Jardinier et son Seigneur* (p. 233), la peinture de l'orage suivi d'une éclaircie dans *les Deux Pigeons* (p. 241), l'hymne à la « douceur secrète » de la solitude (p. 240), les ébats de Jean Lapin dans la lumière matinale (p. 220). Tout le début des *Lapins* est à citer, merveille d'humour, de poésie et de pittoresque :

A l'heure de l'affût, soit lorsque la lumière	Je foudroie, à discrétion,
Précipite ses traits dans l'humide séjour,	Un lapin qui n'y pensait guère.
Soit lorsque le soleil rentre dans sa carrière,	Je vois fuir aussitôt toute la nation
Et que, n'étant plus nuit, il n'est pas encor jour,	Des lapins qui, sur la bruyère,
Au bord de quelque bois sur un arbre je grimpe,	L'œil éveillé, l'oreille au guet,
Et, nouveau Jupiter, du haut de cet Olympe	S'égayaient, et de thym parfumaient leur ban- [quet.

LA FONTAINE sympathise avec les plantes comme avec les animaux (p. 234, v. 48-50); il leur prête une âme (p. 234), il évoque, à la manière de Lucrèce, *l'influence du printemps sur la vie universelle* :

« C'est-à-dire environ le temps	Monstres marins au fond de l'onde,
Que tout aime et que tout pullule dans le monde,	Tigres dans les forêts, alouettes aux champs. »

La nature qu'il aime peindre est frémissante de *vie* et de *mouvement*.

Les animaux   1. LES « ERREURS » DE LA FONTAINE. Il a eu le tort d'avancer, dans sa *Préface*, que ses fables pourraient apprendre aux enfants les « *propriétés des animaux* » et « *leurs divers caractères* ». On s'est amusé à relever ses erreurs. La cigale ne mange ni mouches ni vermisseaux; elle ne « chante » pas et meurt avant l'hiver; la fourmi est endormie quand vient « la bise » ! Le corbeau et le renard, carnivores, ne sont guère amateurs de fromage ! Quant aux caractères qu'il prête aux animaux, ils n'ont *aucune réalité* : où a-t-on vu ces bêtes orgueilleuses, ambitieuses, impudentes comme des hommes? La Fontaine n'ignorait rien de ces erreurs : il plaisante même à ce sujet; mais, comme il les trouve chez ses devanciers et qu'il se préocucpe avant tout de conter, il n'hésite pas à les répéter.

2. LE PEINTRE ANIMALIER. Son point de vue n'est pas celui d'un naturaliste soucieux d'exactitude, mais celui d'un *artiste* qui aime les bêtes et s'est plu à les observer. *La vérité du peintre n'est pas celle du savant* : il lui suffit de faire vivre l'animal en nous donnant l'*illusion de la réalité*. La Fontaine est un admirable peintre animalier. Son observation ressemble à celle du caricaturiste : il a l'art de choisir le *détail expressif*,

pittoresque et souvent poétique qui évoque la silhouette, la démarche, la physionomie de l'animal. Peut-on oublier « *le héron au long bec emmanché d'un long cou* », la tortue qui va « *son train de sénateur* », l'hirondelle « *caracolant, frisant l'air et les eaux* » (X, 6), les petits de l'alouette « *voletants, se culebutants* » (IV, 22), le bœuf qui « *vient à pas lents* » (X, 1), les lapins et leurs gambades, les « assemblées » de la « *gent trotte-menu* » (p. 236)? On étudiera dans nos extraits la silhouette évocatrice du chat et la caricature de la belette (p. 220), la peinture du pigeon maltraité par l'orage, la plongée foudroyante de l'aigle (p. 242), la colère du lion (p. 228). « *Cela est peint* » disait Mᵐᵉ DE SÉVIGNÉ.

L'UNIVERS MORAL DES FABLES

Le symbolisme animal Nous trouvons parfois aux gens des airs d'animaux : la *fable* prête aux animaux les qualités ou défauts des hommes qui « leur ressemblent ». LA FONTAINE se contente souvent de donner aux animaux le caractère qu'ils avaient *traditionnellement* chez ses devanciers : le lion a toujours été un monarque orgueilleux, le renard un courtisan rusé. Mais notre fabuliste a généralisé le procédé; il le fait d'autant plus volontiers qu'il prête aux animaux une âme élémentaire et qu'il s'élève contre les « animaux machines » de DESCARTES (p. 250). Il attribue à toutes ses bêtes un caractère *en harmonie avec leur aspect physique*. S'il manque ainsi à la réalité scientifique, il élabore une « *vérité artistique* » d'un effet saisissant. Chez LA BRUYÈRE, le riche est gras, le pauvre est maigre (p. 417); de même on trouve tout naturel que le héron « au long cou » soit un délicat qui vit de régime, que le « petit lapin » soit un écervelé sans expérience, la belette « au nez pointu » une rusée, le chat un Tartuffe (p. 220); que les pigeons symbolisent la tendresse (p. 241) et que l'ours « mal léché » soit un rustre bourru et solitaire (p. 243). Lorsque, chez ses modèles, les bêtes ont un embryon de caractère, LA FONTAINE l'enrichit considérablement, de sorte que *le monde animal en vient à représenter la société des hommes* avec leur psychologie complexe, leurs passions et leurs vices. Quand la réussite artistique est parfaite, nous goûtons le plaisir délicat d'assister à des scènes de la vie animale tout en les transposant, d'instinct, dans le monde humain. D'autres fois, il faut l'avouer, le désir de peindre ses semblables l'emporte chez le moraliste et, oubliant les animaux, nous n'avons guère plus, devant nous, que des *hommes*.

L'homme C'est sur l'homme, en effet, que porte essentiellement l'observation de LA FONTAINE, même lorsqu'il met en scène des animaux : « *Ce n'est pas aux hérons que je parle* » (VII, 5). De plus en plus, d'ailleurs, il a choisi des personnages humains. Ces historiettes, si grêles en apparence, sont des chefs-d'œuvre de *psychologie*. Comme RACINE, il a peint la tendresse, la jalousie, l'ambition, l'amour maternel; comme MOLIÈRE, il a peint la vanité, l'hypocrisie, le mensonge, l'ingratitude, l'avarice; comme LA BRUYÈRE, il a peint la suffisance des grands et la timidité des petits. Les fables ont une place de choix dans cette enquête sur l'homme qui fait la valeur de notre littérature classique.

LA FONTAINE note aussi les *différences de caractère* qui tiennent à l'âge et au sexe. Le vieillard ne parle pas comme les jeunes hommes (p. 246 et p. 243) : qu'on relise à ce propos *le Meunier, son Fils et l'Ane*! La Fontaine est sévère pour l'enfant qu'il trouve « sans pitié » (p. 242), imprudent (I, 9), destructeur, « doublement sot et doublement fripon » (IX, 5). On lui a reproché ce manque d'indulgence, mais n'y a-t-il pas du vrai dans ces observations? Disons simplement qu'il y a aussi chez l'enfant de charmantes qualités, d'émouvantes promesses, et que le fabuliste aurait pu leur accorder quelque place. Mari médiocre, l'auteur des *Contes* n'est pas plus indulgent pour les *femmes*, dont il critique l'égoïsme (I, 17), le caractère acariâtre (VII, 2), l'esprit contrariant (III, 16), la sotte vanité (VII, 5), la coquetterie (VI, 21) et le bavardage indiscret (VIII, 6).

Voilà, dira-t-on, une peinture bien *pessimiste* de la pauvre humanité! N'est-elle pas conforme à celle de MOLIÈRE, à celle de LA BRUYÈRE? Ces grands observateurs ont été entraînés par leur génie satirique à donner plus de relief à nos défauts qu'à nos qualités.

Encore pourrait-on dire que la peinture de l'homme est plus complète chez La Fontaine, car il lui est arrivé de nous montrer aussi l'honnêteté et la modération (X, 9), la générosité (VI, 13), le désintéressement (p. 246) et l'amitié (p. 241 et 243), qui, fort heureusement, sont aussi des traits permanents de la nature humaine.

La société   Sans pousser aussi loin que Taine (*La Fontaine et ses*
du XVIIᵉ siècle   *fables* : IIᵉ partie), il faut convenir que *certaines* fables
                      visent directement la société du XVIIᵉ siècle. Comme
Molière et La Bruyère, pour peindre l'homme de tous les temps, La Fontaine a observé les hommes de son siècle : on verra dans nos extraits qu'il y a dans le monde des fables une *image complète de la société contemporaine*.

I. LE ROI ET LES GRANDS. Le roi, c'est généralement le lion. Orgueilleux de son autorité quasi divine, il méprise ses sujets (p. 225). Il aime « étaler sa puissance » dans de pompeuses cérémonies lorsqu'il tient cour plénière *(la Cour du Lion)*, ou même pour *les Obsèques de la Lionne* (p. 227). Il exerce majestueusement son « métier », tient conseil, consulte l'histoire (p. 225). Il sait à l'occasion se montrer généreux *(le Lion et le Rat)* et même, dit Taine, « héroïque comme un personnage de Corneille » *(le Lion devenu vieux)* ; mais il se prête à des comédies de justice où les faibles sont écrasés (p. 226). Il exerce une autorité despotique, abuse de sa force au service de ses appétits (I, 6 ; VI, 14) et de son égoïsme *(le Lion, le Loup et le Renard)*. On redoute sa colère « terrible » (p. 228) et sa cruauté impulsive *(la Cour du Lion ; le Lion, le Loup et le Renard)*. Heureux les peuples qui n'ont pour roi qu'un inoffensif soliveau *(les Grenouilles..., III, 4)* ! Néanmoins, par son orgueil candide, il est le jouet des courtisans qui savent « amuser les rois par des songes » (p. 228).

La cour nous est présentée, avant La Bruyère (p. 419), comme un pays de parasites « machinateurs d'impostures » *(le Berger et le Roi)*, où règnent la servilité et l'hypocrisie (p. 226 ; p. 227), où les rivalités entraînent des dénonciations *(le Lion, le Loup et le Renard)*, des calomnies (p. 227), des vengeances implacables. Le courtisan par excellence est le renard : quel art de flatter le roi dans son faible, de prendre toujours son parti (p. 225) ! Quelle imagination pour se tirer des situations les plus difficiles ! Quelle prudence aussi, car il faut craindre la duplicité du prince *(le Lion malade et le Renard)* et garder la mesure jusque dans la flatterie *(la Cour du Lion)*. Même le cerf est assez habile pour se tirer d'affaire, au prix d'un « agréable mensonge » (p. 228).

La noblesse de province s'ennuie sur ses terres, pense plus à ses distractions, à ses chiens, qu'aux intérêts de ses paysans. Nous voyons le seigneur s'installer en maître chez son manant, dévorer poulets et jambons ; il « boit son vin, caresse sa fille », et saccage imperturbablement le jardin : le vilain est « taillable et corvéable » (p. 233).

LES ANIMAUX MALADES DE LA PESTE

Voici d'abord un grand *conseil politique* dont dépend le sort du royaume dans une circonstance grave. C'est l'heure où les âmes se dévoilent. Le roi « fait un beau discours sur le bien public et ne songe qu'au sien » (Taine). Cynisme ou naïveté ? il adopte une noble attitude, mais il sait qu'il ne risque rien. Les courtisans trouvent mille arguments juridiques en sa faveur et s'entendent comme larrons pour accabler le pauvre hère sans défense. C'est la loi générale du monde : *la raison du plus fort*.

L'*art du fabuliste* trouve ici sa perfection : c'est bien des hommes qu'il s'agit, et pourtant la fiction animale reste présente à nos esprits, tant le choix des personnages s'accorde avec le rôle et le langage que leur prête le poète (VII, 1).

Un mal qui répand la terreur [1],
Mal que le Ciel en sa fureur
Inventa pour punir les crimes de la terre,

— 1 Songer aux ravages de la peste au Moyen Age, et encore au XVIIᵉ siècle.

La Peste [2] (puisqu'il faut l'appeler par son nom [3]),
Capable d'enrichir en un jour l'Achéron [4],
   Faisait aux Animaux la guerre [5].
Ils ne mouraient pas tous, mais tous étaient frappés :
   On n'en voyait point d'occupés
A chercher le soutien d'une mourante vie [6] ;
10   Nul mets n'excitait leur envie ;
   Ni loups ni renards n'épiaient [7]
   La douce et l'innocente proie ;
   Les tourterelles se fuyaient [8] :
   Plus d'amour, partant [9] plus de joie.
Le Lion tint conseil [10], et dit : « Mes chers amis [11],
   Je crois que le Ciel a permis
   Pour nos péchés cette infortune.
Que le plus coupable de nous
Se sacrifie aux traits du céleste courroux [12] ;
20 Peut-être il obtiendra la guérison commune.
L'histoire nous apprend qu'en de tels accidents [13],
   On fait de pareils dévouements [14].
Ne nous flattons [15] donc point ; voyons sans indulgence [16]
   L'état de notre conscience.
Pour moi, satisfaisant mes appétits gloutons [17],
   J'ai dévoré force moutons.
   Que m'avaient-ils fait ? Nulle offense ;
Même il m'est arrivé quelquefois de manger
      Le berger [18].
30 Je me dévouerai donc, s'il le faut [19] : mais je pense
Qu'il est bon que chacun s'accuse ainsi que moi [20] :
Car on doit souhaiter, selon toute justice,
   Que le plus coupable périsse [21].
— Sire, dit le Renard, vous êtes trop bon roi ;
Vos scrupules font voir trop de délicatesse [22].
Eh bien ! manger moutons [23], canaille, sotte espèce,
Est-ce un péché ? Non, non [24]. Vous leur fîtes, Seigneur,
   En les croquant [25], beaucoup d'honneur [26] ;

---

2 Comment l'attention est-elle attirée ? — 3 Sur quel ton prononcer la parenthèse ? — 4 Fleuve des enfers. — 5 Expliquer le choix et la place de ce mot. — 6 Expliquer la périphrase et le rythme du vers. — 7 Enjambement expressif. — 8 Montrer que ce trait vaut plus qu'une longue description. — 9 Par conséquent. — 10 Sommes-nous chez les animaux ? — 11 Préciser le ton. — 12 Il cherche un « volontaire ». — 13 Evénements malheureux (*accidit*). — 14 Consécrations aux *dieux* pour les apaiser.

— 15 Embellissons. — 16 A apprécier d'après la suite. — 17 Préciser le ton. — 18 Que traduit ce brusque changement de mètre ? — 19 Observer les coupes : il étudie les réactions de l'auditoire. — 20 Le ton se raidit ! — 21 Ici encore, un silence embarrassé. — 22 Sont-ce de vrais reproches ? — 23 Quel effet produit la suppression de l'article ? — 24 Préciser le ton. » — 25 Délicatement ! Le lion avait dit « dévoré ». — 26 *Etre croqués*, c'est leur fonction dans cette société aristocratique : « *les moutons sont des magasins de côtelettes* » (Taine).

Et quant au berger, l'on peut dire
40   Qu'il était digne de tous maux,
Étant de ces gens-là [27] qui sur les animaux
Se font un chimérique empire [28]. »
Ainsi dit le Renard [29] ; et flatteurs d'applaudir [30].
On n'osa trop approfondir
Du Tigre, ni de l'Ours, ni des autres puissances [31],
Les moins pardonnables offenses.
Tous les gens querelleurs, jusqu'aux simples mâtins [32],
Au dire de chacun, étaient de petits saints [33].
L'Ane vint à son tour, et dit [34] : « J'ai souvenance [35]
50   Qu'en un pré de moines [36] passant,
La faim, l'occasion, l'herbe tendre, et, je pense,
Quelque diable aussi me poussant,
Je tondis de ce pré la largeur de ma langue.
Je n'en avais nul droit puisqu'il faut parler net [37]. »
A ces mots, on cria haro [38] sur le Baudet.
Un Loup, quelque peu clerc [39], prouva par sa harangue [40]
Qu'il fallait dévouer [41] ce maudit animal,
Ce pelé, ce galeux, d'où venait tout leur mal.
Sa peccadille fut jugée un cas pendable [42].
60   Manger l'herbe d'autrui ! quel crime abominable [43] !
     Rien que la mort n'était capable
D'expier son forfait : on le lui fit bien voir [44].

Selon que vous serez puissant ou misérable,
Les jugements de cour vous rendront blanc ou noir [45].

– *Distinguez les divers actes de ce petit drame.*
– La peste. *a) Comment l'auteur a-t-il créé une impresssion de terreur (ton, mots mis en valeur)* ? – b) *Par quels traits exprime-t-il progressivement* la gravité du mal ?
– Le discours du Lion : *a) S'agit-il d'une confession humiliée et repentante* ? – b) *Il représente le Roi : précisez son caractère.*
– Le discours du Renard : *a) En quoi est-il habile* ? – b) *Expliquez son mépris pour les moutons.*
– La confession de l'Ane : *a) Relevez les mots destinés à atténuer sa faute ; – b) N'exprime-t-il pas aussi des scrupules* ? – c) *Pourquoi ne tient-on pas compte des circonstances atténuantes* ?
– La condamnation. *A quoi tient, dans le dénouement, l'impression d'animation intense* ?
– **Commentaire composé :** *vers 15-43. La comédie de la cour ; l'art de l'expression.*
– **Exposé.** *Monde animal et monde humain d'après les extraits des fables.*
• **Groupe thématique : Le Roi**, d'après les fables pages 224 et 227. – cf. MOYEN AGE, pages 91-95.

---

27 Préciser la nuance. — 28 Argument « juridique ». — 29 Que devient sa confession ? — 30 Commenter ce tour. — 31 Montrer la valeur évocatrice du terme. — 32 Gros chiens de garde. — 33 Pourquoi le conteur passe-t-il rapidement sur cet épisode ? — 34 Art des coupes : lenteur, hésitation. — 35 Vieille faute ! — 36 Ils sont riches et charitables ! — 37 Il est conscient de sa faute ! — 38 Cri que l'on poussait pour déférer un coupable à la justice. — 39 *Savant.* C'est le « procureur »! — 40 Pouvait-il le *prouver* ? — 41 Il n'est plus question de « se » dévouer. — 42 Effet de contraste. — 43 Imaginer les cris de cette foule *complice.* — 44 Quel est le caractère de ce dénouement ? — 45 « *C'est presque l'histoire de toute société humaine* » (Chamfort).

Les Obsèques de la Lionne

Récit plein d'humour où s'étale la *comédie de la vie de cour* : comédie de l'étiquette, des cérémonies officielles, de la majesté royale ; comédie de la flatterie et de la servilité chez les courtisans. Le « *bonhomme* » n'était pas si distrait qu'on l'a cru quand il observait les grands chez FOUQUET ou chez la duchesse d'ORLÉANS ! N'est-il pas ici plus impitoyable que Molière, plus amer que La Bruyère ? Son génie satirique rejoint celui de Saint-Simon. On remarquera l'art avec lequel il sait *revenir à la société animale* chaque fois que sa hardiesse pourrait paraître inacceptable (VIII, 14).

La femme du lion [1] mourut ;
Aussitôt chacun accourut
Pour s'acquitter [2] envers le prince
De certains compliments de consolation,
Qui sont surcroît d'affliction [3].
Il fit avertir sa province [4]
Que les obsèques se feraient
Un tel jour, en tel lieu ; ses prévôts [5] y seraient [6]
Pour régler la cérémonie,
10   Et pour placer la compagnie.
Jugez [7] si chacun s'y trouva.
Le prince aux cris s'abandonna [8],
Et tout son antre [9] en résonna :
Les lions n'ont point d'autre temple [10].
On entendit, à son exemple,
Rugir en leurs patois [11] messieurs les courtisans.

Je définis [12] la cour un pays [13] où les gens,
Tristes, gais, prêts à tout, à tout indifférents [14],
Sont ce qu'il plaît au prince, ou, s'ils ne peuvent l'être,
20   Tâchent au moins de le paraître [15] :
Peuple caméléon, peuple singe du maître [16] ;
On dirait qu'un [17] esprit anime mille corps :
C'est bien là que les gens sont de simples ressorts [18].

Pour revenir à notre affaire,
Le cerf ne pleura point [19] ; comment eût-il pu faire ?
Cette mort le vengeait : la reine avait jadis
Etranglé sa femme et son fils.
Bref, il ne pleura point. Un flatteur l'alla dire,
Et soutint qu'il l'avait vu rire [20].
30   La colère du roi, comme dit Salomon,
Est terrible, et surtout celle du roi lion [21] ;

— 1 Valeur de cette périphrase ? — 2 Qu'indique ce terme ? — 3 Montrer la vérité humaine de cette remarque. — 4 Son royaume. — 5 *Officiers à son service.* Pourra-t-on se dérober ? — 6 Noter la légèreté de ce style indirect. — 7 Préciser le ton et définir l'art du conteur. — 8 Commenter ce trait ironique. — 9 Il était temps de nous rappeler les animaux. — 10 Cf. « Quel Louvre ! un vrai charnier... » (*La Cour du Lion*). — 11 Préciser ce trait de satire. Cf. Saint-Simon, p. 392. — 12 Remarquer l'intervention de l'auteur pour exprimer ses propres sentiments (cf. p. 244, v. 17-19). — 13 Cf. La Bruyère (p. 419). — 14 Comment est suggéré ce caractère changeant ? — 15 Montrer ce que ce trait ajoute au précédent. — 16 Cf. Du Bellay, *XVIe Siècle* (p. 117). — 17 Un seul. — 18 Et non chez les animaux (cf. p. 250). Qu'y a-t-il de piquant dans cette boutade ? — 19 Quel est le caractère du récit ? — 20 Pourquoi cette exagération ? — 21 Comment l'auteur a-t-il atténué l'audace de sa réflexion ?

Mais ce cerf n'avait pas accoutumé de lire.
Le monarque [22] lui dit : « Chétif hôte des bois [23],
Tu ris! tu ne suis pas ces gémissantes voix!
Nous n'appliquerons point sur tes membres profanes
Nos sacrés ongles! Venez, loups,
Vengez la reine ; immolez tous
Ce traître à ses augustes mânes. »
Le cerf reprit alors [24] : « Sire, le temps de [25] pleurs
40   Est passé ; la douleur est ici superflue.
Votre digne moitié [26], couchée entre des fleurs,
Tout près d'ici m'est apparue [27],
Et je l'ai d'abord [28] reconnue.
« Ami, m'a-t-elle dit, garde que ce convoi,
« Quand je vais chez les dieux, ne t'oblige à des larmes.
« Aux champs élysiens [29] j'ai goûté mille charmes [30],
« Conversant avec ceux qui sont saints comme moi.
« Laisse agir quelque temps le désespoir du roi.
« J'y prends plaisir [31]. » A peine on eut ouï la chose,
50   Qu'on se mit à crier : « Miracle! Apothéose [32]! »
Le cerf eut un présent [33], bien loin d'être puni.

Amusez les rois par des songes,
Flattez-les, payez-les d'agréables mensonges :
Quelque indignation dont leur cœur soit rempli,
Ils goberont l'appât [34] ; vous serez leur ami.

– La « cérémonie ». *a) Comment se révèlent les travers du roi ? Quels sont-ils ? – b) Etudiez la comédie du deuil officiel ; – c) Précisez le caractère des courtisans.*
– La colère du roi. *Quels sentiments s'expriment dans son discours ? Comment se traduisent-ils ?*
– Le discours du cerf. *a) En quoi est-il habile ? – b) Que nous révèle-t-il, indirectement, sur le caractère du Lion et de la Lionne ?*
– *Expliquez le revirement des courtisans. En quoi leur attitude confirme-t-elle les vers 17-23 ?*
– *Etudiez comment s'y prend le fabuliste pour présenter la satire du roi sans trop s'exposer.*
• **Groupe thématique : Courtisans.** cf. p. 224, 227, 35, 151, 385, 392, 419. – XVIe SIÈCLE, p. 117, 179.

EXERCICE : *Voici, dans Abstemius, la source des vers 1-38 de la fable :* « Le lion avait invité tous les animaux à célébrer les obsèques de sa femme qui venait de mourir. Pendant que tous éprouvaient, à la mort de la reine, une douleur inexprimable, le cerf, à qui elle avait arraché ses fils, insensible au chagrin, ne versait pas un pleur. Le roi s'en aperçoit : il fait venir le cerf pour le mettre à mort. »
– *Étudiez tous les enrichissements apportés par* LA FONTAINE *à ce canevas incolore.*

II. LA « VILLE ». Rats, grenouilles, fourmis paraissent représenter l'esprit bourgeois : sens pratique, économie, éternel souci d'amasser; agitation bavarde *(le Soleil et les Grenouilles)* ; orgueil et jalousie des nobles *(le Rat et l'Eléphant)*, désir de les égaler *(la Grenouille qui veut..., I, 3).* Partout, dans les « classes moyennes », on s'affaire pour « tirer son épingle du jeu » : nous voyons s'édifier, puis s'effondrer la fortune d'un commerçant (VII, 14); nous entendons le boniment du charlatan *(le Singe et le Léopard)*, les promesses des marchands (V, 20), la faconde des canards entrepreneurs de transports *(la Tortue et les deux Canards).* Voici maintenant le juge avide *(l'Huître et les Plaideurs)*, le médecin ignare (V, 12), habile à « happer le malade » *(le Cheval et le*

———————— 22 Justifier le choix du terme. —
23 Préciser le ton. — 24 Pourquoi cette hâte ?
— 25 De pleurer. — 26 Deux sens possibles! —
27 Pourquoi ce trait est-il flatteur ? (Cf. v. 45 et 47). — 28 Aussitôt. — 29 *Champs Elysées,*

séjour des justes, d'où elle va chez les dieux.
— 30 Etudier la douceur musicale du vers. —
31 Que prouve ce trait de coquetterie ? —
32 Passage d'un mortel au rang des dieux. —
33 Une bourse, une pension, un bénéfice. —
34 Pourquoi cette expression familière ?

Loup), le pédant grotesque (I, 19; IX, 5), le curé bon vivant et intéressé *(le Curé et le Mort)*, le moine paresseux et peu charitable *(le Rat qui s'est retiré du monde)*. Et surtout, dans cette galerie de tableaux de la ville, voici le financier, dans son luxueux hôtel, hautain, expert à traiter une affaire, habitué à tout obtenir avec son or, et, à l'autre extrême, le savetier actif, insouciant, un peu frondeur et portant gaiement sa misère.

LE SAVETIER ET LE FINANCIER

Après la peinture de la cour, voici, parmi les fables qui évoquent les *mœurs de la ville*, le contraste voulu de deux conditions opposées. Par ce simple récit, nous imaginons la vie et le caractère de ces *financiers* impitoyablement dépeints par LA BRUYÈRE : hôtel fastueux, orgueil de parvenu, existence fiévreuse, esprit positif et d'ailleurs ingénieux; nous entendons aussi le chant du « *gaillard savetier* », nous devinons son ardeur au travail, son insouciance, son esprit frondeur. Quant à l'apologue, il exprime une des idées maîtresses de la sagesse de La Fontaine, une vérité éternelle : *l'argent ne fait pas le bonheur* (VIII, 2).

Un savetier chantait du matin jusqu'au soir ;
    C'était merveilles [1] de le voir,
Merveilles de l'ouïr ; il faisait des passages[2],
    Plus content [3] qu'aucun des Sept sages [4].
Son voisin, au contraire, étant [5] tout cousu d'or [6],
    Chantait peu, dormait moins encor ;
    C'était un homme de finance [7].
Si, sur le point du jour, parfois il sommeillait [8],
Le Savetier alors [9] en chantant l'éveillait ;
    Et le Financier se plaignait
    Que les soins de la Providence [10]
N'eussent pas au marché fait vendre le dormir [11],
    Comme le manger et le boire [12].
    En son hôtel [13] il fait venir
Le chanteur [14], et lui dit : « Or çà, sire [15] Grégoire,
Que gagnez-vous par an [16]? — Par an? Ma foi, Monsieur,
    Dit, avec un ton de rieur,
Le gaillard [17] Savetier, ce n'est point ma manière [18]
De compter de la sorte ; et je n'entasse guère
    Un jour sur l'autre [19] : il suffit qu'à la fin
    J'attrape le bout de l'année [20] ;

— 1 Préciser l'idée. — 2 Ornement ajouté au chant pour passer d'une note à une autre. Que traduit cette virtuosité ? — 3 Satisfait. — 4 Les sept sages de la Grèce avaient le bonheur que procure la science. Et le Savetier ? — 5 Valeur de ce participe ? — 6 Les habits chamarrés d'or symbolisent la richesse. — 7 Cf. La Bruyère (p. 415-416). — 8 Comment nous est suggérée l'idée d'un sommeil rare et difficile ? — 9 Régulièrement, comme à dessein ! —

10 A-t-il raison de s'en plaindre ? Trait de caractère du riche parvenu. — 11 Comment le rythme des vers 10-13 rend-il le ton excédé du Financier ? — 12 Emploi heureux de l'infinitif substantivé. Montrez-le. — 13 Riche demeure. — 14 Commenter le terme, le rejet, le ton. — 15 Familier et ironique. — 16 Point de vue de financier. — 17 Enjoué. — 18 Prend-il la chose avec amertume ? — 19 *Le gain d'un jour...* Rejet expressif. — 20 Image populaire. Expliquer.

Chaque jour amène son pain.
— Eh bien! que gagnez-vous, dites-moi, par journée?
— Tantôt plus, tantôt moins [21] : le mal est que toujours
(Et sans cela nos gains seraient assez honnêtes),
Le mal est que dans l'an s'entremêlent des jours [22]
    Qu'il faut chômer ; on nous ruine en fêtes ;
L'une fait tort à l'autre ; et Monsieur le curé
De quelque nouveau saint charge toujours son prône [23]. »
30   Le Financier, riant de sa naïveté,
Lui dit : « Je vous veux mettre aujourd'hui sur le trône [24].
Prenez ces cent écus ; gardez-les avec soin,
    Pour vous en servir au besoin [25]. »
Le Savetier crut voir tout l'argent que la terre
    Avait, depuis plus de cent ans,
    Produit pour l'usage des gens [26].
Il retourne chez lui ; dans sa cave il enserre
    L'argent [27], et sa joie à la fois [28].
    Plus de chant : il perdit la voix,
40   Du moment [29] qu'il gagna ce qui cause nos peines [30].
    Le sommeil quitta son logis ;
    Il eut pour hôtes les soucis [31],
    Les soupçons, les alarmes vaines [32] ;
Tout le jour, il avait l'œil au guet ; et la nuit,
    Si quelque chat faisait du bruit,
Le chat prenait l'argent [33]. A la fin le pauvre homme
S'en courut chez celui qu'il ne réveillait plus [34] :
« Rendez-moi, lui dit-il, mes chansons et mon somme,
    Et reprenez vos cent écus [35]. »

– *« L'exposition » de cette comédie est assez longue ; voyez-vous quel est son objet ?*
– *Précisez : a) le caractère du Financier ; – b) Sa conception de la vie ; – c) Sa conduite envers le Savetier.*
– *Étudiez le caractère du Savetier. Pourquoi est-il heureux ?*
– *Relevez, dans le langage et l'attitude du Savetier, ce qui relève du tempérament populaire.*
– *Le récit. a) Relevez les passages où chaque personnage parle selon son caractère et sa condition ; – b) Comment le poète évoque-t-il le bonheur du Savetier ? Et ses angoisses ?*
– *Versification. Étudiez sur des exemples comment l'auteur traduit ses intentions : a) par des changements de mètre ; – b) par des rejets ; – c) par des effets de rythme.*
– *Essai. Bonheur et sagesse selon* LA FONTAINE, *d'après les extraits des* Fables.
• **Groupe thématique : Argent.** cf. pages 28, 261, 415. – XVIIIe SIÈCLE. Questionnaires pages 42, 84.

EXERCICE : *Exemple de « contamination », procédé qui consiste à combiner deux sources :* a) BONA-VENTURE DES PÉRIERS *nous conte l'histoire du savetier Blondeau qui « aimait le vin par sus tout et chantait tout le long du jour jusqu'au moment où il découvrit un pot de fer contenant un trésor : »* Lors, il commença de devenir pensif : il ne chantait plus, il ne songeait qu'en ce pot de quincaille... « Si je le montre aux orfèvres, ils me décèleront (dénonceront) ou ils en voudront avoir leur part... »

---

21 Pourquoi est-il évasif ? — 22 Il y avait, par an, 38 fêtes chômées en plus des dimanches. — 23 Instruction donnée à la messe. — 24 Pourquoi cette exagération ? — 25 *En cas de besoin.* Pourquoi cette application ? — 26 Préciser le ton. — 27 Valeur du rejet ? — 28 Effet de style. — 29 A partir du moment où. — 30 Justifier la périphrase. — 31 Montrer que l'image du vers 41 se complète. — 32 Souligner la progression. — 33 Étudier l'art du rythme et des coupes dans les vers 44-46. A quel personnage de Molière ressemble le Savetier ? — 34 Rôle de la périphrase ? — 35 Préciser le ton de ces deux derniers vers.

Tantôt il craignait de n'avoir pas bien caché ce pot ou qu'on le lui dérobât. A toutes heures, il partait de sa tente (échoppe) pour l'aller remuer. Il était en la plus grande peine du monde ; mais à la fin, il se vint à reconnaître, disant soi-même : « Comment ! je ne fais que penser en mon pot !... Bah ! Le diable y ait part au pot ! il me porte malheur. » En effet il le va prendre gentiment et le jette en la rivière et noya toute sa mélancolie avec ce pot.

b) Horace (*Épîtres,* I, 7) nous conte l'histoire du riche avocat Philippe qui, pour tenter une expérience, s'amuse à offrir une propriété au crieur public Volteius Mena, pauvre mais satisfait de son sort. Mena devient âpre au gain, s'épuise à cultiver la terre et, se trouvant malheureux, vint supplier Philippe de le rendre à sa première existence.

Étudier comment La Fontaine *a su fondre et enrichir ces deux données pour mieux dégager la* leçon morale et *réaliser un chef-d'œuvre.*

III. LA CAMPAGNE. Seul dans son siècle, La Fontaine nous trace un tableau complet de la vie rustique; le semeur et sa main « qui par les airs chemine » *(l'Hirondelle et les Petits Oiseaux),* le *laboureur* et ses *enfants,* le *charretier embourbé,* l'intendant et ses valets dans l'étable *(l'Œil du Maître),* la *fermière* et sa basse-cour (p. 232) : que d'admirables croquis ! Il a saisi les traits dominants de l'esprit paysan, gros bon sens et amour du gain : songeons au rêve de Perrette (p. 232), à cette jolie scène de la vie campagnarde, *le Meunier, son Fils et l'Ane,* à Garo qui s'empresse de dormir plutôt que de philosopher *(le Gland et la Citrouille).*

C'est peut-être ici que La Fontaine est le plus *hardi* : n'a-t-il pas montré que, par son activité, le pâtre est loin d'être moins estimable que le *marchand,* le *gentilhomme* et le *fils de roi*? Il nous émeut sur le désespoir du jardinier dont les cultures sont saccagées par son seigneur (p. 233), il s'apitoie enfin sur la misère du bûcheron (p. 215). N'exagérons pas la portée de ces peintures : le fabuliste aimait trop sa tranquillité pour jouer au révolutionnaire. « *Mais, quand vient l'occasion, il trouve ces traits pénétrants et cette pitié contagieuse qui prouvent qu'un homme d'esprit est aussi un homme de cœur* » (Taine).

LA LAITIÈRE ET LE POT AU LAIT

Une des originalités de La Fontaine : *la peinture vraie de la vie rustique.* Voici, alertement tracée, la silhouette d'une jeune fermière qui se hâte vers « la ville », le gros bourg où se traitent les affaires (cf. *le Meunier, son Fils et l'Ane*). Elle est active, entreprenante, au courant des prix et des conditions de l'élevage; elle se plaît à évoquer toute la vie de la ferme : elle rêve, non de toilettes et de bijoux, mais de volailles et de troupeaux. Et l'auteur sait bien que le mari de cette paysanne doit avoir la main rude. Mais, derrière la réalité campagnarde, nous retrouvons le *fond de la nature humaine :* le rêve de Perrette n'est-il pas semblable aux nôtres, à ceux de La Fontaine lui-même? D'où cette *confidence* pleine d'humour et de bonhomie où le poète nous livre ses *penchants* et même ses *faiblesses* (VII, 10).

Perrette, sur sa tête ayant un pot au lait
    Bien posé sur un coussinet [1],
Prétendait arriver sans encombre à la ville.
Légère et court vêtue, elle allait à grands pas,
    Ayant mis, ce jour-là, pour être plus agile,
        Cotillon simple et souliers plats [2].
    Notre [3] laitière ainsi troussée [4]
        Comptait déjà dans sa pensée
Tout le prix de son lait, en employait l'argent ;

— 1 Pourquoi le conteur insiste-t-il sur ce détail? — 2 Quels sont les détails essentiels | pour la suite de l'action? — 3 Préciser le ton. — 4 Bien ajustée.

10 Achetait un cent d'œufs, faisait triple couvée [5] :
La chose allait à bien [6] par son soin diligent.
     « Il m'est, disait-elle, facile
D'élever des poulets autour de ma maison [7] ;
     Le renard sera bien habile [8]
S'il ne m'en laisse assez pour avoir un cochon.
Le porc à s'engraisser coûtera peu de son [9] ;
Il était, quand je l'eus [10], de grosseur raisonnable :
J'aurai, le revendant, de l'argent bel et bon.
Et qui m'empêchera de mettre en notre étable,
20 Vu le prix dont il [11] est, une vache et son veau,
Que je verrai sauter au milieu du troupeau [12] ? »
Perrette là-dessus saute aussi, transportée [13] :
Le lait tombe ; adieu veau, vache, cochon, couvée [14].
La dame [15] de ces biens, quittant d'un œil marri [16]
     Sa fortune ainsi répandue,
     Va s'excuser à son mari,
     En grand danger d'être battue [17].
     Le récit en farce [18] en fut fait ;
     On l'appela le Pot au lait.

30   Quel esprit ne bat la campagne [19] ?
     Qui ne fait châteaux en Espagne [20] ?
Picrochole [21], Pyrrhus [22], la Laitière, enfin tous,
     Autant les sages que les fous [23].
Chacun songe en veillant ; il n'est rien de plus doux :
Une flatteuse [24] erreur [25] emporte alors nos âmes ;
     Tout le bien du monde est à nous,
     Tous les honneurs, toutes les femmes.
Quand je suis seul, je fais au plus brave un défi ;
Je m'écarte [26], je vais détrôner le Sophi [27] ;
40   On m'élit roi, mon peuple m'aime [28] ;
Les diadèmes vont sur ma tête pleuvant [29] :
Quelque accident fait-il que je rentre en moi-même,
     Je suis gros Jean [30] comme devant [31].

---

5 Qu'exprime cette succession de verbes ? — 6 *Réussissait*. Cent œufs couvés par trois poules ? Le rêve commence ! — 7 Petit tableau : elle les *voit* déjà ! — 8 Elle voit même l'obstacle. — 9 N'est-elle pas trop optimiste ? — 10 Montrer que, depuis le vers 12, le rêve prend de plus en plus l'intensité du réel. — 11 Le porc engraissé. — 12 A quoi tient l'allégresse de l'évocation ? — 13 Effet de rythme expressif. — 14 Dans quel ordre s'évanouissent ces rêves ? — 15 *Maîtresse*. Montrer l'ironie cruelle du terme. — 16 *Désolé* (archaïsme). A quoi tend la lenteur des vers 24 à 27 ? — 17 Préciser ce trait de mœurs. — 18 Les farces médiévales mettent aux prises maris et femmes (cf. *Pathelin*). — 19 S'égare, comme le chasseur qui « bat » la campagne. — 20 Vieille expression, désignant les rêves sans fondement. — 21 Qui voulait « conquêter » l'univers (cf. *XVIᵉ Siècle*, p. 62). — 22 Roi d'Epire (3ᵉ siècle av. J.-C), ambitieux et toujours en guerre. — 23 Cf. Pascal (p. 148, § 1). — 24 Trompeuse. — 25 Egarement (cf. *errer*). — 26 Je m'éloigne. — 27 Shah de Perse. — 28 Montrer l'ironie de ce trait. — 29 Progression amusante. — 30 *Naïf et lourdaud* (mais l'auteur s'appelle *Jean* !). — 31 Préciser le ton.

— Étudiez les qualités dramatiques de ce récit : exposition, épisodes, dénouement.
— Comment, dans les vers 1-6, le poète a-t-il évoqué la démarche de la laitière, par le choix des mots et des tours, par le rythme, par les sons ?
— Étudiez la vraisemblance dans la naissance du rêve, sa progression, sa chute.
— Quelles sont les qualités de cette jeune femme et les traits qui la rendent sympathique ?
— Quels sont les travers de son caractère ? Quelle serait, normalement, la moralité de ce récit ?
— La confidence lyrique (v. 30-45). Que nous apprend-elle : a) sur l'auteur ? – b) sur la nature humaine ?
— Commentaire composé : vers 1-29. L'art du conteur ; – la leçon de ce récit.

Le Jardinier et son Seigneur

C'est ici une leçon de *sagesse populaire* valable aussi bien pour les « petits princes » que pour les petites gens. Ne pourrait-on y voir également l'opposition entre *deux conceptions de la vie* ? Mais cette portée générale de la fable ne doit pas nous faire oublier ce qu'elle nous révèle de la *réalité contemporaine* : le titre lui-même l'indique, c'est une satire des relations juridiques entre le manant et *son* seigneur. Condescendance et désinvolture chez l'un, empressement, politesse contrainte, puis douleur muette chez l'autre, tous ces traits ne jettent-ils pas un jour assez sombre sur leurs rapports sociaux ? Mais quelle *étonnante variété*! Tableaux pittoresques, dialogues, fragment d'épopée burlesque s'enchaînent sans une faute de ton jusqu'à ce dénouement où le poète, passant du sourire à la compassion, sait nous rendre pathétique cette simple histoire de manant (IV, 4).

>   Un amateur du jardinage,
>   Demi-bourgeois, demi-manant [1],
>   Possédait en certain village
> Un jardin assez propre [2], et le clos [3] attenant.
> Il avait de plant vif fermé cette étendue [4].
> Là croissait [5] à plaisir l'oseille et la laitue,
> De quoi faire à Margot pour sa fête un bouquet,
> Peu de jasmin d'Espagne [6] et force serpolet [7].
> Cette félicité [8] par un lièvre troublée
> 10 Fit qu'au Seigneur du bourg [9] notre homme se plaignit.
> « Ce maudit animal vient prendre sa goulée [10]
> Soir et matin, dit-il, et des pièges se rit :
> Les pierres, les bâtons y perdent leur crédit [11] ;
> Il est sorcier, je crois. — Sorcier ? je l'en défie,
> Repartit le Seigneur : fût-il diable, Miraut [12],
> En dépit de ses tours, l'attrapera bientôt.
> Je vous en déferai, bonhomme, sur ma vie.
> — Et quand ? — Et dès demain, sans tarder plus longtemps [13]. »
> La partie [14] ainsi faite, il vient avec ses gens.
> 20 « Çà, déjeunons, dit-il : vos poulets sont-ils tendres [15] ?
> La fille du logis, qu'on vous voie, approchez :
> Quand la marierons-nous, quand aurons-nous des gendres ?
> Bon homme, c'est ce coup [16] qu'il faut, vous m'entendez,
>   Qu'il faut fouiller à l'escarcelle [17]. »

— 1 *Manant* : paysan. Nous sommes sur le terrain social. — 2 Bien disposé (jardin d'agrément). — 3 Potager. — 4 Montrer l'intérêt de ces détails pour le récit. — 5 Expliquer le singulier. Cf. App. F 2. — 6 Importé récemment et trop délicat. — 7 Plante aimée des lièvres! — 8 Trait d'humour : le mot a un sens très fort, à résonance religieuse. — 9 C'est « *son* » Seigneur, à qui il doit *obligatoirement* s'adresser : cf. *Ordonnance de 1669* : « Faisons défense aux marchands, artisans, bourgeois, paysans et roturiers de chasser en quelque lieu, sorte et manière... » — 10 Pleine bouchée (populaire). — 11 *Leur autorité.* Préciser l'état d'esprit du manant. — 12 *Son chien.* Quel sentiment décide le Seigneur à intervenir ? — 13 Etudier la vie et le pittoresque de ce dialogue. — 14 L'affaire ainsi conclue. — 15 Quelle impression laissent ces premiers mots ? — 16 Cette fois. — 17 Grande bourse.

Disant ces mots, il fait connaissance avec elle,
　　Auprès de lui la fait asseoir,
Prend une main, un bras, lève un coin du mouchoir ;
　　Toutes sottises dont la belle
　　Se défend avec grand respect,
30　Tant qu'au père à la fin cela devient suspect [18].
Cependant on fricasse [19], on se rue en cuisine [20].
« De quand sont vos jambons ? ils ont fort bonne mine.
— Monsieur, ils sont à vous [21]. — Vraiment, dit le Seigneur,
　　Je les reçois, et de bon cœur [22]. »
Il déjeune très bien ; aussi fait sa famille [23],
Chiens, chevaux et valets [24], tous gens bien endentés [25] :
Il commande chez l'hôte, y prend des libertés,
　　Boit son vin [26], caresse sa fille.
L'embarras [27] des chasseurs succède au déjeuné [28].
40　Chacun s'anime et se prépare :
Les trompes et les cors font un tel tintamarre [29]
　　Que le bonhomme est étonné [30].
Le pis fut que l'on mit en piteux équipage [31]
Le pauvre [32] potager : adieu, planches, carreaux ;
　　Adieu chicorée et porreaux,
　　Adieu de quoi mettre au potage [33].
Le lièvre était gîté dessous un maître chou.
On le quête ; on le lance [34], il s'enfuit par un trou,
Non pas trou, mais trouée, horrible et large plaie
50　Que l'on fit à la pauvre haie
Par ordre du Seigneur [35], car il eût été mal
Qu'on n'eût pu du jardin sortir tout à cheval.
Le bonhomme disait : « Ce sont là jeux de prince [36]. »
Mais on le laissait dire : et les chiens et les gens
Firent plus de dégâts en une heure de temps
　　Que n'en auraient fait en cent ans
　　Tous les lièvres de la province.
Petits princes, videz vos débats entre vous :
De recourir aux rois vous seriez de grands fous.
60　Il ne les faut jamais engager dans vos guerres
　　Ni les faire entrer sur vos terres.

– En quoi cette fable ressemble-t-elle à une comédie ? à un conte ?
– Relevez : a) des tableaux pittoresques ; – b) des passages lyriques, – c) des traits héroï-comiques (cf. p. 332).
– La vie rustique : a) De quelle sorte de « campagne » s'agit-il ici ? – b) Comment imaginez-vous la vie du jardinier (sa demeure, ses occupations) ? – c) Pourquoi le manant a-t-il recours au Seigneur ? Est-il révolté par sa mésaventure ?
– Étudiez le caractère et les mœurs du gentilhomme campagnard.
– Quelle morale se dégage de cette anecdote ? Comment LA FONTAINE a-t-il élargi cette leçon ?

— 18 C'est ici le La Fontaine des *Contes.* — 19 Cuire promptement. — 20 On se lance dans de grands préparatifs culinaires. — 21 Formule de politesse timide qui sera prise à la lettre. — 22 Trait humoristique ! — 23 Les gens de sa « maison ». — 24 Remarquer l'ordre ! — 25 Mot savoureux, qui en dit long. — 26 La peinture se complète. — 27 Le vacarme encombrant. — 28 Participe substantivé. — 29 Noter l'harmonie imitative. — 30 Ahuri, abasourdi. — 31 Etat. — 32 C'est le sentiment de « *l'amateur du jardinage* », mais aussi celui du poète (cf. v. 50). — 33 Vocabulaire de paysan. — 34 Vocabulaire technique : *rechercher, puis débusquer à l'aide de chiens.* S'emploie pour le gros gibier, d'où l'ironie. — 35 Que souligne ce rejet ? Quel est le ton ? — 36 Proverbial : « *Qui ne plaisent qu'au prince* », et non à ses victimes.

**Les Fables
et l'actualité** LA FONTAINE, souvent présenté comme un rêveur et un distrait (il l'était à ses heures!), est, à son siècle, un des écrivains qui ont le plus puisé dans l'actualité. Que de tableaux de mœurs *spécialement datés de son temps!* Il connaît à fond le vocabulaire technique de la chasse (p. 234), de la chicane, du négoce (VII, 14) ; il évoque le luxe des équipages (IV, 13), les particularités de l'étiquette de cour (VIII, 14) ; il nous introduit dans le galetas de la devineresse à la mode (VII, 15), où défilent « *Femmes, filles, valets, gros messieurs, tout enfin* »; il souligne l'ignorance des magistrats qui achètent leur charge (IV, 14) et critique les municipalités habiles à « nettoyer un monceau de pistoles » (VIII, 7). Il proteste personnellement contre les juges qui grugent les plaideurs (IX, 9) et l'avidité des « médecins du corps et de l'âme » (XII, 6; cf. La Bruyère, p. 416). Certaines fables paraissent viser des *événements précis de la vie contemporaine*, les entreprises aventureuses des Compagnies des Indes (IV, 2; V, 13; XII, 7), ou les fondations philanthropiques de la Compagnie du Saint-Sacrement (XII, 27), que MOLIÈRE a évoquée (pour l'attaquer) dans *Tartuffe*.

Mais surtout il y a, dans une vingtaine de fables, des ALLUSIONS PROBABLES A LA POLITIQUE ROYALE. Les *Fables* sont écrites au moment où Louis XIV, revendiquant sa part de la succession d'Espagne, s'empare de la Franche-Comté et se heurte à la Triple Alliance des Hollandais, Anglais et Suédois, qui lui imposent leur médiation (*Paix d'Aix-la-Chapelle*, 1668). Tous les efforts de Louis XIV tendirent alors à dissocier l'alliance pour isoler la Hollande, qu'il envahit en 1672. Mais, dès 1673, Guillaume d'Orange parvint à former une nouvelle coalition qui obtint la paix de Nimègue (1678). On admet généralement que La Fontaine se moque des plaintes insupportables de la Hollande (*Le Soleil et les Grenouilles*) et lui montre l'avantage de se fier à un protecteur puissant (cf. VIII, 18) plutôt que de s'en remettre à une coalition ridicule (*La Ligue des Rats*). Il met en garde les Anglais contre les erreurs de l'état populaire qui a décidé d'abandonner Louis XIV (VII, 17); il leur signale le danger de s'attaquer au *Lion* (XI, 1); il les encourage à rester au moins dans la neutralité (VII, 18) et s'adresse à l'ambassadeur de France pour qu'il les dissuade de s'unir à « *l'hydre* » de la coalition (VIII, 4). C'est surtout dans les derniers livres qu'apparaît, à côté de l'éloge de la paix (VII, 18), cet aspect inattendu d'un LA FONTAINE *au service de la politique royale*. Le fabuliste, ayant épuisé le fonds traditionnel, éprouvait-il le besoin d'*élargir encore le champ de la fable* et de rattacher plus étroitement son œuvre à l'actualité? Peut-être s'orientait-il aussi vers cette attitude de *courtisan* qui se manifeste dans le *Livre XII* par des dédicaces hyperboliques et des flatteries outrées à de puissants protecteurs.

La Ligue des Rats

Exemple de fable à *allusions politiques* (XII, 25) paraissant viser les événements de 1672. Louis XIV (le *Chat*), désireux de réduire les Hollandais, passa brusquement le Rhin (juin 1672) et envahit la Hollande (la *Souris*). LA FONTAINE se moque des tentatives de coalition de l'Empereur (le *Rat*), du margrave de Brandebourg, du duc de Lorraine, du Danemark et de l'Espagne pour secourir la Hollande. Louis XIV dut d'ailleurs reculer devant l'inondation des Pays-Bas, et la coalition transforma la lutte en guerre européenne.

Une Souris craignait un Chat
Qui dès longtemps la guettait au passage [1].
Que faire en cet état? Elle, prudente et sage,
Consulte son voisin : c'était un maître Rat [2],
Dont la rateuse seigneurie
S'était logée en bonne hôtellerie,

— 1 Apprécier les qualités de cette exposition. — 2 Comment s'exprime sa suffisance?

Et qui cent fois s'était vanté, dit-on,
De ne craindre ni chat ni chatte,
Ni coup de dent, ni coup de patte.
10 « Dame Souris, lui dit ce fanfaron,
Ma foi, quoi que je fasse,
Seul [3], je ne puis chasser le Chat qui vous menace :
Mais assemblons tous les Rats d'alentour [4],
Je lui pourrai jouer d'un [5] mauvais tour. »
La Souris fait une humble révérence [6] ;
Et le Rat court en diligence
A l'office [7], qu'on nomme autrement la dépense [8],
Où maints Rats assemblés
Faisaient, aux frais de l'hôte, une entière bombance.
20 Il arrive, les sens troublés,
Et les poumons tout essoufflés [9].
« Qu'avez-vous donc ? lui dit un de ces Rats : parlez.
— En deux mots, répond-il, ce qui fait mon voyage,
C'est qu'il faut promptement secourir la Souris,
Car Raminagrobis [10]
Fait en tous lieux un étrange [11] ravage.
Ce Chat, le plus diable des Chats,
S'il manque de souris, voudra manger des rats [12]. »
Chacun dit : « Il est vrai. Sus ! sus ! courons aux armes ! »
30 Quelques Rates, dit-on, répandirent des larmes.
N'importe, rien n'arrête un si noble [13] projet :
Chacun se met en équipage [14] ;
Chacun met dans son sac un morceau de fromage [15] ;
Chacun promet enfin de risquer le paquet [16].
Ils allaient tous comme à la fête,
L'esprit content, le cœur joyeux [17].
Cependant le Chat, plus fin qu'eux,
Tenait déjà la Souris par la tête [18].
Ils s'avancèrent à grands pas
40 Pour secourir leur bonne amie :
Mais le Chat, qui n'en démord pas [19],
Gronde et marche au-devant de la troupe ennemie [20].
A ce bruit, nos très prudents Rats,
Craignant mauvaise destinée,
Font, sans pousser plus loin leur prétendu fracas [21],
Une retraite fortunée.
Chaque Rat rentre dans son trou [22] ;
Et si quelqu'un en sort, gare encor le Matou !

— 3 Commenter cette coupe expressive. — 4 Cf. p. 220 (v. 15). — 5 Tour archaïque (cf. jouer *d'*adresse). — 6 C'est du Marot ; de même, v. 5, « *rateuse* seigneurie » (cf. *XVIe Siècle*, p. 19, v. 12, 24 et 33). — 7 Montrer l'humour de ce rejet. — 8 Lieu où l'on serre les provisions. — 9 Comment le poète a-t-il traduit cet essoufflement ? — 10 Cf. p. 220 (v. 31). — 11 Extraordinaire. — 12 Apprécier l'argument et transposer au point de vue politique. — 13 Préciser le ton. — 14 En tenue de campagne. — 15 Les Hollandais étaient grands marchands de fromage. — 16 Expression familière, à expliquer. — 17 Etudier comment La Fontaine prépare son effet de contraste. — 18 Remarquer le réalisme du détail. Allusion probable au passage du Rhin. — 19 Au sens propre et au figuré ! — 20 Etudier ce rythme pittoresque. — 21 La destruction qu'ils prétendaient réaliser. — 22 Effet obtenu par l'allitération ?

– *Distinguez les étapes du récit. Précisez les allusions à la situation politique et militaire en 1672.*
– *Relevez et appréciez les éléments satiriques dans cette fable.*
– *Pour* TAINE, *le Rat représente le « bourgmestre », un « gras bourgeois » qui se croit un héros. Relevez les traits qui ridiculisent cet esprit bourgeois.*
– *Étudiez comment le fabuliste a transposé les événements humains dans le monde animal.*
– *Relevez les traits de style heroï-comique (cf. p 332) dans l'évocation du départ en campagne.*
• **Groupe thématique : Le soldat fanfaron.** cf. p. 101 – MOYEN ÂGE, p. 204 – XVIᵉ SIÈCLE, p. 62, 190-191.

La Fontaine moraliste

Bien qu'il s'intéresse avant tout au récit, le fabuliste conserve généralement une *moralité*. Il nous laisse parfois le soin de la découvrir *nous-mêmes :* c'est, en effet, du récit et des *sentiments* qu'il nous inspire que se dégage le mieux la morale des fables.

I. LA LEÇON MORALE DES FABLES. Selon la tradition des fabulistes, cette morale n'est pas dogmatique, mais *familière* et tirée de l'*expérience*. Le but de La Fontaine est de nous mettre en garde contre l'oubli des lois de la nature, dont il a bien des fois souligné la puissance *(La Chatte métamorphosée en femme, La Jeune Veuve).*

1. LA LOI NATURELLE. Partout c'est le *triomphe des forts et des « habiles »* :

Jupin pour chaque état mit deux tables au monde :
L'adroit, le vigilant et le fort sont assis

A la première ; et les petits
Mangent leur reste à la seconde (X, 6).

Les *forts* imposent leur « droit », sans écouter la « raison » des faibles *(Le Loup et l'Agneau; L'Homme et la Couleuvre;* cf. p. 224); ils considèrent égoïstement que « tout est né pour eux » (p. 233); ils se permettent la cruauté, l'usurpation (II, 7), l'ingratitude (III, 9).

Les « *habiles* », flatteurs, menteurs et hypocrites peuvent triompher des forts, grâce à la ruse; mais ils s'attaquent surtout aux faibles, victimes toutes désignées (p. 219).

Faut-il y voir, comme LAMARTINE (préface des *Méditations*), « *les leçons d'un cynique* », « *la philosophie dure, froide et égoïste d'un vieillard* »? Il n'en est rien. LA FONTAINE ne nous conseille ni l'abus de la force ni le recours immoral à la ruse. Le *ton* même de ses récits nous indique qu'il condamne les méchants. Il nous avertit que « *Souvent la perfidie Retourne sur son auteur* » *(La Grenouille et le Rat)* : tour à tour, nous voyons pris à leur propre piège les rusés (I, 18; II, 15; III, 2; X, 5), les menteurs (V, 1), les parjures (IV, 9; IX, 13), les ingrats (V, 15; VI, 13), les cruels (II, 8; VI, 15).

On reproche au fabuliste de prôner la lâcheté, la duplicité. N'a-t-il pas proclamé : « Le Sage dit, selon les gens, Vive le Roi, vive la Ligue » *(La Chauve-Souris et les deux Belettes)?* N'a-t-il pas conseillé de « répondre en Normand » *(La Cour du Lion)?* Relisons ces fables : il s'agit chaque fois d'échapper à un danger pressant, et l'habileté y est justifiée par la *légitime défense.* Loin d'enseigner la perversité, LA FONTAINE a même écrit « *Qu'il faut faire aux méchants guerre continuelle* » (III, 13).

2. LA PRUDENCE ET SES PRÉCEPTES. La Fontaine ne cesse de *mettre en garde* les honnêtes gens contre les entreprises des méchants : « *Le moins qu'on peut laisser de prise aux dents d'autrui, C'est le mieux* » (X, 8). Les fables où triomphent la force et la tromperie sont autant d'invitations à la méfiance. Le mieux est de nous tenir à l'écart des personnes dangereuses (V, 2) et de ne pas les mêler à nos affaires (p. 219; p. 233). Pas d'imprudence : « *Entre nos ennemis, Les plus à craindre sont souvent les plus petits* » (p. 218). Soyons même difficiles dans le choix de nos amis (p. 243; cf. XII, 2).

A ces conseils de prudence, La Fontaine joint un certain nombre de « *recettes pratiques* » pour nous épargner des erreurs, des fautes de manœuvre qui se retourneraient contre nous. Ces conseils se ramènent à *quelques principes simples* qui résument, sous forme proverbiale, la sagesse des nations : « Il ne faut pas juger des gens sur l'apparence » *(Le Paysan du Danube;* cf. IV, 10 et 14; V, 21; VI, 5); « La méfiance est mère de la sûreté » *(Le chat et un Vieux Rat;* cf. IV 15; VI, 13 et 14; VIII, 22; XI, 1; XII, 17); « En toute chose, il faut considérer la fin » *(Le Renard et le Bouc);* « Un Tiens vaut mieux que deux Tu l'auras » *(Le Petit Poisson et le Pêcheur;* cf. IV, 2; VI, 17; IX, 10; XII, 5); « On hasarde de perdre en voulant trop gagner » *(Le Héron;* cf. VII, 5; V, 13); « Rien ne sert de courir, il faut partir à point » *(Le Lièvre et la Tortue)*; « Plus fait douceur que violence » *(Phébus et Borée;* cf. II, 11). Songeons que la Fortune est capricieuse (VII, 12; IX, 15) et qu'au lieu de toujours accuser le sort (VII, 14) et de trop attendre d'autrui, mieux vaut compter avant tout sur nous-mêmes *(L'Œil du Maître)* : « Aide-toi, le ciel t'aidera » (VI, 18); « Il n'est meilleur ami ni parent que soi-même » (IV, 22).

3. COMBATTONS NOS DÉFAUTS. Il ne suffit pas de lutter contre les méchants et de nous défier de nos ennemis : encore convient-il de *vaincre nos propres défauts.* LA FON-TAINE nous invite à nous observer avec *lucidité,* à connaître notre *juste mesure,* ce qui nous ramène à la morale de Socrate. Il dénonce notre aveuglement sur nous-mêmes *(La Besace;* cf. III, 10; V, 13; X, 2), la vanité ambitieuse des petits qui veulent imiter les grands *(La Grenouille...* I, 3; cf. VIII, 15; II, 16; V, 4), l'égoïsme *(Le Rat qui s'est retiré du monde),* l'ingratitude *(La Forêt et le Bûcheron),* les rêves complaisants (p. 232; cf. VII, II). Il s'en prend avec âpreté à l'avidité et à l'avarice *(Le Loup et le Chasseur;* cf. IV, 20; IX, 15; XII, 3).

4. LES BONS SENTIMENTS. Non content de combattre nos défauts, La Fontaine veut encourager les sentiments les plus nobles : l'amour du travail *(Le Laboureur et ses Enfants;* cf. IV, 3; X, 5), la concorde et l'entraide *(Le Vieillard et ses Enfants;* cf. III, 2; VII, 17); il chante l'amitié en termes délicats (p. 241 et 243. Lire aussi *Le Corbeau, la Gazelle, la Tortue et le Rat);* il nous conseille la pitié *(Le Lièvre et la Perdrix),* le dévouement « pour le plaisir d'autrui » (p. 246). En plus de ces vertus sociales, il a chanté la *liberté,* fondement de la véritable dignité humaine : *Le Paysan du Danube, Le Loup et le Chien, Le Cheval s'étant voulu venger du Cerf* nous révèlent tout le prix qu'il attachait à ce bien, « sans qui les autres ne sont rien ».

II. VALEUR DE CETTE MORALE. Nous avons vu ce qu'on peut répondre aux critiques de LAMARTINE : on ne saurait interpréter comme précepte dogmatique la *simple constatation d'une cruelle réalité* que le moraliste déplore; et il y a d'ailleurs, dans quelques fables, une « morale positive ». Mais d'autres réserves ont été faites :

1. LE SENS DE L'HUMAIN. G. Michaut fait observer que, même lorsqu'il prêche les beaux sentiments, LA FONTAINE *invoque des motifs égoïstes :* « Il ne se faut jamais moquer des misérables, *car* qui peut s'assurer d'être toujours heureux ? » (V, 17). « En ce monde, il se faut l'un l'autre secourir : Si ton voisin vient à mourir, C'est sur toi que le fardeau tombe » (VI, 16). Mais cette présentation utilitaire est celle de tout *moraliste satirique.* MOLIÈRE ne procède pas autrement : c'est en mesurant les conséquences de nos erreurs que nous songerons à nous en corriger.

On peut regretter que LA FONTAINE *n'ait pas prêché le sacrifice et l'héroïsme,* qu'il n'ait pas exalté la faculté de dépassement qui consacre les héros. Cette insuffisance est due au caractère *naturaliste* de sa philosophie. Pour lui, la morale consiste à bien connaître les données naturelles et à agir en conséquence. Il a l'esprit pratique et le sens aigu du réel : la plupart de ses fables sont des critiques du geste inutile ou mal adapté. De là *les contradictions qu'on croit relever* entre des conseils en réalité complémentaires : « *Il se faut entr'aider* » sans doute, mais n'est-il pas telle circonstance où le fabuliste a raison de nous dire : « *Ne t'attends qu'à toi seul* »? A tout moment ses préceptes tiennent compte des limites de l'homme, de la vanité de proposer en un beau sermon des vertus presque inaccessibles. Cette morale imprégnée du sens de l'humain prend place entre celle de MONTAIGNE, qui voulait « *bien faire l'homme* », et celle de VOLTAIRE, pour qui l'homme n'est ni bon ni mauvais, mais « *passable* ».

2. LA CRITIQUE DE ROUSSEAU. Dans l'*Émile* (II), il formule deux reproches :

a) Par leur vocabulaire, par leur style, par les connaissances qu'elles supposent, les *Fables* « n'ont rien d'intelligible » pour les enfants. Exemple : *Le Corbeau et le Renard.*

b) « *Quand ils les entendraient, ce serait encore pis;* car la morale en est tellement mêlée et disproportionnée à leur âge qu'elle les porterait plus au vice qu'à la vertu. » Ils l'inter-prètent à l'envers et y prennent des leçons de basse flatterie, d'inhumanité, d'injustice, de satire.

ROUSSEAU a raison d'insister sur le danger que *peuvent* présenter les fables. Mais c'est justement le *rôle du maître* de choisir les fables les plus morales, d'en éclaircir soigneu-sement les difficultés, d'orienter l'esprit des élèves vers la vraie leçon, de leur montrer

le vice sous un jour odieux et de les apitoyer sur les victimes. Il est mauvais, dit ROUS-
SEAU, de leur apprendre qu'« il y a des hommes qui flattent et mentent pour leur profit ».
Est-il préférable qu'ils l'apprennent un jour *à leurs dépens?* Vaut-il mieux leur forger
des illusions? Les leçons de LA FONTAINE ne font, hélas! que devancer celles de la
réalité. On a donc raison d'enseigner les *Fables* aux enfants. Mais pourquoi les réserver
aux enfants? Tous les âges peuvent y trouver leur profit : « *La Fontaine est le lait de
nos premières années, le pain de l'homme mûr, le dernier mets substantiel du vieillard* »
(Nisard).

La confidence   Quand nous lisons les *Fables*, il est rare que le conteur
« lyrique »   ne nous apparaisse pas derrière ses récits : une réflexion
incidente, le choix d'un mot, le ton lui-même suffisent
à nous le rendre présent. Mais, parfois, sa personnalité se révèle *plus directement*. Il est
de « l'âge Louis XIII » où, avec Mainard, Racan, Théophile, Saint-Amant (p. 42-53),
s'épanouit tout un courant de ce *lyrisme modéré de salon et de cour* qui convenait aux
honnêtes gens. Il en a gardé des *tendances élégiaques* correspondant à sa nature, portée
aux épanchements tendres et un peu fleuris, plutôt qu'au lyrisme pompeux d'un Malherbe. Certaines fables deviennent le prétexte de *confidences discrètes* où se révèlent
ses goûts et son caractère.

1. LE TEMPÉRAMENT DE LA FONTAINE. On pourrait aisément tirer de ces
aveux un véritable portrait du poète : amour de la retraite et de la solitude (p. 240),
goût de la jolie campagne reposante et modérée (p. 240; p. 243), tendance à la rêverie
(p. 232), don de l'émerveillement (VIII, 4), penchant naïvement avoué pour le sommeil
(p. 240). Nous découvrons aussi un LA FONTAINE tendre, qui a besoin de s'épancher
en affections, qui déplore de voir passer « le temps d'aimer » (p. 242), qui garde le culte
de l'amitié et la conçoit comme une fusion totale entre deux cœurs (p. 243).

LE SONGE D'UN HABITANT DU MOGOL

De toute évidence, aux yeux même du fabuliste, cette anecdote — d'ailleurs malicieuse — n'est qu'un *simple prétexte.* Pour lui comme pour nous, l'essentiel de cette
fable, c'est l'*Ode à la Solitude,* où le poète nous livre avec tant de discrète émotion les
aspirations les plus intimes de son âme : rêves de vie simple et paisible, de calme solitude, de « médiocrité dorée » dans une nature aimable. Ces rêves de poète nourri
d'Horace et de Virgile viennent élargir le cadre familier de la fable où trouvent refuge,
ô surprise! les accents du *lyrisme* le plus sincère, en un siècle où « le moi est haïssable »
(XI, 4).

Jadis certain Mogol [1] vit en songe un Vizir [2]
Aux Champs Élysiens [3] possesseur d'un plaisir
Aussi pur [4] qu'infini, tant en prix [5] qu'en durée ;
Le même songeur vit en une autre contrée
     Un Ermite entouré de feux [6],
Qui touchait de pitié même [7] les malheureux.
Le cas parut étrange, et contre l'ordinaire [8] :
Minos [9] en ces deux morts semblait s'être mépris.
Le dormeur s'éveilla, tant il en fut surpris.
10   Dans ce songe pourtant soupçonnant du mystère,
     Il se fit expliquer l'affaire.

— 1 Habitant du Nord de l'Inde. — 2 Premier ministre en *Turquie.* — 3 Séjour des
bienheureux dans la *mythologie gréco-latine.*
— 4 Sans mélange (cf. v. 21). — 5 Valeur. —

6 Comme dans l'enfer *chrétien.* Pourquoi ce
vers plus court? — 7 Montrer la force de
l'expression. — 8 Commenter ce trait ironique.
— 9 Juge des Enfers, chez les *Grecs.*

L'interprète [10] lui dit : « Ne vous étonnez point ;
Votre songe a du sens ; et, si j'ai sur ce point
    Acquis tant soit peu d'habitude,
C'est un avis des Dieux. Pendant l'humain séjour,
Ce Vizir quelquefois cherchait la solitude ;
Cet Ermite aux Vizirs allait faire sa cour [11]. »

Si j'osais [12] ajouter au mot de l'interprète,
J'inspirerais ici l'amour de la retraite [13] :
20 Elle offre à ses amants des biens sans embarras [14],
Biens purs, présents du Ciel, qui naissent sous les pas [15].
Solitude, où je trouve une douceur secrète,
Lieux que j'aimai toujours, ne pourrai-je jamais,
Loin du monde et du bruit [16], goûter l'ombre et le frais [17] ?
Oh ! qui m'arrêtera sous vos sombres asiles ?
Quand pourront les neuf Sœurs [18], loin des cours et des villes [19],
M'occuper tout entier et m'apprendre des cieux
Les divers mouvements inconnus à nos yeux,
Les noms et les vertus de ces clartés errantes [20]
30 Par qui sont nos destins et nos mœurs différentes [21] !
Que si [22] je ne suis né pour de si grands projets,
Du moins que les ruisseaux m'offrent de doux objets [23] !
Que je peigne en mes vers quelque rive fleurie !
La Parque à filets d'or n'ourdira [24] point ma vie,
Je ne dormirai point sous de riches lambris :
Mais voit-on que le somme [25] en perde de son prix ?
En est-il moins profond et moins plein de délices ?
Je lui voue [26] au désert de nouveaux sacrifices.
Quand le moment viendra d'aller trouver les morts [27],
J'aurai vécu sans soins [28] et mourrai sans remords [29].

– Le songe *(v. 1-17). a) En quoi ce récit est-il différent des meilleures fables de la Fontaine ? – b) Précisez les intentions satiriques de l'auteur.*
– La confidence lyrique *(v. 18-40) – a) Dégagez le tempérament et les goûts de* LA FONTAINE, *– b) Pourquoi recherche-t-il la solitude ? – c) Quelle nature préfère-t-il ?*
– *Quelle conception du bonheur se dégage du texte ? Que pensez-vous de la « sagesse » du poète ?*
– *Étudiez le charme de cette confidence : a) sincérité ; – b) simplicité de la forme ; – c) harmonie.*
• **Groupe thématique : Portrait.** LA FONTAINE, d'après les extraits des *Fables,* en particulier d'après les confidences qu'il y a insérées.

---

10 *Des songes.* — 11 Songer aux abbés de cour. — 12 Que penser de cette précaution ? — 13 Cf. p. 31. — 14 Sans ennuis. — 15 Sans effort et en abondance. — 16 Cf. Saint-Amant, p. 47 (v. 1-4). — 17 Cf. VIRGILE, *Buc.,* I, 52 : *frigus opacum.* — 18 *Les Muses.* Tout ce passage est directement inspiré de VIRGILE, *Géorgiques* (II, 475-489). — 19 Où a vécu La Fontaine entre le premier et le second recueil ? — 20 *Les planètes.* Parlant en philosophe, il a combattu l'astrologie dans *L'Horoscope* et dans *L'Astrologue qui se laisse tomber dans un puits.* Mais, ici, il parle en poète, et suit fidèlement Virgile. — 21 Accord avec le dernier nom (approuvé par l'Académie). — 22 *Mais si...* — 23 Spectacles. — 24 Ne tissera *avec* (= à). Préciser le sens. — 25 Cf. p. 216. — 26 *Je fais vœu de lui offrir.* C'est un dieu ! — 27 Apprécier le ton. — 28 *Soucis.* N'a-t-il pas négligé certains devoirs ? — 29 Songer pourtant à ses dernières années (cf. p. 211).

Les deux Pigeons

D'un long récit de Pilpay qui débutait par une « litanie sentencieuse », LA FONTAINE a d'abord tiré « *le discours dont chaque mot est une preuve de tendresse* » (Taine). Amour ou amitié tendre ? Pour La Fontaine, les deux sentiments se rejoignent (cf. *Les deux Amis*). Après cette scène de comédie sentimentale, un « *roman d'aventures* » riche en péripéties savamment graduées d'où la morale se tire d'elle-même. Le poète s'abandonne alors à son *tempérament élégiaque* : les souvenirs de ce cœur volage s'éveillent à leur tour, et la confidence de cet homme au déclin de l'âge se termine sur des regrets d'une *émouvante mélancolie* (IX, 2).

Deux Pigeons s'aimaient d'amour tendre :
L'un d'eux, s'ennuyant au logis [1],
Fut assez fou pour entreprendre
Un voyage [2] en lointain pays.
L'autre lui dit : « Qu'allez-vous faire ?
Voulez-vous quitter votre frère ?
L'absence est le plus grand des maux [3] :
Non pas pour vous, cruel [4]! Au moins, que les travaux [5],
Les dangers, les soins [6] du voyage,
10   Changent un peu votre courage [7].
Encor si la saison s'avançait davantage !
Attendez les zéphirs : qui vous presse ? un corbeau
Tout à l'heure annonçait malheur à quelque oiseau [8].
Je ne songerai [9] plus que rencontre funeste,
Que faucons, que réseaux [10]. Hélas ! dirai-je, il pleut :
Mon frère a-t-il tout ce qu'il veut,
Bon soupé [11], bon gîte, et le reste ? »
Ce discours ébranla le cœur
De notre imprudent voyageur ;
20   Mais le désir de voir et l'humeur inquiète [12]
L'emportèrent enfin. Il dit : « Ne pleurez point ;
Trois jours au plus rendront mon âme satisfaite ;
Je reviendrai dans peu conter de point en point
Mes aventures à mon frère ;
Je le désennuierai [13]. Quiconque ne voit guère
N'a guère à dire aussi. Mon voyage dépeint [14]
Vous sera d'un plaisir extrême.
Je dirai : J'étais là ; telle chose m'avint [15] ;
Vous y croirez être vous-même. »
30   A ces mots, en pleurant [16], ils se dirent adieu.
Le voyageur s'éloigne ; et voilà qu'un nuage
L'oblige de chercher retraite en quelque lieu.
Un seul arbre s'offrit, tel encor [17] que l'orage

— 1 Comment expliquer cet ennui ? — 2 Valeur du rejet ? — 3 Thème courant de la littérature précieuse aimée de l'auteur. — 4 Nuance de dépit amoureux ! — 5 Fatigues. — 6 Soucis. — 7 *Cœur*. Que valent ces arguments pour le « voyageur » ? On songe aux plaintes de Didon dans l'*Enéide : « C'est en plein hiver que tu prépares ta flotte... cruel ! »* (IV, 309-311). — 8 Encore du VIRGILE (*Buc* ; I, 18).— 9 Verrai en songe. — 10 Filets (diminutif de *rets*). — 11 Participe employé comme nom. — 12 Qui ne peut rester tranquille (*in + quietus*). — 13 Quelle est la valeur de cet argument ? — 14 *La peinture de mon voyage* (latinisme : emploi du concret pour l'abstrait). — 15 *Advint* (archaïsme). Pourquoi évoque-t-il déjà le retour ? — 16 Commenter ce détail. — 17 Pourquoi ces précisions ?

Maltraita le pigeon en dépit du feuillage.
L'air devenu serein [18], il part tout morfondu,
Sèche du mieux qu'il peut son corps chargé de pluie ;
Dans un champ à l'écart voit du blé répandu,
Voit un pigeon auprès [19] : cela lui donne envie ;
Il y vole, il est pris : ce blé couvrait d'un las [20]

40   Les menteurs et traîtres appas [21].
Le las était usé ; si bien que, de son aile,
De ses pieds, de son bec [22], l'oiseau le rompt enfin ;
Quelque plume y périt ; et le pis du destin
Fut qu'un certain vautour, à la serre cruelle,
Vit notre malheureux [23], qui, traînant la ficelle
Et les morceaux du las qui l'avait attrapé [24],

          Semblait un forçat échappé ? [25]
Le vautour s'en allait le lier [26], quand des nues
Fond à son tour un aigle aux ailes étendues.

50   Le Pigeon profita du conflit des voleurs [27],
S'envola, s'abattit [28] auprès d'une masure,

          Crut, pour ce coup, que ses malheurs
          Finiraient par cette aventure ;
Mais un fripon d'enfant (cet âge est sans pitié [29])
Prit sa fronde et du coup tua plus d'à moitié

          La volatile [30] malheureuse,
          Qui, maudissant sa curiosité,
          Traînant l'aile et tirant le pié,
          Demi-morte et demi-boîteuse,

60   Droit au logis s'en retourna :
          Que bien, que mal [31], elle arriva
          Sans autre aventure fâcheuse.
Voilà nos gens rejoints [32] ; et je laisse à juger
De combien de plaisirs ils payèrent leurs peines.

Amants, heureux amants, voulez-vous voyager ?
          Que ce soit aux rives prochaines.
Soyez-vous l'un à l'autre un monde [33] toujours beau,
          Toujours divers, toujours nouveau ;
Tenez-vous lieu de tout, comptez pour rien le reste.

70   J'ai quelquefois [34] aimé : je n'aurais pas alors,
          Contre le Louvre et ses trésors,
Contre le firmament et sa voûte céleste,
          Changé les bois, changé les lieux
          Honorés par les pas, éclairés par les yeux
          De l'aimable et jeune Bergère
          Pour qui, sous le fils de Cythère [35],

18 Apprécier la souplesse de ce tour. — 19 Est-ce un vrai pigeon ? — 20 Ou *lacs* (cf. *lacet*) : nœud coulant. — 21 Appâts. — 22 Quelle impression produit ce rythme entrecoupé ? — 23 Quels sont les sentiments du conteur ? (cf. v. 56). — 24 Pourquoi cette succession de relatives ? — 25 Les galériens avaient les pieds enchaînés. — 26 L'arrêter avec sa serre (terme de fauconnerie). — 27 Thème cher au fabuliste (cf. *Les Voleurs et l'Ane*). — 28 Effet de rythme. Préciser. — 29 Ce trait exprime-t-il une hostilité profonde ? — 30 Mot ordinairement masculin. — 31 *Tant bien que mal*. Mais n'y a-t-il pas ici un effet particulier ? — 32 Réunis. — 33 Expliquer l'idée. — 34 Une fois. — 35 *Cythérée*, déesse de l'île de Cythère, et mère de l'Amour.

Je servis, engagé [36] par mes premiers serments.
Hélas! quand reviendront de semblables moments?
Faut-il que tant d'objets [37] si doux et si charmants [38]
80   Me laissent vivre au gré de mon âme inquiète [39]?
Ah! si mon cœur osait encor se renflammer!
Ne sentirai-je plus de charme [40] qui m'arrête?
Ai-je passé le temps d'aimer [41]?

– *Distinguez les épisodes de ce petit roman d'aventures. Montrez : a) la gradation dans les dangers courus par le voyageur ; – b) l'art d'enchaîner les faits et de raviver l'intérêt.*
– *Le dialogue initial : a) Analysez les sentiments du premier pigeon ; – b) Comment s'exprime sa tendresse ? – c) Analysez les sentiments du voyageur ; sa réponse est-elle habile, et pourquoi ?*
– *L'élégie : a) Quelles confidences nous fait le poète ? Quels sentiments éprouve-t-il ? En quoi consiste ici son lyrisme ?*
– *b) Relevez des traits de galanterie et de préciosité.*
• **Groupe thématique : Amitié. a)** *Vision optimiste.* MOYEN AGE, pages 13, 17, 20, – XVIe SIÈCLE, page 200. – XVIIe SIÈCLE, pages 241, 405. – XVIIIe SIÈCLE, page 192. – XXe SIÈCLE, pages 461, 486, 628. – *b)* ***Vision pessimiste.*** MOYEN AGE, p. 187. – XVIIe SIÈCLE, p. 151, 243, 354. – XVIIIe SIÈCLE, p. 142.

L'Ours et l'Amateur des Jardins

C'est, avant tout, l'*équilibre* et la *modération* qui définissent le tempérament de LA FONTAINE. Dans cette fable (VIII, 10), la confidence vient, comme échappée de sa plume, se mêler intimement au récit. Cet amant de la solitude ne la conçoit pas sans « *quelque doux et discret ami* » et nous dit toute la délicatesse que suppose une véritable amitié. Il en a donné, dans *Les deux Amis* (VIII, 11), la définition la plus juste et la plus émouvante qui soit :

Qu'un ami véritable est une douce chose!   De les lui découvrir vous-même ;
Il cherche vos besoins au fond de votre cœur ;   Un songe, un rien, tout lui fait peur
    Il vous épargne la pudeur   Quand il s'agit de ce qu'il aime.

Certain Ours montagnard, Ours à demi léché [1],
Confiné par le Sort dans un bois solitaire,
Nouveau Bellérophon [2] vivait seul et caché [3].
Il fût devenu fou : la raison d'ordinaire
N'habite pas longtemps chez les gens séquestrés.
Il est bon de parler et meilleur de se taire ;
Mais tous deux sont mauvais alors qu'ils sont outrés [4].
    Nul animal n'avait affaire
    Dans les lieux que l'Ours habitait :
10   Si bien que, tout ours qu'il était [5],
Il vint à s'ennuyer de cette triste vie.
Pendant qu'il se livrait [6] à la mélancolie,
    Non loin de là certain Vieillard
    S'ennuyait aussi de sa part [7].
Il aimait les jardins, était prêtre de Flore [8] ;
Il l'était de Pomone encore.

---

36 Métaphores militaires. — 37 Personne aimée (langage galant). — 38 Sens très fort. — 39 Cf. v. 20. — 40 Pouvoir magique, qui retient auprès de l'être aimé. — 41 Cf. « *Pour moi, le temps d'aimer est passé, je l'avoue* » (à la duchesse de Bouillon, 1671).

— 1 Croyance populaire : l'ourse lécherait ses petits pour les façonner. — 2 Héros grec ; puni son orgueil par les dieux, il était devenu mélancolique et solitaire. — 3 Montrer que les deux termes se complètent. — 4 Définir d'après cette formule, le tempérament du poète. — 5 Montrer l'humour de l'expression. — 6 Commenter le terme. — 7 De son côté. — 8 Déesse des fleurs. *Pomone* : déesse des fruits. Montrer la grâce de ces évocations.

Ces deux emplois sont beaux ; mais je voudrais parmi [9]
    Quelque doux et discret ami [10] :
Les jardins parlent peu, si ce n'est dans mon livre.
20   De façon que, lassé de vivre
Avec des gens muets, notre homme, un beau matin,
Va chercher compagnie, et se met en campagne.
    L'Ours, porté [11] d'un même dessein,
    Venait de quitter sa montagne.
    Tous deux, par un cas [12] surprenant [13],
    Se rencontrent en un tournant [14].
L'Homme eut peur ; mais comment esquiver [15] ? et que faire [16] ?
Se tirer en Gascon [17] d'une semblable affaire
Est le mieux : il sut donc dissimuler sa peur.
30   L'Ours, très mauvais complimenteur,
Lui dit : « Viens-t'en me voir [18]. » L'autre reprit : « Seigneur,
Vous voyez mon logis ; si vous me vouliez faire
Tant d'honneur [19] que d'y prendre un champêtre repas [20],
J'ai des fruits, j'ai du lait : ce n'est peut-être pas
De Nosseigneurs les Ours le manger [21] ordinaire ;
Mais j'offre ce que j'ai. » L'Ours l'accepte [22] ; et d'aller [23].
Les voilà bons amis avant que d'arriver ;
Arrivés, les voilà se trouvant bien ensemble [24] ;
    Et, bien qu'on soit, à ce qu'il semble,
40   Beaucoup mieux seul qu'avec des sots [25],
Comme l'Ours en un jour ne disait pas deux mots,
L'Homme pouvait sans bruit vaquer à son ouvrage.
L'Ours allait à la chasse, apportait du gibier [26],
    Faisait son principal métier
D'être bon émoucheur [27], écartait du visage
De son ami dormant ce parasite ailé
    Que nous avons mouche appelé [28].
Un jour que le Vieillard dormait d'un profond somme,
Sur le bout de son nez une allant se placer,
50   Mit l'Ours au désespoir ; il eut beau la chasser [29].
    « Je t'attraperai bien, dit-il ; et voici comme [30]. »
Aussitôt fait que dit : le fidèle [31] émoucheur
Vous [32] empoigne un pavé, le lance avec roideur,
Casse la tête à l'Homme en écrasant la mouche [33],
Et, non moins bon archer [34] que mauvais raisonneur,
Roide mort étendu sur la place il le couche [35].

---

9 Au milieu (adv.). — 10 Confidence émouvante ; mais montrer que ces deux épithètes s'expliquent par la suite du récit. — 11 *Poussé par un...* — 12 Hasard (*latin : casus*). — 13 En quoi consiste ici l'art de conter ? — 14 Montrer l'intérêt de ce détail pittoresque. — 15 S'esquiver (emploi intransitif). — 16 Expliquer ce style coupé. — 17 En faisant bonne contenance. — 18 Que penser du *ton* de l'invitation ? — 19 Apprécier cet ample rejet. — 20 Il s'excuse! — 21 Expliquer le terme. — 22 Accepte *cela*. Souligner l'effet de contraste. — 23 Quelle impression produit ce tour ? — 24 Comment le poète a-t-il suggéré les *progrès rapides* de cette amitié ? — 25 Montrer que La Fontaine prépare son dénouement. — 26 Pourquoi le conteur insiste-t-il sur les services rendus par l'Ours ? — 27 Joli mot! (cf. « *émoucheteur* », dans Rabelais). — 28 Que suggèrent ces trois enjambements successifs ? — 29 *S.-e. :* « Ce fut en vain ». — 30 Comment. — 31 Montrer l'ironie. — 32 Quelle est l'*utilité* de ce mot *explétif ?* — 33 Étudier le rapport entre ces deux faits. — 34 Tireur. — 35 Montrer la vigueur de cette peinture.

Rien n'est si dangereux qu'un ignorant ami ;
Mieux vaudrait un sage [36] ennemi.

– *Le conteur.* a) *Comment l'auteur fait-il accepter les coïncidences peu vraisemblables du début ?* – b) *Quels détails a-t-il omis pour hâter son récit ?* – c) *Caractérisez le dénouement.*
– *Comment voyez-vous le caractère de l'Ours ? Par quels traits est-il assimilé à un être humain ?*
– *Analysez le caractère et les goûts du vieillard. Comment dissimule-t-il sa peur lors de sa rencontre avec l'Ours ?*
– Le dénouement. *Quelles qualités et quels défauts le poète a-t-il donnés à cet Ours ?*
– Le lyrisme de LA FONTAINE. *Définissez son goût de la nature et ses idées sur l'amitié.*
– **Contraction.** *Résumez cette anecdote en quelques lignes* – **Essai.** *Commentez les deux derniers vers.*
• **Groupe thématique : Nature.** La nature et les animaux dans les fables. cf. MOYEN AGE. *Roman de Renard.*

LA FONTAINE IMITATEUR DE PILPAY : Livre des Lumières *(D'un Jardinier et d'un Ours)* :
« Il y avait autrefois un jardinier qui aimait tant le jardinage qu'il s'éloigna de la compagnie des hommes pour se donner tout entier au soin de cultiver ses plantes. Il n'avait ni femme ni enfants, et, depuis le matin jusqu'au soir, il ne faisait que travailler dans son jardin, qu'il rendit aussi beau que le paradis terrestre. A la fin, le bonhomme s'ennuya d'être seul dans sa solitude. Il prit la résolution de sortir de son jardin pour chercher compagnie. En se promenant au pied d'une montagne, il aperçut un ours dont les regards causaient de l'effroi. Cet animal s'était aussi ennuyé d'être seul et n'était descendu de la montagne que pour voir s'il ne rencontrerait point quelqu'un avec qui il pût faire société. Aussitôt qu'ils se virent, ils sentirent de l'amitié l'un pour l'autre. Le jardinier aborda l'ours, qui lui fit une profonde révérence. Après quelques civilités, le jardinier fit signe à l'ours de le suivre et, l'ayant mené dans son jardin, lui donna de fort beaux fruits qu'il avait conservés soigneusement et, enfin, il se lia entre eux, une étroite amitié... »
a) *Pourquoi* LA FONTAINE *a-t-il interverti l'ordre de présentation des personnages ?*
b) *Comment a-t-il enrichi le récit de la rencontre ?*
c) *Par quelles modifications l'a-t-il rendu plus vraisemblable ?*
d) *Exposez tout ce que la fable doit à la personnalité du conteur.*

---

2. LA « SAGESSE » DE LA FONTAINE. C'est peut-être dans ces fables, les *plus personnelles*, que se trouve le dernier mot de la *morale* de La Fontaine. A Esope et à ses prédécesseurs, il empruntait les préceptes étroits de la « sagesse des nations »; mais ici, n'écoutant comme MONTAIGNE que son *tempérament profond*, c'est sa propre « sagesse » qu'il nous livre. Elle est toute d'équilibre et de modération dans les désirs (cf. p. 229). La Fontaine accepte les décrets de la Providence : *Dieu fait bien ce qu'il fait* (IX, 4); cf. II, 17; III, 4; IV, 2; V, 1). Il cherche le bonheur dans la simplicité et le repos (p. 240) et fait l'éloge de la « médiocrité » chère à Horace (cf. *Les Souhaits; Le Berger et le Roi*). En bon *épicurien*, il pense qu'il y a un art de goûter la vie avec modération, sans tomber dans la stupidité de l'avare (VIII, 27) ou l'austérité excessive d'un « indiscret stoïcien », qui, en supprimant les passions, vous fait « cesser de vivre » (*Le Philosophe Scythe*). Cette « sagesse » un peu étroite, mais si difficile à pratiquer, s'élève jusqu'à une *réelle noblesse* quand le poète, évoquant la mort avec sérénité, nous montre le sage « *toujours prêt à partir* », à sortir de la vie « *ainsi que d'un banquet* » (p. 249).

La fable philosophique   Chez Mme DE LA SABLIÈRE, de 1672 à 1678, La Fontaine se mêle aux discussions des philosophes et des savants. Il s'entretient en curieux avec le mathématicien ROBERVAL, avec des astronomes, des médecins, des physiciens, et surtout avec le voyageur BERNIER, disciple du philosophe GASSENDI (1592-1635).
Les fables du *Second Recueil* contiennent des échos de ces hautes préoccupations; peut-être étaient-elles le prélude d'un grand poème philosophique et scientifique que LA FONTAINE, désirant devenir un « Lucrèce français », paraissait annoncer dès le *Livre VII* (« La Nature ordonna ces choses sagement : *J'en dirai quelque jour les raisons amplement* », VII, 18). A défaut de ce grand poème, nous trouvons dans les fables des développements de *philosophie morale ou métaphysique* inspirés par l'épicurisme de Gassendi (cf. p. 127).

---

36 *Raisonnable* et *habile*. Montrer tout l'enrichissement que ce terme apporte à la moralité.

PHILOSOPHIE   Peut-on parler de la « philosophie » d'un artiste ?
  MORALE Il s'agit ici non d'un système dogmatique, mais « *d'une conception des principes et des fins de la vie humaine et des lois qui la régissent* » (G. Michaut). *Épicurien*, nous l'avons vu (p. 245), croyant à la bonté de la Nature et à l'action de la Providence, La Fontaine a surtout médité sur la mort, quand l'âge l'invita plus directement à y faire réflexion. Il avait déjà abordé le problème, de façon très impersonnelle, dans le *Premier Recueil* (p. 215) ; mais il lui arrivait de traiter le thème sur un ton dégagé et désinvolte (*La Jeune Veuve*). On étudiera, dans les deux fables ci-dessous, le *frémissement très humain* que lui inspire l'avidité insatiable de la mort et, pourtant, la *résignation apaisée* avec laquelle il l'accepte.

 « Cette quiétude épicurienne n'est déjà plus l'insouciance de jadis, et, malgré les apparences, elle est une étape vers la crainte de l'au-delà et vers la conversion finale » (G. Michaut).

LE VIEILLARD ET LES TROIS JEUNES HOMMES

 La Fontaine, en vieillissant, a tiré de son épicurisme la *sagesse* la plus haute qu'il pouvait comporter. C'est peut-être au terme d'une vie qu'on peut, en cherchant l'art de mourir, découvrir enfin *l'art de vivre*. Quelle émouvante leçon nous donne ce *Vieillard !* Nous voici loin des thèmes égoïstes d'un épicurisme avide de jouir du présent. La brièveté même de la vie nous invite à *vaincre le temps par des œuvres durables* et à jouir dès maintenant du bonheur qu'on nous devra après notre mort. « *Cet épicurisme intelligent et désintéressé s'élève à la plus haute morale sociale* » (P. Clarac). (LIVRE XI, 8.)

Un Octogénaire plantait.
« Passe encor de bâtir ; mais planter à cet âge [1] ! »
Disaient trois Jouvenceaux [2], enfants du voisinage ;
  Assurément il radotait [3].
  « Car, au nom des Dieux, je vous prie,
Quel fruit [4] de ce labeur pouvez-vous recueillir ?
Autant qu'un patriarche [5] il vous faudrait vieillir.
  A quoi bon charger votre vie
Des soins [6] d'un avenir qui n'est pas fait pour vous ?
10 Ne songez désormais qu'à vos erreurs passées ;
Quittez le long espoir et les vastes pensées [7] ;
  Tout cela ne convient qu'à nous.
  — Il ne convient pas à vous-mêmes [8],
Repartit le Vieillard. Tout établissement [9]
Vient tard et dure peu. La main des Parques blêmes
De vos jours et des miens se joue également.
Nos termes [10] sont pareils par leur courte durée.
Qui de nous des clartés de la voûte azurée
Doit jouir le dernier [11] ? Est-il aucun moment
20 Qui vous puisse assurer d'un second seulement ?

— 1 Expliquer la nuance. — 2 Petits jeunes gens (terme archaïque et railleur). — 3 Montrer que le style indirect adoucit ce langage. — 4 Profit. — 5 Cf. Mathusalem, qui, selon la Bible, vécut près de mille ans. — 6 Soucis (cf. v. 23). — 7 Montrer l'ampleur évocatrice de ce vers. — 8 *Même à vous*. Montrer la différence entre ce ton et celui des jouvenceaux. — 9 Tout ce qu'on fonde solidement. — 10 Bornes limites. — 11 Montrer la progression de l'idée.

Mes arrière-neveux [12] me devront cet ombrage :
Eh bien! défendez-vous au sage [13]
De se donner des soins pour le plaisir d'autrui ?
Cela même est un fruit [14] que je goûte aujourd'hui :
J'en puis jouir demain, et quelques jours encore [15] ;
Je puis enfin compter l'aurore
Plus d'une fois sur vos tombeaux [16]. »
Le Vieillard eut raison : l'un des trois Jouvenceaux
Se noya dès le port [17], allant à [18] l'Amérique ;
30   L'autre, afin de monter aux grandes dignités,
Dans les emplois de Mars [19] servant la République [20],
Par un coup imprévu vit ses jours emportés ;
Le troisième tomba d'un arbre
Que lui-même il voulut enter [21] ;
Et, pleurés [22] du Vieillard, il grava sur leur marbre
Ce que je viens de raconter.

— Indiquez la composition du récit. Quelle leçon s'en dégage ? Comment est-elle suggérée ?
— Quels traits du caractère de la jeunesse se manifestent dans le discours des jouvenceaux ? Précisez leurs arguments ;
  y a-t-il une relation entre leur mort et leur caractère ?
— Montrez que le Vieillard réplique point par point aux réflexions des jeunes ; sur quel ton ?
— Quelle est la portée philosophique et morale des réflexions du Vieillard ?
*— **Entretien**. La différence entre cette morale et les réflexions habituelles du poète. Votre position personnelle ?*
*— **Commentaire composé**. La formule de la fable philosophique ; la leçon morale.*

EXERCICE : *Etudier les enrichissements apportés au récit d'Abstemius :* « Un jouvenceau se moquait
d'un vieillard décrépit : il était fou de planter des arbres dont il ne verrait jamais les fruits ! Le
vieillard répliqua : « Toi non plus, ces arbres que tu te disposes à greffer, tu n'en recueilleras peut-
être pas les fruits. » Et ce fut vrai : tombant d'un arbre où il avait grimpé pour couper des boutures,
le jouvenceau se rompit le cou. »

La Mort et le Mourant

Voici maintenant une *dissertation morale* où la fable vient, à titre d'exemple, s'insérer dans les
graves réflexions de l'auteur. C'est le *lieu commun* de la mort inévitable, vieux comme le monde,
que chaque siècle reprend à sa façon. On retrouverait, çà et là, des souvenirs de Lucrèce et d'Horace, des échos de Montaigne, de Malherbe et de Bossuet. Mais LA FONTAINE est « *un de ces poètes
qui, par la vérité et la vivacité de leur peinture, font que les grands lieux communs de la vie humaine
nous émeuvent comme s'ils venaient de nous toucher personnellement* » (Saint-Marc Girardin). Cette
fable, par sa gravité, par l'élévation de sa pensée et par l'envol de son lyrisme, en est la plus parfaite
démonstration (VIII, 1).

La Mort ne surprend [1] point le sage ;
Il est toujours prêt à partir,
S'étant su [2] lui-même avertir [3]
Du temps où l'on se doit résoudre à ce passage [4].
Ce temps, hélas! embrasse tous les temps [5] :

12 Arrière-petits-fils. — 13 Noter la force du
terme. — 14 Réplique au vers 6. — 15 Modération à expliquer. — 16 Comparer ce dernier
trait à celui du vers 12. — 17 Commenter le
choix significatif de détail. — 18 Vers (*ad*).
— 19 Préciser le sens et le ton de cette périphrase. — 20 L'Etat. — 21 Greffer par incision

(cf. *entaille*). — 22 Le part. pouvait ne pas se
rapporter au sujet du verbe principal (App.
H 1). — 1 Préciser le sens (cf. v. 30). — 2 Cf.
App. B 4. — 3 Expliquer l'idée (cf. v. 24 et
34-37). — 4 Qu'y a-t-il d'optimiste dans ce
terme? — 5 N'y a-t-il ici qu'un jeu verbal?

Qu'on le partage en jours, en heures, en moments [6],
　　Il n'en est point qu'il ne comprenne [7]
Dans le fatal tribut ; tous sont de son domaine [8] ;
Et le premier instant où les enfants des rois [9]

10　　　　Ouvrent les yeux à la lumière [10]
　　Est celui qui vient quelquefois
　　Fermer pour toujours leur paupière [11].
　　Défendez-vous par la grandeur [12],
Alléguez la beauté, la vertu, la jeunesse [13] ;
　　La Mort ravit tout sans pudeur [14] ;
Un jour le monde entier accroîtra sa richesse.
　　Il n'est rien de moins ignoré ;
　　Et puisqu'il faut que je le die [15],
　　Rien où l'on soit moins préparé.

20　Un Mourant, qui comptait plus de cent ans de vie [16],
Se plaignait à la Mort que précipitamment
Elle le contraignait [17] de partir tout à l'heure [18],
　　Sans qu'il eût fait son testament,
Sans l'avertir au moins. « Est-il juste qu'on meure
Au pied levé [19] ? dit-il : attendez quelque peu ;
Ma femme ne veut pas que je parte sans elle [20] ;
Il me reste à pourvoir un arrière-neveu [21] ;
Souffrez qu'à mon logis j'ajoute encore une aile [22].
Que vous êtes pressante, ô Déesse cruelle !

30　　　— Vieillard, lui dit la Mort, je ne t'ai point surpris ;
Tu te plains sans raison de mon impatience :
Eh ! n'as-tu pas cent ans ? Trouve-moi dans Paris
Deux mortels aussi vieux ; trouve-m'en dix en France.
Je devais [23], ce dis-tu, te donner quelque avis
　　Qui te disposât à la chose :
　　J'aurais trouvé ton testament tout fait,
Ton petit-fils pourvu, ton bâtiment parfait [24].
Ne te donna-t-on pas des avis, quand la cause
　　Du marcher [25] et du mouvement,
40　　　Quand les esprits [26], le sentiment,
Quand tout faillit [27] en toi ? Plus de goût, plus d'ouïe ;
Toute chose pour toi semble être évanouie ;
Pour toi l'astre du jour prend des soins superflus ;
Tu regrettes des biens qui ne te touchent plus [28].
　　Je t'ai fait voir tes camarades

---

6 Etudier la gradation. — 7 C.-à-d. : *On peut mourir à tout instant.* — 8 Propriété du *seigneur* (*dominus*). — 9 Le duc d'Anjou, fils de Louis XIV, n'avait vécu que quelques jours (1672). — 10 Justifier ces deux périphrases successives. — 11 Cf. MALHERBE, p. 20 (v. 55-56). — 12 Pour l'idée et le tour, cf. BOSSUET, p. 267 (l. 12-19). — 13 Songer à Henriette d'Angleterre, morte en 1670 (cf. Bossuet, p. 275). — 14 Honte. — 15 Dise (subj. archaïque). — 16 Montrer l'importance de ce détail dans la fable. — 17 Qu'exprime ici l'indicatif ? — 18 Sur-le-champ (cf. « sur l'heure »). — 19 Image familière. Expliquer. — 20 Ironie de l'auteur des *Contes* (cf. *La Jeune Veuve* : « Sa femme Lui criait : « Attends-moi, je te suis... » Le mari fait seul le voyage. ») — 21 Arrière-petit-fils. — 22 Cf. p. 247 (v. 21-25). Où est la différence ? — 23 J'aurais dû (cf. App. G 1). — 24 Achevé. — 25 Expl. le tour et le sens. — 26 Esprits animaux (cf. Descartes, p. 87). — 27 Fit défaut. — 28 Montrer la force de l'argument.

Ou morts, ou mourants, ou malades [29] :
Qu'est-ce que tout cela qu' [30] un avertissement ?
Allons, vieillard, et sans réplique.
Il n'importe à la République [31]
50   Que tu fasses ton testament. »

La Mort avait raison. Je voudrais qu'à cet âge
On sortît de la vie ainsi que d'un banquet [32],
Remerciant son hôte, et qu'on fît son paquet ;
Car de combien peut-on retarder le voyage [33] ?
Tu murmures, vieillard ! vois ces jeunes mourir,
       Vois-les marcher, vois-les courir
A des morts, il est vrai, glorieuses et belles,
Mais sûres cependant, et quelquefois cruelles [34].
J'ai beau te le crier ; mon zèle est indiscret [35] :
Le plus semblable aux morts meurt le plus à regret [36].

– *Dégagez les idées du poète dans les lignes 1-19. Etudiez la présentation originale de ces idées.*
– La Fable. *a) Que pensez-vous des plaintes du Vieillard ? Que valent ses arguments ? – b) Exposez les arguments de la Mort pour réfuter ses raisons. Étudiez le contraste de ton entre les deux.*
– Les réflexions finales *(v. 51-60). a) Comment le poète leur a-t-il donné une forme vivante ? – b) Quel état d'esprit devant la mort s'exprime dans les images des vers 51-54 ?*
– **Commentaire composé :** *vers 20-50. L'art de mettre en scène un apologue moral.*
• **Groupe thématique : Mort.** Cf. pages 64, 215, 246, 247, 265 à 269. – MOYEN AGE, pages 214, 215 – XVIe SIÈCLE, pages 147 à 150, 222 à 226 – XVIIIe SIÈCLE, page 380. – XIXe SIÈCLE, pages 91, 94, 104, 130, 179, 181, 452, 537. – XXe SIÈCLE, pages 251, 325, 433, 592, 628.
– EXERCICE : Comparez les vers *20-41* à ces lignes d'Abstemius : « *Un vieillard suppliait la Mort, venue l'arracher à cette terre, d'attendre un peu, qu'il eût rédigé son testament et terminé ses préparatifs pour ce long voyage. « Pourquoi ne les as-tu pas faits ? lui dit-elle ; je t'ai si souvent averti ! »*

SCIENCE ET MÉTAPHYSIQUE

S'il nous livre parfois ses confidences « lyriques », LA FONTAINE examine aussi, à propos des fables, quelques points de *science* ou de *métaphysique* qui lui tiennent à cœur. C'est ainsi que, dans *Un Animal dans la Lune*, il traite le problème de la perception extérieure et montre que la raison redresse les illusions de nos sens :

Quand l'eau courbe un bâton, ma raison le redresse :   Mes yeux, moyennant ce secours,
La raison décide en maîtresse   Ne me trompent jamais, en me mentant toujours.

Dans *L'Horoscope*, il réfute la croyance à l'astrologie et proclame la « liberté » de l'homme, tout en reconnaissant la force du naturel *(La Souris métamorphosée en fille)* et l'influence de l'éducation *(L'Education)*.
Mais la question qu'il a traitée avec le plus de flamme, c'est celle de l'*âme des bêtes*. Gassendiste convaincu, il rejette vigoureusement la théorie cartésienne des « *animaux-machines* » (p. 86). Il s'est amusé à suivre les raisonnements logiques d'un hibou *(Les Souris et le Chat-huant)* et même à soutenir paradoxalement la supériorité de l'animal sur l'homme *(Les Compagnons d'Ulysse ; L'Homme et la Couleuvre)*. Mais, dans le premier *Discours à M*[me] *de La Sablière* (Fables, IX), il est plus sérieux et, réfutant pied à pied la théorie de DESCARTES, il propose une *solution moyenne* dérivée de la conception gassendiste d'un univers formé d'un agrégat d'atomes et animé, à divers degrés, de toute une hiérarchie d'âmes (cf. p. 128).

---

29 Cf. Montaigne (*XVIe Siècle*, p. 222, l. 28-fin). — 30 Sinon. — 31 L'Etat. — 32 La comparaison est déjà chez les épicuriens Lucrèce (III, 938) et Horace (*Sat.*, I, I, 118). — 33 Etu-dier l'enchaînement de ces images familières. — 34 Allusion aux nombreuses victimes de la guerre de Hollande. — 35 Qui agit sans discernement, sans à-propos. — 36 Montrer la vérité de l'idée et la vigueur de l'expression.

L'âme des bêtes

Ce poète *ami des bêtes*, qui leur prête toutes les préoccupations et tous les sentiments des humains, ce cœur sensible qui s'est attendri sur leurs infortunes, ne pouvait accepter la théorie des animaux-machines. On verra avec quelle finesse il fait *ironiquement* le procès de la conception cartésienne, avec quelle sûreté, quelle variété, il a su exposer sans pédantisme cette délicate question et proposer une solution plus *poétique*, il est vrai, que philosophique. Cet excellent *poème didactique* débute par un éloge des discussions variées qui animent le salon de Mme DE LA SABLIÈRE *(Iris)*.

> ... Ils [1] disent donc
> Que la bête est une machine [2] ;
> Qu'en elle tout se fait sans choix [3] et par ressorts :
> Nul sentiment, point d'âme ; en elle tout est corps.
> Telle est la montre [4] qui chemine
> A pas toujours égaux, aveugle et sans dessein.
> Ouvrez-la, lisez dans son sein :
> Mainte roue y tient lieu de tout l'esprit du monde ;
> La première y meut la seconde ;
> 10 Une troisième suit : elle sonne à la fin.
> Au dire de ces gens, la bête est toute telle :
> L'objet [5] la frappe en un endroit ;
> Ce lieu frappé s'en va tout droit,
> Selon nous [6], au voisin en porter la nouvelle.
> Le sens [7] de proche en proche aussitôt la reçoit.
> L'impression se fait [8]. Mais comment se fait-elle ?
> Selon eux [9], par nécessité [10],
> Sans passion, sans volonté :
> L'animal se sent agité
> 20 De mouvements [11] que le vulgaire [12] appelle
> Tristesse, joie, amour, plaisir, douleur cruelle,
> Ou quelque autre de ces états.
> Mais ce n'est point cela : ne vous y trompez pas.
> Qu'est-ce donc ? — Une montre [13]. — Et nous [14] ? — C'est autre chose.
> Voici de la façon que [15] Descartes l'expose,
> Descartes, ce mortel dont on eût fait un dieu [16]
> Chez les païens [17], et qui tient le milieu
> Entre l'homme et l'esprit [18], comme entre l'huître et l'homme
> Le tient tel de nos gens [19], franche bête de somme :
> 30 Voici, dis-je, comment raisonne cet auteur :
> « Sur [20] tous les animaux, enfants du Créateur,
> J'ai le don de penser ; et je sais que je pense [21] » ;
> Or vous savez, Iris, de certaine science [22],
> Que, quand la bête penserait,

— 1 Les cartésiens. — 2 Mme de Sévigné protestait : « *Des machines qui aiment, ... des machines qui sont jalouses, des machines qui craignent... Jamais Descartes n'a prétendu nous le faire croire* » (23 mars 1672). — 3 Discernement. — 4 Cf. Descartes, p. 86 (V, 2). — 5 Ce qui est placé devant (*ob + jectum*) nos sens. — 6 Selon l'opinion commune. — 7 Le système sensible (nerveux). — 8 C'est le résultat de ce processus. — 9 Les cartésiens. — 10 Mécaniquement, sans la moindre conscience. — 11 Réactions purement physiques. — 12 Et le poète lui-même ! — 13 Noter l'ironie de cette réplique prêtée au cartésien. — 14 Nous, les hommes. — 15 De quelle façon. — 16 N'est-ce pas l'annonce d'un argument ? — 17 Où, par exemple, Lucrèce considère Epicure comme un dieu. — 18 L'esprit pur. — 19 Noter déjà l'idée des degrés dans la conscience. — 20 *Seul de tous...* — 21 C'est la pensée consciente. Cf. : *Je pense, donc je suis.* — 22 Science sûre.

La bête ne réfléchirait
Sur l'objet ni sur la pensée [23].
Descartes va plus loin, et soutient nettement
Qu'elle ne pense nullement.
Vous n'êtes point embarrassée
40   De le croire ; ni moi [24].
Cependant, quand aux bois
Le bruit des cors, celui des voix,
N'a donné nul relâche à la fuyante proie,
Qu'en vain elle a mis ses efforts
A confondre et brouiller la voie [25],
L'animal chargé d'ans, vieux cerf, et de dix cors,
En suppose [26] un plus jeune, et l'oblige par force
A présenter aux chiens une nouvelle amorce.
Que de raisonnements [27] pour conserver ses jours !
50 Le retour sur ses pas, les malices, les tours,
Et le change, et cent stratagèmes
Dignes des plus grands chefs, dignes d'un meilleur sort [28] !

Et LA FONTAINE *de citer l'exemple de la* PERDRIX *qui attire sur elle les chiens pour sauver ses petits, l'intelligence des* CASTORS, *l'anecdote des* DEUX RATS *assez ingénieux pour transporter un œuf :* « *L'un se mit sur le dos, prit l'œuf entre ses bras...* | *L'autre le traîna par la queue.* | *Qu'on m'aille soutenir, après un tel récit,* | *Que les bêtes n'ont point d'esprit.* »

Pour moi si j'en étais le maître,
Je leur en [29] donnerais aussi bien qu'aux enfants.
Ceux-ci pensent-ils pas dès leurs plus jeunes ans ?
Quelqu'un peut donc penser ne se pouvant [30] connaître.
      Par un exemple tout égal,
      J'attribuerais à l'animal,
Non point une raison selon notre manière,
60 Mais beaucoup plus aussi qu'un aveugle ressort :
Je subtiliserais [31] un morceau de matière,
Que l'on ne pourrait plus concevoir sans effort [32],
Quintessence [33] d'atome, extrait [33] de la lumière,
Je ne sais quoi plus vif et plus mobile encor
Que le feu [34], car enfin, si le bois fait la flamme,
La flamme, en s'épurant, peut-elle pas de l'âme
Nous donner quelque idée ? et sort-il pas de l'or
Des entrailles du plomb [35] ? Je rendrais mon ouvrage
Capable de sentir, juger, rien davantage,
70   Et juger imparfaitement,
Sans qu'un singe jamais fît le moindre argument [36].

Ainsi le poète imagine une échelle continue *des êtres : au bas, la plante qui* « *respire* » ; *entre l'huître et l'homme moyen, les animaux supérieurs (castors) et les hommes inférieurs ; entre l'homme moyen et la divinité, les hommes de génie... comme* DESCARTES.

---

23 Concession extrême : l'animal ne *réfléchit* pas. — 24 La suite (v. 41-52) montre que cette acceptation n'est que provisoire, et peut-être ironique. — 25 Pour égarer les chiens. — 26 *Met à sa place*. Il donne *le change* (v. 51) aux chiens (termes de vénerie). — 27 Mot capital. Preuve d'intelligence. — 28 Dégager l'idée qui inspire ce contraste ! — 29 « *De l'esprit* ». — 30 Valeur concessive : *bien que...* — 31 Rendrais subtil. — 32 D'où ses efforts pour nous le faire concevoir par des images. — 33 Termes d'alchimie. — 34 Les stoïciens pensent que l'âme est de feu. — 35 Croyance des alchimistes. — 36 Raisonnement logique.

BOSSUET

Une vocation précoce   Né à Dijon, en 1627, d'une famille de magistrats, JACQUES-BÉNIGNE BOSSUET reçut d'abord une éducation classique (latin et grec) au collège des Jésuites de sa ville natale. A 15 ans, il entre au collège de Navarre, à Paris, où, pendant de longues années, il étudiera la philosophie et la théologie. Depuis l'âge de 8 ans, il se destinait au sacerdoce, et ses dons oratoires l'incitaient déjà à recueillir, dans saint Thomas et les Pères de l'Église, tout ce qui pouvait servir à la *prédication*. Néanmoins, il fréquenta quelque temps le monde, applaudissant CORNEILLE, écrivant des vers précieux, gratifiant l'*Hôtel de Rambouillet* d'un sermon improvisé à onze heures du soir, ce qui aurait fait dire à VOITURE qu'il n'avait jamais ouï prêcher « *ni si tôt ni si tard* ». Mais, très vite, BOSSUET va rompre avec le siècle : ordonné sous-diacre à Langres (1648), il écrit, à 21 ans, une *Méditation sur la Brièveté de la Vie* où s'annoncent déjà, pour le fond et parfois pour la forme, les variations sur la Mort qui feront la beauté de ses *Sermons* et de ses *Oraisons Funèbres* ; la même année, il exprime, dans une *Méditation sur la félicité des saints*, l'essentiel de ses idées sur le rôle de la Providence. Reçu docteur en théologie, il est ordonné *prêtre* en 1652 : dès lors, l'histoire de sa vie se confond avec celle de ses activités d'homme d'Église.

Bossuet à Metz (1652-1659)   Archidiacre de Sarrebourg (1652), puis de Metz (1654), il revient souvent à Paris pour assister, à Saint-Lazare, aux *conférences de saint* VINCENT DE PAUL sur la prédication : son *éloquence*, tumultueuse à ses débuts (il s'adressait aux soldats et aux pauvres), devient plus simple et plus familière. Saint Vincent de Paul l'encourage également à développer les *œuvres charitables* dans Metz désolé par la guerre. Enfin, BOSSUET soutient une controverse courtoise avec les protestants, qu'il voudrait ramener dans le sein de l'Église : il publie, en 1655, la *Réfutation du catéchisme de Paul Ferri*, ministre protestant. Dans cette période de Metz, il a relu la *Bible* et les *Pères*, et noté sur des cahiers les passages les plus frappants : c'est là qu'il puisera désormais les citations qui tiennent une si grande place dans son éloquence.

Les grands sermons (1659-1670)   En 1659, saint Vincent de Paul l'appelle à Paris pour l'aider dans ses œuvres. Bossuet reste archidiacre de Metz, où il continue son action, mais *pendant dix ans*, l'essentiel de son activité sera la *prédication*. Il va prononcer des *centaines de sermons*. En 1660, il prêche le Carême à l'*église des Minimes*, devant une affluence aristocratique et frivole; en 1661, au contraire, c'est le *carême des Carmélites*, devant un public plus restreint et plus recueilli. L'année 1662 marque l'apogée de la période des grands *Sermons*; Bossuet a 35 ans et prêche le *Carême du Louvre*, devant le roi et toute la cour : ce sont les sermons sur *Le Mauvais Riche*, sur *La Providence*, sur *L'Ambition*, sur *La Mort*. Il prêchera encore le *Carême à Saint-Germain* (1666), l'Avent au Louvre (1665) et à Saint-Germain (1669), devant la cour. Dans la même période, sa grande réputation lui fait confier l'*Oraison funèbre d'Anne d'Autriche* (1667), celle d'*Henriette de France, reine d'Angleterre* (1669), et, un an plus tard, celle de sa fille, *Henriette d'Angleterre* (1670). Nommé évêque de Condom à la fin de 1669, il n'a pas le temps de résider dans son diocèse : à 43 ans, il est choisi comme *précepteur du* GRAND DAUPHIN (1670).

Le précepteur du Dauphin De 1670 à 1680, Bossuet renonce à prêcher pour se consacrer à sa mission. Le fils de Louis XIV, héritier des trônes de France et d'Espagne, était un élève médiocre, mou, ne s'intéressant à rien. BOSSUET s'attacha à vaincre cette inertie par une *pédagogie* digne de Montaigne et de Fénelon.

1. LA PÉDAGOGIE DE BOSSUET. Il adapte l'enseignement à l'âge et au caractère du prince, s'adresse à son imagination, recourt à des méthodes riantes, à des entretiens familiers. Pour assurer l'unité de cette formation, *il se charge de tout enseigner*, sauf les mathématiques. Il descend jusqu'aux tâches les plus minutieuses; il rédige lui-même les cours : religion, latin, français, histoire et géographie, philosophie, droit romain, physique, histoire naturelle. Son enseignement est avant tout *pratique :* il ne veut pas former un savant, mais préparer le prince au *métier de roi*, c'est-à-dire à juger et à agir. Vertus et défauts des souverains, tout lui sert d'exemple ou de leçon. Il n'hésite pas à souligner les fautes des papes et même des rois : il condamne particulièrement Charles IX et la Saint-Barthélemy. Le modèle qu'il propose au Dauphin est celui de Louis IX, parce qu'il s'est acquitté *chrétiennement* de ses devoirs de roi. Ainsi Bossuet tempère, dans l'esprit du Dauphin, l'idée de son droit divin par celle de ses *devoirs envers Dieu*. C'est la même doctrine qu'il expose dans une *lettre courageuse à Louis XIV* pour l'inviter à alléger la charge écrasante des impôts : « Vous devez considérer, Sire, que le trône que vous occupez est à Dieu, que vous y tenez sa place et que vous y devez régner selon ses lois » (1675).

2. LES OUVRAGES D'ÉDUCATION. Son préceptorat enrichit sa culture et son esprit, développant en lui le goût des faits et la largeur de vues. Pour couronner l'éducation du Dauphin, il rédige de grands ouvrages, publiés plus tard, le *Discours sur l'Histoire universelle*, la *Politique tirée de l'Ecriture sainte*, le *Traité de la Connaissance de Dieu et de soi-même*.

Bossuet évêque de Meaux Ayant terminé l'éducation du Dauphin (1680), il est nommé évêque de Meaux (1681), ce qui ne l'empêche pas, étant aumônier de la Dauphine, de revenir souvent à la cour. A Meaux, pendant que sa nièce préside, à l'évêché, des réunions mondaines, BOSSUET se retire pour méditer, prier et écrire, dans un pavillon au fond des jardins ou dans sa maison de Germiny, sur les bords de la Marne. Mais cet *homme d'action* est loin de se confiner dans une demi-retraite.

1. LE PRÉLAT INFATIGABLE. Accueilli avec enthousiasme, il prend son rôle à cœur, évangélisant les paroisses, officiant dans sa cathédrale pour les fêtes, écrivant des *lettres pastorales*, publiant pour ses diocésains un *catéchisme* (1687) et un *recueil de prières*. Il veille sur les communautés et compose, en 1695, pour des religieuses, les *Méditations sur l'Evangile*, pleines d'onction et de lyrisme, qui aboutissent à des élans vers Dieu, et *Les Elévations sur les Mystères*, plus abstraites dans leurs considérations métaphysiques sur la perfection divine. Il trouve même le temps de jouer le rôle délicat de *directeur de conscience* auprès de plusieurs correspondantes d'élite, dont la plus docile est Mme CORNUAU. Et pourtant bien des tâches le sollicitaient hors de son évêché.

2. LE CHEF DE L'ÉGLISE DE FRANCE. Dès 1681, quand le roi convoque l'*Assemblée du Clergé*, au moment de l'affaire de la Régale, c'est BOSSUET, véritable chef de l'Épiscopat français, qui prononce le discours d'ouverture, le *Sermon sur l'unité de l'Eglise*. Gallican de tradition et de pensée, il combat l'attribution au Pape de privilèges excessifs, mais, pour éviter un schisme, il résiste aux partisans de l'autonomie totale de l'Église de France. Il montre que l'unité de l'Église est une force et que la soumission au Pape est conforme à la tradition, puisque Pierre était le chef désigné par Jésus et reconnu par les apôtres. BOSSUET, habile conciliateur, fut chargé de rédiger la *Déclaration des quatre articles* de 1682, consacrant les libertés gallicanes sans rompre avec l'autorité romaine.

3. LES DERNIÈRES ORAISONS FUNÈBRES. Il reprend activement sa prédication à Meaux et dans les paroisses. Toutefois, certaines occasions solennelles l'invitent à retrouver, devant des auditoires mondains, l'éloquence pompeuse d'autrefois : il prononce les *Oraisons funèbres de la reine Marie-Thérèse* (1683), *d'Anne de Gonzague*, princesse Palatine (1685), *de Michel Le Tellier*, chancelier de France (1686), de son ami et protecteur le *prince de Condé* (1687). En saluant la mémoire de CONDÉ, il fait d'émouvants adieux à la grande éloquence, pour réserver désormais à son troupeau « *les restes d'une voix qui tombe et d'une ardeur qui s'éteint* ».

4. UNE VIEILLESSE MILITANTE. Loin de s'éteindre avec l'âge, son ardeur combative paraît plus vive qu'autrefois. *Contre les protestants*, qu'il a déjà combattus dans d'autres ouvrages, il veut porter le coup décisif avec l'*Histoire des Variations des Eglises protestantes* (1688), suivie d'une *Défense de l'Histoire des Variations* (1691) et de *Six Avertissements aux protestants* (1689-1691). Il travaille pourtant à l'union des Églises dans une correspondance loyale avec le philosophe protestant LEIBNITZ ; mais il se refuse à la moindre concession et s'en tient invariablement aux résolutions du Concile de Trente (cf. p. 281).

Une *controverse avec le* P. CAFFARO, auteur présumé d'une *Apologie du théâtre*, lui inspire les *Maximes et réflexions sur la comédie* (1694), condamnation impitoyable, qu'il étend même, dans l'austère *Traité de la Concupiscence* (1694), à l'ensemble des arts et aux sciences profanes (cf. p. 281).

La querelle du Quiétisme (p. 423) l'oppose longuement à FÉNELON, défenseur de Mme Guyon. Il commence par condamner la doctrine de Mme Guyon, et Fénelon s'incline. La controverse rebondit à propos de son *Instruction sur les états d'oraison*, à laquelle Fénelon oppose l'*Explication des maximes des Saints* ; les lettres échangées en attendant l'arbitrage du Pape enveniment la querelle, et BOSSUET finit par publier la *Relation sur le Quiétisme* (1698), terrible pamphlet qui écrase l'adversaire avant même la condamnation de sa doctrine (1699).

Enfin Bossuet s'oppose par tous les moyens à tout examen critique des Écritures en dehors de l'interprétation traditionnelle de l'Église. Il fait saisir et brûler l'*Histoire critique du Vieux Testament* de l'oratorien RICHARD SIMON ; puis, comme les œuvres de ce dernier s'impriment en Hollande, Bossuet les combat de toutes ses forces et prépare un grand ouvrage de réfutation, resté inachevé et publié seulement en 1743 : la *Défense de la tradition et des Saints Pères*.

Au milieu de toutes ces luttes, BOSSUET se débat cruellement contre la maladie de la pierre et ne renonce graduellement à ses devoirs pastoraux que lorsque ses souffrances l'y contraignent. Il meurt en 1704 et il est enterré, sur sa demande, dans sa cathédrale de Meaux.

BOSSUET ORATEUR

La prédication avant Bossuet — Aux foules énormes du MOYEN AGE, les prédicateurs adressaient des discours populaires, hardiment satiriques contre les puissants. La RENAISSANCE a connu les sermons forcenés de la Ligue ou l'érudition pédante et parfois précieuse de prédicateurs humanistes. Mais CALVIN et la RÉFORME ont redressé l'éloquence religieuse en la fondant sur le recours aux Ecritures et la connaissance de l'âme humaine.

1. SAINT FRANCOIS DE SALES (1567-1622) a exprimé, tout au début du XVIIe siècle, l'idéal d'une *prédication simple* et sortie du cœur, reposant d'ailleurs sur une réelle science théologique. Il faut, dit-il, prêcher « Jésus crucifié » et « parler affectionnément et dévotement, simplement et candidement et avec confiance ». Néanmoins il admet encore des enjolivements profanes pour mettre à le portée des fidèles les idées religieuses et morales. Il lui est arrivé de comparer la Vierge au phénix et le

Saint-Esprit à une bouquetière (*Introduction à la vie dévote*; 1609). Mais son expression atteint parfois un vigoureux réalisme, témoin cette évocation de la Mort qui fera apprécier par contraste la discrétion de Bossuet : : « [Votre âme] *dira adieu aux richesses, aux vanités... aux plaisirs... au mari, à la femme, bref, à toute créature, et enfin à son corps, qu'elle délaissera pâle, hâve, défait, hideux et puant ! Considérez les empressements qu'on aura pour enlever ce corps-là et le cacher en terre, et que, cela fait, le monde ne pensera plus guère à vous.* » (Cf. *Sermon sur la Mort*, p. 267, l. 25-30.)

2. AU DÉBUT DU SIÈCLE, l'éloquence religieuse, envahie par la préciosité et le burlesque, caractérisée par l'abondance et le désordre, est en *décadence* jusqu'en 1620 environ. C'est alors que la congrégation de l'Oratoire, refondue récemment par BÉRULLE, provoque une vraie *réforme de la prédication* en renonçant à l'inspiration païenne pour retourner aux Pères de l'Église et spécialement à saint Augustin. Chez les jésuites, CLAUDE DE LINGENDES donne l'exemple d'une logique sévère animée parfois par une âpreté satirique mordante. Quant aux jansénistes, avec SAINT-CYRAN et SINGLIN, leur prédication offre la nudité d'une foi sévère et aristocratique et d'une composition ordonnée.

Hésitant d'abord entre ces tendances, BOSSUET va subir l'influence de SAINT VINCENT DE PAUL avant d'atteindre, dans une sorte d'*équilibre*, cette perfection de l'éloquence qui marque l'aboutissement des efforts de ses prédécesseurs.

L'idéal oratoire de Bossuet   Tout jeune, il a suivi les *conférences de Saint-Lazare* instituées par SAINT VINCENT DE PAUL pour former des prédicateurs chrétiens et non des rhéteurs ou des orateurs. La « *petite méthode* », simple et mortifiée, de Saint-Lazare l'a détourné des effets oratoires et des subtilités précieuses; elle lui a donné le goût d'une prédication simple, issue du cœur, répandant sa chaleur dans l'âme des fidèles. C'est l'idéal qu'il a défini dans le *Panégyrique de saint Paul* (1659) et le *Sermon sur la Parole de Dieu* (1661).

1. LE PRÉDICATEUR N'EST PAS UN ORATEUR COMME LES AUTRES. Il ne parle pas pour se faire admirer ou pour divertir, mais pour *sauver les âmes* en les gagnant à la vérité chrétienne. Or cette vérité se trouve tout entière dans les *Écritures*, et l'orateur sacré doit respecter la parole de Dieu en évitant de lui substituer l'éloquence humaine. Il monte en chaire comme il va à l'autel.

2. « JÉSUS-CHRIST LUI TIENT LIEU DE TOUT ». Le prédicateur doit se remplir l'esprit de « toute la substance des Écritures » et y puiser selon les besoins de son auditoire. Loin de se comporter en théologien curieux d'élucider les points obscurs, il doit s'en tenir à une *doctrine claire et efficace*. Il peut prêcher avec autorité et en toute confiance, car, s'il dédaigne la rhétorique, il a pour lui la « *simplicité toute-puissante* » d'une parole divine qui, au cours des siècles, a persuadé « *contre les règles* » en portant ses coups « droit au cœur » (cf. p. 256).

3. L'ÉLOQUENCE SUBORDONNÉE A LA « SAGESSE ». Pour justifier sa propre prédication, moins dépouillée que celle de saint Paul, BOSSUET a tempéré cette rude doctrine par celle de SAINT AUGUSTIN, qui admet l'éloquence comme servante de la vérité : « Il faut qu'elle semble venir comme d'elle-même, attirée par la grandeur des choses et pour servir d'interprète à la sagesse qui parle... Le prédicateur évangélique, c'est celui qui fait parler Jésus-Christ... Ce n'est pas, dit saint Augustin, qu'il néglige les ornements de l'élocution, quand il les rencontre en passant et qu'il les voit fleurir devant lui par la force des bonnes pensées qui les poussent; mais aussi n'affecte-t-il pas de s'en trop parer, et tout appareil lui est bon, pourvu qu'il soit un miroir où Jésus-Christ paraisse en sa vérité. »

Bossuet est un admirable orateur, mais toute sa vie il a considéré « que l'éloquence n'est inventée, ou plutôt qu'elle n'est inspirée d'en haut que pour enflammer les hommes à la vertu » (*Discours à l'Académie*, 1671).

L'ÉLOQUENCE DE SAINT PAUL

« *Cum infirmor, tunc potens sum* », disait SAINT PAUL : « *Lorsque je me sens faible, c'est alors que je suis puissant* » (traduction de BOSSUET). Tout semble en effet s'opposer au succès de ce prédicateur : il est pauvre et « méprisable » ; sa doctrine (un Dieu crucifié !) « paraît folie et extravagance » ; il refuse de couvrir des fleurs de la rhétorique « la face hideuse de *son Evangile* ». BOSSUET va nous montrer, sous cette faiblesse apparente, la *puissance céleste* qui lui assure son triomphe et prouve la vérité de sa doctrine. Mais cette page si méprisante pour la rhétorique n'est-elle pas elle-même un exemple parfait de ce que peut la *véritable éloquence* au service d'une vigoureuse pensée ? *(Panégyrique de saint Paul.)*

N'attendez donc pas de l'Apôtre, ni qu'il vienne flatter les oreilles par des cadences harmonieuses, ni qu'il veuille charmer les esprits par de vaines curiosités [1]. Écoutez ce qu'il dit lui-même : *Nous prêchons une sagesse cachée ; nous prêchons un Dieu crucifié.* Ne cherchons pas de vains ornements à ce Dieu qui rejette tout l'éclat du monde. Si notre simplicité déplaît aux superbes [2], qu'ils sachent que nous voulons leur déplaire, que Jésus-Christ dédaigne leur faste insolent, et qu'il ne veut être connu que des humbles. Abaissons-nous donc à ces humbles [3] ; faisons-leur des prédications dont la bassesse tienne quelque chose de l'humiliation de la croix, et qui soient dignes
10 de ce Dieu qui ne veut vaincre que par la faiblesse [4].

C'est pour ces solides raisons que saint Paul rejette tous les artifices de la rhétorique [5]. Son discours, bien loin de couler avec cette douceur agréable, avec cette égalité tempérée que nous admirons dans les orateurs, paraît inégal et sans suite à ceux qui ne l'ont pas assez pénétré ; et les délicats de la terre qui ont, disent-ils, les oreilles fines [6], sont offensés [7] de la dureté de son style irrégulier. Mais, mes frères, n'en rougissons pas. Le discours de l'Apôtre est simple, mais ses pensées sont toutes divines. S'il ignore la rhétorique, s'il méprise la philosophie, Jésus-Christ lui tient lieu de tout ; et son nom qu'il a toujours à la bouche, ses mystères qu'il traite si divinement, rendront sa simplicité toute-puissante.
20 Il ira [8], cet ignorant dans l'art de bien dire, avec cette locution [9] rude, avec cette phrase qui sent l'étranger [10], il ira en cette Grèce polie, la mère des philosophes et des orateurs, et, malgré la résistance du monde, il y établira plus d'églises que Platon n'y a gagné de disciples par cette éloquence qu'on a crue divine. Il prêchera Jésus dans Athènes, et le plus savant de ses sénateurs [11] passera de l'Aréopage en l'école de ce barbare. Il poussera encore plus loin ses conquêtes ; il abattra aux pieds du Sauveur la majesté des faisceaux romains en la personne d'un proconsul [12], et il fera trembler dans leurs tribunaux les juges devant lesquels on le cite. Rome même entendra sa voix ; et un jour, cette ville maîtresse se tiendra bien plus honorée d'une lettre du style [13] de Paul, adressée à ses citoyens,
30 que de tant de fameuses harangues qu'elle a entendues de son Cicéron.

Et d'où vient cela, chrétiens ? C'est que Paul a des moyens pour persuader, que la Grèce n'enseigne pas et que Rome n'a pas appris. Une puissance surnaturelle [14], qui se plaît de relever ce que les superbes méprisent, s'est répandue et mêlée dans l'auguste simplicité de ses paroles. De là vient que nous admirons

---

— 1 Etudier le rythme de cette phrase ! — 2 Orgueilleux. — 3 Cf. p. 261. — 4 Expliquer cette formule. — 5 Les recettes d'éloquence qui s'enseignaient dans les écoles. — 6 Préciser le ton. — 7 Blessés. — 8 Etudier le mouvement de tout ce développement. — 9 Elocution. — 10 Ce Juif de Tarse était, pour les Grecs, un « barbare ». — 11 Saint Denis l'Aréopagite. — 12 Sergius Paulus. — 13 Poinçon à écrire. Il s'agit de l'*Epître aux Romains*. — 14 Noter ce terme essentiel.

dans ses admirables Épîtres une certaine vertu [15] plus qu'humaine, qui persuade contre les règles, ou plutôt qui ne persuade pas tant qu'elle captive [16] les entendements [17] ; qui ne flatte pas les oreilles, mais qui porte ses coups droit au cœur [18]. De même qu'on voit un grand fleuve [19] qui retient [20] encore, coulant dans la plaine, cette force violente et impétueuse qu'il avait acquise aux montagnes d'où il tire son origine, ainsi cette vertu céleste qui est contenue dans les écrits de saint Paul, même dans cette simplicité de style, conserve toute la vigueur qu'elle apporte du ciel, d'où elle descend [21].

40

- *Étudiez : a) la structure logique de l'argumentation ; – b) sa progression ; – c) la netteté des transitions.*
- *Dégagez du texte la conception de l'éloquence chrétienne. Quelle justification en donne BOSSUET ?*
- *Par quelles antithèses BOSSUET fait-il ressortir les difficultés rencontrées par Saint Paul ? À quoi reconnaît-on son succès ? N'y a-t-il pas une progression dans ses triomphes ?*
- *Étudiez dans cette page l'art oratoire de BOSSUET. Use-t-il des artifices de la rhétorique ?*
- **Essai.** *BOSSUET et l'art de* persuader *et d'*agréer *selon PASCAL (cf. p. 140-143).*
- **Contraction de texte – Essai.** *Éloquence chrétienne et éloquence païenne selon BOSSUET.*

L'éloquence de Bossuet

I. SON ÉVOLUTION. A METZ (1652-1659), BOSSUET tout à la spontanéité de sa jeunesse, s'adresse à des auditoires frustes : son éloquence fougueuse, imagée, réaliste, s'inspire de TERTULLIEN, qu'il cite avec admiration. Il décrit saint Gorgon sur le gril et « ces exhalaisons infectes qui sortaient de la graisse de son corps rôti » ; il évoque les cadavres du siège de Jérusalem « exhalant de leurs corps pourris le venin, la peste et la mort ». DÈS SON RETOUR A PARIS (1659), sans dépouiller totalement la trivialité de ses débuts (p. 260), il se fait plus calme, recherchant, à l'exemple de SAINT VINCENT DE PAUL, la simplicité, l'humilité, la sincérité (p. 261).

Lorsque, A PARTIR DE 1662, il prêche à la cour devant un public raffiné, celui de Racine et de Molière, il trouve un *équilibre* entre son exubérance naturelle et « l'éloquence mortifiée ». Sa prédication, toute de *plénitude* et de *grandeur* (p. 263-279), s'accorde avec la régularité de l'idéal classique. Cette tendance aboutira à la majestueuse éloquence des *Oraisons funèbres* (p. 272). SUR LA FIN DE SA VIE, à Meaux, il retrouve pour ses ouailles la simplicité familière de ses débuts à Paris.

II. LES BASES DE SON ÉLOQUENCE. La prédication de Bossuet repose essentiellement sur la fidélité aux Écritures, sur la connaissance du cœur humain, sur la rigueur du raisonnement.

1. FIDÉLITÉ AUX ÉCRITURES. Sa parole est nourrie de citations qui viennent constamment à l'appui de sa pensée comme des preuves divines, supérieures aux raisonnements humains (p. 263). Il a l'art de les choisir et de les adapter à sa prédication pour lui donner plus d'autorité (p. 265).

2. CONNAISSANCE DU CŒUR. Il connaît, par son expérience de confesseur, les passions et les vices des hommes, leurs pensées secrètes (p. 264), leurs réactions (p. 275). Il leur fait sentir que les problèmes qu'il traite les concernent directement, et « porte ses coups droit au cœur ».

3. RIGUEUR LOGIQUE. Tout sermon de Bossuet est une *démonstration* : une argumentation continue, rigoureusement enchaînée, nous conduit de l'exorde à la conclusion (p. 265-272 et 273-278). Cet orateur n'est pas un logicien aux subdivisions minutieuses comme BOURDALOUE : il est épris de clarté et de simplicité, se limitant à l'essentiel pour ne pas égarer l'auditeur. Son *amour de l'ordre* est poussé jusque dans le détail, et ses paragraphes sont des modèles de composition (p. 269 et 274).

---

15 Force (sens étymol. : *virtus*). — 16 Montrer la force du terme. — 17 Intelligences. — 18 Etudier et expliquer ces oppositions. — 19 En quoi cette comparaison biblique peut-elle évoquer l'éloquence de saint Paul ? — 20 Conserve. — 21 La suite montre que saint Paul, comme Jésus, persuade par des moyens plus efficaces que sa parole : *son sang et ses souffrances.*

III. SON GÉNIE DE LA PRÉDICATION. Bossuet possède au plus haut degré les qualités « pédagogiques » de l'homme qui veut persuader d'autres hommes.

1. IL EST ADMIRABLEMENT CLAIR. Il a l'art d'énoncer l'idée générale avant de l'illustrer par des exemples (p. 266), de se résumer, de soigner les transitions, de marquer le progrès du raisonnement (p. 269), de souligner la conclusion (p. 274). Il revient inlassablement sur les idées et les mots à retenir.

2. IL S'ADAPTE A SON PUBLIC. Ses sujets, ses arguments, ses exemples diffèrent selon les auditoires : dans un couvent, il parle de la communauté des biens (p. 261); à la cour, il évoque la ruine d'une grande famille (p. 263); devant le roi, il commente une parole du roi David (p. 266). Il se met à la place des auditeurs, prévoit leurs objections, y répond par avance (p. 271 et 275).

3. IL S'EMPARE DE SON AUDITOIRE. Il sait appeler et retenir l'attention : il intrigue, frappe l'imagination (p. 268), émeut la sensibilité (p. 267), détend les esprits par des récits ou des évocations familières. Il fait participer l'auditoire à sa recherche : « Cherchez, imaginez... » dit-il (p. 274). Parfois il s'associe aux fidèles avec sympathie, partage leurs angoisses (p. 268); parfois au contraire il se fait prenant, impérieux, menaçant. Mais toujours il finit par s'adoucir, rassurant les cœurs par la charité de sa doctrine et l'onction de sa parole.

IV. SON LYRISME. BOSSUET aime de tout son cœur sa doctrine et s'émeut devant la misère des âmes qu'il faut sauver. Sa vive sensibilité se traduit en *effusions lyriques*, soit qu'il exprime son adoration pour la grandeur de Dieu et des mystères qu'il enseigne, soit qu'il supplie les fidèles d'entendre « *le prédicateur du dedans* » au fond de leur cœur.

1. IMAGES ET COMPARAISONS. Cette vibration de l'âme transfigure son expression. Il a le don des *images* et des *symboles* qui animent les abstractions et les transforment en réalités sensibles (p. 266). Par exemple les vices et les passions deviennent des « *pauvres intérieurs* » qui assiègent l'âme du *Mauvais Riche*. Parfois ces images s'enchaînent et se reprennent au long de pages entières (p. 271), sans cesser de paraître naturelles. Ce ne sont pas, à la mode précieuse, des métaphores alambiquées, mais des *images simples et fortes* atteignant à la vraie grandeur dans de larges évocations de l'humanité, de la suite des siècles, de la nature entière (p. 268). Cette imagination rejoint le *lyrisme biblique* : il cite les plus beaux passages de la Bible, les traduit, les amplifie en résonances poétiques qui prolongent le thème initial.

2. LE MOUVEMENT LYRIQUE. L'émotion du prédicateur se traduit spontanément par l'*harmonie* de la phrase, par le *rythme* qui crée parfois de véritables *strophes lyriques*, par le retour de mots ou de citations en variations rappelant le thème central (p. 259).

Cette prose est comparable aux chefs-d'œuvre du lyrisme romantique, mais ici la beauté littéraire n'est que la « *servante* » de la conviction religieuse. Même les procédés de la rhétorique traditionnelle : interrogations, exclamations, antithèses, prosopopées, prennent chez BOSSUET une *valeur humaine* parce qu'ils sont le mouvement même d'une âme ardente qui cherche à nous communiquer sa foi.

LES SERMONS

Le genre   I. HISTOIRE DES SERMONS. Bossuet ne les a pas considérés comme des œuvres littéraires à imprimer. C'est seulement à la fin du XVIIIe siècle que DOM DEFORIS en publia un certain nombre : il nous en reste deux cents environ sur cinq ou six cents qui furent prononcés. Nous ne possédons en réalité que les *brouillons* de BOSSUET chargés de ratures et de variantes entre lesquelles il hésitait. Nous n'avons donc qu'une *idée imparfaite de sa prédication*, car c'est lorsqu'il était en chaire que son sermon prenait sa forme définitive, selon l'inspiration du moment et les réactions de l'auditoire. Ainsi s'explique l'*éclipse passagère* de sa renommée : après 1670, ses sermons n'étaient que des souvenirs, et la cour, devenue dévote, admirait BOURDALOUE, dont Mme de Sévigné fait les plus grands éloges (p. 282).

2. LES DIVISIONS TRADITIONNELLES DU SERMON. Le « TEXTE » précédant le sermon est une phrase des Écritures qui sert de *point de départ* à la réflexion (p. 265). Chez Bossuet, ce texte revient souvent comme un *motif lyrique* : il a l'art de l'adapter à son sujet et d'en tirer des effets saisissants.

L'EXORDE comprenait deux parties séparées par un *Ave* prononcé par l'assistance. Chez Bossuet, l'avant-propos qui précède cette prière est destiné à *éveiller l'attention*, à mettre en confiance : il est très direct, très persuasif, et la « chute à l'*Ave* » invite habilement le public à désirer recevoir les bienfaits de la prédication (p. 265). Après l'*Ave*, c'est l'*exorde proprement dit*, où le sujet est exposé, commenté, et où les subdivisions sont indiquées avec netteté (p. 266, *Analyse*).

LA PARTIE CENTRALE, où Bossuet traite son sujet, se divise traditionnellement en *deux* ou *trois points*. La *division en trois points* répond habituellement à un procédé d'accumulation convaincante, selon une progression sentimentale et pathétique; la *division en deux points* favorise les développements par antithèse entre les deux parties.

LA PÉRORAISON vient dégager la *conclusion* en évitant une fin trop brusque. Chez Bossuet, elle apporte, à la fin du sermon, des éléments de consolation et d'espoir.

3. LA DOCTRINE ET LA MORALE. Pour BOSSUET, la prédication est la « *continuation du mystère* » que le prêtre célèbre à l'autel. Il prêche avant tout « Jésus crucifié », et à toutes les époques de sa carrière on trouve des SERMONS DE DOCTRINE. Il prêche sur la *Passion* (p. 259), sur l'*Impénitence finale*, sur l'*Enfer*, sur la *Providence* (1662), sur la *Divinité de Jésus-Christ* (1665), la *Sainte Vierge* (1666-1669), l'*Unité de l'Église* (1681).

Les SERMONS DE MORALE eux-mêmes sont rattachés à l'enseignement du dogme, car « la morale chrétienne est fondée sur les mystères du christianisme ». Il adapte la leçon à son auditoire : il invite les riches à la charité au nom de l'*Eminente Dignité des pauvres* (p. 261); devant les courtisans, il prêche sur l'*Honneur du Monde* (1660), sur l'*Ambition* (p. 263), sur la *Haine de la Vérité*, sur la *Justice*, sur l'*Honneur* (1666), sur l'amour de soi et l'amour de Dieu (1675). Le *Sermon sur la mort* est à la fois un sermon de doctrine et un sermon de morale (p. 264). Bossuet se soucie moins de l'originalité que de l'*efficacité* : il répète ses sermons, il reprend textuellement les passages qui portent le mieux. Ses sermons sont des *actes*.

La Passion de Jésus-Christ

Dans le *Sermon sur la Passion* (1660), Bossuet évoque successivement les tourments que JÉSUS s'inflige à lui-même au Jardin des Oliviers, ceux qu'il subit de ses bourreaux, ceux qu'il reçoit de Dieu le Père, qui l'abandonne et le maudit pour qu'il expie les péchés des hommes. Le voici qui se livre sans réserve aux mains de ses bourreaux. C'est d'abord une série de brefs tableaux ; puis la scène centrale, si pathétique avec son dialogue tout en contrastes ; ces phrases haletantes, enfin, par lesquelles le prédicateur communique son émotion à tout l'auditoire. Avec quelle *intensité dramatique* BOSSUET revit lui-même cette souffrance! Le sermon garde quelque chose encore de la *familiarité* parfois triviale de ses débuts, mais elle devient, pour évoquer cette sanglante tragédie, « *un élément d'émotion et de beauté* » (J. Calvet).

Que fait-il donc dans sa Passion ? Le voici en un mot dans l'Écriture : *Tradebat autem judicanti se injuste* [1] : *Il se livrait, il s'abandonnait à celui qui le jugeait injustement ;* et ce qui se dit de son juge se doit entendre conséquemment de tous ceux qui entreprennent de l'insulter : *Tradebat autem ;* il se donne à eux pour en [2] faire tout ce qu'ils veulent. On le veut baiser, il donne les lèvres ; on le veut lier, il présente les mains ; on le veut souffleter, il tend les joues ; frapper à coups de bâton, il tend le dos, flageller inhumainement, il tend les épaules ; on l'accuse devant Caïphe et devant Pilate, il se tient pour tout convaincu [3] ;

I. Saint PIERRE, I, II, 23. — 2 Cf. App. B 3. — 3 Comme un coupable.

Hérode et toute sa Cour se moque [1] de lui, et on le renvoie comme un fou ; il
10 avoue [5] tout par son silence ; on l'abandonne aux valets et aux soldats, et il
s'abandonne encore plus lui-même ; cette face autrefois encore si majestueuse,
qui ravissait en admiration le ciel et la terre, il la présente droite et immobile
aux crachats de cette canaille [6] : on lui arrache les cheveux et la barbe, il ne dit
mot, il ne souffle pas ; c'est une pauvre brebis qui se laisse tondre. « Venez,
venez, camarades, dit cette soldatesque insolente ; voilà ce fou dans le corps
de garde, qui s'imagine être Roi des Juifs ; il faut lui mettre une couronne
d'épines » : *Tradebat autem judicanti se injuste.* Il la reçoit : « Eh! elle ne tient
pas assez, il faut l'enfoncer à coups de bâtons. — Frappez, voilà la tête. » Hérode
l'a habillé de blanc comme un fou : « Apporte cette vieille casaque d'écarlate
20 pour le changer de couleur. — Mettez, voilà les épaules. — Donne, donne ta
main, Roi des Juifs, tiens ce roseau en forme de sceptre. — La voilà, faites-en
ce que vous voudrez. — Ah! maintenant ce n'est plus un jeu, ton arrêt de mort
est donné ; donne encore ta main qu'on la cloue. — Tenez, la voilà encore. »
Enfin assemblez-vous, ô Juifs et Romains, grands et petits, bourgeois et soldats ;
revenez cent fois à la charge ; multipliez sans fin les coups, les injures, plaies sur
plaies, douleurs sur douleurs, indignités sur indignités ; insultez à sa misère jusque
sur la croix ; qu'il devienne l'unique objet de votre risée comme un insensé ;
de votre fureur, comme un scélérat : *Tradebat autem ;* il s'abandonne à vous sans
réserve ; il est prêt à soutenir tout ensemble tout ce qu'il y a de dur et d'insupportable dans une raillerie inhumaine et dans une cruauté malicieuse.

> *La suite de ce sermon renferme des traits d'une émouvante beauté :*
> « Contemplez cette face, autrefois les délices, maintenant l'horreur des yeux ; regar-
> dez cet homme que Pilate vous présente. Le voilà, cet homme ; le voilà, cet homme de
> douleurs : *Ecce homo, ecce homo ! Voilà l'homme.* Hé quoi ! Est-ce un homme ou un ver
> de terre ? est-ce un homme vivant ou bien une victime écorchée ? On vous le dit ; c'est
> un homme : *Ecce homo ! Voilà l'homme.* Le voilà, l'homme de douleurs ; le voilà dans le
> triste état où l'a mis la Synagogue sa mère ; ou plutôt le voilà dans le triste état où
> l'ont mis nos péchés, nos propres péchés, qui ont fait fondre sur cet innocent tout ce
> déluge de maux... Voilà l'homme ! voilà l'homme qu'il nous fallait pour expier nos
> iniquités : il nous fallait un homme défiguré, pour réformer en nous l'image de Dieu
> que nos crimes avaient effacée : il nous fallait cet homme tout couvert de plaies, afin de
> guérir les nôtres...
> « O plaies, que je vous adore ! flétrissures sacrées, que je vous baise ! ô sang qui décou-
> lez, soit de la tête percée, soit des yeux meurtris, soit de tout le corps déchiré, ô sang
> précieux, que je vous recueille ! Terre, terre, ne bois pas ce sang... »

<center> ***

Bossuet avocat   Au lendemain de la Fronde et même pendant les années
des pauvres les plus brillantes du règne, la *famine* provoquait une
effrayante mortalité : c'est « l'*envers du Grand Siècle* ».
Un vaste mouvement de charité se développa sous l'impulsion de SAINT VINCENT DE
PAUL. Bossuet s'est associé à cette campagne. Il a proclamé que « *les prédicateurs de
l'Évangile sont les véritables avocats des pauvres* », et, de 1657 à 1663, on compte dans ses
Sermons une quinzaine d'exhortations en faveur des pauvres, d'une surprenante hardiesse.

1. APPELS A LA CHARITÉ. S'adressant aux privilégiés, BOSSUET combat, selon le
mot de Lanson, « la croyance que tout va bien dans le monde quand ils sont contents ».
Dans le *Sermon sur le Mauvais riche* (1662), il ose s'écrier : « *Ils meurent de faim, oui,*

---

4 Acc. avec sujet proche. Cf. App. F 2. — | *furieuse* » (*Passion* de 1666). Dans ses débuts,
5 Accepte. — 6 Cf. Rédaction adoucie : « *à* | Bossuet usait volontiers de termes réalistes :
toutes les indignités dont s'avise une troupe | *ordure, bourbier, pourrir, soûler...*

Messieurs, ils meurent de faim dans vos terres, dans vos châteaux, dans les villes, dans les campagnes, à la porte et aux environs de vos hôtels ; nul ne court à leur aide ; hélas ! ils ne vous demandent que le superflu, quelques miettes de votre table, quelques restes de votre grande chère. » Il n'hésite pas à rappeler le *roi lui-même* au sentiment de ses devoirs : « C'est aux sujets à attendre, et c'est aux rois à agir; eux-mêmes ne peuvent pas tout ce qu'ils veulent, mais ils rendront compte à Dieu de ce qu'ils peuvent. »

2. JUSTICE ET CHARITÉ. Il va chercher dans les Pères de l'Église la doctrine la plus rigoureuse, affirmant à plusieurs reprises, et en termes qui annoncent ROUSSEAU, l'égalité fondamentale entre les hommes : « *Si nous voulions monter à l'origine des choses nous trouverions peut-être qu'ils les [pauvres] n'auraient pas moins de droit que vous aux biens que vous possédez. La nature, ou plutôt, pour parler plus chrétiennement, Dieu, le père commun des hommes, a donné dès le commencement un droit égal à tous ses enfants sur toutes les choses dont ils ont besoin pour la conservation de leur vie. Aucun de nous ne se peut vanter d'être plus avantagé que les autres dans la nature, mais l'insatiable désir d'amasser n'a pas permis que cette belle fraternité pût durer longtemps dans le monde. Il a fallu venir au partage et à la propriété, qui a produit toutes les querelles et tous les procès : de là est né ce mot de mien et de tien, cette parole si froide...* » (*Panégyrique de saint François d'Assise*, 1652).

La charité devient ainsi un *devoir de justice* (cf. p. 262, l. 9), et BOSSUET considère que les riches ne sont que *dépositaires* de leurs richesses et ont pour mission de les répartir : « *O Dieu clément et juste !... Vous les avez faits grands pour servir de pères à vos pauvres ; votre Providence a pris soin de détourner les maux de dessus leur tête afin qu'ils pensassent à ceux du prochain ; vous les avez mis à leur aise et en liberté afin qu'ils fissent leur affaire du soulagement de vos enfants.* » De là son indignation menaçante contre la dureté des *mauvais riches* « qui fait des voleurs sans dérober et des meurtriers sans verser le sang » : « *Qu'on ne demande plus maintenant jusqu'où va l'obligation d'assister les pauvres : la faim a tranché le doute, le désespoir a terminé la question ; et nous sommes réduits à ces cas extrêmes où tous les Pères et tous les théologiens nous enseignent, d'un commun accord, que si l'on n'aide le prochain selon son pouvoir, on est coupable de sa mort ; on rendra compte à Dieu de son sang, de son âme, de tous les excès où la fureur de la faim et du désespoir le précipite.* » (*Sermon sur le Mauvais Riche.*)

3. « L'ÉMINENTE DIGNITÉ DES PAUVRES ». Bossuet veut restituer à l'aumône toute sa *valeur chrétienne*, en montrant que les pauvres portent en eux « *le caractère de Jésus-Christ* » qui leur donne le premier rang dans l'Église. Il ne suffit donc pas de donner aux pauvres, il faut encore « *être intelligent sur le pauvre* », c'est-à-dire l'honorer et l'aimer comme la vivante image de Jésus-Christ : « *Celui-là entend véritablement le mystère de la charité, qui considère les pauvres comme les premiers enfants de l'Église ; qui, honorant cette qualité, se croit obligé de les servir ; qui n'espère de participer aux bénédictions de l'Évangile que par le moyen de la charité et de la communication fraternelle.* »

« *Riches, portez le fardeau du pauvre...* »

Ce fragment du *Sermon sur l'Eminente Dignité des pauvres dans l'Eglise* (1659) illustre bien la prédication simple et pratique de BOSSUET sous l'influence de saint Vincent de Paul. Il prêche au *Séminaire des Filles de la Providence*, dans une maison des pauvres, et son but est de provoquer des aumônes. Soucieux de toucher les profanes, il fait provisoirement appel au *sentiment d'une justice*, non plus divine, mais purement *humaine*, avec des arguments qui pourraient être ceux d'un « philosophe » du XVIIIe siècle Mais c'est l'*idée de la Providence* qui vient lier le point de vue terrestre à celui de l'éternité : les riches ont aussi leur fardeau, celui de leur opulence qui les expose à mille tentations, et « *quand ils viendront en ce pays où il nuira d'être trop riches, ... ils se repentiront vainement de ne s'en être pas déchargés* ».

M ais n'attendons pas cette heure fatale, et pendant que le temps le permet, pratiquons ce conseil de saint Paul : *Alter alterius onera portate, portez vos fardeaux les uns des autres.* Riches, portez le fardeau du pauvre, soulagez sa nécessité, aidez-le à soutenir les afflictions sous le poids desquelles il gémit ; mais sachez qu'en le déchargeant, vous travaillez à votre décharge [1]. Lorsque vous lui donnez, vous diminuez son fardeau et il diminue le vôtre ; vous portez le besoin qui le presse, il porte l'abondance [2] qui vous surcharge. Communiquez entre vous mutuellement vos fardeaux, *afin que les charges deviennent égales, ut fiat æqualitas*, dit saint Paul [3]. Car quelle injustice, mes Frères, que les pauvres portent tout le fardeau, que tout le poids des misères aille fondre sur leurs épaules [4] ! S'ils s'en plaignent et s'ils en murmurent [5] contre la providence divine [6], Seigneur, permettez-moi de le dire, c'est avec quelque couleur [7] de justice, car étant tous pétris d'une même masse [8], et ne pouvant [9] pas y avoir grande différence entre de la boue et de la boue, pourquoi verrons-nous d'un côté la joie, la faveur, l'affluence [10] ; et de l'autre, la tristesse et le désespoir et l'extrême nécessité, et encore le mépris et la servitude [11] ? Pourquoi cet homme si fortuné [12] vivra-t-il dans une telle abondance et pourra-t-il contenter jusqu'aux désirs les plus inutiles d'une curiosité [13] étudiée pendant que ce misérable, homme toutefois aussi bien que lui, ne pourra soutenir sa pauvre famille, ni soulager la faim qui le presse [14] ? Dans cette étrange inégalité, pourrait-on justifier la Providence de mal ménager [15] les trésors que Dieu met entre des égaux [16], si par un autre moyen elle n'avait pourvu au besoin des pauvres et remis quelque égalité entre les hommes [17] ? C'est pour cela, Chrétiens, qu'il a établi son Église, où il reçoit les riches, mais à condition de servir [18] les pauvres ; où il ordonne que l'abondance supplée au défaut et donne des assignations [19] aux nécessiteux sur le superflu des opulents. Entrez, mes Frères, dans cette pensée ; si vous ne portez le fardeau des pauvres, le vôtre vous accablera ; le poids de vos richesses mal dispensées [20] vous fera tomber dans l'abîme ; au lieu que, si vous partagez avec les pauvres le poids de leur pauvreté en prenant part à leur misère, vous mériterez tout ensemble de participer à leurs privilèges [21].

*
* *

... Et tout est vanité! Beaucoup de *sermons* pourraient, comme l'*Oraison funèbre d'Henriette d'Angleterre*, être précédés de ce texte de l'Ecclésiaste : « *Vanité des vanités, et tout est vanité.* » Bossuet s'attaque inlassablement aux faiblesses de l'âme, en répétant que tout sur terre est vanité et que l'homme doit sacrifier l'illusion des biens périssables à l'éternité de son salut. Et il n'hésite pas, à la fin du sermon, à *en tirer respectueusement mais fermement la leçon* pour le prince de Condé ou pour le Roi de France lui-même. Quand il dit à Louis XIV : « *Sire, soyez le dieu de vos peuples* », ce n'est pas pour flatter sa puissance, mais pour l'inviter à s'inspirer de la justice et de la miséricorde divines.

— 1 Montrer ce qu'il y a de pressant dans cet appel. — 2 Etymologiquement (*ab + undare*), le mot évoque l'idée d'un *superflu*. Expliquer l'idée et commenter sa présentation. — 3 II Cor., VIII, 14. Comment cette conclusion est-elle aussi une transition ? — 4 Etudier l'image. — 5 Montrer la nuance entre ces termes. — 6 Cette inégalité était un des arguments des libertins contre la Providence (*Sermon sur la Prov.*, Exorde). — 7 Apparence. — 8 Argile. — 9 Cf. App. H 1. — 10 Abondance. — 11 Comment se traduit le désir d'imposer l'idée ? — 12 *Heureux* (mot déjà poétique, selon Vaugelas). — 13 Recherche raffinée de ce qui est rare (cf. La Bruyère, p. 411). — 14 Préciser le ton. Comment est soulignée l'idée d'injustice ? — 15 Administrer. — 16 Noter l'importance du terme. — 17 Comment est construite cette phrase de transition ? — 18 Cf. plus haut : « *Voilà le miracle de la pauvreté ! Les riches étaient étrangers, mais le service des pauvres les naturalise.* » — 19 « *Constitution d'une rente sur un fonds hypothéqué.* » Formule hardie qui reconnaît aux pauvres des droits juridiques sur le superflu des riches. — 20 Distribuées. — 21 C'est le sujet du 3e *point*. Les pauvres ont le privilège d'être unis à Jésus-Christ par leurs souffrances : il les aime et les sauvera.

VANITÉ DE L'AMBITION

Ce vaste développement du *Sermon sur l'Ambition* (1662) figurait déjà dans le sermon sur les *Nécessités de la vie* (1660). Bossuet vient de dénoncer les trahisons de la fortune qui nous donne l'*illusion de la puissance*, mais nous rend esclaves de nos passions *(premier point)*. Il va maintenant montrer aux ambitieux la *vanité de leurs efforts* pour asseoir leur fragile puissance. On verra quel parti il a su tirer de la grandeur et de l'autorité du *texte biblique* pour donner aux auditoires du Louvre ou de Saint-Germain cette terrible leçon.

Écoute, homme sage, homme prévoyant, qui étends si loin aux siècles futurs les précautions de la prudence ; c'est Dieu même qui te va parler [1] et qui va confondre tes vaines pensées par la bouche de son prophète Ezéchiel [2]. *Assur* [3], dit ce saint prophète, *s'est élevé comme un grand arbre, comme les cèdres du Liban ;* le ciel l'a nourri de sa rosée ; la terre l'a engraissé de sa substance (les puissances [4] l'ont comblé [de] leurs bienfaits, et il suçait de son côté le sang du peuple [5]). *C'est pourquoi il s'est élevé, superbe en sa hauteur, beau en sa verdure, étendu en ses branches, fertile en ses rejetons* [6]. *Les oiseaux faisaient leurs nids*
10 *sur ses branches* (les familles de ses domestiques [7]) : *les peuples se mettaient à couvert sous son ombre* (un grand nombre de créatures [8], et les grands et les petits étaient attachés à sa fortune). *Ni les cèdres ni les pins* (c'est-à-dire les plus grands de la cour) *ne l'égalaient pas : Abietes non adaequaverunt summitatem ejus* [9]... *Aemulata sunt eum omnia ligna voluptatis quae erant in paradiso Dei* [10]. Autant que [11] ce grand arbre s'était poussé en haut, autant semblait-il avoir jeté en bas de fortes et profondes racines [12].

Voilà une grande fortune, un siècle n'en voit pas beaucoup de semblables ; mais voyez sa ruine et sa décadence [13]. *Parce qu'il s'est élevé*
20 *superbement* [14] *et qu'il a porté son faîte jusqu'aux nues, et que son cœur s'est enflé dans sa hauteur, pour cela, dit le Seigneur, je le couperai par la racine, je l'abattrai d'un grand coup et le porterai par terre* (il viendra une disgrâce, et il ne pourra plus se soutenir). *Ceux qui se reposaient sous son ombre se retireront de lui, de peur d'être accablés sous sa ruine* [15]. Il tombera d'une grande chute ; on le verra de tout son long couché sur la montagne, fardeau inutile de la terre [16] : *Projicient eum super montes* [17]. Ou s'il se soutient durant sa vie [18], il mourra au milieu de ses

— 1 Noter la construction. Cf. App. B 4. — 2 XXXI, 3 sq. Montrer l'autorité de l'Ecriture aux yeux de Bossuet. — 3 Fils de Sem. Son nom désigne ici, par extension, Babylone et l'Assyrie. — 4 Les puissants. — 5 Dégager de cette phrase le portrait moral de l'ambitieux. — 6 A quoi tient l'ampleur de cette évocation ? — 7 Ceux qui habitaient sa *maison* (lat. domus). — 8 Personnes qui dépendent de lui. — 9 *Les pins n'égalaient pas sa hauteur.* — 10 Tous les arbres d'Eden qui étaient au jardin de Dieu lui por- taient envie. — 11 Latinisme, pour *autant... autant.* — 12 Quel est le rapport de cette phrase avec ce qui précède ? — 13 Comment est bâtie cette transition ? — 14 *Orgueilleusement.* Comment la phrase traduit-elle cet orgueil ? — 15 Bossuet n'explique pas ce détail symbolique. Comment peut-on l'interpréter ? — 16 Etudier le pittoresque évocateur de cette paraphrase du texte biblique. — 17 « Ils l'abattront sur la montagne. » — 18 Etudier la variété des moyens envisagés. Que veut prouver Bossuet ?

grands desseins et laissera à des mineurs des affaires embrouillées qui ruineront sa famille ; ou Dieu frappera son fils unique, et le fruit
₃₀ de son travail passera en des mains étrangères ; ou Dieu lui fera succéder un dissipateur qui, se trouvant tout d'un coup dans de si grands biens [19], dont l'amas ne lui a coûté aucunes [20] peines, se jouera des sueurs d'un homme insensé qui se sera perdu pour le laisser riche [21], et devant [22] la troisième génération, le mauvais ménage [23] et les dettes auront consumé tous ses héritages [24] ; *les branches de ce grand arbre se verront rompues dans toutes les vallées* ; je veux dire, ces terres et ces seigneuries qu'il avait ramassées [25] comme une province, avec tant de soin et de travail, se partageront en plusieurs mains ; et tous ceux qui verront ce grand changement diront en levant les épaules et regardant avec étonne-
₄₀ ment les restes de cette fortune ruinée : est-ce là que devait aboutir toute cette grandeur formidable au monde [26] ? Est-ce là ce grand arbre qui portait son faîte jusqu'aux nues ? Il n'en reste plus qu'un tronc inutile. Est-ce là ce fleuve impétueux qui semblait devoir inonder toute la terre [27] ? Je n'aperçois plus qu'un peu d'écume [28].

– *Étudiez* : a) la composition du passage ; – b) la présentation de la conclusion ; – quel effet produit-elle ?.
– *Examinez* : a) l'utilisation symbolique du texte biblique ; – b) son application aux ambitieux du XVIIᵉ SIÈCLE.
– *Comment le prédicateur a-t-il suggéré la toute puissance et l'orgueil de l'ambitieux ?*
– *Comment a-t-il évoqué la ruine totale : a) de l'arbre ; – b) de la fortune de l'ambitieux ?*
– **La poésie** de BOSSUET a) dans les passages traduits de la Bible ; – b) dans son expression personnelle.
– **Essai.** L'ambition *est-elle toujours condamnable ? Pourquoi est-elle souvent critiquée ? (Citez des exemples.)*
• **Groupe thématique : Bible.** Son utilisation dans : a) BOSSUET ; – b) D'AUBIGNÉ, cf. XVIᵉ SIÈCLE.

Le Sermon sur la Mort

Prononcé au *Carême du Louvre* de 1662, c'est le chef-d'œuvre de Bossuet sermonnaire. La Mort est le thème central de sa prédication : insistant sur la vanité des grandeurs terrestres, il reproche à l'homme de ne jamais « *se mesurer à son cercueil, qui seul néanmoins le mesure au juste* ». Il avait déjà médité sur la *Brièveté de la Vie* (1648) ; sur la mort du *Mauvais Riche* (1662) que les anges venus à son chevet renoncent à sauver pour l'éternité ; sur la chute brutale du puissant (*Sermon sur l'ambition*, p. 263) ; dans le *Sermon sur la Providence* (1662), c'est la mort qui prouve l'existence de la Providence divine en marquant le passage du désordre terrestre à l'ordre de l'éternité.

Dans le *Sermon sur la Mort*, ces thèmes lyriques sont repris avec une émouvante sensibilité ; mais c'est en même temps un sermon de doctrine. BOSSUET lutte contre le courant sceptique et libertin qui, à la suite de Montaigne, Gassendi, La Mothe le Vayer (p. 127), assimile l'homme à la bête, et, sous prétexte que tout retourne au néant, l'encourage à jouir de son être, selon ses sens et ses passions. Louis XIV lui-même penchera vers l'irréligion jusqu'en 1667. *Ainsi s'explique le plan du Sermon.* Le PREMIER POINT traite le thème habituel du néant de l'homme. Mais, dans le SECOND, Bossuet montre d'abord qu'indépendamment de la foi et de la vie religieuse l'homme est supérieur à la nature. Cette démonstration à l'aide d'*arguments* « *laïques* », qui permettraient d'établir tout aussi bien le déisme ou la religion naturelle, pouvaît séduire la raison des libertins. C'est seulement à la fin du sermon que surviendra la conception *proprement chrétienne* de l'homme. On peut comparer cette argumentation à la dialectique pascalienne, bien qu'il soit impossible de savoir si Bossuet connaissait les *Pensées* (cf. p. 144-172).

---

19 Apprécier la valeur psychologique de cette analyse. — 20 Cf. p. 267, n. 22. — 21 Etudier ces contrastes et préciser le ton. — 22 Avant. — 23 Administration. — 24 Domaines. — 25 Rassemblées. — 26 Pour le monde. — 27 Etudier cette nouvelle métaphore. — 28 Effet de rythme à commenter.

Nos extraits du *Sermon sur la Mort* permettront d'étudier l'*organisation traditionnelle d'un sermon*, ainsi que les caractères originaux de ce chef-d'œuvre : la simplicité familière de l'*avant-propos*, l'invocation lyrique pour introduire la division du sermon, la poésie du *premier point*, la logique plus serrée du *second point*, la chaleur et l'onction rassurante de la *péroraison*.

Seigneur, venez et voyez

Dans l'EXORDE, la première partie qui précède l'*Ave* est destinée à capter l'intérêt. On étudiera comment Bossuet utilise le « *texte* » du sermon pour introduire son propre sujet et avec quel art il s'efface pour mettre au premier plan l'*autorité de Jésus-Christ*. Cet appel à l'*émotion* du chrétien, toujours sensible à la pensée de son Sauveur, se double d'une profonde connaissance des *contradictions de l'âme humaine*. Bossuet les souligne implacablement, mais, loin de foudroyer son auditoire frivole, il sait faire corps avec lui, l'entraîner par la vigueur de sa logique et s'imposer à lui par la fougue de ses impératifs.

Domine, veni et vide [1].
Seigneur, venez et voyez (JOAN., XI, 34.)

Me sera-t-il permis aujourd'hui d'ouvrir un tombeau [2] devant la cour, et des yeux si délicats ne seront-ils point offensés [3] par un objet si funèbre ? Je ne pense pas, messieurs, que des chrétiens [4] doivent refuser d'assister à ce spectacle avec Jésus-Christ. C'est à lui que l'on dit dans notre évangile : *Seigneur, venez et voyez* où l'on a déposé le corps du Lazare [5] ; c'est lui qui ordonne qu'on lève la pierre, et qui semble [6] nous dire à son tour : « Venez et voyez vous-mêmes. » Jésus ne refuse pas de voir ce corps mort comme un objet de pitié et un sujet de miracle [7] ; mais c'est nous, mortels misérables, qui refusons de voir ce triste spectacle comme la conviction [8] de nos erreurs. Allons et
10 voyons avec Jésus-Christ, et désabusons-nous éternellement de tous les biens que la mort enlève [9]. C'est une étrange faiblesse de l'esprit humain, que jamais la mort ne lui soit présente, quoiqu'elle se mette en vue de tous côtés et en mille formes diverses [10]. On n'entend dans les funérailles que des paroles d'étonnement de ce que ce mortel est mort. Chacun rappelle en son souvenir depuis quel temps il lui a parlé et de quoi le défunt l'a entretenu ; et tout d'un coup il est mort [11]. Voilà, dit-on, ce que c'est que l'homme [12] ! Et celui qui le dit, c'est un homme ; et cet homme [13] ne s'applique rien, oublieux de sa destinée ; ou s'il passe dans son esprit quelque désir volage de s'y préparer, il dissipe bientôt ces noires idées [14] ; et je puis dire, Messieurs, que les mortels n'ont pas moins de soin
20 d'ensevelir les pensées de la mort que d'enterrer les morts mêmes [15]. Mais peut-être que ces pensées feront plus d'effet dans nos cœurs, si nous les méditons avec Jésus-Christ sur le tombeau du Lazare ? mais demandons-lui qu'il nous les imprime par la grâce de son Saint-Esprit, et tâchons de la mériter par l'entremise de la sainte Vierge. [*Ave.*]

— 1 Cette citation des Ecritures, qui précède l'exorde, est appelée le « texte » du sermon. — 2 A quoi tend la rudesse voulue de cette image ? — 3 Blessés (lat. *offendere*). — 4 Montrer que ce terme a la valeur d'un argument. — 5 Son nom signifie « *lépreux* » et est ici employé comme une sorte de nom commun. — 6 Montrer l'utilisation habile du texte évangélique. — 7 Jésus pleura ; puis il ressuscita Lazare. — 8 La preuve convaincante. — 9 Bossuet annonce déjà son *premier point*. — 10 L'expérience de Bossuet rejoint celle de Montaigne ; cf. *XVIe Siècle* (p. 222). — 11 Quelle impression produit cette courte phrase ? — 12 Préciser le ton. — 13 Cf. l. 14 : « *que ce mortel est mort* ». La répétition des mots *mort* et *homme* est-elle une négligence ? — 14 Relever les termes qui suggèrent le caractère fugitif de ces idées. — 15 Etudier, dans le choix et la place des termes, ce qui fait la vigueur de cette formule.

*Après l'Ave Maria, la seconde partie de l'*EXORDE *a pour but d'exposer le sujet et la division du sermon. L'esprit humain, si curieux de connaissances nouvelles, s'égare à étudier le ciel et la terre sans s'attacher au problème capital, «* savoir ce que nous sommes *». Pour le savoir, adressons-nous à la mort, car elle opère l'analyse de ce composé qui constitue notre être. «* Ainsi nous n'avons qu'à considérer ce que la mort nous ravit et ce qu'elle laisse en son entier, quelle partie de notre être tombe sous ses coups et quelle autre se conserve dans cette ruine; alors nous aurons compris ce que c'est que l'homme. *» Dans un bel élan lyrique,* BOSSUET *remercie la mort de nous renseigner ainsi sur nous-mêmes et indique avec une admirable netteté la division de son sermon :*

« O mort, nous te rendons grâces des lumières que tu répands sur notre ignorance ! Toi seule nous convaincs de notre bassesse, toi seule nous fais connaître notre dignité. Si l'homme s'estime trop, tu sais déprimer son orgueil; si l'homme se méprise trop, tu sais relever son courage et, pour réduire toutes ses pensées à un juste tempérament, tu lui apprends ces deux vérités qui lui ouvrent les yeux pour se bien connaître : qu'il est méprisable en tant qu'il passe, et infiniment estimable en tant qu'il aboutit à l'éternité. Et ces deux importantes considérations feront le sujet de ce discours. »

PREMIER POINT   L'HOMME EST MÉPRISABLE EN TANT QU'IL PASSE. *« C'est une entreprise hardie que d'aller dire aux hommes qu'ils sont peu de chose », surtout si l'on s'adresse aux grands. « Et toutefois, grâces à la mort, nous en pouvons parler avec liberté. » Qu'est-ce que la grandeur humaine, en effet, sinon l'accessoire par rapport à l'être lui-même? Demandons-nous donc maintenant : « Qu'est-ce que notre être? »*

« TOUT L'ÊTRE QUI SE MESURE N'EST RIEN »

Dans cette page justement célèbre, on étudiera les caractères les plus remarquables de *l'éloquence de* BOSSUET. Elle s'adresse à *l'intelligence* par la logique impeccable et la progression de l'argumentation; elle séduit *l'imagination* et anime les idées par la poésie des images et des comparaisons; elle frappe la *sensibilité* par le réalisme de ses évocations; elle entraîne l'adhésion par la *fougue lyrique* du prédicateur qui se passionne pour ses idées. Et quel sens du rythme ! Quel art de paraphraser magnifiquement les textes sacrés !

V oici la belle méditation dont David s'entretenait sur le trône et au milieu de sa cour : Sire, elle est digne de votre audience [1]. *Ecce mensurabiles posuisti dies meos, et substantia mea tanquam nihilum ante te* [2]. O éternel roi des siècles, vous êtes toujours à vous-même, toujours en vous-même; votre être éternellement permanent [3], ni ne s'écoule, ni ne se change, ni ne se mesure. *Et voici que vous avez fait mes jours mesurables, et ma substance n'est rien devant vous.* Non, ma substance n'est rien devant vous, et tout l'être qui se mesure n'est rien, parce que ce qui se mesure a son terme, et lorsqu'on est venu à ce terme,

10 un dernier point détruit tout, comme si jamais il [4] n'avait été [5]. Qu'est-ce que cent ans? Qu'est-ce que mille ans, puisqu'un seul moment les efface [6]? Multipliez vos jours [7], comme les cerfs que la fable [8] ou l'his-

---

— 1 Comptant parler devant Louis XIV (qui ne vint pas), Bossuet adapte sa citation à la circonstance : quelle leçon veut-il donner au roi? — 2 Avant de traduire cette phrase des *Psaumes*, l'orateur va la commenter avec émotion. — 3 Var. : *toujours immuable.* Justifier la correction. — 4 L'être qui se mesure. — 5 Préciser la relation entre cette idée générale et la suite du développement. — 6 Var. : *les emporte.* Justifier la correction. — 7 Préciser le ton. — 8 Les croyances païennes (Ovide, *Métam.,* VII, 273).

toire de la nature [9] fait vivre durant tant de siècles ; durez autant que ces grands chênes sous lesquels nos ancêtres se sont reposés et qui donneront encore de l'ombre à notre postérité [10] ; entassez, dans cet espace qui paraît immense, honneurs, richesses, plaisirs [11]. Que vous profitera cet amas [12], puisque le dernier souffle de la mort [13], tout faible [14], tout languissant, abattra tout à coup cette vaine pompe [15] avec la même facilité qu'un château de cartes, vain amusement des enfants [16] ? Que
20 vous servira d'avoir tant écrit dans ce livre [17], d'en avoir rempli toutes les pages de beaux caractères [18], puisque enfin une seule rature doit tout effacer ? Encore une rature laisserait-elle quelques traces du moins d'elle-même [19] ; au lieu que ce dernier moment qui effacera d'un seul trait toute votre vie, s'ira perdre lui-même avec tout le reste dans ce grand gouffre du néant [20]. Il n'y aura [21] plus sur la terre aucuns [22] vestiges de ce que nous [23] sommes ; la chair changera de nature ; le corps prendra un autre nom ; *même celui de cadavre ne lui demeurera pas longtemps ; il deviendra*, dit Tertullien [24], *un je ne sais quoi qui n'a plus de nom dans aucune langue* : tant il est vrai que tout meurt en lui, jusqu'à
30 ces termes funèbres par lesquels on exprimait ses malheureux restes [25] : *Post totum ignobilitatis elogium, caducae in originem terram, et cadaveris nomen ; et de isto quoque nomine periturae in nullum inde jam nomen, in omnis jam vocabuli mortem.*

- *Étudiez l'enchaînement logique du texte et la progression de l'argumentation.*
- *Relevez les comparaisons et les images ; quelle idée tendent-elles à nous rendre sensible ? Comment le mouvement des phrases traduit-il l'émotion du prédicateur ?*
- *En quoi le réalisme de la fin peut-il émouvoir la sensibilité des courtisans ? Comparez-le à celui de Saint-François de Sales (cf. haut de p. 255).*
- **Commentaire composé** (*l. 10-30*). *Rigueur de l'argumentation et poésie du passage.*
- **Groupe thématique : Mort ; Anéantissement.** MOYEN AGE, p. 214 – XVIᵉ SIÈCLE, p. 133, 147, 150. – XIXᵉ SIÈCLE, pages 117, 137 (v. 148-182), 179, 437, 448. – XXᵉ SIÈCLE, pages 121, 325 (v. 67-96), 592.
- **Comparaison.** Comment BOSSUET tire parti des textes sacrés.
a) Étudiez la présentation et l'utilisation du texte : Ecce mensurabiles... (l. 2-10).
b) Montrez avec quelle habileté il a librement traduit et adapté à son sujet (l. 25-30) ce passage où TERTULLIEN *rapportait en réalité l'argumentation des hérétiques contre la résurrection de la chair. En voici une traduction littérale :* « ... Après tout cet exposé de l'indignité (*de la chair*) qui doit tomber à son origine, la terre, et au nom de cadavre ; et même, à partir de ce nom, s'anéantir jusqu'à n'avoir désormais plus de nom, jusqu'à la mort de toute appellation. »

— 9 D'après Pline l'Ancien (*Histoire Naturelle*). C'est une erreur, mais l'orateur ne la prend pas à son compte. — 10 Var. : *nos descendants*. Comparer les deux rédactions au point de vue du rythme. — 11 Toutes les méprisables « grandeurs » terrestres (cf. *Sermon sur l'Ambition*, et p. 274). Quel est l'effet de ces pluriels sans articles ? — 12 Préciser le ton. — 13 Deux images se mêlent ici : montrez-le. — 14 Si faible qu'il soit. — 15 Appareil superbe. — 16 Etudier dans cette phrase la valeur expressive du rythme, tantôt précipité, tantôt « languis-

sant ». — 17 Relever les termes qui vont prolonger cette image. — 18 Préciser l'allusion. — 19 Montrer l'intérêt « pédagogique » de cette progression. — 20 Relever les termes qui évoquent un abîme mystérieux. — 21 Quelle impression produit cette succession de phrases hachées et de verbes au futur ? — 22 Employé au XVIIᵉ s. au plur. comme adj. — 23 *Var.* : aucune vestige de *votre* substance. Comparer. — 24 Père de l'Eglise (IIIᵉ s.) dont Bossuet avait aimé, dans sa jeunesse, l'éloquence fougueuse et colorée. — 25 Comment l'orateur a-t-il évoqué l'anéantissement progressif du corps ?

« *TOUT NOUS APPELLE A LA MORT* »

Les lois implacables de la nature, l'écoulement inexorable de toute vie humaine, autant de *lieux communs* que BOSSUET trouvait déjà dans la Bible. Pour cette page, il s'inspire plus directement de LUCRÈCE (III, v. 952-978) et de notes rédigées autrefois dans une *Méditation sur la brièveté de la vie* (1648). Mais l'orateur s'émeut au contact de ces idées banales : de là ce jaillissement d'images, cette personnification de la nature, cette évocation visionnaire du défilé des générations, cette angoisse lyrique devant l'infini. Il y a parfois en lui comme un *écho du frémissement pascalien*, mais jamais nous ne le sentons au bord du désespoir. Le prédicateur a charge d'âmes : il pose des problèmes terribles, mais il sait déjà qu'il nous conduira à des solutions de calme et de certitude.

Qu'est-ce donc que ma substance [1], ô grand Dieu ? J'entre dans la vie pour sortir bientôt ; je viens me montrer [2] comme les autres ; après, il faudra disparaître [3]. Tout nous appelle à la mort [4]. La nature, presque envieuse du bien qu'elle nous a fait, nous déclare souvent et nous fait signifier [5] qu'elle ne peut pas nous laisser longtemps ce peu de matière qu'elle nous prête, qui ne doit pas demeurer dans les mêmes mains, et qui doit être éternellement dans le commerce [6] : elle en a besoin pour d'autres formes [7], elle la redemande pour d'autres ouvrages. Cette recrue [8] continuelle du genre humain, je veux dire
10 les enfants qui naissent, à mesure qu'ils croissent et qu'ils s'avancent, semblent nous pousser de l'épaule et nous dire : Retirez-vous, c'est maintenant notre tour. Ainsi, comme nous en voyons passer d'autres devant nous, d'autres nous verront passer, qui doivent à leurs successeurs le même spectacle. O Dieu ! encore une fois, qu'est-ce que de nous [9] ? Si je jette la vue devant moi, quel espace infini où je ne suis pas ! Si je la retourne, quelle suite effroyable [10] où je ne suis plus, et que j'occupe peu de place dans cet abîme immense du temps ! Je ne suis rien ; un si petit intervalle n'est pas capable de me distinguer du néant. On ne m'a envoyé que pour faire nombre [11] : encore n'avait-
20 on que faire de moi, et la pièce n'en aurait pas été moins jouée, quand je serais demeuré derrière le théâtre [12].

Encore si nous voulons discuter les choses dans une considération plus subtile [13], ce n'est pas toute l'étendue de notre vie qui nous distingue du néant ; et vous savez, chrétiens, qu'il n'y a jamais qu'un moment qui nous en sépare. Maintenant nous en tenons un ; maintenant il périt ; et avec lui nous péririons tous, si, promptement et sans

---

— 1 *Ce qui est vraiment, intimement, mon être.* Langue philosophique que Bossuet veut mettre à la portée de l'auditoire mondain. — 2 C'est déjà l'image du théâtre (cf. l. 19-21). — 3 Quelle impression produisent ces phrases brèves ? — 4 Montrer la relation entre cette formule et la suite du passage. — 5 Quels sont ces avertissements ? — 6 Circulation, échange. — 7 Cf. RONSARD : « *La matière demeure et la forme* se perd » (*XVIe S.*, p. 128). — 8 *Levée de soldats pour remplacer les tués.* Au XVIIe s., le mot évoque donc une disparition et un remplacement. — 9 Remarquer ce rappel obsédant du vrai problème posé par la mort. — 10 Var. : *immense.* Montrer la différence, et comparer Pascal (p. 146). — 11 Préciser ce sentiment. — 12 Etudier la naissance, puis la progression de cette image. — 13 Souligner cette progression.

perdre temps, nous n'en saisissions un autre semblable, jusqu'à ce qu'enfin il en viendra un auquel nous ne pourrons arriver, quelque effort que nous fassions pour nous y étendre ; et alors nous tomberons tout à coup, manque de soutien [14].

— Exposez l'argumentation de BOSSUET *et soulignez la progression dans le raisonnement.*
— La nature : a) Quels sentiments lui prête l'orateur ? – b) Par quels termes sont exprimés le caractère inexorable de la loi naturelle et l'idée du changement continuel ?
— Comment BOSSUET *nous rend-il sensibles : a) la croissance des générations, puis leur succession ; – b) la dureté de la loi naturelle ; – c) le néant de l'homme ; – d) la menace perpétuelle sur la vie ?*
• *Comparaison.* Ressemblances et différences entre ces réflexions et celles de PASCAL, pages 144-146.
— Commentaire composé : lignes 1-21 – Essai : « Je ne suis rien... néant » (l.17-19). Qu'en pensez-vous ?
• **Groupe thématique : Mort.** Cf. p. 128 – XVIIIe SIÈCLE, p. 215. – XXe SIÈCLE, p. 325 (v. 67-96).

Le PREMIER POINT *aboutit à cette idée de notre néant, de la fragilité de notre vie qui n'est peut-être qu'un songe. Il se terminait primitivement sur un admirable mouvement destiné à rendre sensible à ceux qui l'écoutaient la fuite angoissante du temps :* « Je suis emporté si rapidement qu'il me semble que tout me fuit et que tout m'échappe. Tout fuit, en effet, Messieurs, et pendant que nous sommes ici assemblés et que nous croyons être immobiles, chacun de nous avance son chemin, chacun s'éloigne, se sépare, sans y penser, de son proche voisin, puisque chacun marche insensiblement à la dernière séparation : *ecce mensurabiles...* » *Bossuet a finalement supprimé ce passage trop saisissant.*

SECOND POINT   L'HOMME EST INFINIMENT ESTIMABLE EN TANT
                                        QU'IL ABOUTIT A L'ÉTERNITÉ. Quoique la mort « nous soit inhérente et que nous la portions dans notre sein, toutefois... si nous savons rentrer en nous-mêmes, nous y trouverons quelque principe qui montre bien par sa vigueur son origine céleste, et qui n'appréhende pas la corruption. » BOSSUET va accumuler les preuves de cette dignité de l'homme qui le distingue du reste de la création.

« L'HOMME A CHANGÉ LA FACE DU MONDE »

Voici la PREMIÈRE PREUVE : celle du *génie humain.* Cette question de la *place de l'homme* occupait les contemporains et devait éveiller l'intérêt de l'auditoire. Sur la fin de sa vie, au chapitre VIII du *Traité de la Concupiscence* (1694), BOSSUET dira son mépris de la curiosité scientifique, qui nous détourne de la pensée de Dieu. Mais ici, désirant montrer ce *principe de grandeur* qui assure la dignité de l'homme, il n'hésite pas à recourir à un *argument séculier,* un argument de philosophe, et à célébrer le génie de l'homme. Il est vrai qu'il nous ramène aussitôt, presque brutalement, au *témoignage de l'Ecriture* et à la doctrine du péché originel. Cette page offre le modèle d'une *composition ordonnée* qui nous conduit sans défaillance de la proposition initiale à la conclusion.

Je ne suis pas de ceux qui font grand état des connaissances humaines [1] ; et je confesse néanmoins que je ne puis contempler sans admiration ces merveilleuses [2] découvertes qu'a faites la science pour pénétrer la nature, ni tant de belles inventions que l'art [3] a trouvées pour l'accommoder à notre usage [4]. L'homme a presque changé la face du

---

14 Effet de rythme à étudier.

— 1 Pourquoi cette réserve préalable (cf. l. 20-25) ? — 2 Var. : *grandes.* Expliquer la

correction. — 3 L'application pratique des découvertes. — 4 Etudier le balancement de cette phrase et la propriété des termes qui se correspondent.

monde [5] ; il a su dompter par l'esprit les animaux qui le surmontaient par la force ; il a su discipliner leur humeur brutale et contraindre leur liberté indocile [6] ; il a même fléchi par adresse les créatures inanimées [7]. La terre n'a-t-elle pas été forcée par son industrie [8] à lui
10 donner des aliments plus convenables, les plantes à corriger en sa faveur leur aigreur sauvage, les venins même [9] à se tourner en remèdes pour l'amour de lui ? Il serait superflu de vous raconter comme il sait ménager [10] les éléments, après tant de sortes de miracles qu'il fait faire tous les jours aux plus intraitables, je veux dire au feu et à l'eau, ces deux grands ennemis, qui s'accordent néanmoins à nous servir dans des opérations si utiles et si nécessaires [11]. Quoi plus [12] ? il est monté jusqu'aux cieux : pour marcher plus sûrement, il a appris aux astres à le guider dans ses voyages ; pour mesurer plus également sa vie, il a obligé le soleil à rendre compte, pour ainsi dire, de tous ses pas [13]. Mais lais-
20 sons à la rhétorique cette longue et scrupuleuse énumération [14] ; et contentons-nous de remarquer en théologiens [15] que Dieu ayant formé l'homme, dit l'oracle de l'Écriture, pour être le chef de l'univers, — d'une si noble institution [16], quoique changée par son crime [17], il lui a laissé [18] un certain instinct de chercher ce qui lui manque dans toute l'étendue de la nature. C'est pourquoi, si je l'ose dire, il fouille partout hardiment comme dans son bien [19], et il n'y a aucune partie de l'univers où il n'ait signalé son industrie.

– *La composition.* a) *Distinguez deux grands mouvements ; montrez qu'ils diffèrent par la nature et par le ton ;*
– b) *Étudiez la progression rigoureuse du développement.*
– *La poésie.* a) *Relevez les termes qui animent les plantes, les éléments, les astres* – b) *Quelle semble être, dans cette présentation, leur relation avec l'homme ?*
– *Quelle est, en définitive, la place de l'homme dans la nature, selon* BOSSUET ?
– **Commentaire composé.** *Une interprétation du progrès humain ; une composition ordonnée.*
• **Groupe thématique : Progrès.** XVIᵉ SIÈCLE, page 78 – XVIIIᵉ SIÈCLE, pages 26, 28, 86, 138 – XIXᵉ SIÈCLE, pages 107 à 110, 114.

DEUXIÈME PREUVE DE L'IMMORTALITÉ DE L'AME : le sens moral de l'homme *qui conduit sa conscience, au mépris des lois générales de la nature, à préférer, quand le devoir l'exige, la souffrance et le sacrifice :* « Dans quelle lumière a-t-elle vu qu'elle eût sa félicité à part ? qu'elle dût dire hardiment, tous les sens, toutes les passions et presque toute la nature criant à l'encontre, quelquefois : « *Ce m'est un gain de mourir* », et quelquefois : « *Je me réjouis dans les afflictions* » ?

TROISIÈME PREUVE : le sentiment de l'infini : « O éternité ! ô infinité ! dit saint Augustin, que nos sens ne soupçonnent pas seulement, par où donc es-tu entrée dans nos âmes ? Mais si nous sommes tout corps et toute matière, comment pouvons-nous concevoir un esprit pur, et comment avons-nous pu seulement inventer ce nom ? »

— 5 Quel est le rapport logique entre cette formule et la suite du développement. — 6 Comment l'auteur a-t-il souligné les difficultés de cette victoire ? — 7 En quoi est-ce plus méritoire ? — 8 Activité ingénieuse. — 9 Souligner la progression. — 10 Employer habilement. — 11 Chercher des exemples. — 12 Ellipse : Quoi de plus ? (*lat.* : Quid plura).

Mouvement à rapprocher de Rabelais,*XVIᵉ Siècle* (p. 79-80). — 13 A l'aide de quels instruments ? Qu'y a-t-il d'original dans cette présentation ? — 14 Préciser le ton. — 15 Que traduit ce changement de point de vue ? — 16 Etat primitif. — 17 Le péché originel. — 18 Rédact. primitive : *Il lui est resté.* Où est la différence ? — 19 Dégager avec netteté cet argument essentiel.

CONCLUSION   *Ayant montré successivement le néant de la chair et la*
dignité de l'âme, Bossuet passe en revue les doctrines des
« sages du monde » qui prétendent expliquer l'homme. « Lès uns en feront un dieu, les
autres en feront un rien : les uns diront que la nature le chérit comme une mère et qu'elle
en fait ses délices ; les autres, qu'elle l'expose comme une marâtre et qu'elle en fait son
rebut ; et un troisième parti, ne sachant plus que deviner touchant la cause de ce mélange,
répondra qu'elle s'est jouée en unissant deux pièces qui n'ont nul rapport, et ainsi
que, par une espèce de caprice, elle a formé ce prodige qu'on appelle l'homme. »

« Voilà le mot de l'énigme... »

Nous touchons à la PÉRORAISON du sermon, au point où la parole du prédicateur doit porter ses
fruits. Puisque la raison est impuissante à expliquer l'homme, BOSSUET fait appel à la *foi* et aux
certitudes consolantes de la *révélation.* Il cède désormais la parole aux Ecritures et aux Pères de
l'Eglise, dont l'autorité est plus forte que les raisonnements humains. Mais il ne renonce pas à
séduire les imaginations : d'où cette grande *image* de l'édifice, qui va dominer toute la péroraison, cet
émouvant *dialogue* avec l'âme « remplie de crimes », le *merveilleux* de cette évocation mystique du
prince libérateur. Il s'agit moins maintenant de démontrer que de *gagner les cœurs.*

Vous jugez bien, Chrétiens, que ni les uns ni les autres n'ont donné au but
et qu'il n'y a plus que la foi qui puisse expliquer un si grand énigme [1].
Vous vous trompez, ô sages du siècle : l'homme n'est pas les délices de la
nature, puisqu'elle l'outrage en tant de manières ; l'homme ne peut non plus être
son rebut, puisqu'il y a quelque chose en lui qui vaut mieux que la nature elle-
même, je parle de la nature sensible [2]. Maintenant, parler de caprice dans les
ouvrages de Dieu, c'est blasphémer contre sa sagesse. Mais d'où vient donc une si
étrange disproportion ? Faut-il, Chrétiens, que je vous le dise, et ces masures mal
assorties avec ces fondements si magnifiques [3] ne crient-elles pas assez haut que
10 l'ouvrage n'est pas en son entier [4] ? Contemplez ce grand édifice : vous y verrez
des marques d'une main divine, mais l'inégalité de l'ouvrage vous fera bientôt
remarquer ce que le péché a mêlé du sien [5]. O Dieu! quel est ce mélange! J'ai
peine à me reconnaître ; peu s'en faut que je ne m'écrie avec le prophète : *Hæc-
cine est urbs perfecti decoris, gaudium universæ terræ* [6] ? *Est-ce là cette Jérusalem ?
est-ce là cette ville ? est-ce là ce temple, l'honneur, la joie de toute la terre ?* Et moi,
je dis : Est-ce cet homme fait à l'image de Dieu, le miracle de sa sagesse et le
chef-d'œuvre de ses mains ?
C'est lui-même, n'en doutez pas [7]. D'où vient donc cette discordance, et pourquoi vois-je ces parties si mal rapportées ? C'est que l'homme a voulu bâtir à
20 sa mode sur l'ouvrage de son Créateur, et il s'est éloigné du plan [8] : ainsi, contre
la régularité du premier dessin, l'immortel et le corruptible, le spirituel et le
charnel, l'ange et la bête [9] en un mot, se sont trouvés tout à coup unis. Voilà le
mot de l'énigme, voilà le dégagement de tout l'embarras : la foi nous a rendus
à nous-mêmes, et nos faiblesses honteuses ne peuvent plus nous cacher notre
dignité naturelle.
O âme remplie de crimes, tu crains avec raison l'immortalité qui rendrait ta
mort éternelle [10]. Mais voici en la personne de Jésus-Christ la résurrection et la
vie : qui croit en lui ne meurt pas [11] ; qui croit en lui est déjà vivant d'une vie

— 1 Souvent masc. au XVIIᵉ s. — 2 Cf. Pascal
(p. 160). Montrer que la réfutation de ces deux
doctrines découle naturellement des deux parties du *Sermon.* — 3 Cette image est un souvenir
de saint Paul. — 4 Commenter ce style. —
5 Montrer que l'image joue le rôle d'un argument. — 6 Etudier comment cette lamentation de Jérémie (II, 15) est librement tra-
duite et adroitement utilisée. — 7 Noter l'assurance du prédicateur : il est sur le terrain de
la foi. — 8 Expliquer ces images symboliques.
— 9 Cf. Pascal (p. 158). — 10 C'est le début de
la péroraison. Etudier l'art de présenter cette
idée. — 11 Saint Jean (XI, 25, 26).

spirituelle et intérieure, vivant par la vie de la grâce qui attire après elle la vie de
30 la gloire [12]. — Mais le corps est cependant [13] sujet à la mort. — O âme, console-
toi [14]. Si ce divin architecte qui a entrepris de te réparer laisse tomber pièce à
pièce ce vieux bâtiment de ton corps, c'est qu'il veut te le rendre en meilleur
état, c'est qu'il veut le rebâtir dans un meilleur ordre ; il entrera pour un temps
dans l'empire de la mort, mais il ne laissera rien entre ses mains, si ce n'est la
mortalité [15].[...] Comme un vieux bâtiment irrégulier qu'on néglige de réparer,
afin de le dresser de nouveau dans un plus bel ordre d'architecture, ainsi cette
chair toute déréglée par le péché et la convoitise, Dieu la laisse tomber en ruines,
afin de la refaire à sa mode et selon le premier plan de sa création : elle
doit être réduite en poudre, parce qu'elle a servi au péché.
40   Ne vois-tu pas le divin Jésus qui fait ouvrir le tombeau [16] ? C'est le prince qui
fait ouvrir la prison aux misérables captifs [17]. Les corps morts qui sont enfermés
dedans entendront un jour sa parole, et ils ressusciteront comme le Lazare ;
ils ressusciteront mieux que le Lazare, parce qu'ils ressusciteront pour ne mourir
plus et que la mort, dit le Saint-Esprit, sera noyée dans l'abîme pour ne paraître
jamais : *Et mors ultra non erit* [18].

LES ORAISONS FUNÈBRES

Le genre   I. L'ORAISON FUNÈBRE AVANT BOSSUET.
                    C'était un *genre mondain* qu'il a lui-même qualifié de
« profane ». Les prédicateurs contribuaient à l'éclat de la cérémonie : l'ambition les incitait à briller, à « accroître la pompe du deuil par des plaintes étudiées », à « satisfaire
l'ambition des vivants par de vains éloges des morts ». S'il accepta d'abord de prononcer
des oraisons funèbres, ce furent celles de personnages vertueux : YOLANDE DE MON-
TERBY (1656), le P. BOURGOING (1662), NICOLAS CORNET (1663). Par la suite, ne pouvant se dérober, il a prononcé celles de grands personnages (cf. p. 252 et 254), mais il a
totalement rénové le genre.

    II. BOSSUET ET L'ORAISON FUNÈBRE. Il la transforme en un *sermon* où les
vérités de doctrine et de morale sont illustrées par la conduite ou la destinée du défunt :
MARIE-THÉRÈSE, reine de France, nous enseigne le prix de l'humilité et de la pureté,
la princesse PALATINE nous invite à abandonner nos égarements et à faire pénitence,
LE TELLIER nous apprend à aimer la justice et le bien public.

    1. LES PORTRAITS PSYCHOLOGIQUES. De l'existence de son héros, Bossuet ne retient
que les éléments utilisables pour leur *valeur édifiante;* il les groupe selon les besoins de
sa thèse : il fait deux récits de la mort de Madame (p. 275 et 278), correspondant à deux
phases de son argumentation. Il est ainsi conduit à nous montrer surtout les *beaux côtés
de ses personnages.* Néanmoins, il s'est efforcé d'être *vrai* autant que la circonstance le
permettait : il a fait allusion aux erreurs de la PALATINE et, par trois fois, à la rébellion
de CONDÉ, se contentant de condamner ce prince par ses propres paroles de repentir.
Quant à HENRIETTE D'ANGLETERRE, on étudiera avec quel art il a su mentionner ses
défauts en signalant son désir de se perfectionner (p. 273, *première partie*).

    2. LES ÉVÉNEMENTS HISTORIQUES. Selon la tradition, il a aussi conté les événements
auxquels ses personnages ont été mêlés : ses évocations historiques les plus célèbres sont
le *tableau de la Fronde* au début de l'oraison de LE TELLIER, et le *récit de Rocroi* (p. 279).
On lui a reproché à juste titre des *erreurs* et des *jugements contestables* : c'est qu'il a

---

12 Cf. POLYEUCTE : « *Où le conduisez-vous ?* —
A la mort ! — *A la gloire !* » C'est encore un
souvenir de saint Paul. — 13 *Pendant ce temps.*
C'est une objection. — 14 Cf. Pascal, *Mystère*
de *Jésus* (p. 171). — 15 Expliquer l'idée et
commenter l'art de l'expression. — 16 Montrer
l'habileté de ce retour à l'exorde. — 17 Etudier
le merveilleux poétique de cette idée. — 18 *Et
la mort ne sera plus* (Apocalypse, XXI, 4).

partagé les préjugés de son siècle (il approuve la révocation de l'*Édit de Nantes*), et que chez lui le prêtre ne s'efface jamais devant l'historien. Ses préoccupations de *militant catholique* apparaissent surtout dans l'*Oraison d'Henriette de France*, où il s'en prend à l'esprit de libre examen, flétrit Henri VIII et Cromwell et trace un horrible tableau du schisme anglican. Ce qui caractérise son esprit, c'est (comme dans le *Discours sur l'Histoire universelle*, p. 280), sa tendance à expliquer tous les événements, même ceux qu'il déplore, par l'action de la PROVIDENCE en faveur de l'Église (cf. p. 278).

3. LES LEÇONS DE LA MORT. Rompant nettement avec la tradition du genre, Bossuet insiste sur les « *terribles leçons* » de la mort. Devant le catafalque d'un grand de ce monde, il lui est aisé de prouver de façon plus saisissante que dans un sermon le néant des grandeurs humaines (p. 274), la toute-puissance de Dieu (p. 275) et la nécessité d'une vie chrétienne (p. 276).

L'*Oraison funèbre* de *Madame*   Fille de Charles Ier d'Angleterre et d'Henriette de France, HENRIETTE D'ANGLETERRE, née à Exeter en 1644, fut élevée en France, loin des troubles de son pays. Épouse du duc d'ORLÉANS, frère du roi, elle avait fait parler d'elle par sa coquetterie et son esprit romanesque, mais elle aimait les arts et protégeait MOLIÈRE et RACINE. Au retour d'une habile négociation où elle avait obtenu de son frère Charles II une alliance avec Louis XIV, elle mourut à Saint-Cloud, peut-être empoisonnée, à l'âge de vingt-six ans, au moment où toute la cour admirait sa beauté, sa grâce et son esprit. BOSSUET, qui avait été son *directeur*, prononça avec une intense émotion l'*Oraison funèbre de Madame*, le 21 août 1670, à Saint-Denis.

Cette oraison funèbre est à rapprocher du *Sermon sur la Mort*; il y a néanmoins des différences profondes entre leurs *secondes parties*. Pour le style, la solennité de la cérémonie inspire à BOSSUET une *éloquence plus majestueuse*, un ton plus soutenu, entrecoupé parfois d'un *admirable lyrisme*. Mais, pour le genre lui-même, on vérifiera ce mot de Lanson : « *L'éloge des morts n'est pour lui qu'une occasion d'instruire les vivants.* »

EXORDE   BOSSUET *exprime d'abord son émotion de prononcer l'oraison funèbre de cette princesse dix mois après celle de sa mère Henriette de France.* « Je veux dans un seul malheur déplorer toutes les calamités du genre humain, et dans une seule mort faire voir la mort et le néant de toutes les grandeurs humaines. » *Mais il se reprend aussitôt :* « Tout est vain en l'homme si nous regardons le cours de sa vie mortelle; mais tout est précieux, tout est important, si nous contemplons le terme où elle aboutit et le compte qu'il en faut rendre... La princesse que nous pleurons sera un témoin de l'un et de l'autre. Voyons ce qu'une mort soudaine lui a ravi, voyons ce qu'une sainte mort lui a donné. »

PREMIÈRE PARTIE   CE QU'UNE MORT SOUDAINE LUI A RAVI. *Nous mourons tous, et nous roulons comme des flots qui vont se perdre* « dans un abîme où l'on ne reconnaît plus ni princes ni rois ». *Toutefois, la princesse était sur terre ce qu'on peut trouver de plus élevé, à la fois par sa naissance et par ses grandes qualités. Se tournant vers le passé, l'orateur revoit avec émotion le mariage d'*HENRIETTE *avec* PHILIPPE DE FRANCE, *frère du roi. Il évoque l'intelligence et la modestie de* MADAME. *Elle aimait les ouvrages de l'esprit, surtout l'histoire, où* « les plus grands rois n'ont plus de rang que par leurs vertus et... viennent subir sans cour et sans suite le jugement de tous les peuples et de tous les siècles ». « Elle y perdait insensiblement le goût des romans et de leurs fades héros; et, soigneuse de se former sur le vrai, elle méprisait ces froides et dangereuses fictions ». « Elle étudiait ses défauts; elle aimait qu'on lui en fît des leçons sincères : marque assurée d'une âme forte que ses fautes ne dominent pas ». « Mais pourquoi m'étendre sur une matière où je puis tout dire en un mot? Le roi, dont le jugement est une règle toujours sûre, a estimé la capacité de cette princesse et l'a mise par son estime au-dessus de tous nos éloges. »

On pouvait lui confier les grands secrets politiques, et son habileté lui avait permis d'accorder les intérêts des rois de France et d'Angleterre. « Ces deux grands rois se connaissent, c'est l'effet des soins de MADAME : ainsi leurs nobles inclinations concilieront leurs esprits,

et la vertu sera entre eux une immortelle médiatrice... Nous déplorerons éternellement...
qu'une princesse si chérie de tout l'univers ait été précipitée dans le tombeau, pendant
que la confiance de deux si grands rois l'élevait au comble de la grandeur et de la gloire. »

Vanitas vanitatum...

« *La grandeur et la gloire ! Pouvons-nous encore entendre ces noms dans ce triomphe de la mort ?* »
Ce texte est comme le complément du beau développement du *Sermon sur la Mort* sur le néant
de notre « substance » (cf. p. 266). L'exemple de la princesse démontre la *vanité* de la grandeur,
des qualités de l'esprit, et même de la sagesse. Dure leçon pour cet auditoire lui aussi « enflé de
titres » et follement ambitieux! On étudiera avec quel art BOSSUET sait tirer de la circonstance
funèbre les enseignements qu'elle comporte et les adapter à ceux qui l'écoutent.

Pendant que la nature nous tient si bas, que peut faire la fortune [1] pour nous
élever ? Cherchez, imaginez parmi les hommes les différences les plus
remarquables [2] ; vous n'en trouverez point de mieux marquée, ni qui
vous paraisse plus effective que celle qui relève le victorieux au-dessus des
vaincus qu'il voit étendus à ses pieds [3]. Cependant ce vainqueur, enflé de ses
titres, tombera lui-même à son tour entre les mains de la mort [4]. Alors ces malheureux vaincus rappelleront à leur compagnie [5] leur superbe [6] triomphateur, et
du creux de leur tombeau sortira cette voix, qui foudroie toutes les grandeurs :
« Vous voilà blessé comme nous : vous êtes devenu semblable à nous [7]. » Que
10 la fortune ne tente donc pas de nous tirer du néant, ni de forcer [8] la bassesse de
notre nature [9].
Mais peut-être, au défaut de la fortune, les qualités de l'esprit, les grands
desseins, les vastes pensées, pourront nous distinguer du reste des hommes [10].
Gardez-vous bien de le croire, parce que toutes nos pensées, qui n'ont pas Dieu
pour objet, sont du domaine de la mort. « Ils mourront, dit le roi-prophète,
et en ce jour périront toutes leurs pensées [11] » : c'est-à-dire les pensées des conquérants, les pensées des politiques, qui auront imaginé dans leurs cabinets des
desseins où le monde entier sera compris [12]. Ils se seront munis [13] de tous côtés
par des précautions infinies, enfin ils auront tout prévu, excepté leur mort [14],
20 qui emportera en un moment toutes leurs pensées [15]. C'est pour cela que l'Ecclésiaste, le roi Salomon, fils du roi David (car je suis bien aise de vous faire
voir la succession de la même doctrine dans un même trône [16]) ; c'est, dis-je,
pour cela que l'Ecclésiaste, faisant le dénombrement des illusions qui travaillent [17] les enfants des hommes [18], y comprend la sagesse même. « Je me
suis, dit-il, appliqué à la sagesse, et j'ai vu que c'était encore une vanité [19] »,
parce qu'il y a une fausse sagesse, qui, se renfermant dans l'enceinte des choses
mortelles, s'ensevelit avec elles dans le néant. Ainsi je n'ai rien fait pour MADAME,
quand je vous ai représenté tant de belles qualités qui la rendaient admirable
au monde, et capable des plus hauts desseins où une princesse puisse s'élever [20].
30 Jusqu'à ce que je commence à vous raconter ce qui l'unit à Dieu [21], une si illustre

— 1 Le sort favorable. — 2 Comment est
stimulé l'intérêt des fidèles ? — 3 Montrer que
l'exemple est choisi en fonction de l'auditoire.
— 4 En quoi ce tableau parle-t-il à l'imagination ? — 5 Auprès d'eux. — 6 Orgueilleux. —
7 Isaïe, XIV, 10. Noter la puissance dramatique
de l'évocation. — 8 Vaincre. — 9 Quelle est
la qualité de cette conclusion ? — 10 Etudier
l'art de la transition et de la progression. —
11 Psaumes de David, CXLV, 4. Pour Bossuet,
l'autorité de l'Ecriture vaut une démonstration. — 12 Ne fallait-il pas du courage pour
aborder ce sujet ? — 13 Fortifiés (lat. *munire*).
— 14 Montrer la vérité de cette observation.
— 15 Est-ce absolument exact ? — 16 Quel est,
pour Bossuet, l'intérêt de cette remarque ? —
17 Tourmentent. — 18 Commenter cette périphrase. — 19 Eccl., II, 12-15. — 20 Apprécier
cette transition. — 21 Montrer que cette formule annonce la 2ᵉ partie.

princesse ne paraîtra, dans ce discours, que comme un exemple le plus grand qu'on se puisse proposer, et le plus capable de persuader aux ambitieux qu'ils n'ont aucun moyen de se distinguer, ni par leur naissance, ni par leur grandeur, ni par leur esprit ; puisque la mort, qui égale tout, les domine de tous côtés avec tant d'empire, et que, d'une main si prompte et si souveraine, elle renverse les têtes les plus respectées.

MADAME SE MEURT! MADAME EST MORTE!

On a vu plus haut que BOSSUET a tracé de la princesse un portrait assez nuancé pour qu'il puisse servir à l'édification des fidèles. Mais le triomphe de son génie, c'est d'avoir su tirer de sa mort subite la *leçon suprême :* c'est le « coup de surprise » qui doit réveiller les cœurs « enchantés de l'amour du monde ». Chez tout autre écrivain, il pourrait n'y avoir là qu'un bel effet oratoire; mais devant ce souvenir tout récent (Bossuet avait assisté à cette mort), l'émotion du prédicateur est si grande que ce récit est considéré à juste titre comme *un des chefs-d'œuvre du lyrisme en prose.* « Les cœurs retentissent encore, après plus d'un siècle, du fameux cri : *Madame se meurt ! Madame est morte !* » (Chateaubriand).

Considérez, Messieurs, ces grandes puissances que nous regardons de si bas [1] ; pendant que nous tremblons sous leur main, Dieu les frappe pour nous avertir [2]. Leur élévation en est la cause [3] ; et il les épargne si peu qu'il ne craint pas de les sacrifier à l'instruction du reste des hommes [4]. Chrétiens [5], ne murmurez pas si MADAME a été choisie pour nous donner une telle instruction : il n'y a rien ici de rude pour elle [6], puisque, comme vous le verrez dans la suite, Dieu la sauve par le même coup qui nous instruit [7]. Nous devrions être assez convaincus de notre néant : mais s'il faut des coups de surprise à nos cœurs
10 enchantés [8] de l'amour du monde, celui-ci est assez grand et assez terrible. O nuit désastreuse! ô nuit effroyable [9] où retentit tout à coup comme un éclat de tonnerre cette étonnante [10] nouvelle : MADAME se meurt! MADAME est morte [11]! Qui de nous ne se sentit frappé à ce coup, comme si quelque tragique accident avait désolé [12] sa famille? Au premier bruit d'un mal si étrange, on accourut à Saint-Cloud de toutes parts ; on trouve tout consterné [13], excepté le cœur de cette princesse [14] : partout on entend des cris ; partout on voit la douleur et le désespoir, et l'image de la mort [15]. Le roi, la reine, Monsieur, toute la cour, tout le peuple, tout est abattu, tout est désespéré [16] ; et il me
20 semble que je vois l'accomplissement de cette parole du prophète :

— 1 A quoi tend cet effet de contraste ? — 2 Etudier l'art de présenter l'idée progressivement. Quel est l'effet obtenu ? — 3 Idée à expliquer. — 4 Cf. idées de Bossuet sur la Providence (p. 280). — 5 Commenter le choix du terme. Que dit-il de plus que « *Messieurs* » ? — 6 Quelle était la réaction de l'auditoire ? — 7 Montrer l'habileté de cette présentation. — 8 Comme liés par un enchantement. — 9 Comment se traduit ici l'émotion de l'orateur ? — 10 *Accablante comme un coup de tonnerre.*

Etudier le rythme et l'harmonie expressive de la phrase. — 11 Qu'exprime la succession de ces deux cris ? Selon Voltaire, « *l'auditoire éclata en sanglots et la voix de l'orateur fut interrompue par ses soupirs et par ses pleurs* ». — 12 Anéanti totalement. — 13 *Accablé.* Commenter « *tout* ». — 14 Allusion à sa mort chrétienne (p. 278). Quelle est la leçon de ce contraste ? — 15 Cf. VIRGILE : « *Plurima mortis imago* (*En.,* II, 369). Etudier la gradation. — 16 Qu'exprime cette énumération ?

« Le roi pleurera, le prince sera désolé, et les mains tomberont au peuple de douleur et d'étonnement [17]. »

Mais et les princes et les peuples gémissaient en vain : en vain Monsieur, en vain [18] le roi même tenait MADAME serrée par de si étroits embrassements. Alors ils pouvaient dire l'un et l'autre avec saint Ambroise [19] : *Stringebam brachia, sed jam amiseram quam tenebam* : « Je serrais les bras, mais j'avais déjà perdu ce que je tenais. » La princesse leur échappait parmi des embrassements si tendres et la mort plus puissante nous l'enlevait entre ces royales mains [20]. Quoi donc! elle devait

30 périr sitôt! Dans la plupart des hommes les changements se font peu à peu, et la mort les prépare ordinairement à son dernier coup. MADAME cependant a passé [21] du matin au soir, ainsi que l'herbe des champs [22]; le matin elle fleurissait, avec quelles grâces, vous le savez : le soir nous la vîmes séchée [23], et ces fortes expressions par lesquelles l'Écriture sainte exagère l'inconstance des choses humaines devaient être pour cette princesse si précises et si littérales!

- Comment BOSSUET interprète-t-il les malheurs des grands ? Comment applique-t-il cette conception ? Comment la fait-il accepter par son auditoire ?
- A l'aide de détails précis : a) par quels adjectifs pourriez-vous caractériser cette mort ? – b) Quelle est la leçon suggérée ?
- Le récit. a) Est-il précis et pittoresque ? – b) Étudiez son caractère dramatique ; – c) Comment cette mort est-elle évoquée par ses effets sur l'entourage, les spectateurs, le prédicateur ?
- Relevez les éléments lyriques dans le rythme et la poésie du style.
- **Entretien.** Dans quelle mesure et pourquoi BOSSUET complète-t-il ce récit page 278 ?
- **Contraction : pages 274-276** (deux textes à la suite). **Essai.** Toutes les pensées périssent-elles avec leurs auteurs ?
- **Commentaire composé : lignes 1-22.** Art du prédicateur ; lyrisme en prose.

« UNE ADMIRABLE, MAIS TRISTE MORT »

Après ce douloureux récit, BOSSUET s'est plu à imaginer ce que serait devenue la princesse sans cette mort brutale par qui « tout se dissipe en un moment ». Mais comment oublier la réalité ? Pour que la leçon soit plus forte, il ne craint pas de renouveler, à propos de cette gracieuse jeune femme, l'effrayante évocation du *Sermon sur la Mort*. « Jamais les rois ont-il reçu de pareilles leçons? » (Chateaubriand).

Au lieu de l'histoire d'une belle vie, nous sommes réduits à faire l'histoire d'une admirable mais triste mort. A la vérité, Messieurs, rien n'a jamais égalé la fermeté de son âme, ni ce courage paisible [1], qui, sans faire effort pour s'élever, s'est trouvé par sa naturelle situation au-dessus des accidents [2] les plus redoutables. Oui, MADAME fut douce envers la mort, comme elle l'était envers tout le monde [3].

---

17 Ezéchiel, VII, 27. Que prouve l'orateur par ce rapprochement? — 18 Quel est l'effet de cette répétition? — 19 *Discours sur la mort de son frère* (I, 19). — 20 Comment est soulignée la puissance de la mort? — 21 S'est fanée. — 22 Cf. *Psaumes* (CII, 15). — 23 Quels vers de Ronsard, de Malherbe, vous rappelle cette poétique image ?

— 1 Commenter cette expression. — 2 Coups du sort. — 3 Etudier l'idée et l'art de l'expression.

Son grand cœur ni ne s'aigrit ni ne s'emporta contre elle. Elle ne la brave non plus avec fierté, contente de l'envisager [4] sans émotion et de la recevoir sans trouble. Triste consolation, puisque, malgré ce
10 grand courage, nous l'avons perdue [5] ! C'est la grande vanité des choses humaines. Après que par le dernier [6] effet de notre courage, nous avons, pour ainsi dire, surmonté [7] la mort, elle éteint en nous jusqu'à ce courage par lequel nous semblions la défier. La voilà, malgré ce grand cœur [8], cette princesse si admirée et si chérie! la voilà telle que la mort nous l'a faite [9] ; encore ce reste tel quel va-t-il disparaître : cette ombre de gloire [10] va s'évanouir, et nous l'allons voir dépouillée même de cette triste décoration. Elle va descendre à ces sombres lieux, à ces demeures souterraines, pour y dormir dans la poussière avec les grands de la terre [11], comme parle Job, avec ces rois et ces princes anéantis [12], parmi
20 lesquels à peine peut-on la placer [13], tant les rangs y sont pressés, tant la mort est prompte à remplir ces places [14] ! Mais ici notre imagination nous abuse encore [15]. La mort ne nous laisse pas assez de corps pour occuper quelque place, et on ne voit là que les tombeaux qui fassent quelque figure. Notre chair change bientôt de nature. Notre corps prend un autre nom ; même celui de cadavre, dit Tertullien, parce qu'il nous montre encore quelque forme humaine, ne lui demeure pas longtemps : il devient un je ne sais quoi, qui n'a plus de nom dans aucune langue ; tant il est vrai que tout meurt en lui, jusqu'à ces termes funèbres par lesquels on exprimait ses malheureux restes [16].

– *Relevez les détails qui soulignent le caractère chrétien de cette mort.*
– *Comment BOSSUET tire-t-il de cette circonstance particulière une leçon générale ? Comment l'applique-t-il à son auditoire ? Qu'est-ce qui la rend plus efficace ?*
– *Par quelle progression nous rend-il sensible le néant de l'être de chair ?*
– *Comment se reflète dans le style, l'émotion du prédicateur ?*
– **Comparaison.** *Ressemblances et différences avec l'extrait du* Sermon sur la Mort *cité page 267.*
– **Essai.** *A l'aide des extraits et de l'analyse, étudiez comment BOSSUET glorifie la mémoire d'Henriette d'Angleterre en donnant la leçon à son auditoire.*

SECONDE PARTIE   CE QU'UNE SAINTE MORT LUI A DONNÉ.
« Madame n'est plus dans le tombeau; la mort qui sem-
blait tout détruire a tout établi. » *Si* « *le corps retourne à la terre dont il a été tiré* », *nous avons aussi* « *une secrète affinité avec Dieu* », *et* « *il faut que ce qui porte en nous la marque divine, ce qui est capable de s'unir à Dieu* », *soit aussi rappelé auprès de lui. Tout est vanité de ce qui est terrestre, mais si vous donnez à Dieu toutes vos affections,* « *nulle force ne vous ravira ce que vous aurez déposé entre ses mains divines : vous pourrez hardiment mépriser la mort.* » *C'est ce que va montrer l'exemple de* MADAME : « *Entrons dans une profonde considération des conduites de Dieu sur elle et adorons en cette princesse le mystère de la*

— 4 Se contentant de la regarder en face (cf. *visage*). — 5 Est-ce le prédicateur, est-ce l'homme qui parle ? — 6 Suprême. — 7 Vaincu. — 8 Courage. — 9 « *Pourquoi frissonne-t-on à ce mot si simple ?* » demande Chateaubriand. Ne peut-on répondre à cette question ? — 10 L'apparat de la cérémonie. Commenter

la périphrase. — 11 Cf. Job, XXI, 26 : *Ils dormiront ensemble dans la poussière et les vers les couvriront.* Bossuet est-il aussi réaliste ? — 12 Commenter le terme. — 13 En effet, les caveaux de Saint-Denis étaient presque pleins. — 14 Effet de rythme à étudier. — 15 Expliquer. — 16 Ce passage a été maintes fois repris par Bossuet (cf. p. 267).

prédestination et de la grâce. » *Admirons* « *les merveilles que Dieu a faites pour le salut éternel de Henriette d'Angleterre* »!

PREMIER EFFET DE LA GRACE. « *Pour la donner à l'Église, il a fallu renverser tout un grand royaume.* » *Elle était destinée* « *premièrement par sa glorieuse naissance, et ensuite par sa malheureuse captivité, à l'erreur et à l'hérésie* ». « Mais si les lois de l'État s'opposent à son salut éternel, Dieu ébranlera tout l'État pour l'affranchir de ces lois : il met les âmes à ce prix; il remue le ciel et la terre pour enfanter ses élus... Un coup imprévu, et qui tenait du miracle, délivra la princesse des mains des rebelles. Malgré les tempêtes de l'Océan, et les agitations encore plus violentes de la terre, Dieu, la prenant sur ses ailes comme l'aigle prend ses petits, la porta lui-même dans ce royaume; lui-même la posa dans le sein de la reine sa mère, ou plutôt dans le sein de l'Église catholique. » *Peut-être aurait-elle pu beaucoup pour ramener l'Angleterre au catholicisme. Pourquoi Dieu l'a-t-il ravie? A-t-il dessein de montrer sa puissance en rappelant seul l'Angleterre à la foi?*

SECOND EFFET DE LA GRACE. Elle lui a donné la persévérance finale, dans une mort chrétienne qui assure son salut. « Voulez-vous voir combien la grâce qui a fait triompher MADAME a été puissante? voyez combien la mort a été terrible. Premièrement, elle a plus de prise sur une princesse qui a tant à perdre. Que d'années elle va ravir à cette jeunesse! que de joie elle enlève à cette fortune! que de gloire elle ôte à ce mérite! D'ailleurs peut-elle venir ou plus prompte ou plus cruelle? C'est ramasser toutes ses forces, c'est unir tout ce qu'elle a de plus redoutable, que de joindre, comme elle fait, aux plus vives douleurs l'attaque la plus imprévue. Mais quoique, sans menacer et sans avertir, elle se fasse sentir tout entière dès le premier coup, elle trouve la princesse prête. La grâce, plus active encore, l'a déjà mise en défense. Ni la gloire ni la jeunesse n'auront un soupir. Un regret immense de ses péchés ne lui permet pas de regretter autre chose. Elle demande le crucifix... Elle s'écrie : « O mon Dieu, pourquoi n'ai-je pas toujours mis en vous ma confiance? »... Elle demande d'elle-même les sacrements de l'Église... Ne croyez pas que ces excessives et insupportables douleurs aient tant soit peu troublé sa grande âme. Ah! je ne veux plus tant admirer les braves ni les conquérants. MADAME m'a fait connaître la vérité de cette parole du Sage : « Le patient vaut mieux que le brave; et celui qui dompte son cœur, vaut mieux que celui qui prend des villes. » Combien a-t-elle été maîtresse du sien! avec quelle tranquillité a-t-elle satisfait à tous ses devoirs! »

« En cet état, Messieurs, qu'avions-nous à demander à Dieu pour cette princesse, sinon qu'il l'affermît dans le bien et qu'il conservât en elle les dons de sa grâce? Ce grand Dieu nous exauçait... La princesse est affermie dans le bien d'une manière plus haute que celle que nous entendions... Voilà la merveille de la mort dans les chrétiens : elle ne finit pas leur vie, elle ne finit que leurs péchés et les périls où ils sont exposés. »

L'orateur évoque de nouveau, longuement, la gloire de MADAME, *ses grandes qualités qui devaient en faire* « *l'idole du monde* » *et l'exposer aux plus dangereuses tentations, comme celle de s'admirer secrètement elle-même.* « *N'est-ce donc pas un bienfait de Dieu d'avoir abrégé les tentations avec les jours de Madame; de l'avoir arrachée à sa propre gloire avant que cette gloire par son excès eût mis en hasard* (exposé) *sa modération?* » *Si sa vie a été courte, ses derniers moments, d'une piété si fervente, valent la perfection d'une longue vie : elle a assez communié avec Jésus et ses souffrances pour qu'il lui donne* « *encore son sang* » *et assure son salut.*

La PÉRORAISON *est un appel à l'auditoire pour qu'il entende la leçon de cette mort.* « Qu'attendons-nous pour nous convertir? Et quelle dureté est semblable à la nôtre, si un accident si étrange, qui devrait nous pénétrer jusqu'au fond de l'âme, ne fait que nous étourdir pour quelques moments! Attendons-nous que Dieu ressuscite des morts pour nous instruire?... Commencez aujourd'hui à mépriser les faveurs du monde; et, toutes les fois que vous serez dans ces lieux augustes, dans ces superbes palais à qui MADAME donnait un éclat que vos yeux recherchent encore; toutes les fois que, regardant cette grande place qu'elle remplissait si bien, vous sentirez qu'elle y manque; songez que cette gloire que vous admiriez faisait son péril en cette vie, et que dans l'autre elle est devenue le sujet d'un examen rigoureux, où rien n'a été capable de la rassurer que cette sincère résignation qu'elle a eue aux ordres de Dieu, et les saintes humiliations de la pénitence. »

Condé à Rocroi

Dans l'*Oraison funèbre du Prince de Condé*, le passage le plus célèbre est le récit de la bataille de Rocroi (1643). C'est le « coup d'essai » d'un *héros providentiel : le roi* était encore enfant, et « Dieu avait choisi le duc d'Enghien pour le défendre dans son enfance ». Le récit, aussi précis que celui de Voltaire (*Siècle de Louis XIV*, chap. I,I), lui est supérieur par le *souffle d'épopée* qui l'anime. Cette poussée d'éloquence profane était un moyen d'intéresser l'auditoire ; mais BOSSUET *n'oublie pas sa leçon :* la suite nous montrera que cette gloire ne serait rien si le prince de Condé ne l'avait complétée par la solide *piété* de ses dernières années.

A la veille d'un si grand jour, et dès la première bataille, il est tranquille, tant il se trouve dans son naturel ; et on sait que le lendemain, à l'heure marquée, il fallut réveiller d'un profond sommeil cet autre Alexandre[1]. Le voyez-vous comme il vole, ou à la victoire, ou à la mort ? Aussitôt qu'il eut porté de rang en rang l'ardeur dont il était animé, on le vit presque en même temps pousser l'aile droite des ennemis[2], soutenir la nôtre ébranlée, rallier les Français à demi vaincus, mettre en fuite l'Espagnol victorieux, porter partout la terreur, et étonner[3] de ses regards étincelants ceux qui échappaient à ses coups[4]. Restait

10 cette redoutable infanterie de l'armée d'Espagne, dont les gros bataillons serrés, semblables à autant de tours, mais à des tours qui sauraient réparer leurs brèches, demeuraient inébranlables au milieu de tout le reste en déroute, et lançaient des feux de toutes parts. Trois fois le jeune vainqueur s'efforça de rompre ces intrépides combattants, trois fois il fut repoussé par le valeureux comte de Fontaines[5], qu'on voyait porté dans sa chaise, et, malgré ses infirmités, montrer qu'une âme guerrière est maîtresse du corps qu'elle anime ; mais enfin il faut céder. C'est en vain qu'à travers des bois, avec sa cavalerie toute fraîche, Beck[6] précipite sa marche pour tomber sur nos soldats épuisés ; le prince l'a prévenu, les bataillons enfoncés demandent quartier[7] ; mais la victoire va devenir plus terrible pour le duc d'Enghien que le combat[8]. Pendant qu'avec un air assuré il

20 s'avance pour recevoir la parole de ces braves gens[9], ceux-ci, toujours en garde, craignent la surprise de quelque nouvelle attaque ; leur effroyable décharge met les nôtres en furie ; on ne voit plus que carnage ; le sang enivre le soldat[10], jusqu'à ce que le grand prince, qui ne put voir égorger ces lions comme de timides brebis, calma les courages émus, et joignit au plaisir de vaincre celui de pardonner. Quel fut alors l'étonnement de ces vieilles troupes et de leurs braves officiers, lorsqu'ils virent qu'il n'y avait plus de salut pour eux qu'entre les bras du vainqueur ! De quels yeux regardèrent-ils le jeune prince[11], dont la victoire avait relevé la haute contenance, à qui la clémence ajoutait de nouvelles grâces ! Qu'il eût encore volontiers sauvé la vie au brave comte de Fontaines ! mais il[12] se

30 trouva par terre parmi ces milliers de morts dont l'Espagne sent encore la perte. Elle ne savait pas que le prince qui lui fit perdre tant de ses vieux régiments à la journée de Rocroi en devait achever les restes dans les plaines de Lens[13]. Ainsi la première victoire fut le gage de beaucoup d'autres. Le prince fléchit le genou, et dans le champ de bataille, il rend au Dieu des armées la gloire qu'il lui envoyait ; là on célébra Rocroi délivré, les menaces d'un redoutable ennemi tournées à sa honte, la régence affermie[14], la France en repos, et un règne, qui

---

— 1 Allusion au sommeil d'Alexandre, le matin d'Arbèles. — 2 Après avoir bousculé l'aile gauche espagnole, sa cavalerie, passant derrière le gros des ennemis, était venue attaquer leur aile droite dans le dos. — 3 Frapper de stupeur. — 4 Etudier l'effet de constraste entre le mouvement de cette phrase et celui de la suivante. — 5 Le chef espagnol. — 6 Chef des renforts allemands. Comment est souligné le danger ? — 7 La vie sauve. — 8 A quoi tend cette transition ? — 9 Courageux soldats. — 10 Que traduit ce style haché ? — 11 Il avait 22 ans. — 12 Ce dernier. — 13 Cinq ans après (1648).—14 Cf. App. G 2. Commenter.

devait être si beau, commencé par un si heureux présage. L'armée commença l'action de grâces ; toute la France suivit ; on y élevait jusqu'au ciel le coup d'essai du duc d'Enghien ; : c'en serait assez pour illustrer une autre vie que la sienne, mais pour lui c'est le premier pas de sa course.

– La bataille. *a) Distinguez (en dessinant un croquis) les phases du combat – b) Comment le récit est-il rendu dramatique ? – c) Comment est renouvelé l'intérêt ? – d) Relevez les détails pittoresques.*
– Portrait moral du duc d'Enghien : *Quelles vertus opposées réunit-il ? Comment sont-elles évoquées ?*
– *Comment* BOSSUET *nous représente-t-il les adversaires de son héros ? Quelle est son intention ?*
– *Montrez que le prédicateur donne des enseignements moraux et religieux ; lesquels ?*
• **Comparaison.** Rocroi vu par BOSSUET, et le passage du Rhin vu par VOLTAIRE (XVIIIᵉ SIÈCLE, p. 147).

BOSSUET HISTORIEN ET POLÉMISTE

Le Discours sur l'Histoire universelle   Issu de l'enseignement au Dauphin, le *Discours sur l'Histoire universelle* (1681) est une œuvre historique à tendances *philosophiques* et *apologétiques*. La PREMIÈRE PARTIE (*Les Époques*) esquisse un rapide panorama de l'histoire du monde, des origines à Charlemagne. La DEUXIÈME PARTIE (*La Suite de la Religion*) montre que toute l'histoire du peuple juif, connue par l'*Ancien Testament*, annonce Jésus, sa doctrine et l'établissement de l'Église (cf. Pascal, p. 165). Bossuet répond aux controverses suscitées par la Bible, et particulièrement à Spinoza, qui en contestait la valeur sacrée. La TROISIÈME PARTIE (*Les Empires*) applique la même philosophie aux Scythes, Éthiopiens, Égyptiens, Assyriens, Mèdes, Perses, Grecs et Romains, dont l'histoire s'expliquerait par les volontés secrètes de la Providence.

I. LA PROVIDENCE. Cette *idée maîtresse* revient constamment dans son œuvre, notamment dans les *Oraisons funèbres* (p. 278). Dans le *Sermon sur la Providence* (1662), en réponse aux libertins, qui tirent argument de l'inégale distribution des biens et des maux dans le monde, il compare la création à ces tableaux qui ne présentent à première vue qu'un « mélange confus de couleurs », mais prennent forme si l'on découvre l'endroit par où il faut les regarder : tout l'ordre du monde apparaît à celui qui le contemple du point de vue de la Providence. De même, selon la CONCLUSION de l'*Histoire universelle*, « *il faut tout rapporter à une Providence* » :

Mais souvenez-vous, Monseigneur, que ce long enchaînement des causes particulières, qui font et défont les empires, dépend des ordres secrets de la divine Providence. Dieu tient du plus haut des cieux les rênes de tous les royaumes; il a tous les cœurs en sa main; tantôt il retient les passions; tantôt il leur lâche la bride, et par là il remue tout le genre humain. Veut-il faire des conquérants? Il fait marcher l'épouvante devant eux. et il inspire à eux et à leurs soldats une hardiesse invincible (cf. Condé, p. 279)... Il connaît la sagesse humaine, toujours courte par quelque endroit; il l'éclaire, il étend ses vues, et puis il l'abandonne à ses ignorances : il l'aveugle, il la précipite, il la confond par elle-même : elle s'enveloppe, elle s'embarrasse dans ses propres subtilités, et ses précautions lui sont un piège (cf. Racine, Athalie). Dieu exerce par ce moyen ses redoutables jugements, selon les règles de sa justice toujours infaillible. C'est lui qui prépare les effets dans les causes les plus éloignées et qui frappe ces grands coups dont le contre-coup porte si loin...

C'est ainsi que Dieu règne sur tous les peuples. Ne parlons plus de hasard ni de fortune, ou parlons-en seulement comme d'un nom dont nous couvrons notre ignorance. Ce qui est hasard à l'égard de nos conseils incertains est un dessein concerté dans un conseil plus haut, c'est-à-dire dans ce conseil éternel qui renferme toutes les causes et tous les effets dans un même ordre. De cette sorte, tout concourt à la même fin: et c'est faute d'entendre le tout que nous trouvons du hasard ou de l'irrégularité dans les rencontres particulières.

C'est pourquoi tous ceux qui gouvernent se sentent assujettis à une force majeure. Ils font plus ou moins qu'ils ne pensent, et leurs conseils n'ont jamais manqué d'avoir des effets imprévus. Ni ils ne sont maîtres des dispositions que les siècles passés ont mises dans les affaires, ni ils ne peuvent prévoir le cours que prendra l'avenir, loin qu'ils le puissent forcer. Celui-là seul tient tout en sa main, qui sait le nom de ce qui est et de ce qui n'est pas encore, qui préside à tous les temps et prévient tous les conseils.

II. LES CAUSES SECONDES. Tout en admirant l'ampleur de cette conception quasi épique qui fait du monde le champ d'action de la volonté divine, on pourrait craindre que la valeur historique de l'œuvre n'en soit totalement faussée. Heureusement, BOSSUET constate que Dieu agit rarement « par certains coups extraordinaires »; en général, « il n'est point arrivé de grand changement qui n'ait eu ses causes dans les siècles précédents ». Ces *causes secondes* sont les circonstances antérieures, les caractères des peuples, des rois et des grands hommes. C'est dans la mesure où il étudie les causes, les effets, l'enchaînement exact des événements, que Bossuet annonce déjà les historiens modernes, devançant le vœu de Fénelon dans la *Lettre à l'Académie* (cf. p. 430). Sans valeur sur les empires orientaux, contenant des vues justes sur la Grèce, son histoire devient excellente, autant que les connaissances de l'époque le permettaient, dans le chapitre sur les *Romains*. Il les a étudiés avec sympathie. Il a bien vu leur génie, leur patriotisme, leur valeur militaire et administrative, leur politique prudente, les raisons de leurs triomphes. BOSSUET est un précurseur de MONTESQUIEU, qui le complétera et aura le mérite d'indiquer également les causes de la décadence romaine.

Bossuet et les protestants La controverse avec les protestants (cf. p. 252 et 254) trouve son expression la plus forte dans l'*Histoire des Variations des Églises protestantes* (1688). A l'affirmation que l'Église catholique n'est plus celle de Jésus-Christ parce qu'elle a évolué, BOSSUET oppose son argument préféré : par suite du libre examen, les protestants n'ont pas pu constituer une véritable Église. Cette histoire des sectes protestantes néglige des causes profondes de la Réforme, comme le génie particulier des peuples, leur état social, leurs aspirations nationales; pour lui tout s'explique par l'esprit novateur, les ambitions des princes, les décrets de la Providence. Mais, si la valeur historique de l'ouvrage est contestable, la *valeur littéraire* du pamphlet est remarquable. BOSSUET évoque les grandes figures de la Réforme, Luther, Zwingle, Calvin, Melanchton, Cromwell : ces portraits satiriques sont si colorés et si vivants que l'auteur peut « prendre place parmi les plus puissants peintres de l'âme humaine » (Lanson).

Bossuet et le théâtre Les *Maximes et Réflexions sur la Comédie* (1694) sont un réquisitoire complet contre le théâtre. BOSSUET y reprend les termes d'une lettre mordante au P. CAFFARO, auteur présumé d'une *Apologie du Théâtre*, introduction aux *Comédies* de Boursault.

I. IMMORALITÉ DU THÉÂTRE CONTEMPORAIN. Bossuet s'en prend vigoureusement à MOLIÈRE, auteur de pièces « où la vertu et la piété sont toujours ridicules, la corruption toujours excusée et toujours plaisante, et la pudeur toujours offensée » (allusion au *Misanthrope*, à *Tartuffe*, à *Dom Juan*, à *L'École des Femmes*). Il accuse « ce rigoureux censeur des grands canons *(ornements de dentelle)*, ce grave réformateur des mines et des expressions de nos précieuses », de se montrer plein de complaisance pour l'infidélité conjugale. Bref MOLIÈRE « a fait voir à notre siècle le fruit qu'on peut espérer de la morale du théâtre qui n'attaque que le ridicule du monde, en lui laissant cependant toute sa corruption » (cf. p. 204-208).

II. DANGERS DE L'ÉMOTION DRAMATIQUE. C'est le *principe même du théâtre* que BOSSUET condamne au nom de la morale chrétienne : depuis le péché originel, la perfection du chrétien doit tendre à refréner ses passions, et tout élan d'amour qui n'a pas Dieu pour objet est coupable. Or « la représentation des passions agréables porte naturellement au péché ».

1. ELLE EXCITE LES PASSIONS. « Dites-moi, que veut un Corneille dans son *Cid*, sinon qu'on aime Chimène, qu'on l'adore avec Rodrigue, qu'on tremble avec lui, lorsqu'il est dans la crainte de la perdre, et qu'avec lui on s'estime heureux lorsqu'il espère de la

posséder... Ainsi tout le dessein d'un poète, toute la fin de son travail, c'est qu'on soit, comme son héros, épris des belles personnes, qu'on les serve comme des divinités ; en un mot, qu'on leur sacrifie tout, si ce n'est peut-être la gloire, dont l'amour est plus dangereux que celui de la beauté même... Mais pourquoi en est-on si touché si ce n'est, dit saint Augustin, qu'on y voit, qu'on y sent l'image, l'attrait, la pâture de ses passions ? et cela, dit le même saint, qu'est-ce autre chose, qu'une déplorable maladie de notre cœur ? On se voit soi-même, dans ceux qui nous paraissent comme transportés par de semblables objets ; on devient bientôt un acteur secret dans la tragédie ; on y joue sa propre passion, et la fiction au dehors est froide et sans agrément, si elle ne trouve au dedans une vérité qui lui réponde... »

2. LES FAIBLESSES Y APPARAISSENT COMME DES VERTUS. *Dira-t-on que la tragédie est morale parce qu'elle représente l'amour comme une faiblesse ?* « Je le veux : mais il y paraît comme une belle, une noble faiblesse, comme la faiblesse des héros et des héroïnes; enfin comme une faiblesse si artificieusement changée en vertu, qu'on l'admire, qu'on lui applaudit sur tous les théâtres... Dites que la pudeur d'une jeune fille n'est offensée que par accident, par tous les discours où une personne de son sexe parle de ses combats, où elle avoue sa défaite, et l'avoue à son vainqueur même, comme elle l'appelle. Ce qu'on ne voit point dans le monde. »

III. LE SPECTACLE EST PLUS DANGEREUX QUE LA LECTURE. « Combien plus sera-t-on touché des expressions du théâtre, où tout paraît effectif : où ce ne sont point des traits morts et des couleurs sèches qui agissent, mais des personnages vivants, de vrais yeux, ou ardents, ou tendres et plongés dans la passion, de vraies larmes dans les acteurs qui en attirent d'aussi véritables dans ceux qui regardent; enfin de vrais mouvements, qui mettent en feu tout le parterre et toutes les loges. » *Le danger est encore accru par l'émotion collective :* « On s'excite et on s'autorise pour ainsi dire les uns les autres par le concours des acclamations et des applaudissements, et l'air même qu'on y respire y est plus malin *(nocif).* »

Cette critique impitoyable, fondée sur une pénétrante analyse du plaisir que procure le théâtre, rejoint le *Traité de la Concupiscence* (1694), où Bossuet condamne les sciences et les arts comme indignes d'un chrétien pour qui la vie doit être uniquement « le temps de prier ou de pratiquer la vertu ».

LA PRÉDICATION APRÈS BOSSUET

Bourdaloue   Le Père BOURDALOUE fut le prédicateur préféré de
(1632-1704)   Louis XIV, et nous savons par les *Lettres* de Mme de
                  Sévigné l'engouement de la belle société pour cet orateur
qu'elle a préféré à Bossuet. Son éloquence était, en effet, en harmonie avec le goût raffiné du public.

LOGICIEN implacable, il s'adresse avant tout à la *raison*, multiplie (parfois à l'excès) les divisions et subdivisions, et enserre l'auditeur dans une étreinte dialectique qui, selon le mot de Mme de Sévigné, lui « ôte la respiration ».

MORALISTE plus que théologien, il connaît à fond les vices de son siècle, et ses leçons concernent directement son auditoire mondain : *Sermons sur l'Ambition, sur la Pénitence, sur l'Aumône, sur la Médisance, sur le Pardon des injures.* Ses analyses psychologiques reposent sur une profonde science du cœur : le public des salons admirait ses *portraits*, où l'on découvrait souvent des allusions aux contemporains. Il a répondu à Pascal et aux *Provinciales* dans le *Sermon sur la Médisance*, et dénié à Molière le droit d'attaquer l'hypocrisie sur la scène : néanmoins, il y a dans son *Sermon sur l'Hypocrisie* des peintures de faux dévots qui confirment celles de Molière dans *Tartuffe.*

Les autres grands prédicateurs du XVIIe siècle sont FLÉCHIER (1632-1710), MASCARON (1634-1703) et surtout MASSILLON (1663-1742), dont on cite toujours l'exorde de l'*Oraison funèbre de Louis XIV :* « Dieu seul est grand, mes frères... »

RACINE

Né à La Ferté-Milon en décembre 1639, JEAN RACINE se trouva orphelin dès l'âge de quatre ans. Élevé par sa *grand-mère*, il eut de bonne heure le spectacle de discussions familiales, passant, dit-il, sa jeunesse « dans une société de gens qui se disaient assez volontiers leurs vérités, et qui ne s'épargnaient guère les uns les autres sur leurs défauts ». De 1649 à 1653, il fut l'élève des *Petites Ecoles* de Port-Royal. Puis il entra au Collège de Beauvais, où il poursuivit d'excellentes études latines et grecques. Il semble avoir été sensible aux luttes de la Fronde, comparant aux « hommes illustres » de Plutarque CONDÉ et les héros ambitieux de son temps. En 1655, âgé de seize ans, il rejoignit à Port-Royal-des-Champs sa grand-mère MARIE DES MOULINS, qui s'y était retirée auprès d'une de ses filles, la mère Agnès de Sainte-Thècle.

Racine à Port-Royal

De 1655 à 1658, il y reçut les leçons de l'helléniste LANCELOT, de NICOLE, d'ANTOINE LE MAITRE, et se prit d'une vive affection pour le médecin M. HAMON. Ces trois années ont eu sur la formation de RACINE une influence déterminante.

1. LE JANSÉNISME. Élevé dans une famille janséniste, Racine s'est trouvé à Port-Royal en pleine fièvre des *Provinciales* (p. 132). L'adolescent ne semble pas s'être passionné pour les luttes doctrinales autour du problème de la grâce; néanmoins, en disciple fidèle, il prit le parti de ses maîtres contre les jésuites. Même après sa brouille avec les « solitaires », il gardera, de cette atmosphère qu'il a respirée à Port-Royal, le sentiment de la faiblesse de l'homme agité par ses passions et entraîné vers le péché s'il n'est pas secouru par la grâce.

2. L'HUMANISME. Hellénistes remarquables, les « solitaires » ont initié le « petit Racine » à la Sainte Écriture et aussi aux chefs-d'œuvre des littératures païennes. A Port-Royal, il lit la Bible, saint Augustin, Virgile et surtout les tragiques grecs. Il apprenait par cœur SOPHOCLE et EURIPIDE; il les annotait dans les marges, admirant les plus beaux passages, critiquant les scènes « peu tragiques » ou « languissantes », les beaux vers « à contresens », les personnages qui ne gardent pas l'unité de leur caractère. A une époque où l'enseignement des Jésuites se fondait essentiellement sur le latin, le futur auteur d'*Andromaque*, d'*Iphigénie* et de *Phèdre* eut le rare privilège de recevoir à Port-Royal cette initiation à la *culture grecque* si importante pour sa formation. Son *âme d'artiste* s'éveillait déjà : il s'essayait à la poésie religieuse et chantait avec une gaucherie naïve le paysage de Port-Royal. En dépit des interdictions de *Lancelot*, il se cachait, dit-on, pour lire en grec *Les Amours de Théagène et de Chariclée*, un long roman d'Héliodore. Sa sensualité naissante, l'attrait du paganisme humaniste n'allaient pas tarder à précipiter la rupture entre Racine et les Messieurs de Port-Royal.

Débuts poétiques

Au sortir de Port-Royal, il va étudier la logique au Collège d'Harcourt, se lie avec son cousin Nicolas VITART, intendant du duc de Luynes, et avec LA FONTAINE, dont la femme était une de ses parentes (p. 209). Il a pour confident le jeune abbé LE VASSEUR, qui partage son goût de la poésie et de la galanterie amoureuse : tous deux fréquentent la belle société et aussi les comédiens et comédiennes du Marais et de l'Hôtel de Bourgogne. A l'occasion du mariage de Louis XIV, le jeune Racine dédie une ode à la reine, *La Nymphe de la Seine* (1660) : Chapelain félicite l'auteur et lui laisse espérer une gratification. Il se tourne alors vers la tragédie, écrit *Amasie*, refusée par le théâtre du Marais, et commence des *Amours d'Ovide*. Mais Port-Royal s'inquiète de ses désordres, de cette voie de perdition qu'est le théâtre, et RACINE subit avec impatience les « excommunications » de sa tante et de ses maîtres. Pour l'éloigner de Paris et pour assurer son avenir, on l'envoie étudier la théologie et briguer un *bénéfice ecclésiastique* auprès de son oncle SCONIN, vicaire général d'Uzès (septembre 1661).

Le séjour à Uzès — Dans ce pays ensoleillé, « le jeune homme qui porte en lui Hermione, Roxane et Phèdre » admire le tempérament passionné de la jeunesse : « *toutes les passions y sont démesurées* ». Mais il conserve le grave extérieur qui sied au neveu du P. Sconin. Il recueille des extraits de théologie, étudie la Bible et saint Thomas ; il complète sa culture humaniste, relit Virgile, écrit des *Remarques* sur l'*Odyssée*, annote une fois de plus ses tragiques grecs. A la veille de ses premiers succès d'auteur dramatique, Uzès représente une retraite fructueuse où il médite une tragédie (*Théagène et Chariclée* ou peut-être *La Thébaïde*). Mais le prieuré se fait trop attendre ; la mélancolie envahit son âme et, lassé, comme il dit, de « faire l'hypocrite », de plus en plus décidé à s'affranchir de Port-Royal, RACINE regagne Paris (fin 1662-début 1663).

Premiers succès, premières luttes — A peine rentré à Paris, des succès poétiques stimulent son désir d'« arriver ». Une *Ode sur la convalescence du Roi*, remarquée par Chapelain et bientôt suivie d'une nouvelle ode, *La Renommée aux Muses*, lui vaut une gratification ; le comte de Saint-Aignan, qui le protège, le présente à Louis XIV (1663) et lui fait connaître MOLIÈRE.

1. LA THÉBAIDE ET ALEXANDRE. Molière accepte de jouer, en 1663-1664, *La Thébaïde* ou *Les Frères ennemis* (lutte entre les deux fils d'Œdipe), puis accueille son *Alexandre* (décembre 1665), deux tragédies influencées par la générosité et le romanesque de Corneille, mais où l'*amour* occupe déjà une place de choix. Brusquement, quelques jours après la première représentation d'*Alexandre*, trouvant sa pièce mal interprétée et désireux de conquérir l'Hôtel de Bourgogne, Racine la confie aux « grands comédiens » sans même prévenir Molière. Cet acte d'ingratitude consomme la *brouille* entre les deux auteurs.

2. LA RUPTURE AVEC PORT-ROYAL. Vainement ses anciens maîtres avaient essayé de le détourner de la mauvaise pente. Répondant à l'auteur comique DESMARETS DE SAINT-SORLIN, qui, devenu dévot, réclamait l'extermination des jansénistes, NICOLE avait écrit : « *Un faiseur de romans et un poète de théâtre est un empoisonneur public, non des corps, mais des âmes des fidèles.* » Se croyant visé, RACINE réplique en 1666 par une *Lettre* mordante et ironique où, loin de s'en tenir au problème général du théâtre et de la morale, il attaque personnellement les maîtres qui l'ont formé et qui l'ont aimé. BOILEAU le dissuade de publier une autre lettre, plus méchante que la première. Racine regrettera un jour cette ingratitude, disant en pleine Académie : « *Je donnerais tout mon sang pour l'effacer.* »

D'Andromaque à Phèdre — L'année suivante, avec *Andromaque* (jouée le 17 novembre 1667), il allait donner son premier chef-d'œuvre, dont le triomphe fut aussi éclatant que celui du *Cid*. Désormais, pendant dix ans, son histoire se confond pour nous avec celle de sa production dramatique.

1. L'EXPÉRIENCE DES PASSIONS. Dans cette période créatrice, toutefois, l'existence de RACINE est loin d'être aussi calme que celle de CORNEILLE entre le *Cid* et *Polyeucte*. A l'influence du jansénisme et de la culture antique, il faut joindre, pour expliquer ses œuvres, son expérience personnelle des passions. Il a aimé ardemment la DU PARC, qu'il avait enlevée à la troupe de Molière en 1666, et il eut le déchirement de la perdre en 1668, en plein succès d'*Andromaque*. On garde surtout le souvenir de sa tendresse pour la volage CHAMPMESLÉ, son interprète préférée, qui fut successivement Bérénice, Atalide, Monime, Iphigénie et Phèdre. S'appuyant sur quelques

phrases de Mme de Sévigné, F. Mauriac admet encore, non sans vraisemblance, l'existence de « celles qui nous demeurent inconnues », de « tant d'autres êtres charmants qui surent guider Racine dans ce labyrinthe des passions où il s'est perdu à leur suite, puis, enfin, retrouvé ». Ainsi, au moment où il écrivait ses chefs-d'œuvre, RACINE jeune, comblé de gloire, au milieu d'une cour galante, a éprouvé lui-même toute la gamme des sentiments qu'il a su peindre avec une connaissance si riche de l'âme humaine.

2. LE TRIOMPHE DE RACINE.

Dès la représentation d'*Alexandre*, CORNEILLE lui avait déclaré qu'il n'était pas « né pour le théâtre ». Désormais l'hostilité du « parti cornélien » se dressera sans cesse sur sa route. A chaque nouvelle tragédie, jusqu'à son triomphe, l'irritable RACINE rendra coup pour coup dans ses écrits satiriques et ses mordantes préfaces.

Le succès d'*Andromaque* fut éclatant, surtout à la cour, où la pièce, dédiée à MADAME, duchesse d'Orléans (p. 273), eut aussi la faveur du roi. Mais aussitôt ce fut le déchaînement des auteurs jaloux, les SUBLIGNY, les GILLES BOILEAU, et des partisans de Corneille, soutenus d'Angleterre par SAINT-EVREMOND, Racine se défendit à coups d'épigrammes, donna l'année suivante la comédie des *Plaideurs* (1668) et répliqua à ses détracteurs en faisant jouer *Britannicus* (13 décembre 1669). Avec cette tragédie romaine à arrière-plan politique, il affirmait nettement sa volonté de supplanter son rival: c'est la « *pièce des connaisseurs* », mais l'accueil fut assez froid à l'Hôtel de Bourgogne, et ses adversaires auraient marqué un point si cette œuvre n'avait eu du succès à la cour, où la gloire de Racine ne cessait de grandir. L'année suivante, soit hasard, soit initiative de MADAME (p. 98), les deux poètes s'affrontèrent sur un même sujet, et la *Bérénice* de Racine (21 novembre 1670) l'emporta sur la pièce de Corneille, *Tite et Bérénice*. Ses ennemis se déchaînèrent encore contre *Bajazet* (janvier 1672), tragédie orientale qu'ils accusaient d'être plus française que turque. Il voulut alors battre son adversaire sur son propre terrain : *Mithridate* (janvier 1673), la plus « cornélienne » de ses tragédies, traite avec toute la richesse de la psychologie racinienne un sujet historique où se mêlent intimement l'amour et les « grands intérêts d'État ». Cette fois, même les amis de Corneille durent s'avouer conquis.

A ce moment, RACINE *est au comble de la faveur*. Il est anobli, académicien, protégé de Condé, de Mme de Montespan, du duc de Chevreuse, de Colbert. Le roi lui-même veut avoir la primeur de son *Iphigénie* (18 août 1674); en vain on oppose à sa tragédie la piteuse *Iphigénie* de Leclerc et Coras qui ne tient que cinq représentations : la pièce de RACINE fait pleurer tous les yeux, l'année même où CORNEILLE vieilli revient à la tendresse avec *Suréna* (p. 120), sans pouvoir retenir l'attention du public.

3. L'ÉCHEC DE PHÈDRE.

L'Hôtel de Nevers, qui l'avait accueilli à ses débuts, était devenu le lieu de ralliement de ses ennemis. Autour de la duchesse de BOUILLON se rassemblaient La Fontaine, Ménage, Segrais, Benserade, Mme Deshoulières, parfois Pierre Corneille. On chargea le jeune PRADON d'écrire une *Phèdre* pour l'opposer à celle que Racine allait donner à l'Hôtel de Bourgogne le 1er janvier 1677. La cabale déchaînée parvint à assurer à la pièce de Pradon un succès factice pendant tout le mois de janvier. La lutte dégénéra en *guerre de sonnets* satiriques et insultants : RACINE et BOILEAU, menacés de la bastonnade, n'y échappèrent que grâce à la toute-puissante protection des CONDÉ.

Cet échec momentané eut un *grand retentissement* sur la carrière dramatique de Racine. Avait-il épuisé les ressources de sa puissance créatrice, comme l'affirme F. Mauriac? Sentait-il le remords d'une jeunesse orageuse, qui sera évoquée deux ans plus tard à propos de l'Affaire des Poisons (il fut accusé sans preuves d'avoir empoisonné, par jalousie, la Du Parc)? Était-ce un réveil de la religion de son enfance ? Dans le silence de deux ans qui sépare *Iphigénie* de *Phèdre*, une évolution, déjà sensible dans ses tragédies depuis *Bérénice*, semble s'être précisée dans son esprit. Dans la préface de *Phèdre*, il exprime le désir de ne peindre les passions « que pour montrer le désordre dont elles sont cause ». L'héroïne de cette tragédie fut présentée comme une victime de la passion à qui la grâce avait fait défaut. RACINE repentant se réconciliait enfin avec Port-Royal et à trente-sept ans, en pleine gloire, il faisait au théâtre des adieux qu'il croyait définitifs.

Retour
à la « sagesse »

1. LE COURTISAN ET L'HISTORIOGRAPHE. *Marié* en 1677, devenu avec BOILEAU *historiographe* du roi, RACINE renonce au théâtre, mais non à la cour. Il a des protecteurs influents, Condé, Conti, le maréchal de Luxembourg; plein de souplesse, il se ménage à la fois Colbert et Louvois, Bossuet et Fénelon. Il a l'art de flatter discrètement Mᵐᵉ DE MAINTENON, et surtout il ne cesse de célébrer dans ses écrits une sorte de *culte royal* (discours académiques, madrigaux, discours sur la prise de Namur). Sa tâche d'historiographe est une excellente occasion de faire *œuvre de courtisan* : il accompagne le roi dans ses campagnes et, si nous avons perdu ses papiers historiques, nous savons que le monarque était au centre de son récit, partout présent : « *Il ne faut que le suivre si l'on peut, et le bien étudier, lui seul.* »

2. ESTHER ET ATHALIE. Déférant au désir de Mᵐᵉ DE MAINTENON, il accepta de revenir au théâtre et d'écrire, pour les pensionnaires de Saint-Cyr, « quelque espèce de poème moral et historique dont l'amour fût entièrement banni ». Dans *Esther* (1689) et *Athalie* (1691), tragédies bibliques, il réintégrait fort heureusement les chœurs lyriques dans le drame. Il apportait même avec *Athalie*, qui est peut-être son chef-d'œuvre, un véritable *renouvellement de l'art dramatique* (p. 289, § 3). Mais il ne fut pas tenté de commencer une nouvelle carrière.

3. UNE FIN DE VIE ÉDIFIANTE. De plus en plus, RACINE se consacra à la *vie de famille*, auprès d'une femme simple, calme, admirable maîtresse de maison. Il élevait dans la piété ses sept enfants, écrivait des Hymnes et des *Cantiques spirituels*. Fidèle aux maîtres de sa jeunesse, il s'employait à soutenir le monastère, rédigea un *Abrégé de l'Histoire de Port-Royal* et peut-être même encourut, pour son courageux attachement aux jansénistes, une demi-disgrâce. Sa retraite n'avait pourtant rien d'austère : il vivait dans un luxueux hôtel, avait carrosse, chevaux et armoiries. Mais il s'exerçait à la vie chrétienne avec une modération souriante et l'on a pu parler de la « *sagesse* » de cette fin d'existence. Avant de mourir (21 avril 1699), il exprima le désir d'être inhumé à Port-Royal au pied de la fosse de M. Hamon.

LE SYSTÈME DRAMATIQUE DE RACINE

« Plaire et toucher »

La doctrine classique, lentement élaborée entre 1620 et 1660, trouve son expression la plus parfaite dans la tragédie racinienne. RACINE a le privilège de respecter aisément les *règles* comme si elles avaient été faites pour lui. Dans la Première Préface de *Britannicus*, il se moque sans le nommer de CORNEILLE, qui remplit ses pièces de « quantité d'incidents qui ne se pourraient passer qu'en un mois » (cf. p. 95) : dans la tragédie racinienne, au contraire, le jour se lève à la première scène (cf. *Britannicus, Iphigénie, Athalie*), le dénouement survient avant la tombée de la nuit, et l'action tient avec vraisemblance dans ce bref espace de temps. Mais RACINE n'a pas la superstition des règles, et s'il se heurte aux « subtilités » de la critique, il est prêt à en appeler au « cœur » de ses spectateurs (Dédicace d'*Andromaque*). S'avise-t-on de lui dire que sa pièce devrait se terminer à la mort de Britannicus et que « l'on ne devrait point écouter le reste », il réplique, avec une ironie narquoise : « *On l'écoute pourtant, et même avec autant d'attention qu'aucune fin de tragédie.* » (Première préface de *Britannicus*.) Comme MOLIÈRE (p. 178), comme BOILEAU (p. 342, v. 17-25), Racine veut donc que ses spectateurs consultent non les règles, mais leur propre cœur : « Je les conjure d'avoir assez bonne opinion d'eux-mêmes pour ne pas croire qu'une pièce qui les touche et qui leur donne du plaisir puisse être absolument contre les règles. *La principale règle est de plaire et de toucher :* toutes les autres ne sont faites que pour parvenir à cette première » (*Préface de Bérénice*).

La légende et l'histoire — A l'exception de *Bajazet*, toutes ses pièces sont tirées des anciens, pour lesquels il a proclamé son « estime » et sa « vénération » (Préface d'*Iphigénie*). Les personnages de l'antiquité légendaire ou historique étaient familiers au public cultivé, et les siècles écoulés leur conféraient LA NOBLESSE ET LA GRANDEUR QU'EXIGE LA TRAGÉDIE : « Les personnages tragiques doivent être regardés d'un autre œil que nous ne regardons d'ordinaire les personnages que nous avons vus de si près. On peut dire que le respect que l'on a pour les héros augmente à mesure qu'ils s'éloignent de nous » (Deuxième Préface de *Bajazet*). Pour *Bajazet*, histoire récente, « *l'éloignement des pays répare en quelque sorte la trop grande proximité des temps* ». Ainsi Racine n'était pas prisonnier des sujets antiques : par cette théorie de l'éloignement dans l'espace, il indique une voie nouvelle qui conduit aux tentatives de Voltaire, et dans une certaine mesure à la « libération » romantique.

Le plus souvent ses personnages ont déjà, dans les œuvres antiques, un caractère, une âme. Les héros d'*Andromaque*, d'*Iphigénie*, de *Phèdre* ont reçu la vie chez Homère, Euripide, Virgile, Sénèque; ceux de *Britannicus* sont empruntés à Tacite, « le plus grand peintre de l'antiquité »; la figure de Mithridate a tenté plusieurs historiens anciens. Pour les pièces sacrées, la Bible offrait au poète des canevas détaillés, surtout pour *Esther*, où il déclare modestement avoir rempli son action « avec les seules scènes que Dieu lui-même, pour ainsi dire, a préparées ». *Mais cette richesse même de ses sources ne risquait-elle pas de brider la liberté de son invention créatrice ?*

FIDÉLITÉ AUX SOURCES — RACINE proclame sa fidélité à l'histoire et même à la légende. Ses préfaces sont pleines de références à ses sources antiques. Il a soin de nous indiquer qu'il n'a pas inventé le personnage de Junie, pas plus que ceux d'Ériphile ou d'Aricie, et que le voyage d'Achille à Lesbos est attesté chez certains poètes. Il signale que les projets d'expédition de Mithridate contre Rome (III, 1) sont peu connus mais historiques : « Je crois que le plaisir du lecteur pourra redoubler quand il verra que presque tous les historiens ont dit ce que je fais dire à Mithridate » (Préface de *Mithridate*). Les *tragédies sacrées* lui imposaient plus de rigueur encore, pour éviter « une espèce de sacrilège » : aussi est-il particulièrement fidèle à la Bible, allant jusqu'à ne mettre dans la bouche de Joad, lorsqu'il prophétise, « que des expressions tirées des prophètes mêmes » (Préface d'*Athalie*).

Toutefois, RACINE *n'est pas esclave des textes* qu'il consulte si scrupuleusement. Les sujets qu'il traite (en particulier les légendes grecques) ont été si souvent abordés par les anciens que l'on se trouve devant des versions parfois opposées. L'auteur dramatique s'arroge le *droit de choisir* les faits qui conviennent le mieux à sa tragédie. C'est ainsi qu'il nous expose les traditions divergentes sur la mort d'Iphigénie et les combine pour créer une *version personnelle*, heureux de trouver dans Pausanias le personnage d'Ériphile qui lui permet un dénouement plus vraisemblable. Il reconnaît, dans ses préfaces, qu'il a pris quelques libertés avec la chronologie : Astyanax, Britannicus et Narcisse, Xipharès (dans *Mithridate*) vivent plus longtemps qu'ils n'ont vécu selon les anciens; l'enfant Joas est plus âgé dans *Athalie* que dans la Bible : l'auteur a voulu « le mettre en état de répondre aux questions qu'on lui fait ». Ainsi, respectant généralement de façon remarquable les données historiques ou légendaires, Racine se permet certains écarts « *par le droit que donne la poésie* » (Préface de *Mithridate*). Sa doctrine est d'ailleurs extrêmement raisonnable : fidèle à la tradition en ce qui concerne les faits et les héros les plus célèbres (Première Préface d'*Andromaque*), il pense qu'on peut « altérer quelques incidents qui changent presque de face dans toutes les mains qui les traitent » (Deuxième Préface d'*Andromaque*), et « rectifier les mœurs d'un personnage, surtout s'il n'est pas connu » (Première Préface de *Britannicus*). Auteur dramatique et non historien, il déclare « *qu'il ne faut point s'amuser à chicaner les poètes pour quelques changements qu'ils ont pu faire dans la fable; mais qu'il faut s'attacher à considérer l'excellent usage qu'ils ont pu faire de ces changements et la manière ingénieuse dont ils ont su accommoder la fable à leur sujet* » (Seconde préface d'*Andromaque*).

LE PRINCIPE DE LA VRAISEMBLANCE — Ces « changements » sont généralement dictés par le souci de *la vraisemblance*. CORNEILLE aime les sujets « invraisemblables mais vrais », les situations extraordinaires justifiées par l'histoire (p. 107); RACINE, au contraire, fait passer le vraisemblable avant le vrai, car « *il n'y a que le vraisemblable qui touche dans la tragédie* » (Préface de *Bérénice*).

1. LA « BIENSÉANCE ». Cette notion du vraisemblable est en relation avec les idées et les croyances du public contemporain. RACINE ne peut se résoudre à nous présenter comme Euripide une Andromaque qui craint pour le fils qu'elle a eu de Pyrrhus : « Andromaque ne connaît pas d'autre mari qu'Hector, ni d'autre fils qu'Astyanax. J'ai cru en cela *me conformer à l'idée que nous avons maintenant* de cette princesse. La plupart de ceux qui ont entendu parler d'Andromaque ne la connaissent guère que pour la veuve d'Hector et la mère d'Astyanax. On ne croit point qu'elle *doive* aimer ni un autre mari ni un autre fils ». (Seconde Préface d'*Andromaque*).

2. LE « BON SENS ». Plus généralement, la vraisemblance exige le respect du « bon sens ». Sans le personnage d'Eriphile, RACINE n'aurait jamais osé entreprendre *Iphigénie;* il ne pouvait souiller la scène « par le meurtre horrible d'une personne aussi vertueuse et aussi aimable qu'Iphigénie »; et il se refusait à faire intervenir le merveilleux « qui pouvait bien trouver quelque créance du temps d'Euripide, mais qui serait trop *absurde* et trop *incroyable* parmi nous » (Préface d'*Iphigénie*). Trahir le bon sens, c'est le principal reproche que Racine adresse à Corneille. Afin de satisfaire les « cornéliens », « *il ne faudrait que s'écarter du naturel pour se jeter dans l'extraordinaire..., il faudrait remplir cette même action... d'un grand nombre de jeux de théâtre d'autant plus surprenants qu'ils seraient moins vraisemblables, d'une infinité de déclamations où l'on ferait dire aux acteurs tout le contraire de ce qu'ils devraient faire* » (Préface de *Britannicus*).

Si Racine recourt si volontiers à l'imitation des anciens, c'est justement que, dans la peinture des caractères et des passions, ils ont saisi avec naturel les aspects *permanents* de l'âme humaine. Leurs tentatives peuvent servir d'épreuves, d'esquisses préparatoires en quelque sorte, à l'auteur moderne qui constate, plusieurs siècles plus tard, la vérité absolue de leurs peintures : « J'ai reconnu avec plaisir, par l'effet qu'a produit sur notre théâtre tout ce que j'ai imité ou d'Homère ou d'Euripide, *que le bon sens et la raison étaient les mêmes dans tous les siècles*. Le goût de Paris s'est trouvé conforme à celui d'Athènes. Nos spectateurs ont été émus des mêmes choses qui ont mis autrefois en larmes le plus savant peuple de la Grèce » (Préface d'*Iphigénie*.)

LA VÉRITÉ ARTISTIQUE — La vérité de la tragédie racinienne ne réside donc pas dans une fidélité étroite aux moindres détails de l'histoire; c'est une vérité artistique. Le poète se préoccupe avant tout de respecter le *tempérament* d'un personnage, les *mœurs* d'un peuple, la *couleur* d'une époque. Par exemple, pour *Britannicus*, il dégage de Tacite le caractère de Néron, monstre qui dissimule encore ses mauvais instincts, celui d'Agrippine, ambitieuse sans scrupule et pourtant maternelle; mais, *sur le plan dramatique*, ces caractères, sans rien perdre de leur vérité profonde, s'affirmeront à propos de circonstances différentes de celles que nous montre Tacite : Racine invente de toutes pièces l'enlèvement de Junie et la rivalité amoureuse de Néron et de Britannicus. Des deux précepteurs de Néron, Sénèque et Burrhus, il n'en conserve qu'un seul, et, désirant opposer le bon conseiller au souple Narcisse, mauvais génie de Néron, c'est Burrhus, le soldat rude et franc, qu'il choisit. D'après Tacite, le poison de Locuste fut essayé sur un chevreau : « *Elle a fait expirer un esclave à mes yeux* », dit Narcisse, et ce simple détail, imaginé par Racine, suffit pour évoquer la cruauté et les intrigues de l'époque impériale.

Ainsi RACINE excelle à *créer des atmosphères différentes* selon qu'il s'agit de la Grèce légendaire, de la Rome impériale, de l'Orient antique ou moderne, de l'antiquité biblique (cf. p. 316). Les allusions aux mœurs, aux croyances religieuses, aux institutions et à l'histoire entourent les personnages d'une sorte de halo qui donne à la pièce sa couleur propre, celle qui correspond à la race, à l'époque, à l'état social de chaque peuple.

La technique dramatique — Dans la Première Préface de *Britannicus*, Racine, opposant son art à celui de Corneille, a donné une définition célèbre de son idéal dramatique : « *Une action simple, chargée de peu de matière, telle que doit être une action qui se passe en un seul jour, et qui, s'avançant par degrés vers sa fin, n'est soutenue que par les intérêts, les sentiments et les passions des personnages.* » Comment comprendre cette formule ?

SIMPLICITÉ DE L'ACTION — « *Une action simple, chargée de peu de matière* », c'est-à-dire tout à l'opposé des intrigues embrouillées où une multitude d'événements occupent la scène et font rebondir l'action. C'est une critique directe de Corneille dans les tragédies de sa vieillesse. Racine l'a précisée dans la Préface de *Bérénice* : « Il y en a qui pensent que cette simplicité est une marque de peu d'invention. Ils ne songent pas qu'au contraire *toute l'invention consiste à faire quelque chose de rien*, et que tout ce grand nombre d'incidents a toujours été le refuge des poètes qui ne sentaient dans leur génie ni assez d'abondance ni assez de force pour attacher durant cinq actes leurs spectateurs par *une action simple, soutenue de la violence des passions, de la beauté des sentiments et de l'élégance de l'expression.* » Étudions comment RACINE parvient à cette simplicité d'action.

1. UNITÉ PROFONDE DE L'INTRIGUE. L'attention, loin de se disperser, est concentrée sur un *problème unique* : Andromaque épousera-t-elle Pyrrhus ? Iphigénie sera-t-elle sacrifiée ? Titus épousera-t-il Bérénice ? Parfois, il est vrai, plusieurs intérêts différents sont en jeu : *Britannicus*, dit Racine, « n'est pas moins la disgrâce d'Agrippine que la mort de Britannicus ». En réalité les deux intrigues sont étroitement liées, progressent ensemble, reçoivent ensemble leur dénouement : le meurtre de Britannicus, c'est le signe même de la disgrâce d'Agrippine. Dans *Mithridate*, l'élément politique et l'élément sentimental sont fondus avec la même habileté. *Athalie* est peut-être la pièce où le plus grand nombre de problèmes sont ramenés à l'unité : la victoire de Joad, c'est la chute d'une reine ambitieuse, le rétablissement d'une dynastie légitime, la libération d'un peuple opprimé, le triomphe du vrai Dieu, la condition de l'avènement de l'Église. Jamais Racine ne nous paraît plus maître de son art que dans les pièces où il concilie cette diversité avec l'unité profonde et la simplicité de son intrigue.

2. NETTETÉ DE SITUATIONS. La tragédie racinienne comporte peu de personnages et ils sont nettement connus dès l'exposition. Pas de confusions possibles, pas de déguisements, pas d'incertitudes sur leur véritable identité, sur leurs rapports de parenté, comme dans *Héraclius* (p. 107); pas d'imbroglio dans l'intrigue, comme par exemple dans *Agésilas* de Corneille. Une tragédie de Racine peut se résumer en quelques phrases.

3. « PEU DE MATIÈRE ». Les faits qui se déroulent sous les yeux des spectateurs sont réduits au minimum. Dans *Bérénice*, cas extrême, RACINE a voulu faire « *quelque chose de rien* » : Titus renvoie Bérénice « malgré lui, malgré elle ». Les contemporains furent même surpris de cette pièce où ils ne voyaient qu'un « tissu galant de madrigaux et d'élégies » (cf. p. 312). Dans *Andromaque*, *Iphigénie*, *Mithridate*, il ne se passe matériellement rien entre l'exposition et le dénouement. C'est à peine si, dans *Britannicus*, nous voyons Néron épier l'entrevue de Junie et de Britannicus, surprendre Britannicus aux pieds de Junie, faire arrêter son rival. Les *tragédies sacrées* représentaient peut-être un renouvellement de l'art racinien, par les évolutions et les chants du chœur liés à l'action (p. 315) et, dans *Athalie*, la tendance à étoffer le spectacle : arrivée subite de la reine, interrogatoire de l'enfant, irruption en scène des lévites en armes, prophétie de Joad, couronnement de Joas, jeux de scène de l'acte V, avec l'élargissement du décor qui découvre l'intérieur du temple.

4. LA « CRISE » D'où vient ce dépouillement de l'action chez Racine ? C'est que sa tragédie nous peint une *crise passionnelle*. Les passions qui vont provoquer l'issue fatale remontent assez loin dans le temps. Au lieu de s'attarder, comme Marivaux, à l'analyse délicate des sentiments qui s'éveillent, RACINE *commence sa pièce au moment où les passions longtemps contenues vont déchaîner leur fureur* : depuis longtemps déjà, Pyrrhus s'empresse autour d'Andromaque, Hermione « pleure en secret le mépris de ses charmes », Oreste « traîne de mers en mers sa chaîne et ses ennuis »; depuis longtemps, Agrippine

voit s'éveiller les instincts de Néron; depuis longtemps une lutte sournoise se poursuit entre Athalie et Joad. Brusquement un *fait nouveau* survient, qui irrite les passions, rompt l'équilibre d'une situation déjà tendue et précipite les êtres vers un destin tragique : l'arrivée d'Oreste, l'enlèvement de Junie et la passion subite de Néron, le retour de Mithridate, le bruit de la mort de Thésée, le songe d'Athalie et sa visite au temple. Dès lors une sorte de fièvre embrase les personnages. *Le drame se déroule dans les cœurs* et c'est du conflit des passions que résulte le dénouement rapide et généralement violent.

L'action racinienne est *simple* parce que l'attention se concentre ardemment sur un problème unique, et que l'auteur évite de la disperser sur des scènes accessoires; elle est « *chargée de peu de matière* », tout intérieure, et se dénoue en quelques heures.

LE DRAME INTÉRIEUR — *Comment Racine parvient-il à « faire quelque chose de rien »? Son action n'est soutenue que par les intérêts, les sentiments et les passions des personnages (Britannicus).*

1. LA « LOGIQUE » DES CARACTÈRES. Dès l'exposition, nous connaissons les principaux personnages, leur situation, leur passé, leurs relations, les traits dominants de leur psychologie. Parfois le fait initial qui va déclencher la crise s'explique déjà par les caractères : l'ambassade des Grecs a été provoquée par la jalousie d'Hermione; l'enlèvement de Junie est un acte du monstre naissant; le bruit de la mort de Mithridate est une de ses ruses. Devant ce fait initial, *chaque héros réagit selon ses intérêts, ses sentiments, ses passions*, et l'attitude de chacun se répercute à son tour sur les autres. Oreste, apprenant qu'Hermione reviendrait vers lui si elle était repoussée par Pyrrhus, subordonne son ambassade à ses propres intérêts et, par son insolence, pousse Pyrrhus à refuser de livrer Astyanax; aussitôt Pyrrhus exploite la situation nouvelle : pour obtenir son appui, Andromaque devra se montrer plus conciliante; comme elle résiste encore, il passe de la galanterie à la menace, puis retourne vers Hermione; cette dernière rayonne de bonheur : Oreste est désespéré..., etc. Cette *chaîne de réactions psychologiques* anime toutes les tragédies de Racine : on dirait qu'ayant posé au début de sa pièce les caractères de ses héros il se contente de les laisser agir selon la *logique de leurs sentiments*.

2. LA PROGRESSION CONTINUE. Racine est un remarquable *dramaturge*. Ce mécanisme des passions est si admirablement conçu que, par son déroulement normal, sans intervention d'événements extérieurs (exception : le retour de Thésée, dans *Phèdre*), il fait *progresser l'action « par degrés vers sa fin »* (cf. *Phèdre : Étapes de la défaite*, p. 291 ; *La jalousie*, p. 296). Cependant, cette progression est telle qu'on pressent sourdement le dénouement tout en gardant *l'illusion que l'issue tragique pourra être évitée.* Généralement vers le quatrième ACTE survient un *moment d'indécision* où plusieurs solutions demeurent possibles : Hermione condamne Pyrrhus, puis arrête le bras d'Oreste; Néron hésite encore et résiste faiblement à Narcisse; Iphigénie pourra peut-être échapper au sacrifice; Phèdre se dispose à sauver Hippolyte. Mais, au dernier acte, les passions aveugles reprennent leur marche, et c'est une vague furieuse qui entraîne le *dénouement logique*.

3. LE DÉNOUEMENT. Resté quelque temps indécis, il nous paraît d'autant plus *vraisemblable* qu'il est « tiré du fond même de la pièce » (Préface d'*Iphigénie*), et que l'auteur a eu soin de nous y préparer, parfois dès la première scène (*Andromaque, Iphigénie, Athalie*), toujours dans le cours de l'action. Ce dénouement est souvent *horrible*, car RACINE adhère à la conception aristotélicienne qui fait reposer le tragique sur « *la compassion et la terreur* » (Préfaces d'*Iphigénie* et de *Phèdre*). Néanmoins, l'horreur de certains dénouements est tempérée par le triomphe des personnages sympathiques, Andromaque, Xipharès et Monime, Esther, Joas et Joad. C'est qu'il existe une *forme de tragique proprement racinien*, celui des héros marqués par le destin, conscients de leur voie douloureuse, et en éprouvant, à travers leurs épreuves, une satisfaction étrange. Il apparaît nettement dans *Bérénice*, la seule tragédie de *Racine* où personne ne meurt : « Le dernier adieu qu'elle dit à Titus, et l'effort qu'elle se fait pour s'en séparer n'est pas le moins tragique de la pièce; et j'ose dire qu'il renouvelle assez bien dans le cœur des spectateurs l'émotion que le reste y avait pu exciter. *Ce n'est point une nécessité qu'il y ait du sang et des morts dans une tragédie : il suffit que l'action en soit grande, que les acteurs en soient héroïques, que les passions y soient excitées, et que tout s'y ressente de cette tristesse majestueuse qui fait tout le plaisir de la tragédie* » (Préface de *Bérénice*).

LA PASSION RACINIENNE

Le théâtre de Racine doit son intense vérité psychologique à la peinture de l'AMOUR-PASSION, dont la conception même commande tout le conflit tragique. Sans doute le poète a représenté parfois d'autres passions : l'*ambition* avec Agrippine et Athalie, l'*amour maternel* avec Andromaque et Clytemnestre; mais n'est-il pas frappant de voir qu'Andromaque chérit avant tout, en Astyanax, le souvenir d'Hector, qu'elle est encore plus amante que mère ? Pour Racine, *l'amour est la passion tragique par excellence*. Quels sont donc les traits caractéristiques de la passion racinienne ?

L'amour irrésistible   La raison ni la volonté ne peuvent rien contre l'amour. Il éclate comme un coup de foudre et se traduit par un *désordre physiologique*. PHÈDRE a rencontré Hippolyte pour la première fois (I, 3, v. 269 sq.) :

> Je le vis, je rougis, je pâlis à sa vue;
> Un trouble s'éleva dans mon âme éperdue;
> Mes yeux ne voyaient plus, je ne pouvais parler;
> Je sentis tout mon corps et transir et brûler.

Reconnaissant l'amour, elle a tenté de *lutter : inutile combat !* Elle a succombé à une *fatalité intérieure;* vainement elle a supplié Vénus de l'épargner :

> Quand ma bouche implorait le nom de !a Déesse
> J'adorais Hippolyte.

Une *fatalité extérieure* s'est aussi acharnée contre elle. Elle a fait éloigner Hippolyte, mais le retrouve à Trézène, où Thésée l'a conduite. Elle veut mourir en gardant son secret :

> J'ai conçu pour mon crime une juste terreur;
> J'ai pris la vie en haine, et ma flamme en horreur.
> Je voulais en mourant prendre soin de ma gloire...

mais sa nourrice Œnone lui arrache l'aveu de son amour. Enfin, la fausse nouvelle de la mort de Thésée lui fait croire qu'elle peut désormais aimer Hippolyte sans crime et le lui dire. *Le sort se montre impitoyable :* Phèdre se heurte à un hasard hostile.

ÉTAPES DE LA DÉFAITE   Telles sont, en effet, les trois étapes de la *défaite*, dans la lutte contre la passion envahissante : 1. Phèdre ne peut étouffer l'amour dans son cœur. — 2. Elle parle de cet amour à Œnone. — 3. Elle l'avoue à Hippolyte lui-même (II, 5). Hippolyte lui témoigne un dédain terrible, et presque de la répulsion : va-t-elle renoncer? Non : *elle espère encore*, contre toute évidence (v. 767-768) :

> J'ai déclaré ma honte aux yeux de mon vainqueur,
> Et l'espoir, malgré moi, s'est glissé dans mon cœur.

Oreste, Hermione, Roxane font preuve du même aveuglement : ils ont beau *savoir* que leur passion n'est point partagée, sentir qu'ils font horreur à l'être qu'ils aiment, *leur amour est plus fort que la raison* et ils espèrent toujours.

AMOUR ET DEVOIR   Il n'est pas de devoir qui puisse résister à la passion. Roxane, Phèdre et Néron oublient la *fidélité conjugale*, Pyrrhus la *parole donnée* (il est fiancé à Hermione). Oreste trahit ses *devoirs d'ambassadeur;* il s'acquitte mal de sa mission (I, 2), dont il souhaite l'échec par amour pour Hermione; bien mieux, il assassine le prince qu'il était chargé de convaincre. Pyrrhus, de son côté, trahit ses *devoirs de souverain :* par amour pour Andromaque sa captive, il est prêt à lancer son pays dans une guerre contre les Grecs ses alliés de la veille (I, 4), et même à relever les murailles de Troie (v. 332).

AMOUR ET DIGNITÉ   La passion pousse ces héros, si orgueilleux pourtant
                      (cf. p. 308, *Orgueil*), à des démarches *déshonorantes* et
humiliantes. Elle leur inspire le *mensonge* et la *perfidie*. Pour tenter de sauver leur
amour, Atalide et Bajazet mentent à Roxane. Bajazet a horreur de cette dissimulation qui le dégrade à ses propres yeux : il s'y est résigné pourtant. Néron (II, 3 à 6),
Mithridate (III, 5 ; cf. extrait, p. 300), Roxane (*Bajazet*, IV, 3) ont recours, par jalousie,
à des ruses atroces, aussi infamantes pour eux que cruelles pour leur victime (cf. p. 299,
La fureur jalouse). *Tyrannique*, l'amour s'incarne tout naturellement dans la personne
de tyrans. La perfidie devient une arme courante : comme on est loin du combat loyal
entre héros cornéliens !

Les amantes perdent parfois le sentiment de leur dignité, d'une façon non plus odieuse,
mais *déchirante*. Entre les reproches et les menaces, HERMIONE se laisse aller à *supplier*
Pyrrhus (v. 1369-1374) :

> Mais, Seigneur, s'il le faut, si le ciel en colère
> Réserve à d'autres yeux la gloire de vous plaire,
> Achevez votre hymen, j'y consens. Mais du moins
> Ne forcez pas mes yeux d'en être les témoins.
> Pour la dernière fois je vous parle peut-être :
> Différez-le d'un jour; demain vous serez maître.

ROXANE n'a qu'un mot à prononcer pour que Bajazet périsse : elle est pourtant son
esclave; oubliant tout orgueil elle a multiplié les avances (v. 1301 sq.); elle ne cesse
de le menacer que pour l'*implorer* (v. 547-560); toujours prête à lui pardonner sa froideur, elle se contente du moindre geste qui flatte ses espérances (cf. récit de Bajazet,
v. 978 sq.); son amour est aussi humble que tyrannique. L'attitude de PHÈDRE est
plus frappante encore : elle ose avouer son amour à son beau-fils; comme Hippolyte
ne comprend pas, ou ne veut pas comprendre, elle doit préciser, s'*humilier*, s'accuser
(« Je m'abhorre encor plus que tu ne me détestes »); elle se fait *suppliante et provo-
cante* à la fois : peu s'en faut qu'elle ne se traîne aux pieds d'Hippolyte.

L'AVEU DE PHÈDRE

Seconde femme de Thésée, PHÈDRE, jeune encore, brûle d'une passion secrète pour
le « fier HIPPOLYTE » , issu du premier mariage de Thésée. Honteuse de cette «*fureur*»
qui l'accable même dans sa santé, elle est décidée à mourir. Mais *on annonce la mort
de Thésée* au cours d'une lointaine expédition. Pressée par Œnone, sa nourrice, Phèdre
vient trouver Hippolyte. Peu à peu, elle se prend au plaisir de lui parler, cède à un vertige du cœur et des sens, et glisse, malgré elle, jusqu'à l'*aveu*. On étudiera surtout par
quelle originale *transposition* la passion refoulée parvient néanmoins à se traduire,
dans une sorte d'allégresse, avant la déclaration plus directe : minutes de bonheur
intense où Phèdre se livre aveuglément à son rêve et peut encore espérer, jusqu'au
moment où la répulsion que lui marque Hippolyte la rend à sa solitude et à l'horreur
d'elle-même. (*Phèdre*, II, 5, 623 sq.)

PHÈDRE :   On ne voit point deux fois le rivage des morts,
              Seigneur [1]. Puisque Thésée a vu les sombres bords [2],
              En vain vous espérez qu'un dieu vous [3] le renvoie ;
              Et l'avare [4] Achéron ne lâche point sa proie.
              Que dis-je? Il n'est point mort, puisqu'il respire en vous.
              Toujours devant mes yeux je crois voir mon époux.

— 1 Hippolyte vient d'exprimer l'espoir du | enfers. — 3 Pourquoi ne dit-elle pas « nous » ?
retour de Thésée. — 2 De l'Achéron, fleuve des | — 4 *Avide* (cf. p. 225, n. 4). Souvenir de Virgile.

Je le vois, je lui parle ; et mon cœur [5]... Je m'égare,
Seigneur, ma folle ardeur malgré moi [6] se déclare.

HIPPOLYTE : Je vois de votre amour l'effet prodigieux.
Tout mort qu'il est, Thésée est présent à vos yeux ;   10
Toujours de son amour votre âme est embrasée [7].

PHÈDRE : Oui, Prince, je languis [8], je brûle pour Thésée.
Je l'aime, non point tel que l'ont vu les enfers,
Volage adorateur de mille objets [9] divers,
Qui va du dieu des morts déshonorer la couche [10] ;
Mais fidèle, mais fier [11], et même un peu farouche,
Charmant [12], jeune, traînant tous les cœurs après soi [13],
Tel qu'on dépeint nos dieux ou tel que je vous voi [14].
Il avait [15] votre port, vos yeux, votre langage,
Cette noble pudeur colorait son visage   20
Lorsque de notre Crète il traversa les flots,
Digne sujet des vœux des filles de Minos [16].
Que faisiez-vous alors ? Pourquoi, sans Hippolyte,
Des héros de la Grèce assembla-t-il l'élite ?
Pourquoi, trop jeune encor, ne pûtes-vous alors
Entrer dans le vaisseau qui le mit sur nos bords ?
Par vous aurait péri le monstre de la Crète,
Malgré tous les détours de sa vaste retraite [17].
Pour en développer [18] l'embarras incertain,
Ma sœur du fil fatal eût armé votre main [19].   30
Mais non, dans ce dessein je l'aurais devancée [20] :
L'amour m'en eût d'abord [21] inspiré la pensée.
C'est moi, Prince, c'est moi dont l'utile secours
Vous eût du Labyrinthe enseigné les détours.
Que de soins [22] m'eût coûtés cette tête charmante !
Un fil n'eût point assez rassuré votre amante.
Compagne du péril qu'il vous fallait chercher,
Moi-même devant vous j'aurais voulu marcher ;
Et Phèdre au Labyrinthe avec vous descendue
Se serait avec vous retrouvée, ou perdue [23].   40

HIPPOLYTE : Dieux ! qu'est-ce que j'entends ? Madame, oubliez-vous
Que Thésée est mon père, et qu'il est votre époux ?

---

5 Etudier le glissement vers l'aveu passionné. — 6 Formule à double entente. — 7 Montrer que ces paroles arrêtent l'élan de Phèdre, mais favorisent l'équivoque. — 8 Sens physique. Cf. « maladie de *langueur* ». — 9 Femmes aimées (cf. p. 243, n. 37). — 10 Il allait enlever Proserpine. Quel est l'intérêt de cette critique ? — 11 *Altier*. Hippolyte est un chasseur, d'humeur « sauvage ». — 12 Sens très fort (cf. v. 35 : « cette tête charmante »). — 13 *Lui*. En quoi cet amant idéal est-il différent de Thésée ? —

14. Orth. étymologique. Comment l'aveu est-il voilé ?— 15 Pourquoi ce retour vers le passé ? — 16 *Ariane* et *Phèdre*. Thésée était allé en Crète pour tuer le Minotaure (v. 27). — 17 Le labyrinthe, séjour du Minotaure. — 18 Débrouiller. — 19 Le « fil d'Ariane » permit à Thésée de sortir du labyrinthe, mais le héros abandonna Ariane. — 20 Etudier ce nouveau glissement. — 21 Dès l'abord. — 22 Tendres inquiétudes. — 23 Comment se traduit la ferveur de cet amour ? Commenter « *perdue* ».

PHÈDRE :   Et sur quoi jugez-vous que j'en perds la mémoire,
               Prince ? Aurais-je perdu tout le soin de ma gloire [21] ?

HIPPOLYTE : Madame, pardonnez. J'avoue, en rougissant,
               Que j'accusais à tort un discours innocent.
               Ma honte [25] ne peut plus soutenir votre vue ;
               Et je vais...

PHÈDRE :   Ah! cruel, tu m'as trop entendue [26].
               Je t'en ai dit assez pour te tirer d'erreur.
               Hé bien! connais donc Phèdre et toute sa fureur.
               J'aime. Ne pense pas qu'au moment que [27] je t'aime,   50
               Innocente à mes yeux, je m'approuve moi-même ;
               Ni que du fol amour qui trouble ma raison
               Ma lâche complaisance ait nourri le poison.
               Objet infortuné des vengeances célestes,
               Je m'abhorre encor plus que tu ne me détestes [28].
               Les Dieux m'en sont témoins, ces Dieux qui dans mon
               Ont allumé le feu fatal à tout mon sang [29] ;   [flanc
               Ces Dieux qui se sont fait une gloire cruelle
               De séduire [30] le cœur d'une faible mortelle.   60
               Toi-même en ton esprit rappelle le passé.
               C'est peu de t'avoir fui, cruel, je t'ai chassé ;
               J'ai voulu te paraître odieuse, inhumaine ;
               Pour mieux te résister, j'ai recherché ta haine.
               De quoi m'ont profité mes inutiles soins ?
               Tu me haïssais plus, je ne t'aimais pas moins.
               Tes malheurs te prêtaient encor de nouveaux charmes [31].
               J'ai langui, j'ai séché [32], dans les feux, dans les larmes.
               Il suffit de tes yeux pour t'en persuader,
               Si tes yeux un moment pouvaient me regarder [33].   70
               Que dis-je ? Cet aveu que je te viens de faire,
               Cet aveu si honteux, le crois-tu volontaire ?
               Tremblante pour un fils que je n'osais trahir,
               Je te venais prier de ne le point haïr.
               Faibles projets d'un cœur trop plein de ce qu'il aime !
               Hélas! je ne t'ai pu parler [34] que de toi-même.
               Venge-toi, punis-moi d'un odieux amour. [...]
               Voilà mon cœur. C'est là que ta main doit frapper.
               Impatient déjà d'expier son offense [35],
               Au-devant de ton bras je le sens qui s'avance.   80

---

24 Tout *souci* de *mon honneur*. Comment interpréter cette protestation, après l'aveu qui précède ? — 25 Expliquer cette attitude. — 26 *Compris*. Etudier le changement de ton. — 27 Où. — 28 En quoi ces sentiments sont-ils « jansénistes » ? — 29 Ma race (cf. p. 309, *L'hérédité*). — 30 Egarer. — 31 Cf. Néron : « *J'aimais jusqu'à ses pleurs que je faisais couler.* » — 32 Etudier ces effets *physiques* de l'amour malheureux. — 33 Expliquer l'attitude d'Hippolyte et le sentiment de Phèdre. — 34 Cf. App. B 4. — 35 L'offense qu'il t'a faite.

Frappe. Ou si tu le crois indigne de tes coups,
Si ta haine m'envie [36] un supplice si doux,
Ou si d'un sang trop vil ta main serait trempée,
Au défaut de ton bras prête-moi ton épée.
Donne [37].

Mais on vient : ŒNONE, qui a assisté à l'entretien, entraîne sa maîtresse. Cependant on apporte une nouvelle bouleversante : « On prétend que Thésée a paru dans l'Épire. » Il sera bientôt de retour (cf. p. 297).

– *Distinguez les étapes de l'aveu progressif de Phèdre. Étudiez comment cet aveu reste longuement indirect et voilé. Comment expliquez-vous l'attente d'Hippolyte ?*
– *Dans les vers 1-40, comment se traduit le caractère irrésistible de cette passion ?*
– *Étudiez la part de l'imagination et du rêve dans les sentiments de Phèdre.*
– *Quels sont les principaux caractères de la passion racinienne d'après les vers 61 à 76 ?*
– *Le jansénisme. Montrez que Phèdre se sent criminelle et a horreur de sa faute.*
– *L'art. Étudiez : a) Le rôle de la mythologie ; – b) Le contraste de ton entre les deux tirades de Phèdre.*
– ***Commentaire composé : vers 12-40.*** *Une habile déclaration d'amour ; rôle de l'imagination.*
– ***Contraction : Boileau, p. 347. – Essai.*** *Commentez les idées de ce texte à l'aide des extraits de RACINE.*

L'essence de la passion

« *L'on veut faire tout le bonheur, ou si cela ne se peut ainsi, tout le malheur de ce qu'on aime.* » Cette maxime de LA BRUYÈRE (IV, *Du cœur*, 39) résume la conception racinienne de la passion. « Faire tout le bonheur », c'est-à-dire être soi-même tout le bonheur de « ce qu'on aime ». En ce sens, la passion exclut la tendresse : l'être qui aime s'attendrit souvent sur lui-même, mais il n'a *aucune pitié* pour l'être aimé si celui-ci est rebelle à sa flamme.

L'ÉGOISME DE LA PASSION

Irrésistible, la passion est *dévorante* et *dévastatrice*. Elle porte en elle un germe de mort. Dans la tragédie racinienne, on tue et on meurt par amour. C'est que cette passion est *égoïste :* tandis que, dans *Polyeucte*, Sévère renonçait à Pauline parce qu'elle le lui demandait et pour rester digne d'elle (II, 2, et IV, 6), les héros de Racine ne peuvent pas se sacrifier pour sauver l'être aimé ou pour assurer son bonheur. Dans *Bajazet*, ATALIDE fait des efforts désespérés pour étouffer en elle la jalousie : Bajazet est perdu s'il n'épouse Roxane, elle le supplie donc, elle lui ordonne de céder à la sultane (II, 5). Au début de l'acte III, elle a des accents cornéliens : « J'aime assez mon amant pour renoncer à lui » (v. 836). D'ailleurs, elle ne survivra pas à son sacrifice (v. 827-828) : Et du moins cet espoir me console aujourd'hui,
Que je vais mourir digne et contente de lui.

Tout paraît donc accompli. Mais non, voici que la *jalousie* tenue en bride, et qui semblait vaincue, envahit le cœur de la jeune fille. Il suffit d'un mot malheureux d'Acomat : à l'entendre, Bajazet, non content d'épouser Roxane, semble lui témoigner de l'amour (v. 855-856). C'est plus qu'en peut supporter Atalide. Bajazet paraît : ses premières paroles sont maladroites, il ignore la révolution qui vient de s'accomplir dans l'âme de son amante. Alors Atalide succombe : elle reproche à Bajazet de lui avoir trop bien obéi; elle prononce, comme malgré elle, des *mots irréparables* (v. 955-974) qu'elle donnerait sa vie pour rattraper, dès qu'ils lui ont échappé. Mais il est trop tard : Roxane arrive, Bajazet lui répond par un « discours glacé »... Il périra étranglé, et Atalide en sera la cause. A la fin de la pièce (V, 12) avant de se tuer, elle s'abandonne aux remords qui la torturent : Et fallait-il encor que pour comble d'horreurs
Je ne pusse imputer sa mort qu'à mes fureurs?

---

36 Me refuse. — 37 Elle s'empare de l'épée pour se tuer. Dans Sénèque, c'est Hippolyte qui tirait son glaive pour la châtier. Comparer les deux conceptions.

Mais son *désespoir* se nuance un instant d'une douceur étrange : Bajazet a été à elle, à elle seule, du moins par sa mort :

> Oui, c'est moi, cher amant, qui t'arrache à la vie :
> Roxane ou le Sultan ne te l'ont point ravie.
> Moi seule, j'ai tissu le lien malheureux
> Dont tu viens d'éprouver les détestables nœuds.

Sacrifier son amour par amour, seule des héroïnes raciniennes BÉRÉNICE y parviendra après une longue révolte de tout son être.

L'AMOUR IMPOSSIBLE

Le *destin tragique* ne permet presque jamais qu'on puisse « faire tout le bonheur de ce qu'on aime ». Si l'amour est partagé, un *obstacle extérieur* empêche l'union des amants : pour Britannicus et Junie, l'obstacle c'est Néron; pour Bajazet et Atalide, c'est Roxane; c'est Phèdre pour Hippolyte et Aricie; pour Titus et Bérénice, c'est le trône de Titus et son devoir, c'est Rome avec ses lois et son mépris des reines. Seules Monime et Iphigénie, sauvées l'une et l'autre à la dernière minute, et par miracle, pourront épouser l'être aimé : la première Xipharès et la seconde Achille.

Mais, d'ordinaire, *la passion racinienne n'est point partagée* (opposer Corneille, p. 113, *Naissance de l'amour*). L'obstacle, le plus souvent, est l'*être aimé lui-même*. Par un jeu cruel de la fatalité, Néron aime Junie qui aime Britannicus, Mithridate aime Monime qui aime Xipharès, Phèdre aime Hippolyte qui aime Aricie. L'exemple le plus frappant est celui d'*Andromaque* : Oreste aime Hermione, Hermione aime Pyrrhus, et Pyrrhus aime Andromaque, qui reste passionnément fidèle à la mémoire d'Hector; aucun amour partagé : celui d'Andromaque l'a été, mais Hector a péri sous les coups d'Achille, père de Pyrrhus. Il y a là plus qu'un hasard : *la passion, aveugle et fatale, semble aboutir nécessairement à une impasse.*

LA LUTTE CONTRE L'ÊTRE AIMÉ

Pour *forcer la résistance* de l'être aimé, qui n'éprouve lui-même que de l'indifférence ou du mépris, sinon de l'horreur, tous les moyens sont bons. Les *menaces de mort* sont une arme courante : ROXANE a tout pouvoir sur les jours de Bajazet, elle le lui rappelle férocement : « Songez-vous... Que vous ne respirez qu'autant que je vous aime? » (v. 510). Mais on ne recule pas devant des moyens de pression *plus raffinés* : si Andromaque ne consent pas à l'épouser, PYRRHUS fera périr son enfant, le petit Astyanax. Comment croire qu'on se fera aimer par de tels procédés? C'est à vrai dire un combat sans espoir. La passion racinienne va jusque-là : que l'être aimé vous haïsse, pourvu qu'il cède ! Il devient une *chose* dont on veut pouvoir disposer à son gré. Faute de la réalité de l'amour, le héros se contenterait des apparences, d'un consentement arraché. Attitude affreuse, mais aussi déchirante : les supplications alternent avec les menaces, et le héros abdique tout amour-propre (cf. p. 292, *Amour et dignité*). Chez Corneille, l'amour était fondé sur l'estime et sur l'honneur (cf. p. 113) : chez Racine, la passion fait oublier le *respect dû à l'être aimé* comme le *respect de soi-même*.

La jalousie

Si l'adversaire ne cède pas, on le brisera. Il cède d'autant moins qu'il aime ailleurs. La *jalousie* sera la manifestation essentielle de la passion. C'est alors que l'on va faire « tout le malheur de ce qu'on aime ». A la rigueur, PHÈDRE pardonnerait à Hippolyte d'avoir repoussé sa déclaration, si elle pouvait continuer à croire qu'il n'aime aucune femme. Nous avons vu (p. 291, *Les étapes de la défaite*) qu'elle espérait encore. Lorsqu'elle vient trouver Thésée (IV, 4), c'est sans doute pour sauver Hippolyte calomnié par Œnone, mais un mot de Thésée lui apprend qu'elle a une rivale, qu'*Hippolyte aime Aricie*. Dès lors, elle se livre tout entière aux tortures et à la fureur de la jalousie : qu'Hippolyte périsse ! Qu'Aricie, *criminelle* à ses yeux, périsse également ! Hippolyte périra en effet, et Phèdre, responsable de sa mort, ne pourra lui survivre. Cet exemple est d'autant plus caractéristique de la psychologie racinienne que, dans la tragédie de SÉNÈQUE comme dans celle d'EURIPIDE, Hippolyte effectivement n'aimait aucune femme : c'était un mystique, fervent d'Artémis la chaste déesse. Racine a fait de la *jalousie de Phèdre* le centre d'intérêt de la pièce et le ressort principal de l'action.

LA JALOUSIE DE PHÈDRE

La nouvelle du retour de Thésée (cf. p. 295) accable PHÈDRE au moment où elle espérait encore conquérir l'amour d'Hippolyte : elle est résignée à mourir. Mais, pour prévenir la colère de Thésée, ŒNONE accuse Hippolyte d'avoir attenté à l'honneur de Phèdre. Plein de fureur, *le héros chasse son fils* et supplie Neptune de le châtier. Phèdre, en proie au remords, vient disculper le jeune homme, et peut-être s'accuser; mais elle apprend de Thésée lui-même qu'HIPPOLYTE se prétend *amoureux d'Aricie*. Les paroles se glacent sur ses lèvres, et son silence condamne « l'ingrat ». La scène suivante nous offre *l'étude de la jalousie* la plus complète qu'il y ait dans Racine. C'est aussi un véritable *joyau littéraire* : le poète atteint au maximum d'émotion avec le maximum de tenue dans le style. (*Phèdre*, IV, 6, 1218-1280.)

PHÈDRE : Œnone, qui l'eût cru ? j'avais une rivale.

ŒNONE : Comment ?

PHÈDRE :   Hippolyte aime, et je n'en puis douter.
Ce farouche ennemi qu'on ne pouvait dompter,
Qu'offensait le respect, qu'importunait la plainte,
Ce tigre, que jamais je n'abordai sans crainte,
Soumis, apprivoisé, reconnaît un vainqueur :
Aricie a trouvé le chemin de son cœur [1].

ŒNONE : Aricie ?

PHÈDRE :   Ah! douleur non encore éprouvée!
A quel nouveau tourment [2] je me suis réservée!
Tout ce que j'ai souffert, mes craintes, mes transports [3],   10
La fureur de mes feux, l'horreur de mes remords [4],
Et d'un refus cruel l'insupportable injure
N'était [5] qu'un faible essai [6] du tourment que j'endure [7].
Ils s'aiment [8]! Par quel charme [9] ont-ils trompé mes yeux ?
Comment se sont-ils vus ? Depuis quand ? Dans quels lieux [10] ?
Tu le savais [11]. Pourquoi me laissais-tu séduire [12] ?
De leur furtive ardeur ne pouvais-tu m'instruire ?
Les a-t-on vus souvent se parler, se chercher ?
Dans le fond des forêts allaient-ils se cacher ?
Hélas! ils se voyaient avec pleine licence [13].   20
Le ciel de leurs soupirs approuvait l'innocence ;
Ils suivaient sans remords leur penchant amoureux [14],
Tous les jours se levaient clairs et sereins pour eux [15].

— 1 Préciser le ton de cette réplique. — 2 Torture. — 3 Violente agitation. — 4 Cf. p. 294 (v. 51-60). Commenter cette peinture de l'âme en proie à la passion. — 5 Pour l'accord, cf. App. F 2. — 6 Ebauche, esquisse. — 7 En quoi ce « tourment » est-il plus terrible ? — 8 Sarah Bernhardt prononçait ces mots sur un ton de stupeur. — 9 Pouvoir mystérieux. — 10 Que traduisent ces questions haletantes ? — 11 C'est un trait de lumière : on l'a trahie! — 12 Tromper. — 13 Liberté. — 14 Préciser, d'après ces évocations, le rêve amoureux de Phèdre ; expliquer sa souffrance. — 15 Etudier la magie évocatrice de ce vers.

Et moi, triste rebut de la nature entière,
Je me cachais au jour, je fuyais la lumière ;
La mort est le seul dieu que j'osais implorer.
J'attendais le moment où j'allais expirer ;
Me nourrissant de fiel [16], de larmes abreuvée,
Encor dans mon malheur de trop près observée,
Je n'osais dans mes pleurs me noyer à loisir ;   30
Je goûtais en tremblant ce funeste plaisir ;
Et sous un front serein déguisant mes alarmes,
Il fallait bien souvent me priver de mes larmes [17].

ŒNONE : Quel fruit recevront-ils de leurs vaines amours ?
Ils ne se verront plus.

PHÈDRE :   Ils s'aimeront toujours [18].
Au moment que [19] je parle, ah ! mortelle pensée !
Ils bravent la fureur d'une amante insensée.
Malgré ce même exil [20] qui va les écarter [21],
Ils font mille serments de ne se point quitter.
Non, je ne puis souffrir un bonheur qui m'outrage [22],   40
Œnone. Prends pitié de ma jalouse rage,
Il faut perdre [23] Aricie. Il faut de mon époux
Contre un sang odieux réveiller le courroux.
Qu'il ne se borne pas à des peines légères :
Le crime de la sœur passe [24] celui des frères.
Dans mes jaloux transports je le veux implorer.
Que fais-je ? Où ma raison se va-t-elle égarer [25] ?
Moi jalouse ! et Thésée est celui que j'implore !
Mon époux est vivant, et moi je brûle encore !
Pour qui ? Quel est le cœur où [26] prétendent mes vœux ?   50
Chaque mot sur mon front fait dresser mes cheveux.
Mes crimes désormais ont comblé la mesure.
Je respire à la fois l'inceste et l'imposture [27].
Mes homicides mains, promptes à me venger,
Dans le sang innocent brûlent de se plonger.
Misérable ! et je vis ? et je soutiens la vue
De ce sacré soleil dont je suis descendue [28] ?
J'ai pour aïeul le père et le maître des Dieux [29] ;
Le ciel, tout l'univers est plein de mes aïeux.
Où me cacher ? Fuyons dans la nuit infernale.   60
Mais que dis-je ? mon père y tient l'urne [30] fatale ;

---

16 Le fiel est *amer*. Image à expliquer. — 17 Étudier en détail cette pénétrante analyse. — 18 Définir cette conception de l'amour, opposée à celle d'Œnone. — 19 Où. — 20 Cet exil même. — 21 Séparer. — 22 Préciser ce sentiment décisif. — 23 *Faire périr*. Remarquer l'effet de rythme. — 24 *Dépasse*. Les frères d'Aricie avaient disputé le trône à Egée, père de Thésée. — 25 Etudier ce retour à la lucidité. — 26 Auquel. Cf. App. C 3. — 27 Préciser cette double faute. — 28 Elle est « *la fille de Minos et de Pasiphaé* », elle-même fille du soleil. — 29 *Zeus*, père d'Apollon. — 30 Où les juges déposent leurs sentences.

Le sort, dit-on, l'a mise en ses sévères mains :
Minos juge aux enfers tous les pâles humains...

PHÈDRE, *la conscience traquée, implore la clémence divine et maudit* ŒNONE *qui l'a entraînée; mais elle ne peut se résoudre à sauver* HIPPOLYTE *en montrant son innocence. Au* DERNIER ACTE, *on apprend qu'*Œnone *s'est noyée et qu'*HIPPOLYTE *à trouvé la mort, traîné sur des rochers par son attelage effrayé par un monstre marin.* PHÈDRE *paraît enfin, chancelante :* elle s'est empoisonnée et, avant de mourir, vient s'accuser devant Thésée.

– *Distinguez les moments successifs de cette fureur jalouse ; quel en est l'aboutissement ?*
– *Analysez les sentiments qui conduisent à l'idée de « perdre Aricie ».*
– *Dans quelle mesure Phèdre avive-t-elle sa propre souffrance ?*
– *Précisez les sentiments de Phèdre à partir du vers 47 ; qu'éprouve le spectateur à son égard ?*
– *Étudiez l'accord entre la logique de la composition et la spontanéité de la passion.*
• **Groupe thématique : Jalousie.** Cf. p. 201, 300, 304, 362, 364. – XVIIIᵉ SIÈCLE, p. 188, 386, 390.

LES TORTURES DE LA JALOUSIE Pour une âme passionnée, la jalousie est un *cruel supplice.* Mais divers traits de leur psychologie condamnent les héros raciniens à ajouter encore à leurs souffrances. Dans les affres de la jalousie, ils deviennent les bourreaux d'eux-mêmes, victimes de leur *lucidité,* de leur *imagination* et de leur *orgueil.*

1. LUCIDITÉ. Dans les longs monologues où ils scrutent impitoyablement leur cœur, ils sont experts à *discerner toutes leurs raisons de souffrir, toutes les nuances de leur douleur·* (Hermione : V, 1; Roxane : IV, 5, v. 1295-1330; Mithridate : IV, 5; Phèdre : IV, 5 et 6, cf. extrait ci-dessus).

2. IMAGINATION. Cette douleur devient presque *physique* lorsqu'ils évoquent, de la façon la plus concrète, ce bonheur partagé dont ils sont exclus, qui leur est volé. Phèdre voit une insulte à ses souffrances dans les entretiens d'Hippolyte avec Aricie, et dans l'innocence même de leur amour (v. 1235-1250) :

> Tous les jours se levaient clairs et sereins pour eux,
> Et moi, triste rebut de la nature entière,
> Je me cachais au jour, je fuyais la lumière.

Oubliant que l'hymen qui se prépare est un supplice pour Andromaque, Hermione dit à Pyrrhus (v. 1327-1328; cf. aussi v. 1375-1379) :

> Vous veniez de mon front observer la pâleur
> Pour aller dans ses bras rire de ma douleur.

3. ORGUEIL. Enfin, pour ces héroïnes orgueilleuses, c'est une atroce *humiliation* de se voir préférer une rivale, d'autant que celle-ci leur est souvent inférieure par le rang : Pyrrhus délaisse Hermione, princesse grecque, pour une captive troyenne, Andromaque. Bajazet méprise Roxane, toute sultane qu'elle est, et n'a d'yeux que pour Atalide. D'autre part, on s'est vainement abaissé devant le rebelle, on l'a imploré (Hermione, Roxane, Phèdre) : comment le lui pardonner maintenant ?

A ces tourments de la jalousie, les *femmes* sont particulièrement sensibles : pourtant Mithridate, vieux guerrier farouche qui a fait trembler les Romains, ressent le même supplice, et nous ne sommes pas tentés de rire de ce vieillard amoureux.

LA FUREUR JALOUSE La jalousie rend le héros impitoyable pour son *rival* et pour l'*être aimé* comme pour lui-même. Il veut faire souffrir autant qu'il souffre. Alors même qu'elle se croit triomphante, Hermione se montre extrêmement cruelle pour Andromaque (III, 4), dont le seul crime pourtant est d'être aimée (Hermione pense même : d'avoir été aimée) par Pyrrhus, sans l'aimer elle-même. Comble d'inconscience, Phèdre songe un moment à recourir à Thésée pour frapper Aricie ! (v. 1259-1262). Quant à l'être aimé, il périra (cf. ci-dessous : *Le conflit racinien*). Mais le raffinement suprême consiste à faire souffrir ou à perdre *l'un par l'autre* l'être aimé et le rival. La jalousie a des inventions diaboliques. C'est NÉRON, « monstre naissant », qui donne l'exemple (II, 3 à 6) : si Junie a un seul mot, un seul regard de tendresse pour Britannicus, elle signera l'arrêt de mort de celui qu'elle aime. ROXANE tend le piège le plus perfide à Atalide pour l'amener à se trahir (IV, 3) : la sultane se dit prête à faire périr Bajazet; la malheureuse Atalide s'évanouit : c'est un aveu, et la lettre de Bajazet à Atalide, qui tombe ensuite entre les mains de Roxane, ne lui apprend rien qu'elle ne sache déjà. C'est un guet-apens du même genre que MITHRIDATE tend à Monime, et Monime se trahira comme Atalide. Mais *l'horreur* que nous inspire une telle perfidie se nuance de *pitié* pour Roxane et pour Mithridate. Nous ne les plaignons certes pas comme leurs victimes, et pourtant tous les coups qu'ils portent se retournent contre eux. La certitude que ces tyrans veulent acquérir à tout prix, c'est aussi *ce qu'ils redoutent le plus au monde* : que ne donneraient-ils pas, à l'instant où ils dissipent leurs derniers doutes, pour pouvoir se faire illusion encore un moment !

LA RUSE DE MITHRIDATE

MITHRIDATE, souverain asiatique de 68 ans et ennemi implacable des Romains, est fiancé à une jeune princesse, MONIME. Ses deux fils, PHARNACE et XIPHARÈS, aiment aussi Monime, *à l'insu de leur père*. Elle partage l'amour de Xipharès, mais, par délicatesse et par noblesse d'âme, elle lui demande de s'éloigner. Cependant Pharnace, qui penche en faveur des Romains, dénonce Xipharès à son père : « *Il aime aussi la Reine, et même en est aimé.* » Dans cette scène d'une grande *intensité tragique*, le vieillard jaloux recourt à une ruse tout orientale pour arracher à Monime son secret. *Il commence par lui dire qu'il est trop vieux pour l'épouser, et veut la donner à un de ses fils. Il feint de la croire amoureuse de Pharnace (qu'elle déteste), mais refuse de l'unir à ce « fils odieux » allié des Romains. Consentira-t-elle à épouser Xipharès? C'est le piège de la tentation.*

MITHRIDATE : Mon trône vous est dû. Loin de m'en [1] repentir,
Je vous y place [2] même avant que de partir,
Pourvu que vous vouliez qu'une main qui m'est chère,
Un fils, le digne objet de l'amour de son père [3],
Xipharès, en un mot, devenant votre époux,
Me venge de Pharnace et m'acquitte envers vous.

MONIME : Xipharès! Lui, Seigneur?

MITHRIDATE :   Oui, lui-même, Madame.
D'où peut naître à ce nom le trouble de votre âme?
Contre un si juste choix qui [4] peut vous révolter?
Est-ce quelque mépris qu'on ne puisse dompter [5]?   10
Je le répète encor : c'est un autre moi-même,
Un fils victorieux, qui me chérit, que j'aime,
L'ennemi des Romains, l'héritier et l'appui
D'un empire et d'un nom qui va [6] renaître en lui [7];
Et, quoi que votre amour [8] ait osé se promettre,
Ce n'est qu'entre ses mains que je puis vous remettre.

— 1 De vous l'avoir promis. — 2 Noter le présent. Pourquoi cette hâte ? — 3 Pourquoi ces éloges? — 4 *Qu'est-ce qui?* Cf. App. C 1 *b*.—

5 Montrer que ce contresens voulu est une ruse. — 6 Noter l'accord. Cf. App. F 2. — 7 A quoi tendent tous ces arguments? — 8 Pour Pharnace, qu'elle déteste!

MONIME :   Que dites-vous ? O ciel! Pourriez-vous approuver...
             Pourquoi, Seigneur, pourquoi voulez-vous m'éprouver ?
             Cessez de tourmenter une âme infortunée.
             Je sais que c'est à vous que je fus destinée ;   20
             Je sais qu'en ce moment, pour ce nœud solennel,
             La victime, Seigneur, nous attend à l'autel [9].
             Venez [10].

MITHRIDATE :   Je le vois bien : quelque effort que je fasse,
             Madame, vous voulez vous garder à Pharnace.
             Je reconnais toujours vos injustes mépris ;
             Ils ont même passé sur [11] mon malheureux fils.

MONIME :   Je le méprise!

MITHRIDATE :   Hé bien! n'en parlons plus [12], Madame.
             Continuez : brûlez d'une honteuse flamme [8].
             Tandis qu'avec mon fils je vais, loin de vos yeux,
             Chercher au bout du monde un trépas glorieux [13],   30
             Vous cependant ici servez [14] avec son frère,
             Et vendez aux Romains le sang de votre père [15].
             Venez. Je ne saurais mieux punir vos dédains
             Qu'en vous mettant moi-même en ses serviles mains ;
             Et, sans plus me charger du soin de votre gloire,
             Je veux laisser [16] de vous jusqu'à votre mémoire.
             Allons, Madame, allons. Je m'en vais vous unir.

MONIME :   Plutôt de mille morts dussiez-vous me punir!

MITHRIDATE : Vous résistez en vain, et j'entends votre fuite [17].

MONIME :   En quelle extrémité, Seigneur, suis-je réduite!   40
             Mais enfin [18] je vous crois, et je ne puis penser
             Qu'à feindre si longtemps vous puissiez vous forcer.
             Les dieux me sont témoins qu'à vous plaire bornée [19],
             Mon âme à tout son sort s'était abandonnée.
             Mais si quelque faiblesse avait pu m'alarmer [20],
             Si de tous ses efforts mon cœur a dû [21] s'armer,
             Ne croyez point, Seigneur, qu'auteur de mes alarmes,
             Pharnace m'ait jamais coûté les moindres larmes [22].
             Ce fils victorieux que vous favorisez,
             Cette vivante image en qui vous vous plaisez,   50
             Cet ennemi de Rome, et cet autre vous-même,
             Enfin ce Xipharès que vous voulez que j'aime [23]...

---

9 Le mariage était précédé d'un sacrifice. — 10 Expliquer cette attitude. — 11 *De moi à*, Préciser l'intention. — 12 Expliquer ce brusque revirement. — 13 Il médite une vaste expédition contre Rome. — 14 Soyez esclave. — 15 Les Romains ont tué le père de Monime. — 16 *Perdre*. En quoi ce dépit de Mithridate est-il une ruse ? — 17 Je comprends votre *faux-fuyant*. — 18 A la fin. — 19 Limitant mes désirs à... — 20 Me faire craindre une défaillance. — 21 Noter la progression. — 22 Comment se prépare l'aveu ? — 23 Préciser l'intention.

MITHRIDATE : Vous l'aimez ?

MONIME :   Si le sort ne m'eût donnée à vous,
Mon bonheur dépendait ²⁴ de l'avoir pour époux.
Avant que votre amour m'eût envoyé ce gage,
Nous nous aimions... Seigneur, vous changez de visage.

MITHRIDATE : Non, Madame. Il suffit. Je vais vous l'envoyer.
Allez. Le temps est cher. Il le faut employer.
Je vois qu'à m'obéir vous êtes disposée.
Je suis content ²⁵.

MONIME, *en s'en allant :*   O ciel! me serais-je abusée ?   60

                       Mithridate, III, 5 (v. 1057-1116).

MONIME *refuse d'épouser* MITHRIDATE, *qui lui a tendu ce piège odieux, et qui la sait éprise de son fils. Le vieillard est torturé par son amour et sa jalousie, quand on annonce l'attaque des Romains appelés par* PHARNACE. *Se croyant trahi également par Xipharès, il marche seul au combat et envoie à Monime un* breuvage empoisonné. *Au moment où elle va absorber le poison, on arrête sa main, sur l'ordre du roi. Pour ne pas être pris, il s'est frappé à mort, mais il a eu la joie de voir Xipharès mettre les Romains en déroute. Transporté sur la scène,* MITHRIDATE, *avant de mourir unit* XIPHARÈS *à* MONIME.

— *Distinguez les étapes de la tactique de Mithridate. A quels moyens a-t-il recours ?*
— *Quels sont les sentiments successifs de Monime jusqu'à l'aveu de son amour ?*
— *Comment procède-t-elle pour adoucir cet aveu ? Et pourquoi ?*
— *A quoi reconnaît-on : a) la souffrance de Mithridate ; — b) sa maîtrise de soi ?*
— *Étudiez dans cette scène les sources du tragique : a) la terreur ; — b) la pitié.*
— *Le style. Comment traduit-il : a) l'hypocrisie de Mithridate ; — b) la crainte de Monime ?*
• **Groupe thématique : Femme.** Les visages de la femme dans les extraits de RACINE et de CORNEILLE.

LE CONFLIT RACINIEN

De l'amour   Par la jalousie, *l'amour se retourne contre lui-même.*
     à la haine Lorsque le héros est sûr d'être « trahi », sa première
                     réaction est toujours une explosion de *haine* et un
brûlant désir de *vengeance.* Le silence d'HERMIONE, définitivement abandonnée par
Pyrrhus (IV, 2), inquiète Cléone sa suivante, et, de fait, il est lourd de menaces : elle a
convoqué Oreste et va le sommer d'assassiner Pyrrhus. Comme Oreste hésite, elle se
complaît dans l'idée de frapper elle-même Pyrrhus (v. 1243). Elle y revient alors même
qu'Oreste s'est résigné à obéir (v. 1261-1262) :

        Quel plaisir de venger moi-même mon injure,
        De retirer mon bras teint du sang du parjure !

Elle s'abandonne à un véritable délire de sang... Si Pyrrhus doit périr de la main d'Oreste,
qu'il sache du moins d'où vient le coup (v. 1265-1270) :

           Ma vengeance est perdue
       S'il ignore en mourant que c'est moi qui le tue.

---

24 *Aurait dépendu.* Cf. App. G 1. — 25 Expliquer ce mot terrible, à double sens.

Mais voici Pyrrhus; *tout est remis en question par sa seule présence* (v. 1273-1274) :

> Ah ! cours après Oreste; et dis-lui, ma Cléone,
> Qu'il n'entreprenne rien sans revoir Hermione.

Le cœur partagé   C'est que sous la haine l'amour subsiste tout entier, ou plutôt *la haine n'est qu'une autre forme*, tout aussi passionnée, *de l'amour*. Pyrrhus a beau se montrer cynique, puis, en réponse aux sarcasmes de son amante, ironique et cruel, indifférent enfin à ses supplications comme à ses menaces, le cœur d'Hermione demeure partagé. Restée seule, elle a ce cri révélateur, qui la peint tout entière, et annonce également Phèdre ou Roxane : « *Ah ! ne puis-je savoir si j'aime ou si je hais?* » (v. 1396; cf. aussi v. 427-432, et, pour Oreste, v. 35-104).

Tel est le fond du *débat racinien* : le conflit tragique a pour théâtre une *âme jalouse déchirée entre l'amour et la haine*, incapable jusqu'au dernier moment de voir clair en elle-même. Hermione doit-elle se rendre à l'évidence ou espérer encore contre toute espérance? Doit-elle frapper ou pardonner? Elle l'ignore jusqu'au bout, en proie aux impulsions contradictoires de la passion. De cette sorte d'hypnose, l'irréparable une fois accompli vient la tirer brutalement : Pyrrhus est mort comme elle l'a voulu; alors, par une suprême illusion, elle est toute amour pour celui qu'elle a fait périr, et sa haine se retourne contre le malheureux Oreste (v. 1545 sq.) :

> Ah ! fallait-il en croire une amante insensée?
> Ne devais-tu pas lire au fond de ma pensée?
> Et ne voyais-tu pas, dans mes emportements,
> *Que mon cœur démentait ma bouche à tous moments?*

Lorsqu'elle accable Oreste de ses reproches « Pourquoi l'assassiner? Qu'a-t-il fait? A quel titre? *Qui te l'a dit?* » elle est inconsciente, mais elle ne ment pas : elle est une autre à présent, elle ne se reconnaît plus dans la femme qui a ordonné à Oreste l'acte dont maintenant elle lui fait un crime.

CONTRASTES   Racine tire un effet singulièrement tragique du contraste éclatant entre la *faiblesse* de l'âme jalouse et le *pouvoir absolu* de l'amante ou de l'amant sur la vie de l'être aimé. Hermione, Roxane, Phèdre se décident sur une *impulsion irraisonnée* qu'elles regretteront peut-être amèrement un instant plus tard; mais le sort de Pyrrhus, de Bajazet, d'Hippolyte dépend entièrement des hasards de leur fureur jalouse. Le puissant roi Pyrrhus est livré sans défense aux poignards d'Oreste et des Grecs animés par Hermione. Par un effet d'ironie tragique, c'est Thésée en personne qui demande à Neptune de châtier Hippolyte d'un crime qu'il n'a pas commis : il suffit des calomnies d'Œnone, du silence de Phèdre pour perdre le jeune prince.

Le contraste le plus marqué apparaît dans *Bajazet*. ROXANE est esclave plus encore que sultane : esclave du tyran Amurat, qui la fera assassiner, esclave de sa passion, esclave de BAJAZET lui-même, dont elle épie le moindre soupir, le moindre geste qui pourrait lui donner quelque espoir. Or le hasard l'a rendue souveraine maîtresse des jours de Bajazet. *Elle n'a qu'un mot à dire pour le perdre.* A cours de leur dernière confrontation, Bajazet, résigné à mourir et soucieux seulement de sauver Atalide, écrase la sultane de sa hautaine dignité.

Le sultan AMURAT qui assiège Babylone envoie coup sur coup à *Constantinople* deux exécuteurs pour égorger son jeune frère BAJAZET, gardé prisonnier dans le sérail. Mais le vizir ACOMAT veut assurer sa puissance en mettant Bajazet sur le trône : il éveille l'amour de la sultane ROXANE pour le jeune prince. Bajazet, qui aime secrètement la princesse ATALIDE, refuse d'épouser la sultane. Ce refus est son arrêt de mort : Acomat, Atalide elle-même le décident à feindre et à se réconcilier avec Roxane. Cependant la sultane jalouse finit par arracher à Atalide le secret de sa tendresse pour Bajazet; elle surprend même une lettre d'amour de Bajazet à Atalide. Dans une *crise de jalousie furieuse*, elle ordonne alors d'égorger Bajazet s'il ne saisit pas la *dernière chance* qu'elle va lui offrir. Derrière la porte, « *Orcan et les muets attendent leur victime* ». « *Je suis pourtant toujours maîtresse de son sort : Je puis le retenir. Mais s'il sort, il est mort.* »

LA « DERNIÈRE CHANCE » DE BAJAZET

ROXANE : Je ne vous ferai point des reproches frivoles [1] :
Les moments sont trop chers [2] pour les perdre en paroles.
Mes soins [3] vous sont connus : en un mot, vous vivez [4],
Et je ne vous dirais que ce que vous savez.
Malgré tout mon amour, si je n'ai pu vous plaire,
Je n'en murmure point ; quoiqu'à ne vous rien taire,
Ce même amour [5] peut-être, et ces mêmes bienfaits,
Auraient dû suppléer à mes faibles attraits.
Mais je m'étonne enfin que, pour reconnaissance,
Pour prix de tant d'amour [6], de tant de confiance,   10
Vous ayez si longtemps, par des détours si bas,
Feint un amour pour moi que vous ne sentiez pas [7].

BAJAZET : Qui ? moi, Madame ?

ROXANE :   Oui, toi [8]. Voudrais-tu [9] point encore
Me nier un mépris que tu crois que j'ignore ?
Ne prétendrais-tu point, par tes fausses couleurs [10],
Déguiser un amour qui te retient ailleurs ;
Et me jurer enfin, d'une bouche perfide,
Tout ce que tu ne sens que pour ton Atalide [11] ?

BAJAZET : Atalide ! Madame ! O ciel ! qui vous a dit...

ROXANE : Tiens, perfide, regarde, et démens cet écrit [12].   20

BAJAZET : Je ne vous dis plus rien : cette lettre sincère
D'un malheureux amour contient tout le mystère ;
Vous savez un secret que, tout prêt à s'ouvrir,
Mon cœur a mille fois voulu vous découvrir.
J'aime, je le confesse, et devant que votre âme,
Prévenant mon espoir, m'eût déclaré sa flamme,
Déjà plein d'un amour dès l'enfance formé,
A tout autre désir mon cœur était fermé [13]...

BAJAZET *plaide longuement sa cause. Mais* ROXANE *l'interrompt brutalement :*

ROXANE :   Et que pourrais-tu faire ?
Sans l'offre de ton cœur, par où peux-tu me plaire ?   30
Quels seraient de tes vœux [14] les inutiles fruits ?

— 1 Imaginer la scène dans la pénombre et Roxane allongée sur un divan. — 2 Précieux (cf. p. 302, v. 58). — 3 Ma sollicitude pour vous. — 4 Le premier exécuteur a été jeté à la mer. — 5 Cet amour *même*. — 6 Mot répété pour la troisième fois. Commenter. — 7 Préciser les reproches de Roxane. — 8 Noter le change- ment de ton. — 9 *Ne voudrais-tu*. Cf. App. E 2. — 10 Apparences trompeuses. — 11 Préciser le sentiment et le ton. — 12 Roxane se dresse et lui tend la lettre saisie sur Atalide évanouie. — 13 En quoi cet aveu contient-il une habile défense ? Mais n'est-il pas cruel à entendre pour Roxane ? — 14 Il formait le vœu de combler Roxane d'honneurs et de dignités.

Ne te souvient-il plus de tout ce que je suis ?
Maîtresse du sérail, arbitre de ta vie [15],
Et même de l'État, qu'Amurat me confie,
Sultane, et, ce qu'en vain j'ai cru trouver en toi,
Souveraine d'un cœur qui n'eût aimé que moi [16],
Dans ce comble de gloire où je suis arrivée,
A quel indigne honneur m'avais-tu réservée ?
Traînerais-je en ces lieux un sort infortuné,
Vil rebut d'un ingrat que j'aurais couronné,   40
De mon rang descendue, à mille autres égale
Ou la première esclave enfin de ma rivale ?
Laissons ces vains discours ; et, sans m'importuner,
Pour la dernière fois, veux-tu vivre et régner ?
J'ai l'ordre d'Amurat [17] et je puis t'y soustraire.
Mais tu n'as qu'un moment : parle.

BAJAZET :   Que faut-il faire ?

ROXANE : Ma rivale est ici [18] : suis-moi sans différer ;
Dans les mains des muets viens la voir expirer [19],
Et, libre d'un amour à ta gloire funeste,
Viens m'engager ta foi : le temps fera le reste [20].   50
Ta grâce est à ce prix, si tu veux l'obtenir.

BAJAZET : Je ne l'accepterais que pour vous en punir,
Que pour faire éclater aux yeux de tout l'Empire
L'horreur et le mépris que cette offre m'inspire.
Mais à quelle fureur me laissant emporter,
Contre ses tristes jours vais-je vous irriter !
De mes emportements elle n'est point complice,
Ni de mon amour même et de mon injustice [21] ;
Loin de me retenir par des conseils jaloux,
Elle me conjurait de me donner à vous [22].   60
En un mot, séparez ses vertus de mon crime,
Poursuivez, s'il le faut, un courroux légitime ;
Aux ordres d'Amurat hâtez-vous d'obéir ;
Mais laissez-moi du moins mourir sans vous haïr.
Amurat avec moi ne l'a point condamnée :
Épargnez une vie assez infortunée.
Ajoutez cette grâce à tant d'autres bontés,
Madame ; et si jamais je vous fus cher [23]...

ROXANE :   Sortez [24].

Bajazet, V, 4 (v. 1469-1496 et 1526-1564).

15 Pourquoi ce rappel ? — 16 *Amurat*. —
17 Orcan lui a apporté l'ordre de tuer Bajazet.
18 Atalide est sa prisonnière. — 19 Que pensez-
de cette condition ? — 20 Expliquer et commenter cette idée. — 21 Son ingratitude envers
Roxane. — 22 Pourquoi insiste-t-il sur ce fait ?
— 23 Pourquoi cette prière ne peut-elle émouvoir Roxane ? — 24 Sur quel ton prononcer
ce mot si terrible ? *Bajazet sort lentement.
Des ombres se précipitent, derrière les grilles.*

Les événements se précipitent. BAJAZET *est assassiné. La révolte d'Acomat éclate dans le palais.* ROXANE *est poignardée par Orcan, qui avait reçu d'Amurat l'ordre secret de l'exécuter après Bajazet.* ORCAN *à son tour est égorgé par les hommes du vizir. A la fin de la pièce,* ATALIDE *désespérée refuse de se sauver sur les vaisseaux d'Acomat et se tue.*

– *Étudiez le déroulement de la scène. A quels moyens Roxane a-t-elle recours ? Qu'en pensez-vous ?*
– *Analysez les sentiments qui se succèdent dans le cœur de Roxane à chaque réplique de Bajazet.*
– *Quelle vous paraît être, chez Roxane, la conception de l'amour ?*
– *Étudiez l'attitude double de Bajazet. Pourquoi ce revirement ? Vous paraît-il estimable ?*
– *Quel est le principal élément du tragique dans cette scène ?*
– *Qu'y a-t-il, à vos yeux, d'oriental dans cet extrait de* RACINE *comparé aux autres ?*
• **Groupe thématique : Le tragique.** Les sources de la *terreur* et de la *pitié* dans les extraits de RACINE (cf. planches XLIV à XLVII).

VARIANTES   Dans le combat de l'âme jalouse contre elle-même, Racine fait intervenir des variantes. HERMIONE hésite jusqu'au dernier moment. ROXANE est trop *féroce* dans sa passion pour nous émouvoir comme la fille d'Hélène; elle lutte longtemps contre la certitude qui envahit son cœur : même après la défaillance d'Atalide, elle voudrait douter encore, par une sorte d'instinct de conservation; avant de prononcer le fatal : « Sortez », elle prétend laisser Bajazet libre de choisir son propre sort (v. 1543-1547). C'est le dernier sursaut de l'amour contre la haine; mais peut-elle espérer vraiment que Bajazet acceptera, pour sauver sa vie, de voir périr Atalide sous ses yeux, de donner son assentiment à l'assassinat de celle qu'il aime ? Et quel homme enfin aime-t-elle donc en lui pour vouloir le *dégrader* ainsi avant de l'épouser ? PHÈDRE lutte avant de savoir qu'Hippolyte aime Aricie; mais ensuite, si elle se torture et s'abîme dans la contemplation de sa honte, si elle maudit Œnone et redoute l'accomplissement du vœu fatal de Thésée, elle ne fait pourtant *pas un geste* pour sauver Hippolyte, attendant passivement que son crime porte tous ses fruits.

Des sentiments nouveaux interviennent dans le cœur de MITHRIDATE livré à la jalousie (IV, 5) : son rival est son fils bien-aimé, XIPHARÈS, si valeureux et fidèle lieutenant dans la lutte contre Rome. Va-t-il le frapper parce qu'il aime Monime? Le vieux soldat *a honte* aussi d'être le jouet de la passion comme une faible femme :

> Et vous, heureux Romains, quel triomphe pour vous
> Si vous saviez ma honte, et qu'un avis fidèle
> De mes lâches combats vous portât la nouvelle !

L'issue du conflit   Cela nous prépare au revirement final de Mithridate. Il avait ordonné la mort de Monime, mais, voyant Xipharès fidèle jusqu'au bout et vainqueur des Romains et du traître Pharnace, il revient sur sa décision avant d'expirer et presse Arbate : « S'il en est temps encor, cours, et sauve la Reine » (v. 1632).

Ce dénouement est exceptionnel dans le théâtre de Racine. D'ordinaire *la jalousie est fatale à l'être aimé et à l'amante*, qui ne peut lui survivre après avoir causé sa perte (Hermione et Pyrrhus, Phèdre et Hippolyte). Ainsi le débat est sans solution : la haine triomphe dans le crime, l'amour dans le suicide. La passion ainsi conçue ne trouve son issue que dans la mort : *le dénouement sanglant devient une nécessité psychologique.* A Roxane est même refusée la suprême consolation de venger sur elle-même la mort de Bajazet : Orcan, messager du sultan Amurat, la tue d'un coup de poignard.

Seule BÉRÉNICE *se sacrifie.* Après avoir menacé Titus de se tuer, elle consent à quitter à jamais celui qu'elle aime. Mais c'est que l'obstacle est d'autre sorte que pour Hermione ou Roxane : *Bérénice n'a pas de rivale*, elle sait que Titus l'aime et l'aimera toujours (v. 1480-1482); elle l'a vu pleurer (v. 1154), elle l'a vu prêt à mourir pour elle (V, 6). Elle échappe donc aux tortures de la jalousie et peut, à l'exemple de Titus, s'élever à la sublime grandeur du *renoncement* : « Je l'aime, je le fuis : Titus m'aime, il me quitte » (v. 1500).

L'HOMME ET SON DESTIN

La psychologie racinienne La psychologie racinienne est d'une intense vérité. Ces héros tragiques poussent à l'extrême, jusqu'à l'assassinat et au suicide, des tendances qui sont les nôtres. Toute stylisation risquerait d'en faire des monstres, mais Racine a su les peindre avec tant de sûreté et de délicatesse qu'ils sont vraiment *nos frères*. Nous comprenons toutes leurs réactions, nous participons à leurs souffrances, nous sommes fascinés par leur réalité vivante. Dans les mythes grecs, dans un épisode de la Bible, une page d'histoire (*Bérénice, Mithridate*) ou une anecdote récente (*Bajazet*), Racine excelle à discerner la *vérité morale universelle*.

D'ailleurs il ne se limite pas à un seul genre de héros. A côté des passionnés criminels paraissent des figures attachantes par leur *pureté* et leur *noblesse instinctive*. C'est JUNIE, HIPPOLYTE, MONIME et XIPHARÈS, ESTHER. Ces deux types humains se font valoir par leur opposition même. Pourtant, si heureuses que soient parfois ses réussites, on sent bien que le charme jeune d'amours partagées et légitimes n'est pas le domaine naturel de Racine. Ces personnages, si souvent sacrifiés par le destin, le sont parfois aussi par l'auteur : ARICIE ne nous laisse pas un souvenir bien net, BRITANNICUS peut paraître insignifiant; enfin l'IPHIGÉNIE de RACINE, un peu trop princesse, n'est pas aussi humaine que celle d'EURIPIDE, quoi qu'en ait dit Chateaubriand.

ANDROMAQUE BÉRÉNICE, TITUS En revanche Andromaque, Titus et Bérénice comptent parmi les plus belles créations raciniennes. Prise entre sa fidélité à Hector et son amour maternel, ANDRO-MAQUE *nous émeut infiniment :*

Quoi? Céphise, j'irai voir expirer encor
Ce fils, ma seule joie, et l'image d'Hector ! (v. 1015-1016).

Cette jeune veuve est encore une *amante*. Sa tendresse maternelle se confond avec sa tendresse conjugale. C'est à son cher Hector qu'elle a recours dans sa détresse : « Allons sur son tombeau consulter mon époux » (v. 1048). Peu lui importe de mourir, puisque ainsi elle le rejoindra (v. 1099). En mourant, sans trahir la mémoire d'Hector, elle sauvera son fils; car elle a foi dans la parole de Pyrrhus (v. 1085-1086). On reconnaît là le génie de Racine, et son *intuition infaillible*, lorsqu'il s'agit de l'âme *féminine* en particulier : cet ennemi qui la torture, Andromaque n'éprouve pour lui ni *horreur ni mépris*. Elle le comprend, mesure sa faiblesse et sa grandeur, et sent *tout le pouvoir qu'elle a sur lui*.

BÉRÉNICE ressemble à Andromaque : *tendre et sublime* comme elle, elle est aussi délicatement féminine : rien de raide ni de déclamatoire dans son renoncement. TITUS, de son côté, incarne remarquablement l'équilibre, rarement atteint chez Racine, entre la *passion* et l'*honneur*. Il a un sentiment non point exalté, mais réfléchi et profond, de sa propre grandeur et des exigences de sa « gloire ». Le pouvoir suprême est un fardeau pour lui sans doute, mais un fardeau sous lequel il ne plie pas. Sa majesté est d'autant plus frappante qu'il ne l'étale point. Extrêmement *tendre*, aussi cruellement déchiré que Bérénice par l'inévitable séparation, il sait soupirer et pleurer d'amour sans rien perdre à nos yeux de sa dignité souveraine. Avec autant de *délicatesse* que de *fermeté*, il aide Bérénice à le suivre sur la voie difficile que l'honneur leur impose. Il fallait à Racine une parfaite maîtrise pour peindre ainsi, sans l'affadir ni le durcir, cet empereur qui fut « les délices du genre humain ».

LES NUANCES DE LA PASSION Il n'apporte pas moins de nuances à la peinture des passions déchaînées. Certes, Hermione, Roxane et Phèdre se ressemblent comme des sœurs; pourtant que de différences entre elles si on les étudie dans le détail ! HERMIONE garde quelque chose de *jeune* et de *candide*. Comme elle est touchante lorsqu'elle se confie à Cléone

(II, 1), implore son secours, évoque les moments heureux de son amour pour Pyrrhus et tente vainement de se persuader qu'elle le hait maintenant et qu'elle peut aimer Oreste ! Quel enthousiasme juvénile et aveugle lorsqu'elle croit avoir reconquis Pyrrhus :

> Sais-tu quel est Pyrrhus? T'es-tu fait raconter
> Le nombre des exploits... Mais qui les peut compter?
> Intrépide, et partout suivi de la victoire,
> Charmant, *fidèle* enfin, rien ne manque à sa gloire (III, 3).

ROXANE n'a rien de cette fraîcheur naïve; Hermione ne savait pas feindre, la sultane au contraire est *rusée* et *cruelle*, comme Mithridate ou Néron. Elle a beau souffrir, nous ne pouvons la plaindre vraiment tant elle est *tyrannique* et *sanguinaire*. Et pourtant elle a été, elle aussi, cruellement trompée.

PHÈDRE est différente encore. Aussi sensuelle que Roxane, elle est *plus mûre* et *plus désabusée*. Un sentiment ignoré d'Hermione et de Roxane envahit son âme : le *dégoût d'elle-même*. Elle se sent impure, irrémédiablement. Voici ses dernières paroles (V, 7) :

> Déjà je ne vois plus qu'à travers un nuage
> Et le ciel et l'époux que ma présence outrage;
> Et la mort, à mes yeux dérobant la clarté,
> Rend au jour qu'ils souillaient toute sa pureté.

Le type racinien

En dépit de cette diversité, un *type racinien* se dégage, défini par des caractères très marqués. Hermione, Roxane, Phèdre, Ériphile, Athalie, et Pyrrhus, Néron, Mithridate appartiennent à une même race, aisée à reconnaître. Tandis que les héros cornéliens établissaient dans leur âme, par la hiérarchie des passions nobles, une glorieuse harmonie, les héros raciniens se débattent vainement parmi les *contradictions insolubles* de leur nature. C'est sur leur complexité même que Racine fonde leur vérité.

1. VIOLENCE ET FAIBLESSE. Ce sont des êtres *faibles* en proie à des passions *violentes*. Purement instinctifs — et les figures féminines sont les plus attachantes — ils n'ont ni volonté ni énergie morale. Ils sont le *jouet de leur passion* et n'agissent que sous son impulsion tyrannique : ils sont alors capables de tous les crimes, que ce soit l'amour qui les pousse, ou l'ambition (Agrippine, Athalie). Impuissants à dominer leurs sentiments, ils sont tout-puissants sur le destin d'autrui et font ainsi le malheur des autres et leur propre malheur. Mais ils n'atteignent pas cette grandeur dans le crime qui parfois semblait fasciner Corneille. NÉRON est un monstre, mais un monstre mesquin et rusé : il joue la comédie, une comédie sanglante; c'est déjà l'*histrion* qu'a flétri l'histoire. ATHALIE a été un monstre effrayant, mais Racine la saisit au moment où elle commence à *faiblir* : c'est aussi le moment où la justice immanente va la frapper. Cet enfant qui la hante dans ses rêves, Mathan lui conseille en vain de le faire périr. Elle veut le voir, il la séduit (II, 7 et v. 884); elle *hésite*, puis se laisse attirer dans un guet-apens. Lorsqu'elle se ressaisit et redevient elle-même, il est trop tard.

2. LUCIDITÉ ET AVEUGLEMENT. C'est le Ciel qui aveugle Athalie, ou des remords inconscients. Les autres héros de Racine sont *aveuglés par leur passion*. Longtemps ils nient l'évidence, espèrent contre toute vraisemblance. La *lucidité* avec laquelle ils s'analysent n'a pas de prise sur leur conduite : elle ne leur permet pas de trouver une solution et ne fait qu'accroître leurs souffrances, leur désarroi et le sentiment de leur *responsabilité*, alors que *la passion leur ôte toute liberté*. Ils marchent au meurtre et au suicide dans une sorte d'égarement qui annihile leur volonté, tout en les laissant parfaitement conscients de ce qu'ils font. Entre cette lucidité et cet aveuglement, la tension est telle que la seule issue est la mort ou la folie (Oreste).

3. ORGUEIL ET ABAISSEMENT. Leur *orgueil* exaspère leur passion, attise leur jalousie; mais la passion à son tour les contraint à des avances, à des supplications, à des ruses *humiliantes*. Entre l'orgueil et l'abaissement, ils ne trouvent guère la droite voie de la *dignité*. PHÈDRE se fait horreur à elle-même, mais l'orgueil vient vicier ses remords mêmes : son crime est sans exemple, inexpiable (v. 1284) : ainsi elle s'abandonne

au *désespoir*, tandis qu'un humble repentir la conduirait à un aveu immédiat qui, peut-être, sauverait Hippolyte, et par là rachèterait en partie sa propre faute.

La fatalité   La fatalité s'acharne sur ces malheureuses créatures qui ne peuvent rien contre elle : l'essence même du *tragique racinien* réside dans *l'inutile combat de l'homme contre son destin*. L'invincible fatalité se présente sous trois formes d'ailleurs inséparables : le destin hostile, la malédiction héréditaire et l'impulsion irrésistible de la passion.

LE DESTIN HOSTILE   Racine retrouve le secret de la *fatalité antique :* le héros racinien est un être marqué, maudit, victime de la *haine des dieux*. Rappelant par là le héros de la tragédie grecque, il annonce aussi le *héros romantique*. ORESTE se sait vaincu d'avance (v. 97-98) :

> Puisqu'après tant d'efforts ma résistance est vaine,
> *Je me livre en aveugle au destin qui m'entraîne.*

Dans le drame de Hugo, Hernani dira à son tour (III, 4) :

> Je suis une force qui va !
> Agent aveugle et sourd de mystères funèbres !
> Une âme de malheur faite avec des ténèbres !
> Où vais-je ? Je ne sais. Mais je me sens poussé
> D'un souffle impétueux, d'un destin insensé.

Oreste a le sentiment qu'il est condamné à *souffrir* et à *semer le malheur autour de lui :* « Évite un malheureux, abandonne un coupable », conseille-t-il à son ami Pylade (v. 782 ; cf. v. 1555-1556, et *Mithridate* v. 1218 ; comparer Hernani : « Oh ! je porte malheur à tout ce qui m'entoure ! »). Il se révolte contre l'injustice des dieux (III, I) : s'il devient criminel, du moins la malédiction qui le frappe ne sera-t-elle plus imméritée. Lorsqu'il apprend la mort d'Hermione, il s'écrie (V, 5) :

> Grâce aux dieux ! Mon malheur passe mon espérance.
> Oui, je te loue, ô ciel, de ta persévérance.
> Appliqué sans relâche au soin de me punir,
> Au comble des douleurs tu m'as fait parvenir.
> Ta haine a pris plaisir à former ma misère ;
> J'étais né pour servir d'exemple à ta colère,
> Pour être du malheur un modèle accompli.
> Hé bien ! je meurs content, et mon sort est rempli.

Dans *Bajazet*, Atalide, avant de se tuer, accuse elle aussi la destinée (v. 1725-1728).
Ce destin jusque-là anonyme et aveugle, puisque Racine ne croit pas aux dieux païens, s'incarne, avec ATHALIE, dans le *Dieu des Juifs*, Dieu vengeur, Dieu juste (Athalie est criminelle), mais implacable. La grandeur unique de cette tragédie tient justement à la lutte d'un être humain contre un Dieu qu'il hait mais ne nie pas. Athalie sait bien que le Grand-Prêtre n'est qu'un instrument ; lorsqu'elle se voit vaincue, elle s'adresse directement à son véritable adversaire (V, 5) :

> Dieu des Juifs, tu l'emportes !...
> Impitoyable Dieu, toi seul as tout conduit.

MALÉDICTION   Racine emprunte aussi à la tragédie grecque l'idée
HÉRÉDITAIRE   d'une *malédiction attachée à une famille* où elle se répercute de génération en génération. C'est une sorte de symbole ou d'intuition des lois de l'*hérédité* que la science cherchera plus tard à définir. C'est aussi, chez Racine *janséniste*, une figure de la transmission du péché originel. ORESTE, fils d'Agamemnon, appartient à la race maudite des Atrides. HERMIONE est elle-même une Atride par son père Ménélas ; elle a pour mère Hélène, dont l'amour coupable pour Pâris a causé la guerre de Troie. NÉRON est fils d'une criminelle, Agrippine. Lorsque Racine nomme PHÈDRE « la fille de Minos et de Pasiphaé », dans ce beau vers

il ne sacrifie pas seulement à la poésie pure, il nous rappelle aussi l'hérédité contradic-
toire de Phèdre : Minos, le vertueux souverain qui maintenant juge les morts aux enfers
(cf. v. 1277 sq.), et Pasiphaé, son indigne épouse, que Phèdre évoque au moment d'avouer
son amour à Œnone (I, 3) :

> O haine de Vénus ! O fatale colère !
> Dans quels égarements l'amour jeta ma mère !...
> Ariane, ma sœur, de quel amour blessée
> Vous mourûtes aux bords où vous fûtes laissée !...
> Puisque Vénus le veut, de ce sang déplorable
> Je péris la dernière et la plus misérable.

Le cas le plus pénible est celui du petit roi JOAS dans *Athalie*. Cet enfant vertueux et
innocent est *prédestiné* à devenir lui-même un *criminel* ; Dieu en avait déjà averti le
Grand-Prêtre (v. 1142-1143), Athalie le lui annonce à son tour dans une malédiction
prophétique (V, 7). En vain le malheureux enfant supplie Dieu de détourner de lui
cette malédiction : sa prière ne sera pas exaucée.

FATALITÉ   Haï des dieux, déterminé par son hérédité, le héros
DE LA PASSION   racinien *n'est pas libre*, et pourtant il se débat comme
                                      s'il était libre, et il se juge *responsable* de ses actes.
C'est en cela qu'il est humain et nous émeut. Parti de la fatalité antique, extérieure et
aveugle, Racine l'intériorise beaucoup plus que les Grecs et aboutit à la *fatalité interne
de la passion*. Le héros subit son destin, mais il le porte en lui-même : même lorsqu'il
se révolte contre la fortune, il sent bien qu'il est l'artisan de son propre malheur. Le
destin auquel Oreste « se livre en aveugle », c'est son fol amour pour Hermione. Phèdre
accuse la déesse de l'amour : « C'est Vénus tout entière à sa proie attachée » (v. 306),
mais elle ne cherche pas ainsi à se disculper; la source du mal est en elle : « Vénus », c'est
son amour même. Non seulement elle se sent responsable, comme les autres personnages raciniens, mais elle a le sens du *péché* et attend, après la mort, la *damnation
éternelle*. Boileau avait raison lorsqu'il proposait aux maîtres jansénistes de Racine
une interprétation *chrétienne* de sa dernière tragédie profane.

Pessimisme
janséniste

Cette psychologie tragique est profondément *pessimiste*. Racine ne croit pas en l'homme : dès l'instant où
la passion envahit un être, il est perdu. Pas de passions
« nobles » : l'amour qui charme les cœurs est en réalité un *fléau* ; il ne laisse à ses victimes
aucun répit, aucune liberté, aucun refuge, si ce n'est dans la *mort*. Ce pessimisme est
l'expression du génie même de Racine. Le poète a été confirmé dans cette intuition
tragique par la lecture d'EURIPIDE, peut-être par son expérience personnelle de la
passion, certainement par l'observation des hommes et des drames de la cour, enfin
par les tendances de son temps. En effet, l'âge de l'héroïsme romanesque et du stoïcisme
est passé. Les moralistes (cf. La Fontaine, La Rochefoucauld, Mᵐᵉ de La Fayette,
La Bruyère) ont observé sur l'homme des vues sans illusions, sinon pessimistes. Le
jansénisme a mis l'accent sur la *misère de la condition humaine* (cf. Pascal, p. 144-156).

C'est dans la perspective *janséniste* que le pessimisme racinien prend son sens le plus
profond. Du temps de sa rupture avec Port-Royal, sans doute Racine lui-même l'igno-
rait-il. Pourtant sa formation par les solitaires l'avait marqué à son insu. Ses héros
étaient presque tous des *réprouvés*, prédestinés à la damnation éternelle et cependant
responsables. Cette inspiration janséniste, d'abord implicite, devient évidente dans
Phèdre, puis dans *Athalie*. Phèdre aspire au bien et succombe au mal : c'est une juste
à qui la grâce a manqué (cf. p. 131-132), comme elle manquera à Joas conformément
à la prédiction d'Athalie. S'il est abandonné de Dieu, l'homme ne peut rien, par ses
propres forces, pour sauver son âme. RACINE, comme PASCAL, nous peint la misère
de l'*homme sans Dieu*, irrémédiablement corrompu depuis la faute originelle, promis au
crime et au désespoir. On comprend aisément qu'il ait écrit des tragédies *bibliques*
et non (comme Corneille) des tragédies chrétiennes : son Dieu est le Dieu *vengeur* plutôt
que le Dieu qui pardonne; ses héros profanes sont les êtres qui ne bénéficient pas de la
Rédemption; son univers sacré, le monde avant la Rédemption.

L'ATMOSPHÈRE RACINIENNE

Atmosphère étouffante   La tragédie racinienne est une *tragédie de palais* et même de *famille*; elle met aux prises des parents, des alliés, des intimes. Néron lutte contre sa mère et fait périr Britannicus, dont il est le frère adoptif; Agamemnon doit sacrifier Iphigénie sa fille; Phèdre s'éprend d'Hippolyte son beau-fils; les deux fils de Mithridate aiment la fiancée de leur père. Tous ces personnages se connaissent parfaitement, s'épient sans cesse et, vivant ensemble, se heurtent les uns aux autres à chaque heure du jour. JEAN GIRAUDOUX a montré quel effet Racine avait su tirer de cette cohabitation, prescrite par l'*unité de lieu*. Les passions qui fermentent ainsi en vase clos sont portées à leur paroxysme. Les intrigues se croisent, les complots se trament dans l'ombre. Chacun connaît le point faible de l'adversaire, l'endroit où il faut frapper. Dans *Bajazet*, l'atmosphère devient *presque irrespirable*: dans ce sérail étroitement clos, chacun ment et conspire; la sultane trahit son mari et aime son beau-frère; celui-ci tente de se servir d'elle pour sauver son propre amour et échapper à la mort que lui prépare son frère; le vizir Acomat poursuit ses desseins personnels; l'ombre du maître absent, le sultan Amurat, plane constamment, menaçante : sa vengeance finit par s'abattre sur Roxane, empruntant le poignard d'Orcan.

Le drame qui a pour théâtre le palais d'Assuérus (*Esther*) ou le temple de Jérusalem (*Athalie*) présente les mêmes caractères; pourtant un élément nouveau intervient dans ces tragédies bibliques : par la voix du chœur, un *peuple entier* participe à l'action, ou du moins en suit passionnément les péripéties. L'horizon s'élargit; un souffle plus frais, plus pur, passe sur le monde tragique.

Majesté   Si violent que soit le conflit, la *dignité extérieure* est toujours sauvegardée. Le style reste soutenu, les gestes nobles. Pas de hurlements ni de contorsions. Si les héros raciniens ne peuvent maîtriser leurs passions, *ils maîtrisent leur langage et leurs attitudes*. Alors qu'ils ne sont, dans la détresse de leur cœur, que de pauvres hommes, princes et princesses demeurent pourtant des grands de ce monde par les superbes réflexes de la race et de l'éducation. Racine attachait la plus haute importance à cette *majesté tragique*, qui traduit la *solennité* du combat de l'homme contre le destin. Il ne la trouvait pas, du moins aussi poussée et aussi constante, chez ses modèles grecs; mais son goût personnel le lui faisait rechercher, ainsi que le goût de ses contemporains et les exigences de la *bienséance*. Comment ne pas songer d'ailleurs qu'il avait sous les yeux la *cour de* LOUIS XIV, où des passions violentes et des intrigues parfois féroces (cf. Saint-Simon, p. 390-394) se dissimulaient sous une *politesse raffinée* et une *étiquette rigoureuse?*

Cruauté   Mais ce langage racinien, si noble et si harmonieux, si sobre aussi, traduit avec une efficacité inégalable la *violence des sentiments*. D'une langue pauvre (son vocabulaire est très restreint), Racine tire des effets étonnants. « Dans le dialogue racinien, notait PÉGUY, il n'y a pas un mot qui ne porte... pas un oubli, pas un silence qui ne vaille, qui ne soit habile, voulu, fait. Qui ne porte, c'est-à-dire qui ne porte un coup. » Que l'on songe au : « Qui te l'a dit? » d'Hermione, au « Sortez » de Roxane, au silence de Pyrrhus (IV, 5 : cf. v. 1375). Des termes que la langue de la fade galanterie avait usés en s'en servant à tout propos, « *perfide* », « *cruel* », reprennent toute leur véhémence, parce qu'ils sont le cri de cœurs déchirés. Péguy voyait dans ce mot « CRUEL », qui revient si souvent en effet, le mot-clé de la tragédie racinienne. Volontairement ou involontairement, tous les personnages se font souffrir l'un l'autre. Aux sarcasmes d'Hermione (v. 1309-1340), Pyrrhus, blessé dans son orgueil, répond avec une *ironie* féroce (v. 1341-1355). Il se plaint lui-même qu'Andromaque, sa victime, le torture (« Ah ! que vous me *gênez* ! », v. 343). Lorsqu'elle se déclare entièrement soumise à la volonté de son père, Iphigénie a, sans le savoir, des mots terribles pour Agamemnon (v. 1174-1220) : il lui manque ce surcroît de générosité qui lui permettrait d'avoir pitié de son père. Si juste que soit sa cause, Joad, à la fin d'Athalie, nous devient presque odieux tant il se montre *impitoyable*. Que dire alors de Roxane ou de Néron ! La compassion est un sentiment qu'ignorent les héros raciniens. Seuls Titus et Bérénice, contraints de s'entre-déchirer, ont pitié l'un de l'autre.

Le *sort* a, lui aussi, des raffinements de *cruauté ironique* : il semble se plaire à tendre des pièges aux mortels. Pourquoi faut-il que se répande le faux bruit de la mort de Mithridate ou de Thésée? Pourquoi faut-il surtout que Neptune exauce le vœu de Thésée? Causer lui-même la perte de son fils innocent, est-ce là le prix que méritaient les exploits du héros? (cf. v. 1065-1072).

« Tout est adversaire, tout est ennemi aux personnages de Racine; les hommes et les dieux; leur maîtresse, leur amant, leur propre cœur » (Péguy).

Tendresse   Et pourtant Racine est aussi « *le tendre Racine* ». Dans le désert aride de la passion, la tendresse est l'éternel mirage, ou parfois l'oasis qu'il a fallu quitter. Toujours nostalgique, elle est le *souvenir du paradis perdu* ou le *rêve d'un impossible bonheur*. Avec quelle tendresse Andromaque évoque le souvenir d'Hector (III, 4 et 8), et Hermione celui des jours heureux où Pyrrhus répondait à son amour ! (II, 1). « Si l'ingrat rentrait dans son devoir », comme la fille d'Hélène serait prête encore à l'accueillir ! (v. 436-440). Lorsque Phèdre imagine, pour mieux se torturer, le bonheur d'Hippolyte et d'Aricie (v. 1237-1240), elle songe à ce qui aurait pu être si Hippolyte l'avait aimée, si elle avait pu l'aimer elle-même sans crime. « Ils s'aimeront toujours » : ce n'est pas un cri de fureur, mais une plainte poignante, la transposition infiniment douloureuse de : « nous nous aimerons toujours ». Et Phèdre s'attendrit sur elle-même :

> Hélas ! du crime affreux dont la honte me suit
> Jamais mon triste cœur n'a recueilli le fruit.

Les héros raciniens voudraient être *tendres*, mais la fatalité les contraint à se montrer *cruels ;* leur cœur ne peut s'épancher que dans de brefs instants de détente, par des plaintes et des regrets. Mais dans *Bérénice*, si une immense tristesse endeuille toute la pièce, la tendresse prend pourtant sa revanche : la cruauté s'efface devant l'*élégie de l'amour malheureux*.

BÉRÉNICE RENONCERA-T-ELLE A TITUS?

Après les amants impulsifs et sanguinaires, voici la *tendre* mélodie des âmes blessées. TITUS, fils de Vespasien, vient de monter sur le trône. Depuis cinq ans il aime BÉRÉNICE, reine de Palestine, qui l'a suivi à Rome : il se dispose enfin à l'épouser. Mais le Sénat est hostile à cette union avec une reine étrangère. Titus décide de *respecter la loi de Rome* et, après de douloureuses hésitations, doit se résoudre à en informer lui-même Bérénice. C'est la *scène des adieux* : situation cornélienne traitée avec toute la délicatesse et la tendresse de Racine, avec cette « *tristesse majestueuse qui fait tout le plaisir de la tragédie* ».

BÉRÉNICE : Hé bien! régnez, cruel ; contentez votre gloire [1] :
> Je ne dispute [2] plus. J'attendais, pour vous croire,
> Que cette même bouche [3], après mille serments
> D'un amour qui devait unir tous nos moments,
> Cette bouche, à mes yeux [4] s'avouant infidèle,
> M'ordonnât elle-même une absence éternelle.

— 1 Honneur. — 2 Lutte. — 3 Cette bouche elle-même. —4 Devant moi (cf. p. 121, v. 6).

Moi-même j'ai voulu vous entendre en ce lieu [5].
Je n'écoute plus rien ; et pour jamais, adieu.
Pour jamais [6]! Ah! Seigneur, songez-vous en vous-même
Combien ce mot cruel est affreux quand on aime?   10
Dans un mois, dans un an, comment souffrirons-nous,
Seigneur, que tant de mers me séparent de vous?
Que le jour recommence [7], et que le jour finisse,
Sans que jamais Titus puisse voir Bérénice,
Sans que de tout le jour je puisse voir Titus?
Mais quelle est mon erreur, et que de soins [8] perdus!
L'ingrat, de mon départ consolé par avance,
Daignera-t-il compter les jours de mon absence?
Ces jours si longs pour moi lui sembleront trop courts [9].

TITUS : Je n'aurai pas, Madame, à compter tant de jours.   20
J'espère que bientôt la triste renommée
Vous fera confesser que vous étiez aimée.
Vous verrez que Titus n'a pu sans expirer...

BÉRÉNICE : Ah! Seigneur, s'il [10] est vrai, pourquoi nous séparer?
Je ne vous parle point d'un heureux hyménée :
Rome à ne vous plus voir m'a-t-elle condamnée?
Pourquoi m'enviez-vous [11] l'air que vous respirez [12]?

TITUS : Hélas! vous pouvez tout, Madame. Demeurez :
Je n'y résiste point ; mais je sens ma faiblesse :
Il faudra vous combattre et vous craindre sans cesse,   30
Et sans cesse veiller à retenir mes pas
Que vers vous à toute heure entraînent vos appas [13].
Que dis-je? En ce moment mon cœur, hors de lui-même,
S'oublie, et se souvient seulement qu'il vous aime.

BÉRÉNICE : Hé bien, Seigneur, hé bien! qu'en peut-il arriver?
Voyez-vous les Romains prêts à se soulever [14]?

TITUS : Et qui sait de quel œil ils prendront cette injure?
S'ils parlent, si les cris succèdent au murmure,
Faudra-t-il par le sang justifier [15] mon choix?
S'ils se taisent, Madame, et me vendent [16] leurs lois,   40
A quoi m'exposez-vous? Par quelle complaisance
Faudra-t-il quelque jour payer leur patience [17]?
Que n'oseront-ils point alors me demander?
Maintiendrai-je des lois que je ne puis garder [18]?

---

5 Témoin de leurs serments. — 6 Montrer le naturel de cet enchaînement, et le changement de ton. — 7 Commenter ce terme. — 8 Soucis. — 9 A quoi tend cet appel indirect? — 10 Si *cela*. — 11 Me refusez-vous. — 12 Etudier la délicatesse de l'idée. — 13 Vos charmes. — 14 Montrer que ce rappel est maladroit. — 15 Confirmer. — 16 Me font *payer* par des complaisances (v. 42) ce mépris des lois. — 17 Soumission. — 18 Observer moi-même.

BÉRÉNICE : Vous ne comptez pour rien les pleurs de Bérénice.

TITUS :   Je les compte pour rien ? Ah ciel! quelle injustice!

BÉRÉNICE : Quoi ? pour d'injustes lois que vous pouvez changer,
En d'éternels chagrins vous-même vous plonger ?
Rome a ses droits, Seigneur : n'avez-vous pas les vôtres ?
Ses intérêts sont-ils plus sacrés que les nôtres ?   50
Dites, parlez.

TITUS :   Hélas! que vous me déchirez!

BÉRÉNICE : Vous êtes empereur, Seigneur, et vous pleurez [19]!

                    Bérénice, IV, 5 (v. 1103-1154).

BÉRÉNICE *se retire, accablée de douleur et décidée à mourir.* TITUS, *en proie au désarroi, voudrait aller apaiser sa souffrance ; mais le Sénat l'attend : il se domine et fait passer ses devoirs de souverain avant son amour. A l'*ACTE V, *Bérénice a résolu de partir et de se donner la mort ;* Titus *l'assure qu'il ne lui survivra pas, mais qu'il ne peut renoncer à son devoir d'empereur. Devant tant de noblesse d'âme,* BÉRÉNICE *trouve alors dans son amour la force de sacrifier son bonheur à* TITUS : « Je l'aime, je le fuis; Titus m'aime, il me quitte. » *Ces héros serviront « d'exemple à l'univers De l'amour la plus tendre et la plus malheureuse Dont il puisse garder l'histoire douloureuse ».*

– *Distinguez : a) Les arguments de Bérénice ; – b) Les répliques de Titus. Le dialogue progresse-t-il ?*
– *Les deux personnages ont-ils la même conception des devoirs de l'empereur ?*
– *A quels traits, à quelles concessions reconnaissez-vous l'amour profond de Bérénice ?*
– *L'amour de Titus est-il semblable à celui de Bérénice ? N'y a-t-il pas en lui deux personnages ?*
– *Essai. On a qualifié* Bérénice *de « délicieuse élégie ». Les sentiments et leur expression vous semblent-ils justifier ce jugement ? N'y a-t-il que cela dans la « scène des adieux » ?*

LA POÉSIE RACINIENNE

De l'horreur à la beauté   Racine va jusqu'au bout de la misère humaine et de la cruauté tragique : dans ces drames sanglants, l'émotion risquerait de devenir insoutenable si elle n'était transfigurée par la *poésie*. Mais Racine est aussi l'un de nos plus grands poètes : mieux que tout autre il a senti, à l'exemple des Grecs, que l'*art tragique* résidait justement dans la *transmutation de l'horreur en beauté*. Ainsi le pathétique vient se fondre dans l'émotion esthétique, qui, loin de l'atténuer d'ailleurs, en relève la qualité et prolonge ses résonances bien au-delà du frisson physique. « Les vraies larmes, dira CHATEAUBRIAND, sont celles que fait couler une belle poésie; il faut qu'il s'y mêle autant d'admiration que de douleur. »

Le chant lyrique   Dans *La Thébaïde* (V, I) Racine avait rendu par des stances qui rappellent celles de Rodrigue le déchirement intime d'Antigone (« Dois-je vivre ? dois-je mourir ? »), mais il renonce dès sa seconde pièce (*Alexandre*) à suivre Corneille dans cette voie, et il ne viendra aux *chœurs* que dans ses deux dernières tragédies. C'est donc dans le dialogue lui-même ou dans les monologues en alexandrins que s'exprime d'ordinaire le *lyrisme*. Le vers tragique se plie alors

---

19 Cf. l'adieu de Marie Mancini à Louis XIV : « *Vous m'aimez, vous êtes roi, et je pars.* »

à tous les élans passionnels. Pour peindre « les transports de l'heureuse Hermione » (III, 3; cf. citation p. 308), il perd un moment son ordonnance architecturale : un « beau désordre » (enjambement, phase interrompue, coupes hardies) traduit l'*enthousiasme débordant* de la jeune fille.

Ou bien il s'alanguit et devient une *douce mélodie*, triste, et obsédante comme une incantation :   Pour jamais ! Ah ! Seigneur, songez-vous en vous-même
    Combien ce mot cruel est affreux quand on aime ?... (Cf. p. 313).

Comme Andromaque est *séduisante*, alors même qu'elle repousse Pyrrhus (v. 301-302) :   Captive, toujours triste, importune à moi-même,
    Pouvez-vous souhaiter qu'Andromaque vous aime ?

Ou bien encore le vers se charge d'une douloureuse *nostalgie* : « Je t'aimais inconstant, qu'aurais-je fait fidèle ? » (Hermione à Pyrrhus, v. 1365). Ce qui frappe avant tout, c'est le pouvoir de *suggestion* que prennent les mots les plus simples, les tours les moins oratoires d'un style qui, parfois, « rase la prose ». Extrêmement dépouillée, et pourtant savante et raffinée, la poésie racinienne est l'exemple même du *naturel* classique.

Le lyrisme prend deux formes essentielles : la *plainte élégiaque* (cf. p. 312, *La tendresse*, et l'extrait de *Bérénice*) et la *poésie pure* dont le charme indéfinissable réside dans l'*harmonie des sons* qui chantent dans la mémoire, et dans le *mystérieux appel du rêve*. C'est « la fille de Minos et de Pasiphaé » (*Phèdre*, v. 36); ou bien (*Phèdre*, v. 253-254) :

    Ariane, ma sœur, de quel amour blessée
    Vous mourûtes aux bords où vous fûtes laissée !

ou, dans *Mithridate* (v. 242) : « Souveraine des mers qui vous doivent porter. »

Visions épiques

Parfois l'élargissement poétique prend l'ampleur et l'éclat d'une *vision grandiose*, révélant chez Racine ce *don épique* qui frappait SAINTE-BEUVE. Dans une longue tirade où l'exaltation héroïque domine les calculs du politique et les plans du stratège, Mithridate brosse un tableau magnifique de l'immense campagne dont il rêve : « Jamais on ne vaincra les Romains que dans Rome » (III, 1). Andromaque revit intensément la prise de Troie par les Grecs,

    Songe, songe, Céphise, à cette nuit cruelle
    Qui fut pour tout un peuple une nuit éternelle... (III, 8).

Dans *Iphigénie*, l'expédition contre Troie avec son cortège de souvenirs homériques forme le fond du tableau.

Enfin les récits (par exemple *Andromaque*, V, 3; *Britannicus*, V, 5; *Iphigénie*, V, 6; *Phèdre*, V, 6) constituent des modèles de *narration épique*.

Racine est habile dans l'art de passer du registre épique au registre lyrique, et de faire valoir ces deux modes l'un par l'autre : ainsi dans la scène déjà citée d'*Andromaque* (III, 8), au tableau de la ville en feu où sévit le carnage (v. 992-1011) succède la tendre évocation des adieux d'Hector à Andromaque (v. 1014-1026).

La poésie biblique

De même Racine emprunte à la poésie biblique une double inspiration, *lyrique* et *épique*, surtout lyrique dans *Esther*, largement épique dans *Athalie*.

1. LES CHŒURS. Il s'agit cette fois de *lyrisme* au sens originel du terme, puisque ces chœurs sont *chantés*. C'est un lyrisme *mystique*, tout nourri de souvenirs bibliques, et qui rappelle parfois les *Cantiques spirituels* de Racine; mais on reconnaît aussi la tradition de la tragédie grecque dans la façon dont les chants du chœur viennent ponctuer l'action.

Dans ESTHER, le premier chœur (I, 5) est une lamentation qui s'achève en une prière d'abord tendre, puis pressante et enflammée. Le second (II, 8) traduit une attente anxieuse, puis chante la gloire du vrai Dieu et la félicité du juste opposée au faux bonheur du méchant (cf. *Cantique spirituel II*). Le troisième (III, 9) est un chant d'allégresse, un *Te Deum* célébrant le triomphe de Dieu et de son peuple.

Dans ATHALIE, le premier chœur (I, 4) est une hymne célébrant le jour où, sur le mont Sinaï, Dieu a donné sa loi à son peuple. Le second (II, 9) célèbre à propos d'Éliacin l'enfance fervente et pure, et reprend le thème du juste et de l'impie. Le troisième (III, 8) exprime l'émotion violente que provoque la prophétie de Joad, puis c'est le retour au calme :

D'un cœur qui t'aime,
Mon Dieu, qui peut troubler la paix ?
Il cherche en tout ta volonté suprême,
Et ne se cherche jamais.

Sur la terre, dans le ciel même,
Est-il d'autre bonheur que la tranquille
[paix
D'un cœur qui t'aime ?

Le quatrième chœur (IV, 6) est à la fois un chant de guerre et une prière : voici venir la lutte décisive contre Athalie. Ces chœurs sont remarquables par leur *lien étroit avec l'action*, par leur *mouvement* interne, par l'*ardeur* des sentiments et par la *mélodie* d'un rythme souple, divers, insistant lorsque reviennent en *refrain* les thèmes essentiels.

2. L'ÉPOPÉE DU PEUPLE JUIF. Ces deux tragédies chantent aussi l'*épopée* du peuple élu et de ses rapports passionnés avec son Dieu. Le Tout-Puissant frappe les Hébreux lorsqu'ils oublient sa loi, mais il leur pardonne et les relève lorsqu'ils reviennent à lui. C'est une épopée à la fois ethnique, humaine et mystique qui se prolonge, avec *Athalie*, par la promesse de la *Jérusalem nouvelle*, de la venue du Christ et de la Rédemption. Le point culminant est marqué par la *prophétie de Joad* (III, 7), morceau étonnant où éclate toute la puissance lyrique, épique et tragique de Racine.

La poésie tragique   C'est toujours au *tragique* que le poète nous ramène. Les échappées lyriques ou épiques ne sont jamais des ornements surajoutés (ce qu'elles seront souvent dans le drame romantique). Loin de rompre l'action dramatique, elles lui donnent son cadre, son arrière-plan et son véritable sens. La *couleur locale* racinienne n'est pas pittoresque et matérielle, elle ne dépend pas de décors et de costumes : c'est la *suggestion poétique* qui la crée. Ces personnages saisis dans une heure de crise, à l'instant où ils vont entrer dans l'éternité, ont pourtant un passé, une famille, un pays, des rêves d'avenir ; tout ce halo qui en fait des hommes comme nous, et qui leur donne aussi leur grandeur historique ou mythique, apparaît grâce à la poésie et au lyrisme. Chaque héros, chaque tragédie prend ainsi sa *physionomie particulière* : Hermione est grecque et Andromaque troyenne ; l'action de *Bajazet* se déroule à Constantinople, dans le sérail : Racine nous le fait sentir d'une façon aussi sûre que discrète ; l'atmosphère tragique se nuance ici d'*exotisme*. La grandeur sauvage et la perfidie de Mithridate nous transportent dans l'Orient barbare. Même puissance suggestive dans *Bérénice :* derrière Titus se profile Rome tout entière, majestueuse, austère, impitoyable pour Bérénice ; une Rome impériale bien différente d'ailleurs de celle de Néron.

Aucun trait n'est superflu : BAJAZET est prisonnier dans le sérail, prisonnier de son frère, de Roxane, de son amour pour Atalide, et Racine esquisse pour nous le peindre toute une psychologie de la claustration. Mais ce personnage contraint de mentir, ballotté entre deux femmes, réduit à l'impuissance, risquerait de paraître lamentable. Quelques notations suffisent à l'auteur pour nous convaincre que ce prince avait l'étoffe d'un héros : il a combattu vaillamment avec Acomat (v. 115-122) ; il mourra en brave, et non comme un esclave qu'on abat (v. 1699-1702) ; il a des *rêves de gloire* et brûle de se mesurer à Amurat en un combat loyal (v. 948-954). Et ces rêves ne nous font que mieux sentir le *poids accablant du destin*.

Le thème lyrique de la *lumière* donne une valeur nouvelle au drame de PHÈDRE : cette Grecque, cette descendante du Soleil, est avide de clarté : l'éclatante pureté d'Hippolyte la fascine. Mais le destin la condamne justement à incarner les *ténèbres du péché*. Tandis qu'HIPPOLYTE peut dire à Thésée (v. 1112) : « Le jour n'est pas plus pur que le fond de mon cœur », ce qui attend PHÈDRE, c'est la nuit infernale, où son crime ne sera pas encore assez caché (v. 1277 sq.) ; elle est, par sa souillure, une insulte à la lumière.

Quant à ORESTE, il sombre dans les ténèbres de la folie : « Mais quelle épaisse nuit tout à coup m'environne ? » (v. 1625). Cette scène du *délire* d'Oreste montre à quel degré de véhémence peut atteindre la *poésie tragique de Racine*.

L'apogée du classicisme

F. de Troy, Portrait de J. Racine. (Peinture, XVIIᵉ siècle.
Musée du Breuil de Saint-Germain, Langres. Ph. Canonge © Photeb.)

En littérature, Jean Racine est peut-être à nos yeux celui qui représente le mieux le classicisme à son apogée. Quand, dans son *Art poétique*, Boileau définit la doctrine classique (cf. **p. 339**), Racine a déjà donné plus de la moitié de ses tragédies. C'est à lui qu'il pense lorsqu'il énonce les conseils relatifs à la tragédie (cf. **p. 341**) et même les conseils de portée générale sur l'art d'écrire (cf. **p. 340**).

Le **classicisme** est un tout. En feuilletant les pages suivantes, on en reconnaîtra au premier coup d'œil les caractéristiques dans l'ordonnance du palais et du parc de Versailles, dans une composition de Claude Gelée, tout comme dans les toiles et les gravures du temps illustrant les tragédies de Racine.

P. Patel, « *Vue du château et des jardins de Versailles.* » (Peinture, 1668.
Musée National du Château de Versailles. Ph. H. Josse © Arch. Photeb.)

E. Allegrain, « *Vue des jardins de Versailles, prise du côté du parterre nord* ». (Peinture, 1689. Musée National du Château de Versailles. Ph. H. Josse © Arch. Photeb.)

Versailles
Ordre, majesté, harmonie.

Cl. Gelée, dit Le Lorrain, « Ulysse remet Chryséis à son père ».
(Peinture, XVIIᵉ siècle. Musée du Louvre, Paris. Ph. H. Josse © Arch. Photeb.)

Correspondances raciniennes

La mythologie, les palais à colonnes, le port, les vaisseaux qui viennent vers ces bords, l'omniprésence du soleil, tous ces éléments contribuent à créer l'atmosphère des tragédies grecques de **Racine**. Il ne s'agit pas seulement d'un décor dont la majesté et l'harmonie correspondraient bien aux canons de l'art classique. Dans *Andromaque*, Oreste vient de débarquer en Épire et prépare l'enlèvement d'Hermione : « Nos vaisseaux sont tout prêts et le vent nous appelle ». La mer, les vaisseaux qui attendent les vents, c'est dans *Iphigénie* un motif aux résonances tragiques. Le soleil est l'ancêtre mythique de Phèdre, et Neptune, invoqué par Thésée, envoie le monstre marin dont la vue provoque l'accident qui coûte la vie à Hippolyte (cf. planche XLIX).

La tragédie : terreur et pitié

« *Le songe d'Athalie* ». (Avec A. Ducaux. Mise en scène : M. Escande, décor et costumes :
J. Carzou Comédie-Française, 1968. Ph. © Agence Bernand © by ADAGP 1985.)

La puissante reine Athalie évoque avec **terreur** le songe qui lui prédit l'imminence de sa chute
et de sa mort. Dans ce cauchemar, sa mère Jézabel, revenue d'outre-tombe, lui a annoncé le triomphe du « cruel dieu des Juifs » ; puis, un jeune enfant à l'air « noble et modeste » a plongé un
poignard dans son sein. Dans la tragédie, les songes, les hallucinations, les prédictions, les malé-
dictions jettent le trouble dans les âmes et font peser sur la suite de l'action une menace latente
d'une grande efficacité tragique.

A. Coypel, « Athalie chassée du temple ». (Peinture, xviiᵉ siècle. Musée du Louvre, Paris.
Ph. H. Josse © Arch. Photeb.)

> *Joad : Qu'à l'instant hors du temple elle soit emmenée,*
> *Et que la sainteté n'en soit point profanée.*
> *Allez, sacrés vengeurs de vos princes meurtris,*
> *De leur sang par sa mort faire cesser les cris.*
> *Si quelque audacieux embrasse sa querelle,*
> *Qu'à la fureur du glaive on le livre avec elle.*

« Le tragique est dans l'attente » (Alain)

Aristote dit que le tragique repose sur la *terreur* et la *pitié*. Il s'agit là, avant tout, des sentiments que doit éprouver le spectateur (cf. **p. 341**). L'intensité du tragique s'accroît lorsque nous nous identifions au personnage, que notre terreur épouse sa propre terreur ou que notre pitié l'accompagne dans le sentiment qu'il a de son propre malheur. Au dénouement d'*Athalie* la situation est terrible, car nous savons que chaque pas de la reine vers la porte du temple la rapproche de l'issue fatale (cf. la sortie de Bajazet, **p. 305**). Mais auparavant un autre élément tragique a surgi, avec la prédiction d'Athalie annonçant à Joad une nouvelle atroce : il périra sous les coups de ce même Joas qu'il est en train de placer sur le trône.

De même, dans *Phèdre*, lorsque Thésée implore la vengeance de Neptune (IV, 3), le spectateur est plongé dans l'attente angoissée d'une catastrophe à laquelle Hippolyte ne saurait échapper et qui survient à l'acte suivant (V, 6 ; cf. planche XLIX).

XLV

« Andromaque » (III, 8) à la Comédie-Française, 1968. (Avec B. Dautun et D. Noël. Mise en scène : P.E. Deiber, décor et costumes : A. Boll. Ph. © Agence Bernand.)

Céphise : Hé bien ! allons donc voir expirer votre fils.
On n'attend plus que vous… Vous frémissez, Madame !

La douleur d'Andromaque

Y a-t-il une situation plus digne de **pitié** que celle d'Andromaque (cf. **p. 307**) ? Captive, séparée de son fils, elle est terriblement angoissée devant les menaces qui pèsent sur la vie de l'enfant. Devra-t-elle, pour le sauver, se résigner à épouser Pyrrhus, destructeur de Troie, bourreau de tous les siens, et sacrifier le seul bien qui lui reste en dehors de son fils, le tendre souvenir d'Hector ? Dans les tragédies raciniennes, nous nous apitoyons ainsi sur le sort douloureux de jeunes femmes (Junie, Atalide, Monime) qui essaient désespérément de ruser pour sauver les êtres qui leur sont chers.

« *Andromaque* » *(III, 8) au festival de Versailles, 1984.* (Avec G. Casile. Mise en scène : M. Tassencourt et Th. Maulnier, costumes : A. Aballain. Grand Trianon. Ph. © Agence Bernand.)

Songe, songe, Céphise, à cette nuit cruelle
Qui fut pour tout un peuple une nuit éternelle...

Ch. A. Coypel, « *L'Évanouissement d'Atalide* » *(Bajazet, IV, 3).* (Peinture, 1748. Ph. © Musée des Beaux-Arts, Lille.)

Terreur et pitié

Dans la tragédie, notre **pitié** pour le personnage malheureux est étroitement liée à la **terreur** qu'inspire la cruauté de sa situation. Au moment où Pyrrhus vient d'offrir à Andromaque de sauver son fils si elle consent à l'épouser, la reine captive revoit avec horreur la dernière nuit de Troie et Pyrrhus « les yeux étincelants [...] et de sang tout couvert échauffant le carnage ». Peut-elle profaner tous ces souvenirs atroces ?

De même, dans *Bajazet* (cf. **p. 303-306**), la cruelle Roxane met à l'épreuve Atalide en lui faisant lire le message d'Amurat qui lui intime l'ordre d'exécuter Bajazet : l'évanouissement de la malheureuse Atalide est la preuve de son amour pour Bajazet.

La tragédie :
les passions criminelles

*Phèdre vient de s'emparer du glaive d'Hippolyte qui
résistait à ses avances (II, 5, cf. p. 292).* (Avec N. Klein.
Mise en scène : M. Tassencourt et Th. Maulnier, costumes : G. Toussaint.
Festival de Versailles, Grand Trianon, 1977. Ph. © Ph. Coqueux.)

Dans la tragédie racinienne, et par exemple dans *Phèdre*, l'amour est la passion tragique par excellence (cf. **p. 291-295**). C'est cette passion qui, surtout sous l'effet de la jalousie, conduit ses victimes aveuglées à des actions insensées, cruelles et criminelles (cf. **p. 292-300**). Ne pouvant toucher le cœur d'Hippolyte, Phèdre songe d'abord à se tuer, car elle a horreur de cette passion coupable qui est plus forte qu'elle ; puis elle découvre qu'Hippolyte aime Aricie, et sa jalousie furieuse lui inspire la volonté de faire périr sa rivale (cf. **p. 297**) ; enfin, par un silence équivoque, elle éveille dans l'esprit de Thésée, son époux, des soupçons injustifiés sur la conduite de son fils, et provoque ainsi indirectement la mort du malheureux Hippolyte.

Le Clerc, « La mort d'Hippolyte ». (Gravure d'après Le Brun, 1677.
Ph. © Bibl. Nat., Paris. Arch. Photeb.)

Les victimes innocentes

L'angoisse tragique s'accroît lorsque le malheur s'abat sur une victime innocente : Britannicus, Iphigénie, Hippolyte. Dans le cas d'Hippolyte, c'est le dieu Neptune, imploré par Thésée, qui — intervention du merveilleux — provoque lui-même la catastrophe. Comme il est de règle dans la tragédie, le spectateur assiste en imagination à l'événement raconté par un témoin. Le fameux récit de Théramène (V, 6), un peu long et pompeux, a été injustement caricaturé par la parodie : lorsqu'il est bien dit, il est très animé et peut encore produire grande impression.

F. Chauveau, « L'empoisonnement de Britannicus ».
(Gravure, 1676. Ph. © Bibl. Nat., Paris. Arch. Photeb.)

Les ravages de l'ambition

Analyste pénétrant de la passion amoureuse, Racine voit aussi dans la **passion du pouvoir** un des leviers les plus puissants de l'âme humaine : c'est elle qui pousse Néron, Pharnace et Mithridate, Agamemnon, Athalie.

Dans *Britannicus* nous assistons au conflit entre l'ambition d'Agrippine et celle de son fils Néron, conseillé par un autre ambitieux, le perfide Narcisse. Pour contrecarrer les projets de Néron qui veut se libérer de sa tutelle, Agrippine soutient contre lui le jeune Britannicus, son rival et de surcroît l'héritier légitime du trône. Néron, ce « monstre naissant », se laisse alors entraîner à empoisonner Britannicus au cours d'un banquet, et ce crime marque à ses yeux son double triomphe sur sa mère et sur son rival.

BOILEAU

Sa vie BOILEAU est le type même de l'*homme de lettres*. Il a
consacré toute son activité, toute son ardeur combative
à la littérature et à la défense de son idéal poétique fondé sur la *raison* et la *vérité*. Ce
sont les dates de publication de ses ouvrages qui jalonnent l'histoire de sa vie.

UNE VOCATION Quinzième enfant d'un greffier au Parlement, NICOLAS
IRRÉSISTIBLE BOILEAU naquit à Paris, à côté du Palais de Justice, le
1er novembre 1636. De son vivant et au XVIIIe siècle, on
l'appelle généralement DESPRÉAUX, du nom d'une terre de famille. L'enfant connaît à
peine sa mère, qui meurt en 1638. Il est élève au Collège d'Harcourt et au Collège de
Beauvais (à Paris), étudie la *théologie*, puis le *droit*. A vingt ans le voici avocat; mais,
quoiqu'il soit « né d'aïeux avocats » et « fils, frère, oncle, cousin, beau-frère de greffier »
(*Ép. X* et *V*), le barreau ne le tente pas plus que l'état ecclésiastique. Dès 1653 il écrit
des vers, appelé par une *vocation irrésistible*. A la mort de son père (1657), la modeste
aisance que lui assure sa part d'héritage lui permet de satisfaire ses goûts. Son tempérament le porte d'abord vers la *poésie satirique*.

LE SATIRIQUE La verve satirique ne tarira jamais chez Boileau, mais,
(1657-1668) dans la première période de sa vie littéraire, il cultive
exclusivement ce genre, à l'imitation d'HORACE, de
JUVÉNAL et, chez nous, de MATHURIN RÉGNIER (cf. p. 34-42). Il collabore avec Furetière,
ainsi que son frère aîné Gilles Boileau, au *Chapelain décoiffé*, qui paraît en 1665. Ce
pamphlet attaque, sous la forme d'une parodie en vers de quelques scènes du *Cid*, le
poète CHAPELAIN (1598-1674), véritable tyran des lettres depuis que Colbert l'avait
chargé de désigner les auteurs à pensionner (1663). Boileau fréquente alors le sceptique
La Mothe le Vayer (cf. p. 127), chez qui il rencontre MOLIÈRE; il se lie aussi avec LA
FONTAINE, peut-être dans un de ces cabarets littéraires où on le voit souvent, et avec le
jeune RACINE.
   Il conçoit à cette époque son *Dialogue des héros de roman*, parodie des grands romans
précieux dont il n'envisage la publication qu'après la mort de Mlle de Scudéry, « ne
voulant pas donner de chagrin à une fille qui, après tout, avait beaucoup de mérite ».
En 1666 il donne les *Satires I* à *VII*, que suivent en 1668 les *Satires VIII* et IX. Dès
cette date il est célèbre, mais son talent incisif et son franc-parler lui valent bien des
inimitiés.

LA MATURITÉ Cependant Boileau porte plus haut ses ambitions :
LITTÉRAIRE après les cabarets, le cercle distingué du premier prési-
(1669-1677) dent DE LAMOIGNON (cf. p. 327); après la polémique,
les ouvrages de doctrine. La *Dissertation sur « Joconde »*,
qui paraît (en Hollande) en 1669 contient déjà l'esquisse de son esthétique. Il avait
composé cet opuscule en 1664, lors d'une controverse sur l'adaptation du conte de
l'Arioste par LA FONTAINE. En 1669, également, Boileau travaille à un *Art poétique*,
inspiré d'Horace, et en fait des lectures; il entreprend aussi des *Épîtres*, toujours sur
le modèle d'Horace. L'*Art poétique* paraît en 1674, avec les *Épîtres I* à *IV* et le *Traité
du Sublime*, traduction d'un ouvrage attribué au rhéteur grec LONGIN (IIIe siècle après
J.-C.). Ce recueil de 1674 contient encore une œuvre d'inspiration très différente,

Le Lutrin, poème héroï-comique (Chants I à IV). Une cinquième *Épître* est publiée en 1675, et Boileau en compose quatre autres de 1675 à 1677. On voit que cette période est marquée par une *intense activité créatrice.*

LA CARRIÈRE
OFFICIELLE
(1677-1686)

En 1677, BOILEAU devient avec RACINE *historiographe du roi.* Il entre à l'Académie en 1684. Il a publié en 1683 un nouveau recueil de ses œuvres, enrichi des *Épîtres VI à IX* et des Chants V et VI du *Lutrin.* En 1685, il achète à Auteuil une propriété dont il immortalisera le jardin dans l'*Épître XI* (cf. p. 329) Pendant une dizaine d'années, il produit peu, pris par ses occupations officielles et goû-
, tant dans ses loisirs les charmes de la retraite champêtre.

LES DERNIÈRES
LUTTES *(1687-1711)*

Mais son *ardeur polémique* n'était qu'assoupie, un débat littéraire retentissant ne tarde pas à la réveiller : dans la fameuse querelle des Anciens et des Modernes (cf. p. 433-438), Boileau s'engage à fond contre les modernes. Enfin, dans ses dernières années, il rompra des lances avec les jésuites.

1. CONTRE LES MODERNES. Le 27 janvier 1687, pendant la mémorable séance où CHARLES PERRAULT fait l'éloge du siècle de Louis le Grand au détriment d'Homère et du siècle d'Auguste (cf. p. 433), Boileau intervient vivement en faveur des écrivains anciens. Puis il compose des épigrammes et, toujours à l'appui de sa thèse, une *Ode pindarique sur la prise de Namur*, précédée d'un *Discours sur l'Ode* (œuvres publiées en 1693), et des *Réflexions sur Longin* (I-IX, 1694; X-XII, 1713). En 1694, Boileau et Perrault se réconcilient sur les instances d'ARNAULD.

De cette période datent également la Satire X, *Sur les Femmes* (1694), la Satire XI, *Sur l'Honneur* (1701), et les Épîtres X, *A mes vers*; XI, *A mon jardinier* (cf. p. 329), et XII, *Sur l'Amour de Dieu* (1698). En 1701, l'auteur donne une nouvelle édition de ses œuvres, précédée d'une importante *Préface* qui apporte à l'*Art poétique* un utile complément (cf. p. 347).

2. CONTRE LES JÉSUITES. Dans l'*Épître XII*, BOILEAU avait repris les attaques de PASCAL contre certains *casuistes* qui prétendaient dispenser les hommes de l'obligation d'aimer Dieu. Il s'attira ainsi l'animosité des jésuites du *Journal de Trévoux*, à qui il répondit par des épigrammes et par la Satire XII, *Sur l'Équivoque.* Mais le P. Le Tellier, confesseur du roi et adversaire farouche des jansénistes, l'empêcha d'obtenir le privilège nécessaire à la publication de cette œuvre, qui ne parut que dans l'édition posthume de 1716.

Ce fut une *amère déception* pour Boileau, qui, très affaibli depuis plusieurs années, mourut à Paris le 13 mars 1711.

L'homme

Une longue tradition littéraire a dénaturé Boileau en faisant de lui un *régent de collège.* Sa véritable personnalité est *plus vivante* et *plus riche.* Comme beaucoup de *bourgeois de Paris* (cf. Molière, La Bruyère et Voltaire), il a le regard aigu et le coup de patte impitoyable. Mais cet être bourru, ce satirique-né, apparemment peu sensible, était un *excellent homme* et le *meilleur des amis.* Il défendit Molière et Racine contre des critiques injustes avec autant de cœur que de discernement. C'est à lui que Racine, son ami intime, adressa, dit-on, ses dernières paroles. Comme la pension de Corneille n'était plus payée, Boileau aurait proposé qu'on transférât la sienne au vieux poète.

Né en plein cœur de Paris, ce dévot de la littérature, grand travailleur et grand liseur, était *sensible au charme de la verte nature* (cf. p. 327), en toute simplicité d'ailleurs et sans aucun romantisme. Ses vers les plus mélodieux (cf. p. 329) lui ont été inspirés par son jardin d'Auteuil.

Du tempérament
à la doctrine

« Boileau ou le Sincère », disait RAYMOND NAVES. La *sincérité* est, en effet, le trait dominant de son caractère. « Je ne sais ni tromper, ni feindre, ni mentir », dit-il, par la bouche du poète Damon, dans la *Satire I* (v. 43). Il n'est ni méchant ni amer, mais ne peut se contenir et parle franc; d'où son talent satirique : « J'appelle un chat un chat et Rolet un fripon » (*Sat. I*, v. 52). Aussi sa *critique littéraire* n'est-elle presque jamais sereine : lorsqu'elle n'est pas une vigoureuse *apologie*, elle devient *satire virulente*. Il lui arrive sans doute, quand il s'est réconcilié avec un adversaire, de biffer son nom dans ses ouvrages, quitte à le remplacer, selon les besoins de la rime, par celui de quelque malheureux auteur qui ne méritait probablement pas d'être ainsi traité ! (cf. p. 333, v. 8 et n. 4). Mais cela ne prouve rien contre la sincérité de Boileau.

Cette sincérité fonde les principes de sa *critique*, de son *esthétique* et de sa *morale*. Il hait tous les *déguisements littéraires*, toutes les affectations : affectation de subtilité chez les précieux, de vulgarité chez les burlesques, exactement comme il hait l'hypocrisie et les faux-fuyants des casuistes. Voilà pourquoi le poète, si peu mystique, se range aux côtés des jansénistes. L'*équivoque* lui est odieuse en morale comme en littérature (cf. *Sat. XII*, p. 326). Dans l'un et l'autre domaine, le premier devoir est d'*être sincère*, c'est-à-dire d'*être soi-même* ; mais, pour être soi-même, il faut d'abord *se connaître* (cf. *Ép. V*, p. 326, et *A. P.*, p. 346) : la doctrine littéraire de Boileau est aussi l'expression d'une *sagesse humaine*.

Le dogmatisme

Jamais Boileau n'eût admis que précieux et burlesques étaient peut-être fidèles à leur naturel lorsqu'ils se montraient alambiqués ou grossiers. Il écarte l'idée que la conception du beau pourrait varier suivant les individus, les pays et les siècles. Pour lui il existe un *naturel en soi*, un *beau absolu*. Il fonde ce dogmatisme sur la *raison*, autrement dit sur des postulats, sans se rendre compte que ces règles sont parfois édictées par son goût personnel, par le goût du temps et même par des conventions sociales plutôt que par un bon sens universellement valable. Quoiqu'il soit *réaliste* de tempérament, il a lui-même le *goût du grand*, qui caractérise justement le siècle de Louis XIV. Ainsi il opposera au *burlesque*, qui rabaisse les héros et les sujets illustres, une sorte d'anti-burlesque, le *genre héroïcomique*, qui élève plaisamment personnages et actions vulgaires à la dignité épique (cf. p. 332). La démarche est très plaisante ; elle est surtout caractéristique de la tendance de Boileau à *ennoblir le réalisme*. De même sa conception de la *nature humaine* est manifestement fondée sur l'idéal de l'*honnête homme* cher au XVIIᵉ siècle.

Ce dogmatisme de Boileau peut sembler parfois simpliste ou naïvement catégorique; il traduit assez bien les *caractères principaux de l'art classique :* réalisme, mais réalisme esthétique, simplicité modeste et distinguée, profonde connaissance de l'homme, respect du métier et du public. Animé par la croyance en un beau absolu et en une nature humaine universelle, soutenu par une rigoureuse hiérarchie des valeurs, le classicisme est bien un dogmatisme, mais un dogmatisme souple, large et créateur.

La manière de Boileau

S'il ne ressemble guère au poète inspiré selon la conception romantique, Boileau a le sens de l'*harmonie du vers*, du *rythme* et du *mouvement*. Suivant le genre qu'il traite il varie les effets à l'infini, rendant aussi bien le fracas des embarras de Paris (p. 321) que la subtile mélodie de paroles s'envolant dans les airs à la rencontre des oiseaux (*Ép. XI*). Il peint des *scènes hautes en couleur* avec une imagination réaliste débordante (p. 322 et 337). Ses *récits se déroulent allègrement* (p. 333). On le sent toujours là présent, le regard en éveil, impérieux et ironique, prêt à lancer quelque raillerie. Car, Dieu merci, même dans ses ouvrages didactiques, son *humour* ne sommeille jamais bien longtemps (cf. p. 346). Surtout, il a le *don de la formule*, mordante dans les *Satires*, frappante dans l'*Art poétique*. Consciemment ou non, nous citons sans cesse Boileau : ce n'est pas en vain qu'il a tant poli ses ouvrages, qu'il les a remis tant de fois sur le métier.

Le rôle de Boileau

1. LE THÉORICIEN. On a longtemps prêté à Boileau, par une curieuse erreur de perspective, un rôle qu'il n'avait pu jouer. C'est une question de dates : Boileau était beaucoup plus jeune que tous les grands classiques, à l'exception de Racine, son cadet de trois ans. Comment le satirique débutant aurait-il pu influencer sérieusement des aînés déjà avancés dans leur carrière comme Molière et La Fontaine ? Quant à l'*Art poétique*, il paraît

après le premier recueil des *Fables*, alors que Molière est mort et que Racine a déjà donné la plupart de ses tragédies. On ne croit plus guère à une *école* classique à proprement parler : à plus forte raison ne peut-on voir en Boileau le maître d'école du classicisme, ou, comme disait Sainte-Beuve, « le contrôleur général du Parnasse ». Il serait également vain de le rendre responsable, comme les romantiques ont eu parfois tendance à le faire, de ces *règles classiques* qu'il a codifiées avec un peu de raideur et beaucoup de clarté, mais qu'il n'a pas forgées de toutes pièces, et encore moins imposées au XVIIᵉ siècle. Il est exact, en revanche, que l'*Art poétique* présentait un danger : aux yeux de maint écrivain du XVIIIᵉ siècle, les préceptes de Boileau paraîtront des *recettes infaillibles* pour devenir un vrai classique. Si nous les jugeons encore précieux aujourd'hui, c'est qu'ils nous aident non pas à imiter, mais à *comprendre l'art classique et l'esprit du XVIIᵉ siècle.*

2. LE CRITIQUE. Le rôle du critique a été plus considérable. Sans aucun doute, il partage les *préjugés de sa génération* et, manquant de sens historique, se livre à des *exécutions sommaires*. Il ne comprend pas le Moyen Age, ni Ronsard, ni Théophile et Saint-Amant. Mais *aucun critique n'a mieux jugé ses contemporains.* Il a attaqué la *préciosité* et le *burlesque*, dont la vogue commençait à décroître, mais qui pouvaient encore constituer, dans leurs excès, un obstacle sérieux à l'épanouissement du classicisme. Il a eu aussi une influence très salutaire sur le goût du public en sapant les réputations usurpées. Il fallait du courage pour s'en prendre au puissant CHAPELAIN et pour oser dire que son épopée si longtemps attendue, *La Pucelle*, était une œuvre lamentable ; du courage aussi, quoique d'une autre sorte, pour lutter contre l'engouement dont bénéficiait le fade QUINAULT, ou, à la suite d'une cabale, le médiocre PRADON. Certes Boileau avait la dent dure, mais si aucun des écrivains de son temps qu'il a condamnés n'a pu être vraiment réhabilité, c'est qu'aucun ne méritait de l'être.

Au contraire il a défendu, encouragé, célébré MOLIÈRE et RACINE, et vanté le grand CORNEILLE à un moment où la faveur du public s'était détournée de lui. Cela seul eût suffi pour le rendre digne devant la postérité de participer à la gloire de ces génies.

LES SATIRES

Satires I à IX   Les neuf premières *Satires*, que précède un *Discours au Roi*, sont des œuvres de jeunesse. Boileau montre d'emblée une *vigueur réaliste*, une *verve* pittoresque et caustique qui font de lui le digne émule d'Horace, Juvénal et Mathurin Régnier. Il s'oriente d'abord vers la satire des *mœurs bourgeoises* (Satires I et VI, puis Satire III), mais le développement de *lieux communs de philosophie morale* le tente également (Satires IV, V, et VIII); en 1660, il aborde la *satire littéraire* ; c'est dans ce genre qu'il se montrera le plus original (Satires II, VII et IX). Ainsi se dessinent dès cette période les principaux aspects de l'œuvre : *peinture réaliste des mœurs, réflexion morale et critique littéraire* ; dans la Satire II (cf. p. 324), on trouve même la première ébauche d'une *doctrine esthétique.*

SATIRES   *Les SATIRES I et VI ne formaient d'abord qu'un seul*
BOURGEOISES   poème, la première satire composée par Boileau. On
reconnaît encore aisément l'unité du sujet, emprunté à
Juvénal (Sat. III) : dans la Satire I, le poète Damon renonce à vivre à Paris, il est trop
honnête et trop franc pour réussir dans cette ville où « le mérite et l'esprit ne sont plus à
la mode » ; dans la SATIRE VI *(cf. extrait ci-dessous), le poète poursuit la diatribe en son*
nom personnel : ce ne sont plus cette fois les vices et l'injustice qui rendent intenable le
séjour dans la capitale, mais un fracas infernal et de perpétuels encombrements.

La SATIRE III développe un thème également traditionnel, Le Repas ridicule. Animée
d'un bout à l'autre, jusqu'à la bagarre finale, par une verve savoureuse, cette pièce est
également intéressante par la place qu'y tient la satire littéraire (cf. extrait p. 322).

LES EMBARRAS DE PARIS

A en croire BOILEAU, le Paris du XVIIᵉ siècle n'avait rien à envier aux « embouteillages » d'aujourd'hui. Dans la capitale, on ne peut vivre tranquille chez soi, mais c'est bien pis si l'on avise de sortir. Il en était déjà ainsi de la Rome antique, et Boileau imite HORACE et JUVÉNAL, mais il sait admirablement *transposer* les notations, et cette scène vécue est pleine de *vérité*, de *pittoresque* et de *réalisme*. (*Sat. VI*, 31-70.)

En quelque endroit que j'aille, il faut fendre la presse
D'un peuple d'importuns qui fourmillent sans cesse.
L'un me heurte d'un ais [1], dont je suis tout froissé [2] ;
Je vois d'un autre coup mon chapeau renversé ;
Là, d'un enterrement la funèbre ordonnance [3],
D'un pas lugubre et lent vers l'église s'avance ;
Et plus loin, des laquais, l'un l'autre s'agaçants [4],
Font aboyer les chiens et jurer les passants.
Des paveurs, en ce lieu, me bouchent le passage ;
Là, je trouve une croix [5] de funeste présage,
Et des couvreurs, grimpés au [6] toit d'une maison,
En font pleuvoir l'ardoise et la tuile à foison [7].
Là, sur une charrette une poutre branlante
Vient menaçant de loin la foule qu'elle augmente [8] ;
Six chevaux attelés à ce fardeau pesant
Ont peine à l'émouvoir [9] sur le pavé glissant ;
D'un carrosse, en tournant, il accroche une roue,
Et du choc le renverse en un grand tas de boue,
Quand un autre à l'instant s'efforçant de passer
Dans le même embarras se vient embarrasser [10].
Vingt carrosses bientôt arrivant à la file
Y sont en moins de rien suivis de plus de mille ;
Et, pour surcroît de maux, un sort malencontreux
Conduit en cet endroit un grand troupeau de bœufs ;
Chacun prétend passer ; l'un mugit, l'autre jure [11] ;
Des mulets en sonnant augmentent le murmure[12] ;
Aussitôt, cent chevaux dans la foule appelés

10 et 20 dans la marge.

— 1 *Planche*. Pour ce début, cf. La Bruyère, *Ménalque*, p. 407. — 2 *Meurtri*. Cf. Juvénal : « L'un me heurte du coude, l'autre d'une dure solive ; celui-ci me cogne la tête avec une poutre, celui-là avec une jarre » (*Sat.*, III, 245-246). — 3 Etudier le rythme et les sonorités. Cf. Horace : « Des convois funèbres se heurtent à de lourds chariots » (*Ep.*, II, II, 74). — 4 Noter l'accord ; cf. App. F 1. — 5 Placée par les couvreurs pour prévenir les passants du danger. — 6 *Sur le* (App. D 1). — 7 Cf. Juvénal : « Considère la hauteur où s'élèvent les toits d'où la tuile vient vous heurter le crâne » (III, 269-270). — 8 Juvénal : « Une longue poutre oscille sur cette charrette qui avance, un autre chariot porte un pin ; ils se balancent en l'air et menacent la foule » (III, 254-256). — 9 L'ébranler. — 10 Commenter cette répétition expressive. — 11 Quel est l'effet obtenu ? — 12 Brouhaha.

De l'embarras qui croît ferment les défilés [13],
Et partout, des passants enchaînant les brigades [14],
30   Au milieu de la paix font voir les barricades [15].
On n'entend que des cris poussés confusément :
Dieu pour s'y faire ouïr tonnerait vainement.
Moi donc, qui dois souvent en certain [16] lieu me rendre,
Le jour déjà baissant, et qui suis las d'attendre,
Ne sachant plus tantôt à quel saint me vouer,
Je me mets au hasard [17] de me faire rouer[18],
Je saute vingt ruisseaux, j'esquive, je me pousse [19] ;
Guénaud [20] sur son cheval en passant m'éclabousse ;
Et n'osant plus paraître en l'état où je suis,
Sans songer où je vais, je me sauve où je puis.

- *Étudiez le crescendo depuis le début jusqu'à l'enchevêtrement de la fin ; que révèle le vers 40 ?*
- *Relevez les procédés qui contribuent à la vie de la scène : son, rythme, répétition, amplification, comparaison.*
- *Par quels moyens l'auteur a-t-il créé l'impression d'un chaos indescriptible ?*
- *Quels sont les traits d'actualité qui caractérisent le Paris du temps ? Comment, d'après les notes,* BOILEAU *a-t-il adapté à son temps ses emprunts aux satiriques latins ? En quoi son tableau est-il comique ?*
- **Commentaire composé :** *vers 1-24. Sens du pittoresque et du comique. Technique de bande dessinée.*
- **Essai.** *A votre tour, transposez cette scène à l'époque contemporaine.*
- **Groupe thématique : Lieu commun** (exploitation). Cf. pages 383, 407. – XVIIIᵉ SIÈCLE, page 80.

UNE DISCUSSION QUI TOURNE MAL

Pour peindre *Le Repas ridicule*, BOILEAU s'inspire d'HORACE (*Sat.*, II, VIII) et sur-
tour de RÉGNIER (*Satire X*). Après avoir raillé avec un *franc réalisme* la mesquinerie
de ce « festin » chiche et peu appétissant, ainsi que la grossièreté des convives, il en vient
ici, comme Régnier, à la *satire littéraire*, où son originalité éclate; tandis que le pédant
de Régnier s'en prenait aux auteurs anciens, Boileau fait intervenir l'*actualité* dans la
discussion de ces sots animés l'un par sa vanité d'auteur, l'autre par sa suffisance
d'homme qui se croit expert et « à la page ». Dans la bagarre finale, la *verve héroï-comique*
annonce *Le Lutrin*. Régnier se montrait plus truculent, mais diffus et parfois trivial.

Enfin, laissant en paix tous ces peuples divers [1],
De propos en propos on a parlé de vers.
Là, tous mes sots, enflés d'une nouvelle audace,
Ont jugé des auteurs en maîtres du Parnasse,
Mais notre hôte surtout, pour la justesse et l'art,
Élevait jusqu'au ciel Théophile [2] et Ronsard ;
Quand un des campagnards [3], relevant sa moustache
Et son feutre à grands poils ombragé d'un panache [4],

---

13 Les gardes à cheval qui interviennent ne font qu'accroître l'encombrement. — 14 Troupes. — 15 Rappel de la Fronde. — 16 Un endroit déterminé. — 17 Je m'expose au risque. — 18 Ecraser. — 19 Pour me frayer un passage. — 20 Médecin réputé, qui allait toujours à cheval.

— 1 Les convives viennent de se livrer aux joies de la haute politique et de la stratégie en chambre ! — 2 Cf. p. 42-45. — 3 Ce sont « Deux nobles campagnards, grands lecteurs de romans ». — 4 Cf. Régnier, p. 37, v. 6-7. Ce hobereau est en retard sur la mode. —

Impose à tous silence, et d'un ton de docteur :
« Morbleu! dit-il, La Serre [5] est un charmant auteur!
Ses vers sont d'un beau style, et sa prose est coulante.
La Pucelle [6] est encore une œuvre bien galante ;
Et je ne sais pourquoi je bâille en la lisant [7]...
Le Pays [8], sans mentir, est un bouffon plaisant,
Mais je ne trouve rien de beau dans ce Voiture [9]...
Ma foi, le jugement sert bien dans la lecture!
A mon gré, le Corneille est joli quelquefois.
En vérité, pour moi j'aime le beau françois [10].
Je ne sais pas pourquoi l'on vante l'*Alexandre* [11],
Ce n'est qu'un glorieux qui ne dit rien de tendre :
Les héros chez Quinault [12] parlent bien autrement,
Et, jusqu'à « Je vous hais », tout s'y dit tendrement.
On dit qu'on l'a drapé dans certaine satire [13],
Qu'un jeune homme... — Ah! je sais ce que vous voulez dire,
A répondu notre hôte : « Un auteur sans défaut,
« La raison dit Virgile, et la rime Quinault. »
— Justement. A mon gré la pièce [14] est assez plate.
Et puis, blâmer Quinault!... avez-vous vu l'*Astrate* [15] ?
C'est là ce qu'on appelle un ouvrage achevé!
Surtout, l'anneau royal me semble bien trouvé.
Son sujet est conduit d'une belle manière,
Et chaque acte, en sa pièce, est une pièce entière [16].
Je ne puis plus souffrir ce que les autres font.
— Il est vrai que Quinault est un esprit profond,
A repris certain fat [17], qu'à sa mine discrète
Et son maintien jaloux, j'ai reconnu poète ;
Mais il en est pourtant qui le pourraient valoir [18].
— Ma foi, ce n'est pas vous qui nous le ferez voir,
A dit mon campagnard avec une voix claire,
Et déjà tout bouillant de vin et de colère.
— Peut-être, a dit l'auteur, pâlissant de courroux ;
Mais vous, pour en parler, vous y connaissez-vous ?
— Mieux que vous mille fois, dit le noble en furie [19].
— Vous ? mon Dieu! mêlez-vous de boire, je vous prie,
A l'auteur sur-le-champ aigrement reparti.
— Je suis donc un sot, moi ? vous en avez menti »,

5 Auteur tragique « célèbre par son galima-tias » (Boileau). — 6 Poème épique de Chapelain. *Galante :* qui a de la distinction, de l'élégance. C'était un mot *à la mode*, ainsi que joli (v. 17). — 7 Noter l'ironie (cf. *Lutrin*, p. 338, v. 45-48). — 8 « Ecrivain estimé par les provinciaux » (Boileau). — 9 Cf. p. 62-68. En dépit de la *préciosité* de cet auteur, Boileau avait un faible pour Voiture. — 10 La diph-tongue *-oi* se prononçait *-ouai.* — 11 De Racine (1665). — 12 Cf. p. 96. Il est pour Boileau le type de l'auteur fade et doucereux. — 13 La Sat. II de Boileau (citation v. 19-20). *Drapé :* « arrangé ». — 14 La satire en question. — 15 Ou *L'Anneau royal,* trag. de Quinault (1663). — 16 En quoi cet éloge est-il en fait une critique ? — 17 Sot. — 18 Quel est le ton de cette réplique ? et le sentiment qui l'ins-pire ? — 19 Noter la progression.

Reprend le campagnard, et, sans plus de langage,
Lui jette pour défi son assiette au visage.
L'autre esquive le coup, et l'assiette, volant,
50 S'en va frapper le mur, et revient en roulant [20].
A cet affront, l'auteur, se levant de la table,
Lance à mon campagnard un regard effroyable,
Et, chacun vainement se ruant entre eux deux,
Nos braves, s'accrochant, se prennent aux cheveux.
Aussitôt, sous leurs pieds les tables renversées
Font voir un long débris de bouteilles cassées :
En vain à lever [21] tout les valets sont fort prompts,
Et les ruisseaux de vin [22] coulent aux environs (167-224).

– Le mouvement. *Montrez comment on passe des propos aux injures, des injures aux coups.*
– *Esquissez le caractère du campagnard et celui du poète.*
– *Étudiez : a) à quoi tient la vie du dialogue ; – b) comment s'y prend* BOILEAU *pour ridiculiser à la fois les auteurs qu'il n'apprécie pas et leurs admirateurs.*
– *Étudiez l'effet produit ici par l'intervention de la grandiloquence et des procédés épiques.*
• **Comparaison. La parodie de l'épopée :** pages 322 à 324, 333-334 et 337-338.
• **Groupe thématique : Satire littéraire.** Cf. pages 39, 40, 322, 325. — XVIIIe SIÈCLE, pages 85, 182.

SATIRES MORALES   *La SATIRE IV traite le thème de la* folie universelle :
*chacun se croit très sage dans sa manie et taxe de folie
son voisin ! Une anecdote rapporte que Boileau aurait conçu ce développement à la suite
d'une conversation avec Molière. La SATIRE V montre que la seule vraie noblesse est*
celle du cœur : « *La vertu, d'un cœur noble est la marque certaine.* » *L'idée peut paraître
hardie, mais c'était un développement moral traditionnel : Boileau s'inspire de la Satire VIII
de Juvénal et du discours de Marius dans le Jugurtha de Salluste, qu'imitent aussi Corneille
pour le rôle de Géronte dans le Menteur (V, 3) et Molière pour celui de Dom Louis dans
Dom Juan (IV, 4). On notera que Dom Juan et la Satire V datent de la même année (1665).
La SATIRE VIII rabaisse l'orgueil de l'homme en montrant qu'il est inférieur aux
animaux ; c'est l'âne, témoin des folies humaines, qui conclut : « Ma foi, non plus que
nous, l'homme n'est qu'une bête ! »*

SATIRES   *La SATIRE II est adressée à* MOLIÈRE, *que Boileau*
LITTÉRAIRES *avait déjà célébré dans des* Stances sur l'Ecole des Femmes
(1663). *Heureux Molière qui trouve si aisément la rime !
Boileau, lui, a bien du mal à la plier à son inspiration. Les précieux n'y regardent pas de
si près : faut-il une rime à en miracles féconde, ce sera à nulle autre seconde, etc. Scudéry
versifie intarissablement, mais ses vers « semblent être formés en dépit du bon sens ». Au
contraire Boileau, en vrai* classique, *soumet la rime à la raison, l'expression à l'idée.
La SATIRE VII est une défense du genre satirique. Pourquoi l'auteur ne passe-t-il
pas de la critique à la louange ? C'est que son tempérament l'entraîne : sa verve satirique
ne peut se contenir. Doit-il redouter les inimitiés qu'il s'attire ? L'exemple d'Horace et de
Juvénal lui montre que non. Il continuera donc comme il a commencé.
Dans la SATIRE IX, Boileau, répondant aux reproches d'adversaires comme* COTIN
et CHAPELAIN, *développe les idées esquissées dans la Satire VII. Il s'adresse à son esprit
qui, contre toute prudence, s'acharne à satiriser. Mais l'esprit riposte : la critique ne se
confond pas avec la médisance, elle est un droit que chacun peut exercer : les sots ne s'en
privent pas ! « Bravant l'orgueil et l'injustice », la satire est utile et courageuse. Si Boileau
louait soudain les mauvais auteurs, ils l'accuseraient de se moquer d'eux. N'en déplaise à
Cotin, il restera fidèle à sa vocation.*

20. Parodie de l'épopée. — 21. Enlever. — 22. Serait-ce du *vin*, dans l'épopée ?

Défense de la critique

On reproche au poète de *faire des personnalités ;* voici sa réponse : ce n'est pas l'*homme* qu'il attaque, mais l'*auteur*. C'est plus fort que lui, il faut qu'il exprime son sentiment. D'ailleurs, s'il se trompait, ses critiques ne seraient pas dangereuses : *un bon ouvrage triomphe toujours de la cabale* (203-240).

« Il a tort, dira l'un ; pourquoi faut-il qu'il nomme [1] ?
Attaquer Chapelain [2] ! ah ! c'est un si bon homme !
Balzac [3] en fait l'éloge en cent endroits divers.
Il est vrai, s'il m'eût cru, qu'il n'eût point fait de vers.
Il se tue à rimer : que n'écrit-il en prose ? »
Voilà ce que l'on dit. Et que dis-je autre chose ?
En blâmant ses écrits, ai-je, d'un style affreux,
Distillé sur sa vie un venin dangereux ?
Ma Muse, en l'attaquant, charitable et discrète,
10 Sait de l'homme d'honneur distinguer le poète.
Qu'on vante en lui la foi [4], l'honneur, la probité,
Qu'on prise sa candeur et sa civilité,
Qu'il soit doux, complaisant, officieux, sincère :
On le veut, j'y souscris, et suis prêt de [5] me taire.
Mais, que pour un modèle on montre ses écrits,
Qu'il soit le mieux renté de tous les beaux esprits [6],
Comme roi des auteurs, qu'on l'élève à l'empire :
Ma bile alors s'échauffe, et je brûle d'écrire,
Et, s'il ne m'est permis de le dire au papier,
20 J'irai creuser la terre, et, comme ce barbier,
Faire dire aux roseaux par un nouvel organe :
« Midas, le roi Midas a des oreilles d'âne [7]. »
Quel tort lui fais-je enfin ? Ai-je par un écrit
Pétrifié sa veine et glacé son esprit ?
Quand un livre au Palais [8] se vend et se débite,
Que chacun par ses yeux juge de son mérite,
Que Bilaine [9] l'étale au deuxième pilier,
Le dégoût d'un censeur peut-il le décrier ?
En vain, contre le *Cid* un ministre se ligue [10] ;
30 Tout Paris pour Chimène a les yeux de Rodrigue [11] :
L'Académie en corps a beau le censurer [12],
Le public révolté s'obstine à l'admirer.
Mais, lorsque Chapelain met une œuvre en lumière,
Chaque lecteur d'abord lui devient un Linière [13] ;
En vain il a reçu l'encens de mille auteurs,
Son livre en paraissant dément tous ses flatteurs.
Ainsi, sans m'accuser, quand tout Paris le joue [14],
Qu'il s'en prenne à ses vers que Phébus désavoue.

— 1 Qu'il appelle *par leur nom* les auteurs qu'il attaque. — 2 Cf. p. 317. — 3 Cf. p. 369. — 4 Loyauté. — 5 *A* me taire. — 6 Richement pensionné, Chapelain régissait les lettres. — 7 Confié à la terre par le barbier du roi Midas, ce secret fut trahi par des roseaux. — 8 Sous les galeries du Palais de Justice

— 9 L'un des libraires du Palais. — 10 Forme une cabale. Le *ministre* est Richelieu. — 11 A quoi tient le charme de ce vers ? — 12 Allusion aux *Sentiments de l'Académie sur le Cid* (cf. p. 193). — 13 Auteur d'une épigramme contre *La Pucelle* de Chapelain. — 14 Le raille.

SATIRES X A XII   *La SATIRE X, imitée de Juvénal (Sat. VI), est dirigée*
                              contre les femmes. Boileau, bourgeois et vieux garçon,
s'y montre fort peu galant envers le beau sexe ; il s'en prend notamment, après MOLIÈRE,
aux précieuses et aux femmes savantes, et dénonce aussi la fausse dévote et la « bigote altière ».
La SATIRE XI, sur l'Honneur, oppose au faux honneur du monde qui, vicié par l'orgueil,
impose le duel pour le moindre affront, et aussi à la fausse dévotion, la vraie leçon de
l'Évangile : « Sois doux, simple, équitable » ; et l'auteur conclut :

> *Que ce n'est qu'en Dieu seul qu'est l'honneur véritable.*

   La SATIRE XII est plus significative : cette dernière œuvre résume les préoccupations
morales et littéraires de Boileau, *qui mène jusqu'au bout le combat contre le mensonge et*
les déguisements. Le poète apostrophe L'ÉQUIVOQUE *(le genre du mot n'était pas encore*
fixé) :

> *Du langage français bizarre hermaphrodite,*
> *De quel genre te faire, Equivoque maudite,*
> *Ou maudit?...*

   Des torts grammaticaux *de l'Équivoque, il passe à ses* méfaits littéraires: *c'est elle qui*
a dicté aux précieux toutes leurs recherches affectées, insultes au naturel. Mais elle est
surtout un fléau *dans le domaine moral : responsable du péché originel, elle a causé les*
hérésies ; enfin elle a inspiré aux casuistes toutes leurs recettes pour tourner la morale
chrétienne (cf. Pascal, p. 133), condamnées d'ailleurs par le pape Innocent XI.

LES ÉPITRES

   La tradition de l'ÉPITRE, que Voltaire perpétuera au XVIII⁰ siècle, permet à Boileau
de varier à l'infini le ton et le sujet dans ces *lettres en vers* adressées à son jardinier
(*Epître XI*) aussi bien qu'à de grands personnages ou même au roi. On peut pourtant
discerner quelques thèmes dominants : *actualité historique* (Épîtres I et IV), *sujets*
moraux (II, III, V, XII), *sujets littéraires* (VII, IX, X). Quant aux Épîtres VI et XI,
elles nous peignent un Boileau intime, poursuivant les rimes dans ses promenades au
bord de la Seine (cf. p. 327) ou sous les ombrages de son jardin d'Auteuil (cf. p. 329).

ÉPITRES AU ROI   *Dans l'Épître I, écrite peu de temps après le traité*
                            d'Aix-la-Chapelle, l'auteur conseille à Louis XIV de
chercher désormais sa gloire dans la paix. C'est une pièce de circonstance, « prétexte, disait
Brunetière, à la présentation personnelle du poète au prince », qui eut lieu en effet en 1669.
L'ÉPITRE IV célèbre *le passage du Rhin (guerre de Hollande, 12 juin 1672) ; Boileau*
s'essaie au genre héroïque, mais l'humour ne perd pas ses droits : tous ces noms germa-
niques à consonance barbare embarrassent fort un poète français ! « Comment en vers
heureux assiéger Doësbourg | Zutphen, Wageninghen, Harderwic, Knotzembourg? »

   L'ÉPITRE VIII est un Remerciement au roi, *qui montre que Boileau, comme il*
l'avoue lui-même, est beaucoup moins à son aise dans la louange que dans la satire.

SUJETS MORAUX   *L'ÉPITRE II, contre les Procès, n'a guère d'autre*
                         objet que d'introduire une courte fable, L'huître et les
plaideurs. *L'ÉPITRE III, dédiée à* ARNAULD, *dénonce* la « mauvaise honte », *la « honte*
du bien » ou respect humain, qui est, selon Boileau, le grand vice des hommes ; l'auteur
reviendra sur cette question dans les Satires XI et XII. D'après l'ÉPITRE V, la seule
occupation vraiment digne d'un homme est de chercher à se connaître, selon le grand pré-
cepte de la sagesse grecque, qui est devenu celui de la sagesse classique. Enfin l'ÉPITRE XII
reprend le thème de la Xᵉ Provinciale : c'est une protestation véhémente contre ceux qui
jugent suffisant le repentir inspiré par la crainte d'un châtiment éternel et dispensent
ainsi le pécheur d'aimer Dieu : « ... l'homme au crime attaché, | En vain, sans aimer
Dieu, croit sortir du péché... ! Dieu ne fait jamais grâce à qui ne l'aime point. »

ÉPITRE VI   *Boileau s'adresse à l'avocat général* DE LAMOIGNON, *fils du premier président du Parlement de Paris. Il lui décrit le* site *de* HAUTE-ISLE, *sur les bords de la Seine, près de La Roche-Guyon, et ses agréables occupations dans ce cadre plaisant (extrait ci-dessous). Puis il évoque les* tracas de Paris.

> *Qu'heureux est le mortel qui, du monde ignoré,*
> *Vit content de soi-même en un coin retiré !*

Certes un poète est esclave de son public, mais la Muse, à présent, ne sourit à Boileau que dans la paix des champs :

> *Déjà, moins plein de feu, pour animer ma voix,*
> *J'ai besoin du silence et de l'ombre des bois.*

Que Lamoignon, retenu en ville par ses hautes fonctions, excuse donc le poète de passer l'été à la campagne; à l'automne, il l'ira rejoindre à Paris... pour retrouver aussitôt à Bâville, dans la maison des champs de Lamoignon, les plaisirs de la nature et de la liberté.

HAUTE-ISLE

Le XVII⁰ siècle classique s'est intéressé à l'*homme* beaucoup plus qu'à la *nature*. Pourtant l'auteur de l'*Art poétique*, citadin s'il en fut, goûtait vivement les *charmes de la campagne*. L'éloge de la vie rustique est sans doute un thème courant de la poésie latine (Virgile, Horace) : mais la sincérité de Boileau ne fait aucun doute, ainsi qu'en témoignent la vérité de l'observation, le ton convaincu et enfin l'envolée lyrique.

Oui, Lamoignon, je fuis les chagrins [1] de la ville.
Et contre eux la campagne est mon unique asile.
Du lieu qui m'y retient veux-tu voir le tableau ?
C'est un petit village, ou plutôt un hameau,
Bâti sur le penchant d'un long rang de collines,
D'où l'œil s'égare au loin dans les plaines voisines.
La Seine, au pied des monts que son flot vient laver,
Voit du sein de ses eaux vingt îles s'élever,
Qui, partageant son cours en diverses manières,
10   D'une rivière seule y forment vingt rivières.
Tous ses bords sont couverts de saules non plantés [2],
Et de noyers, souvent du passant insultés [3],
Le village, au-dessus, forme un amphithéâtre :
L'habitant ne connaît ni la chaux ni le plâtre,
Et dans le roc, qui cède et se coupe aisément,
Chacun sait de sa main creuser son logement.
La maison du seigneur, seule, un peu plus ornée,
Se présente au dehors [4], de murs environnée ;
Le soleil en naissant la regarde d'abord [5],

— 1 Tracas (cf. *Sat. VI*, p. 321). — 2 Poussant naturellement. Quel est l'intérêt de cette précision ? — 3 « Attaqués » : c'est aux noix qu'on en veut ! — 4 Au lieu d'être creusée dans le roc. — 5 Aussitôt. Elle est donc orientée à l'est.

20 Et le mont la défend des outrages du Nord.
C'est là, cher Lamoignon, que mon esprit tranquille
Met à profit les jours que la Parque [6] me file :
Ici, dans un vallon bornant tous mes désirs,
J'achète à peu de frais de solides [7] plaisirs.
Tantôt, un livre en main, errant dans les prairies,
J'occupe ma raison d'utiles rêveries.
Tantôt, cherchant la fin d'un vers que je construi [8],
Je trouve au coin d'un bois le mot qui m'avait fui [9].
Quelquefois, aux appâts d'un hameçon perfide,
30 J'amorce en badinant le poisson trop avide ;
Ou, d'un plomb qui suit l'œil [10], et part avec l'éclair,
Je vais faire la guerre aux habitants de l'air [11].
Une table, au retour, propre [12] et non magnifique,
Nous présente un repas agréable et rustique :
Là, sans s'assujettir aux dogmes de Broussain [13],
Tout ce qu'on boit est bon, tout ce qu'on mange est sain ;
La maison le fournit, la fermière l'ordonne [14] ;
Et, mieux que Bergerat [15], l'appétit l'assaisonne.
O fortuné séjour ! ô champs aimés des cieux !.
40 Que pour jamais, foulant vos prés délicieux,
Ne puis-je ici fixer ma course vagabonde,
Et, connu de vous seuls, oublier tout le monde ! [16]

Épître VI, v. 1-42.

— *Composition. Distinguez les différents moments de ce texte ; examinez leur enchaînement.*
— *Classez et commentez les plaisirs champêtres évoqués ici par BOILEAU.*
— *La campagne selon BOILEAU : a) Comment la décrit-il ? – b) En quoi ce séjour le rend-il heureux ? – c) En quoi son sentiment de la nature diffère-t-il de celui des romantiques ?*
• **Groupe thématique : Bonheur à la campagne.** Cf. p. 239, 327. – XVIᵉ SIÈCLE, p. 160. – XVIIIᵉ SIÈCLE, p. 197, 305, 316, 326. – XIXᵉ SIÈCLE, p. 76, 77, 96 ; – XXᵉ SIÈCLE, p. 124, 148, 232.

ÉPITRE XI   *Parmi les « fruits du jardin d'Auteuil » (René Bray),*
le plus agréable est l'ÉPITRE XI, composée en 1695. Le
point de départ est un souvenir d'Horace (Ép., I, XIV); Boileau s'adresse à ANTOINE,
son jardinier, comme le poète latin à son intendant : que ne puis-je « faire ôter les ronces, les
épines », les défauts de mon esprit, à la façon dont tu sarcles mon jardin? Peut-être me
crois-tu fou quand tu me vois parler tout seul, « rêveur, capricieux », en arpentant les allées;
que dirais-tu si tu connaissais mon projet présent : « te faire à toi-même, en rimes insensées,
Un bizarre portrait de (m)es folles pensées »? Ne t'imagine pas que mon travail soit moins
pénible que le tien (cf. extrait ci-dessous). Ne crois pas non plus que le sort de l'oisif soit
enviable. Mais il s'agit de garder le ton du badinage; la fin est pleine d'esprit : Boileau
se lançait dans un grand discours moral lorsqu'il s'aperçoit qu'Antoine bâille et pense à la
besogne qui l'attend !

6 C'est Clotho qui file le destin des hommes ; Lachésis le mesure, Atropos coupe le fil. — 7 Bien réels, et non pas imaginaires. — 8 Licence poétique : c'est d'ailleurs la forme ancienne. — 9 V. 25-28, cf. p. 329 (v. 27-38). — 10 Qui part vers le point que l'œil a visé et se montre presque aussi prompt que le regard. Ce vers vous paraît-il très heureux? — 11 Noter l'humour de Boileau. — 12 Soignée. — 13 Gastronome du temps. — 14 L'accommode. — 15 Restaurateur en vogue. — 16 Cf. Racan (p. 33, v. 55-60). La Fontaine (p. 240, v. 18-40).

Le Jardin d'Auteuil

Voici la partie centrale de cette jolie pièce, faite de mille riens, intime et naturelle, dont BOILEAU lui-même a remarquablement défini le *charme* et l'*originalité* (v. 6-10). Jamais l'auteur n'a écrit de vers plus mélodieux. On peut en effet déceler ici, avec l'abbé Brémond, une *poésie pure* que l'on ne s'attendait guère, peut-être, à rencontrer chez l'auteur des *Satires* (v. 43-80).

Antoine, de nous deux, tu crois donc, je le voi [1],
Que le plus occupé dans ce jardin, c'est toi.
Oh! que tu changerais d'avis et de langage,
Si, deux jours seulement, libre du jardinage,
Tout à coup devenu poète et bel esprit [2],
Tu t'allais engager à polir un écrit [3]
Qui dît, sans s'avilir, les plus petites choses,
Fît, des plus secs chardons, des œillets et des roses [4],
Et sût, même aux discours de la rusticité [5],
10   Donner de l'élégance et de la dignité ;
Un ouvrage en un mot, qui, juste en tous ses termes,
Sût plaire à Daguesseau [6], sût satisfaire Termes [7].
Sût, dis-je, contenter, en paraissant au jour,
Ce qu'ont d'esprits plus fins [8] et la ville et la cour!
Bientôt, de ce travail devenu sec et pâle,
Et le teint plus jauni que de vingt ans de hâle,
Tu dirais, reprenant ta pelle et ton râteau :
« J'aime mieux mettre encor cent arpents au niveau,
Que d'aller follement, égaré dans les nues,
20   Me lasser à chercher des visions cornues [9],
Et, pour lier des mots si mal s'entr'accordants [10],
Prendre dans ce jardin la lune avec les dents. »
Approche donc, et viens ; qu'un paresseux [11] t'apprenne,
Antoine, ce que c'est que fatigue, et que peine.
L'homme ici-bas, toujours inquiet et gêné [12],
Est, dans le repos même, au travail condamné.
La fatigue l'y suit. C'est en vain qu'aux poètes
Les neuf trompeuses Sœurs [13], dans leurs douces retraites,
Promettent du repos sous leurs ombrages frais :
30   Dans ces tranquilles bois, pour eux plantés exprès,
La cadence aussitôt, la rime, la césure,
La riche expression, la nombreuse [14] mesure,
Sorcières, dont l'amour sait d'abord [15] les charmer [16],
De fatigues sans fin viennent les consumer.
Sans cesse, poursuivant ces fugitives fées,
On voit sous les lauriers haleter les Orphées [17],
Leur esprit toutefois se plaît dans son tourment,
Et se fait de sa peine un noble amusement.

— 1 C'est l'orth. ancienne. — 2 A cette date, sens favorable. — 3 Cf. p. 341, v. 48-49. — 4 En quoi la métaphore est-elle heureuse dans le contexte? — 5 Comme cette épître. — 6 Le futur chancelier. — 7 Homme de goût. — 8 Superlatif. — 9 « Biscornues », dirions-nous familièrement. — 10 Noter l'accord du participe. — 11 Boileau craint de passer pour tel aux yeux d'Antoine. — 12 Agité et tourmenté. — 13 Les Muses. *Trompeuses :* décevantes (cf. la suite). — 14 Le *nombre* est le rythme poétique. — 15 Dès l'abord. — 16 Les séduire comme par un enchantement (cf. *sorcières*). — 17 *Les poètes.* Etudier la musicalité.

ÉPITRES   *Le critique ne doit pas se contenter d'abattre les répu-*
   LITTÉRAIRES *tations usurpées : il a aussi pour tâche de soutenir et de*
                  célébrer le talent. L'ÉPITRE VII, composée en 1677, est
destinée à réconforter RACINE *abattu par l'échec de* Phèdre *(cf. p. 285). Le génie ne fait
point taire la jalousie et la cabale; on ne reconnaît les mérites d'un auteur qu'après sa mort :
c'est ce qui s'est produit pour* MOLIÈRE. *Mais, si la calomnie est amère,* la critique envieuse
a pourtant son utilité *(cf. extrait ci-dessous) : elle a aidé Boileau lui-même à se perfectionner. Peu importe d'ailleurs ce que disent les sots, si les grands hommes admirent Racine.*

   L'ÉPITRE IX, sur le Vrai, *est très importante. Reprenant le principe majeur de l'*Art
poétique, *elle souligne fortement le lien entre la morale et l'esthétique de Boileau. De la
critique des flatteries mensongères, l'auteur passe à l'éloge de la* sincérité dans la vie *et de la*
vérité dans l'art, *qui se confondent à ses yeux (v. 43-46) :*

       Rien n'est beau que le vrai, le vrai seul est aimable,
       Il doit régner partout, et même dans la fable :
       De toute fiction l'adroite fausseté
       Ne tend qu'à faire aux yeux briller la vérité.

   Rien ne vaut le naturel : « *La simplicité plaît, sans étude et sans art* » (v. 81); *il est aisé
à discerner* (v. 85-86) :

       Le faux est toujours fade, ennuyeux, languissant.
       Mais la nature est vraie, et d'abord on la sent.

   L'ÉPITRE X, A mes vers, *est une réponse aux critiques qui avaient accueilli la* Satire X,
l'Ode sur la prise de Namur *et les* Réflexions sur Longin. *Mes pauvres vers! n'attendez
pas le succès de vos aînés qui passaient en proverbes; je suis vieux maintenant, bientôt
on ne vous lira plus. Du moins faites-moi connaître du public tel que je suis,* « *doux, simple,
ami de l'équité* », *et non point méchant comme on l'a dit. Puis Boileau résume* sa vie et sa
carrière, *évoquant les hommes illustres, en particulier le grand* ARNAULD, *dont l'amitié
lui est un titre de gloire.*

A RACINE

   Ami fidèle autant que critique perspicace, BOILEAU adresse un *hommage public à*
RACINE au moment où celui-ci est ulcéré par la *cabale* qui a fait tomber sa *Phèdre* et
porté aux nues celle de Pradon (1677). Il est émouvant pour nous de voir l'auteur associer à cet hommage MOLIÈRE, mort depuis quatre ans, et CORNEILLE, bien oublié à cette
date. Si consolante qu'ait été cette *Épître*, Racine était peut-être trop susceptible pour
se laisser convaincre de l'*utilité des ennemis*. Quelles qu'en soient les raisons, il va s'écarter du théâtre pour plus de dix ans, jusqu'à *Esther* (1689).

Que tu sais bien, Racine, à l'aide d'un acteur,
Emouvoir, étonner [1], ravir [2] un spectateur!
Jamais Iphigénie en Aulide immolée
N'a coûté tant de pleurs à la Grèce assemblée,
Que, dans l'heureux spectacle à nos yeux étalé,
En a fait sous son nom verser la Champmeslé [3].
Ne crois pas toutefois, par tes savants [4] ouvrages,
Entraînant tous les cœurs, gagner tous les suffrages.

— 1 Sens fort : après la *pitié*, c'est la terreur. | tragique. — 3 Elle jouait Iphigénie (1674). —
— 2 Sorte d'*extase* provoquée par le *plaisir* | 4 Conformes aux règles de l'art.

Sitôt que d'Apollon un génie inspiré
Trouve loin du vulgaire un chemin ignoré,
En cent lieux contre lui les cabales s'amassent [5]
Ses rivaux obscurcis autour de lui croassent [6] ;
Et son trop de lumière, importunant les yeux,
De ses propres amis lui fait des envieux.
La mort seule ici-bas, en terminant sa vie,
Peut calmer sur son nom l'injustice et l'envie,
Faire au poids du bon sens [7] peser tous ses écrits,
Et donner à ses vers leur légitime prix.
Avant qu'un peu de terre, obtenu par prière,
Pour jamais sous la tombe eût enfermé Molière [8],
Mille de ces beaux traits, aujourd'hui si vantés,
Furent des sots esprits à nos yeux rebutés.
L'ignorance et l'erreur, à ses naissantes pièces,
En habits de marquis, en robes de comtesses,
Venaient pour diffamer son chef-d'œuvre nouveau,
Et secouaient la tête à l'endroit le plus beau.
Le commandeur voulait la scène plus exacte ;
Le vicomte, indigné, sortait au second acte [9] ;
L'un [10], défenseur zélé des bigots mis en jeu,
Pour prix de ses bons mots le condamnait au feu ;
L'autre, fougueux marquis [11], lui déclarant la guerre,
Voulait venger la cour immolée au parterre [12].
Mais, sitôt que d'un trait de ses fatales mains
La Parque [13] l'eut rayé du nombre des humains,
On reconnut le prix de sa Muse éclipsée.
L'aimable Comédie, avec lui terrassée,
En vain d'un coup si rude espéra revenir,
Et sur ses brodequins [14] ne put plus se tenir.
Tel fut chez nous le sort du théâtre comique.
Toi donc qui, t'élevant sur la scène tragique,
Suis les pas de Sophocle, et, seul de tant d'esprits,
De Corneille vieilli sais consoler Paris [15],
Cesse de t'étonner, si l'envie animée,
Attachant à ton nom sa rouille envenimée,
La calomnie en main, quelquefois te poursuit.
En cela, comme en tout, le Ciel qui nous conduit,
Racine, fait briller sa profonde sagesse.

---

5 Cf. la cabale de *Phèdre*. — 6 Terme très expressif. — 7 C'est, pour Boileau, le juge souverain. — 8 Cf. p. 90 et 176. — 9 V. 23-28 : allusions à la querelle de *L'École des Femmes* (cf. p. 175). — 10 Pierre Roullé, curé de Saint-Barthélemy (querelle de *Tartuffe*). — 11 Molière a souvent raillé les *petits marquis*. — 12 Les courtisans exposés par Molière aux moqueries du parterre (gens du peuple). — 13 Cf. p. 328, n. 6. — 14 Dans l'antiquité, les acteurs comiques portaient le *brodequin*, les acteurs tragiques le *cothurne*. — 15 La dernière pièce de Corneille, *Suréna*, date de 1674. Noter l'hommage rendu à Corneille dans cette épître à Racine.

Le mérite en repos s'endort dans la paresse ;
Mais, par les envieux un génie excité,

50 Au comble de son art est mille fois monté ;
Plus on veut l'affaiblir, plus il croît et s'élance ;
Au *Cid* persécuté *Cinna* doit sa naissance [16] ;
Et, peut-être, ta plume aux censeurs de Pyrrhus
Doit les plus nobles traits dont tu peignis Burrhus [17].

Épître VII, v. 1-54.

– *Comment procède BOILEAU envers son ami pour : a) le consoler ; – b) l'encourager ; – c) le célébrer ?*
– *Étudiez en détail l'hommage rendu à MOLIÈRE.*
– *Quelles sont les qualités dont BOILEAU fait preuve, en amitié, envers les grands auteurs dramatiques ?*
– **Contraction. – Essai.** *En quoi la critique, même malveillante, peut-elle rendre service à un auteur ?*
● **Groupe thématique : a) Racine.** Cf. pages 330, 341, 399. – XVIIIe SIÈCLE, page 151. – XIXe SIÈCLE, page 48. – XXe SIÈCLE, page 681. – **b) Molière.** Cf. pages 178, 330, 344, 400, 431. – XVIIIe SIÈCLE, pages 276, 278. – XIXe SIÈCLE, page 229.
● **Groupe thématique : Le poète et les hommes.** Cf. p. 329, 325. – XIXe SIÈCLE, questions, p. 128.

LA VEINE HÉROI-COMIQUE : LE LUTRIN

Un pari littéraire   LE LUTRIN est le divertissement d'un homme de lettres passionné de son art. Boileau nous le présente comme le résultat d'une *gageure :* il soutenait un jour « qu'un poème héroïque, pour être excellent, devait être chargé de peu de matière » ; le premier président DE LAMOIGNON l'aurait alors mis au défi d'en composer un sur le sujet suivant : la dispute survenue en 1667 entre deux chanoines de la Sainte-Chapelle, le trésorier et le chantre, à propos d'un *lutrin* dont la masse imposante masquait le chantre dans sa stalle. Boileau se piqua au jeu et tira de cette mince matière un *long poème héroï-comique* en quatre chants (1674), auxquels deux autres vinrent s'ajouter en 1683.

Le genre   Le Lutrin est une *épopée bouffonne.* Le sujet en est un
héroï-comique   différend mesquin opposant des personnages médiocres et ridicules : des chanoines paresseux et querelleurs entourés de petites gens, un sacristain, un perruquier et sa perruquière ; mais l'auteur traite cette matière sur un ton pompeux, à grand renfort de procédés épiques; ce ne sont qu'*allégories* (cf. p. 343) : la Discorde (cf. p. 337, v. 15-16), la Nuit, la Mollesse, la Piété; larges *comparaisons* homériques (cf. p. 338, v. 60-63), *songes* (cf. p. 336, v. 19-36), *combats* (cf. p. 337), etc. Le contraste entre le fond et la forme, entre le réalisme satirique et la grandiloquence du style, est d'un *comique irrésistible.* Boileau créait ainsi un *genre* qu'il définit lui-même en ces termes : « C'est un burlesque nouveau, dont je me suis avisé en notre langue : car au lieu que, dans l'autre burlesque, Didon et Énée parlaient comme des harengères et des crocheteurs, dans celui-ci une horlogère et un horloger (devenus plus tard perruquière et perruquier) parlent comme Didon et Énée. »
Mais Le Lutrin eut aussi un résultat auquel l'auteur ne s'attendait guère : il déconsidère définitivement à nos yeux la conception classique de l'épopée fondée sur des recettes. Quand nous lisons par exemple *La Henriade* de Voltaire, nous ne pouvons nous empêcher de rire en reconnaissant à chaque page les « trucs » de Boileau, appliqués cette fois à un sujet sérieux.

— 16 *Cinna* est en effet une tragédie plus *régulière* que le *Cid,* qui avait été critiqué par l'Académie (cf. p. 325, v. 29-32). — 17 Les partisans de Corneille reprochaient à Racine d'avoir montré Pyrrhus oubliant par amour tous ses devoirs de souverain. Dans *Britannicus,* la politique, dont Burrhus incarne le beau côté, tient beaucoup plus de place.

La satire des gens d'église On peut s'étonner qu'un bon chrétien, qui plus tard fera même figure de janséniste, raille ainsi les gens d'église, leurs disputes théologiques, leur paresse, leur vanité et leurs petites querelles. Mais son *esprit satirique* est toujours en éveil, et Boileau ne fait d'ailleurs que continuer la tradition de la *littérature bourgeoise du Moyen Age*. Depuis Rutebeuf et les auteurs de fabliaux, les Français ont toujours aimé se moquer des membres du clergé lorsque ceux-ci ne donnent pas l'exemple de toutes les vertus. Lamoignon lui-même, si hostile au *Tartuffe*, ne s'offusqua point des plaisanteries de Boileau : « Comme sa piété était sincère, elle était aussi fort gaie et n'avait rien d'embarrassant. »

CHANT I. Furieuse de voir la paix régner à la Sainte-Chapelle, la Discorde *apparaît au* Trésorier, *premier dignitaire du chapitre, et l'excite contre le* Chantre, *second dignitaire, qui usurpe ses prérogatives. Sidrac le chevecier, chargé des chapes et de la cire, conseille au trésorier une vengeance retentissante : il faut rétablir devant la stalle du chantre le lutrin que celui-ci a fait enlever parce qu'il disparaissait derrière cet énorme pupitre. Pour accomplir ce coup d'éclat, le sort désigne trois champions (ci-dessous, v. 1) parmi les partisans du trésorier : le marguillier* Brontin, *le perruquier* l'Amour *et le sacristain* Boirude.

CHANT II. En vain son épouse inquiète cherche à retenir le perruquier : ses compagnons viennent le chercher, et voici nos conjurés en marche, par une nuit noire, La Discorde *pousse alors un cri de joie qui retentit jusque dans l'abbaye de Cîteaux, où il réveille la* Mollesse. *Celle-ci se plaint de toute cette agitation, mais elle s'interrompt soudain, « soupire, étend les bras, ferme l'œil et s'endort ».*

CHANT III. Les trois hommes se donnent du cœur en buvant force rasades. Mais la Nuit *hostile trame contre eux de sombres desseins. Elle appelle à l'aide un hibou qu'elle place « dans le ventre creux du pupitre fatal ».*

LE VENT DE LA DÉROUTE

Dans la Sainte-Chapelle obscure, les trois « héros », faiblement éclairés par « l'astre tremblotant » de leur chandelle, *ne sont pas trop rassurés*. Un incident subit va transformer leur inquiétude vague en *terreur panique!*

Mais les trois champions, pleins de vin et d'audace [1],
Du Palais cependant passent la grande place ;
Et, suivant de Bacchus les auspices [2] sacrés,
De l'auguste Chapelle ils montent les degrés.
Ils atteignaient déjà le superbe portique
Où Ribou le libraire [3], au fond de sa boutique,
Sous vingt fidèles clefs garde et tient en dépôt
L'amas toujours entier des écrits de Haynaut [4],
Quand Boirude, qui voit que le péril approche,
Les arrête [5] ; et, tirant un fusil [6] de sa poche,
Des veines d'un caillou, qu'il frappe au même instant,
Il fait jaillir un feu qui pétille en sortant :

— 1 Cette alliance de mots comiques parodie une expression de Virgile : « ensevelis dans le sommeil et le vin (l'ivresse) ». — 2 Les présages tutélaires ; pourquoi « de Bacchus »? — 3 Il éditait les œuvres des ennemis de Boileau. — 4 Boileau avait d'abord écrit Boursault, puis Perrault ; quand il fut également réconcilié avec ce dernier, il sacrifia l'infortuné Haynaut aux nécessités de la rime! — 5 Rejet expressif. — 6 Sorte de briquet.

Et bientôt, au brasier d'une mèche enflammée,
Montre, à l'aide du soufre, une cire allumée [7].
Cet astre [8] tremblotant, dont le jour les conduit,
Est pour eux un soleil au milieu de la nuit.
Le temple, à sa [9] faveur, est ouvert par Boirude :
Ils passent de la nef la vaste solitude,
Et dans la sacristie entrant, non sans terreur,
20 En percent jusqu'au fond la ténébreuse horreur [10].
C'est là que du lutrin gît la machine énorme.
La troupe quelque temps en admire [11] la forme.
Mais le barbier, qui tient [12] les moments précieux :
« Ce spectacle n'est pas pour amuser nos yeux,
Dit-il, le temps est cher ; portons-le [13] dans le temple ;
C'est là qu'il faut demain qu'un prélat [14] le contemple. »
Et d'un bras, à ces mots, qui peut tout ébranler,
Lui-même, se courbant, s'apprête à le rouler.
Mais à peine il y touche, ô prodige incroyable !
30 Que du pupitre sort une voix effroyable.
Brontin en est ému, le sacristain pâlit ;
Le perruquier commence à regretter son lit [15].
Dans son hardi projet toutefois il s'obstine,
Lorsque des flancs poudreux de la vaste machine
L'oiseau [16] sort en courroux, et, d'un cri menaçant,
Achève d'étonner [17] le barbier frémissant.
De ses ailes dans l'air secouant la poussière,
Dans la main de Boirude il éteint la lumière.
Les guerriers à ce coup demeurent confondus ;
40 Ils regardent la nef, de frayeur éperdus.
Sous leurs corps tremblotants leurs genoux s'affaiblissent [18] ;
D'une subite horreur [19] leurs cheveux se hérissent ;
Et bientôt, au travers des ombres de la nuit,
Le timide escadron [20] se dissipe et s'enfuit.

Chant III, v. 41-84.

– *La narration. Distinguez les étapes du récit et montrez leur enchaînement. Comment est ménagé l'intérêt du coup de théâtre ? Quels en sont les effets ?*
– *L'héroï-comique. a) Comment vous représentez-vous la réalité de la scène ? – b) Comment est elle élevée jusqu'au registre épique ?*
– *La parodie. Relevez les procédés de style empruntés à l'épopée : périphrases, contrastes, mots nobles, termes militaires, etc ; – b) Étudiez les effets de rythmes et de sonorités.*
– **Essai.** *Cf.* SCARRON, *Fuite d'Énée (p. 76) ; le burlesque et l'héroï-comique ; justifiez votre préférence.*

— 7 Inversion : *il montre une* chandelle *allumée, à l'aide du soufre, au brasier...* — 8 Hyperbole héroï-comique. — 9 Renvoie à *astre.* — 10 Analyser l'impression que traduisent les vers 18-20. — 11 Contemple avec stupeur. — 12 Estime. — 13 Le lutrin. — 14 Le trésorier.

— 15 Commenter l'effet de disparate produit par ce vers. — 16 Le hibou que la Nuit a caché dans le lutrin. — 17 Sens très fort : *clouer sur place.* — 18 Parodie de l'expression homérique traduisant la peur. — 19 Au sens propre (cf. *se hérissent*). — 20 En quoi le mot est-il comique ? Par quoi est-il amené ?

Contre-attaque décisive

La DISCORDE, prenant la forme de Sidrac, a vivement apostrophé les fuyards. Honteux de leur lâcheté, ceux-ci reviennent à la charge. On notera la *vivacité du récit*, et le *contraste* extrêmement *comique* entre la précision réaliste des détails matériels (v. 7-9 et 23-24) et le ton, le mouvement de l'épopée ou de la tragédie (v. 10-21). (Chant III, v. 149-fin.)

La colère à l'instant succédant à la crainte,
Ils rallument le feu de leur bougie éteinte :
Ils rentrent ; l'oiseau sort [1] ; l'escadron raffermi
Rit du honteux départ d'un si faible ennemi.
Aussitôt dans le chœur la machine emportée
Est sur le banc du chantre à grands bruits remontée,
Ses ais [2] demi-pourris, que l'âge a relâchés,
Sont à coups de maillet unis et rapprochés.
Sous les coups redoublés tous les bancs retentissent ;
10   Les murs en sont émus ; les voûtes en mugissent,
Et l'orgue même en pousse un long gémissement [3].
   Que fais-tu chantre, hélas! dans ce triste moment [4]?
Tu dors d'un profond somme, et ton cœur sans alarmes
Ne sait pas qu'on bâtit l'instrument [5] de tes larmes!
Oh! que si quelque bruit, par un heureux réveil,
T'annonçait du lutrin le funeste appareil [6]!
Avant que de souffrir qu'on en posât la masse,
Tu viendrais en apôtre expirer dans ta place [7].
Et, martyr glorieux d'un point d'honneur nouveau,
20   Offrir ton corps aux clous et ta tête au marteau [8].
Mais déjà sur ton banc la machine enclavée [9]
Est, durant ton sommeil, à ta honte élevée ;
Le sacristain achève en deux coups de rabot,
Et le pupitre enfin tourne sur son pivot [10].

Le songe du chantre

Voici le début du CHANT IV. Une fraîche impression matinale (v. 1-2) s'efface rapidement devant le rappel tragique des terreurs de la nuit. Un *cauchemar affreux* a révélé au malheureux CHANTRE le complot dont il est victime. Il est amusant de comparer ce *songe* à ceux de l'épopée antique *(Odyssée, Iliade)* ou de la tragédie classique : *Polyeucte*, I, 3, et, plus tard, *Athalie*, II, 5.

Les cloches dans les airs, de leurs voix argentines,
Appelaient à grand bruit les chantres à matines [1],
Quand leur chef [2], agité d'un sommeil [3] effrayant,
Encor tout en sueur se réveille en criant [4].
Aux élans redoublés de sa voix douloureuse,

— 1 Le rythme traduit la rapidité de cette contre-offensive. — 2 Planches. — 3 Etudier les sonorités (v. 9-11). — 4 Le récit est interrompu par une *apostrophe* (procédé épique). — 5 *Le lutrin qui causera tes larmes*. Boileau joue sur le double sens (concret et figuré) du mot *instrument*. — 6 Remise en place (action de mettre en état). — 7 *Ta stalle*. Noter *dans ;* on disait de même : *dans le trône*. — 8 Comme un *martyr ;* mais ce sont les clous et le marteau destinés au lutrin... — 9 Clouée. — 10 Exemple remarquable de narration rapide.

— 1 Office du matin. — 2 Le chantre. — 3 Rêve. — 4 V. 1-4 : analyser l'effet de contraste.

Tous ses valets tremblants quittent la plume oiseuse [5].
Le vigilant Girot court à lui le premier.
C'est d'un maître si saint le plus digne officier [6] ;
La porte dans le chœur à sa garde est commise :
10   Valet souple au logis, fier huissier à l'église.
        « Quel chagrin, lui dit-il, trouble votre sommeil ?
Quoi ! Voulez-vous au chœur prévenir le soleil ?
Ah ! dormez, et laissez à des chantres vulgaires
Le soin d'aller sitôt mériter leurs salaires [7].
— Ami, lui dit le chantre encor pâle d'horreur,
N'insulte point, de grâce, à ma juste terreur [8] ;
Mêle plutôt ici tes soupirs à mes plaintes,
Et tremble en écoutant le sujet de mes craintes.
Pour la seconde fois un sommeil gracieux [9]
20   Avait sous ses pavots appesanti mes yeux,
Quand, l'esprit enivré d'une douce fumée [10],
J'ai cru remplir au chœur ma place accoutumée.
Là, triomphant aux yeux des chantres impuissants,
Je bénissais le peuple, et j'avalais [11] l'encens,
Lorsque du fond caché [12] de notre sacristie
Une épaisse nuée à longs flots est sortie,
Qui, s'ouvrant à mes yeux, dans son bleuâtre éclat,
M'a fait voir un serpent conduit par le prélat.
Du corps de ce dragon, plein de soufre et de nitre [13],
30   Une tête sortait en forme de pupitre,
Dont le triangle affreux, tout hérissé de crins,
Surpassait en grosseur nos plus épais lutrins [14].
Animé par son guide, en sifflant il s'avance ;
Contre moi sur mon banc je le vois qui s'élance.
J'ai crié, mais en vain ; et, fuyant sa fureur [15],
Je me suis réveillé plein de trouble et d'horreur. »

Le songe n'était que trop véridique : le lutrin est bien remis en place ! Le CHANTRE *convoque aussitôt le chapitre. Faut-il, avant d'agir, consulter de savants ouvrages de théologie? Non, répond le chanoine Évrard : abattons de nos mains ce pupitre malencontreux. Aussitôt dit, aussitôt fait : le lutrin « chancelle, éclate et tombe », tel, sur les sommets, « tombe un chêne battu des voisins aquilons ».*

CHANT V. Escorté de ses partisans, le TRÉSORIER *se rend alors au Palais pour y consulter la* CHICANE, *qui lui prédit la victoire après de longs combats. Mais voici le* CHANTRE *avec les chanoines : les deux troupes se rencontrent sur l'escalier du Palais; Évrard déclenche les hostilités, et aussitôt c'est la mêlée générale ! (cf. p. 337).*

Le triomphe du CHANTRE *et des chanoines sera de courte durée, car le* TRÉSORIER *s'avise d'une magnifique ruse de guerre : il bénit ses adversaires, les contraignant ainsi à fuir ou à s'agenouiller ! « Les chanoines punis | S'en retournent chez eux, éperdus et bénis ».*

CHANT VI. La PIÉTÉ *vient se plaindre à* THÉMIS (la Justice) *de cette agitation causée par la* DISCORDE. *Thémis lui conseille de s'adresser au vertueux* ARISTE (Lamoignon), *dont l'arbitrage, en effet, met fin à la querelle : le chantre se soumet et replace devant sa stalle le lutrin, que le trésorier, magnanime, fait enlever à l'instant.*

---

5 Qui invite à la paresse. Préciser le sens. — 6 *Subordonné.* Noter la grandiloquence du ton et opposer le vers 10. — 7 Montrer, sous les flatteries du valet de chambre, l'ironie de l'auteur. — 8 *Horreur, terreur :* les mots mêmes sont tragiques ou épiques (cf. v. 35-36 : *fureur, horreur).* — 9 Agréable et bienfaisant. — 10 Comment qualifier le style des vers 19-21? — 11 En quoi le mot est-il comique ? — 12 Qui se perd dans l'obscurité. — 13 Salpêtre. — 14 Effet comique : le chantre ne croit pas si bien dire! — 15 Noter l'allitération.

Veine réaliste
et héroï-comique

Portrait de N. Boileau. (Peinture anonyme,
XVIIe siècle. Musée National du Château de Versailles. Ph.
H. Josse © Arch. Photeb.)

*N. Guérard, « Les embarras de
Paris ».* (Gravure, XVIIe siècle. Ph. © Bibl. Nat.,
Paris. Arch. Photeb.)

Il faut un certain courage pour prôner aujourd'hui la lecture de **Boileau**. Le « législateur du
Parnasse », dont les préceptes versifiés de l'*Art poétique* ont été appris par cœur et ressassés par
des générations, fait figure de poète soporifique. Il y a pourtant un autre Boileau, un écrivain pittoresque au réalisme humoristique, l'auteur des *Satires*, par exemple celle des *Embarras de Paris*
(cf. **p. 321**) ou celle du *Repas ridicule* (cf. **p. 222**), dont la verve parodique et héroï-comique annonce
certains passages fort réussis d'une autre œuvre méconnue, *Le Lutrin*.

C.-N. Cochin, « Une mêlée homérique ». (« Bataille des livres sur le perron de la Sainte-Chapelle », gravure, 1747. Bibl. de l'Arsenal, Paris. Ph. Jeanbor © Photeb.)

Un burlesque retourné : l'héroï-comique

Si l'on consent à lire les extraits du *Lutrin* (**p. 332-338**), on y découvrira l'œuvre d'un poète pétillant d'esprit et de malice, tout le contraire d'un écrivain ennuyeux. L'épopée bouffonne du *Lutrin* présente, à coup sûr, des longueurs. Elle a du moins le mérite de tenter une formule originale : **l'héroï-comique**. Boileau s'en attribue la paternité et le définit comme une sorte de burlesque retourné (cf. **p. 332**). On trouvera, par exemple, dans la « *mêlée homérique* » citée **p. 337**, des effets dont la drôlerie ne le cède en rien à celle des meilleurs pamphlets de Voltaire.

UNE MÊLÉE HOMÉRIQUE

Chez Boileau, la *satire littéraire* ne perd jamais ses droits : c'est avec les « invendus »
du libraire Barbin que les adversaires s'assomment ; excellente occasion de décocher
quelques flèches aux *précieux* et à tous les *auteurs insipides*. Mais le passage est surtout
remarquable par son *mouvement* et par la *gratuité de son comique* pourtant très *réaliste*.
Jouant sur trois registres à la fois : *précision du détail matériel, ampleur épique et imagination pure*, l'auteur nous fait vivre avec intensité cette scène de haute fantaisie.
(Chant V, 121-183.)

Mais Evrard, en passant coudoyé par Boirude,
Ne sait point contenir son aigre inquiétude [1] :
Il entre chez Barbin, et, d'un bras irrité,
Saisissant du *Cyrus* [2] un volume écarté,
Il lance au sacristain le tome épouvantable.
Boirude fuit le coup : le volume effroyable [3]
Lui rase le visage et, droit dans l'estomac,
Va frapper en sifflant l'infortuné Sidrac :
Le vieillard, accablé de l'horrible *Artamène*,
Tombe aux pieds du prélat, sans pouls et sans haleine.
Sa troupe le croit mort, et chacun empressé
Se croit frappé du coup dont il le voit blessé.
Aussitôt contre Evrard vingt champions s'élancent ;
Pour soutenir leur choc les chanoines s'avancent.
La Discorde triomphe et du combat fatal
Par un cri donne en l'air l'effroyable signal.
    Chez le libraire absent tout entre, tout se mêle,
Les livres sur Evrard fondent comme la grêle,
Qui, dans un grand jardin, à coups impétueux,
Abat l'honneur naissant des rameaux fructueux [4].
Chacun s'arme au hasard du livre qu'il rencontre :
L'un tient le *Nœud d'amour*, l'autre en saisit *la Montre* [5],
L'un prend le seul *Jonas* [6] qu'on ait vu relié,
L'autre, un Tasse français [7], en naissant oublié.
L'élève de Barbin, commis [8] à la boutique,
Veut en vain s'opposer à leur fureur gothique [9] :
Les volumes, sans choix à la tête jetés,
Sur le perron poudreux volent de tous côtés.
Là, près d'un Guarini [10], Térence [11] tombe à terre ;

— 1 Nervosité. — 2 *Artamène ou le Grand
Cyrus*, roman de Mlle de Scudéry (cf. p. 73). —
3 *Épouvantable, effroyable* : les précieux usaient
abondamment de ces mots en *able*. — 4 Comparaison dans le goût épique (cf. v. 60-63). —
5 Poèmes de Régnier-Desmarais (en réalité
L'Édit d'amour) et de Bonnecorse. Leur titre
prend ici une valeur fort plaisante. *En représente d'amour*. — 6 Poème épique de Coras. —
7 La traduction de la *Jérusalem délivrée*. —
8 Préposé. — 9 Barbare. — 10 Poète italien,
auteur du *Pastor fido* (pastorale). — 11 Le
comique latin.

30 Là, Xénophon [12] dans l'air heurte contre un La Serre [13].
Oh! que d'écrits obscurs, de livres ignorés,
Furent en ce grand jour de la poudre [14] tirés!
Vous en fûtes tirés, *Almerinde et Simandre* [15];
Et toi, rebut du peuple, inconnu *Caloandre*,
Dans ton repos, dit-on, saisi par Gaillerbois [16],
Tu vis le jour alors pour la première fois.
Chaque coup sur la chair laisse une meurtrissure;
Déjà plus d'un guerrier se plaint d'une blessure.
D'un Le Vayer [17] épais Giraut est renversé;
40 Marineau, d'un Brébeuf [18] à l'épaule blessé,
En sent par tout le bras une douleur amère,
Et maudit *la Pharsale* aux provinces si chère.
D'un Pinchêne [19] in-quarto Dodillon étourdi
A longtemps le teint pâle et le cœur affadi.
Au plus fort du combat le chapelain Garagne,
Vers le sommet du front atteint d'un *Charlemagne* [20],
(Des vers de ce poème effet prodigieux!)
Tout prêt à s'endormir, bâille et ferme les yeux.
A plus d'un combattant la *Clélie* [21] est fatale.
50 Girou dix fois par elle éclate [22] et se signale.
Mais tout cède aux efforts du chanoine Fabri.
Ce guerrier, dans l'Eglise aux querelles nourri [23],
Est robuste de corps, terrible de visage,
Et de l'eau dans son vin n'a jamais su l'usage.
Il terrasse lui seul et Guilbert et Grasset,
Et Gorillon la basse, et Grandin le fausset,
Et Gerbais l'agréable, et Guérin l'insipide.
     Des chantres [24] désormais la brigade timide [25]
S'écarte [26], et du Palais regagne les chemins.
60 Telle, à l'aspect d'un loup, terreur des champs voisins,
Fuit d'agneaux effrayés une troupe bêlante;
Ou tels devant Achille, aux campagnes du Xanthe [27],
Les Troyens se sauvaient à l'abri de leurs tours.

– *Distinguez les phases du combat. Comment est rendue l'ampleur progressive de la mêlée?*
– *Dans la description des coups portés et reçus, montrez le mélange de réalisme, de bouffonnerie, de parodie épique.*
– *Étudiez les comparaisons des vers 18-20 et 60-63.*
– *Tentez de définir la nature de ce comique.*
– *Étudiez les flèches de* BOILEAU, *critique littéraire, contre les auteurs qu'il n'aime pas.*
• **Groupe thématique : Parodie et imitation.** XVIᵉ SIÈCLE, pages 122-123, 162. – XVIIIᵉ SIÈCLE, page 373.

— 12 Le célèbre auteur de *L'Anabase*, etc.
— 13 Cf. p. 323, n. 5. — 14 Poussière. —
15 Roman italien; de même *Caloandre*. Pour
l'apostrophe, cf. p. 335, n. 4. — 16 Chanoine
de la Sainte-Chapelle. — 17 Le sceptique
La Mothe le Vayer (cf. p. 127). — 18 Tra-
ducteur de *La Pharsale*, de Lucain. — 19 Poète,
neveu de Voiture. — 20 Poème épique de Louis
Le Laboureur. — 21 De Mˡˡᵉ de Scudéry. —
22 Cf. action *d'éclat*. — 23 Noter l'ironie. —
24 Partisans du trésorier. — 25 Remplie de
crainte. — 26 Rejet expressif. — 27 Ou *Sca-
mandre*, rivière de Troade.

LA THÉORIE DE L'ART CLASSIQUE

L'Art poétique (1674)   Complété par l'*Épître IX* (cf. p. 330) et la *Préface* de 1701 (cf. p. 347), l'Art poétique nous présente le corps même de la *doctrine* de Boileau. Cet ouvrage didactique rassemble et systématise les données éparses dans les *Satires littéraires*. Il exprime l'idéal de Boileau, qui est aussi, dans toutes ses grandes lignes, l'*idéal classique*. Mais, par sa date même, il apparaît, ainsi que la *Poétique* d'Aristote, comme une réflexion sur des chefs-d'œuvre antérieurs et non point comme un code auquel se seraient soumis nos grands classiques.

SES SOURCES   Boileau s'inspire d'Aristote, du *Traité du sublime* attribué à Longin, de l'*Institution oratoire* de Quintilien et surtout de l'*Épître aux Pisons* ou *Art poétique* d'Horace. Parmi les modernes, s'il laisse de côté les ouvrages de doctrine publiés au XVIᵉ siècle (*Poétique* de Thomas Sibilet, *Défense et Illustration* de Du Bellay) et l'*Art poétique* de Vauquelin de la Fresnaie (1605), il utilise les *Réflexions sur la poétique d'Aristote* du P. Rapin, son contemporain.

LA DOCTRINE   L'art littéraire est une imitation de la *nature*, entendons : de la *nature humaine*. L'idéal est donc la *vérité* : pour plaire il faut faire vrai. Boileau condamne tous les déguisements, qu'ils soient précieux ou burlesques, ainsi que les fantaisies de l'imagination, et son esthétique se fonde sur un principe moral, car *la vérité se confond avec la sincérité;* pour bien écrire, il faut d'abord penser ce que l'on écrit. Comment peindre la nature, qui est *vraie?* Le poète aura deux guides : 1º les *écrivains anciens* qui lui serviront de modèles; 2º la *raison* ou le bon sens. Ainsi le réalisme se trouve épuré et limité. En effet, c'est la *belle nature* que les anciens ont peinte, et Boileau renchérit même sur eux, confondant parfois le beau et le pompeux, ou reprochant à Molière d'être revenu à la farce après avoir atteint la haute comédie (p. 345, v. 35-42). D'autre part la raison n'admet le *vrai* que lorsqu'il est aussi *vraisemblable* (opposer Corneille, p. 107). L'exceptionnel sera donc banni : il s'agit de représenter l'*homme dans sa vérité éternelle*, mais non pas un homme abstrait ou schématique.

« La raison pour marcher n'a souvent qu'une voie » (p. 340, v. 22) : il existe un *beau absolu* que les anciens ont atteint ou dont ils ont du moins approché; à leur exemple, on y accédera à force de travail (p. 340, v. 31-50). Entre vingt *expressions* qui se présentent à l'esprit, *une seule est la bonne*, et il n'est pas aisé de la trouver, quoiqu'elle frappe ensuite par son évidence et son caractère définitif : *le naturel est un idéal difficile*. Il réside dans la clarté, une parfaite adaptation de la forme au sujet et une simplicité qui cache beaucoup d'art et de discernement.

L'ART POÉTIQUE a pour but de répandre dans le grand public lettré des idées qui ne sont familières qu'aux doctes. Boileau devait donc plaire et animer un exposé didactique qui risquait d'être fort monotone. D'ailleurs, pour illustrer vraiment sa doctrine, il fallait que son ouvrage fût lui-même une œuvre d'art. Aussi l'auteur ne s'est-il pas astreint à une composition pédantesque (le Chant IV reprend des thèmes du Chant I); il s'est efforcé de varier le ton au moyen d'historiques, de digressions ou d'anecdotes (cf. p. 346). Surtout son don de la formule a fait merveille : tous les principes essentiels de Boileau se gravent aisément dans la mémoire du lecteur; pendant un siècle et demi au moins, jusqu'au romantisme, ils ont eu force de loi.

Le CHANT I contient les préceptes généraux *sur l'art d'écrire. Au cours d'une digression (v. 113-140), Boileau esquisse une* histoire de la poésie française *et salue en* Malherbe *l'initiateur de l'art classique.*

L'art d'écrire

Sans un don inné, nul ne peut être poète. Mais, même si l'on se sent une vocation pour tel ou tel genre, l'inspiration ne suffit pas ; il faut aussi une *méthode* et *beaucoup de travail :* c'est ce que montre ici BOILEAU. Il recommande la *subordination de la forme à la pensée*, soumise elle-même à ·la *raison*. Contre le faux brillant, il prône le *naturel*. Du poète, il exige enfin la *clarté* et une parfaite *pureté de style*, fruit d'une rigoureuse et patiente *élaboration*.

> Quelque sujet qu'on traite, ou plaisant, ou sublime,
> Que toujours le bon sens s'accorde avec la rime :
> L'un l'autre vainement ils semblent se haïr [1] ;
> La rime est une esclave et ne doit qu'obéir.
> Lorsqu'à la bien chercher d'abord on s'évertue,
> L'esprit à la trouver aisément s'habitue ;
> Au joug de la raison sans peine elle fléchit
> Et, loin de la gêner, la sert et l'enrichit.
> Mais lorsqu'on la néglige, elle devient rebelle,
> 10 Et pour la rattraper le sens court après elle.
> Aimez donc la raison : que toujours vos écrits
> Empruntent d'elle seule et leur lustre et leur prix [2].
> La plupart emportés d'une fougue insensée,
> Toujours loin du droit sens vont chercher leur pensée :
> Ils croiraient s'abaisser, dans leurs vers monstrueux,
> S'ils pensaient ce qu'un autre a pu penser comme eux.
> Évitons ces excès : laissons à l'Italie [3]
> De tous ces faux brillants l'éclatante folie.
> Tout doit tendre au bon sens : mais pour y parvenir
> 20 Le chemin est glissant et pénible à tenir ;
> Pour peu qu'on s'en,écarte, aussitôt on se noie.
> La raison pour marcher n'a souvent qu'une voie [4]. [...]
>
> Il est certain esprits dont les sombres [5] pensées
> Sont d'un nuage épais toujours embarrassées ;
> Le jour de la raison ne le saurait percer.
> Avant donc que d'écrire apprenez à penser.
> Selon que notre idée est plus ou moins obscure,
> L'expression la suit, ou moins nette, ou plus pure.
> Ce que l'on conçoit bien s'énonce clairement,
> 30 Et les mots pour le dire arrivent aisément [6].
> Surtout qu'en vos écrits la langue révérée
> Dans vos plus grands excès [7] vous soit toujours sacrée.
> En vain vous me frappez d'un son mélodieux,
> Si le terme est impropre ou le tour vicieux :
> Mon esprit n'admet point un pompeux barbarisme [8],

— 1 Cf. satire II : « La raison dit Virgile, et la rime Quinault. » — 2 C'est le précepte capital de l'*Art poétique*. — 3 L'influence italienne avait largement contribué à introduire en France le goût de la préciosité, de l'affectation, des *concetti* à la manière de Marin (cf. p. 55). — 4 Cf. La Bruyère, p. 398, § 17. On songe aussi à Montaigne (*XVI*e *Siècle*, p. 244), dont la remarque avait d'ailleurs une portée beaucoup plus générale. — 5 Obscures. — 6 Encore une maxime essentielle. — 7 Hardiesses. — 8 Mot étranger à la langue.

Ni d'un vers ampoulé l'orgueilleux solécisme [9].
Sans la langue, en un mot, l'auteur le plus divin
Est toujours, quoi qu'il fasse, un méchant écrivain.
　　　Travaillez à loisir, quelque ordre [10] qui vous presse,
40　Et ne vous piquez point d'une folle vitesse :
Un style [11] si rapide, et qui court en rimant,
Marque moins trop d'esprit que peu de jugement.
J'aime mieux un ruisseau qui, sur la molle arène [12],
Dans un pré plein de fleurs lentement se promène,
Qu'un torrent débordé qui, d'un cours orageux,
Roule, plein de gravier, sur un terrain fangeux.
Hâtez-vous lentement [13], et, sans perdre courage,
Vingt fois sur le métier remettez votre ouvrage :
Polissez-le sans cesse et le repolissez [14] ;
Ajoutez quelquefois, et souvent effacez [15].

Chant I, v. 27-48 ; 147-174.

Le CHANT II est consacré à l'étude des petits genres : idylle, élégie, ode (« Chez elle, un beau désordre est un effet de l'art »), sonnet (« Un sonnet sans défaut vaut seul un long poème »), épigramme, rondeau, ballade, madrigal; l'auteur insiste davantage sur la satire, où il excelle lui-même, et termine par le vaudeville et la chanson.
Le CHANT III définit les règles des *grands genres*, tragédie, épopée et comédie.

LA TRAGÉDIE

Boileau nous présente ici une théorie complète de la *tragédie classique*, depuis des réflexions sur l'essence du genre tragique jusqu'aux qualités que doit présenter le dénouement en passant par les unités et les bienséances. Bel exemple d'exposé parfaitement clair et rigoureux, où tous les mots portent.

Il n'est point de serpent, ni de monstre odieux,
Qui, par l'art imité, ne puisse plaire aux yeux :
D'un pinceau délicat l'artifice [1] agréable
Du plus affreux objet fait un objet aimable [2].
Ainsi pour nous charmer, la Tragédie en pleurs
D'Œdipe tout sanglant fit parler les douleurs [3],
D'Oreste parricide[4] exprima les alarmes,
Et, pour nous divertir [5], nous arracha des larmes.
　　　Vous donc qui, d'un beau feu pour le théâtre épris,
10　Venez en vers pompeux [6] y disputer le prix [7],

---

9 Faute de grammaire. — 10 « Commande ». — 11 Plume. — 12 *Sable.* Boileau a voulu égayer par cette métaphore l'austérité du passage. — 13 Alliance de mots expressive, empruntée au latin (*Festina lente*). — 14 Les classiques travaillent avec une concience scrupuleuse et ne se satisfont pas aisément. Cf. La Bruyère : « C'est un métier que de faire un livre comme de faire

une pendule. » — 15 Idéal classique de *concision*.

— 1 L'habileté. — 2 *Attachant :* l'art *embellit* la nature. — 3 L'*Œdipe Roi* de Sophocle. — 4 Meurtrier de sa mère (sujet traité par Eschyle, Sophocle et Euripide). — 5 Cf. le *divertissement* chez Pascal (cf. p. 155). — 6 Majestueux. — 7 Souvenirs des *concours tragiques* de la Grèce antique.

Voulez-vous sur la scène étaler des ouvrages
Où tout Paris en foule apporte ses suffrages,
Et qui, toujours plus beaux, plus ils sont regardés,
Soient au bout de vingt ans encor redemandés ?
Que dans tous vos discours [8] la passion émue
Aille chercher le cœur, l'échauffe et le remue.
Si d'un beau mouvement l'agréable fureur
Souvent ne nous remplit d'une douce terreur [9],
Ou n'excite en notre âme une pitié charmante [10],
20 En vain vous étalez une scène savante :
Vos froids raisonnements ne feront qu'attiédir
Un spectateur toujours paresseux d'applaudir,
Et qui, des vains efforts de votre rhétorique
Justement fatigué, s'endort ou vous critique.
Le secret est d'abord de plaire et de toucher [11] :
Inventez des ressorts [12] qui puissent m'attacher.
   Que dès les premiers vers l'action préparée
Sans peine du sujet aplanisse l'entrée.
Je me ris d'un acteur qui, lent à s'exprimer,
30 De ce qu'il veut d'abord ne sait pas m'informer,
Et qui, débrouillant mal une pénible intrigue,
D'un divertissement me fait une fatigue.
J'aimerais mieux encor qu'il déclinât son nom
Et dît : « Je suis Oreste, ou bien Agamemnon [13] »,
Que d'aller, par un tas de confuses merveilles,
Sans rien dire à l'esprit, étourdir les oreilles :
Le sujet n'est jamais assez tôt expliqué.
   Que le lieu de la scène y soit fixe et marqué [14].
Un rimeur, sans péril, delà les Pyrénées [15],
40 Sur la scène en un jour renferme des années :
Là souvent le héros d'un spectacle grossier,
Enfant au premier acte, est barbon au dernier.
Mais nous, que la raison à ses règles engage,
Nous voulons qu'avec art l'action se ménage [16] ;
Qu'en un lieu, qu'en un jour, un seul fait accompli [17]
Tienne jusqu'à la fin le théâtre rempli [18].
   Jamais au spectateur n'offrez rien d'incroyable [19] :
Le vrai peut quelquefois n'être pas vraisemblable.
Une merveille absurde est pour moi sans appas :

8 Préciser le sens de ce terme. — 9 Noter l'alliance de mots. *Terreur* et *pitié* sont, d'après Aristote, les ressorts de la tragédie. — 10 Sens fort. — 11 Cf. Racine, p. 286, *Plaire et toucher.* — 12 Incidents qui nouent l'action. — 13 On songe au prologue de certaines pièces d'Euripide (cf. Racine, *Iphigénie*, v. 1). — 14 Déterminé. — 15 *Par delà.* Allusion au théâtre espagnol (Calderon, Lope de Vega, etc.) ; noter le ton méprisant. — 16 Soit ménagée. — 17. Règle des *trois unités.* — 18 Au cours d'un acte, la scène ne doit jamais rester vide. — 19 Règle de la *vraisemblance* (cf. Racine, p. 288).

50 L'esprit n'est point ému de ce qu'il ne croit pas.
    Ce qu'on ne doit point voir, qu'un récit nous l'expose [20] :
    Les yeux en le voyant saisiraient mieux la chose ;
    Mais il est des objets que l'art judicieux
    Doit offrir à l'oreille et reculer [21] des yeux.
        Que le trouble [22], toujours croissant de scène en scène,
    A son comble arrivé se débrouille sans peine.
    L'esprit ne se sent point plus vivement frappé
    Que lorsqu'en un sujet d'intrigue enveloppé
    D'un secret tout à coup la vérité connue
    Change tout, donne à tout une face imprévue [23].

Chant III, v. 1-60.

- *Distinguez les diverses parties, les idées qui y sont exposées, leur succession logique.*
- *Dégagez l'idée des vers 1-8. Cherchez dans les tragédies que vous connaissez un exemple illustrant cette idée.*
- *Comparez les idées des vers 1-4 et celles des vers 47-50 : en quoi paraissent-elles s'opposer ? en quoi se concilient-elles ?*
- *Montrez comment l'auteur anime un sujet abstrait : a) par des exemples ; – b) par des expressions concrètes.*
- ***Exposé.*** *En quoi reconnaît-on, dans ce texte, les principes esthétiques de* BOILEAU *(Cf. p. 318-319 et 339) ?*
- ***Essai.*** *Etudiez une tragédie de* RACINE*, au choix, par rapport aux règles énoncées par* BOILEAU*.*
- ***Contraction.*** *a)* La tragédie *; – b)* La comédie *(p. 344). Expliquez ou discutez tel précepte qui vous intéresse.*
- • **Groupes thématiques :** a) **Tragédie.** Cf. p. 94 ; 106 à 108 ; 286 à 290 ; 178 ; 281 ; 399 ; 400. XVIIIe SIÈCLE, p. 151. – XIXe SIÈCLE, p. 233. – b) **Comédie.** Cf. p. 344 ; 176 à 179 ; 400 ; 431. – XVIIIe SIÈCLE, p. 275 à 279.

L'épopée

Le XVIIe siècle a trouvé sa voie dans la tragédie et la comédie. Il continue pourtant à considérer *l'épopée* comme le *grand genre par excellence.* Mais il la conçoit d'une façon *très formelle*, comme le montre ce texte où BOILEAU ramène à des procédés, à des « ornements », l'inspiration épique originale. L'auteur préconise le *merveilleux allégorique*, issu du *merveilleux païen*, contre le *merveilleux chrétien* défendu par DESMARETS DE SAINT-SORLIN. On a vu comment Boileau lui-même utilisait l'allégorie dans *Le Lutrin* (p. 332-338).

        D'un air plus grand encor la Poésie épique,
        Dans le vaste récit d'une longue action,
        Se soutient par la fable et vit de fiction [1].
        Là pour nous enchanter tout est mis en usage ;
        Tout prend un corps, une âme, un esprit, un visage [2].
        Chaque vertu devient une divinité :
        Minerve est la prudence, et Vénus la beauté.
        Ce n'est plus la vapeur [3] qui produit le tonnerre,
        C'est Jupiter armé pour effrayer la terre,
10   Un orage terrible aux yeux des matelots,
        C'est Neptune en courroux qui gourmande les flots [4] ;
        Écho n'est plus un son qui dans l'air retentisse,
        C'est une nymphe en pleurs qui se plaint de Narcisse [5].
        Ainsi, dans cet amas de nobles fictions,
        Le poète s'égaye en mille inventions,

— 20 Citer deux ou trois exemples de récits tragiques. — 21 Ecarter. — 22 Complexité de l'intrigue. — 23 Ainsi dans l'*Œdipe Roi* de Sophocle. Pouvez-vous en trouver des exemples dans la tragédie du XVIIe siècle ?

— 1 C'est le *merveilleux*, qui s'oppose à la *vraisemblance* tragique. — 2 Procédé de l'*allégorie.* — 3 Nuée d'orage. — 4 Souvenir de l'*Enéide* (« *Quos ego...* »); cf. v. 26-28. — 5 Il avait dédaigné l'amour de la nymphe Écho.

Orne, élève, embellit, agrandit toutes choses,
Et trouve sous sa main des fleurs toujours écloses.
Qu'Énée et ses vaisseaux, par le vent écartés,
Soient aux bords africains d'un orage emportés [6],
20 Ce n'est qu'une aventure ordinaire et commune,
Qu'un coup peu surprenant des traits de la fortune.
Mais que Junon, constante en son aversion,
Poursuive sur les flots les restes d'Ilion [7] ;
Qu'Éole, en sa faveur, les chassant d'Italie,
Ouvre aux vents mutinés les prisons d'Éolie [8] ;
Que Neptune en courroux, s'élevant sur la mer,
D'un mot calme les flots, mette la paix dans l'air,
Délivre les vaisseaux, des Syrtes [9] les arrache,
C'est là ce qui surprend, frappe, saisit, attache.
30 Sans tous ces ornements le vers tombe en langueur,
La poésie est morte ou rampe sans vigueur,
Le poète n'est plus qu'un orateur [10] timide,
Qu'un froid historien d'une fable insipide.

Chant III, v. 160-192.

La comédie

BOILEAU n'est sensible qu'à la *grande comédie*, qui peint les *caractères* (v. 1-32) et les *mœurs* (v. 33-34) et constitue ainsi une fidèle image de la *nature*. S'il condamne le mélange des genres (v. 43-44), il réprouve toute vulgarité (v. 45-46) et exige même de l'auteur comique un ton assez soutenu (v. 47 ; tempéré toutefois par le v. 51). Il montre sans doute beaucoup de *pénétration*, en particulier lorsqu'il indique comment les passions doivent varier selon l'âge du héros (v. 15-32) ; mais, vraiment, *il marchande beaucoup les éloges à* MOLIÈRE. On regrette les louanges sans réserves qu'il lui décernait dans les *Stances sur L'Ecole des Femmes* (1663) ou la *Satire II* (1664), et qu'il reprendra d'ailleurs en 1677 dans l'*Epître à Racine* (p. 331, v. 19-38). Le *goût exagérément délicat* dont il fait preuve ici est le signe précurseur d'une *incompréhension croissante à l'égard du franc comique de Molière* (fin du XVIIe et XVIIIe siècle). (Chant III, 359-414.)

Que la nature [1] donc soit votre étude unique,
Auteurs qui prétendez aux honneurs du comique.
Quiconque voit bien l'homme et, d'un esprit profond,
De tant de cœurs cachés a pénétré le fond,
Qui sait bien ce que c'est qu'un prodigue, un avare,
Un honnête homme [2], un fat [3], un jaloux, un bizarre,
Sur une scène heureuse, il peut les étaler,
Et les faire à nos yeux vivre, agir et parler.
Présentez-en partout les images naïves [4] ;
10 Que chacun y soit peint des couleurs les plus vives.
La nature, féconde en bizarres portraits,
Dans chaque âme est marquée à de différents traits ;
Un geste la découvre, un rien la fait paraître :
Mais tout esprit n'a pas des yeux pour la connaître.

---

6 Les vers 18-29 commentent des épisodes de l'*Enéide*, chant I. — 7 Les Troyens survivants, Énée et ses compagnons. — 8 Éole tenait les vents enfermés dans les îles Éoliennes (au N.-E. de la Sicile). — 9 Golfes sablonneux de la côte d'Afrique, où les navires s'échouaient souvent. — 10 Prosateur.

— 1 La nature humaine. 2 Au sens du XVIIe siècle. — 3 Sot. — 4 Naturelles, ressemblantes.

Le temps, qui change tout, change aussi nos humeurs [5] :
Chaque âge a ses plaisirs, son esprit et ses mœurs.
    Un jeune homme, toujours bouillant dans ses caprices,
Est prompt à recevoir l'impression des vices ;
Est vain dans ses discours [6], volage en ses désirs,
20 Rétif à la censure et fou dans les plaisirs.
    L'âge viril, plus mûr, inspire un air plus sage,
Se pousse auprès des grands, s'intrigue [7], se ménage [8],
Contre les coups du sort songe à se maintenir,
Et loin dans le présent regarde l'avenir.
    La vieillesse chagrine incessamment amasse ;
Garde, non pas pour soi, les trésors qu'elle entasse,
Marche en tous ses desseins d'un pas lent et glacé ;
Toujours plaint [9] le présent et vante le passé [10] ;
Inhabile [11] aux plaisirs dont la jeunesse abuse,
30 Blâme en eux les douceurs que l'âge lui refuse.
    Ne faites point parler vos acteurs au hasard,
Un vieillard en jeune homme, un jeune homme en vieillard.
    Étudiez la cour et connaissez la ville [12] :
L'une et l'autre est toujours en modèles fertile.
C'est par là que Molière [13], illustrant ses écrits,
Peut-être de son art eût remporté le prix,
Si, moins ami du peuple, en ses doctes peintures
Il n'eût point fait souvent grimacer ses figures [14],
Quitté, pour le bouffon, l'agréable et le fin,
40 Et sans honte à Térence [15] allié Tabarin [16].
Dans ce sac ridicule où Scapin s'enveloppe [17],
Je ne reconnais plus l'auteur du *Misanthrope*.
    Le comique, ennemi des soupirs et des pleurs,
N'admet point en ses vers de tragiques douleurs [18] ;
Mais son emploi n'est pas d'aller, dans une place [19],
De mots sales et bas charmer la populace.
    Il faut que ses acteurs badinent noblement [20] ;
Que son nœud bien formé se dénoue aisément ;
Que l'action, marchant où la raison la guide,
50 Ne se perde jamais dans une scène vide ;
Que son style humble et doux se relève à propos ;
Que ses discours, partout fertiles en bons mots,
Soient pleins de passions finement maniées,
Et les scènes toujours l'une à l'autre liées.
    Aux dépens du bon sens gardez de plaisanter :
Jamais de la nature il ne faut s'écarter.

—— 5 Ce développement consacré aux *âges de la vie* est inspiré de l'*Art poétique* d'Horace. — 6 Propos. — 7 Intrigue. — 8 Règle soigneusement sa conduite. — 9 Déplore. — 10 Adaptation de l'expression célèbre d'Horace : le vieillard « *laudator temporis acti* ». — 11 Inapte. — 12 Ces mots seront les titres de deux chapitres de La Bruyère. — 13 Mort en 1673. — 14 La critique du XVIIᵉ siècle et Boileau lui-même n'ont pas compris le goût persistant de Molière pour la *farce*. — 15 Poète comique latin, cité comme modèle par tous ceux qui préfèrent le sourire fin au rire franc. — 16 Le célèbre bateleur du Pont-Neuf ; l'expression est plus frappante qu'exacte : même dans les farces, Molière est resté bien loin de la grossièreté de Tabarin. — 17 Allusion approximative aux *Fourberies de Scapin* (cf. p. 190). — 18 Distinction des genres. — 19 Comme les bateleurs. — 20 Le mot paraît excessif.

« *Soyez plutôt maçon, si c'est votre talent* »

On se trompe parfois sur sa vocation, et c'est une grave erreur de se croire poète alors qu'on ne l'est point : BOILEAU, pour illustrer cette idée, nous conte un plaisant *apologue*, d'autant plus plaisant qu'il n'est pas imaginaire. Tout Paris reconnaissait en effet, dans le médecin de Florence, CLAUDE PERRAULT, ami de Quinault et frère de Charles Perrault, qui sera l'adversaire de Boileau dans la querelle des Anciens et des Modernes. *Anatomiste* fort savant d'ailleurs, Claude Perrault avait trouvé sa véritable voie dans l'*architecture* : on lui doit les plans de la *colonnade du Louvre*.

Dans Florence jadis ¹ vivait un médecin,
Savant hâbleur, dit-on, et célèbre assassin.
Lui seul y fit longtemps la publique misère :
Là le fils orphelin lui redemande un père ;
Ici le frère pleure un frère empoisonné.
L'un meurt vide de sang, l'autre plein de séné ² ;
Le rhume à son aspect se change en pleurésie,
Et par lui la migraine est bientôt frénésie ³.
Il quitte enfin la ville, en tous lieux détesté.
10 De tous ses amis morts un seul ami resté ⁴
Le mène en sa maison de superbe structure :
C'était un riche abbé, fou de l'architecture.
Le médecin d'abord ⁵ semble né dans ⁶ cet art,
Déjà de bâtiments parle comme Mansart ⁷ :
D'un salon qu'on élève il condamne la face ⁸ ;
Au vestibule obscur il marque une autre place ⁹,
Approuve l'escalier tourné d'autre façon.
Son ami le conçoit ¹⁰, et mande son maçon.
Le maçon vient, écoute, approuve et se corrige.
20 Enfin pour abréger un si plaisant prodige,
Notre assassin renonce à son art inhumain ;
Et désormais, la règle et l'équerre à la main,
Laissant de Galien ¹¹ la science suspecte,
De méchant ¹² médecin devient bon architecte.
    Son exemple est pour nous un précepte excellent.
Soyez plutôt maçon, si c'est votre talent ¹³,
Ouvrier estimé dans un art nécessaire,
Qu'écrivain du commun ¹⁴ et poète vulgaire.
Il est dans tout autre art des degrés différents,
30 On peut avec honneur remplir les seconds rangs ;
Mais dans l'art dangereux de rimer et d'écrire,
Il n'est point de degrés du médiocre au pire ¹⁵.

Chant IV, v. 1-32.

— 1 En fait : *à Paris, de nos jours*. Mais, sans être moins transparente, l'anecdote, ainsi présentée, en devient plus piquante. *Assassin* : cf. la satire des médecins dans Molière (p. 195). — 2 Opposition comique entre *vide* et *plein*. On pense à Molière (*Malade Imaginaire*) : « *deinde purgare, postea seignare* ». — 3 Folie furieuse. — 4 Expression plaisante, parodiant le ton tragique. — 5 Aussitôt. — 6 Nous dirions *pour*, mais *dans* est plus expressif. — 7 François Mansart et son neveu Hardouin-Mansart, célèbres architectes du temps. — 8 Façade. — 9 Où il ne sera pas obscur. — 10 Conçoit l'intérêt de ces observations. — 11 Illustre médecin grec (IIᵉ siècle après J.-C.). — 12 Mauvais. — 13 Ce vers est devenu proverbial. — 14 Médiocre. — 15 En d'autres termes, comme Boileau l'a marqué dès le début de l'*Art poétique*, nul ne saurait être poète sans un *don* particulier.

Le CHANT IV s'ouvre sur cette anecdote plaisante et significative (extrait ci-dessus), et se poursuit par des conseils mi-moraux, mi-littéraires. Le poète ne doit ni se laisser griser par les éloges, ni redouter les critiques. Il faut qu'il songe à élever moralement ses lecteurs et qu'il soit lui-même vertueux, agréable en société et désintéressé. L'ouvrage se termine par un éloge de Louis XIV et une conclusion pleine de modestie où le critique se déclare « plus enclin à blâmer que savant à bien faire ».

L'idéal classique

L'*Art poétique* pouvait nous laisser croire parfois que l'art littéraire va de soi dès l'instant qu'on suit la *raison* et la *vérité*, qu'il n'est en somme qu'une question de *bon sens* : « Ce que l'on conçoit bien s'énonce clairement, Et les mots pour le dire arrivent aisément » (p. 340, v. 29-30). En vieillissant, BOILEAU s'est rendu compte que ces formules étaient insuffisantes. Dans la PRÉFACE de 1701, il se penche de plus près sur *le don du style et son mystère*, sur le *« je ne sais quoi »* qui fait l'agrément d'un « bon mot », c'est-à-dire d'une formule parfaitement réussie. Des exemples précis, heureux ou malheureux, l'aident à définir son idéal. Il montre enfin que le *jugement du grand public et de la postérité* est le critère décisif de la valeur d'une œuvre.

U n ouvrage a beau être approuvé d'un petit nombre de connaisseurs : s'il n'est plein d'un certain agrément et d'un certain sel propre à piquer le goût général des hommes, il ne passera jamais pour un bon ouvrage, et il faudra à la fin que les connaisseurs eux-mêmes avouent qu'ils se sont trompés en lui donnant leur approbation [1] ; que si on me demande ce que c'est que cet agrément et ce sel, je répondrai que c'est un je ne sais quoi qu'on peut beaucoup mieux sentir que dire [2]. A mon avis néanmoins, il consiste principalement à ne jamais présenter au lecteur que des pensées vraies et des expressions justes [3]. L'esprit de l'homme est naturellement plein d'un nombre infini d'idées confuses du vrai,
10 que souvent il n'entrevoit qu'à demi ; et rien ne lui est plus agréable que lorsqu'on lui offre quelqu'une de ces idées bien éclaircie et mise dans un beau jour. Qu'est-ce qu'une pensée neuve, brillante, extraordinaire ? Ce n'est point, comme se le persuadent les ignorants, une pensée que personne n'a jamais eue, ni dû avoir [4]. C'est au contraire une pensée qui a dû venir à tout le monde, et que quelqu'un s'avise le premier d'exprimer. Un bon mot n'est un bon mot qu'en ce qu'il dit une chose que chacun pensait, et qu'il la dit d'une manière vive, fine et nouvelle [5]. Considérons, par exemple, cette réplique si fameuse de Louis Douzième à ceux de ses ministres qui lui conseillaient de faire périr plusieurs personnes qui, sous le règne précédent [6], et lorsqu'il n'était encore que duc
20 d'Orléans, avaient pris à tâche de le desservir. « Un Roi de France, leur répondit-il, ne venge point les injures d'un duc d'Orléans [7]. » D'où vient que ce mot frappe d'abord ? N'est-il pas aisé de voir que c'est parce qu'il présente aux yeux une vérité que tout le monde sent, et qu'il dit mieux que tous les plus beaux discours de morale : « Qu'un grand prince, lorsqu'il est une fois sur le trône, ne doit plus agir par des mouvements particuliers, ni avoir d'autre vue que la gloire et le

---

— 1 Rapprocher les idées contenues dans le dernier paragraphe. — 2 Au critère de la *raison*, Boileau substitue ici celui du *sentiment esthétique*, du goût. — 3 On voit qu'il reste pourtant fidèle à l'idéal de l'*Art poétique*. — 4 Cf. *A. P.*, p. 342, v. 49 : « Une merveille absurde est pour moi sans appas », et PASCAL : « Rien n'est plus commun que les bonnes choses. » — 5 Cf. PASCAL : « Les meilleurs livres sont ceux que ceux qui les lisent croient qu'ils auraient pu faire. » — 6 Le règne de Charles VIII. — 7 Dont a été victime un duc d'Orléans.

bien général de son Etat » ? Veut-on voir au contraire combien une pensée fausse
est froide et puérile ? Je ne saurais rapporter un exemple qui le fasse mieux
sentir que deux vers du poète Théophile, dans sa tragédie intitulée *Pyrame
et Thisbé,* lorsque cette malheureuse amante, ayant ramassé le poignard encore
30 tout sanglant dont Pyrame s'était tué, elle [8] querelle ainsi ce poignard :

> *Ah ! voici le poignard qui du sang de son maître*
> *S'est souillé lâchement. Il en rougit, le traître !*

Toutes les glaces du Nord ensemble ne sont pas, à mon sens, plus froides que
cette pensée. Quelle extravagance, bon Dieu! de vouloir que la rougeur du sang
dont est teint le poignard d'un homme qui vient de s'en tuer lui-même, soit un
effet de la honte qu'a ce poignard de l'avoir tué! Voici encore une pensée qui
n'est pas moins fausse, ni par conséquent moins froide. Elle est de Benserade,
dans ses *Métamorphoses* en rondeaux, où parlant du déluge envoyé par les Dieux
pour châtier l'insolence de l'homme, il s'exprime ainsi :

40   *Dieu lava bien la tête à son image.*

Peut-on, à propos d'une aussi grande chose que le déluge, dire rien de plus
petit, ni de plus ridicule que ce quolibet, dont la pensée est d'autant plus fausse
en toutes manières, que le Dieu dont il s'agit à cet endroit, c'est Jupiter, qui
n'a jamais passé chez les païens pour avoir fait l'homme à son image, l'homme
dans la Fable étant, comme tout le monde sait, l'ouvrage de Prométhée ?
Puis donc qu'une pensée n'est belle qu'en ce ce qu'elle est vraie, et que l'effet
infaillible du vrai, quand il est bien énoncé, c'est de frapper les hommes, il
s'ensuit que ce qui ne frappe point les hommes n'est ni beau ni vrai, ou qu'il [9]
est mal énoncé, et que, par conséquent, un ouvrage qui n'est point goûté du public
50 est un très méchant ouvrage [10]. Le gros des hommes peut bien, durant quelque
temps, prendre le faux pour le vrai, et admirer de méchantes choses ; mais
il n'est pas possible qu'à la longue une bonne chose ne lui plaise, et je défie
tous les auteurs les plus mécontents du public de me citer un bon livre que le
public ait jamais rebuté ; — à moins qu'ils ne mettent en ce rang leurs écrits,
de la bonté desquels eux seuls sont persuadés. J'avoue néanmoins, et on ne saurait le nier, que quelquefois, lorsque d'excellents ouvrages viennent à paraître,
la cabale et l'envie trouvent moyen de les rabaisser, et d'en rendre en apparence
le succès douteux [11] ; mais cela ne dure guère ; et il en arrive de ces ouvrages
comme d'un morceau de bois qu'on enfonce dans l'eau avec la main ; il demeure
60 au fond tant qu'on l'y retient, mais bientôt, la main venant à se lasser, il se
relève et gagne le dessus [12]. Je pourrais dire un nombre infini de pareilles choses
sur ce sujet, et ce serait la matière d'un gros livre ; mais en voilà assez, ce me
semble, pour marquer au public ma reconnaissance, et la bonne idée que j'ai
de son goût et de ses jugements.

                                          Préface de 1701.

---

8 Cette reprise du sujet par un pronom personnel serait-elle encore correcte ? — 9 *Cela*
(cf. App. B 1). — 10 Un ouvrage tout à fait
manqué. Cf. l. 55, « de la *bonté* desquels... ». —
11 Ainsi pour la *Phèdre* de Racine. — 12 Commenter cette comparaison expressive.

LA ROCHEFOUCAULD

Sa vie (1613-1680)   Né à Paris en 1613, François, prince de Marsillac, puis DUC DE LA ROCHEFOUCAULD, appartenait à l'une des plus nobles familles de France. Son rang semblait l'appeler à une brillante destinée militaire et politique, mais l'action ne lui réservait qu'amertume et désillusion, et c'est dans la carrière des lettres que s'illustra ce grand seigneur; on est tenté d'évoquer le mot de Vigny :

> J'ai mis sur le cimier doré du gentilhomme
> Une plume de fer qui n'est pas sans beauté.

INTRIGUES STÉRILES. Dès 1629, il fait ses premières armes en Italie; aussi *romanesque* qu'il est *brave*, il participe, contre RICHELIEU, au complot de Mme de Chevreuse. Mais, devenue régente, Anne d'Autriche ne lui témoigne aucune reconnaisance : lors de la FRONDE, il prend donc parti contre MAZARIN et, inspiré plus encore par son amour pour Mme DE LONGUEVILLE que par des rêves d'ambition, fait paraître moins de sens politique que de *témérité*.

RETRAITE FÉCONDE. Vaincu, plusieurs fois blessé — on put craindre pour sa vue — et surtout déçu par les hommes et par l'action, La Rochefoucauld doit renoncer à jouer un grand rôle. En 1652 il se retire dans ses terres, et, lorsqu'il revient à Paris en 1656, il n'a d'autre ambition que de se consacrer à la *vie mondaine* et à la *réflexion morale*. Fréquentant chez Mlle DE SCUDÉRY, Mlle DE MONTPENSIER et Mme DE SABLÉ, dont le salon voit naître les *Maximes*, il appartient au milieu *précieux* au meilleur sens de ce mot. Il est également lié avec Mme DE SÉVIGNÉ et surtout avec Mme DE LA FAYETTE, dont la *tendre amitié* le console des peines nouvelles qui viennent s'ajouter aux désillusions d'autrefois : un de ses fils est tué en 1672 au passage du Rhin.

Il compose des *Mémoires;* en 1665 paraît, sans nom d'auteur, la première édition des *Maximes;* enfin des *Réflexions diverses* seront publiées après sa mort : tels sont les fruits d'une longue *méditation* désabusée, mais féconde, grâce au stimulant des salons littéraires. Mais, fidèle à sa conception du « vrai honnête homme », La Rochefoucauld « ne se pique de rien » et décline l'offre d'un fauteuil à l'Académie. Il meurt dans la nuit du 16 au 17 mars 1680, assisté par BOSSUET et gardant jusqu'au bout une admirable fermeté.

L'homme   « Songez que voilà quasi toute la Fronde morte », écrit quelques jours plus tard Mme de Sévigné : avec ce *grand seigneur féodal*, c'est en effet toute une époque qui disparaît; La Rochefoucauld incarne à nos yeux l'évolution morale du siècle, des *rêves héroïques et enthousiastes* de la période Louis XIII à *l'austérité sans illusions* du classicisme janséniste.

Divers écrits contemporains nous permettent d'imaginer assez bien l'*homme* tel qu'il fut. C'est d'abord le célèbre portrait qu'il nous a laissé de lui-même : « Je suis mélancolique, note-t-il en particulier, et je le suis à un point que, depuis trois ou quatre ans, à peine m'a-t-on vu rire trois ou quatre fois... J'ai de l'esprit..., mais un esprit que la mélancolie gâte... La conversation des honnêtes gens est un des plaisirs qui me touchent le plus. J'aime qu'elle soit sérieuse, et que la morale en fasse la plus grande partie; cependant je la sais goûter aussi quand elle est enjouée... » SAINT-EVREMOND est sensible à sa réserve, à son égalité d'âme, et ajoute : « Dans la vie ordinaire, son commerce est honnête, sa conversation juste et polie : tout ce qu'il dit est bien pensé. » Quant à

Mme DE SÉVIGNÉ, elle lui décerne, à l'occasion de la mort de son fils, ce très bel éloge : « J'ai vu son cœur à découvert dans cette cruelle aventure : il est au premier rang de ce que j'ai jamais vu de courage, de mérite, de tendresse et de raison. Je compte pour rien son esprit et son agrément. »

Son œuvre   S'il est *déçu*, et parfois *amer*, La Rochefoucauld a le cœur trop haut pour se laisser aller à l'aigreur et au sarcasme. En *vrai classique*, il a transposé sur un plan général son expérience personnelle. « Rien n'échappait à la rigueur de ses réflexions », remarque Mme de Sévigné. Dans ses MÉMOIRES, relation de sa vie active, il se trompe pourtant sur lui-même, se croyant doué pour la politique, tandis que RETZ, très sévère à son égard, souligne son *irrésolution* : « Il n'a jamais été guerrier, quoiqu'il fût très soldat; il n'a jamais été par lui-même bon courtisan, quoiqu'il ait toujours eu bonne intention de l'être; il n'a jamais été bon homme de parti, quoique toute sa vie il y ait été engagé. » En revanche, ses opinions sur les hommes et les événements révèlent un *jugement très sûr*.

C'est cette *clairvoyance désabusée*, appliquée à l'étude psychologique et morale de l'homme, qui nous frappe à la lecture des MAXIMES. Ce petit livre, grâce aux dons de *moraliste* de son auteur, mis en valeur par un art consommé, reste le chef-d'œuvre d'un genre très en honneur pendant la seconde moitié du XVIIe siècle.

LE PESSIMISME   Quoiqu'elles ne soient pas groupées suivant un plan
DES « MAXIMES » logique, les *Maximes* de La Rochefoucauld, à la diffé-
                     rence des *Caractères* de La Bruyère, s'organisent autour
d'une idée centrale, illustrent une *thèse sur l'homme*. Cette thèse est *pessimiste* : La Rochefoucauld ne conserve pas plus d'illusions sur la nature humaine que Racine, La Fontaine, La Bruyère ou Pascal. Comme PASCAL, il considère les hommes « dans cet état déplorable de la nature corrompue par le péché ». De « ce nombre infini de défauts qui se rencontrent dans leurs vertus apparentes » seuls sont exempts « ceux que Dieu en préserve par une grâce particulière » (Préface de 1678). Comme Pascal (cf. p. 151), il dénonce l'empire de l'*amour-propre*, où il voit la source des passions les plus diverses, le ressort de presque toutes nos actions, même lorsqu'elles semblent inspirées par quelque vertu désintéressée.

L'empire de l'amour-propre

Multiforme et insaisissable comme un véritable Protée, l'amour-propre est d'autant plus redoutable qu'il excelle à se dissimuler sous les apparences les plus diverses.

L'amour-propre est l'amour de soi-même et de toutes choses pour soi ; il rend les hommes idolâtres d'eux-mêmes, et les rendrait les tyrans des autres, si la fortune leur en donnait les moyens. […] Rien n'est si impétueux que ses désirs ; rien de si caché que ses desseins, rien de si habile que ses conduites : ses souplesses ne se peuvent représenter, ses transformations passent celles des métamorphoses, et ses raffinements ceux de la chimie... Il est dans tous les états de la vie et dans toutes les conditions ; il vit partout et il vit de tout, il vit de rien ; il s'accommode des choses et de leur privation ; il passe même dans le parti des gens qui lui font la guerre, il entre dans leurs desseins, et ce qui est admirable, il se hait lui-même avec eux, il conjure sa perte, il travaille même à sa ruine ; enfin il ne se soucie que d'être, et pourvu qu'il soit, il veut bien être son ennemi [1]. Il ne faut donc pas s'étonner s'il se joint quelquefois à la plus rude austérité, et

---

1 Préciser à quoi l'auteur fait allusion : citer des formes déguisées de l'amour-propre.

s'il entre si hardiment en société avec elle pour se détruire, parce que, dans le même temps qu'il se ruine en un endroit, il se rétablit en un autre ; quand on pense qu'il quitte son plaisir, il ne fait que le suspendre ou le changer, et lors même qu'il est vaincu et qu'on croit en être défait, on le retrouve qui triomphe dans sa propre défaite... (563).

L'amour-propre est le plus grand de tous les flatteurs (2).

Quelque découverte que l'on ait faite dans le pays de l'amour-propre, il y reste encore bien des terres inconnues (3).

L'amour-propre est plus habile que le plus habile homme du monde (4).

L'amour-propre est inséparable de l'intérêt, de l'orgueil, de la vanité, enfin des passions en général.

INTÉRÊT   L'intérêt [2] est l'âme de l'amour-propre, de sorte que comme le corps, privé de son âme, est sans vue, sans ouïe, sans connaissance, sans sentiment et sans mouvement, de même, l'amour-propre séparé, s'il le faut dire ainsi, de son intérêt, n'entend, ne sent et ne se remue plus... (510).

L'intérêt parle toutes sortes de langues, et joue toutes sortes de personnages, même celui de désintéressé (39).

On ne blâme le vice et on ne loue la vertu que par intérêt (597).

ORGUEIL   L'orgueil se dédommage toujours et ne perd rien, lors même qu'il renonce à la vanité [3] (33).

Si nous n'avions point d'orgueil, nous ne nous plaindrions pas de celui des autres (34).

L'orgueil est égal dans tous les hommes, et il n'y a de différence qu'aux moyens et à la manière de le mettre au jour (35).

VANITÉ   Quelque bien qu'on nous dise de nous, on ne nous apprend rien de nouveau (303).

On parle peu, quand la vanité ne fait pas parler (137).

On aime mieux dire du mal de soi-même que de n'en point parler [4] (138).

LES PASSIONS   Les passions ont une injustice et un propre intérêt qui fait qu'il est dangereux de les suivre, et qu'on doit s'en défier, lors même qu'elles paraîssent les plus raisonnables (9).

Contre l'amour-propre, la raison demeure impuissante, tant notre volonté est débile :

Nous avons plus de force que de volonté, et c'est souvent pour nous excuser à nous-mêmes que nous nous imaginons que les choses sont impossibles (30).

Nous n'avons pas assez de force pour suivre toute notre raison [5] (42).

---

2 « Par le mot d'*intérêt*, on n'entend pas toujours un intérêt de bien (matériel), mais le plus souvent un intérêt d'honneur ou de gloire » (Préface de 1678). — 3 Maxime à commenter. — 4 N'est-ce pas un de ces déguisements de l'amour-propre dont il était question plus haut ? — 5 Ces deux maximes prennent tout leur sens si on les complète l'une par l'autre : l'homme a moins de force que de raison et moins de volonté que de force.

La comédie des vertus

Voici les conséquences de cette emprise de l'amour-propre sur l'âme humaine.

Nos vertus ne sont le plus souvent que des vices déguisés [1].
Les vertus se perdent dans l'intérêt, comme les fleuves se perdent dans la mer [2] (171).
Nous aurions souvent honte de nos plus belles actions, si le monde voyait tous les motifs qui les produisent (409).

Le refus des louanges est un désir d'être loué deux fois [3] (149).
La modération est une crainte de tomber dans l'envie et dans le mépris que méritent ceux qui s'enivrent de leur bonheur ; c'est une vaine ostentation de la force de notre esprit ; et enfin la modération des hommes dans leur plus haute élévation est un désir de paraître plus grands que leur fortune (18).
La clémence des princes n'est souvent qu'une politique pour gagner l'affection des peuples (15).
Cette clémence, dont on fait une vertu, se pratique tantôt par vanité, quelquefois par paresse, souvent par crainte, et presque toujours par tous les trois ensemble (16).
L'amour de la justice n'est, en la plupart des hommes, que la crainte de souffrir l'injustice (78).
Le mépris des richesses était dans les philosophes un désir caché de venger leur mérite de l'injustice de la fortune, par le mépris des mêmes biens dont elle les privait ; c'était un secret pour se garantir de l'avilissement de la pauvreté ; c'était un chemin détourné pour aller à la considération qu'ils ne pouvaient avoir par les richesses (44).
La sincérité est une ouverture de cœur. On la trouve en fort peu de gens, et celle que l'on voit d'ordinaire n'est qu'une fine [4] dissimulation, pour attirer la confiance des autres (62).
Ce que les hommes ont nommé amitié n'est qu'une société, qu'un ménagement réciproque d'intérêts, et qu'un échange de bons offices ; ce n'est enfin qu'un commerce où l'amour-propre se propose toujours quelque chose à gagner [5] (83).
Ce qui paraît générosité n'est souvent qu'une ambition déguisée, qui méprise de petits intérêts, pour aller à de plus grands (246).
La magnanimité méprise tout, pour avoir tout [6] (248).

Enfin La Rochefoucauld décèle souvent la faiblesse *sous les apparences de la* bonté *et de la* vertu :

Rien n'est plus rare que la véritable bonté : ceux même qui croient en avoir n'ont d'ordinaire que de la complaisance ou de la faiblesse (481).
Nul ne mérite d'être loué de bonté, s'il n'a pas la force d'être méchant : toute autre bonté n'est le plus souvent qu'une paresse ou une impuissance de la volonté (237).

— 1 Epigraphe des *Maximes*, à partir de 1675. — 2 Apprécier l'image. — 3 A expliquer. — 4 *Fin :* rusé. — 5 Cf. variantes, p. 354. —

6 Repentir, courage, pitié, reconnaissance, mépris de la mort sont analysés avec la même acuité, le même pessimisme.

Pendant que la paresse et la timidité nous retiennent dans notre devoir, notre vertu en a souvent tout l'honneur (169).

Or cette confusion est néfaste, car :

La faiblesse est plus opposée à la vertu que le vice (445).
La faiblesse est le seul défaut qu'on ne saurait corriger [1] (130).
L'on fait plus souvent des trahisons par faiblesse que par un dessein formé de trahir (120).

LA MORALE
DES « MAXIMES »

Si La Rochefoucauld s'en tenait là, son impitoyable lucidité serait très déprimante et risquerait surtout de demeurer stérile. Mais les *Maximes* présentent aussi un aspect *constructif*, discret sans doute et dispersé au point qu'il peut d'abord passer inaperçu, mais plein de dignité et de noblesse. C'est un *idéal* sévère et rigoureux, *aristocratique* en ce sens qu'il s'adresse à des âmes d'élite, *chrétien* car il est fondé sur l'humilité, *classique* car il met au premier rang la vertu de lucidité.

1. L'HUMILITÉ. La Rochefoucauld nous rappelle constamment à la modestie : ne nous faisons pas gloire de hasards qui ne dépendent pas de nous, qu'il s'agisse de la *fortune* ou de la « disposition des organes du corps ».

L'humilité est la véritable preuve des vertus chrétiennes : sans elle, nous conservons tous nos défauts, et ils sont seulement couverts par l'orgueil, qui les cache aux autres, et souvent à nous-mêmes [2] (358).
Les véritables mortifications sont celles qui ne sont point connües ; la vanité rend les autres faciles (536).
L'humilité est l'autel sur lequel Dieu veut qu'on lui offre des sacrifices (537).

2. LA LUCIDITÉ. C'est à la fois une qualité intellectuelle et une vertu morale : l'homme doit avoir assez de pénétration pour *se connaître*, assez de courage pour *se juger* et même pour *avouer ses fautes*. Ainsi la lucidité est inséparable de l'*humilité* et de la *sincérité* envers soi-même et envers autrui [3]. C'est elle encore qui fait apparaître la notion de *mérite :* une action est méritoire si elle est absolument désintéressée, et nous grandit à nos propres yeux sans flatter pourtant notre vanité ou notre orgueil. Sans lucidité, pas de progrès moral : comment devenir meilleur si l'on ignore ses faiblesses et si l'on tombe inconsciemment dans les pièges de l'*amour-propre*?

Les faux honnêtes gens sont ceux qui déguisent leurs défauts aux autres et à eux-mêmes ; les vrais honnêtes gens sont ceux qui les connaissent parfaitement, et les confessent (202).
On n'a guère de défauts qui ne soient plus pardonnables que les moyens dont on se sert pour les cacher (411).
Nous gagnerions plus de nous laisser voir tels que nous sommes, que d'essayer de paraître ce que nous ne sommes pas (457).
On doit se consoler de ses fautes quand on a la force de les avouer (641).
La parfaite valeur est de faire sans témoins ce qu'on serait capable de faire devant tout le monde (216).

— 1 Marquer le lien entre ces deux maximes. — 2 Cf. variantes (p. 354). — 3 Du point de vue littéraire, lucidité et sincérité aboutissent au *naturel* : « La véritable éloquence consiste à dire tout ce qu'il faut, et à ne dire que ce qu'il faut » (250). « L'imitation est toujours malheureuse, et tout ce qui est contrefait déplaît, avec les mêmes choses qui charment lorsqu'elles sont naturelles » (618).

L'ART DU STYLE Le genre de la *maxime* est un peu passé de mode. On peut estimer, en effet, que la réalité psychologique et morale est trop complexe pour se laisser réduire en formules brillantes et lapidaires. On s'est même parfois amusé à retourner des maximes de La Rochefoucauld : les sentences ainsi obtenues ne sont pas toujours dénuées d'intérêt. Est-ce à dire que le système de La Rochefoucauld soit artificiel et arbitraire ? Évidemment non; l'homme est divers et on peut le juger à plus d'un point de vue : c'est justement l'un des enseignements des *Maximes*. Cependant l'œuvre vaut plus encore par l'*art* que par la pénétration psychologique de son auteur. Exprimées d'une façon plus banale, la plupart des maximes donneraient beaucoup moins à penser : nous sommes arrêtés par une affirmation catégorique, un tour paradoxal, un laconisme lourd de suggestion, un effet de contraste; nous sommes *subjugués* par l'austère rigueur de ce clinicien du cœur humain. La Rochefoucauld était d'ailleurs parfaitement conscient de cette importance de la *formule :* le soin qu'il apporte à *remanier* ses maximes révèle le souci constant de donner à la pensée un tour frappant et vraiment définitif.

Voici, à titre d'exemple, les rédactions successives des maximes 83 et 358, déjà citées; dans le *premier* cas, l'auteur *développe* la maxime et insiste sur l'image, tout en atténuant le pessimisme de l'idée; dans le *second* cas il *abrège*, pour obtenir une formule lapidaire.

83. — L'amitié la plus sainte et la plus sacrée n'est qu'un trafic où nous croyons toujours gagner quelque chose. (Manuscrit.)

L'amitié la plus désintéressée n'est qu'un trafic où notre amour-propre se propose toujours quelque chose à gagner. (Éd. 1665.)

L'amitié la plus désintéressée n'est qu'un commerce où notre amour-propre se propose toujours quelque chose à gagner. (Éd. 1666 à 1675.)

Ce que les hommes ont nommé amitié n'est qu'une société, qu'un ménagement réciproque d'intérêts et qu'un échange de bons offices ; ce n'est enfin qu'un commerce où l'amour-propre se propose toujours quelque chose à gagner. (Éd. 1678.)

358. — L'humilité est la seule et véritable preuve des vertus chrétiennes, et c'est elle qui manque le plus dans les personnes qui se donnent à la dévotion [1] ; cependant, sans elle, nous conservons tous nos défauts, malgré les plus belles apparences, et ils sont seulement couverts par un orgueil qui demeure toujours, et qui les cache aux autres, et souvent à nous-mêmes. (Manuscrit.)

L'humilité est la véritable preuve des vertus chrétiennes : sans elle, nous conservons tous nos défauts, et ils sont seulement couverts par l'orgueil, qui les cache aux autres, et souvent à nous-mêmes. (Éd. 1675.)

EXERCICE :

1. Maxime 83 : a) *Pourquoi, selon vous, l'auteur a-t-il substitué la deuxième rédaction à la première ?*
   b) *En quoi* commerce *est-il préférable à* trafic ? *Commenter le mot* société.
   c) *Montrer, dans la quatrième rédaction, l'insistance sur la* comparaison *entre l'amitié et une opération commerciale.*
   d) *Souligner l'évolution de l'*idée, *en tenant compte de l'apparition, dans l'édition de 1678, de la maxime suivante :* « Nous ne pouvons rien aimer que par rapport à nous, et nous ne faisons que suivre notre goût et notre plaisir quand nous préférons nos amis à nous-mêmes ; c'est néanmoins par cette préférence seule que l'amitié peut être vraie et parfaite » (81).
2. Maxime 358 : *Montrer que l'auteur a supprimé de la pensée comme de l'expression tout ce qui n'était pas strictement indispensable et risquait de disperser l'attention.*

— 1 Cf. La Bruyère, III, 43, p. 404.

MADAME DE LA FAYETTE

La femme du monde   Née à Paris en 1634, MARIE-MADELEINE PIOCHE DE LA VERGNE reçut une éducation soignée, à la fois littéraire et mondaine. Elle fut, en effet, l'élève du grammairien Ménage et fréquenta de bonne heure les salons, en particulier l'Hôtel de Rambouillet (cf. p. 56). En 1655, elle épouse le comte de LA FAYETTE, qu'elle accompagne dans ses terres d'Auvergne où le retiennent d'interminables procès. Mais elle revient définitivement à Paris en 1659 et se consacre à l'éducation de ses deux enfants, aux relations mondaines et à la littérature.

Son salon de la rue de Vaugirard réunit des membres de la haute société et des « doctes », comme Ménage, Huet et Segrais. C'est un milieu *aristocratique et lettré* qui reste un peu en marge de l'« École de 1660 » et continue dans ce qu'elle avait de plus heureux la tradition de l'Hôtel de Rambouillet. Mme de La Fayette est le type même de la femme savante sans être pédante et de la précieuse qui n'est nullement ridicule. Elle devient la confidente et l'amie d'HENRIETTE D'ANGLETERRE, dont elle écrira l'histoire. Elle est aussi très liée avec Mme DE SÉVIGNÉ, et surtout avec LA ROCHEFOUCAULD, dont elle console la vieillesse mélancolique (cf. p. 349). Elle a la douleur de perdre cet ami très cher en 1680, puis son mari en 1683. Elle meurt en 1693 après avoir joué un *rôle diplomatique* important dans les relations entre la France et la Savoie.

L'auteur   Elle avait publié en 1662 une nouvelle, *La Princesse de Montpensier*, sous le nom de SEGRAIS, et, en 1670, toujours sous le nom de Segrais, un roman précieux, *Zaïde*, précédé d'un *Traité de l'Origine des Romans*, par HUET. *Zaïde* est une histoire très romanesque, mais de dimensions infiniment plus réduites que l'*Astrée* ou la *Clélie*. Enfin, en 1678, paraît sans nom d'auteur notre premier roman d'analyse, *La Princesse de Clèves*. Son attribution à Mme de La Fayette a été parfois contestée : nous possédons en effet une lettre où elle nie en être l'auteur. Mais, à cette époque, une grande dame ne pouvait guère avouer officiellement qu'elle avait publié un roman; d'ailleurs, dans un billet à Ménage, son ami de longue date, il semble bien qu'elle reconnaisse avoir écrit cet ouvrage, auquel LA ROCHEFOUCAULD et SEGRAIS n'auraient eu « nulle part qu'un peu de correction ». Ce billet, corroboré par des témoignages du temps, ne permet pas de douter, dans l'état actuel de nos connaissances, que Mme de La Fayette soit bien l'auteur de *La Princesse de Clèves*. Nous lui devons encore des *Mémoires de la Cour de France pour les années* 1688 *et* 1689 et une nouvelle posthume, *La Comtesse de Tende* (1724).

La Princesse de Clèves   Le chef-d'œuvre de Mme de La Fayette est un roman *précieux*, un roman *historique* et surtout un roman *d'analyse*, à l'origine d'une longue lignée s'étendant jusqu'à *Dominique*, d'Eugène Fromentin, et au *Bal du comte d'Orgel*, de Raymond Radiguet, et dont notre littérature peut s'enorgueillir à juste titre. Le grand mérite de l'auteur est d'avoir su concilier dans cette œuvre la *subtilité romanesque* de l'esprit précieux et la *vérité sobre et éternelle* du classicisme.

1. LES ÉLÉMENTS PRÉCIEUX. A) Quoique l'ouvrage soit court, des récits viennent greffer sur l'intrigue centrale, très dépouillée, des *épisodes secondaires*. C'était un trait constant de la structure des grands romans précieux, mais ici les récits ont un effet convergent et illustrent la thèse centrale en attirant l'attention sur les *désordres de l'amour*.

B) La *psychologie* est souvent précieuse elle aussi; l'auteur se plaît à poser des problèmes subtils pareils à ceux que l'on examinait dans les salons : un amant doit-il souhaiter ou non que sa maîtresse aille au bal? (cf. aussi p. 361). L'analyse de l'amour est fondée sur la distinction entre les trois « Tendre », sur *reconnaissance*, sur *estime* et sur *inclination* (cf. analyse, p. 358). Tous les personnages sont uniformément nobles, de cœur comme de race, « beaux et bien faits ».

C) Les *situations* sont parfois compliquées (cf. p. 360), ou peu vraisemblables : ainsi Nemours assiste à l'aveu de la princesse de Clèves à son mari (p. 362). On pourrait même parler d'un certain « attirail précieux » : les bijoux à assortir (p. 357), le portrait dérobé, la lettre perdue (cf. analyse p. 359).

D) Enfin la *langue*, pourtant sobre jusqu'à la pauvreté, trahit certaines habitudes précieuses : goût pour les superlatifs et les adjectifs en *able*.

2. LE CADRE HISTORIQUE. Mais, au lieu de se dérouler dans un décor de pastorale (comme l'*Astrée*, p. 69) ou dans une antiquité de haute fantaisie (comme les romans de Mlle de Scudéry, p. 73), l'action a pour cadre un moment précis de notre histoire, la fin du règne d'Henri II et le début du règne de François II (1558-1559). Sans vain étalage d'érudition, Mme de La Fayette s'est appliquée à situer son roman dans le temps, en peignant des *traits de mœurs* (par exemple un tournoi), en faisant revivre des *figures historiques* : Henri II, Catherine de Médicis, Diane de Poitiers, Marie Stuart, et des *intrigues réelles*. On remarquera pourtant que, par une transposition inconsciente, c'est l'*atmosphère de la cour de Louis XIV* qu'elle évoque souvent plutôt que celle du temps des Valois.

3. LE ROMAN D'ANALYSE. Mais la couleur historique importe moins que la *vérité humaine*. Car les sentiments sont vrais; l'analyse de la passion dans l'âme de Mme de Clèves, de son mari et du duc de Nemours n'a pas vieilli le moins du monde. Le drame qui se joue dans le cœur de l'héroïne nous touche directement; il peut se résumer par ces deux maximes de LA ROCHEFOUCAULD : « La même fermeté qui sert à résister à l'amour sert aussi à le rendre violent et durable... » (477). « Qu'une femme est à plaindre, quand elle a tout ensemble de l'amour et de la vertu ! » (548).

Si le roman d'analyse atteint, d'emblée à une pareille vérité, c'est sans doute parce qu'il naît chez nous après la *tragédie classique*. L'influence de CORNEILLE se traduit chez l'héroïne par le sens de sa « gloire », par le rôle de la volonté stoïque et de la raison lucide. Mais Mme de La Fayette n'est pas moins racinienne que cornélienne : comme RACINE, elle met en évidence les *ravages de la passion*. Mme de Clèves refuse d'être à Nemours autant par souci de son *repos* que par respect de son devoir (cf. p. 366); elle éprouve une « peur de l'amour » dont on ne saurait dire s'il faut l'attribuer plutôt à une expérience intime de l'auteur, à une tradition précieuse (cf. p. 59) ou à ce *pessimisme* qui, sous l'influence janséniste, pénètre la littérature française pendant la seconde moitié du XVIIe siècle.

L'héroïne

A quinze ans, Mlle DE CHARTRES fait ses débuts à la cour. La jeune fille n'est pas moins remarquable par sa vertu que par sa *beauté* ; en effet sa mère, qui a veillé elle-même à son éducation, a pris soin de la mettre en garde contre les *dangers de la passion*. L'auteur nous prépare ainsi à la *ferme résistance* que son héroïne opposera aux séductions de l'*amour coupable*. Mais, par là même, nous mesurerons mieux aussi le *pouvoir de la passion*.

Il parut alors à la cour une beauté qui attira les yeux de tout le monde, et l'on doit croire que c'était une beauté parfaite puisqu'elle donna de l'admiration dans un lieu où l'on était si accoutumé de voir de belles personnes. Elle était de la même maison que le vidame [1] de Chartres et une des

— 1 Titre nobiliaire ; à l'origine, représentant laïque d'un évêque.

plus grandes héritières de France. Son père était mort jeune et l'avait laissée sous la conduite de Mme de Chartres, sa femme, dont le bien, la vertu et le mérite étaient extraordinaires [2]. Après avoir perdu son mari, elle avait passé plusieurs années sans revenir à la cour. Pendant cette absence, elle avait donné ses soins à l'éducation de sa fille ; mais elle ne travailla pas seulement à cultiver son esprit et sa beauté ; elle songea aussi à lui donner de la vertu et à la lui rendre aimable [3]. La plupart des mères s'imaginent qu'il suffit de ne parler jamais de galanterie devant les jeunes personnes pour les en éloigner. Mme de Chartres avait une opinion opposée [4] ; elle faisait souvent à sa fille des peintures de l'amour ; elle lui montrait ce qu'il a d'agréable pour la persuader plus aisément sur ce qu'elle lui en apprenait de dangereux [5] ; elle lui en [6] contait le peu de sincérité des hommes, leurs tromperies et leur infidélité, les malheurs domestiques où plongent les engagements [7] ; elle lui faisait voir, d'un autre côté, quelle tranquillité [8] suivait la vie d'une femme honnête, et combien la vertu donnait d'éclat et d'élévation à une personne qui avait de la beauté et de la naissance ; mais elle lui faisait voir qu'elle ne pouvait conserver cette vertu que par une extrême défiance de soi-même [9], et par un grand soin de s'attacher à ce qui seul peut faire le bonheur d'une femme, qui est d'aimer son mari et d'en être aimée [10].

Cette héritière était alors un des grands partis qu'il y eût en France, et, quoiqu'elle fût dans une extrême jeunesse, l'on avait déjà proposé plusieurs mariages. Mme de Chartres, qui était extrêmement glorieuse [11], ne trouvait rien [12] qui fût digne de sa fille : la voyant dans sa seizième année, elle voulut la mener à la cour. Lorsqu'elle arriva, le vidame alla au-devant d'elle : il fut surpris [13] de la grande beauté de Mlle de Chartres, et il en fut surpris avec raison. La blancheur de son teint et ses cheveux blonds lui donnaient un éclat que l'on n'a vu qu'à elle ; tous ses traits étaient réguliers, et son visage et sa personne étaient pleins de grâces et de charmes [14].

La rencontre chez le joaillier

Cette scène *romanesque* est bien dans la tradition du *roman précieux*. Le prince de CLÈVES s'éprend de Mlle DE CHARTRES dès leur première rencontre, ménagée par le *hasard*, sans même savoir qui elle est. C'est vraiment un *coup de foudre*, et le fait est d'autant plus notable que le jeune prince montre en toute occasion une *réserve* et une *sagesse réfléchie* rares à cet âge. Pour le *cadre*, comparer *La Galerie du Palais*, de Corneille.

L e lendemain qu' [1] elle fut arrivée, elle alla pour assortir des pierreries chez un Italien qui en trafiquait par tout le monde. Cet homme était venu de Florence avec la reine [2] et s'était tellement enrichi dans son trafic que sa maison paraissait plutôt celle d'un grand seigneur que d'un marchand. Comme elle y était, le prince de Clèves y arriva. Il fut tellement surpris [3]

— 2 Peu communs (vocabulaire précieux). — 3 A la lui faire aimer. — 4 L'opinion de Mme de Chartres est celle de l'auteur. — 5 Cette formule ne pourrait-elle s'appliquer au théâtre de Racine ? — 6 Au sujet de l'amour. — 7 Intrigues amoureuses. — 8 Cf. l'importance que prendra, dans la décision finale de l'héroïne, la considération de son *repos*. — 9 Que faut-il entendre par là ? — 10 Mlle de Chartres n'oubliera jamais ces enseignements. — 11 Fière de son rang (cf. la *gloire* chez Corneille). — 12 Personne, aucun parti. — 13 Saisi. — 14 Ce portrait est-il vraiment précis et évocateur ?

— 1 Tour latin : *le lendemain du jour où elle était...* — 2 Catherine de Médicis. — 3 *Saisi*. Plus bas *étonnement* : saisissement.

de sa beauté qu'il ne put cacher sa surprise ; et Mlle de Chartres ne put s'empêcher de rougir en voyant l'étonnement qu'elle lui avait donné ; elle se remit
néanmoins, sans témoigner d'autre attention aux actions de ce prince que celle
que la civilité lui devait donner pour un homme tel qu'il paraissait. M. de Clèves
10 la regardait avec admiration, et il ne pouvait comprendre qui était cette belle
personne qu'il ne connaissait point. Il voyait bien, par son air et par tout ce
qui ⁴ était à sa suite, qu'elle devait être de grande qualité. Sa jeunesse lui faisait
croire que c'était une fille ; mais, ne lui voyant point sa mère, et l'Italien, qui
ne la connaissait point, l'appelant madame, il ne savait que penser, et il la regardait toujours avec étonnement. Il s'aperçut que ses regards l'embarrassaient,
contre l'ordinaire des jeunes personnes qui voient toujours avec plaisir l'effet
de leur beauté ⁵ : il lui parut même qu'il était cause qu'elle avait de l'impatience de s'en aller, et, en effet, elle sortit assez promptement. M. de Clèves
se consola de la perdre de vue, dans l'espérance de savoir qui elle était ; mais
20 il fut bien surpris quand il sut qu'on ne la connaissait point : il demeura si touché ⁶
de sa beauté, et de l'air modeste qu'il avait remarqué dans ses actions, qu'on
peut dire qu'il conçut pour elle, dès ce moment, une passion et une estime extraordinaires ⁷.

*Le prince de Clèves brûle d'épouser la jeune fille. Il se heurte à l'opposition de son propre
père, mais celui-ci meurt peu après. Cependant Mlle de Chartres voit échouer deux autres
projets d'union, à la suite d'intrigues de cour. Bravant la cabale, le prince demande sa
main et l'obtient. Mais, si sa fiancée éprouve pour lui estime et reconnaissance, elle ne lui
témoigne aucune inclination, et il en souffre dès avant leur·mariage. Quelque temps après
leur union, le duc DE NEMOURS revient à Paris ; il ne connaît pas encore Mme de Clèves,
car il se trouvait lui-même à Bruxelles au moment où elle a paru à la cour. Nemours est
le seigneur le plus brillant de son temps ; véritable « chef-d'œuvre de la nature », il est
sur le point d'épouser la reine Élisabeth d'Angleterre.*

La rencontre au bal

Cette scène fait pendant à la précédente : nouveau *coup de foudre*, mais qui, cette fois, sera *partagé*.
Ces deux êtres sont faits l'un pour l'autre et semblent prédestinés à s'aimer. Mais le malheur veut
que Mme de Clèves ne soit plus libre. On notera dans ce texte la finesse de l'*analyse psychologique*
(cf., en particulier, la remarque de la reine dauphine, Marie Stuart, l. 33-35).

Mme de Clèves avait ouï parler de ce prince à tout le monde, comme de
ce qu'il y avait de mieux fait et de plus agréable à la cour ; et surtout
Mme la Dauphine le lui avait dépeint d'une sorte, et lui en avait parlé
tant de fois, qu'elle lui avait donné de la curiosité, et même de l'impatience ¹
de le voir. Elle passa tout le jour des fiançailles ² chez elle à se parer, pour se
trouver au bal et au festin royal qui se faisaient au Louvre. Lorsqu'elle arriva,
l'on admira sa beauté et sa parure ; : le bal commença ; et, comme elle dansait
avec M. de Guise, il se fit un assez grand bruit vers la porte de la salle, comme
de quelqu'un qui entrait et à qui on faisait place. Mme de Clèves acheva de

---

— 4 Toutes les personnes qui... —
5 Cette notation marque la réserve pudique de
Mlle de Chartres ; mais n'indique-t-elle pas
aussi autre chose ? — 6 Préciser le sens· —

7 Cf. *Tendre sur estime*, en langage précieux.

— 1 Noter l'art de la *préparation* et de la
progression. — 2 De Claude de France, fille
du roi Henri II, avec un prince de Lorraine.

¹⁰ danser, et, pendant qu'elle cherchait des yeux quelqu'un qu'elle avait dessein de prendre ³, le roi lui cria de prendre celui qui arrivait. Elle se tourna et vit un homme qu'elle crut d'abord ⁴ ne pouvoir être que M. de Nemours, qui passait par-dessus quelques sièges pour arriver où l'on dansait. Ce prince était fait d'une sorte qu'il était difficile de n'être pas surpris ⁵ de le voir quand on ne l'avait jamais vu, surtout ce soir-là, où le soin qu'il avait pris de se parer ⁶ augmentait encore l'air brillant qui était dans sa personne ; mais il était aussi difficile de voir Mᵐᵉ de Clèves pour la première fois sans avoir un grand étonnement.

²⁰ M. de Nemours fut tellement surpris de sa beauté que, lorsqu'il fut proche d'elle et qu'elle lui fit la révérence, il ne put s'empêcher de donner des marques de son admiration. Quand ils commencèrent à danser, il s'éleva dans la salle un murmure de louanges ⁷. Le roi et les reines ⁸ se souvinrent qu'ils ne s'étaient jamais vus et trouvèrent quelque chose de singulier de les voir danser ensemble sans se connaître. Ils les appelèrent quand ils eurent fini, sans leur donner le loisir de parler à personne, et leur demandèrent s'ils n'avaient pas bien envie de savoir qui ils étaient et s'ils ne s'en doutaient point. « Pour moi, madame, dit M. de Nemours, je n'ai pas d'incertitude ; mais, comme Mᵐᵉ de Clèves n'a pas les mêmes raisons pour deviner qui je suis que celles que j'ai pour la recon-naître, je voudrais bien que Votre Majesté eût la bonté de lui apprendre mon ³⁰ nom ⁹. — Je crois, dit Mᵐᵉ la Dauphine, qu'elle le sait aussi bien que vous savez le sien. — Je vous assure, madame, reprit Mᵐᵉ de Clèves, qui paraissait un peu embarrassée, que je ne devine pas si bien que vous pensez. — Vous devinez fort bien, répondit Mᵐᵉ la Dauphine ; et il y a même quelque chose d'obligeant pour M. de Nemours, à ne pas vouloir avouer que vous le connaissez sans jamais l'avoir vu ¹⁰. » La reine les interrompit pour faire continuer le bal : M. de Nemours prit la reine Dauphine. Cette princesse était d'une parfaite beauté, et avait paru telle aux yeux de M. de Nemours, avant qu'il allât en Flandre ; mais, de tout le soir, il ne put admirer que Mᵐᵉ de Clèves ¹¹.

L'intérêt essentiel du roman va résider désormais dans l'analyse des progrès de la passion dans l'âme de Mᵐᵉ DE CLÈVES, en dépit de ses efforts pour rester maîtresse d'elle-même. On peut distinguer plusieurs étapes : 1º La passion naît dès la première rencontre (extrait ci-dessus). 2º L'héroïne croit Nemours épris de la reine dauphine : la jalousie qu'elle en ressent la contraint de s'avouer à elle-même l'amour qu'elle éprouve pour lui. 3º Elle renonce à fermer son cœur à cet amour : « Elle ne se flatta plus de l'espérance de ne le pas aimer ; elle songea seulement à ne lui en donner jamais aucune marque. » 4º Mais cela même est impossible : son silence lorsque Nemours dérobe son portrait n'est-il pas déjà une marque d'amour? (cf. extrait ci-dessous). Un peu plus tard, sous le coup d'une émotion vive (Nemours est victime d'un accident), puis d'une nouvelle atteinte de la jalousie (il s'agit d'une lettre écrite par une femme au vidame, et qu'elle croit adressée à Nemours), elle ne peut plus cacher ses sentiments à celui qu'elle aime. 5º Dès lors, il ne lui reste plus qu'un recours : avouer à son mari le trouble de son cœur (cf. p. 362).

Quant au duc de NEMOURS, il renonce pour Mᵐᵉ de Clèves à ses projets d'union avec la reine d'Angleterre. Type accompli du héros galant, il fait à l'héroïne une cour aussi pressante que discrète, sans lui laisser aucun répit.

3 Pour danseur. — 4 Dès l'abord. — 5 Cf. p. p. 357, n. 3, et remarquer la pauvreté du voca-bulaire. — 6 Mᵐᵉ de Clèves, elle aussi, s'est parée longuement. Ce parallélisme n'est-il pas *intentionnel?* Préciser. — 7 Ce murmure semble saluer en eux le couple idéal. — 8 La reine Catherine de Médicis et la reine dauphine, Marie Stuart. — 9 Expliquer en quoi Nemours se montre *doublement* galant. — 10 Commenter cette remarque subtile. — 11 Nouveau signe du « coup de foudre ». Précisez.

LE PORTRAIT DÉROBÉ

Cette scène peut paraître d'abord exagérément *romanesque* et subtile. En fait, elle permet de mesurer la dette de la psychologie classique à l'égard de la préciosité. Si la situation est légèrement artificielle, ce ne sont pas les détails de l'intrigue en eux-mêmes qui importent, mais bien l'*analyse des sentiments* qui résultent de cette donnée. Il faut songer aussi que, si l'action est censée se dérouler sous Henri II, M™ᵉ DE LA FAYETTE pense constamment aux mœurs de son temps : le geste de Nemours, son habileté à mettre la princesse de Clèves dans une situation embarrassante, le compromis entre les bienséances et les sentiments intimes prennent leur véritable sens dans l'atmosphère des salons précieux et de la cour de Louis XIV.

La reine Dauphine faisait faire des portraits en petit de toutes les belles personnes de la cour, pour les envoyer à la reine sa mère ¹. Le jour qu'on achevait celui de Mᵐᵉ de Clèves, Mᵐᵉ la Dauphine vint passer l'après-dînée chez elle. M. de Nemours ne manqua pas de s'y trouver : il ne laissait échapper aucune occasion de voir Mᵐᵉ de Clèves, sans laisser croire néanmoins qu'il les ² cherchât. Elle était si belle ce jour-là qu'il en serait devenu amoureux, quand il ne l'aurait pas été : il n'osait pourtant avoir les yeux attachés sur elle pendant qu'on la peignait, et il craignait de laisser trop voir le plaisir qu'il avait à la regarder ³.

Mᵐᵉ la Dauphine demanda à M. de Clèves un petit portrait qu'il avait de sa femme, pour le voir auprès de celui qu'on achevait ; tout le monde dit son sentiment de l'un et l'autre, et Mᵐᵉ de Clèves ordonna au peintre de raccommoder ⁴ quelque chose à la coiffure de celui qu'on venait d'apporter. Le peintre, pour lui obéir, ôta le portrait de la boîte où il était, et, après y avoir travaillé, il le remit sur la table.

Il y avait longtemps que M. de Nemours souhaitait d'avoir le portrait de Mᵐᵉ de Clèves. Lorsqu'il vit celui-ci, qui était à M. de Clèves, il ne put résister à l'envie de le dérober à un mari qu'il croyait tendrement aimé ⁵ ; et il pensa que, parmi tant de personnes qui étaient dans ce même lieu, il ne serait pas soupçonné plutôt qu'un autre.

Mᵐᵉ la Dauphine était assise sur le lit et parlait bas à Mᵐᵉ de Clèves, qui était debout devant elle. Mᵐᵉ de Clèves aperçut par un des rideaux ⁶ qui n'était qu'à demi fermé, M. de Nemours, le dos contre la table, qui était au pied du lit, et elle vit que, sans tourner la tête, il prenait adroitement quelque chose sur la table ⁷. Elle n'eut pas de peine à

— 1 Femme de Jacques Stuart, roi d'Ecosse. — 2 Accord selon le sens. — 3 L'amant ne doit rien faire qui puisse *compromettre* celle qu'il aime. — 4 Arranger, retoucher. — 5 Nemours agit donc à la fois par *jalousie* et par *amour*. — 6 Du lit. — 7 Noter la *précision* de la scène. —

deviner que c'était son portrait, et elle en fut si troublée que Mme la Dauphine remarqua qu'elle ne l'écoutait pas et lui demanda ce qu'elle regardait. M. de Nemours se tourna à ces paroles ; il rencontra les yeux de Mme de Clèves, qui étaient encore attachés sur lui, et il pensa qu'il n'était pas impossible qu'elle eût vu ce qu'il venait de faire [8].

Mme de Clèves n'était pas peu embarrassée : la raison voulait qu'elle demandât son portrait ; mais en le demandant [9] publiquement c'était apprendre à tout le monde les sentiments que ce prince avait pour elle, et, en le lui demandant en particulier, c'était quasi l'engager à lui parler de sa passion. Enfin elle jugea qu'il valait mieux le lui laisser, et elle fut bien aise [10] de lui accorder une faveur qu'elle lui pouvait faire, sans qu'il sût même qu'elle la lui faisait. M. de Nemours, qui remarquait son embarras, et qui en devinait quasi la cause, s'approcha d'elle, et lui dit tout bas : « Si vous avez vu ce que j'ai osé faire, ayez la bonté, madame, de me laisser croire que vous l'ignorez, je n'ose vous en demander davantage » ; et il se retira après ces paroles et n'attendit point la réponse.

Mme la Dauphine sortit pour s'aller promener, suivie de toutes les dames, et M. de Nemours alla se renfermer chez lui, ne pouvant soutenir en public la joie d'avoir un portrait de Mme de Clèves [11]. Il sentait tout ce que la passion peut faire sentir de plus agréable ; il aimait la plus aimable personne de la cour ; il s'en faisait aimer malgré elle, et il voyait dans toutes ses actions cette sorte de trouble et d'embarras que cause l'amour dans l'innocence de la première jeunesse.

Le soir, on chercha ce portrait avec beaucoup de soin ; comme on trouvait la boîte où il devait être, l'on ne soupçonna point qu'il eût été dérobé et l'on crut qu'il était tombé par hasard. M. de Clèves était affligé de cette perte, et, après qu'on eut encore cherché inutilement, il dit à sa femme, mais d'une manière qui faisait croire qu'il ne le pensait pas, qu'elle avait sans doute quelque amant caché, à qui elle avait donné ce portrait, ou qui l'avait dérobé, et qu'un autre qu'un amant ne se serait pas contenté de la peinture sans la boîte.

8 Analyser la complexité psychologique de la situation. — 9 En quoi cette construction serait-elle incorrecte aujourd'hui ? — 10 Ces mots ne sont-ils pas *révélateurs ?* Préciser. — 11 Montrer la vérité de cette remarque psychologique.

L'AVEU

Craignant que l'attitude de son héroïne ne parût invraisemblable, l'auteur nous a longuement préparés à cette *scène capitale*. Tout concourt à rendre cet aveu plausible : la sincérité innée de la princesse de Clèves et le prix que son mari attache à cette vertu, ainsi que les dernières recommandations que sa mère lui a adressées avant de mourir. « *Il n'y a que vous de femme au monde*, lui dit un jour la dauphine, *qui fasse confidence à son mari de toutes les choses qu'elle sait*. » Elle a déjà envisagé à plusieurs reprises de tout dire à son mari, mais sans pouvoir s'y résoudre encore. Maintenant cet aveu si courageux, si difficile, est devenu *inévitable* si elle ne veut pas succomber, car son époux la presse de revenir à la cour, qu'elle a quittée pour ne plus rencontrer Nemours. Pourtant, dans le débat littéraire *pour ou contre l'aveu*, qui suivit la publication du roman et passionna l'opinion, la majorité des lecteurs condamna l'aveu, le jugeant « extravagant ».

La scène se passe à Coulommiers, dans un pavillon. Par un artifice qui nous gêne aujourd'hui, il se trouve que *Nemours assiste, dissimulé, à cet entretien confidentiel*.

« Ne me contraignez point, lui dit-elle, à vous avouer une chose que je n'ai pas la force de vous avouer, quoique j'en aie eu plusieurs fois le dessein [1]. Songez seulement que la prudence ne veut pas qu'une femme de mon âge, et maîtresse de sa conduite, demeure exposée au milieu de la cour. — Que me faites-vous envisager, madame ? s'écria M. de Clèves ! je n'oserais vous le dire de peur de vous offenser. » Mme de Clèves ne répondit point [2], et son silence achevant de confirmer son mari dans ce qu'il avait pensé : « Vous ne me dites rien, reprit-il, et c'est me dire que je ne me trompe pas. — Eh bien, monsieur,
10 lui répondit-elle en se jetant à ses genoux, je vais vous faire un aveu que l'on n'a jamais fait à un mari ; mais l'innocence de ma conduite et de mes intentions m'en donne la force. Il est vrai que j'ai des raisons pour m'éloigner de la cour, et que je veux éviter les périls où se trouvent quelquefois les personnes de mon âge. Je n'ai jamais donné nulle marque de faiblesse, et je ne craindrais pas d'en laisser paraître, si vous me laissiez la liberté de me retirer de la cour, ou si j'avais encore Mme de Chartres pour aider à me conduire. Quelque dangereux que soit le parti que je prends, je le prends avec joie pour me conserver digne d'être à vous. Je vous demande mille pardons, si j'ai des senti-
20 ments qui vous déplaisent : du moins je ne vous déplairai jamais par mes actions [3]. Songez que, pour faire ce que je fais, il faut avoir plus d'amitié [4] et plus d'estime pour un mari que l'on n'en a jamais

---

— 1 Dès l'abord, Mme de Clèves présente l'aveu comme une *nécessité* à laquelle elle va se trouver réduite. — 2 On a signalé, dans le théâtre de Racine, des *silences* admirables. Mme de La Fayette ne montre-t-elle pas ici, et dans un autre passage de ce texte, un art analogue ? — 3 Mme de Clèves est en partie *cornélienne* : si elle ne peut dompter ses *sentiments*, du moins reste-t-elle maîtresse de sa *conduite*. — 4 Affection.

eu [5] : conduisez-moi, ayez pitié de moi, et aimez-moi encore, si vous pouvez [6]. »

M. de Clèves était demeuré, pendant tout ce discours, la tête appuyée sur ses mains, hors de lui-même, et il n'avait pas songé à faire relever sa femme [7]. Quand elle eut cessé de parler, qu'il la vit à ses genoux, le visage couvert de larmes, et d'une beauté si admirable, il pensa mourir de douleur, et l'embrassant en la relevant : « Ayez pitié de moi
30 vous-même, madame, lui dit-il, j'en suis digne, et pardonnez si dans les premiers moments d'une affliction aussi violente qu'est la mienne, je ne réponds pas comme je dois à un procédé comme le vôtre. Vous me paraissez plus digne d'estime et d'admiration que tout ce qu'il y a jamais eu de femmes au monde ; mais aussi je me trouve le plus malheureux homme qui ait jamais existé [8]. Vous m'avez donné de la passion dès le premier moment que je vous ai vue [9] ; vos rigueurs [10] et votre [11] possession n'ont pu l'éteindre, elle dure encore : je n'ai jamais pu vous donner [12] de l'amour, et je vois que vous craignez d'en avoir pour un autre. Et qui est-il, madame, cet homme heureux qui vous donne
40 cette crainte ? Depuis quand vous plaît-il ? Qu'a-t-il fait pour vous plaire ? Quel chemin a-t-il trouvé pour aller à votre cœur ? Je m'étais consolé en quelque sorte de ne l'avoir pas touché, par la pensée qu'il était incapable de l'être. Cependant un autre fait ce que je n'ai pu faire [13] : j'ai tout ensemble la jalousie d'un mari et celle d'un amant ; mais il est impossible d'avoir celle d'un mari après un procédé comme le vôtre. Il est trop noble pour ne pas me donner une sûreté ; il me console même comme votre amant. La confiance et la sincérité que vous avez pour moi sont d'un prix infini : vous m'estimez assez pour croire que je n'abuserai pas de cet aveu. Vous avez raison, madame, je n'en abu-
50 serai pas et je ne vous en aimerai pas moins. Vous me rendez malheureux par la plus grande marque de fidélité que jamais une femme ait donnée à son mari [14] ; mais, madame, achevez, et apprenez-moi qui est celui que vous voulez éviter. — Je vous supplie de ne me le point demander, répondit-elle ; je suis résolue de ne pas vous le dire, et je crois que la prudence ne veut pas que je vous le nomme. — Ne craignez point, madame, reprit M. de Clèves ; je connais trop le monde pour ignorer que la considération d'un mari n'empêche pas que l'on ne soit amoureux de sa femme. On doit haïr ceux qui le sont, et non pas s'en plaindre ; et, encore une fois, madame, je vous conjure de m'apprendre
60 ce que j'ai envie de savoir. — Vous m'en presseriez inutilement, répli-

---

— 5 Cf. l 10-11 ; noter de nouveau l'insistance sur le caractère sans précédent de l'aveu. — 6 Montrer le caractère pathétique de ces adjurations. — 7 Quelle est l'importance de ce trait ? — 8 S'agit-il simplement d'un goût précieux pour les superlatifs, ou cette remarque psychologique n'est-elle pas au contraire d'une intense vérité ? — 9 Cf. p. 358. — 10 Votre froideur. — 11 Changement de sens de *vos* à *votre*. — 12 Inspirer (cf. *donner de la passion*). — 13 Cf. Phèdre apprenant qu'Hippolyte n'est pas « insensible », mais qu'il aime Aricie. — 14 Commenter cette remarque amère et vraie.

qua-t-elle ; j'ai de la force pour taire ce que je ne crois pas devoir dire. L'aveu que je vous ai fait n'a pas été par faiblesse [15], et il faut plus de courage pour avouer cette vérité que pour entreprendre de la cacher. »

- *Montrez le pathétique de cette scène : a) dans les attitudes ; – b) dans les paroles échangées.*
- *Emotion et raison. Examinez : a) la lucidité avec laquelle les personnages, malgré leur émotion, analysent leurs sentiments ; – b) la composition de la réponse du prince de Clèves.*
- *Etudiez les caractères des deux personnages. Leurs sentiments vous semblent-ils correspondre à leur jeunesse ? Qu'en conclure, du point de vue : a) de la psychologie classique ? – b) des mœurs du XVIIe SIÈCLE ?*
- *Pour ou contre l'aveu : a) Comment l'expliquez-vous ? – b) Est-il, selon vous, digne d'admiration ? – c) Quelles en sont les conséquences (Cf. texte suivant) ?*
- **Essai.** *Qu'y-a-t-il de « cornélien » et de « racinien » dans cette scène de l'aveu ?*
- **Exposé.** *Les rapports dans le couple, d'après les extraits de la* Princesse de Clèves.
- **Comparaison.** Cf. XVIIIe SIÈCLE, page 209. En dépit des différences, y-a-t-il un rapprochement possible ?

Derniers moments du prince de Clèves

Les conséquences de l'aveu sont désastreuses. M. de Clèves est trop passionnément épris de sa femme pour pouvoir dominer sa jalousie. Il fait surveiller Nemours, en qui il a deviné son rival ; un rapport malheureux lui donne à croire, faussement, que sa femme lui est infidèle. Il ne survivra pas à ce coup terrible. La situation qui résulte de cette cruelle méprise est vraiment *déchirante.* Clèves accable la jeune femme de reproches qu'elle ne mérite point, allant jusqu'à déplorer qu'elle se soit confiée à lui. Mais *son amour* se traduit justement par l'amertume de ces plaintes ; il ne peut cesser d'aimer celle qu'il ne croit plus digne de son estime : dans de telles conditions, la vie lui « ferait horreur ».

Cependant, M. de Clèves était presque abandonné des médecins. Un des derniers jours de sa maladie, après avoir passé une nuit très fâcheuse [1], il dit sur le matin qu'il voulait reposer.

Mme de Clèves demeura seule dans sa chambre. Il lui parut qu'au lieu de reposer il avait beaucoup d'inquiétude ; elle s'approcha et vint se mettre à genoux devant son lit, le visage tout couvert de larmes [2]. M. de Clèves avait résolu de ne lui point témoigner le violent chagrin [3] qu'il avait contre elle ; mais les soins qu'elle lui rendait [4], et son affliction, qui lui paraissait quelquefois véritable, et qu'il regardait aussi quelquefois comme des marques de dissimula-
10 tion et de perfidie, lui causaient des sentiments si opposés et si douloureux qu'il ne les put renfermer en lui-même.

« Vous versez bien des pleurs, madame, lui dit-il, pour une mort que vous causez et qui ne vous peut donner la douleur que vous faites paraître [5]. Je ne suis plus en état de vous faire des reproches, continua-t-il avec une voix affaiblie par la maladie et par la douleur ; mais je meurs du cruel déplaisir [6] que vous m'avez donné. Fallait-il qu'une action aussi extraordinaire que celle que vous aviez faite de me parler à Coulommiers eût si peu de suite ? Pourquoi m'éclairer sur la passion que vous aviez pour M. de Nemours, si votre vertu n'avait pas plus d'étendue pour y résister ? Je vous aimais jusqu'à être bien aise d'être
20 trompé [7], je l'avoue à ma honte ; j'ai regretté ce faux repos dont vous m'avez tiré.

— 15 Pourquoi l'héroïne le précise-t-elle ? Quel trait de son caractère apparaît dans ces dernières lignes ?
— 1 Pénible. — 2 Cf. la scène de *l'aveu.* —

3 Ressentiment. — 4 Prodiguait (comme une chose due). — 5 Cf. « des marques de dissimulation et de perfidie ». — 6 Sens très fort. — 7 Au lieu d'apprendre la vérité par l'aveu.

Que ne me laissiez-vous dans cet aveuglement tranquille dont jouissent tant de maris [8] ? J'eusse peut-être ignoré toute ma vie que vous aimez M. de Nemours. Je mourrai, ajouta-t-il ; mais sachez que vous me rendrez la mort agréable [9], et qu'après m'avoir ôté l'estime et la tendresse que j'avais pour vous, la vie [10] me ferait horreur. Que ferais-je de la vie, reprit-il, pour la passer avec une personne que j'ai tant aimée et dont [11] j'ai été si cruellement trompé, ou pour vivre séparé de cette même personne et en venir à un éclat et à des violences si opposées à mon humeur et à la passion que j'avais pour vous [12] ? Elle a été au delà de ce que vous en avez vu, madame ; je vous en ai caché la plus grande partie, 30 par la crainte de vous importuner ou de perdre quelque chose de votre estime, par des manières qui ne convenaient pas à un mari. Enfin je méritais votre cœur : encore une fois, je meurs sans regret, puisque je n'ai pu l'avoir et que je ne puis plus le désirer. Adieu, madame, vous regretterez [13] quelque jour un homme qui vous aimait d'une passion véritable et légitime. Vous sentirez le chagrin que trouvent les personnes raisonnables [14] dans ces engagements, et vous connaîtrez la différence d'être aimée comme je vous aimais à [15] l'être par des gens [16] qui, en témoignant de l'amour, ne cherchent que l'honneur de vous séduire ; mais ma mort vous laissera en liberté, ajouta-t-il, et vous pourrez rendre M. de Nemours heureux sans qu'il vous en coûte des crimes [17]. Qu'im-40 porte, reprit-il, ce qui arrivera quand je n'y serai plus, et faut-il que j'aie la faiblesse d'y jeter les yeux [18] ! »

LE REFUS DE MADAME DE CLÈVES

La mort de son mari plonge l'héroïne dans une douleur et un abattement indicibles. « *Mme de Clèves demeura dans une affliction si violente qu'elle perdit quasi l'usage de la raison... L'horreur qu'elle eut pour elle-même et pour M. de Nemours ne se peut représenter.* » Cependant le temps passe et la *passion* reprend ses droits : lorsque Nemours ose reparaître devant elle, elle trouve une douceur extrême à lui *avouer son amour.* Mais c'est pour lui déclarer aussitôt que *jamais elle ne sera à lui* (cf. Pauline, dans *Polyeucte*, II, 2). Elle insiste d'abord sur ce qu'elle doit à la mémoire de son mari ; elle n'est pas vraiment libre : comment épouserait-elle celui qui a causé, fût-ce sans le vouloir, la mort du prince de Clèves ? Mais elle n'est pas guidée seulement par son *devoir* : d'autres sentiments, plus *subtils*, interviennent aussi, donnant à cette pénétrante analyse psychologique une grande part de son intérêt et de son originalité.

« Par vanité ou par goût, toutes les femmes souhaitent de [1] vous attacher ; il y en a peu à qui vous ne plaisiez ; mon expérience me fait croire qu'il n'y en a point à qui vous ne puissiez plaire. Je vous croirais amoureux et aimé, et je ne me tromperais pas souvent ; dans cet état, néanmoins, je n'aurais d'autre parti à prendre que celui de la

---

8 Montrez ce qu'il y a de déchirant pour Mme de Clèves à s'entendre reprocher un aveu qui lui a tant coûté. — 9 Le mot est terrible. Comment s'explique, selon vous, l'extrême dureté des paroles de M. de Clèves ? — 10 Construction impossible aujourd'hui. — 11 Par qui. — 12 M. de Clèves y revient toujours, comme malgré lui. — 13 Noter l'opposition : « *je meurs sans regret... vous regretterez...* ». — 14 Quelle est l'importance de ce mot ? — 15 *Entre* être aimée... *et* l'être... — 16 Allusion méprisante à Nemours. — 17 Mme de Clèves pouvait-elle, après de telles paroles, épouser Nemours ? — 18 L'amour du prince de Clèves pour sa femme ne se manifeste-t-il pas encore ici ? en quoi ?

— 1 De même plus bas, *espérer de* ; cf. aimer *à*, aimer *de*.

souffrance ; je ne sais même si j'oserais me plaindre. On fait des reproches à un amant ; mais en fait-on à un mari, quand on n'a qu'à lui
reprocher de n'avoir plus d'amour ? Quand je pourrais m'accoutumer
à cette sorte de malheur, pourrais-je m'accoutumer à celui de croire
10 voir M. de Clèves vous accuser de sa mort, me reprocher de vous avoir
aimé, de vous avoir épousé, et me faire sentir la différence de son attachement au vôtre[2] ? Il est impossible, continua-t-elle, de passer par-
dessus des raisons si fortes : il faut que je demeure dans l'état où je suis
et dans les résolutions que j'ai prises de n'en sortir jamais. — Hé !
croyez-vous le pouvoir, madame ? s'écria M. de Nemours. Pensez-
vous que vos résolutions tiennent contre un homme qui vous adore
et qui est assez heureux pour vous plaire[3] ? Il est plus difficile que
vous ne pensez, madame, de résister à ce[4] qui nous plaît et à ce qui
nous aime. Vous l'avez fait par une vertu austère qui n'a presque point
20 d'exemple ; mais cette vertu ne s'oppose plus à vos sentiments[5], et
j'espère que vous les suivrez malgré vous. — Je sais bien qu'il n'y a
rien de plus difficile que ce que j'entreprends[6], répliqua Mme de Clèves ;
je me défie de mes forces au milieu de mes raisons ; ce que je crois
devoir à la mémoire de M. de Clèves serait faible s'il[7] n'était soutenu
par l'intérêt de mon repos ; et les raisons de mon repos ont besoin d'être
soutenues de celles de mon devoir ; mais, quoique je me défie de moi-
même, je crois que je ne vaincrai jamais mes scrupules, et je n'espère
pas aussi[8] de surmonter l'inclination que j'ai pour vous. Elle me rendra
malheureuse, et je me priverai de votre vue, quelque violence qu'il
30 m'en coûte. Je vous conjure, par tout le pouvoir que j'ai sur vous, de
ne chercher aucune occasion de me voir. Je suis dans un état qui me
fait des crimes de[9] tout ce qui pourrait être permis dans un autre temps,
et la seule bienséance interdit tout commerce entre nous. » M. de Nemours se jeta à ses pieds et s'abandonna à tous les mouvements[10] dont
il était agité. Il lui fit voir, et par ses paroles et par ses pleurs, la plus vive
et la plus tendre passion dont un cœur ait jamais été touché. Celui
de Mme de Clèves n'était pas insensible ; et, regardant ce prince avec
des yeux un peu grossis par les larmes : « Pourquoi faut-il, s'écria-t-elle,
que je vous puisse accuser de la mort de M. de Clèves ? Que n'ai-je
40 commencé à vous connaître depuis que je suis libre, ou pourquoi ne
vous ai-je pas connu avant que d'être engagée ? Pourquoi la destinée
nous sépare-t-elle par un obstacle si invincible[11] ? — Il n'y a point
d'obstacle, madame, reprit M. de Nemours, vous seule vous opposez
à mon bonheur : vous seule vous imposez une loi que la vertu et la rai-

---

2. Cf. les paroles prononcées par M. de Clèves,
p. 365. — 3 Préciser les deux arguments. —
4 *L'être qui.* Noter l'emploi du pronom neutre
et cf. l. 52, *rien.* — 5 Pourquoi ? — 6 Elle avait
déjà la même impression au moment de *l'aveu.*
— 7 Si *cela...* (cf. App. B 1). — 8 Non plus. —
9 Qui rend criminel pour moi. — 10 Sentiments
passionnés. — 11 Comment se traduit l'émotion de Mme de Clèves ?

son ne vous sauraient imposer. — Il est vrai, répliqua-t-elle, que je sacrifie beaucoup à un devoir qui ne subsiste que dans mon imagination. Attendez ce que le temps pourra faire, M. de Clèves ne fait encore que d'expirer, et cet objet funeste [12] est trop proche pour me laisser des vues claires et distinctes ; ayez cependant le plaisir de vous être fait aimer d'une personne qui n'aurait rien aimé, si elle ne vous avait jamais vu ; croyez que les sentiments que j'ai pour vous seront éternels, et qu'ils subsisteront également, quoi que je fasse [13]. Adieu, lui dit-elle ; voici une conversation qui me fait honte [14]. Rendez-en compte à M. le vidame [15] ; j'y consens, et je vous en prie. »

- *Précisez l'importance de cette scène pour le roman ; en quoi annonce-t-elle le dénouement (extrait suivant) ? Quelles sont toutefois les solutions possibles après ce refus ?*
- *Distinguez les divers moments du débat. Quel effet produisent sur Mme de Clèves les instances de M. de Nemours ? Son attitude reste-t-elle la même du début à la fin ? Sa résolution est-elle ébranlée ?*
- *Précisez et classez les arguments de Mme de Clèves ; qu'entend-elle par : son* devoir, son repos, la bienséance ?
- *Analysez les sentiments de Nemours. Sont-ils fondés ? Sur quelle théorie de la passion reposent-ils ?*
- **Discussion.** *Comment jugez-vous l'influence de* **l'éducation** *de Mlle de Chartres (p. 356) sur la conduite de sa vie ?*
- **Essai.** *Les divers* visages de l'amour *dans les extraits de la* Princesse de Clèves.
- **Essai.** *Portrait de femme : la princesse de Clèves (on peut la comparer à Pauline, dans* Polyeucte)
- **Groupe thématique : Stratégie amoureuse.** Cf. pages 71, 80. – XVIIIᵉ SIÈCLE, page 405. – XIXᵉ SIÈCLE pages 547 à 552. – XXᵉ SIÈCLE, p. 100 à 104.

Le renoncement définitif

Voici la *fin du roman*. La princesse de Clèves médite longuement avant de prendre une décision irrévocable. « Les raisons qu'elle avait de ne point épouser M. de Nemours lui paraissaient fortes du côté de son *devoir*, et insurmontables du côté de son *repos* », tel est le fruit de ses réflexions. Si dur qu'il lui soit de renoncer à celui qu'elle aime, elle ne peut supporter l'idée qu'un jour, peut-être, il cessera de l'aimer et qu'elle sera livrée alors aux tortures de la jalousie. Ainsi on a pu parler d'une « *peur de l'amour* » chez cette héroïne. Sur ces entrefaites, une maladie grave met ses jours en danger : c'est pour elle un nouveau sujet de méditations ; renonçant à l'amour, elle va aussi *renoncer* complètement *au monde*.

Cette vue si longue et si prochaine de la mort fit paraître à Mᵐᵉ de Clèves les choses de cette vie de cet œil si différent dont [1] on les voit dans la santé [2]. La nécessité de mourir, dont elle se voyait si proche, l'accoutuma à se détacher de toutes choses, et la longueur de sa maladie lui en fit une habitude. Lorsqu'elle revint de cet état, elle trouva néanmoins que M. de Nemours n'était pas effacé de son cœur, mais elle appela à son secours, pour se défendre contre lui, toutes les raisons qu'elle croyait avoir pour ne l'épouser jamais. Il se passa un assez grand combat [3] en elle-même. Enfin elle surmonta les restes de cette passion qui était affaiblie par les sentiments que sa maladie

12 L'image de M. de Clèves expirant. — 13 Même si je renonce définitivement à vous revoir. — 14 Analyser ce sentiment. — 15 C'est le vidame de Chartres qui a ménagé cette entrevue.

— 1 De celui dont. — 2 C'est, dès l'abord, le ton d'extrême austérité qui va marquer ce dénouement. — 3 Noter l'insistance des termes qui traduisent la *lutte* intérieure.

10 lui avait donnés : la pensée de la mort lui avait reproché [4] la mémoire de M. de Clèves. Ce souvenir, qui s'accordait avec son devoir, s'imprima fortement dans son cœur. Les passions et les engagements [5] du monde lui parurent tels qu'ils paraissent aux personnes qui ont des vues plus grandes et plus éloignées [6]. Sa santé, qui demeura considérablement affaiblie, lui aida à conserver ses sentiments ; mais, comme elle connaissait ce que peuvent les occasions sur les résolutions les plus sages, elle ne voulut pas s'exposer à détruire les siennes, ni revenir dans les lieux où était ce qu'elle avait aimé [7]. Elle se retira, sur le prétexte de changer d'air, dans une maison religieuse, sans faire paraître un dessein arrêté de renoncer à la cour.

20 A la première nouvelle qu'en eut M. de Nemours, il sentit le poids de cette retraite, et il en vit l'importance. Il crut, dans ce moment [8], qu'il n'avait plus rien à espérer ; la perte de ses espérances ne l'empêcha pas de mettre tout en usage pour faire revenir Mme de Clèves. Il fit écrire la reine [9], il fit écrire le vidame, il l'y fit aller ; mais tout fut inutile. Le vidame la vit : elle ne lui dit point qu'elle eût pris des résolutions. Il jugea néanmoins qu'elle ne reviendrait jamais. Enfin M. de Nemours y alla lui-même, sur le prétexte d'aller à des bains. Elle fut extrêmement troublée et surprise d'apprendre sa venue. Elle lui fit dire, par une personne de mérite qu'elle aimait et qu'elle avait alors auprès d'elle, qu'elle le priait de ne pas trouver étrange si elle ne s'exposait point au péril
30 de le voir et de détruire, par sa présence, des sentiments qu'elle devait conserver ; qu'elle voulait bien qu'il sût qu'ayant trouvé que son devoir et son repos s'opposaient au penchant qu'elle avait d'être à lui, les autres choses du monde lui avaient paru si indifférentes qu'elle y avait renoncé pour jamais [10] ; qu'elle ne pensait plus qu'à celles de l'autre vie, et qu'il ne lui restait aucun sentiment que le désir de le voir dans les mêmes dispositions où elle était [11].

M. de Nemours pensa expirer de douleur en présence de celle qui lui parlait. Il la pria vingt fois de retourner à Mme de Clèves, afin de faire en sorte qu'il la vît ; mais cette personne lui dit que Mme de Clèves lui avait non seulement défendu de lui aller redire autre chose de sa part, mais même de lui rendre
40 compte de leur conversation. Il fallut enfin que ce prince repartît, aussi accablé de douleur que le pouvait être un homme qui perdait toute sorte d'espérances de revoir jamais une personne qu'il aimait d'une passion la plus violente, la plus naturelle et la mieux fondée [12] qui ait jamais été. Néanmoins, il ne se rebuta point encore, et il fit tout ce qu'il put imaginer de capable de la faire changer de dessein. Enfin, des années entières s'étant passées, le temps et l'absence ralentirent [13] sa douleur et sa passion. Mme de Clèves vécut d'une sorte qui ne laissa pas d'apparence qu'elle pût jamais revenir. Elle passait une partie de l'année dans cette maison religieuse, et l'autre chez elle, mais dans une retraite et dans des occupations plus saintes que celles des couvents les plus austères, et sa vie, qui fut assez courte, laissa des exemples de vertu inimitables [14].

---

4 Rappelé comme un reproche. — 5 Cf. *Polyeucte*, v. 1107 : « Honteux *attachements* de la chair et *du monde*. » — 6 La pensée de la mort et de l'éternité. — 7 C'est la renonciation totale. Se défiant des forces humaines, la morale chrétienne recommande d'éviter avant tout de s'exposer aux tentations. — 8 Dès lors, aussitôt. — 9 Marie Stuart, devenue reine de France dans le cours du roman. — 10 Montrer qu'en un sens cette retraite est une dernière preuve de sa passion pour Nemours. — 11 Comparer cette attitude de Mme de Clèves à l'égard de Nemours, à celle de Polyeucte à l'égard de Pauline. — 12 Expliquer *naturelle* et *fondée*. — 13 Apaisèrent. — 14 Analyser l'impression sur laquelle nous laisse la dernière phrase du roman.

LETTRES ET MÉMOIRES

La littérature classique dans son ensemble est marquée par une tendance *imperson-nelle*. Elle s'attache à peindre la *nature humaine* et non le *moi*. A la différence de MON-TAIGNE, de ROUSSEAU et des romantiques, les écrivains du XVIIᵉ siècle ne se confient guère à nous dans leurs œuvres. La bienséance mondaine, une pudeur innée, une modestie chrétienne, le respect de leur art et du public leur interdisent les allusions directes à leurs émotions individuelles et aux incidents de leur vie. « *Le moi est haïssable* », déclare PASCAL. Sans doute leur expérience intime se traduit dans leurs ouvrages, reflets de leur personnalité profonde, mais elle est presque toujours *transposée* avec une extrême discrétion et soigneusement élaborée.

Pour le lecteur désireux de pénétrer dans l'*intimité* des auteurs, les Lettres et les Mémoires prennent donc dans ce siècle une importance particulière. Échappant aux règles strictes des grands genres, ces formes littéraires moins officielles et plus intimes permettent aux écrivains de se livrer davantage. Nous avons alors le plaisir de connaître non plus seulement de grands artistes ou des génies créateurs, mais des *hommes comme nous*, avec qui nous engagerions une conversation presque familière. Cependant la *réserve classique* se manifeste même dans ce domaine. Mᵐᵉ DE SÉVIGNÉ n'est jamais guindée ni réticente, mais, si franches et spontanées que soient ses lettres, elle ne se confie jamais à nous au sens où le fera plus tard J.-J. ROUSSEAU dans les *Confessions* ou les *Rêveries*. Pas d'épanchement à proprement parler, pas de révélations troublantes. La *spontanéité* même garde, au XVIIᵉ siècle, de la *discrétion* et de la *distinction*, l'intro-spection évite les régions troubles du subconscient.

Lettres et Mémoires présentent pour nous un autre intérêt : ils nous apportent des *documents* précieux et vivants sur l'histoire, la société, les idées et les mœurs du temps. Derrière la grande image d'un XVIIᵉ siècle un peu figé dans sa majesté, ils nous permet-tent de nous représenter cette époque telle qu'elle fut, *dans sa réalité concrète et pitto-resque*.

GUEZ DE BALZAC

Sa vie Né à Angoulême, JEAN-LOUIS GUEZ DE BALZAC (1594-1654) fut d'abord attaché en qualité de secrétaire au duc d'Épernon, qu'il accompagna à Metz; puis il fut envoyé en mission à Rome. Ces voyages lui donnèrent l'occasion d'écrire des lettres qu'il publia en 1624 : très diversement apprécié, ce recueil provoqua de violentes polémiques. Célèbre mais vive-ment critiqué, malade, déçu dans ses ambitions, Balzac ne tarda pas à se retirer dans ses terres de Charente, où il se consacra aux belles-lettres. Quoiqu'il ne fît à Paris que de rares séjours au cours desquels il paraissait à l'Hôtel de Rambouillet (cf. p. 56) ou à l'Académie française, il exerça de sa lointaine province une influence considérable sur les milieux littéraires et mondains de la capitale.

Le « grand épistolier » Ses contemporains voyaient en lui « le plus éloquent homme » du temps. De fait, la prose classique, et plus généralement la prose oratoire française, lui doit beau-coup, autant que la poésie oratoire à Malherbe. Pourtant l'éloquence cicéronienne de ses *Dissertations* et de ses *Traités* nous paraît aujourd'hui assez froide et un peu trop pompeuse. Quel que soit l'intérêt du *Prince* (portrait du souverain idéal) ou du *Socrate chrétien* (panégyrique de la religion catholique), nous lisons avec plus de plaisir les *Lettres* de Balzac. Vivantes et variées, remarquables par l'aisance et la pureté du style, elles nous révèlent chez leur auteur un jugement littéraire sûr et nuancé (p. 371), une piété profonde et un sentiment de la nature des plus délicats (cf. ci-dessous).

Balzac aux champs

Un bois touffu, une prairie semée de tulipes et d'anémones, et, tout près, « cette belle eau » de la Charente : charmant « désert » que BALZAC goûte en connaisseur. Dans ce beau cadre, il aime lire et « s'entretenir lui-même » en se promenant. Cette lettre à son ami CHAPELAIN est très « littéraire » et rappelle la manière de PLINE LE JEUNE. Comme Pline, Balzac n'oublie jamais qu'il est écrivain et homme d'esprit ; mais cela n'enlève rien à la sincérité du *sentiment de la nature*, moins prime-sautier dans son expression, mais aussi *agréable* et aussi *vrai* que chez Mᵐᵉ DE SÉVIGNÉ.

A Balzac, le 12 mai (1638).

MONSIEUR,

Pour [1] les nouvelles du grand monde que vous m'avez fait savoir, en voici de notre village. Jamais les blés ne furent plus verts, ni les arbres mieux fleuris. Le soleil n'agit pas de toute sa force comme il fit dès le mois d'avril de l'année passée, quand il brûla les herbes naissantes. Sa chaleur est douce et innocente [2], supportable aux têtes les plus malades. La fraîcheur et les rosées de la nuit viennent ensuite et réjouissent ce qui languissait sur la terre sans leur secours : mais ayant plutôt abattu la poussière que fait de la boue, il faut avouer qu'elles ne contribuent pas peu aux belles matinées dont nous jouissons [3]. Je n'en perds pas le moindre moment, et les commençant justement [4] à quatre heures et demie,
10 je les fais durer jusques à midi. Durant ce temps-là, je me promène sans me lasser, et en des lieux où je puis m'asseoir quand je suis las. Je lis des livres qui n'obligent point à méditer, et je n'apporte à ma lecture qu'une médiocre [5] attention. Car, en même temps, je ne laisse pas de donner audience [6] à un nombre infini de rossignols dont tous nos buissons sont animés. Je juge de leur mérite, comme vous faites de celui des poètes au lieu où vous êtes [7]. En en effet, si vous ne le savez pas, je vous apprends [8] qu'il y a autant de différence de rossignol à rossignol que de poète à poète [9]. Il y en a de la première et de la dernière classe. Nous avons quantité de Maillets [10] et de ✱✱✱ ; mais nous avons aussi quelques Chapelains et quelques Malherbes. Le reste à une autre fois. Je suis

Votre, etc.

✱⋆✱

BALZAC avait défendu le *Cid* contre les critiques de Scudéry. Dans une lettre à CORNEILLE du 17 janvier 1643, il dit son admiration pour *Cinna* et pour *la grandeur romaine reconstituée et en partie créée par Corneille*. Balzac était lui-même très sensible à la majesté de la Rome antique : il a consacré aux Romains ses trois premières *Dissertations politiques*. Ce jugement d'un contemporain éminent, bel esprit, féru d'éloquence, mais non point pédant, est plein d'intérêt pour nous et nous invite à réfléchir nous-mêmes sur l'*art de Corneille*. Voici la partie la plus vivante de cette lettre.

— 1 En échange de (latin *pro*). — 2 In-offen-sive. — 3 Noter l'art de la transition. — 4 *Exac-tement*. — 5 Moyenne. — 6 Commenter cette expression. — 7 A Paris. — 8 Cf. Mᵐᵉ de Sévi-gné, p. 386, 1. 20-22, et p. 388, *Avril*, 1. 5-7. — 9 Montrer comment Balzac rajeunit avec esprit une comparaison courante. — 10 *Maillet :* poète du temps, très médiocre, raillé par Saint-Amant (*Le Poète crotté*).

LA ROME DE CORNEILLE : CINNA

La belle chose que cette tragédie ! « Votre Cinna guérit les malades... il rend la parole à un muet, ce serait trop peu dire, à un enrhumé. » Cependant Corneille craint de ne « pas avoir apporté assez de force pour soutenir la grandeur romaine ». Qu'il se rassure :

... Vous nous faites voir Rome tout ce qu'elle [1] peut être à Paris, et ne l'avez point brisée en la remuant [2]. Ce n'est point une Rome de Cassiodore [3], et aussi déchirée qu'elle était au siècle des Théodorics : c'est une Rome de Tite-Live, et aussi pompeuse [4] qu'elle était au temps des premiers Césars. Vous avez même trouvé ce qu'elle avait perdu dans les ruines de la République, cette noble et magnanime fierté ; et il se voit bien quelques passables traducteurs de ses paroles et de ses locutions, mais vous êtes le vrai et le fidèle interprète de son esprit et de son courage [5]. Je dis plus, Monsieur, vous êtes souvent
10 son pédagogue [6], et l'avertissez de la bienséance [7], quand elle ne s'en souvient pas. Vous êtes le réformateur du vieux temps, s'il a besoin d'embellissement ou d'appui. Aux endroits où Rome est de brique, vous la rebâtissez de marbre [8] ; quand vous trouvez du vide, vous le remplissez d'un chef-d'œuvre ; et je prends garde que ce que vous prêtez à l'histoire est toujours meilleur que ce que vous empruntez d'elle [9].

La femme d'Horace et la maîtresse de Cinna, qui sont vos deux véritables enfantements [10] et les deux pures créations de votre esprit [11], ne sont-elles pas aussi les principaux ornements de vos deux poèmes [12] ?
20 Et qu'est-ce que la saine antiquité a produit de vigoureux et de ferme dans le sexe faible, qui soit comparable à ces nouvelles héroïnes que vous avez mises au monde, à ces Romaines de votre façon ? Je ne m'ennuie point, depuis quinze jours, de considérer celle que j'ai reçue la dernière [13]. Je l'ai fait admirer à tous les habiles [14] de notre province : nos orateurs et nos poètes en disent merveilles ; mais un docteur [15] de mes voisins, qui se met d'ordinaire sur le haut style, en parle, certes, d'une étrange sorte ; et il n'y a point de mal que vous sachiez jusques où vous avez porté son esprit. Il se contentait le premier jour de dire que votre Émilie était la rivale de Caton et de Brutus [16], dans la pas-
30 sion de la liberté ; à cette heure il va bien plus loin. Tantôt il la nomme la possédée du démon de la République, et quelquefois la belle, la

---

— 1 Autant qu'elle... — 2 Expliquer cette métaphore. — 3 Historien, ministre de Théodoric (455-526), roi des Ostrogoths, qui conquit l'Italie. — 4 Magnifique. — 5 Ame. — 6 A expliquer d'après la suite. — 7 Commenter, donner des exemples. — 8 C'est un mot prêté à Auguste. Apprécier la métaphore. — 9 Que pensez-vous de ce jugement ? — 10 *Enfants.* Suivre la métaphore dans le reste du texte. — 11 L'histoire ne fournissait à Corneille ni Sabine ni Emilie. — 12 A discuter. — 13 Emilie. — 14 Lettrés. — 15 Préciser le sens. — 16 Héros de la liberté républicaine. Caton lutta contre César, Brutus l'assassina.

raisonnable, la sainte et l'adorable furie [17]. Voilà d'étranges paroles sur le sujet de votre Romaine, mais elles ne sont pas sans fondement. Elle inspire en effet toute la conjuration, et, donne chaleur au parti, par le feu qu'elle jette dans l'âme du chef. Elle entreprend, en se vengeant, de venger toute la terre. Elle veut sacrifier à son père [18] une victime qui serait trop grande pour Jupiter même. C'est à mon gré une personne si excellente, que je pense dire peu à son avantage, de dire que vous êtes beaucoup plus heureux en votre race, que Pompée
40 n'a été en la sienne, et que votre fille Émilie vaut sans comparaison davantage que [19] Cinna, son petit-fils. Si celui-ci même a plus de vertu que n'a cru Sénèque [20], c'est pour être tombé entre vos mains, et à cause que vous avez pris soin de lui. Il vous est obligé de son mérite comme à Auguste de sa dignité [21]. L'empereur le fit consul, et vous l'avez fait honnête homme [22] ; mais vous l'avez pu faire par les lois d'un art qui polit et orne la vérité, qui permet de favoriser [23] en imitant, qui quelquefois se propose le semblable et quelquefois le meilleur...

– *A propos de la grandeur romaine, dégagez l'idée maîtresse de* BALZAC ; *vous semble-t-elle juste ?*
– *L'éloge ne laisse-t-il pas deviner une critique possible ? Étudiez l'art avec lequel elle est glissée.*
– *Étudiez les éloges et les réserves concernant Émilie. Êtes-vous de l'avis de* BALZAC ?
– *Définissez l'art oratoire de* BALZAC ; *relevez les divers procédés auxquels il a recours.*
– **Essai.** *En considérant la dernière phrase comme une définition de l'art classique, présentez quelques exemples qui confirmeraient ce jugement. Vous semble-t-il dire l'essentiel ?*
– **Essai.** *A la manière de* BALZAC, *écrivez à l'auteur d'une pièce que vous venez d'étudier.*

LE CARDINAL DE RETZ

Le cardinal DE RETZ rêvait d'une haute fortune politique, et il faillit réussir. Pourtant le sort lui réservait une faveur d'autre sorte, la gloire littéraire, posthume il est vrai. On songe à LA ROCHEFOUCAULD, son contemporain ; mais la chute de Retz fut beaucoup plus retentissante, sa destinée plus voyante, plus mélodramatique. L'homme même offre un vif contraste avec l'auteur des *Maximes*.

Un destin mouvementé
Issu d'une famille d'origine italienne qui avait déjà donné à la France plusieurs prélats, PAUL DE GONDI (1613-1679), après avoir conspiré contre Richelieu, adopte l'état ecclésiastique par ambition. C'est l'époque où la dignité cardinalice conduit au pouvoir, et Gondi espère égaler Richelieu, supplanter Mazarin. Devenu *coadjuteur* de l'archevêque de Paris, son oncle, auquel il succédera, puis *cardinal* (1652), il joue pendant la Fronde un rôle de premier plan. Mais le triomphe de Mazarin ruine ses espérances. Arrêté, *emprisonné*, dépossédé de son archevêché, il s'évade (1654) et, de l'étranger, multiplie appels et protestations (cf. p. 374). Un détail peint l'homme : alors qu'il est errant, proscrit, il emporte, contre Mazarin, l'élection du pape Alexandre VII.

---

17 *La possédée... l'adorable furie :* apprécier ces termes (idée et style). — 18 A la mémoire de son père. *Une victime :* Auguste. — 19 *Davantage que* n'est plus correct. — 20 *Le sujet* de *Cinna* est tiré de SÉNÈQUE (*De la clémence,* VII). — 21 Noter les *balancements* rhétoriques. — 22 Homme du monde ; cf. l. 10, la *bienséance.* — 23 Embellir.

Pour rentrer en France, il doit capituler : renonçant à l'archevêché de Paris, il reçoit en échange l'abbaye de Saint-Denis. Désormais il va se conduire en *vrai prélat*, donnant l'exemple des vertus chrétiennes. Pourtant sa vie politique n'est pas terminée; utilisant ses talents, le roi l'envoie en *mission à Rome* auprès de plusieurs conclaves.

Commediante tragediante

Étrange figure que ce cardinal plutôt fait pour être soldat, diplomate ou homme d'Etat qu'homme d'Eglise, et plus doué encore pour l'*intrigue* que pour la politique. Il résume en sa personne la *période troublée de la Fronde*, dans son caractère complexe, mouvementé, passionnant, mais frivole puisque tant d'énergie, prodiguée si légèrement, tant de savantes machinations n'ont abouti à rien de durable. Mais, dans la victoire comme dans la défaite, Retz paraît toujours *supérieur aux événements*, car il conserve sans cesse une sorte de détachement lucide. On croit voir un de ces acteurs de composition, capables d'incarner avec conviction les personnages les plus divers, mais n'oubliant jamais qu'ils *jouent* (cf. p. 374). Ainsi l'on a pu mettre en doute la sincérité de sa conversion; le fait est que le vieil homme n'est pas mort : Retz montre peu de charité chrétienne dans ses *Mémoires*, et, parmi les tractations délicates qui précèdent les élections pontificales, on le sent dans son milieu de prédilection. Pourtant ce serait juger trop vite que de voir en lui un faux dévot : peut-être a-t-il choisi d'abord la dévotion comme un grand rôle, digne de lui, mais il a fini par se confondre avec son rôle.

Les Mémoires

Outre *La Conjuration de Fiesque*, œuvre de jeunesse adaptée de l'italien, où apparaît déjà son goût de l'intrigue, Retz nous a laissé une importante *Correspondance*, et surtout ses MÉMOIRES. Rédigée probablement entre 1670 et 1675, cette œuvre relate la vie de l'auteur jusqu'à son exil (1655) et, en particulier, les troubles de la Fronde. Quoique Retz ne soit jamais impartial, l'*intérêt historique* des *Mémoires* est considérable et varié. L'auteur nous initie au secret de mille intrigues et rend avec intensité l'atmosphère de Paris pendant la guerre civile. Nous retiendrons en particulier : 1) les *grandes scènes historiques*, ainsi l'arrestation de Broussel et l'émotion qu'elle provoque, prélude à l'émeute; 2) les *portraits* à l'emporte-pièce (ci-dessous); 3) des *réflexions* sur l'histoire de France, ou l'histoire en général, qui annoncent Montesquieu.

Le don du style

Mais l'*intérêt littéraire* des *Lettres* et des *Mémoires* est plus vif encore. Retz est le type même du *styliste-né*. Écrivain de tempérament, il communique à son style la *diversité* de sa personne. On trouve chez lui tous les tons, de l'*ironie* mordante et désinvolte, déguisée en impartialité (cf. p. 374), jusqu'à l'*éloquence* la plus noble et la plus prenante (374-375). Et, dans cette *variété*, toujours le même *naturel*, toujours la même aisance et la même maîtrise. Chaque fois nous sommes tentés de dire : voilà le véritable Retz; mais il nous réserve toujours un autre aspect, une nouvelle manière et quelque découverte inattendue.

Portraits-charges

Retz a la dent dure ; mais, à la différence de Saint-Simon, il procède par *insinuations*, transparentes d'ailleurs, et sa partialité prend le masque de l'*ironie*. Ses rancœurs éclatent dans les portraits d'Anne d'Autriche et de Gaston d'Orléans, frère de Louis XIII, mais il est assez habile pour mettre les rieurs de son côté. Et quel *styliste !* Sûr de son outil, il le manie avec une maîtrise souveraine.

L a reine avait, plus que personne que j'aie jamais vue [1], de cette sorte d'esprit qui lui était nécessaire pour ne pas paraître sotte à ceux qui ne la connaissaient pas [2]. Elle avait plus d'aigreur que de hauteur, plus de hauteur que de grandeur, plus de manière que de fond, plus d'inapplica-

---

— 1 L'accord montre que *personne* n'est pas encore devenu un mot-outil. — 2 Analyser dans cette phrase le genre « rosse ».

tion à l'argent ³ que de libéralité, plus de libéralité que d'intérêt, plus d'intérêt que de désintéressement ⁴, plus d'attachement que de passion, plus de dureté que de fierté, plus de mémoire des injures que des bienfaits, plus d'intention de piété que de piété, plus d'opiniâtreté que de fermeté et plus d'incapacité que de tout ce que dessus ⁵.

10   M. le duc d'Orléans avait, à l'exception du courage ⁶, tout ce qui était nécessaire à un honnête homme ⁷ ; mais comme il n'avait rien, sans exception, de tout ce qui peut distinguer un grand homme, il ne trouvait rien dans lui-même qui pût ni suppléer, ni même soutenir sa faiblesse. Comme elle régnait dans son cœur par la frayeur, et dans son esprit par l'irrésolution, elle salit ⁸ tout le cours de sa vie. Il entra dans toutes les affaires ⁹, parce qu'il n'avait pas la force de résister à ceux qui l'y entraînaient pour leurs intérêts ; il n'en sortit jamais qu'avec honte, parce qu'il n'avait pas le courage de les soutenir. Cet ombrage amortit dès sa jeunesse, en lui, les couleurs même les plus vives et les plus gaies, qui devaient briller ¹⁰ naturellement dans un esprit beau et éclairé, dans un enjoue-
20 ment aimable, dans une intention ¹¹ très bonne, dans un désintéressement complet et dans une facilité de mœurs incroyable.

                                                                    Mémoires.

– A quels indices voyez-vous que, malgré l'apparence, ces portraits sont des « éreintements » ?
– Comparez les deux portraits. Sont-ils l'un et l'autre organisés autour d'une idée maîtresse ?
*   Quel est celui qui vous paraît le mieux construit ?*
– Dans le style, étudiez le choix des termes et le jeu verbal ; – relevez les traits les plus brillants.
– D'après ces deux portraits, qu'apprenons-nous : a) sur l'auteur ? ; – b) sur son art ?

UNE ÉLOQUENTE PLAIDOIRIE

   Après la causticité impitoyable du politique, une *éloquence émue* digne des Pères de l'Église. Est-ce le même homme ? La même plume ? RETZ n'a jamais fini de nous étonner. Il nous séduit justement par sa *diversité* : quel va être son prochain rôle ? Car, dans cette *Lettre aux Évêques de France*, il joue un rôle. Certes il est *gravement atteint* par la décision qui le prive de son archevêché, mais il garde tout son *sang-froid*, exploite la situation, et son éloquence est tout juste un peu trop *concertée* pour être convaincante. Tout en goûtant ces accents qui seraient sublimes si le cœur les inspirait, nous ne sommes pas dupes, et c'est aux dépens de Retz que nous sourions cette fois.

On a soumis, messieurs, la dignité de Cardinal et d'Archevêque de Paris ¹ à une proscription infâme, et qui a été accompagnée de toutes les indignités qui pouvaient en rehausser la honte et le scandale. On a profané, par une garnison de soldats, ma maison archiépiscopale, qui, selon les sacrés Canons ², a toujours été considérée comme sainte et comme faisant partie de l'Église. On m'a ravi par une lâche vengeance, tout le revenu de mon Archevêché ³, et, pour colorer cette action

---

3 Expliquer. — 4 Jeu verbal à commenter. — 5 Ce qui a été dit *ci-dessus.* — 6 Apprécier la restriction. Comparer : *sans exception,* l. 11. — 7 Homme du monde accompli. — 8 Terme énergique. — 9 Intrigues. — 10 Apprécier l'image. — 11 Dispositions générales.
   — 1 Comment Retz présente-t-il la mesure prise contre lui ? — 2 Règles du droit ecclésiastique, ou *droit canon.* — 3 Voici une protestation d'un ordre très différent. Commenter.

d'un faux prétexte de justice, on y emploie la plus haute des injustices, qui est d'alléguer que, faute d'avoir rendu le serment de fidélité au Roi, l'Archevêché est en régale [4], c'est-à-dire, que ceux qui m'ont empêché jusqu'à cette heure, et m'empêchent encore de rendre ce devoir à Sa Majesté, ont droit de prendre cet empêchement, qu'ils forment eux-mêmes, pour une raison légitime de se saisir de mon bien, et de réduire à l'aumône un Archevêque de Paris et un Cardinal [5]. [...]

On a condamné mes domestiques [6], sans aucune forme de procès, à un rigoureux exil. On a persécuté tous ceux qu'on a cru être mes amis. On a banni les uns, on a emprisonné les autres. On a exposé à la discrétion des gens de guerre les maisons et les terres de mes proches. Et on a eu assez d'inhumanité pour étendre la haine que l'on me porte jusque sur la personne de celui dont je tiens la vie [7], mes ennemis ayant bien jugé qu'ils ne pouvaient me faire une plus profonde et plus cuisante plaie, qu'en me blessant dans la plus tendre et la plus sensible partie de mon cœur [8]. Ni la loi de Dieu, qui défend de maltraiter les pères à cause de leurs enfants ; ni son extrême vieillesse, qui aurait pu toucher des barbares de compassion ; ni les services passés, qu'il a rendus à la France dans l'une des plus illustres charges du Royaume [9] ; ni sa vie présente, retirée et occupée dans les exercices de piété, qui ne lui fait prendre d'autre part dans la disgrâce de son fils, que celle de la tendresse d'un père et de la charité d'un prêtre, pour le recommander à Dieu dans ses sacrifices, n'ont pu les détourner d'ajouter à son dernier exil de Paris [10] un nouveau bannissement ; d'envoyer avec des gardes, et à l'entrée de l'hiver, un vieillard de soixante-treize ans, à cent lieues de sa maison, dans un pays de montagnes et de neiges [11], pour accomplir en lui ce que le patriarche Jacob disait autrefois de soi-même, dans la malheureuse conspiration de l'envie qui lui avait ravi son fils Joseph : « Qu'on ferait descendre ses cheveux blancs avec douleur et avec amertume dans le tombeau [12]. »

– La tactique. *Sur quels faits l'auteur s'appuie-t-il pour se poser en victime, du point de vue : a) religieux ; – b) légal ; – c) humain ?*
– La dialectique. *Étudiez l'argumentation des lignes 6-14 ; que veut démontrer RETZ ?*
– Le pathétique. *Quels sentiments RETZ veut-il éveiller chez les évêques ? Comment s'y prend-il ? Quel rôle se donne-t-il ?*
– L'éloquence. *a) Quel est l'effet produit par la reprise de certains tours ? – b) Relevez d'autres procédés oratoires ; – c) Quels types de phrases oratoires peut-on distinguer dans ce passage ? – d) Établissez le schéma de la dernière phrase (l. 23-37), et étudiez-la comme un exemple de* période *(cherchez le sens de ce terme).*

— 4 *En régale :* le roi percevait les revenus des évêchés vacants tant que le nouveau titulaire ne lui avait pas prêté serment (droit de *régale*). — 5 A rapprocher de la première phrase. — 6 Tous les gens de sa *maison.* — 7 Commenter l'emploi de cette périphrase (nombre oratoire, noblesse, pathétique). — 8 La période prend ici de l'ampleur : pourquoi ? — 9 Le père de Retz, avant de devenir prêtre de l'Oratoire, avait été général des galères. — 10 Dans ses terres, après l'arrestation de son fils. — 11 A Clermont, en Auvergne, après l'évasion de Retz. — 12 Quelle est la valeur de cette citation biblique ?

MADAME DE SÉVIGNÉ

LA JEUNESSE. Née à Paris en 1626, MARIE DE RABUTIN-CHANTAL, petite-fille de sainte Jeanne de Chantal, fut *orpheline* à 7 ans. Ayant aussi perdu, peu de temps après, ses grands-parents maternels, elle fut élevée par son oncle CHRISTOPHE DE COULANGES, abbé de Livry. Celui-ci, le « bien bon » comme elle l'appelait, s'acquitta de ses devoirs de tuteur avec la plus grande sollicitude ; il lui donna les maîtres les plus distingués, Chapelain et Ménage, qui lui apprirent l'italien, l'espagnol et le latin.

LE VEUVAGE. En 1644, la jeune fille épouse le marquis DE SÉVIGNÉ, gentilhomme brillant mais prodigue et, de plus, mauvais mari, qui est tué en duel en 1651. Mᵐᵉ de Sévigné se trouve donc *veuve* à 25 ans, avec *deux enfants*, Françoise-Marguerite et Charles, et dans une situation de fortune très compromise. Elle se retire d'abord au château des ROCHERS, en Bretagne, près de Vitré, puis revient à Paris et fréquente à nouveau les salons précieux, en particulier l'Hôtel de Rambouillet, où elle avait déjà paru avec éclat.

LA MÈRE. Jeune et séduisante, elle compte de nombreux admirateurs, en particulier Fouquet, et les occasions de se remarier ne lui manquent pas. Mais cette *mère admirable* préfère se consacrer à l'éducation de ses enfants. Elle a reporté sur eux, sur sa *fille* surtout, à qui elle apprend elle-même le latin et l'italien, les trésors de sa tendresse déçue par une expérience malheureuse de l'amour. Dans la vie paisible et unie qu'elle mène à PARIS (elle s'installera à l'Hôtel Carnavalet en 1677), aux ROCHERS ou à LIVRY, les événements les plus marquants sont d'ordre domestique. Voici son enfant chérie devenue une beauté « de qui les attraits | Servent aux Grâces de modèle » (La Fontaine), la plus jolie fille de France selon son cousin Bussy-Rabutin ; elle épouse en 1669 le comte de GRIGNAN, lieutenant général de Provence, et va le rejoindre dans son gouvernement au début de 1671. La *séparation* est cruelle pour Mᵐᵉ de Sévigné (p. 378), en dépit des consolations que lui apportent ses amis, en particulier Mᵐᵉ DE LA FAYETTE et LA ROCHEFOUCAULD, et aussi sa petite-fille Marie-Blanche, qu'elle garde provisoirement auprès d'elle.

L'ÉPISTOLIÈRE. Depuis son veuvage, elle avait déjà écrit bien des *lettres* dont on goûtait vivement le tour et l'esprit ; ainsi, en novembre-décembre 1664, elle envoyait au marquis de Pomponne des relations presque quotidiennes du *procès* FOUQUET. Mais, à partir de 1671, c'est à sa fille surtout qu'elle va écrire, pour la retrouver malgré toutes ces lieues qui les séparent, lui dire sa tendresse et lui conter les dernières nouvelles de Paris. Quelle joie lorsqu'elle peut aller passer quelques mois à Grignan ! (1672-1673, puis 1690-1691). Son troisième séjour, commencé en 1694, devait être le dernier : atteinte de la petite vérole, Mᵐᵉ de Sévigné meurt dans le château de son gendre le 17 avril 1696.

Nous avons d'elle 1 500 lettres environ, dont quelques-unes furent publiées dès 1697. L'édition donnée au XVIIIᵉ siècle par les soins de sa petite-fille Pauline (Mᵐᵉ de Simiane) restait imparfaite. Un texte complet et fidèle parut enfin en 1862-1867 (Collection des Grands Écrivains).

Un cœur sensible et gai Dans ses lettres, Mᵐᵉ de Sévigné aborde les sujets les plus divers. Très *expansive*, elle prend la plume dès qu'un fait la frappe, dès qu'un sentiment vif l'anime. Ainsi sa correspondance, qui nous séduit par un art tout à fait original, présente en outre un double intérêt : elle nous renseigne sur les *événements de l'époque* et nous fait pénétrer dans l'*intimité de l'auteur*.

Qu'elle nous parle d'elle-même, d'autrui ou de quelque événement du temps, Mᵐᵉ de Sévigné nous révèle avant tout *son propre tempérament*, directement lorsqu'elle s'épanche ou s'analyse, indirectement par la spontanéité de ses réactions, sa façon de conter, son style même. C'est une femme extrêmement *vivante*, qui gardera toujours une étonnante *jeunesse de cœur et d'esprit*. Ainsi s'explique le contraste entre son *émotivité* et sa *gaité* juvénile, pleine d'enjouement. Ce ne sont là que les aspects complémentaires d'une sensibilité naturelle très vive, volontiers *romanesque*. Mme de Sévigné pleure aussi facilement qu'elle rit, mais elle est également douée d'un solide bon sens et d'une intelligence très lucide.

LA TENDRESSE MATERNELLE. Elle *idolâtre* sa fille, comme le lui reprochera spirituellement Arnauld d'Andilly (cf. p. 381, question 4). Elle est au désespoir lorsque Mme de Grignan la quitte (p. 378), et la pleure comme si elle l'avait perdue pour toujours. « Je ne vous conte point mes larmes, lui écrira-t-elle un jour : c'est un effet de mon tempérament. » Son *imagination* avive sa tristesse (p. 378, 379, 380) : « C'est une chose étrange qu'une imagination vive, qui représente toutes choses comme si elles étaient encore : sur cela on songe au présent, et quand on a le cœur comme je l'ai, on meurt. » A cette tendresse débordante, *passionnée*, Mme de Grignan, cartésienne un peu froide, répond en termes très mesurés, trop mesurés au goût de sa mère.

LA GAITÉ. Mais un rien suffit à réveiller la *gaité* et l'*esprit* de la marquise. Elle plaisante sur ses rhumatismes, goûte au plus haut point le *comique* d'une attitude, d'une maladresse, d'une situation (p. 383); assiste-t-elle à un incendie : « Si on avait pu rire dans une si triste occasion, quels portraits n'aurait-on point fait de l'état où nous étions tous ? Guitaut était nu en chemise, avec des chausses; Mme de Guitaut était nu-jambes, et avait perdu une de ses mules de chambre. » Elle joue sur les consonances des noms bretons (p. 386, n. 8). Elle marque même du goût pour ce qu'on appelle aujourd'hui l'*humour noir*; M. de Grignan étant deux fois veuf lorsqu'il devient son gendre, elle écrit à Bussy-Rabutin : « Toutes ses femmes sont mortes pour faire place à votre cousine. »

La chronique du temps

En lisant ces lettres, nous participons à la vie politique, mondaine et littéraire du temps. Il n'est pas d'événement historique marquant qui ne soit évoqué : c'est le procès du surintendant FOUQUET, le passage du Rhin, la mort de TURENNE (p. 383), l'affaire des poisons (exécution de la Brinvilliers, puis de la Voisin). Cette *chronique de l'actualité* nous apporte pêle-mêle des potins mondains, la « dernière heure » sensationnelle (p. 382) et l'écho des guerres de Louis XIV; elle nous passionne, dans son contraste saisissant avec la majesté un peu compassée de l'histoire officielle.

Les *lectures* et les *jugements littéraires* de l'auteur sont également pleins d'intérêt pour nous. Mme de Sévigné appartient encore à la génération romanesque et cornélienne. Elle cite Voiture et aime les romans. Quoiqu'elle ait pleuré à *Andromaque*, elle n'est pas conquise par Racine; elle trouve dans *Bajazet* des « choses agréables », mais « rien de parfaitement beau, rien qui enlève, point de ces tirades de Corneille qui font frissonner ». Dans une représentation d'*Esther*, elle voit surtout un événement mondain (p. 385). Très pieuse, elle admire vivement Pascal et fait de la *Morale* de Nicole son livre de chevet.

Art et spontanéité

Chez cette épistolière sans égale, il est presque impossible de distinguer l'*art conscient* du *don naturel*. Sans doute n'oublie-t-elle jamais que ses lettres se répandront dans tout un cercle de gens de goût et constituent un véritable genre littéraire; comme LA FONTAINE, c'est *à force de talent* qu'elle nous donne l'impression d'une *parfaite spontanéité*. Pourtant son art est avant tout l'expression d'un *tempérament*.

Il se caractérise d'abord par la *fraîcheur de la vision*. Vu ou imaginé par Mme de Sévigné, un spectacle n'est jamais banal : les scènes décrites s'imposent à nous par un pittoresque piquant qui va parfois jusqu'à l'impressionnisme (p. 388). La châtelaine des Rochers est particulièrement sensible aux *spectacles de la nature* (p. 387 à 390) : elle en aime la vie, la couleur, le mystère; ce *sens poétique et pictural du paysage* nous frappe d'autant plus qu'il est rare chez les écrivains classiques.

En outre, Mme de Sévigné possède une *virtuosité* tout à fait personnelle, faite de mouvement (p. 383) et de prolixité : « Chacun a son style; le mien, comme vous le voyez, n'est pas laconique. » Elle sait à merveille piquer l'attention : ainsi telle lettre a la forme d'une énigme (p. 382). Pour cette femme si vive, *la correspondance devient une conversation animée*. Rien de compassé dans cet art plein de naturel; le *style* est très imagé; la *langue* hardie, savoureuse, est riche de trouvailles plaisantes. « J'ai dix ou douze charpentiers en l'air..., écrit-elle, *qui me font mal au dos à force de leur aider d'en bas.* » Pour aller admirer le clair de lune, elle « *met son infanterie sur pied* » (p. 388, l. 4). Elle est « *affamée de jeûne* et de silence ». Elle nomme ses petits-enfants les « *pichons* » (pitchouns); la voilà « *toute pétrie de Grignans* ». Sous sa plume, Mlle de Murinais devient « *un joli petit bouchon* », à moins que ce ne soit « *la Murinette beauté* ». Par cette *verve* intarissable, inventive et drue, Mme de Sévigné apporte, dans la littérature du XVIIe siècle, une note tout à fait originale.

LA SÉPARATION

Mme de Grignan a quitté sa mère le 4 février 1671 ; celle-ci lui écrit le surlendemain : « Il me semblait qu'on m'arrachait le corps et l'âme... Toutes mes pensées me faisaient mourir. » Voici près d'un mois écoulé, mais les jours passent sans atténuer la *douleur* de Mme DE SÉVIGNÉ, que nous nous représentons errant comme une âme en peine dans cette maison où sa fille n'est plus, et revivant sans cesse par la pensée les *cruels instants de la séparation.*

Mardi 3e mars 1671.

Je vous assure, ma chère bonne, que je songe à vous continuellement, et je sens tous les jours ce que vous me dîtes une fois, qu'il ne fallait point appuyer sur ces pensées. Si l'on ne glissait pas dessus, on serait toujours en larmes, c'est-à-dire moi [1]. Il n'y a lieu dans cette maison qui ne me blesse le cœur. Toute votre chambre me tue [2]; j'y ai fait mettre un paravent tout au milieu, pour rompre un peu la vue d'une fenêtre sur ce degré [3] par où je vous vis monter dans le carrosse de d'Hacqueville [4], et par où je vous rappelai. Je me fais peur quand je pense combien alors j'étais capable de me jeter par la fenêtre [5], car
10 je suis folle quelquefois : ce cabinet, où je vous embrassai sans savoir ce que je faisais; ces Capucins [6], où j'allai entendre la messe; ces larmes qui tombaient de mes yeux à terre, comme si c'eût été de l'eau qu'on eût répandue; Sainte-Marie [7], Mme de la Fayette [8], mon retour dans cette maison, votre appartement, la nuit et le lendemain; et votre première lettre, et toutes les autres, et encore tous les jours, et tous les entretiens de ceux qui entrent dans mes sentiments [9] : ce pauvre d'Hacqueville est le premier; je n'oublierai jamais la pitié qu'il eut de moi. Voilà donc où j'en reviens : il faut glisser sur tout cela, et se bien garder de s'abandonner à ses pensées et aux mouvements de son
20 cœur. J'aime mieux m'occuper de la vie que vous faites [10] présentement;

— 1 *Moi* reprend *on.* — 2 Commenter ces expressions et le sentiment qui les inspire. — 3 Escalier. — 4 Ami fidèle et dévoué de Mme de Sévigné. — 5 Ne sent-on pas ici quelque exagération? — 6 Chapelle des Capucins, au Marais. — 7 Couvent de la Visitation (sœurs de Sainte-Marie). — 8 L'auteur de *La Princesse de Clèves.* — 9 Quelle remarque appelle cette construction? Que traduit-elle? — 10 Menez.

cela me fait une diversion, sans m'éloigner pourtant de mon sujet et de mon objet, qui est ce qui s'appelle poétiquement l'objet aimé [11]. Je songe donc à vous, et je souhaite toujours de vos lettres ; quand je viens d'en recevoir, j'en voudrais bien encore. J'en attends présentement, et reprendrai ma lettre, quand j'en aurai reçu. J'abuse de vous, ma chère bonne ; j'ai voulu aujourd'hui me permettre cette lettre d'avance [12] : mon cœur en avait besoin, je n'en ferai pas une coutume [13].

– A quoi reconnaît-on le pouvoir des objets sur l'imagination sentimentale de MME DE SÉVIGNÉ *(Cf. p. 380, §2). Ne peut-elle aussi lui apporter quelque consolation ?*
– Comment se traduit, dans le style, l'émotion de l'auteur ? Relevez les termes qui semblent appartenir non seulement au langage de l'affection, mais à celui de la passion.
– Peut-on deviner le caractère de Mme de Grignan ? Comment répond-elle à la tendresse de sa mère ?
– **Entretien.** *Quel auteur du* XVIe SIÈCLE *a pour principe de « glisser sur les pensées pénibles » ?* MME DE SÉVIGNÉ *applique-t-elle ce précepte ? Que pensez-vous personnellement de cet art de vivre ?*
– **Exposé.** *L'art de rapporter anecdotes et faits divers dans les lettres de* MME DE SÉVIGNÉ.
• **Groupe thématique : Amour maternel.** Cf. pages 377 à 390. – XIXe SIÈCLE, pages 48, 118, 246. – XXe SIÈCLE pages 57, 150, 227, 573.

Inquiétude maternelle

M. de Grignan est venu au-devant de sa femme à Pont-Saint-Esprit. Ils ont traversé le Rhône à Avignon, mais un très mauvais temps a rendu le passage difficile. Mme DE SÉVIGNÉ est terrifiée à l'idée que les jours de sa fille ont été exposés. On notera l'*intensité* avec laquelle son *imagination lui fait vivre la scène,* les *exclamations* vives et pressées qui traduisent son *émotion,* enfin la *piété* de cette mère sensible et passionnée.

Mercredi.

Ah! ma bonne, quelle peinture de l'état où vous avez été! et que je vous aurais mal tenu ma parole, si je vous avais promis de n'être point effrayée d'un si grand péril! Mais il est impossible de se représenter votre vie si proche de sa fin, sans frémir. Ce Rhône qui fait peur à tout le monde, ce pont d'Avignon où l'on a tort de passer, même après avoir pris toutes ses mesures! un tourbillon de vent vous jette violemment sous une arche. Par quel miracle n'avez-vous pas été brisés et noyés dans un moment? Et M. de Grignan vous laisse embarquer pendant un orage ; et quand vous êtes téméraire, il trouve plaisant de l'être encore plus que vous ; au lieu de vous faire attendre que l'orage soit passé, il veut bien vous exposer. Ah, mon Dieu! qu'il eût bien mieux été d'être timide et de vous dire que si vous n'aviez point de peur, il en avait, lui, et de ne point souffrir que vous traversassiez le Rhône par un temps comme celui qu'il faisait! Que j'ai de peine à comprendre sa tendresse en cette occasion! Je ne soutiens [1] pas cette pensée, j'en frissonne, et je m'en suis réveillée avec des sursauts dont je ne suis pas la maîtresse [2]. Trouvez-vous toujours que le Rhône ne soit que de l'eau? De bonne foi, n'avez-vous point été effrayée d'une mort si proche et si inévitable? Mais encore serais-je un peu consolée si cela vous rendait moins hasardeuse [3] à l'avenir, et si une aventure comme celle-là vous faisait voir les dangers comme ils sont.

---

11 Cf. Corneille, *Polyeucte*, v. 495 : « O trop aimable *objet*, qui m'avez trop charmé. » — 12 Avant le jour du courrier ; Mme de Sévigné continuera sa lettre le lendemain (texte suivant). — 13 Mme de Sévigné s'excuse de son débordement de tendresse : qu'en conclure quant au caractère de sa fille?

— 1 Supporte. — 2 Que je ne puis maîtriser. — 3 Imprudente.

20 Je vous prie de m'avouer ce qui vous en est resté [4] ; je crois du moins que vous aurez rendu grâces à Dieu de vous avoir sauvée. Pour moi, je suis persuadée que les messes que j'ai fait dire tous les jours pour vous ont fait ce miracle, et je suis plus obligée à Dieu de vous avoir conservée dans cette occasion, que de m'avoir fait naître [5].

LA SEMAINE SAINTE A LIVRY

En dépit du temps écoulé, la tristesse de la séparation demeure toujours aussi cruelle. Venue à Livry pour se recueillir pendant la semaine sainte, Mme DE SÉVIGNÉ n'y trouve point la paix du cœur : les *chers souvenirs* de sa fille, s'offrant à elle à chaque pas, *ravivent la douleur de l'absence.*

A Livry, mardi saint 24e mars 1671.

Voici une terrible causerie, ma chère bonne. Il y a trois heures que je suis ici. Je suis partie de Paris avec l'Abbé [1], Hélène, Hébert et Marphise [2], dans le dessein de me retirer ici du monde et du bruit jusqu'à jeudi soir. Je prétends être en solitude ; je fais de ceci une petite Trappe [3] ; je veux y prier Dieu, y faire mille réflexions. J'ai dessein d'y jeûner beaucoup par toutes sortes de raisons ; marcher pour tout le temps que j'ai été dans ma chambre, et sur le tout [4] m'ennuyer pour l'amour de Dieu.

10 Mais, ma pauvre bonne, ce que je ferai beaucoup mieux que tout cela, c'est de penser à vous. Je n'ai pas encore cessé depuis que je suis arrivée, et ne pouvant contenir tous mes sentiments sur votre sujet, je me suis mise à vous écrire au bout de cette petite allée sombre que vous aimez, assise sur ce siège de mousse où je vous ai vue quelquefois couchée. Mais, mon Dieu ! où ne vous ai-je point vue ici ? et de quelle façon toutes ces pensées me traversent-elles le cœur ? Il n'y a point d'endroit, point de lieu, ni dans la maison, ni dans l'église, ni dans ce pays, ni dans ce jardin, où je ne vous aie vue ; il n'y en a point qui ne me fasse souvenir de quelque chose ; et de quelque façon que ce soit aussi, cela me perce le cœur. Je vous vois, vous m'êtes présente ; je pense
20 et repense à tout ; ma tête et mon esprit se creusent ; mais j'ai beau tourner, j'ai beau chercher : cette chère enfant que j'aime avec tant de passion est à deux cents lieues, je ne l'ai plus. Sur cela je pleure sans pouvoir m'en empêcher ; je n'en puis plus, ma chère bonne ; voilà qui est bien faible, mais pour moi, je ne sais point être forte contre une tendresse si juste [5] et si naturelle.

Je ne sais en quelle disposition vous serez en lisant cette lettre. Le hasard peut faire qu'elle viendra mal à propos, et qu'elle ne sera peut-

4 Les sentiments que vous a laissés cette aventure. — 5 Apprécier cette remarque.

— 1 Son oncle Christophe de Coulanges, abbé de Livry. — 2 Sa femme de chambre, un domestique et sa chienne. — 3 Monastère célèbre par l'austérité de sa règle. — 4 En outre. — 5 Justifiée.

être pas lue de la manière qu'elle est écrite [6]. A cela je ne sais point de remède : elle sert toujours à me soulager présentement ; c'est tout
30 ce que je lui demande [7]. L'état où ce lieu-ci m'a mise est une chose incroyable. Je vous prie de ne me point parler de mes faiblesses ; mais vous devez les aimer, et respecter mes larmes, qui viennent d'un cœur tout à vous.

– Définissez le changement de ton entre les deux premiers paragraphes. Comment l'expliquez-vous ?
– Analysez les sentiments exprimés par l'auteur. Connaissez-vous d'autres textes sur le même thème ?
– Comment MME DE SÉVIGNÉ *apprécie-t-elle sa propre tendresse maternelle ? Pensez-vous, comme Arnaud d'Andilly, qu'elle fait de sa fille* une idole dans son cœur *?*
– **Essai.** *Le sentiment religieux dans les extraits de* MME DE SÉVIGNÉ.
• **Groupe thématique : Souvenir.** XVIIIᵉ SIÈCLE, pages 285, 287. – XIXᵉ SIÈCLE, pages 70, 88, 163, 226. – XXᵉ SIÈCLE, pages 138, 224, 232, 249.

Méditation

Mᵐᵉ DE SÉVIGNÉ est profondément *chrétienne* ; elle pratique l'examen de conscience et les lectures pieuses. Dans cette lettre à sa fille, abordant le grand sujet des *fins dernières de l'homme*, sans nuire aucunement à sa *gravité*, elle lui imprime cependant *ce tour vif et primesautier* qui lui est propre. Et comme elle est *humaine* dans son humilité sans raideur !

A Paris, mercredi 16ᵉ mars 1672.

Vous me demandez, ma chère enfant, si j'aime toujours bien la vie. Je vous avoue que j'y trouve des chagrins cuisants ; mais je suis encore plus dégoûtée de la mort : je me trouve si malheureuse d'avoir à finir tout ceci [1] par elle, que si je pouvais retourner en arrière, je ne demanderais pas mieux. Je me trouve dans un engagement [2] qui m'embarrasse : je suis embarquée dans la vie sans mon consentement ; il faut que j'en sorte, cela m'assomme [3] ; et comment en sortirai-je ? Par où ? par quelle porte ? quand sera-ce ? en quelle disposition [4] ? Souffrirai-je mille et mille douleurs, qui me feront mourir désespérée ? Aurai-je un transport au cerveau ? Mourrai-je d'un acci-
10 dent ? Comment serai-je avec Dieu [5] ? Qu'aurai-je à lui présenter ? La crainte, la nécessité feront-elles mon retour vers lui ? N'aurai-je aucun autre sentiment que celui de la peur [6] ? Que puis-je espérer ? suis-je digne du paradis ? suis-je digne de l'enfer ? Quelle alternative ! Quel embarras ! Rien n'est si fou que de mettre son salut dans l'incertitude [7] ; mais rien n'est si naturel, et la sotte vie que je mène est la chose du monde la plus aisée à comprendre. Je m'abîme dans ces pensées, et je trouve la mort si terrible que je hais plus la vie parce qu'elle m'y mène, que par les épines qui s'y rencontrent [8]. Vous me direz que je veux vivre éternellement. Point du tout ; mais si on m'avait demandé mon avis, j'aurais bien aimé à mourir entre les bras de ma nourrice : cela m'aurait ôté bien des ennuis [9], et m'aurait donné le Ciel bien sûrement et bien aisément.

---

6 Commenter cette réflexion ; que traduit-elle ? — 7 Mᵐᵉ de Sévigné s'analyse avec beaucoup de lucidité : exprimer sa tendresse lui est d'une grande consolation, même si sa fille répond avec moins de chaleur.

— 1 Tout ce qui remplit la vie. — 2 Préciser le sens (cf. *je suis embarquée*). — 3 Me consterner.

— 4 La *vivacité* habituelle de l'auteur apparaît même ici. — 5 L'expression n'est-elle pas jolie ? — 6 Les théologiens distinguent l'*attrition* (repentir causé par la *crainte*) de la *contrition* (repentir causé par l'*amour* de Dieu). — 7 Au lieu de tout faire pour l'assurer (cf. Pascal). — 8 « Plutôt souffrir que mourir, | C'est la devise des hommes. » (La Fontaine, cf. p. 215). — 9 Sens fort.

Une nouvelle sensationnelle

Stupéfaction à Paris : la GRANDE MADEMOISELLE va épouser LAUZUN. Les faits tiendraient en quelques lignes, mais Mme de Sévigné, toute vibrante encore de surprise et d'excitation, est ravie de *piquer la curiosité* de ses cousins, qui ne connaissent pas encore la nouvelle. Elle se livre donc à un éblouissant exercice de *virtuosité* pure.

A Paris, ce lundi 15e décembre 1670.

Je m'en vais vous [1] mander la chose la plus étonnante, la plus surprenante, la plus merveilleuse, la plus miraculeuse, la plus triomphante, la plus étourdissante, la plus inouïe, la plus singulière, la plus extraordinaire, la plus incroyable, la plus imprévue, la plus grande, la plus petite, la plus rare, la plus commune, la plus éclatante, la plus secrète jusqu'aujourd'hui, la plus brillante, la plus digne d'envie [2] : enfin une chose dont on ne trouve qu'un exemple [3] dans les siècles passés, encore cet exemple n'est-il pas juste ; une chose que l'on ne peut pas croire à Paris (comment la pourrait-on croire à Lyon [4]?) ; une chose qui fait crier miséricorde à tout le monde ; une chose qui comble de
10 joie Mme de Rohan et Mme d'Hauterive [5] ; une chose enfin qui se fera dimanche, où ceux qui la verront croiront avoir la berlue [6] ; une chose qui se fera dimanche, et qui ne sera peut-être pas faite lundi. Je ne puis me résoudre à la dire ; devinez-la : je vous le donne en trois. Jetez-vous votre langue aux chiens ? Eh bien! il faut donc vous la dire : M. de Lauzun [7] épouse dimanche au Louvre, devinez qui [8]? je vous le donne en quatre, je vous le donne en dix, je vous le donne en cent. Mme de Coulanges dit [9] : « Voilà qui est bien difficile à deviner ; c'est Mme de La Vallière. — Point du tout, Madame. — C'est donc Mlle de Retz ? — Point du tout, vous êtes bien provinciale. — Vraiment nous sommes bien bêtes, dites-vous, c'est Mlle Colbert. — Encore moins. — C'est assurément
20 Mlle de Créquy. — Vous n'y êtes pas. Il faut donc à la fin vous le dire : il épouse, dimanche, au Louvre, avec la permission du Roi, Mademoiselle, Mademoiselle de..., Mademoiselle..., devinez le nom : il épouse Mademoiselle, ma foi! par ma foi! ma foi jurée! Mademoiselle, la Grande Mademoiselle ; Mademoiselle, fille de feu Monsieur [10] ; Mademoiselle, petite-fille de Henri IV ; Mlle d'Eu, Mlle de Dombes, Mlle de Montpensier, Mlle d'Orléans [11], Mademoiselle, cousine germaine du Roi ; Mademoiselle, destinée au trône ; Mademoiselle, le seul parti de France qui fût digne de Monsieur [12].

Voilà un beau sujet de discourir. Si vous criez, si vous êtes hors de vous-même, si vous dites que nous avons menti, que cela est faux, qu'on se moque de vous,
30 que voilà une belle raillerie, que cela est bien fade à imaginer [13] ; si enfin vous nous dites des injures : nous trouverons que vous avez raison ; nous en avons fait autant que vous.

Adieu : les lettres qui seront portées par cet ordinaire [14] vous feront voir si nous disons vrai ou non.

— Lettre à son cousin, M. de Coulanges. — 2 Etudier l'accumulation, les effets de contraste et de sonorités. — 3 Peut-être le mariage de la veuve de Louis XII avec le duc de Suffolk. — 4 Où se trouve Coulanges. — 5 Elles avaient épousé par amour de simples gentilshommes. — 6 Au sens propre : maladie des yeux. — 7 Maréchal de France, comte puis duc de Lauzun. Au dernier moment, Louis XIV interdit cette union, mais il ne put empêcher un mariage secret. — 8 Noter la façon dont Mme de Sévigné fait durer l'énigme (cf. plus bas la reprise du même procédé). — 9 Dialogue fictif plein de vie. — 10 Gaston d'Orléans, frère de Louis XIII. — 11 Effet de contraste entre *Mademoiselle* tout court et les innombrables titres de cette princesse. — 12 Philippe d'Orléans, frère de Louis XIV. — 13 C'est une invention bien peu spirituelle. — 14 Courrier.

Voici un autre exemple de la *virtuosité de* Mme DE SÉVIGNÉ. Tiré d'une lettre à sa fille, du 5 février 1674, ce récit célèbre est mené *au grand galop*, ainsi qu'il convient en l'occurrence! Il nous permet aussi de goûter l'*humour* de l'auteur.

Le carrosse renversé   L'archevêque de Reims revenait hier fort vite de Saint-Germain, c'était comme un tourbillon; il croit bien être grand seigneur, mais ses gens le croient encore plus que lui. Ils passaient au travers de Nanterre, *tra tra tra!* Ils rencontrent un homme à cheval, *gare, gare!* Ce pauvre homme veut se ranger, son cheval ne veut pas; et enfin le carrosse et les six chevaux renversent cul par-dessus tête le pauvre homme et le cheval, et passent par-dessus, et si bien par-dessus, que le carrosse en fut versé et renversé; en même temps l'homme et le cheval, au lieu de s'amuser à être roués et estropiés, se relèvent miraculeusement, remontent l'un sur l'autre, et s'enfuient et courent encore, pendant que les laquais de l'archevêque et le cocher, et l'archevêque même, se mettent à crier : *Arrête, arrête ce coquin, qu'on lui donne cent coups!* L'archevêque, en racontant ceci, disait : Si j'avais tenu ce maraud-là, je lui aurais rompu les bras et coupé les oreilles.

La mort de Turenne

Du 31 juillet jusqu'à la fin d'août 1675, les lettres de Mme de Sévigné n'ont d'autre sujet que la mort de TURENNE et l'évocation de la noble figure du héros. Le récit se précise à mesure qu'elle reçoit des informations plus directes ; chaque jour qui passe réveille aussi des souvenirs émouvants et apporte de nouveaux signes de la consternation dans laquelle est plongée la France entière. La lettre dont nous citons la partie centrale est comme l'aboutissement d'une série d'ébauches : elle nous offre la relation la plus circonstanciée et la plus élaborée de cet événement historique. Mme de Sévigné a su rendre sans aucune emphase la *brutale soudaineté* de cette mort ; on admirera aussi l'*orchestration* sourde, funèbre, des sonorités et des cadences qui traduisent le *deuil national*.

A Paris, mercredi 28e août 1675.

Vraiment, ma bonne, je m'en vais bien vous parler encore de M. de Turenne [1]. Mme d'Elbeuf [2], qui demeure pour quelques jours chez le cardinal de Bouillon, me pria hier de dîner avec eux deux, pour parler de leur affliction. Mme de la Fayette y était. Nous fîmes bien précisément ce que nous avions résolu : les yeux ne nous séchèrent pas. Elle avait un portrait divinement bien fait de ce héros, et tout son train [3] était arrivé à onze heures : tous ces pauvres gens étaient fondus en larmes et déjà tout habillés de deuil. Il vint trois gentilshommes qui pensèrent [4] mourir de voir ce portrait : c'étaient des cris qui faisaient fendre le cœur ; ils ne pouvaient prononcer une parole ; ses valets de
10 chambre, ses laquais, ses pages, ses trompettes, tout était fondu en larmes et faisait fondre les autres.

Le premier qui put prononcer une parole répondit à nos tristes questions : nous nous fîmes raconter sa mort. Il voulait se confesser le soir, et en se cachottant [5] il avait donné les ordres pour le soir, et devait communier le lendemain, qui était le dimanche. Il croyait donner la bataille, et monta à cheval à deux heures le samedi, après avoir mangé. Il avait bien des gens avec lui : il les laissa

---

— 1 Tué à Salzbach (Bade) le 27 juillet. | — 3 La « maison » de Turenne. — 4 Faillirent.
— 2 Nièce de Turenne, sœur du cardinal. | — 5 En se cachant quelque peu, discrètement.

tous à trente pas de la hauteur où il voulait aller. Il dit au petit d'Elbeuf [6] :
« Mon neveu, demeurez là, vous ne faites que tourner autour de moi, vous me
feriez reconnaître. » Il trouva M. d'Hamilton [7] près de l'endroit où il allait, qui
lui dit : « Monsieur, venez par ici ; on tirera où vous allez. — Monsieur, lui dit-il,
je m'en vais : je ne veux point du tout être tué aujourd'hui ; cela sera le mieux
du monde. » Il tournait son cheval, il aperçut Saint-Hilaire [8], qui lui dit, le chapeau à la main : « Jetez les yeux sur cette batterie que j'ai fait mettre là. » Il
retourne deux pas, et sans être arrêté il reçut le coup qui emporta le bras et la
main qui tenaient le chapeau de Saint-Hilaire, et perça le corps après avoir
fracassé le bras de ce héros. Ce gentilhomme [9] le regardait toujours ; il ne le voit
point tomber ; le cheval l'emporta où il avait laissé le petit d'Elbeuf ; il n'était
point encore tombé, mais il était penché le nez sur l'arçon [10] : dans ce moment,
le cheval s'arrête ; il tomba entre les bras de ses gens ; il ouvrit deux fois de
grands yeux et la bouche, et puis demeura tranquille pour jamais : songez qu'il
était mort et qu'il avait une partie du cœur emportée.

On crie, on pleure ; M. d'Hamilton fait cesser ce bruit et ôter le petit d'Elbeuf
qui était jeté sur ce corps, qui ne le voulait pas quitter, et qui se pâmait de crier.
On jette un manteau [11] ; on le porte dans une haie ; on le garde à petit bruit ;
un carrosse vient [12] ; on l'emporte dans sa tente : ce fut là où [13] M. de Lorges,
M. de Roye [14], et beaucoup d'autres pensèrent mourir de douleur ; mais il fallut
se faire violence et songer aux grandes affaires qu'il avait sur les bras. On lui a
fait un service militaire dans le camp, où les larmes et les cris faisaient le véritable deuil [15] : tous les officiers pourtant avaient des écharpes de crêpe ; tous les
tambours en étaient couverts, qui ne frappaient qu'un coup ; les piques traî-
nantes et les mousquets renversés ; mais ces cris de toute une armée ne se peuvent
pas représenter, sans que l'on en soit ému. Ses deux véritables neveux (car
pour l'aîné [16] il faut le dégrader) étaient à cette pompe, dans l'état que vous
pouvez penser. M. de Roye tout blessé [17] s'y fit porter ; car cette messe ne fut
dite que quand ils eurent repassé le Rhin [18]. Je pense que le pauvre chevalier [19]
était bien abîmé de douleur.

Quand ce corps a quitté son armée, ç'a été encore une autre désolation ; partout où il a passé, ç'a été des clameurs ; mais à Langres ils [20] se sont surpassés :
ils allèrent tous au-devant de lui, tous habillés de deuil, au nombre de plus de
deux cents, suivis du peuple ; tout le clergé en cérémonie ; ils firent dire un service solennel dans la ville, et en un moment se cotisèrent tous pour cette dépense,
qui monte à cinq mille francs, parce qu'ils reconduisirent le corps jusqu'à la
première ville, et voulurent défrayer tout le train. Que dites-vous de ces marques
naturelles d'une affection fondée sur un mérite extraordinaire ? Il arrive à Saint-
Denis ce soir ou demain ; tous ses gens [21] l'allaient reprendre à deux lieues d'ici ;
il sera dans une chapelle en dépôt, en attendant qu'on prépare la chapelle [22].
Il y aura un service, en attendant celui de Notre-Dame, qui sera solennel.

---

6 Fils de Mᵐᵉ d'Elbeuf ; il n'avait que 14 ans.
— 7 Maréchal de camp. — 8 Commandant de
l'artillerie. — 9 Saint-Hilaire. — 10 Sur l'avant
de la selle. Noter l'extrême précision des détails,
en relever d'autres exemples dans le texte. —
11 Sur le corps. — 12 Pourquoi toutes ces précautions, selon vous ? — 13 Que. — 14 Neveux
de Turenne. — 15 Plus encore que les dispositions réglementaires décrites ensuite. — 16 Il
s'agit peut-être du duc de Bouillon, frère du
cardinal. — 17 Tout blessé qu'il était. —
18 Une retraite avait suivi la mort de Turenne.
— 19 De Grignan, frère du gendre de Mᵐᵉ de
Sévigné. — 20 La population. — 21 Officiers
et domestiques attachés à son service. — 22 La
chapelle de la maison de Bourbon, où
Louis XIV le fit enterrer.

Une représentation d'Esther à Saint-Cyr

Une représentation d'*Esther* par les demoiselles de Saint-Cyr était un événement *mondain* plus encore que théâtral : nous le voyons en lisant cette lettre adressée à Mme de Grignan. Certes, Mme DE SÉVIGNÉ a pris un vif plaisir à la pièce et la juge avec finesse, mais ce qui compte avant tout pour elle, c'est d'avoir donné publiquement une *bonne impression* d'elle-même et d'avoir *mérité l'attention du roi.*

A Paris, ce lundi 21e février 1689.

Je fis ma cour l'autre jour à Saint-Cyr [1], plus agréablement que je n'eusse jamais pensé. Nous y allâmes samedi, Mme de Coulanges [2], Mme de Bagnols, l'abbé Têtu et moi. Nous trouvâmes nos places gardées. Un officier dit à Mme de Coulanges que Mme de Maintenon lui faisait garder un siège auprès d'elle : vous voyez quel honneur. « Pour vous, Madame, me dit-il, vous pouvez choisir. » Je me mis avec Mme de Bagnols au second banc derrière les duchesses. Le maréchal de Bellefonds vint se mettre, par choix, à mon côté droit, et devant c'étaient Mmes d'Auvergne, de Coislin, de Sully.

Nous écoutâmes, le maréchal et moi, cette tragédie avec une attention qui
10 fut remarquée, et de certaines louanges sourdes [3] et bien placées, qui n'étaient peut-être pas sous les fontanges [4] de toutes les dames [5]. Je ne puis vous dire l'excès [6] de l'agrément de cette pièce : c'est une chose qui n'est pas aisée à représenter, et qui ne sera jamais imitée ; c'est un rapport [7] de la musique, des vers, des chants, des personnes, si parfait et si complet, qu'on n'y souhaite rien [8], les filles qui font [9] des rois et des personnages sont faites exprès : on est attentif, et on n'a point d'autre peine que celle de voir finir une si aimable pièce ; tout y est simple, tout y est innocent, tout y est sublime et touchant [10] : cette fidélité [11] de l'histoire sainte donne du respect ; tous les chants convenables aux paroles, qui sont tirés des *Psaumes* ou de la *Sagesse* [12], et mis dans le sujet, sont d'une
20 beauté qu'on ne soutient pas sans larmes : la mesure de l'approbation qu'on donne à cette pièce, c'est celle du goût et de l'attention.

J'en fus charmée, et le maréchal aussi, qui sortit de la place, pour aller dire au Roi combien il était content, et qu'il était auprès d'une dame qui était bien digne d'avoir vu *Esther*. Le Roi vint vers nos places, et après avoir tourné, il s'adressa à moi, et me dit : « Madame, je suis assuré que vous avez été contente. » Moi, sans m'étonner [13], je répondis : « Sire, je suis charmée, ce que je sens est au-dessus des paroles. » Le Roi me dit : « Racine a bien de l'esprit [14]. » Je lui dis : « Sire, il en a beaucoup ; mais en vérité ces jeunes personnes en ont beaucoup aussi : elles entrent dans le sujet comme si elles n'avaient jamais fait autre chose. »
30 Il me dit : « Ah! pour cela, il est vrai. » Et puis Sa Majesté s'en alla, et me laissa l'objet de l'envie [15] : comme il n'y avait quasi que moi de nouvelle venue, il eut quelque plaisir de voir mes sincères admirations sans bruit et sans éclat. M. le prince, Mme la princesse [16] me vinrent dire un mot ; Mme de Maintenon, un éclair [17] : elle s'en allait avec le Roi ; je répondis à tout, car j'étais en fortune [18].

— 1 Cf. p. 286. — 2 Cousine de l'auteur. — 3 A mi-voix. — 4 Coiffure mise à la mode par Mlle de Fontanges. — 5 Analyser le sentiment exprimé. N'en trouve-t-on pas d'autres manifestations dans ce texte ? — 6 Le mot ne comporte aucune nuance péjorative. — 7 Harmonie. — 8 Qu'on n'y trouve rien à désirer. —

9 Jouent. — 10 Que pensez-vous de ce jugement ? Préciser chaque terme en montrant à quoi il correspond dans la pièce. — 11 Adaptation fidèle. — 12 Livres de la Bible. — 13 Me troubler. — 14 Des dons, du talent. — 15 Pourquoi ? — 16 De Condé. — 17 Expliquer et commenter ce tour. — 18 Dans un bon jour, pleine d'à-propos.

Les foins

Cette lettre est pleine d'agrément, d'esprit et de jeunesse. Mais elle illustre aussi un aspect quelque peu *superficiel* qui apparaît parfois chez Mme DE SÉVIGNÉ. Nous ne savons plus si l'*enjouement* est vraiment spontané : ne s'y mêlerait-il pas un peu d'affectation ? Cette conception idyllique des travaux des champs, d'ailleurs traditionnelle en littérature, est fort gracieuse ; pourtant, nous préférerions une peinture *plus vraie*. Mais la grande dame qui s'amuse à manier un instant le râteau nous a montré à mainte reprise qu'elle aimait et comprenait vraiment la campagne et la nature.

Ce mot sur la semaine [1] est par-dessus le marché de vous écrire seulement tous les quinze jours, et pour vous donner avis, mon cher cousin [2], que vous aurez bientôt l'honneur de voir Picard [3] ; et comme il est frère du laquais de Mme de Coulanges, je suis bien aise de vous rendre compte de mon procédé.

Vous savez que Mme la duchesse de Chaulnes [4] est à Vitré [5] ; elle y attend le duc, son mari, dans dix ou quinze jours, avec les États de Bretagne [6] : vous croyez que j'extravague [7] ; elle attend donc son mari avec tous les États, et en attendant, elle est à Vitré toute seule, mourant d'ennui. Vous ne comprenez pas
10 que cela puisse jamais revenir à Picard ; elle meurt donc d'ennui ; je suis sa seule consolation, et vous croyez bien que je l'emporte d'une grande hauteur sur Mlles de Kerbone et de Kerqueoison [8]. Voici un grand circuit, mais pourtant nous arriverons au but. Comme je suis donc sa seule consolation, après l'avoir été voir [9], elle viendra ici, et je veux qu'elle trouve mon parterre net et mes allées nettes, ces grandes allées que vous aimez. Vous ne comprenez pas encore où cela peut aller ; voici une autre petite proposition incidente : vous savez qu'on fait les foins ; je n'avais pas d'ouvriers ; j'envoie dans cette prairie, que les poètes ont célébrée, prendre tous ceux qui travaillaient, pour venir nettoyer ici : vous n'y voyez encore goutte ; et, en leur place, j'envoie tous mes gens [10]
20 faner. Savez-vous ce que c'est que faner ? Il faut que je vous l'explique : faner est la plus jolie chose du monde, c'est retourner du foin en batifolant [11] dans une prairie [12] ; dès qu'on en sait tant, on sait faner. Tous mes gens y allèrent gaiement ; le seul Picard me vint dire qu'il n'irait pas, qu'il n'était pas entré à mon service pour cela, que ce n'était pas son métier, et qu'il aimait mieux s'en aller à Paris [13]. Ma foi ! la colère me monte à la tête. Je songeai que c'était la centième sottise qu'il m'avait faite ; qu'il n'avait ni cœur, ni affection ; en un mot, la mesure était comble. Je l'ai pris au mot, et quoi qu'on m'ait pu dire pour lui, je suis demeurée ferme comme un rocher [14], et il est parti. C'est une justice de traiter les gens selon leurs bons ou mauvais services. Si vous le revoyez,
30 ne le recevez point, ne le protégez point, ne me blâmez point, et songez que c'est le garçon du monde qui aime le moins à faner, et qui est le plus indigne qu'on le traite bien.

Voilà l'histoire en peu de mots. Pour moi, j'aime les narrations où l'on ne dit que ce qui est nécessaire, où l'on ne s'écarte point ni à droite, ni à gauche, où l'on ne reprend point les choses de si loin ; enfin je crois que c'est ici, sans vanité, le modèle des narrations agréables [15].   Aux Rochers 22e juillet, 1671.

— 1 En cours de semaine. — 2 M. de Coulanges. — 3 A l'époque, on nommait souvent ainsi les laquais d'après leur province d'origine. — 4 Femme du gouverneur de Bretagne. — 5 Tout près des Rochers. — 6 Assemblée de la province. — 7 Que je m'égare hors du sujet. — 8 Mme de Sévigné les appelle ailleurs, plaisamment, *Mlles de Kerborgne et de Croque-Oison.* — 9 Cette construction est-elle encore possible ? — 10 Domestiques. — 11 Folâtrant. — 12 Que penser de cette définition ? — 13 Ce laquais craindrait de déroger en se livrant aux travaux des champs ! — 14 N'y a-t-il pas ici un jeu de mots ? — 15 Noter l'humour de ce paragraphe.

ADIEU, FORÊT PROFONDE!

Mme DE SÉVIGNÉ se plaint de la prodigalité de son fils, en particulier lorsque celui-ci fait abattre des bois pour se procurer de l'argent. *Quel sacrilège!* Oser détruire toute cette vie, toute cette beauté de la forêt, *antique asile de la rêverie et du mystère!* (A Mme de Grignan.)

A Nantes, lundi au soir 27e mai 1680.

J e fus ¹ hier au Buron ², j'en revins le soir; je pensai ³ pleurer en voyant la dégradation de cette terre : il y avait les plus vieux bois du monde; mon fils, dans son dernier voyage, lui a donné les derniers coups de cognée. Il a encore voulu vendre un petit bouquet qui faisait une assez grande beauté; tout cela est pitoyable : il en a rapporté quatre cents pistoles, dont il n'eut pas un sou un mois après. Il est impossible de comprendre ce qu'il fait, ni ce que son voyage de Bretagne lui a coûté, où ⁴ il était comme un gueux, car il avait renvoyé ses laquais et son cocher à Paris : il n'avait que le seul Larmechin ⁵ dans cette ville,
10 où il fut deux mois. Il trouve l'invention ⁶ de dépenser sans paraître ⁷, de perdre sans jouer, et de payer sans s'acquitter; toujours une soif et un besoin d'argent, en paix comme en guerre; c'est un abîme de je ne sais quoi, car il n'a aucune fantaisie, mais sa main est un creuset qui fond l'argent. Ma bonne, il faut que vous essuyiez tout ceci ⁸. Toutes ces dryades ⁹ affligées que je vis hier, tous ces vieux sylvains ¹⁰ qui ne savent plus où se retirer, tous ces anciens corbeaux établis depuis deux cents ans dans l'horreur de ces bois, ces chouettes qui, dans cette obscurité, annonçaient, par leurs funestes ¹¹ cris, les malheurs de tous les hommes, tout cela me fit hier des plaintes qui me touchèrent sensi-
20 blement le cœur; et que sait-on même si plusieurs de ces vieux chênes n'ont point parlé, comme celui où était Clorinde ¹² ? Ce lieu était un *luogo d'incanto* ¹³, s'il en fut jamais; j'en revins toute triste; le souper que me donna ¹⁴ le premier président ¹⁵ et sa femme ne fut point capable de me réjouir.

– *Quels sont les thèmes majeurs de cette lettre ? Comment sont-ils liés entre eux ?*
– *La nature. Qu'est-ce qui relève ici : a) d'un thème littéraire ? – b) d'un sentiment personnel et sincère ?*
– *Comment se manifestent ici la culture de* MME DE SÉVIGNÉ *et son goût du romanesque ?*
– **Commentaire composé.** *Diversité des thèmes ; sentiment de la nature ; art épistolaire.*
• **Comparaisons.** XVIe SIÈCLE, RONSARD, page 126. – XIXe SIÈCLE, HUGO, page 161.
• **Groupe thématique : Nature, forêt.** Cf. pages 43, 45, 54. – XVIe SIÈCLE, pages 126, 128. – XIXe SIÈCLE, pages 47, 52, 161, 226, 265. – XXe SIÈCLE, pages 465, 639.

— 1 J'allai. — 2 Domaine situé près de Nantes. — 3 Faillis. — 4 Pendant lequel. — 5 Son valet de chambre. — 6 Le moyen. — 7 Mener un train en rapport avec son rang. — 8 Que vous supportiez ces plaintes. — 9 Nymphes des bois. — 10 Dieux silvestres. — 11 Le cri de la chouette passe pour être de mauvais augure. — 12 Allusion à un épisode de *La Jérusalem délivrée* du Tasse. — 13. Terme italien amené par ce qui précède : *lieu d'enchantement.* — 14 Noter l'accord. — 15 De la cour de Nantes.

Féerie du
clair de lune
L'autre jour, on vint me dire : « Madame, il fait chaud dans le mail [1] ; il n'y a pas un brin de vent ; la lune y fait des effets les plus plaisants du monde. » Je ne pus résister à la tentation ; je mets mon infanterie sur pied [2] ; je mets tous les bonnets, coiffes et casaques qui n'étaient point nécessaires ; je vais dans ce mail, dont l'air est comme celui de ma chambre ; je trouve mille *coquecigrues* [3], des moines blancs et noirs, plusieurs religieuses grises et blanches, du linge jeté par-ci, par-là, des hommes noirs, d'autres ensevelis tout droits contre des arbres, de petits hommes cachés, qui ne montraient que la tête, des prêtres
10 qui n'osaient approcher [4]. Après avoir ri de toutes ces figures, et nous être persuadés que voilà ce qui s'appelle des esprits, et que notre imagination en est le théâtre, nous nous en revenons sans nous arrêter, et sans avoir senti la moindre humidité. Ma chère enfant, je vous demande pardon, je crus être obligée, à l'exemple des anciens, comme nous disait ce fou que nous trouvâmes dans le jardin de Livry, de donner cette marque de respect à la lune : je vous assure que je m'en porte fort bien. (Aux Rochers, 12 juin 1680.)

LES SAISONS

Nous groupons ici quelques passages qui permettront d'apprécier chez Mme DE SÉVIGNÉ un *sens pictural et poétique de la nature* vraiment délicat, et que l'on rencontre rarement dans la littérature classique. Rien de banal ni de conventionnel dans ces notations (cf., en particulier, le 1er extrait); et Mme de Sévigné ne goûte pas seulement le *frais coloris* du printemps ou les *somptueuses nuances* de l'automne : si elle n'affronte pas la tempête, elle est sensible pourtant à la poésie presque *romantique* de ce *sombre nuage* qui paraît au couchant, et elle voudrait sans nul doute être peintre pour pouvoir rendre les « *épouvantables beautés* » *de l'hiver.*

Avril
Je reviens encore à vous, ma bonne, pour vous dire que si vous avez envie de savoir, en détail, ce que c'est qu'un printemps, il faut venir à moi. Je n'en connaissais moi-même que la superficie [1] ; j'en examine cette année jusqu'aux premiers petits commencements [2]. Que pensez-vous donc que ce soit que la couleur des arbres depuis huit jours ? répondez. Vous allez dire : « Du vert. » Point du tout, c'est du rouge [3]. Ce sont de petits boutons, tout prêts à partir, qui font un vrai rouge ; et puis ils poussent [4] tous une petite feuille, et comme c'est inégalement, cela
10 fait un mélange trop joli de vert et de rouge. Nous couvons tout cela des yeux ; nous parions de grosses sommes — mais c'est à ne jamais payer, — que ce bout d'allée sera tout vert dans deux heures ; on dit que non ; on parie. Les charmes ont leur manière, les hêtres, une autre. Enfin, je sais sur cela tout ce que l'on peut savoir [5].

— 1 Promenade ombragée où l'on jouait au *mail* (sorte de jeu de croquet : cf. *maillet*). — 2 Commenter cette expression plaisante. — 3 Animaux fantastiques. — 4 Marcel Proust admirait cet art *impressionniste.*

— 1 Les caractères généraux et superficiels. — 2 Péguy parlera du « fin commencement d'avril ». — 3 Trait d'observation très juste, sous la forme, chère à l'auteur, d'une devinette. — 4 Transitif. — 5 Aux Rochers 19 iv 1690.

« Ces belles nuances de l'automne » Je suis venue ici achever les beaux jours, et dire adieu aux feuilles ; elles sont encore toutes aux arbres ; elles n'ont fait que changer de couleur : au lieu d'être vertes, elles sont aurore, et de tant de sortes d'aurore, que cela compose un brocart d'or [6] riche et magni-
20 fique, que nous voulons trouver plus beau que du vert, quand ce ne serait que pour changer [7]. (A Livry, 3 novembre 1677.)

Je quitte ce lieu à regret, ma fille : la campagne est encore belle : cette avenue et tout ce qui était désolé des chenilles, et qui a pris la liberté de repousser avec votre permission, est plus vert qu'au printemps dans les plus belles années ; les petites et les grandes palissades [8] sont parées de ces belles nuances de l'automne dont les peintres font si bien leur profit ; les grands ormes sont un peu dépouillés, et l'on n'a point de regret à ces feuilles picotées [9] : la campagne en gros est encore toute riante, j'y passais mes journées seule avec des livres ; je ne m'y
30 ennuyais que comme je m'ennuierai partout, ne vous ayant plus. Je ne sais ce que je vais faire à Paris ; rien ne m'y attire. Je n'y ai point de contenance ; mais le bon abbé dit qu'il y a quelques affaires, et que tout est fini ici ; allons donc. Il est vrai que cette année a passé assez vite ; mais je suis fort de votre avis pour le mois de septembre ; il m'a semblé qu'il a duré six mois tous des plus longs. (A Livry, 2 novembre 1679.)

Ciel d'hiver Nous avons eu ici, ma fille, les plus beaux jours du monde jusqu'à la veille de Noël : j'étais au bout de la grande allée, admirant la beauté du soleil, quand tout d'un coup je vis sortir du couchant un nuage noir et poétique,
40 où le soleil s'alla plonger, en même temps un brouillard affreux, et moi de m'enfuir. Je ne suis point sortie de ma chambre, ni de la chapelle jusqu'à aujourd'hui, que la colombe a apporté le rameau [10] : la terre a repris sa couleur, et le soleil ressortant de son trou fera que je reprendrai aussi le cours de mes promenades ; car vous pouvez compter, ma très chère, puisque vous aimez ma santé, que quand le temps est vilain, je suis au coin de mon feu, lisant ou causant avec mon fils et sa femme. (Aux Rochers, 28 décembre 1689.)

L'hiver à Grignan Mme de Chaulnes me mande que je suis trop heureuse d'être ici avec un beau soleil ;
50 elle croit que tous nos jours sont filés d'or et de soie [11]. Hélas ! mon cousin [12], nous avons cent fois plus de froid ici qu'à Paris ; nous sommes exposés à tous les vents [13] : c'est le vent du midi, c'est la

6 Soie brochée d'or. — 7 Lettre à Bussy. — 8 Haies. — 9 On ne regrette pas, bien au contraire, de voir les feuilles ainsi tachetées. — 10 *Où le beau temps est revenu.* A la fin du déluge, la colombe revint à l'arche de Noé, portant un rameau d'olivier. — 11 Cf. p. 240, v. 34. — 12 M. de Coulanges. — 13 Le château de Grignan est construit sur une hauteur.

bise [14], c'est le diable, c'est à qui nous insultera [15] ; ils se battent entre eux pour avoir l'honneur de nous renfermer dans nos chambres ; toutes nos rivières sont prises [16] ; le Rhône, ce Rhône si furieux, n'y résiste pas ; nos écritoires sont gelées, nos plumes ne sont plus conduites par nos doigts, qui sont transis ; nous ne respirons que de la neige ; nos montagnes sont charmantes dans leur excès d'horreur [17] ; je souhaite tous les jours un peintre [18] pour bien représenter l'étendue de toutes
60 ces épouvantables beautés : voilà où nous en sommes. Contez un peu cela à notre duchesse de Chaulnes, qui nous croit dans des prairies, avec des parasols, nous promenant à l'ombre des orangers [19]. (3 février 1695.)

- *Pour quelles raisons* MME DE SÉVIGNÉ *s'intéresse-t-elle aux spectacles de la nature ?*
- *Tentez de définir la poésie de la nature telle qu'elle la ressent ; à quelles sensations s'attache-t-elle ?*
- L'hiver à Grignan. *Etudiez dans le détail comment sont suggérés : a) les caprices des vents ; – b) l'atmosphère glaciale et son « charme » ; – c) le contraste entre la réalité et ce qu'on imagine de loin.*
- *Commentaire composé :* « *L'hiver à Grignan* ». *Cf. questions ci-dessus, et* COLETTE : XXᵉ SIÈCLE, *page 531.*
• **Groupe thématique : Automne.** Cf. page 52. – XVIIIᵉ SIÈCLE, pages 334, 359. – XIXᵉ SIÈCLE, pages 42, 77, 98, 163, 443, 507, 541.
• **Groupe thématique : Lettres.** Cf. pages 66, 67 ; – 370, 371 ; – 376 à 390. – XVIIIᵉ SIÈCLE, pages 142, 158, 196 ; – 280 à 294.

SAINT-SIMON

A quel siècle appartiennent les *Mémoires* de SAINT-SIMON ? Projetés en 1694, ils furent rédigés en plein XVIIIᵉ siècle (1743-1752), et publiés en 1829-1830. A la mort de Louis XIV, Saint-Simon a parcouru très exactement la moitié de sa carrière, mais sa vie publique cesse dès la fin de la Régence (1723). La relation s'arrête à cette date et remonte avant la naissance de l'auteur : elle concerne donc essentiellement le *règne de Louis XIV*, si bien que l'œuvre trouve sa place véritable dans l'atmosphère du grand siècle. D'ailleurs, si le styliste est « en avance d'un siècle » (Lanson), l'homme est en retard sur son temps : il fait figure de *grand féodal* égaré au XVIIIᵉ siècle et même sous Louis XIV, et vénère la mémoire de Louis le Juste (Louis XIII), qui avait érigé en *duché-pairie* la terre de Saint-Simon, consacrant ainsi l'antique noblesse des Rouvroy.

L'homme

LE DUC ET PAIR. Né à Paris en 1675, LOUIS DE ROUVROY entre aux mousquetaires en 1691 ; duc de Saint-Simon à la mort de son père (1693), il quitte l'armée dès 1702, à la suite d'une injustice dont il aurait été victime, et mène jusqu'à la mort de Louis XIV la vie d'un *courtisan hautain*, à cheval sur l'étiquette, farouchement *hostile à la politique royale.* Plein de mépris pour le Grand Dauphin, il porte aux nues le duc de Bourgogne, comptant sur son avènement pour accéder lui-même au pouvoir ; la fin prématurée de ce prince, en 1712, lui porte un coup terrible. Il s'attache alors au duc d'Orléans et entre au *conseil de Régence* en 1715. Ambassadeur à Madrid en 1721-1722, il quitte la cour à la mort du Régent (1723), estimant que « tout bien à faire est impossible en France ».

LE MÉMORIALISTE. Dès l'âge de 20 ans, Saint-Simon songe à écrire ses *Mémoires.* Il consacrera à cette tâche les loisirs de la retraite. Utilisant une abondante documentation, directe ou indirecte, patiemment recueillie, il annote d'abord le *Journal* de

---

14 Vent du nord. — 15 Se jettera sur nous. — 16 Par le gel. — 17 Noter l'alliance de mots. | — 18 Cf. p. 389, l. 26-27. — 19 Le contraste ne manque pas de piquant.

Dangeau (1638-1720), qu'on lui a confié en 1734, puis de ces ébauches tire la matière de ses propres *Mémoires*. Il meurt en 1755, à l'âge de 80 ans. Le gouvernement de Louis XV ordonne le dépôt de l'énorme manuscrit aux Affaires étrangères; longtemps l'œuvre ne sera connue que par des indiscrétions et des publications fragmentaires; l'édition de 1829 elle-même reste incomplète : la première édition intégrale date de 1856.

UN CARACTÈRE DIFFICILE. Observateur pénétrant, l'homme est peu sympathique. Infatué de sa race, plein de morgue, écrasant de son mépris souverain tout ce qui n'est pas noble il ramène tout à lui-même. L'étroitesse de ses *préjugés* limite son intelligence et fausse ses jugements. Il a une tendance fâcheuse à ne voir que le *petit côté* des choses, des êtres et de leurs mobiles. Capable d'ailleurs du plus loyal attachement, il montre dans la vie privée des qualités rares à la cour. *Extrême en tout*, dans ses sympathies comme dans ses haines, il est la négation même de l'idéal humain du classicisme, fait de réserve et de mesure.

L'envers   Les *Mémoires* nous offrent du règne de Louis XIV
du grand siècle   un tableau saisissant par son *réalisme*, mais déprimant.
                      La rhétorique, les euphémismes, les arrangements pompeux de l'histoire officielle ne sont plus que de lamentables oripeaux, pour qui a lu Saint-Simon. Le ROI-SOLEIL? Un esprit « au-dessous du médiocre », ignorant comme on ne l'est pas, tombant « dans les absurdités les plus grossières ». Le GRAND DAUPHIN? « Monseigneur était sans vice ni vertu, sans lumières ni connaissances quelconques, radicalement incapable d'en acquérir, très paresseux, sans imagination ni production, sans goût, sans choix, sans discernement, né pour l'ennui qu'il communiquait aux autres, et pour être une boule roulante au hasard par l'impulsion d'autrui, opiniâtre et petit en tout à l'excès. » La PALATINE? Un personnage échappé du *Roman Comique;* elle gifle son fils en public, à l'occasion de ses fiançailles; elle introduit à la cour un élément burlesque : « Madame, rhabillée en grand habit, arriva hurlante, ne sachant bonnement pourquoi ni l'un ni l'autre, les inonda tous de ses larmes, en les embrassant, fit retentir le château d'un renouvellement de cris, et fournit un spectacle bizarre d'une princesse qui se remet en cérémonie, en pleine nuit, pour venir pleurer et crier, parmi une foule de femmes en déshabillé de nuit, presque en mascarades. » Le deuil des courtisans à la mort de MONSEIGNEUR? Une farce (p. 392). On songe aux *Obsèques de la Lionne*, et de fait Saint-Simon nous permet de mesurer la précision des traits satiriques chez La Fontaine. Le Roi-Soleil *gobe l'appât* aussi naïvement que le Roi-Lion : « Les louanges, disons mieux, la flatterie lui plaisait à tel point, que les plus grossières étaient bien reçues, les plus basses encore mieux savourées. »

Saint-Simon ne s'en tient pas là : il pousse au *mélodrame*. A l'en croire, ce grand règne ne serait qu'une longue suite de basses intrigues et de complots criminels. Henriette d'Angleterre aurait été empoisonnée, et l'auteur nous conte la scène par le menu, comme s'il y avait assisté, alors que cette mort est antérieure de cinq ans à sa naissance. Le duc de Bourgogne, empoisonné; la duchesse, empoisonnée.

Préjugés féodaux   Pourtant, lorsqu'il n'est pas animé par la haine, sa
                       verve peut être franchement gaie (p. 394), son jugement
                       sûr, ses sentiments nobles : il est sensible à la grandeur de Louis XIV vieilli parmi les deuils et les revers. D'ailleurs il cache si peu ses partis pris, à la différence de RETZ, qu'il ne saurait tromper personne. Hostile au principe même du gouvernement de Louis XIV, il en critique systématiquement tous les actes : le roi commet-il une faute grave (révocation de l'Édit de Nantes), le beau rôle est à Saint-Simon, mais nous ne sommes pas sûrs que tout le mérite en revienne à sa conscience ou à sa perspicacité. Il ne pardonne pas au souverain d'avoir réduit la noblesse à la brillante *servitude* de Versailles, en appelant au pouvoir de simples *bourgeois*. Il hait les *parlementaires*, qui prétendent jouer dans l'État le rôle qu'il revendique pour les grands seigneurs. Il ne comprend pas les transformations sociales du temps et fonde sur ses *préjugés de caste* un système politique réactionnaire : il tient pour la *monarchie féodale*, qu'une longue évolution, achevée sous Louis XIV, a transformée en *monarchie absolue*, appuyée sur la bourgeoisie.

Un art
impressionniste
Mais les défauts de l'homme ne font que rehausser les *qualités de l'écrivain*. La violence de ses sentiments ne l'empêche pas de *voir clair* et confère à sa manière une *âpreté* incisive, une vigueur d'eau-forte. Il écrit par pointes, traits et saccades, comme il sent, comme il voit : derrière les masques apparaissent les visages grimaçants, les instincts déchaînés derrière les bienséances. Saint-Simon rappelle Tacite par ses *raccourcis* fulgurants comme par la *sévérité* implacable de ses jugements. Sa langue n'a rien de commun avec celle de Racine, Boileau ou Voltaire, ces bourgeois. Son style même est *impérieux* et *hautain* : il plie la syntaxe à sa vivacité, à son *humeur*, à ses passions. Il ne recule pas, à l'occasion, devant le terme bas. Quelques mots abstraits lui suffisent pour donner aux attitudes, sentiments, silhouettes, un *relief* sans égal.

Nul n'a mieux jugé Saint-Simon, sa morgue, ses travers et son art que Chateaubriand, si orgueilleux lui-même, et grand styliste « Il avait un tour à lui; *il écrivait à la diable pour l'immortalité.* »

LA TRAGI-COMÉDIE DE LA COUR

Un homme est mort. Est-il quelqu'un pour le pleurer sincèrement ? Non, d'après Saint-Simon, car cet homme est Monseigneur, le GRAND DAUPHIN, fils de Louis XIV, et la mort de l'héritier du trône est un événement *politique*. L'entourage du prince pleure... ses ambitions déçues; la coterie de son fils, le duc de Bourgogne, dont fait partie Saint-Simon, cache à grand'peine une *joie indécente;* les autres courtisans restent parfaitement indifférents. Quelle pénétration dans le coup d'œil ! Quelle vision saisissante de la cour et de l'humanité ! Mais nous sommes gênés par l'*égoïsme féroce* de l'auteur et par sa tendance à juger les autres d'après lui-même en leur refusant a priori tout sentiment désintéressé. Et nous ne pouvons nous empêcher de songer au spectacle divertissant qu'il dut donner lui-même un an plus tard (1712), lorsque la mort du duc de Bourgogne vint ruiner ses propres espérances.

Tous les assistants étaient des personnages [1] vraiment expressifs ; il ne fallait qu'avoir des yeux [2], sans aucune connaissance de la cour, pour distinguer les intérêts peints sur les visages, ou le néant [3] de ceux qui n'étaient de rien [4] : ceux-ci tranquilles à eux-mêmes, les autres [5] pénétrés de douleur ou de gravité et d'attention sur eux-mêmes, pour cacher leur élargissement [6] et leur joie.[...]

Les premières pièces offraient les mugissements [7] contenus des valets, désespérés de la perte d'un maître si fait exprès pour eux [8], et pour les consoler d'une autre [9] qu'ils ne prévoyaient qu'avec tran-
10 sissement, et qui par celle-ci devenait la leur propre. Parmi eux s'en remarquaient d'autres [10] des plus éveillés de gens principaux de la cour, qui étaient accourus aux nouvelles, et qui montraient bien à leur air de quelle boutique ils étaient balayeurs [11].

Plus avant commençait la foule des courtisans de toute espèce. Le

---

— 1 L'auteur est « au spectacle ». — 2 Et Saint-Simon en a ! Cf. l. 37. — 3 La totale indifférence. — 4 D'aucun des partis qui divisaient la cour. — 5 Qui forment deux groupes, opposés par *ou :* la cabale du Grand Dauphin et celle du duc de Bourgogne. — 6 Epanouissement. — 7 Que pensez-vous de ce terme ? — 8 « Dur

au fond, avec un extérieur de bonté qui ne portait que sur des subalternes et sur des valets... Il était avec eux d'une familiarité prodigieuse. » — 9 Celle de Louis XIV, dont nul n'aurait pu penser qu'il survivrait à son fils. — 10 D'autres valets. — 11 Expliquer et apprécier cette expression.

plus grand nombre, c'est-à-dire les sots, tiraient des soupirs de leurs
talons, et, avec des yeux égarés et secs, louaient Monseigneur, mais
toujours de la même louange, c'est-à-dire de bonté [12], et plaignaient
le roi de la perte d'un si bon fils. Les plus fins d'entre eux, ou les plus
considérables, s'inquiétaient déjà de la santé du roi ; ils se savaient bon
20 gré de conserver tant de jugement parmi ce trouble, et n'en laissaient pas
douter par la fréquence de leurs répétitions. D'autres, vraiment affligés,
et de cabale frappée [13], pleuraient amèrement, ou se contenaient avec
un effort aussi aisé à remarquer que les sanglots. Les plus forts de
ceux-là, ou les plus politiques, les yeux fichés à terre, et reclus [14] en
des coins, méditaient profondément aux suites d'un événement si peu
attendu, et bien davantage sur eux-mêmes [15]. Parmi ces diverses sortes
d'affligés, point ou peu de propos ; de conversation, nulle ; quelque
exclamation parfois échappée à la douleur et parfois répondue par [16]
une douleur voisine, un mot en un quart d'heure, des yeux sombres
30 ou hagards, des mouvements de mains moins rares qu'involontaires [17],
immobilité du reste presque entière ; les simples curieux et peu soucieux,
presque nuls [18], hors les sots qui avaient le caquet en partage, les questions, et le redoublement [19] du désespoir des affligés, et l'importunité
pour les autres. Ceux qui déjà regardaient cet événement comme favorable avaient beau pousser la gravité jusqu'au maintien chagrin et
austère, le tout n'était qu'un voile clair, qui n'empêchait pas de bons
yeux de remarquer et de distinguer tous leurs traits. Ceux-ci se tenaient
aussi tenaces [20] en place que les plus touchés, en garde contre l'opinion,
contre la curiosité, contre leur satisfaction, contre leurs mouvements [21] ;
40 mais leurs yeux suppléaient au peu d'agitation de leur corps. Des changements de posture, comme des gens peu assis ou mal debout ; un
certain soin de s'éviter les uns les autres, même de se rencontrer des
yeux [22] ; les accidents momentanés qui arrivaient de ces rencontres ;
un je ne sais quoi de plus libre en toute la personne, à travers le soin
de se tenir et de se composer ; un vif, une sorte d'étincelant [23] autour
d'eux les distinguait malgré qu'ils en eussent [24].

La DUCHESSE DE BOURGOGNE *fait de son mieux pour paraître affligée :*
Quelques larmes amenées du spectacle et souvent entretenues avec soin fournissaient
à l'art du mouchoir pour rougir et grossir les yeux et barbouiller le visage, et cependant
le coup d'œil fréquemment dérobé se promenait sur l'assistance et sur la contenance de
chacun.
Quant à ses sentiments personnels, voici en quels termes SAINT-SIMON *les exprime,
avec un cynisme dont on ne sait s'il est atroce ou désarmant :*

12 En quoi cette louange constamment
répétée paraît-elle sotte et ridicule à l'auteur ?
— 13 Appartenait à la cabale du Grand Dauphin : sa mort ruinait leurs espoirs. — 14 A
l'écart. — 15 Tout se ramène, pour Saint-
Simon, à des considérations *égoïstes* ; cf. La
Rochefoucauld. — 16 Tour vif et hardi, mais
correct. — 17 Saint-Simon excelle à saisir sur
le vif et à interpréter le *comportement* des êtres.

— 18 Cf. « le néant de ceux qui n'étaient de
rien ». — 19 Le don de *redoubler...* et d'*importuner.* — 20 Cette répétition est-elle une négligence ? — 21 Quel art de feindre ! Cf. la satire
des courtisans chez La Fontaine (p. 227). —
22 Ils n'auraient pu alors dissimuler leur joie.—
23 Quel est l'effet de ces adj. substantivés ? —
24 Indiquer la construction depuis : *Des
changements...*

Mon premier mouvement fut de m'informer à plus d'une fois, de ne croire qu'à peine au spectacle et aux paroles; ensuite de craindre trop peu de cause pour tant d'alarmes, enfin de retour sur moi-même par la considération de la misère commune à tous les hommes, et que moi-même je me trouverais un jour aux portes de la mort. La joie néanmoins perçait à travers les réflexions momentanées de religion et d'humanité par lesquelles j'essayais de me rappeler. Ma délivrance particulière me semblait si grande et si inespérée qu'il me semblait avec une évidence encore plus parfaite que la vérité, que l'État gagnait tout en une telle perte. Parmi ces pensées, je sentais malgré moi un reste de crainte que le malade en réchappât, et j'en avais une extrême honte.

– *Distinguez les trois catégories de courtisans (§ 1), et, dans le § 3, le passage consacré à chacune d'elles.*
– *Montrez comment le comportement des courtisans traduit leurs sentiments véritables.*
– *D'après cette page : a) Comment vous représentez-vous la cour ? – b) Ce tableau vous paraît-il véridique ?*
– *Dans quels passages apparaît l'ironie mordante de SAINT-SIMON ?*
– **L'expression.** *a) Relevez des expressions frappantes; – c) Citez des tours abstraits et évocateurs.*
– **Essai.** *Portrait psychologique et moral de SAINT-SIMON d'après les deux extraits pages 392-394.*
• **Groupe thématique : Courtisans.** Cf. pages 35, 224, 227, 385, 419. – XVIᵉ SIÈCLE, pages 115, 116 à 118 ; – 179.

Monsieur et son confesseur

Voici une excellente *scène de comédie*. Saint-Simon, sans rien perdre de sa *verve* habituelle, ne se montre ici ni injurieux ni haineux dans ses commérages. Aussi le passage est-il franchement *gai* : la lecture ne laisse aucun arrière-goût d'amertume. Cette conversion de Philippe d'Orléans, frère de Louis XIV, précéda de peu sa mort (1701).

Il avait depuis quelque temps un confesseur [1] qui, bien que jésuite, le tenait de plus court qu'il pouvait [2].

Il lui représentait fort souvent qu'il ne se voulait pas damner pour lui [3], et que si sa conduite [4] lui paraissait trop dure, il n'aurait nul déplaisir de lui voir prendre un autre confesseur. A cela il ajoutait qu'il prît bien garde à lui, qu'il était vieux [5], usé de débauche, gras, court de cou, et que, selon toute apparence, il mourrait d'apoplexie, et bientôt [6]. C'étaient là d'épouvantables paroles pour un [7] prince le plus voluptueux et le plus attaché à la vie qu'on eût vu de longtemps, qui l'avait toujours passée dans la plus molle oisiveté, et qui
10 était le plus incapable par nature d'aucune application, d'aucune lecture sérieuse, ni de rentrer en lui-même. Il craignait le diable, il se souvenait que son précédent confesseur n'avait pas voulu mourir dans cet emploi et qu'avant sa mort il lui avait tenu les mêmes discours. L'impression qu'ils lui firent le força de rentrer un peu en lui-même, et de vivre d'une manière qui depuis quelque temps pouvait passer pour serrée à son égard [8]. Il faisait à reprises [9] beaucoup de prières, obéissait à son confesseur, lui rendait compte de la conduite qu'il lui avait prescrite sur son jeu, sur ses autres dépenses, et sur bien d'autres choses, souffrait avec patience ses fréquents entretiens, et y réfléchissait beaucoup. Il en devint triste, abattu, et parla moins qu'à l'ordinaire, c'est-à-dire encore
20 comme trois ou quatre femmes [10], en sorte que tout le monde s'aperçut bientôt de ce grand changement [11].

— 1 Le Père du Trévoux. — 2 Métaphore empruntée à l'équitation. — 3 Commenter ce trait ; cf. l. 11-13. — 4 La façon dont lui, son directeur de conscience, le *conduisait*. — 5 Soixante et un ans. — 6 Ces termes sont-ils vraiment ceux du confesseur... ou ceux de Saint-Simon ? — 7 Nous dirions : *le*. — 8 Pouvait passer pour rigoureuse, de la part d'un homme tel que lui. — 9 A diverses reprises. — 10 Commenter ce trait. — 11 On s'épie beaucoup à la cour, et le regard perçant de Saint-Simon est toujours en éveil.

Le portrait du siècle

N. de Largillière, « Portrait de J. de La Bruyère ».
(Peinture, xviiᵉ siècle. Musée National du Château de Versailles. Ph. H. Josse
© Arch. Photeb.)

Le portrait du siècle : la formule est de Molière qui se flattait de tracer dans ses comédies un tableau de la société contemporaine (cf. **p. 194**). On pourrait en dire autant à propos des *Fables* de La Fontaine et, du moins pour la haute société, des *Mémoires* de Saint-Simon ou des *Lettres* de Mme de Sévigné. Mais seuls — et c'est là leur originalité — les *Caractères* de **La Bruyère** ont pour objet déclaré de peindre, comme dit leur auteur, « les mœurs de ce temps » (cf. **p. 401**), et de présenter un tableau complet, même s'il est souvent satirique, de la société de la fin du xviiᵉ siècle (cf. **p. 414**).

Louis XIV devant la grotte de Thétis, à Versailles ». (Peinture anonyme, XVIIᵉ siècle. Musée National du Château de Versailles. Ph. H. Josse © Arch. Photeb.)

Le Roi et la Cour

La Bruyère ne conteste pas la monarchie, mais proteste contre les excès du despotisme royal. Il considère qu'il existe une sorte de contrat, une chaîne de devoirs réciproques où les droits des sujets doivent limiter le pouvoir du **roi** (cf. **p. 420**).

Conscient de sa propre valeur injustement méconnue, il oppose le « **mérite personnel** » aux distinctions fondées sur la naissance, la faveur ou la fortune. Il est très sévère pour les **grands**, assez sots pour mépriser les autres hommes. Il les présente souvent comme des inutiles ou des incapables (cf. **p. 402**) et leur préfère les bourgeois qui se signalent par leurs efforts et par leur utilité.

La **cour** est le lieu où les vices des grands se trouvent décuplés par l'ambition, l'intrigue, la dissimulation, la servilité envers le prince, que les courtisans entourent et encensent en l'imitant comme des singes (cf. **p. 419** et **XVIIIᵉ siècle**, planche XIV).

J. Werner le jeune, « Louis XIV en Apollon ». (Gouache,
XVIIᵉ siècle. Musée National du Château de Versailles. Ph. H. Josse © Arch.
Photeb.)

Le « Roi Soleil »

Selon La Bruyère, le souverain estime qu'il n'a de devoirs qu'envers Dieu et se laisse aduler comme
une sorte de dieu sur la terre (cf. **p. 419-420** ; cf. aussi Bossuet, **p. 260-261** ; et Fénelon, notes **p. 426**).
L'emblème du soleil, partout présent dans la décoration, favorise cette assimilation (cf. planche XIII).
L'artiste a représenté ici Louis XIV en Apollon couronné de lauriers et conduisant les chevaux du Soleil.

J. Lepautre, « *Une Table prin-cière* ». (Gravure, xviiᵉ siècle. Ph. © Bibl. Nat, Paris. Photeb.)

N. Bonnart, « *Dame en désha-billé sur un lit de gazon* ». (Gra-vure, xviiᵉ siècle. Musée Carnavalet, Paris. Ph. Jeanbor © Arch. Photeb.)

Les Grands

« L'avantage des grands sur les autres hommes est immense par un endroit : je leur cède leur bonne chère, leurs riches ameublements, leurs chiens, leurs che-vaux, leurs singes, leurs nains, leurs fous et leurs flatteurs ; mais je leur envie le bonheur d'avoir à leur service des gens qui les égalent par le cœur et par l'esprit, et qui les passent quelquefois. » (La Bruyère, *Les Caractères*, IX, « Des Grands », 3).

Le Nain, « Le Repas des paysans ». (Peinture, 1642.
Musée du Louvre, Paris. Ph. H. Josse © Arch. Photeb.)

J. Callot, « Mère et ses trois enfants ». (Gravure,
XVIIᵉ siècle. Ph. © Bibl. Nat., Paris. Photeb.)

« Il y a des misères sur la terre qui serrent le cœur »

La Bruyère se montre particulièrement sensible à l'**inégalité sociale** lorsqu'il compare aux gaspillages stupides des
parvenus l'**extrême misère du peuple** (cf. **p. 418**). Ses observations indignées sont confirmées par Bossuet (cf.
p. 260-261), par Fénelon (cf. notes **p. 427 à 429**) et par Vauban (cf. **XVIIIᵉ siècle, p. 30-31**). C'est surtout la condition
des **paysans** qui a inspiré à La Bruyère des accents inoubliables : par la vigueur du trait satirique, il annonce les
philosophes du XVIIIᵉ siècle (cf. **p.419**).

« *Le Prêteur et l'Emprunteur.* » (Gravure, xvııᵉ siècle. Musée Carnavalet, Paris. Ph. Jeanbor © Arch. Photeb.)

Le règne de l'argent

La Bruyère s'insurge contre le pouvoir scandaleux de l'argent, contre l'enrichissement rapide et malhonnête des hommes de finance : c'est aux **fermiers généraux** qu'il réserve ses flèches les plus acérées (cf. **p. 414-416**). Il raille le luxe des parvenus qui comptent acquérir l'estime en mettant de l'or sur leurs habits, tel « celui qui, avec un grand cortège, un habit riche et un magnifique équipage, s'en croit plus de naissance et plus d'esprit » (cf. **p. 403**).

Le Nain, « La Forge ». (Peinture, xviiᵉ siècle. Musée du Louvre, Paris. Ph. H. Josse © Arch. Photeb.)

« Je ne balance pas : je veux être peuple »

A la fin du siècle, **Vauban** tente d'attirer l'attention de Louis XIV sur « la partie basse du peuple qui, par son travail et son commerce, et par ce qu'elle paie au roi, l'enrichit et tout son royaume » (cf. **xviiiᵉ siècle, p. 30-31**). **La Bruyère**, de son côté, insiste sur l'activité du peuple qui « ne s'exerce que dans les choses qui sont utiles ». Au terme d'un parallèle célèbre entre les grands et le peuple, il conclut par cette formule énergique : « Faut-il opter ? Je ne balance pas : je veux être peuple » (cf. **p.419**).

J. Callot, « L'Arbre des pendus ». (Gravure, 1633. Bibl. Nat., Paris. Ph. Jeanbor © Arch. Photeb.)

J. Callot, « Misères de la guerre ». (Gravure, 1633. Ph. © Bibl. Nat., Paris. Photeb.)

Misères de la guerre

A chaque siècle une grande voix s'élève pour condamner la guerre. Au XVIIᵉ siècle, c'est celle de **La Bruyère** qui s'impose à notre attention (cf. **p. 421-422**). Comme Jacques Callot dans la série des *Misères de la guerre*, il stigmatise les excès de toute sorte perpétrés par les soudards (dans *L'arbre des pendus*, il s'agit des pillards exécutés pour leurs crimes). Non content de souligner l'absurdité immémoriale de la guerre, La Bruyère adopte le ton sarcastique pour montrer à quel point elle rabaisse « l'animal raisonnable » au-dessous des bêtes les plus malfaisantes. Dans *Télémaque* (cf. **p.426**), Fénelon insiste sur l'idée de la fraternité des hommes ; il proclame que « toutes les guerres sont civiles ».

LA BRUYÈRE

LE BOURGEOIS DE PARIS. Jean de La Bruyère naquit à Paris en août 1645, dans une famille de la petite bourgeoisie. Après avoir appris le grec, l'allemand, et surtout le latin, il fit des études de droit et devint avocat au Parlement de Paris, mais il ne semble pas qu'il ait jamais plaidé. Possédant quelque argent, il achète en 1673 un office de trésorier des finances de la généralité de Caen, ce qui ne l'empêche pas de résider dans la capitale. Comme sa charge l'occupe fort peu, il peut méditer, lire, observer à loisir. Il mène en somme, jusqu'en 1684, la vie d'un *sage*, très modéré dans ses ambitions, très jaloux de son indépendance. Chez ce bourgeois de Paris, de la même race qu'un Boileau, qu'un Voltaire, sommeillent encore des dons de perspicacité réaliste et d'ironie caustique, qu'un brusque changement dans sa destinée va lui permettre de révéler.

LE PRÉCEPTEUR DU DUC DE BOURBON. Le 15 août 1684 La Bruyère devient, grâce à Bossuet, précepteur du duc de Bourbon, petits-fils du grand Condé. Il aliène ainsi son indépendance, mais en revanche, à l'Hôtel des Condé à Paris ou au château de Chantilly, un vaste *champ d'observation* s'ouvre à son regard aigu; il voit de près, et dans l'intimité, les grands seigneurs auxquels se mêlent parfois des parvenus plus orgueilleux encore que les princes du sang. Condé, qu'il peindra sous le nom d'*Æmile* (II, 32), respecte en la personne du précepteur le savoir et l'intelligence, mais il est violent et impérieux; son fils le duc d'Enghien fait régner la terreur autour de lui, si l'on en croit Saint-Simon; quant à l'élève de La Bruyère, il est franchement odieux et ne peut lui donner aucune satisfaction. Ce préceptorat ne dure d'ailleurs que jusqu'en décembre 1686, mais notre auteur reste attaché aux Condé en qualité de secrétaire. C'est une « domesticité » honorable (il porte le titre de gentilhomme), mais pénible à l'amour-propre d'un être hautement conscient de son *mérite personnel*.

L'AUTEUR DES « CARACTÈRES ». Aucune de ses observations n'est perdue. Témoin parfois amusé, souvent amer, de la « comédie humaine », il prépare dans le silence un livre qui traduira son expérience des hommes et de la société tout en le soulageant de ses rancœurs. *Les Caractères*, qui paraissent en 1688, sont, en effet, la *revanche* du talent et de l'esprit sur la naissance et la fortune; mais surtout l'auteur y apparaît comme un *moraliste* pénétrant, un *satirique* plein d'ironie et un *styliste* tout à fait original. Le succès du livre est prodigieux ; succès de bon aloi et aussi succès de scandale : tandis que les éditions se suivent, on publie des « *clefs* » révélant le nom des modèles prétendus de ces « caractères ». Cependant, s'il a souffert cruellement des humiliations qui ne lui ont pas été épargnées, La Bruyère n'est pas véritablement aigri : il conserve ses qualités de cœur et, inaccessible à l'attrait de l'argent, tout-puissant autour de lui, il consacre le profit de son livre à doter richement la fille du libraire.

LE PARTISAN DES ANCIENS. *Les Caractères* lui valent autant d'ennemis que d'admirateurs. Les personnages qui se sentent ou se croient visés par ses portraits satiriques sont évidemment furieux de devenir la risée du public. En outre, La Bruyère s'attire l'hostilité des « Modernes » (cf. p. 433) en leur décochant dans la 4ᵉ et la 5ᵉ édition des traits acérés (cf. p. 398, § 15). Son élection à l'Académie française (1693), après deux échecs, est un triomphe pour les « Anciens ». Avec une tranquille audace, il brave dans son discours de réception à la fois les « Modernes » et la *faction cornélienne* (Fontenelle, Thomas Corneille) en réservant ses louanges à La Fontaine, Bossuet,

Boileau et Racine. Ami fidèle, il se range aux côtés de Bossuet dans la querelle du *quiétisme* (cf. p. 423) et rédige des *Dialogues sur le Quiétisme*. Il préparait une nouvelle édition des *Caractères* lorsqu'il mourut d'une attaque d'apoplexie, le 11 mai 1696.

Les Caractères   En vrai classique, La Bruyère présente modestement son livre comme une simple imitation d'un ouvrage antique : *Les Caractères de Théophraste, traduits du grec, avec les Caractères ou les Mœurs de ce siècle*. En réalité, il doit peu de chose à THÉOPHRASTE, et ses *Caractères* sont très supérieurs à ceux de l'écrivain grec (début du IIIe siècle avant J.-C.). S'il combat les modernes, La Bruyère leur fournit un nouvel argument en faveur de leur thèse. Le livre, fort mince en 1688, comprend des *maximes* (cf. p. 405) et des *portraits*. Dans le premier genre, l'auteur n'est pas supérieur à LA ROCHEFOUCAULD, mais le succès des portraits est tel qu'il va en accroître considérablement le nombre dans les éditions successives : 4e édition en 1689, 5e en 1690, 6e en 1691, 7e en 1692, 8e en 1694, enfin 9e en 1696, peu après sa mort.

Très doué pour l'observation minutieuse et le travail du style, La Bruyère *manque d'esprit de synthèse*. Son livre nous offre une série d'*aspects de l'homme et de la société*, non pas une thèse d'ensemble. De même, si les chapitres se groupent en général selon certaines affinités aisément discernables, leur ordre ne correspond pas à un plan d'ensemble. Quant à la succession souvent capricieuse des paragraphes à l'intérieur des chapitres, elle relève avant tout du souci de piquer la curiosité et d'éviter toute monotonie. Pour plus de clarté, nous grouperons nos extraits sous trois rubriques : la critique littéraire (chapitres I et XV), la peinture des mœurs (chapitres II, III, IV, V, XI et XIII), les idées sociales et politiques (chapitres VI, VIII et X). Dans le livre, les chapitres se succèdent ainsi : I. *Des Ouvrages de l'Esprit;* II. *Du Mérite personnel;* III. *Des Femmes;* IV. *Du cœur;* V. *De la Société et de la Conversation;* VI. *Des Biens de fortune;* VII. *De la Ville;* VIII. *De la Cour;* IX. *Des Grands;* X. *Du Souverain ou de la République;* XI. *De l'Homme;* XII. *Des Jugements;* XIII. *De la Mode;* XIV. *De quelques Usages;* XV. *De la Chaire;* XVI. *Des Esprits forts.*

Le styliste   Quelles que soient les idées exprimées par La Bruyère, elles sont rehaussées par un *style* extrêmement personnel, varié et travaillé. Il ne s'agit plus seulement pour l'auteur d'énoncer clairement ce qu'il conçoit bien, il faut encore donner à la maxime et au portrait un tour vif, piquant, original. On a noté le caractère *moderne* de cet art qui s'oppose à la grande simplicité classique. C'est un signe du *tempérament* même de La Bruyère, mais aussi du *temps :* il n'est pas aisé de faire du neuf dans un domaine où viennent de s'illustrer MOLIÈRE et BOILEAU; d'ailleurs le *goût du public* commence à se blaser : il demande un style plus épicé si l'on peut dire, à la fois plus réaliste et plus intellectuel. Chez La Bruyère, écrivait SAINTE-BEUVE, « l'art est grand, très grand; il n'est pas suprême, car il se voit et il se sent ».

N'importe, c'est un art *accompli*, et d'autant plus intéressant à étudier qu'on peut en analyser les *procédés*. L'auteur connaît à merveille sa *rhétorique* et en exploite toutes les ressources : parallèles (p. 399 et 417), apologues (p. 421 et 422), énigmes (419-20); apostrophes, hyperboles, définitions (p. 411), etc... La forme des *portraits* varie constamment : anecdote (p. 406), dialogue (p. 405); le trait dominant autour duquel s'organise le caractère est indiqué soit au début (p. 409), soit à la fin. Peignant les hommes *par l'extérieur*, La Bruyère emploie une langue pittoresque, réaliste; il choisit toujours le terme propre et use volontiers du terme technique (p. 411). Il est sensible à la *saveur des mots* et réussit un excellent pastiche de MONTAIGNE (V, 30). Son *ironie* n'est jamais à court de pointes et d'artifices : il crible sa victime de banderilles, jusqu'à l'estocade finale, toujours inattendue, rapide comme l'éclair, et décisive.

« Son talent, écrit TAINE, consiste principalement dans l'*art d'attirer l'attention...* Il ressemble à un homme qui viendrait arrêter les passants dans la rue, les saisirait au collet, leur ferait oublier leurs affaires et leurs plaisirs, les forcerait à regarder à leurs pieds, à voir ce qu'ils ne voyaient pas ou ne voulaient pas voir, et ne leur permettrait d'avancer qu'après avoir gravé l'objet d'une manière ineffaçable dans leur mémoire étonnée. »

LA CRITIQUE LITTÉRAIRE

Tandis qu'en général Boileau passe directement de la satire littéraire à l'exposé doctrinal, nous trouvons dans *Les Caractères* à la fois une *théorie de l'art classique* (extrait ci-dessous), des *jugements* sur les genres (p. 400) et les auteurs (p. 399) et des *aperçus historiques* sur les œuvres du XVIe siècle et l'évolution des genres. Ainsi La Bruyère apparaît comme le précurseur ou même le fondateur de la *critique littéraire moderne*.

1. L'ART CLASSIQUE. Moins dogmatique que Boileau, plus nuancé, parfois plus pénétrant, il trouve des formules et des comparaisons heureuses pour définir cet idéal classique auquel il reste sincèrement attaché quoiqu'il s'en écarte, nous venons de le voir, dans le détail de l'exécution. Il expose en particulier, après Montaigne, Pascal et La Fontaine, la doctrine de l'*imitation créatrice*, par l'opposition saisissante entre le premier et le dernier paragraphe des *Ouvrages de l'Esprit*; 1. « *Tout est dit, et l'on vient trop tard depuis plus de sept mille ans qu'il y a des hommes, et qui pensent. Sur ce qui concerne les mœurs, le plus beau et le meilleur est enlevé; l'on ne fait que glaner après les anciens et les habiles d'entre les modernes.* » — 69. « HORACE ou DESPRÉAUX *l'a dit avant vous.* — *Je le crois sur votre parole; mais je l'ai dit comme mien. Ne puis-je pas penser après eux une chose vraie, et que d'autres penseront après moi?* »

2. LE SENS HISTORIQUE. Le dogmatisme classique de La Bruyère est tempéré par un sentiment très net de l'*évolution* de la langue et de la littérature. Ce *relativisme* annonce le XVIIIe siècle; il permet à l'auteur de goûter MONTAIGNE, de deviner le génie de RABELAIS, qui choque pourtant son goût, de porter sur RONSARD un jugement moins injuste que celui de Boileau.

La Bruyère nous expose ses idées littéraires dès le début de son livre, marquant ainsi la primauté des *ouvrages de l'esprit* en même temps qu'il nous révèle la *doctrine esthétique* qui a présidé à la composition des *Caractères*. Il reviendra sur ces questions dans plusieurs passages dispersés, et surtout au chapitre XV, *De la Chaire*, où il raille les abus et les ridicules qui déshonoraient l'éloquence sacrée, puis montre ce que devrait être, selon lui, le *parfait prédicateur*.

L'idéal classique

Dans ces quelques paragraphes du chapitre I, LA BRUYÈRE résume tout l'essentiel de la doctrine classique : nécessité du *travail* ; croyance en un *goût absolu* permettant de choisir pour chaque idée la *seule expression* qui la traduira avec un *naturel* parfait ; *imitation des anciens* ; lien étroit entre l'*esthétique* et la *morale*. (Comparer BOILEAU, p. 340.) En outre, l'auteur attaque vivement les modernes (cf. p. 433).

C'est un métier que de faire un livre, comme de faire une pendule : il faut plus que de l'esprit [1] pour être auteur. Un magistrat [2] allait par son mérite à la première dignité [3] ; il était homme délié [4] et pratique [5] dans les affaires ; il a fait imprimer un ouvrage moral qui est rare par le ridicule. (§ 3.)

— 1 Dons naturels, inspiration. — 2 Sans doute Poncet de la Rivière, auteur de *Considérations sur les avantages de la vieillesse.* —

3 Était en bonne voie pour obtenir la charge de chancelier, ou du moins, de premier président. — 4 Habile. — 5 Versé.

10. Il y a dans l'art un point de perfection, comme de bonté ou de maturité dans la nature ; celui qui le sent et qui l'aime a le goût parfait ; celui qui ne le sent pas et qui aime en deçà ou au delà, a le goût défectueux. Il y a donc un bon et un mauvais goût, et l'on dispute des goûts avec fondement [6].

10   15. On a dû [7] faire du style ce qu'on a fait de [8] l'architecture. On a entièrement abandonné l'ordre gothique, que la barbarie [9] avait introduit pour les palais et pour les temples ; on a rappelé le dorique, l'ionique et le corinthien : ce qu'on ne voyait plus que dans les ruines de l'ancienne Rome et de la vieille Grèce, devenu moderne, éclate dans nos portiques et dans nos péristyles. De même on ne saurait en écrivant rencontrer le parfait, et, s'il se peut, surpasser les anciens que par leur imitation [10]. (Éd. 5.)

Combien de siècles se sont écoulés avant que les hommes, dans les sciences et dans les arts, aient pu revenir au goût des anciens et reprendre enfin le simple et le naturel !

20   On se nourrit [11] des anciens et des habiles [12] modernes ; on les presse, on en tire le plus que l'on peut, on en renfle [13] ses ouvrages ; et quand enfin l'on est auteur et que l'on croit marcher tout seul, on s'élève contre eux, on les maltraite, semblable à ces enfants drus [14] et forts d'un bon lait qu'ils ont sucé, qui battent leur nourrice [15]. (Éd. 4.)

Un auteur moderne [16] prouve ordinairement que les anciens nous sont inférieurs en [17] deux manières, par raison et par exemple : il tire la raison de son goût particulier et l'exemple de ses ouvrages [18]. (Éd. 4.)

Il avoue que les anciens, quelque inégaux et peu corrects [19] qu'ils soient, ont de beaux traits ; il les cite, et ils sont si beaux qu'ils font lire sa critique.
30 (Éd. 4.)

Quelques habiles [20] prononcent [21] en faveur des anciens contre les modernes ; mais ils sont suspects et semblent juger en leur propre cause, tant leurs ouvrages sont faits sur le goût de l'antiquité ; on les récuse. (Éd. 4.)

17. Entre toutes les différentes expressions qui peuvent rendre une seule de nos pensées, il n'y en a qu'une qui soit la bonne [22]. On ne la rencontre pas toujours en parlant ou en écrivant ; il est vrai néanmoins qu'elle existe, que tout ce qui ne l'est point [23] est faible et ne satisfait point un homme d'esprit qui veut se faire entendre [24].

Un bon auteur, et qui [25] écrit avec soin, éprouve souvent que l'expression
40 qu'il cherchait depuis longtemps sans la connaître, et qu'il a enfin trouvée, est celle qui était la plus simple, la plus naturelle, qui semblait devoir se présenter d'abord et sans effort [26]. [...]

31. Quand une lecture vous élève l'esprit, et qu'elle vous inspire des sentiments nobles et courageux, ne cherchez pas une autre règle pour juger de l'ouvrage ; il est bon et fait de main d'ouvrier [27]. (Éd. 8.)

---

6 On voit que, comme Boileau, La Bruyère croit au *beau absolu*. — 7 Aurait dû (cf. App. G 1). — 8 Pour. — 9 La Bruyère partage le mépris de son siècle pour l'art ogival. C'est Chateaubriand qui réhabilitera la cathédrale gothique. — 10 Théorie classique de l'*imitation* ; c'est ici réponse aux *Modernes*. — 11 Noter la façon dont cette métaphore est *filée* dans tout le paragraphe. — 12 Gens de talent et de goût. — 13 Enfle démesurément. — 14 Vigoureux (terme de fauconnerie). —

15 Attaque contre les *Modernes*. — 16 Ainsi Fontenelle, ou Desmarets de Saint-Sorlin. — 17 De. — 18. Noter la vivacité du trait. — 19 Respectueux des règles de l'art. — 20 Peut-être Racine et Boileau. — 21 Terme juridique (cf. *juger, cause, récuse*). — 22 Cf. § 10. — 23 N'est pas elle. — 24 Comprendre. — 25 Cf. « depuis plus de sept mille ans qu'il y a des hommes, *et* qui pensent ». — 26 Cf. Boileau et Pascal (p. 347, l. 12-17 et n. 4). — 27 De maître.

CORNEILLE ET RACINE

Dans ce *parallèle* célèbre, si souvent repris (I, 54), La Bruyère oppose nos deux grands tragiques sans marquer de préférence personnelle; plus tard il sera moins favorable à Corneille, dont les modernes faisaient ressortir l'originalité par rapport aux poètes anciens. S'il se plaît un peu trop aux *antithèses rhétoriques*, écueil du genre, l'auteur analyse avec autant de *brillant* que de *pénétration* le contraste entre le génie de Corneille et celui de Racine.

Corneille ne peut être égalé dans les endroits où il excelle : il a pour lors un caractère original et inimitable ; mais il est inégal. Ses premières comédies [1] sont sèches, languissantes, et ne laissaient pas espérer qu'il dût ensuite aller si loin, comme ses dernières font qu'on s'étonne qu'il ait pu tomber de si haut. Dans quelques-unes de ses meilleures pièces, il y a des fautes inexcusables contre les mœurs [2], un style de déclamateur qui arrête l'action et la fait languir, des négligences dans les vers et dans l'expression qu'on ne peut comprendre en un si grand homme. Ce qu'il y a eu en lui de plus éminent, c'est
10 l'esprit [3], qu'il avait sublime, auquel il a été redevable de certains vers, les plus heureux qu'on ait jamais lus ailleurs [4], de la conduite de son théâtre, qu'il a quelquefois hasardée contre les règles des anciens, et enfin de ses dénouements [5] ; car il ne s'est pas toujours assujetti au goût des Grecs et à leur grande simplicité : il a aimé au contraire à charger la scène d'événements [6] dont il est presque toujours sorti avec succès ; admirable surtout par l'extrême variété et le peu de rapport qui se trouve pour le dessein [7] entre un si grand nombre de poèmes qu'il a composés. Il semble qu'il y ait plus de ressemblance dans ceux de Racine, et qui [8] tendent un peu plus à une même chose ; mais il
20 est égal, soutenu, toujours le même partout, soit pour le dessein et la conduite de ses pièces, qui sont justes [9], régulières [10], prises dans le bon sens et dans la nature, soit pour la versification, qui est correcte, riche dans ses rimes, élégante, nombreuse [11], harmonieuse : exact imitateur des anciens, dont il a suivi scrupuleusement la netteté et la simplicité de l'action [12] ; à qui le grand et le merveilleux n'ont pas même manqué, ainsi qu'à Corneille ni [13] le touchant ni le pathétique. Quelle plus grande tendresse que celle qui est répandue dans tout le *Cid*, dans *Polyeucte* et dans *les Horaces* [14] ? Quelle grandeur ne se remarque point

---

— 1 Pièces. — 2 La psychologie (et non la morale). — 3 Le génie. — 4 Où que ce soit. — 5 Cf., par ex., celui de *Rodogune*. — 6 La tragédie, selon Corneille, exige une action *extraordinaire*, « Les grands sujets... doivent toujours aller au-delà du vraisemblable » (1ᵉʳ Discours).

— 7 Conception. — 8 Nous dirions : *et qu'ils.* — 9 Bien proportionnées. — 10 Conformes aux règles. — 11 Bien rythmée. — 12 Cf. la Préface de *Bérénice* (voir p. 289). — 13 De même que n'ont manqué à Corneille ni... ni... — 14 C'est ainsi qu'on désignait généralement *Horace* à l'époque.

en Mithridate, en Porus [15] et en Burrhus ? Ces passions encore [16] favo-
30 rites des anciens, que les tragiques aimaient à exciter sur les théâtres
et qu'on nomme la terreur et la pitié, ont été connues de ces deux poètes.
Oreste dans l'*Andromaque* de Racine, et *Phèdre*, du même auteur,
comme l'*Œdipe* et *les Horaces* de Corneille, en sont la preuve. Si cependant il est permis de faire entre eux quelque comparaison, et les marquer [17]
l'un et l'autre par ce qu'ils ont eu de plus propre [18] et par ce qui éclate
le plus ordinairement dans leurs ouvrages, peut-être qu'on pourrait
parler ainsi : « Corneille nous assujettit [19] à ses caractères et à ses idées,
Racine se conforme aux nôtres ; celui-là peint les hommes comme
ils devraient être, celui-ci les peint tels qu'ils sont. Il y a plus dans
40 le premier de ce que l'on admire, et de ce que l'on doit même imiter ;
il y a plus dans le second de ce que l'on reconnaît dans les autres, ou de
ce que l'on éprouve dans soi-même. L'un élève, étonne, maîtrise, instruit ; l'autre plaît, remue, touche, pénètre. Ce qu'il y a de plus beau,
de plus noble et de plus impérieux dans la raison est manié [20] par le
premier ; et par l'autre, ce qu'il y a de plus flatteur [21] et de plus délicat
dans la passion. Ce sont dans celui-là des maximes, des règles, des préceptes ; et dans celui-ci, du goût et des sentiments. L'on est plus occupé [22]
aux pièces de Corneille ; l'on est plus ébranlé et plus attendri à celles
de Racine. Corneille est plus moral, Racine plus naturel. Il semble que
50 l'un imite SOPHOCLE, et que l'autre doit plus à EURIPIDE. »

- *D'après La Bruyère, en quoi Corneille est-il supérieur à* RACINE, *et* RACINE *supérieur à* CORNEILLE ?
- *En quoi s'opposent-ils ? Commentez et illustrez à l'aide d'exemples les lignes 33-50.*
- *Que veut montrer l'auteur dans les lignes 25-29 ? Commentez les exemples d'après les pièces que vous connaissez.*
- *Dans ce parallèle, étudiez le choix des termes destinés à nuancer le jugement.*
- **Essai.** *Préférez-vous* CORNEILLE *ou* RACINE ? *Sur quels points les raisons de votre choix s'accordent-elles avec celles de* LA BRUYÈRE ?
- **Groupe thématique : Corneille.** Cf. pages 178, 371. – XVIIIe SIÈCLE, page 151. – XXe SIÈCLE, page 688.
- RACINE, *cf. questionnaire, page 332.*

La tragédie et la comédie

Condamnant avec esprit le genre « doucereux », LA BRUYÈRE montre de façon frappante que l'effet
de la *tragédie* classique réside dans le *déroulement implacable de la crise*. Son style même rend
parfaitement la concentration dramatique et l'enchaînement rigoureux qui conduit l'action de l'exposition au dénouement. De la *comédie*, il exige une *dignité* incompatible avec le ridicule bas ou
fade (I, § 51 et 52). Comparer BOILEAU, p. 341 et 344.

L e poème tragique vous serre le cœur dès son commencement, vous laisse
    à peine dans tout son progrès [1] la liberté de respirer et le temps de vous
remettre ; ou, s'il vous donne quelque relâche, c'est pour vous replonger
dans de nouvaux abîmes et dans de nouvelles alarmes. Il vous conduit à la

---

15 Dans *Alexandre*. — 16 En outre,
ces passions. — 17 Et *de les caractériser.* —
18 Personnel. — 19 Terme à expliquer. —

20 Mis en œuvre. — 21 Séduisant. — 22 Em-
poigné (cf. « Corneille nous *assujettit...* »).

— 1 Cours, développement.

terreur par la pitié, ou réciproquement à la pitié par le terrible [2] ; vous mène par les larmes, par les sanglots, par l'incertitude, par l'espérance, par la crainte, par les surprises et par l'horreur jusqu'à la catastrophe [3]. Ce n'est donc pas un tissu de jolis sentiments, de déclarations tendres, d'entretiens galants, de portraits agréables, de mots *douceureux*, ou quelquefois assez plaisants pour
10 faire rire, suivi à la vérité d'une dernière scène où les mutins [4] n'entendent aucune raison, et où, pour la bienséance, il y a enfin du sang répandu, et quelque malheureux à qui il en coûte la vie [5]. (Éd. 6.)

Ce n'est point assez que les mœurs du théâtre ne soient point mauvaises, il faut encore qu'elles soient décentes et instructives. Il peut y avoir un ridicule si bas et si grossier, ou même si fade et si indifférent, qu'il n'est ni permis au poète d'y faire attention, ni possible aux spectateurs de s'en divertir. Le paysan ou l'ivrogne fournit quelques scènes à un farceur [6] ; il n'entre qu'à peine dans le vrai comique : comment pourrait-il faire le fond et l'action principale de la comédie? « Ces caractères, dit-on, sont naturels. » Ainsi, par cette règle, on
20 occupera bientôt tout l'amphithéâtre [7] d'un laquais qui siffle, d'un malade dans sa garde-robe [8], d'un homme ivre qui dort ou qui vomit : y a-t-il rien de plus naturel [9]? C'est le propre d'un efféminé [10] de se lever tard, de passer une partie du jour à sa toilette, de se voir au miroir, de se parfumer, de se mettre des mouches, de recevoir des billets et d'y faire réponse. Mettez ce rôle sur la scène. Plus longtemps vous le ferez durer, un acte, deux actes, plus il sera naturel et conforme à son original ; mais plus aussi il sera froid et insipide. (Éd. 5.)

LA PEINTURE DES MŒURS

Dans *Les Caractères*, La Bruyère poursuit un double objet : 1. Il veut peindre ses contemporains d'après nature et les aider par là, s'il est possible, à se corriger de leurs défauts; c'était déjà le dessein de MOLIÈRE. — 2. Mais, comme MOLIÈRE, LA FONTAINE, LA ROCHEFOUCAULD et tous les *moralistes* classiques, il vise aussi à discerner chez les Français du XVIIᵉ siècle des traits éternels de la nature humaine. Son œuvre présente donc à la fois un intérêt *historique* et *documentaire*, et un intérêt plus large et plus profond, celui qui s'attache à l'*homme saisi dans sa vérité universelle*.

« **Les mœurs**   « *Je rends au public ce qu'il m'a prêté;* j'ai emprunté de
  de ce temps »   lui la matière de cet ouvrage... » : ainsi commence la
                        Préface des *Caractères*, et l'auteur continue : « Il peut regarder avec loisir ce portrait que j'ai fait de lui d'après nature, et s'il se connaît quelques-uns des défauts que je touche, s'en corriger. » De fait l'imagination tient dans ce livre moins de place que l'observation. Maint portrait était reconnaissable pour les contemporains; si les auteurs de « clefs » se trompent souvent, c'est que La Bruyère emprunte un trait ici, un trait là, et les groupe habilement pour composer une silhouette typique, mais les éléments lui sont bien fournis par la réalité. Il prête ainsi à *Ménalque* tous les traits de distraction qu'il a notés lui-même ou entendu rapporter. Lorsqu'il invente, la fiction se mêle intimement à la chose vue. Telle anecdote, presque invraisemblable, est pourtant authentique (p. 406). La manière de l'écrivain reproduit fidèlement

---

2 Noter le souci de varier. — 3 *Dénouement*. Appliquer ces formules à une tragédie classique. — 4 « Sédition, dénouement vulgaire des tragédies. » (La Bruyère.) On peut penser à Quinault, ou encore à Fontenelle et Campistron. —

5 Souligner l'*ironie*. — 6 Auteur de farces. — 7 Le théâtre. — 8 Cf. *Le Malade imaginaire*. — 9 Suivre la *nature* : tel est le précepte classique ; mais on voit qu'il comporte un *choix* et s'oppose au *réalisme cru*. — 10 Cf. *Iphis*, p. 410.

la démarche de l'observateur : c'est le comportement des individus qui nous renseigne sur leurs travers, leur condition, leur caractère (p. 409 et 417); le geste significatif, le détail révélateur sont mis en vedette avec autant d'art que d'esprit.

Ainsi s'anime à nos yeux un vivant tableau de la *cour* et de la *ville*, que l'auteur connaît bien; l'évocation du *peuple* est impressionniste et pathétique, mais présente moins de précision documentaire (cf. p. 419). Nous côtoyons des financiers enrichis (p. 415), des élégants (p. 410) et des élégantes, de faux dévots (p. 404 et 413); nous écoutons les propos alambiqués des diseurs de « phébus » (p. 405-6). C'est une revue satirique des manies du temps (p. 411), de la mode vestimentaire, des mœurs de Versailles. L'*ironie* donne beaucoup de *relief* à cet album de gravures, car elle permet au moraliste de se détacher des usages consacrés par l'habitude et de les considérer avec une froide logique et un détachement amusé (p. 419-20).

L'homme de tous les temps — Figures du XVIIᵉ siècle, le parvenu, l'égoïste, le fat, le collectionneur sont aussi des *types de tous les temps* : qu'ils ôtent leur perruque et changent de vêtements, ils seront nos contemporains. La Bruyère atteint une vérité humaine générale non seulement dans ses *maximes* (p. 405), ce qui était relativement aisé, mais aussi dans ses *portraits*, pourtant si pittoresques et si concrets. Comme *Giton*, le riche d'aujourd'hui, le riche de tous les pays occupe plus de place et, comme on dit, « fait plus de volume » que *Phédon*, le pauvre honteux, toujours timide et inquiet (cf. p. 417). L'auteur a souligné mieux que personne la portée de ces « caractères » : « Bien que je les tire souvent de la Cour de France et des hommes de ma nation, on ne peut néanmoins les restreindre à une seule cour, ni les renfermer en un seul pays, sans que mon livre ne perde beaucoup de son étendue et de son utilité, ne s'écarte du plan que je me suis fait de *peindre les hommes en général*... » (Préface).

Réputations usurpées

Alors que le *mérite personnel* est dédaigné, que de gens font figure dans le monde sans avoir aucun talent! *Egésippe*, qui se croit bon à tout, n'est *bon à rien*; Philémon est « tout cousu d'or » : est-ce une raison pour qu'on l'admire ? *Mopse* s'insinue partout sans vergogne ; le seul trait marquant de *Ménippe* est son immense *vanité*. D'une plume vengeresse, LA BRUYÈRE replonge dans leur néant ces *médiocres satisfaits* (II, § 10, 27, 38 et 40).

Egésippe

Que faire d'*Egésippe*, qui demande un emploi ? Le mettra-t-on dans les finances, ou dans les troupes ? Cela est indifférent, et il faut que ce soit l'intérêt seul [1] qui en décide, car il est aussi capable de manier de l'argent, ou de dresser des comptes, que de porter les armes. « Il est propre à tout », disent ses amis, ce qui signifie toujours qu'il n'a pas plus de talent pour une chose que pour une autre, ou en d'autres termes, qu'il n'est propre à rien. Ainsi la plupart des hommes occupés d'eux seuls dans leur jeunesse, corrompus par la paresse ou par le plaisir, croient faussement, dans un âge plus avancé, qu'il leur suffit d'être inutiles [2] ou dans
10 l'indigence, afin que la république [3] soit engagée [4] à les placer ou à les secourir ; et ils profitent rarement de cette leçon si importante, que les hommes devraient employer les premières années de leur vie à devenir tels, par leurs études et par leur travail, que la république elle-même eût besoin de leur industrie [5] et de leurs lumières, qu'ils fussent comme une pièce nécessaire à tout son édifice, et qu'elle se trouvât portée par ses propres avantages [6] à faire leur fortune ou à l'embellir [7]. (Éd. 5.)

— 1 L'intérêt de l'Etat. — 2 Sans emploi. —
5 Pour que l'Etat. — 4 Obligée de. — 5 Acti-

vité. — 6 Intérêts. — 7 Etudier le style périodique, l. 7-16.

Philémon   L'or éclate, dites-vous, sur les habits de *Philémon* [8]. — Il éclate de même chez les marchands.
— Il est habillé des plus belles étoffes. — Le sont-elles moins toutes déployées
20 dans les boutiques et à la pièce [9] ? — Mais la broderie et les ornements y ajoutent
encore la magnificence. — Je loue donc le travail de l'ouvrier. — Si on lui
demande quelle heure il est, il tire une montre qui est un chef-d'œuvre ; la garde
de son épée est un onyx [10] ; il a au doigt un gros diamant qu'il fait briller aux
yeux et qui est parfait ; il ne lui manque aucune de ces curieuses [11] bagatelles
que l'on porte sur soi autant pour la vanité que pour l'usage, et il ne se plaint
non plus [12] toute sorte de parure qu'un jeune homme qui a épousé une riche
vieille [13]. — Vous m'inspirez enfin de la curiosité ; il faut voir du moins [14] des
choses si précieuses : envoyez-moi cet habit et ces bijoux de Philémon, je vous
quitte [15] de la personne. (Éd. 5.)
30 Tu te trompes [16], Philémon, si, avec ce carrosse brillant, ce grand nombre de
coquins [17] qui te suivent, et ces six bêtes qui te traînent, tu penses que l'on t'en
estime davantage : l'on écarte tout cet attirail, qui t'est étranger, pour pénétrer
jusqu'à toi, qui n'es qu'un fat [18].
Ce n'est pas qu'il faut [19] quelquefois pardonner à celui qui, avec un grand
cortège, un habit riche et un magnifique équipage, s'en croit plus de naissance
et plus d'esprit : il lit cela dans la contenance et dans les yeux de ceux qui lui
parlent [20].

Mopse   Je connais *Mopse*, d'[21] une visite qu'il m'a rendue [22]
sans me connaître [23] ; il prie des gens qu'il ne connaît
40 point de le mener chez d'autres dont il n'est pas connu ; il écrit à des femmes
qu'il connaît de vue. Il s'insinue dans un cercle de personnes respectables, et
qui ne savent quel il est, et, là, sans attendre qu'on l'interroge, ni sans [24] sentir
qu'il interrompt, il parle, et souvent, et ridiculement. Il entre une autre fois
dans une assemblée, se place où il se trouve, sans nulle attention aux autres
ni à soi-même ; on l'ôte d'une place destinée à un ministre, il s'assied à celle
du duc et pair ; il est là précisément celui dont la multitude rit, et qui seul est
grave et ne rit point. Chassez un chien du fauteuil du roi, il grimpe à la chaire
du prédicateur, il regarde le monde indifféremment [25], sans embarras, sans
pudeur [26] : il n'a pas, non plus que le sot, de quoi [27] rougir. (Éd. 5.)

50 **Ménippe**   *Ménippe* [28] est l'oiseau paré de divers plumages
qui ne sont pas à lui [29]. Il ne parle pas, il ne sent [30]
pas, il répète des sentiments et des discours, se sert même si naturellement
de l'esprit des autres qu'il y est le premier trompé, et qu'il croit souvent dire
son goût ou expliquer sa pensée, lorsqu'il n'est que l'écho de quelqu'un qu'il
vient de quitter. C'est un homme qui est de mise [31] un quart d'heure de suite,

---

— 8 Voici maintenant un portrait dialogué ;
cf. *Acis*, p. 405. Exercice : Ce paragraphe est
ajouté dans la 5ᵉ édition : étudier comment
le texte primitif (l. 30-33) en a donné l'idée à
l'auteur. — 9 Avant d'être coupées. — 10 Pierre
dont on fait des camées. — 11 Rares. —
12 Ne se refuse pas plus. — 13 La Bruyère ne
manque jamais l'occasion d'ajouter quelque
trait satirique accessoire et inattendu. —
14 *Au moins*. Souligner, dans cette phrase,
l'effet de surprise malicieusement ménagé. —
15 Tiens quitte, dispense. — 16 Ce paragraphe et le suivant figuraient, sans nom propre,
dans les éditions 1-4, au chapitre *Des Biens
de fortune*. — 17 Ses laquais. — 18 Sot. —
19 Qu'il ne faille. — 20 Quel nouvel élément
moral apporte ce paragraphe ? — 21 Par. —
22 Faite. — 23 Apprécier l'effet : *Je connais...
sans me connaître* ; ce jeu verbal continue un
moment. — 24 Et sans. — 25 Avec indifférence.
— 26 Confusion. — 27 Le tact qu'il faut pour.
— 28 Le maréchal de Villeroi, d'après les
clefs. — 29 Cf. La Fontaine (IV, 9) : *Le Geai
paré des plumes du paon*. — 30 Pense. — 31 Ac-
ceptable.

qui le moment d'après baisse, dégénère, perd le peu de lustre [32] qu'un peu de mémoire lui donnait, et montre la corde. Lui seul ignore combien il est au-dessous du sublime et de l'héroïque ; et, incapable de savoir jusqu'où l'on peut avoir de l'esprit, il croit naïvement que ce qu'il en a est tout ce que les hommes en sauraient avoir : aussi a-t-il l'air et le maintien de celui qui n'a rien à désirer sur ce chapitre, et qui ne porte envie à personne. Il se parle souvent à soi-même, et il ne s'en cache pas ; ceux qui passent le voient [33], et qu' [34] il semble toujours prendre un parti, ou décider qu'une telle chose est sans réplique. Si vous le saluez quelquefois [35], c'est le jeter dans l'embarras de savoir s'il doit rendre le salut ou non ; et, pendant qu'il délibère, vous êtes déjà hors de portée. Sa vanité l'a fait honnête homme [36], l'a mis au-dessus de lui-même, l'a fait devenir ce qu'il n'était pas. L'on juge, en le voyant, qu'il n'est occupé que de sa personne, qu'il sait que tout lui sied bien, et que sa parure est assortie ; qu'il croit que tous les yeux sont ouverts sur lui, et que les hommes se relaient pour le contempler. (Éd. 7.)

Les fausses dévotes

La *dévotion* est de mise depuis que Mᵐᵉ de Maintenon a pris un ascendant considérable sur Louis XIV. Aussi LA BRUYÈRE attaquera-t-il les faux dévots au chapitre *De la Mode* (cf. *Onuphre*, p. 413). Pourtant les conversions qu'il raille ici avec une extrême causticité ne sont pas provoquées par une ambition banale : ces coquettes d'hier, dévotes d'aujourd'hui, obéissent à des sentiments *plus subtils*. Elles croient même aimer Dieu sincèrement, mais leur piété n'est guère qu'*ostentation*, et leur cœur reste fermé à l'*humilité* et à la *charité chrétiennes* (III, *Des Femmes*, § 43).

La dévotion [1] vient à quelques-uns, et surtout aux femmes, comme une passion [2], ou comme le faible d'un certain âge, ou comme une mode qu'il faut suivre [3]. Elles comptaient autrefois une semaine par les jours de jeu [4], de spectacle, de concert, de mascarade ou d'un joli [5] sermon ; elles allaient le lundi perdre leur argent chez *Ismène*, le mardi leur temps chez *Climène*, et le mercredi leur réputation chez *Célimène* [6] ; elles savaient dès la veille toute la joie qu'elles devaient avoir le jour d'après et le lendemain ; elles jouissaient tout à la fois du plaisir présent et de celui qui ne leur pouvait manquer ; elles auraient souhaité de les pouvoir rassembler tous en un seul jour : c'était alors leur unique inquiétude et tout le sujet de leurs distractions [7] ; et si elles se trouvaient quelquefois [8] à l'*Opéra*, elles y regrettaient la comédie. Autres temps, autres mœurs : elles outrent l'austérité et la retraite ; elles n'ouvrent plus les yeux qui leur sont donnés pour voir ; elles ne mettent plus leurs sens à aucun usage ; et, chose incroyable! elles parlent peu [9] ; elles pensent encore, et assez bien d'elles-mêmes, comme assez mal des autres [10] ; il y a chez elles une émulation de vertu et de réforme qui tient quelque chose de la jalousie ; elles ne haïssent pas de primer dans ce nouveau genre de vie, comme elles faisaient dans celui qu'elles viennent de quitter par politique ou par dégoût. Elles se perdaient gaiement par la galanterie, par la bonne chère et par l'oisiveté ; et elles se perdent tristement par la présomption et par l'envie. (Éd. 6.)

— 32 Commenter la métaphore, continuée par *montre la corde.* — 33 Voient cela. — 34 En quoi cette construction est-elle vieillie ? — 35 Par hasard. — 36 Homme du monde.

— 1 « Fausse dévotion » (La Bruyère). — 2 Cf. Saint-Evremond : « Les dames galantes qui se donnent à Dieu lui donnent ordinairement une âme inutile qui cherche de l'occupation ; et leur dévotion se peut nommer une *passion nouvelle*, où un cœur tendre, qui croit être repentant, ne fait que changer d'objet à son amour. » — 3 « Un dévot est celui qui, sous un roi athée, serait athée. » (*De la Mode*, 21.) — 4 L'auteur dénonce la passion *du jeu* au chap. VI. — 5 Mot à commenter. — 6 Noter l'effet de *rime.* — 7 Préoccupations qui les rendaient rêveuses. — 8 Par hasard. — 9 Trait satirique traditionnel ; comment est-il mis en valeur ? — 10 Commenter le rebondissement.

L'amour et l'amitié

Le chapitre IV, *Du Cœur*, contient pour un seul *portrait* de nombreuses *maximes* qui ressemblent souvent à celles de LA ROCHEFOUCAULD, mais sont moins uniformément pessimistes. On voit aisément pourquoi l'auteur a préféré ici la maxime au portrait : il ne s'agit pas, dans ce chapitre, de peindre les mœurs, mais d'analyser le *cœur humain en général*. On remarquera, dans cette comparaison de l'amour avec l'amitié, la valeur que confère aux notations psychologiques un *art très dépouillé*.

Il y a un goût [1] dans la pure amitié où [2] ne peuvent atteindre ceux qui sont nés médiocres [3]. (§ 1.)

3. L'amour naît brusquement, sans autre réflexion, par tempérament ou par faiblesse [4] : un trait de beauté nous fixe, nous détermine. L'amitié, au contraire, se forme peu à peu, avec le temps, par la pratique, par un long commerce. Combien d'esprit, de bonté de cœur, d'attachement, de services et de complaisance dans les amis, pour faire en plusieurs années bien moins que ne fait quelquefois en un moment un beau visage ou une belle main!

4. Le temps, qui fortifie les amitiés, affaiblit l'amour [5]. (Éd. 4.)

5. Tant que l'amour dure, il subsiste de soi-même [6], et quelquefois par les choses qui semblent le devoir éteindre, par les caprices, par les rigueurs, par l'éloignement [7], par la jalousie [8] ; l'amitié, au contraire, a besoin de secours : elle périt faute de soins [9], de confiance et de complaisance. (Éd. 4.)

6. Il est plus ordinaire de voir un amour extrême qu'une parfaite amitié [10]. (Éd. 4.)

7. L'amour et l'amitié s'excluent l'un l'autre. (Éd. 4.)

8. Celui qui a eu l'expérience d'un grand amour néglige [11] l'amitié ; et celui qui est épuisé sur l'amitié [12] n'a encore rien fait pour l'amour. (Éd. 4.)

9. L'amour commence par l'amour [13] ; et l'on ne saurait passer de la plus forte amitié qu'à un amour faible. (Éd. 4.)

ACIS

Acis pense fort peu et tente de donner l'illusion de la profondeur en employant un langage recherché, sibyllin. LA BRUYÈRE le prend vivement à partie, comme MOLIÈRE raillait les PRÉCIEUSES : cette *affectation* est un signe de *sottise* et de *vanité*; rien ne vaut la *simplicité* et le *naturel*. On admirera la *vie* étonnante du *dialogue fictif* (V, *De la Société et de la Conversation*, § 7).

Que dites-vous? Comment? Je n'y suis pas ; vous plairait-il de recommencer? J'y suis encore moins. Je devine enfin : vous voulez,

---

— 1 Une saveur. — 2 Auquel. — 3 Cf. Pascal : « Dans une âme médiocre, tout est médiocre, l'amitié comme le reste. » — 4 Est-ce la conception de Corneille? — 5 Est-ce toujours le cas? — 6 De *lui-même*. — 7 Cf. La Rochefoucauld : « L'absence diminue les médiocres passions et augmente les grandes, comme le vent éteint les bougies et allume le feu. » — 8 Trouver des exemples dans la littérature classique. — 9 D'attentions. — 10 Cf. La Rochefoucauld : « Quelque rare que soit le véritable amour, il l'est encore moins que la véritable amitié. » — 11 Dédaigne. — 12 Qui a poussé l'amitié à son plus haut degré. — 13 Commenter cette formule.

Acis, me dire qu'il fait froid : que ne disiez-vous : « Il fait froid »? Vous voulez m'apprendre qu'il pleut ou qu'il neige ; dites : « Il pleut, il neige. » Vous me trouvez bon visage, et vous désirez de m'en féliciter ; dites : « Je vous trouve bon visage. — Mais répondez-vous, cela est bien uni [1] et bien clair ; et d'ailleurs, qui ne pourrait pas en dire autant? » Qu'importe, Acis? Est-ce un si grand mal d'être entendu [2] quand on parle, et de parler comme tout le monde? Une chose vous
10 manque, Acis, à vous et à vos semblables, les diseurs de *phébus* [3] ; vous ne vous en défiez [4] point, et je vais vous jeter dans l'étonnement [5] : une chose vous manque, c'est l'esprit [6]. Ce n'est pas tout : il y a en vous une chose de trop, qui est l'opinion d'en avoir plus que les autres ; voilà la source de votre pompeux galimatias, de vos phrases embrouillées, et de vos grands mots qui ne signifient rien. Vous abordez cet homme, ou vous entrez dans cette chambre [7] ; je vous tire par votre habit et vous dis à l'oreille : « Ne songez point à avoir de l'esprit, n'en ayez point, c'est votre rôle ; ayez, si vous pouvez, un langage simple, et tel que l'ont ceux en qui vous ne trouvez aucun esprit : peut-être alors croira-t-on que vous en avez [8]. » (Éd. 5.)

– *Précisez ce que* LA BRUYÈRE *reproche à ce personnage. En quoi son défaut est-il anticlassique (cf. page 398, § 17) ?*
– *Que nous apprennent sur l'intelligence du personnage les remarques que* LA BRUYÈRE *prête à Acis ? Précisez et commentez ce procédé.*
– *Montrez que, par son style même,* LA BRUYÈRE *donne une leçon aux Acis de tous les temps.*
– *Par quels moyens* LA BRUYÈRE *a-t-il animé ce caractère ?*
• **Groupe thématique : Simplicité, naturel.** Cf. pages 142-143 ; 177, 204 ; 217 ; 340, 347. – XVIIIᵉ SIECLE, page 138.

ARRIAS

Bavard et hâbleur, *Arrias* se rend insupportable en société : il est très exactement le contraire d'un « honnête homme ». Convaincu publiquement de mensonge, conservera-t-il son assurance imperturbable ? LA BRUYÈRE est trop habile pour ajouter le moindre commentaire au récit de cette mésaventure : à nous d'*imaginer* l'attitude du personnage (V, § 9).

Arrias a tout lu, a tout vu, il veut le persuader ainsi ; c'est un homme universel, et il se donne pour tel : il aime mieux mentir que de se taire ou de paraître ignorer quelque chose. On parle, à la table d'un grand, d'une cour du Nord : il prend la parole, et l'ôte à ceux qui allaient dire ce qu'ils en savent ; il s'oriente dans cette région lointaine comme s'il en était originaire ; il discourt des mœurs de cette cour, des

— 1 Plat, banal. — 2 Compris. — 3 Langage obscur et affecté (cf. *pompeux galimatias*). Les oracles de Phébus Apollon étaient difficiles à comprendre. — 4 Doutez. — 5 La stupéfaction. — 6 En quoi cette critique est-elle, pour Acis, particulièrement vexante et inattendue ? — 7 Il s'agit d'une visite. — 8 Commenter le trait final.

femmes du pays, de ses lois et de ses coutumes : il récite [1] des historiettes qui y sont arrivées ; il les trouve plaisantes, et il en rit le premier
jusqu'à éclater [2]. Quelqu'un se hasarde [3] de le contredire, et lui prouve
nettement qu'il dit des choses qui ne sont pas vraies. Arrias ne se trouble
point, prend feu au contraire contre l'interrupteur. « Je n'avance, lui-
dit-il, je ne raconte rien que je ne sache d'original [4] : je l'ai appris de
Sethon, ambassadeur de France dans cette cour, revenu à Paris depuis
quelques jours, que je connais familièrement, que j'ai fort interrogé,
et qui ne m'a caché aucune circonstance. » Il reprenait le fil de sa narration avec plus de confiance qu'il ne l'avait commencée, lorsque l'un
des conviés lui dit : « C'est Sethon à qui vous parlez, lui-même, et qui
arrive de son ambassade [5]. » (Éd. 8.)

— Distinguez les scènes de cette petite comédie. Comment se présente le dénouement ?
— Esquissez le portrait moral d'Arrias ; quels sont ses principaux défauts ? A quels indices les reconnaît-on ? Comment
LA BRUYÈRE nous met-il en garde contre ce personnage ?
— Quel est le cadre de l'anecdote ? Imaginez les jeux de physionomie et les attitudes des personnages.
— Étudiez dans le récit : a) l'art d'éveiller l'intérêt ; – b) la variété du rythme et son adaptation à l'idée.
— Commentaire composé. Art de l'anecdote significative (cf. Contes de VOLTAIRE).
— Essai. VOLTAIRE fait l'éloge des livres « dont les lecteurs font eux-mêmes la moitié ». Commentez cette formule en
l'appliquant au portrait d'Arrias et à d'autres portraits de LA BRUYÈRE.
— Essai. On a dit que LA BRUYÈRE est un précurseur de la bande dessinée. Étudiez de ce point de vue le portrait
de Ménalque (p. 407) ; cherchez d'autres portraits où il pratique cette formule.

Ménalque

Le *distrait* est un excellent type comique puisque sa vie se déroule sous le signe de l'*illogisme* et
de l'*imprévu*. Le rire naît, spontané, au spectacle de ses gestes manqués, de ses réactions absurdes,
devant le *contraste burlesque* entre le rêve qu'il poursuit et la réalité qui le rappelle brutalement
à l'ordre. Au XVIIᵉ siècle, où les exigences de la vie sociale sont si impérieuses, il paraît encore plus
ridicule. Procédant par *accumulation*, joignant l'imagination à l'observation, LA BRUYÈRE a su tirer
des distractions de *Ménalque* un effet comique absolument *irrésistible* (XI, *De l'Homme*, § 7).

M*énalque* [1] descend son escalier, ouvre sa porte pour sortir, il la referme :
il s'aperçoit qu'il est en bonnet de nuit ; et venant à mieux s'examiner,
il se trouve rasé à moitié, il voit que son épée est mise du côté droit,
que ses bas sont rabattus sur ses talons, et que sa chemise est par-dessus ses
chausses [2]. S'il marche dans les places, il se sent tout d'un coup rudement frapper à l'estomac [3] ou au visage ; il ne soupçonne point ce que ce peut être, jusqu'à
ce qu'ouvrant les yeux et se réveillant [4], il se trouve ou devant un limon [5] de
charrette, ou derrière un long ais [6] de menuiserie que porte un ouvrier sur ses
épaules. On l'a vu une fois heurter du front contre celui d'un aveugle, s'em-

---

— 1 Raconte. — 2 Se conduit-il en homme
bien élevé ? — 3 En quoi le terme est-il bien
choisi ? Noter la construction ; nous dirions
à le contredire. — 4 De source directe. —
5 Préciser le ton. Cette mésaventure serait
arrivée à un contemporain de La Bruyère.

— 1 « Ceci est moins un caractère qu'un
recueil de faits de distractions : ils ne sauraient
être en trop grand nombre, s'ils sont agréables ;
car, les goûts étant différents, on a à choisir. »
(La Bruyère.) — 2 Sa culotte. — 3 A la poitrine.
— 4 Commenter ces expressions frappantes. —
5 Brancard. — 6 Planche.

10 barrasser dans ses jambes, et tomber avec lui, chacun de son côté, à la renverse [7].
Il lui est arrivé plusieurs fois de se trouver tête pour tête [8] à la rencontre d'un
prince et sur son passage, se reconnaître [9] à peine, et n'avoir que le loisir de
se coller à un mur pour lui faire place. Il cherche, il brouille [10], il crie, il s'échauffe,
il appelle ses valets l'un après l'autre : *on lui perd tout, on lui égare tout* [11] ; il
demande ses gants, qu'il a dans ses mains, semblable à cette femme qui prenait le temps [12] de demander son masque [13] lorsqu'elle l'avait sur son visage.
Il entre à l'appartement [14], et passe sous un lustre où sa perruque s'accroche
et demeure suspendue : tous les courtisans regardent et rient ; Ménalque
regarde aussi et rit plus haut que les autres ; il cherche des yeux dans toute
20 l'assemblée où est celui qui montre ses oreilles et à qui il manque une perruque [15]. S'il va par la ville, après avoir fait quelque chemin, il se croit égaré,
il s'émeut, et il demande où il est à des passants, qui lui disent précisément
le nom de sa rue ; il entre ensuite dans sa maison, d'où il sort précipitamment, croyant qu'il s'est trompé [16]. Il descend du Palais [17], et, trouvant au bas
du grand degré [18] un carrosse qu'il prend pour le sien, il se met dedans :
le cocher touche [19] et croit remener [20] son maître dans sa maison ; Ménalque
se jette hors de la portière, traverse la cour, monte l'escalier, parcourt l'antichambre, la chambre, le cabinet [21] ; tout lui est familier, rien ne lui est nouveau ;
il s'assied, il se repose, il est chez soi. Le maître arrive : celui-ci [22] se lève pour
30 le recevoir ; il le traite fort civilement, le prie de s'asseoir, et croit faire les
honneurs de sa chambre ; il parle, il rêve [23], il reprend la parole : le maître de
la maison s'ennuie [24], et demeure étonné [25] ; Ménalque ne l'est pas moins et
ne dit pas ce qu'il en pense : il a affaire à un fâcheux [26], à un homme oisif, qui
se retirera à la fin, il l'espère, et il prend patience. La nuit arrive qu'il est à peine
détrompé. [...]
C'est lui encore qui entre dans une église, et, prenant l'aveugle qui est collé
à la porte pour un pilier, et sa tasse [27] pour le bénitier, y plonge la main, la porte
à son front, lorsqu'il entend tout d'un coup le pilier qui parle [28], et qui lui offre
des oraisons. Il s'avance dans la nef, il croit voir un prie-Dieu, il se jette lour-
40 dement dessus : la machine [29] plie, s'enfonce, et fait des efforts pour crier ;
Ménalque est surpris de se voir à genoux sur les jambes d'un fort petit homme,
appuyé [30] sur son dos, les deux bras passés sur ses épaules, et ses deux mains
jointes et étendues qui lui prennent le nez et lui ferment la bouche [31] ; il se retire
confus, et va s'agenouiller ailleurs. Il tire un livre pour faire sa prière, et c'est
sa pantoufle qu'il a prise pour ses Heures [32], et qu'il a mise dans sa poche avant
que de sortir. Il n'est pas hors de l'église qu'un homme de livrée [33] court après
lui, le joint [34], lui demande en riant s'il n'a point la pantoufle de Monseigneur.

---

7 Analyser la précision comique. — 8 Face
à face. — 9 *De* reprendre conscience. — 10 *Il
met tout en désordre ;* noter l'accumulation. —
11 En quoi ces plaintes sont-elles particulièrement drôles ? — 12 Qui choisissait, pour
demander..., le moment où... Cf. La Fontaine,
VII, 9 : « Le moine disait son bréviaire : *Il prenait bien son temps !* » — 13 Sorte de voilette
que les femmes portaient dehors, pour protéger
la blancheur de leur teint. — 14 Du roi, à Versailles. — 15 En quoi consiste ici le comique ?
— 16 Effet de contraste entre les deux erreurs ;
nouveau contraste avec la ligne 28. — 17 De
justice. — 18 Escalier. — 19 Touche les chevaux
du fouet. — 20 Reconduire. — 21 *Le bureau ;*
c'est la pièce intime par excellence : rien n'arrête
Ménalque, et la vivacité du style traduit la rapidité de ses actions. — 22 Ménalque. — 23 Réfléchit. — 24 S'impatiente. — 25 Stupéfait. —
26 A un *importun,* qui ne sait pas se retirer ! —
27 Sa sébile. — 28 Commenter ce procédé
d'expression, qui sera repris pour le prie-Dieu.
— 29 Le mot est piquant ! — 30 Se rapporte à
se. — 31 Ceci explique : « *fait des efforts* pour
crier »! — 32 Son livre d'heures (prières pour
les différentes *heures* du jour). — 33 Un laquais
en *livrée.* — 34 Rejoint.

Ménalque lui montre la sienne, et lui dit : « *Voilà toutes les pantoufles* [35] *que j'ai sur moi* » ; il se fouille néanmoins, et tire celle de l'évêque de ***, qu'il vient
50 de quitter, qu'il a trouvé malade auprès de son feu, et dont, avant de prendre congé de lui, il a ramassé la pantoufle comme [36] l'un de ses gants [37] qui était à terre : ainsi Ménalque s'en retourne chez soi avec une pantoufle de moins.[...] (Éd. 6.)

Il revient une fois de la campagne : ses laquais en livrées entreprennent de le voler et y réussissent ; ils descendent de son carrosse, lui portent un bout de flambeau sous la gorge, lui demandent la bourse, et il la rend [38]. Arrivé chez soi, il raconte son aventure à ses amis, qui ne manquent pas de l'interroger sur les circonstances, et il leur dit : « *Demandez à mes gens, ils y étaient.* » (Éd. 7.)

GNATHON

Si *Ménalque* était comique, *Gnathon* l'égoïste est *odieux*. Quittant le ton de la libre fantaisie, LA BRUYÈRE nous peint ce personnage avec un *réalisme acerbe et cru* qui traduit son *indignation* et son *dégoût*. Le sans-gêne de *Gnathon*, la grossièreté de son comportement traduisent de façon concrète et frappante la *laideur de l'égoïsme* (XI, § 121).

Gnathon ne vit que pour soi, et tous les hommes ensemble sont à son égard [1] comme s'ils n'étaient point. Non content de remplir à une table la première place, il occupe lui seul [2] celle de deux autres ; il oublie que le repas est pour lui et pour toute la compagnie [3] ; il se rend maître du plat, et fait son propre de [4] chaque service : il ne s'attache à aucun des mets qu'il n'ait achevé d'essayer [5] de tous (Ed. 4) ; il voudrait pouvoir les savourer tous tout à la fois. Il ne se sert à table que de ses mains [6] (Ed. 5) ; il manie les viandes, les remanie, démembre, déchire, et en use [7] de manière qu'il faut que les conviés, s'ils veulent
10 manger, mangent ses restes (Ed. 4). Il ne leur épargne aucune de ces malpropretés dégoûtantes, capables d'ôter l'appétit aux plus affamés ; le jus et les sauces lui dégouttent du menton et de la barbe ; s'il enlève un ragoût de dessus un plat, il le répand en chemin dans un autre plat et sur la nappe ; on le suit à la trace. Il mange haut [8] et avec bruit ; il roule les yeux en mangeant ; la table est pour lui un râtelier [9] ; il écure ses dents, et il continue à manger (Ed. 5). Il se fait, quelque part où il se trouve, une manière d'établissement [10], et ne souffre [11] pas d'être plus pressé [12] au sermon ou au théâtre que dans sa chambre. Il n'y a dans un carrosse que les places du fond [13] qui lui conviennent ; dans
20 toute autre, si on veut l'en croire, il pâlit et tombe en faiblesse. S'il fait

---

35 Commenter le trait comique. — 36 En la prenant pour. — 37 A lui Ménalque. — 38 Donne.

— 1 A ses yeux. — 2 A lui seul. — 3 Et non pas pour lui seul. — 4 S'approprie (cf. l. 24). —

5 Goûter. — 6 A expliquer. — 7 Se conduit. — 8 Expression frappante, forgée sur le modèle de : *il parle haut.* — 9 Il mange donc comme une bête. — 10 Il s'installe comme chez lui. — 11 Supporte. — 12 Serré. — 13 Les meilleures places.

un voyage avec plusieurs, il les prévient [14] dans les hôtelleries, et il sait toujours se conserver dans la meilleure chambre le meilleur [15] lit. Il tourne tout à son usage ; ses valets, ceux d'autrui, courent dans le même temps pour son service. Tout ce qu'il trouve sous sa main lui est propre, hardes [16], équipages [17]. Il embarrasse [18] tout le monde, ne se contraint pour personne, ne plaint personne, ne connaît de maux que les siens, que sa réplétion [19] et sa bile, ne pleure point la mort des autres, n'appréhende que la sienne, qu'il rachèterait volontiers de [20] l'extinction du genre humain [21]. (Ed. 4.)

- *Distinguez les diverses parties de ce portrait. Que pensez-vous de sa composition ?*
- *Précisez, en vous appuyant sur des citations, les défauts de ce personnage.*
- *Appréciez les détails les plus réalistes, et commentez de ce point de vue les additions de l'édition 5. – Relevez et commentez quelques trouvailles d'expression, à votre choix.*
- **Commentaire composé.** *Procédé d'accumulation. Relation entre détails réalistes et formules générales.*
- **Comparaison.** *Rapprochez le comportement de* Gnathon *et celui de* Giton *le riche (cf. p. 417).*
- **Essai.** *L'individu et ses rapports avec les autres hommes dans les extraits des* Caractères

---

Iphis

Ne croirait-on pas voir une *fine gravure* en lisant ce portrait d'*Iphis* l'efféminé ? Une fois de plus, LA BRUYÈRE adapte parfaitement son style au personnage qu'il peint : ici tout est pointu, délicat, étudié comme la grâce affectée de ce petit-maître. Quelle *ironie* raffinée dans la parodie, l'insinuation piquante et le trait final ! (XIII, § 14).

Iphis [1] voit à l'église un soulier d'une nouvelle mode ; il regarde le sien et en rougit ; il ne se croit plus habillé. Il était venu à la messe pour s'y montrer [2] et il se cache ; le voilà retenu par le pied [3] dans sa chambre tout le reste du jour. Il a la main douce, et il l'entretient avec une pâte de senteur ; il a soin [4] de rire pour montrer ses dents ; il fait la petite bouche, et il n'y a guère de moments où il ne veuille sourire ; il regarde ses jambes, il se voit au miroir : l'on ne peut être plus content de personne qu'il l'est de lui-même ; il s'est acquis une voix claire et délicate, et heureusement il parle gras [5] ; il a un mouvement de tête, et je ne sais quel adoucissement dans les yeux dont il n'oublie pas de s'embellir ; il a une démarche molle [6] et le plus joli maintien qu'il est [7] capable de se procurer ; il met du rouge, mais rarement, il n'en fait pas habitude [8] ; il est vrai aussi qu'il porte des chausses [9] et un chapeau [10], et qu'il n'a ni boucles d'oreilles ni collier de perles ; aussi ne l'ai-je pas mis dans le chapitre des femmes. (Éd. 6.)

— 14 Il les devance. — 15 Répétition expressive. — 16 Vêtements. — 17 Voitures. — 18 Gêne. — 19 Malaises résultant d'un excès de nourriture. En quoi *mal* est-il bien choisi ? — 20 Au prix de. — 21 Montrer que ce dernier trait (qui reprend sous une autre forme la première phrase) conclut le portrait d'une façon particulièrement frappante.

— 1 Le nom est bien choisi : les Grecs le donnaient indifféremment aux filles et aux garçons. — 2 Trait acéré, qui stigmatise la vanité du personnage. — 3 Montrer ce que l'expression a de plaisant. — 4 Relever les termes indiquant que dans l'attitude, dans les gestes d'Iphis, tout est concerté et artificiel. — 5 Grasseye. — 6 Efféminée. — 7 Nous dirions : qu'il *soit*. — 8 En réalité, ces atténuations ironiques ne font que souligner le caractère scandaleux de la chose. — 9 Une culotte (ou *haut-de-chausses ; bas-de-chausses* : les bas). — 10 A l'époque, les femmes n'en portaient pas.

QUELQUES « *CURIEUX* »

Ces amateurs de tulipes, de prunes ou d'oiseaux sont des esclaves de la *mode*. Leur goût de la chose rare dégénère en une passion exclusive et fait d'eux de pauvres *maniaques*, indifférents à tout ce qui serait infiniment plus digne d'intéresser un homme. Après avoir défini la « *curiosité* » ainsi comprise, LA BRUYÈRE a multiplié les exemples sans jamais nous donner une impression de monotonie (XIII, *De la Mode*, § 2). On comparera la psychologie de ces « curieux » à celle des personnages de MOLIÈRE également envahis par une manie dominante.

La curiosité n'est pas un goût pour ce qui est bon ou ce qui est beau, mais pour ce qui est rare, unique, pour ce qu'on a et ce que les autres n'ont point. Ce n'est pas un attachement à ce qui est parfait, mais à ce qui est couru, à ce qui est à la mode. Ce n'est pas un amusement, mais une passion, et souvent si violente qu'elle ne cède à l'amour et à l'ambition que par la petitesse de son objet. Ce n'est pas une passion qu'on a généralement [1] pour les choses rares et qui ont cours [2], mais qu'on a seulement pour une certaine chose, qui est rare, et pourtant à la mode. (Ed. 6.)

10 Le fleuriste a un jardin dans un faubourg ; il y court [3] au lever du soleil, et il en revient à son coucher. Vous le voyez planté et qui a pris racine [4] au milieu de ses tulipes et devant la *Solitaire* : il ouvre de grands yeux, il frotte ses mains, il se baisse, il la voit de plus près, il ne l'a jamais vue si belle, il a le cœur épanoui de joie ; il la quitte pour l'*Orientale* ; de là, il va à la *Veuve* ; il passe au *Drap d'or* ; de celle-ci à l'*Agathe*, d'où il revient enfin à la *Solitaire* [5], où [6] il se fixe, où il se lasse, où il s'assied, où il oublie de dîner [7] : aussi est-elle [8] nuancée, bordée, huilée [9], à pièces emportées [10] ; elle a un beau vase ou [11] un beau calice [12] ; il la contemple, il l'admire. Dieu et la nature sont en tout cela ce qu'il 20 n'admire point : il ne va pas plus loin que l'oignon de sa tulipe, qu'il ne livrerait pas pour mille écus, et qu'il donnera pour rien quand les tulipes seront négligées [13] et que les œillets auront prévalu. Cet homme raisonnable [14] qui a une âme, qui a un culte et une religion, revient chez soi fatigué, affamé, mais fort content de sa journée : il a vu des tulipes [15]. (Ed. 6.)

Parlez à cet autre de la richesse des moissons, d'une ample récolte, d'une bonne vendange : il est curieux [16] de fruits ; vous n'articulez pas, vous ne vous faites pas entendre [17]. Parlez-lui de figues et de melons, dites que les poiriers rompent de fruits cette année, que les pêchers ont 30 donné avec abondance ; c'est pour lui un idiome inconnu : il s'attache

---

— 1 Sans exception pour toutes... — 2 Qui sont en vogue. — 3 Commenter le choix de ce terme. — 4 Que pensez-vous de cette métaphore ? Cf. *Diphile*, fin. — 5 Noms de variétés de tulipes ; on voit que l'auteur s'est documenté (cf. l. 18). — 6 Devant laquelle. — 7 Déjeuner. — 8 C'est qu'elle est. — 9 Luisante et vernissée comme si elle était enduite d'huile. — 10 A sépales découpés. — 11 Autrement dit. — 12 Ensemble des sépales (à l'origine *calice* signifie *vase*). — 13 Passées de mode. — 14 Cf. p. 422, l. 24. — 15 Montrer que le rythme même de la phrase traduit la *disproportion*. — 16 Amateur. — 17 Comprendre.

aux seuls pruniers, il ne vous répond pas. Ne l'entretenez pas même de vos pruniers : il n'a de l'amour que pour une certaine espèce, toute autre que vous lui nommez le fait sourire et se moquer. Il vous mène à l'arbre, cueille artistement cette prune exquise ; il l'ouvre, vous en donne une moitié et prend l'autre : « Quelle chair! dit-il ; goûtez-vous [18] cela? cela est-il divin? voilà ce que vous ne trouverez pas ailleurs ». Et là-dessus ses narines s'enflent, il cache avec peine sa joie et sa vanité par quelques dehors de modestie. O l'homme divin, en effet! homme qu'on ne peut jamais assez louer et admirer! homme dont il sera parlé
40 dans plusieurs siècles! que je voie sa taille et son visage pendant qu'il vit ; que j'observe les traits et la contenance d'un homme qui seul entre les mortels possède une telle prune [19]! (Ed. 6.)

Diphile commence par un oiseau et finit par mille : sa maison n'en est pas égayée, mais empestée. La cour, la salle, l'escalier, le vestibule, les chambres, le cabinet [20], tout est volière ; ce n'est plus un ramage, c'est un vacarme : les vents d'automne et les eaux dans leur plus grandes crues ne font pas un bruit si perçant et si aigu ; on ne s'entend non [21] plus parler les uns les autres que dans ces chambres où il faut attendre, pour faire le compliment d'entrée, que les petits chiens aient aboyé.
50 Ce n'est plus pour Diphile un agréable amusement, c'est une affaire laborieuse, et à laquelle à peine il peut suffire. Il passe les jours, ces jours qui échappent et qui ne reviennent plus [22], à verser du grain et à nettoyer des ordures. Il donne pension [23] à un homme qui n'a point d'autre ministère [24] que de siffler [25] des serins au flageolet et de faire couver des *canaries* [26]. Il est vrai que ce qu'il dépense d'un côté, il l'épargne de l'autre, car ses enfants sont sans maîtres et sans éducation [27]. Il se renferme le soir, fatigué de [28] son propre plaisir, sans pouvoir jouir du moindre repos que [29] ses oiseaux ne reposent, et que ce petit peuple, qu'il n'aime que parce qu'il chante, ne cesse de chan-
60 ter [30]. Il retrouve ses oiseaux dans son sommeil : lui-même il est oiseau, il est huppé, il gazouille, il perche ; il rêve la nuit qu'il mue ou qu'il couve [31]. (Ed. 6.)

– *Comment procède* LA BRUYÈRE ? *Montrez que les trois portraits illustrent les définitions du § 1.*
– *Comparez la composition des trois portraits : ressemblances et différences.*
– *Précisez et classez les critiques visant cette « curiosité » poussée jusqu'à la manie.*
– *Portrait de Diphile :* a) *En quoi sa manie a-t-elle un résultat absurde ?* – b) *L'égoïsme de Diphete ;* – c) *Les rêves (ironie) ;* – d) *Style : choix des termes, effets d'opposition et d'accumulation.*
– *Commentaires composés :* a) *lignes 1-25 ;* – b) Diphile. – *Réalité observée et exagération.*
– *Essai. Faites, à la manière de* LA BRUYÈRE, *le portrait d'un amateur ou d'un collectionneur ridicule.*
– *Enquête. D'après les extraits des* Caractères, *comment procède* LA BRUYÈRE *pour varier la présentation :* a) *dans la formule adoptée ;* – b) *dans la composition du portrait.*

---

18 *Goûtez-vous :* appréciez-vous ; commenter le ton. — 19 Noter l'emphase ironique. — 20 *Cabinet de travail.* Noter la gradation. — 21 Pas. — 22 Préciser l'intention de cette réflexion morale. — 23 Des gages. — 24 Fonction. — 25 D'apprendre à siffler à... — 26 Serins des îles Canaries. — 27 Souligner l'effet de surprise et l'indignation contenue. — 28 Par. — 29 Avant que. — 30 Montrer en quoi cette manie aboutit à un résultat absurde. — 31 Apprécier le style et le comique de cette dernière phrase.

ONUPHRE

LA BRUYÈRE trouve l'hypocrisie de *Tartuffe* trop voyante, trop facile à percer à jour : il refait donc le personnage et veut nous montrer en la personne d'*Onuphre* l'hypocrite *parfait*. Ce portrait est subtil et pénétrant, tout en finesse, *gravé au burin* pourrait-on dire; mais la peinture de MOLIÈRE avait plus d'*ampleur* et de *puissance*. L'art de La Bruyère, qui tend au pointillisme, est plus intellectuel, plus raffiné, mais moins profondément *créateur* que celui des grands classiques (XIII, § 24).

O*nuphre* n'a pour tout lit [1] qu'une housse de serge grise, mais il couche sur le coton et sur le duvet ; de même il est habillé simplement, mais commodément, je veux dire d'une étoffe fort légère en été, et d'une autre fort moelleuse pendant l'hiver ; il porte des chemises très déliées [2], qu'il a un très grand soin de bien cacher. Il ne dit point : *Ma 'haire et ma discipline* [3], au contraire ; il passerait pour ce qu'il est, pour un hypocrite, et il veut passer pour ce qu'il n'est pas, pour un homme dévot ; il est vrai [4] qu'il fait en sorte que l'on croie, sans qu'il le dise, qu'il porte une haire et qu'il se donne la discipline. Il y a quel-
10 ques livres répandus dans sa chambre indifféremment [5] ; ouvrez-les : c'est *Le Combat spirituel, Le Chrétien intérieur* et *L'Année sainte* [6] ; d'autres livres sont sous la clef [7]. S'il marche par la ville, et qu'il découvre de loin un homme devant qui il est nécessaire qu'il soit dévot, les yeux baissés, la démarche lente et modeste, l'air recueilli lui sont familiers : il joue son rôle [8]. S'il entre dans une église, il observe d'abord de qui il peut être vu ; et, selon la découverte qu'il vient de faire, il se met à genoux et prie, ou il ne songe ni à se mettre à genoux ni à prier. Arrive-t-il vers lui un homme de bien et d'autorité [9] qui le verra et qui peut l'entendre, non seulement il prie, mais il médite, il pousse
20 des élans et des soupirs [10] ; si l'homme de bien se retire, celui-ci, qui le voit partir, s'apaise et ne souffle pas. (Ed. 6.) Il entre une autre fois dans un lieu saint, perce la foule, choisit un endroit pour se recueillir, et où tout le monde voit qu'il s'humilie ; s'il entend des courtisans qui parlent, qui rient, et qui sont à la chapelle avec moins de silence que dans l'antichambre [11], il fait plus de bruit qu'eux pour les faire taire ; il reprend sa méditation, qui est toujours la comparaison qu'il fait de ces personnes avec lui-même, et où il trouve son compte [12]. (Ed. 7.) Il évite une église déserte et solitaire, où il pourrait entendre deux messes de suite, le sermon, vêpres et complies, tout cela entre

---

— 1 Tour de lit, draperie qui entoure le lit. — 2 Fines. — 3 Comme Tartuffe, dont les premiers mots (III, 2) sont : « Laurent, serrez ma haire avec ma discipline. » *Haire :* chemise de crin, cilice ; *discipline :* sorte de fouet ; ce sont des instruments de mortification. — 4 Ce qui est vrai, c'est. — 5 *Négligemment ;* en fait, pour qu'ils soient remarqués. — 6 Livres pieux très connus à l'époque. — 7 Nous dirions : *sous clef.* — 8 *Hypocrite* vient du mot grec signifiant *acteur.* — 9 Comme Orgon. *Autorité :* considération, crédit. — 10 Cf. *Tartuffe,* v. 287 ; « Il faisait des soupirs, de grands élancements. » — 11 La chapelle et l'antichambre du roi. — 12 Ce trait n'est-il pas d'un pharisien plutôt que d'un faux dévot ?

30 Dieu et lui, et sans que personne lui en sût gré : il aime la paroisse [13], il fréquente les temples où se fait un grand concours [14] ; on n'y manque point son coup, on y est vu. Il choisit deux ou trois jours dans toute l'année, où, à propos de rien [15], il jeûne ou fait abstinence ; mais à la fin de l'hiver [16] il tousse, il a une mauvaise poitrine, il a des vapeurs, il a eu la fièvre ; il se fait prier, presser, quereller [17], pour rompre le carême [18] dès son commencement, et il en vient là par complaisance. (Ed. 6.)

Onuphre « ne cajole point » la femme de son bienfaiteur. « Il ne pense point à profiter de toute sa succession, ni à s'attirer une donation générale de tous ses biens, s'il s'agit surtout de les enlever à un fils, le légitime héritier. » En revanche, « il se donne pour l'héritier légitime de tout vieillard qui meurt riche et sans enfants ». Enfin il pratique à la perfection l'art de l'insinuation perfide : « Il y a des gens, selon lui, qu'on est obligé en conscience de décrier, et ces gens sont ceux qu'il n'aime point, à qui il veut nuire, et dont il désire la dépouille. Il vient à ses fins sans se donner même la peine d'ouvrir la bouche : on lui parle d'Eudoxe, il sourit ou il soupire; on l'interroge, on insiste, il ne répond rien; et il a raison : il en a assez dit. »

— *Montrez, à l'aide d'exemples précis, en quoi Onuphre est plus habile que Tartuffe.*
— *Lequel des deux vous représentez-vous le mieux ? Lequel est le plus vraisemblable, et pourquoi ?*
— *Débat. A quelles difficultés se heurterait-on si l'on voulait porter Onuphre à la scène ? En quoi Tartuffe convient-il mieux pour le théâtre ?*
— *Essai. D'après les extraits, comment* LA BRUYÈRE *révèle-t-il le* moi véritable *à travers les apparences ?*

LES IDÉES SOCIALES ET POLITIQUES

La Bruyère est un *moraliste*, non pas un doctrinaire et encore moins un révolutionnaire. Sa critique de l'organisation politique et sociale du temps relève de son expérience personnelle et d'une *indignation généreuse*, non de l'esprit de système. Pourtant sa hardiesse est grande, et, sans inaugurer encore la *critique rationaliste des institutions*, il lui ouvre la voie en mettant la *logique* et l'*ironie* au service de ses sentiments de *justice* et d'*humanité*.

La critique sociale   1. LE MÉRITE PERSONNEL. La Bruyère a souffert cruellement du dédain des grands seigneurs et des parvenus; il leur rend mépris pour mépris : « Les gens d'esprit méprisent les grands qui n'ont que de la grandeur » (IX, 12). Il dénonce le vice d'une société où le *mérite personnel* ne compte pas en face de la *naissance* et de la *fortune* (chapitre II) : « Combien d'hommes admirables, et qui avaient de très beaux génies, sont morts sans qu'on en ait parlé ! Combien vivent encore dont on ne parle point, et dont on ne parlera jamais ! » (II, 3).

2. L'ARGENT. Il condamne avant tout le *règne de l'argent*; les régimes politiques ont beau se succéder, sa critique conserve toute son actualité. L'argent tient lieu de mérite, de noblesse et d'esprit. *Giton* le riche peut tout se permettre : il est sans-gêne, méprisant, égoïste. La passion de l'argent fait disparaître tous les sentiments humains (p. 416, § 58). Mais consolons-nous : les fortunes nées de la spéculation s'effondrent parfois aussi vite qu'elles se sont édifiées; tel « partisan » dont l'insolence nous blessait hier sera peut-être retombé demain dans le néant d'où il était sorti (cf. p. 415, § 14).

—————— 13 Car il y sera vu. — 14 *Concours :* affluence. — 15 Sans que l'Eglise le prescrive. | — 16 Parce que le Carême approche. — 17 Noter la progression. — 18 Le jeûne du Carême.

3. L'INÉGALITÉ. Le luxe et l'égoïsme des riches sont particulièrement scandaleux si l'on songe à l'affreuse misère qui accable le peuple (p. 418). Les paysans qui font vivre la nation n'ont pas même de quoi se nourrir. C'est ici que La Bruyère va le plus loin : plus d'ironie, mais des accents pathétiques; le mal est profond : que penser d'une organisation sociale qui permet de tels abus?

La critique politique   1. LE POUVOIR SOUVERAIN. Dans l'ensemble, la critique politique est moins hardie que la critique sociale : il ne pouvait en être autrement à l'époque. Pourtant La Bruyère remet en question la conception du pouvoir monarchique. La personne du prince n'est pas supérieure aux lois; le roi a des comptes à rendre non seulement à Dieu après sa mort, mais aux hommes de son vivant (p. 421). Bel idéal, juste et modéré, que l'auteur présente d'une façon un peu utopique peut-être, mais qui s'oppose nettement à la pratique du *bon plaisir* et à la théorie du *droit divin*.

2. LA GUERRE. En cette fin du XVIIᵉ siècle, la France est lasse des combats, si glorieux soient-ils. Le moraliste fait apparaître en termes vibrants d'indignation la *sauvagerie* de la guerre et son *absurdité*. Sans présenter d'ailleurs de plan constructif, il lance un émouvant appel aux hommes de bon sens et de bonne volonté (p. 422). Le paragraphe se termine par une violente attaque contre Guillaume d'Orange, mais il est aisé de lire entre les lignes un *conseil* et un *reproche à Louis XIV*, qui devait lui-même avouer, avant de mourir, qu'il avait trop aimé la guerre.

3. LA TORTURE. Enfin La Bruyère proteste, avant les philosophes du XVIIIᵉ siècle, contre la *barbarie de la procédure criminelle*. C'est une nouvelle occasion pour nous d'apprécier ses *qualités de cœur* : « La question est une invention merveilleuse et tout à fait sûre pour perdre un innocent qui a la complexion faible, et sauver un coupable qui est né robuste. — Un coupable puni est un exemple pour la canaille; un innocent condamné est l'affaire de tous les honnêtes gens... Une condition lamentable est celle d'un homme innocent à qui la précipitation et la procédure ont trouvé un crime; celle même de son juge peut-elle l'être davantage? » (XIV, *De quelques Usages*, § 51 et 52).

L'argent

Dans le chapitre VI, *Des biens de fortune*, LA BRUYÈRE dénonce le scandaleux pouvoir de l'*argent*. Considération, égards, noblesse, les financiers enrichis peuvent tout acquérir en y mettant le prix. De l'*ironie*, l'auteur passe à une *indignation véhémente* : ceux qui vivent pour l'argent ne sont plus des hommes.

N'envions point à une sorte de gens ¹ leurs grandes richesses : ils les ont à titre onéreux ², et qui ne nous accommoderait point ; ils ont mis ³ leur repos, leur santé, leur honneur et leur conscience pour les avoir ; cela est trop cher, et il n'y a rien à gagner à un tel marché. (§ 13.)

14. Les P. T. S. nous font sentir toutes les passions l'une après l'autre : l'on commence par le mépris à cause de leur obscurité ⁴ ; on les envie ensuite, on les hait, on les craint, on les estime quelquefois, et on les respecte ; l'on vit assez pour finir à leur égard par la compassion ⁵.

15. *Sosie* ⁶, de la livrée, a passé, par une petite recette ⁷, à une sous-ferme ⁸ ;
¹⁰ et, par les concussions ⁹, la violence et l'abus qu'il a fait de ses *pouvoirs*, il s'est

— 1 Les partisans (P. T. S.), qui prenaient à ferme le recouvrement des impôts. — 2 La Bruyère joue sur ce terme juridique, qui s'oppose à : *à titre gratuit*. — 3 Engagé, comme une *mise* au jeu. — 4 Ce sont généralement des parvenus. — 5 Quand ils sont ruinés. — 6 Nom d'esclave dans la comédie latine (cf. Sosie dans *Amphitryon*, p. 182). — 7 Emploi de *receveur* des impôts. — 8 Un fermier général déléguait ses pouvoirs à des *sous-fermiers*. — 9 Gains illicites.

enfin, sur les ruines de plusieurs familles, élevé à quelque grade [10]. Devenu noble par une charge, il ne lui manquait que d'être homme de bien : une place de marguillier [11] a fait ce prodige.

16. *Arfure* cheminait seule et à pied vers le grand portique de Saint ***, entendait de loin le sermon d'un carme ou d'un docteur [12] qu'elle ne voyait qu'obliquement, et dont elle perdait bien des paroles. Sa vertu était obscure [13], et sa dévotion connue comme [14] sa personne. Son mari est entré dans le *huitième denier* [15]; quelle monstrueuse fortune en moins de six années! Elle n'arrive à l'église que dans un char [16]; on lui porte une lourde queue [17]; l'orateur s'interrompt pendant qu'elle se place; elle le voit de front, n'en perd pas une seule parole ni le moindre geste; il y a une brigue [18] entre les prêtres pour la confesser; tous veulent l'absoudre, et le curé l'emporte.

17. L'on porte *Crésus* au cimetière : de toutes ses immenses richesses, que le vol et la concussion lui avaient acquises, et qu'il a épuisées par le luxe et par la bonne chère, il ne lui est pas demeuré de quoi se faire enterrer; il est mort insolvable, sans biens, et ainsi privé de tous les secours; l'on n'a vu chez lui ni julep [19], ni cordiaux, ni médecins, ni le moindre docteur [20] qui l'ait assuré de son salut.

18. *Champagne* [21], au sortir d'un long dîner qui lui enfle l'estomac, et dans les douces fumées d'un vin d'Avenay ou de Sillery [22], signe un ordre qu'on lui présente, qui ôterait le pain à toute une province, si l'on n'y remédiait. Il est excusable : quel moyen de comprendre, dans la première heure de la digestion, qu'on puisse quelque part mourir de faim [23]?

19. *Sylvain*, de ses deniers, a acquis de la naissance [24] et un autre nom; il est seigneur de la paroisse où ses aïeuls [25] payaient la taille [26]; il n'aurait pu autrefois entrer page [27] chez *Cléobule*, et il est son gendre. (Éd. 4.)

20. *Dorus* [28] passe en litière par la voie *Appienne*, précédé de ses affranchis et de ses esclaves, qui détournent [29] le peuple et font faire place; il ne lui manque que des licteurs; il entre à *Rome* avec ce cortège, où il semble triompher [30] de la bassesse [31] et de la pauvreté de son père *Sanga*. (Éd. 4.)

58. Il y a des âmes sales, pétries de boue et d'ordure [32], éprises du gain et de l'intérêt, comme les belles âmes le sont de la gloire et de la vertu; capables d'une seule volupté, qui est celle d'acquérir ou [33] de ne point perdre; curieuses [34] et avides du denier dix [35]; uniquement occupées de leurs débiteurs, toujours inquiètes sur le rabais ou sur le décri [36] des monnaies; enfoncées et comme abîmées dans les contrats, les titres et les parchemins. De telles gens ne sont ni parents, ni amis, ni citoyens, ni chrétiens, ni peut-être des hommes [37] : ils ont de l'argent.

— 10 *Grade :* rang. — 11 Membre d'un conseil paroissial. — 12 En théologie. — 13 Passait inaperçue. — 14 Aussi peu que. — 15 Dans la ferme du huitième denier, impôt payé par les acquéreurs de biens ecclésiastiques. — 16 Sorte de trône roulant. — 17 Traîne. — 18 Ardente rivalité. — 19 Potion. — 20 Cf. n. 12. — 21 Nom de laquais (cf. p. 386, n. 3). — 22 Crus de Champagne. — 23 Cf. p. 418 (l. 1-9). — 24 *Un titre de noblesse ;* mais l'alliance de mots souligne l'absurdité de la chose. — 25 Nous écrivons *aïeux* lorsque ce mot (comme ici) signifie *ancêtres*. — 26 Impôt qui ne frappait que les roturiers. — 27 Parce qu'il n'était pas noble. — 28 Nom d'esclave, comme Sosie; la scène est à Rome : que veut montrer l'auteur? — 29 Ecartent. — 30 Célébrer une victoire sur. — 31 Basse extraction. — 32 Noter la violence des termes. — 33 Ou même. — 34 Soucieuses (cf. p. 411, *curieux :* amateur). — 35 Prêt à 10 p. 100 (taux usuraire). — 36 Ordonnances royales diminuant la valeur d'une monnaie (*rabais*) ou la retirant de la circulation (*décri*). — 37 Noter la progression et la noble vigueur de ce réquisitoire.

GITON ET PHÉDON

Il serait vain de chercher des originaux à ces deux caractères : *Giton* et *Phédon* sont des *types*, le riche et le pauvre. Ils portent l'un et l'autre les stigmates de leur condition, et si certains détails pittoresques sont bien du XVIIe siècle, LA BRUYÈRE a atteint une *vérité éternelle* dans la peinture de leur *comportement* respectif (VI, 83).

Giton a le teint frais, le visage plein et les joues pendantes, l'œil fixe et assuré, les épaules larges, l'estomac haut [1], la démarche ferme et délibérée [2]. Il parle avec confiance ; il fait répéter celui qui l'entretient, et il ne goûte que médiocrement tout ce qu'il lui dit. Il déploie un ample mouchoir et se mouche avec grand bruit ; il crache [3] fort loin, et il éternue fort haut. Il dort le jour, il dort la nuit, et profondément ; il ronfle en compagnie. Il occupe à table et à la promenade plus de place qu'un autre. Il tient le milieu [4] en se promenant avec ses égaux ; il s'arrête et l'on s'arrête, il continue de marcher et l'on
10 marche [5] : tous se règlent sur lui. Il interrompt, il redresse [6] ceux qui ont la parole : on ne l'interrompt pas, on l'écoute aussi longtemps qu'il veut parler ; on est de son avis, on croit les nouvelles qu'il débite [7]. S'il s'assied, vous le voyez [8] s'enfoncer dans un fauteuil, croiser les jambes l'une sur l'autre, froncer le sourcil, abaisser son chapeau [9] sur ses yeux pour ne voir personne, ou le relever ensuite, et découvrir son front par fierté et par audace. Il est enjoué, grand rieur, impatient, présomptueux, colère, libertin [10], politique [11], mystérieux sur les affaires du temps ; il se croit des talents et de l'esprit. Il est riche [12]. (Ed. 6.)
20 Phédon a les yeux creux, le teint échauffé [13], le corps sec et le visage maigre ; il dort peu et d'un sommeil fort léger ; il est abstrait [14], rêveur [15], et il a avec de l'esprit l'air d'un stupide [16] ; il oublie de dire ce qu'il sait, ou de parler d'événements qui lui sont connus ; et, s'il le fait quelquefois, il s'en tire mal, il croit peser à ceux à qui il parle, il conte brièvement, mais froidement ; il ne se fait pas écouter, il ne fait point rire. Il applaudit, il sourit à ce que les autres lui disent, il est de leur avis ; il court, il vole pour leur rendre de petits services. Il est complaisant, flatteur, empressé ; il est mystérieux sur ses affaires, quelquefois menteur [17] ; il est superstitieux [18], scrupuleux, timide. Il marche
30 doucement et légèrement, il semble craindre de fouler la terre ; il marche les yeux baissés, et il n'ose les lever sur ceux qui passent. Il

---

— 1 La poitrine bombée. — 2 Résolue. — 3 Détail réaliste : à l'époque, ce n'est pas l'acte même qui paraît répréhensible, mais le sansgêne dont il s'accompagne (cf. *Phédon*). — 4 Cf. *tenir le haut du pavé*. — 5 Noter le *rythme*. — 6 Corrige. — 7 Raconte. — 8 Commenter cette expression. — 9 Trait de mœurs : on pouvait rester couvert dans un salon, sauf devant les dames et le roi. — 10 Esprit fort (cf. p. 127). — 11 Il affecte d'être au courant des secrets d'Etat. — 12 Quel est l'effet produit par ces trois mots ? — 13 Marqué de rougeurs et de boutons. — 14 Absorbé. — 15 Préoccupé. — 16 Adj. substantivé. — 17 Pourquoi, selon vous ? — 18 Consciencieux jusqu'à la superstition.

n'est jamais du nombre de ceux qui forment un cercle pour discourir ; il se met derrière celui qui parle, recueille furtivement ce qui se dit, et il se retire si on le regarde. Il n'occupe point de lieu, il ne tient point de place [19] ; il va les épaules serrées, le chapeau abaissé sur les yeux pour n'être point vu ; il se replie et se renferme dans son manteau ; il n'y a point de rues ni de galeries si embarrassées [20] et si remplies de monde, où il ne trouve moyen de passer sans effort et de se couler [21] sans être aperçu. Si on le prie de s'asseoir, il se met à peine sur le bord d'un siège ; il parle bas dans la conversation, et il articule mal ; libre néanmoins sur les affaires publiques, chagrin contre le siècle, médiocrement prévenu des [22] ministres et du ministère. Il n'ouvre la bouche que pour répondre ; il tousse, il se mouche sous son chapeau ; il crache presque sur soi, et il attend qu'il soit seul pour éternuer, ou, si cela lui arrive, c'est à l'insu de la compagnie : il n'en coûte à personne ni salut ni compliment [23]. Il est pauvre. (Ed. 6.)

— *Précisez les traits de caractère qui nous sont révélés par le comportement de Giton et de Phédon.*
— *Étudiez la composition du portrait de Phédon par rapport à celui de Giton ; comparez en particulier l'ordre des notations ;*
  — *y en a-t-il d'un nouveau genre ?*
— *Phédon est-il sympathique ? Que veut nous montrer* LA BRUYÈRE *à ce propos ?*
— *Etudiez l'influence de l'argent sur : a) Le physique, b) Le caractère ; — c) Les rapports sociaux.*
— *Examinez en quoi consiste, dans ces portraits, « l'art d'attirer l'attention » (Taine).*
— **Commentaire composé.** Giton. le riche. *La peinture par le comportement ; les idées suggérées.*

L'INJUSTICE SOCIALE

Le *luxe insolent* des riches est une insulte à la *misère* des paysans qui, privés de tout, vivent comme des bêtes. Le cœur de LA BRUYÈRE souffre et se révolte au spectacle d'une injustice sociale si scandaleuse. Les *grands* sont-ils donc des êtres d'une essence supérieure ? Au contraire, affirme l'auteur, sous leurs dehors brillants, ils ne possèdent pas les qualités humbles mais solides du *peuple* (VI, § 47 ; XI, § 82 ; XI, § 128 ; IX, § 25).

Il y a des misères sur la terre qui saisissent [1] le cœur. Il manque à quelques-uns jusqu'aux aliments ; ils redoutent l'hiver ; ils appréhendent de vivre. L'on mange ailleurs des fruits précoces ; l'on force la terre et les saisons pour fournir à sa délicatesse : de simples bourgeois, seulement à cause qu'ils [2] étaient riches, ont eu l'audace [3] d'avaler en un seul morceau la nourriture de cent familles. Tienne [4] qui voudra contre de si grandes extrémités [5] ; je ne veux être, si je le puis, ni malheureux, ni heureux ; je me jette et me réfugie dans la médiocrité [6]. (Ed. 5.)

Il y a une espèce de honte d'être heureux à la vue de certaines misères. (Ed. 4.)

19 Hyperboles expressives. — 20 Encombrées. — 21 Se glisser. — 22 En faveur des. — 23 Comme *Dieu vous bénisse.*

— 1 Serrent. — 2 Parce qu'... — 3 Noter la vigueur de la protestation. — 4 Résiste... à — 5 Excès contraire. — 6 *Condition moyenne.*

L'on voit certains animaux farouches, des mâles et des femelles, répandus par la campagne, noirs, livides, et tout brûlés du soleil, attachés à la terre qu'ils fouillent et qu'ils remuent avec une opiniâtreté invincible ; ils ont comme une voix articulée, et, quand ils se lèvent sur leurs pieds, ils montrent une face humaine ; et en effet ils sont des hommes [7]. Ils se retirent la nuit dans des tanières, où ils vivent de pain noir, d'eau et de racines [8] : ils épargnent aux autres hommes la peine de semer, de labourer et de recueillir [9] pour vivre, et méritent ainsi de ne pas manquer de ce pain qu'ils ont semé. (Ed. 4.)

Si je compare ensemble les deux conditions des hommes les plus opposées, je veux dire les grands avec le peuple, ce dernier me paraît content [10] du nécessaire, et les autres sont inquiets et pauvres avec le superflu. Un homme du peuple ne saurait faire aucun mal ; un grand ne veut faire aucun bien et est capable de grands maux [11]. L'un ne se forme et ne s'exerce que dans les choses qui sont utiles ; l'autre y joint les pernicieuses. Là se montrent ingénument la grossièreté et la franchise; ici se cache une sève maligne et corrompue sous l'écorce [12] de la politesse. Le peuple n'a guère d'esprit, et les grands n'ont point d'âme : celui-là a un bon fond et n'a point de dehors, ceux-ci n'ont que des dehors et qu'une simple superficie [13]. Faut-il opter? Je ne balance pas : je veux être peuple [14]. (Ed. 5.)

– Comparez la conclusion du § 4 à celle du § 1 ; – en quoi consiste la progression ?
– En quoi ces remarques étaient-elles hardies au XVIIᵉ SIÈCLE ? Quelles qualités révèle ici LA BRUYÈRE ?
– Étudiez l'adaptation du ton aux sentiments exprimés par l'auteur.
– Comment LA BRUYÈRE procède-t-il pour rendre saisissante la misère des paysans ?
• **Groupe thématique : Misère.** Cf. p. 215 ; 260. – XIXᵉ SIÈCLE, p. 180, 452, 487. – XXᵉ SIÈCLE, p. 91, 414, 493.

VOYAGE AU PAYS DE LA COUR

Pour donner plus de piquant à la satire de la *cour*, LA BRUYÈRE feint de décrire les mœurs curieuses et passablement absurdes de quelque *peuplade sauvage* : ce n'est pas nous, Français civilisés du XVIIᵉ siècle, qui donnerions dans de pareils travers ! Ce procédé de *fiction ironique* sera souvent repris au XVIIIᵉ siècle, par MONTESQUIEU dans les *Lettres Persanes*, par VOLTAIRE dans *Micromégas* et dans *L'Ingénu* (VIII, *De la Cour*, § 74).

L'on parle d'une région où les vieillards sont galans [1], polis et civils [2] ; les jeunes gens au contraire, durs, feroces [3], sans mœurs [4] ni politesse [5]. [...] Celuy-là chez eux [6] est sobre et modéré, qui ne s'enyvre que de vin : l'usage trop frequent qu'ils en ont fait le leur a rendu insipide ; ils cher-

—— 7 Le mot est vibrant d'indignation. — 8 Raves, navets, carottes. — 9 Récolter. — 10 Se contenter. — 11 Cf. Molière (*Dom Juan*) : « Un grand seigneur méchant homme est une terrible chose. » — 12 Commenter l'image. — 13 Surface, extérieur. — 14 Apprécier ce choix.

— 1 De bonne compagnie. — 2 Aimables. — 3 Orgueilleux (latin *ferox*). — 4 Sans éducation. — 5 Cf. La Rochefoucauld : « La plupart des jeunes gens croient être naturels, lorsqu'ils ne sont que mal polis et grossiers. » — 6 A leurs yeux.

*chent à réveiller leur goût déja éteint par des eaux de vie et par toutes les
liqueurs les plus violentes ; il ne manque à leur débauche que de boire
de l'eau forte* [7]. *Les femmes du païs precipitent le declin de leur beauté
par des artifices qu'elles croient servir à les rendre belles : leur coûtume
est de peindre leurs lévres, leurs jouës, leurs sourcils et leurs épaules,*
10 *qu'elles étallent avec leur gorge, leurs bras et leurs oreilles, comme si elles
craignoient de cacher l'endroit par où elles pourroient plaire, ou de ne
pas se montrer assez. Ceux qui habitent cette contrée ont une phisio-
nomie qui n'est pas nette, mais confuse, embarrassée dans une épaisseur de cheveux étrangers* [8] *qu'ils preferent aux naturels et dont ils font
un long tissu pour couvrir leur teste : il descend à la moitié du corps, change
les traits, et empêche qu'on ne connoisse* [9] *les hommes à leur visage. Ces
peuples d'ailleurs* [10] *ont leur Dieu et leur Roy. Les Grands de la nation
s'assemblent tous les jours, à une certaine heure, dans un Temple qu'ils
nomment Eglise* [11] *; il y a au fond de ce Temple un Autel consacré à*
20 *leur Dieu, où un Prestre célèbre des mysteres qu'ils appellent saints, sacrez
et redoutables ; les Grands forment un vaste cercle au pied de cet Autel,
et paroissent* [12] *debout, le dos tourné directement aux Prestres et aux
saints mysteres, et les faces élevées vers leur Roy, que l'on voit à genoux
sur une tribune, et à qui ils semblent avoir tout l'esprit et tout le cœur
appliqué* [13]. *On ne laisse pas de voir dans cet usage une espece de subordination* [14], *car ce peuple paroît adorer le Prince, et le Prince adorer
Dieu. Les gens du pays le nomment ✦✦✦ ; il est à quelques* [15] *quarante-huit
degrez d'élévation du pôle* [16], *et à plus d'onze cents lieuës de Mer des
Iroquois et des Hurons* [17].

- *Étudiez la composition : les subdivisions du texte ; la progression d'ensemble.*
- *Ne peut-on ramener ces critiques à une idée générale ? Quel est le grand vice de la cour ?*
- *Qu'est-ce qui confère à ce texte l'apparence d'une relation de voyage en pays sauvage ?*
- *Quel est l'effet des périphrases désignant des choses familières au lecteur ?*
- **Essai.** *Dans quelle mesure, d'après les pages 414 à 422, LA BRUYÈRE annonce-t-il les philosophes du XVIIIᵉ SIÈCLE ?*

Le prince et ses sujets

A la doctrine de la monarchie absolue de droit divin, La Bruyère oppose l'idée d'un contrat naturel entre le souverain et ses sujets, entraînant des *devoirs réciproques*. Régner, ce n'est pas exercer son *bon plaisir*, mais assumer de lourdes *responsabilités*. Un *apologue* du genre pastoral (§29) vient illustrer cette belle conception d'une *monarchie patriarcale* (X, *Du Souverain ou de la République*).

Tout prospère dans une monarchie où l'on confond les intérêts de l'État avec ceux du prince [1]. (Éd. 7.)

27. Nommer un roi PERE DU PEUPLE est moins faire son éloge que l'appeler par son nom, ou faire sa définition. (Éd. 7.)

---

7 Du vitriol. — 8 Les perruques. — 9 Reconnaisse. — 10 Quel est l'effet de ce mot ? — 11 La chapelle de Versailles. — 12 Se font voir. — 13 *Attaché.* Noter l'accord avec le mot le plus rapproché. — 14 Hiérarchie. — 15 Dans ce cas, *quelque* reste aujourd'hui invariable. — 16 De latitude. — 17 Que pensez-vous de cette façon de situer Versailles ? — 1 Où le prince n'a d'autres intérêts que ceux de l'Etat.

28. Il y a un commerce [2] ou un retour [3] de devoirs du souverain à ses sujets, et de ceux-ci au souverain : quels sont les plus assujettissants et les plus pénibles, je ne le déciderai pas : il s'agit de juger d'un côté entre les étroits engagements [4] du respect, des secours, des services, de l'obéissance, de la dépendance ; et, d'un autre, les obligations indispensables de bonté, de justice, de soins, de défense, de protection. Dire qu'un prince est arbitre de la vie des hommes, c'est dire seulement que les hommes, par leurs crimes, deviennent naturellement soumis aux lois et à la justice, dont le prince est le dépositaire [5] ; ajouter qu'il est maître absolu de tous les biens de ses sujets, sans égards, sans compte ni discussion, c'est le langage de la flatterie, c'est l'opinion d'un favori qui se dédira à l'agonie [6].

29. Quand vous voyez quelquefois un nombreux troupeau qui, répandu sur une colline vers le déclin d'un beau jour, paît tranquillement le thym et le serpolet, ou qui broute dans une prairie une herbe menue et tendre qui a échappé à la faux du moissonneur, le berger, soigneux et attentif, est debout auprès de ses brebis ; il ne les perd pas de vue, il les suit, il les conduit, il les change de pâturage ; si elles se dispersent, il les rassemble ; si un loup avide paraît, il lâche son chien, qui le met en fuite ; il les nourrit, il les défend ; l'aurore le trouve déjà en pleine campagne, d'où il ne se retire qu'avec le soleil [7]. Quels soins ! quelle vigilance ! quelle servitude [8] ! Quelle condition vous paraît la plus délicieuse et la plus libre, ou du berger ou des brebis ? Le troupeau est-il fait pour le berger, ou le berger pour le troupeau ? Image naïve [9] des peuples et du prince qui les gouverne, s'il est bon prince. (Éd. 7.)

Le faste et le luxe dans un souverain [10], c'est le berger habillé d'or et de pierreries, la houlette d'or en ses mains ; son chien a un collier d'or, il est attaché avec une laisse d'or et de soie : que sert tant d'or à son troupeau ou contre les loups ? (Éd. 7.)

30. Quelle heureuse place que celle qui fournit dans tous les instants l'occasion à un homme de faire du bien à tant de milliers d'hommes ! Quel dangereux poste que celui qui expose à tous moments un homme à nuire à un million d'hommes ! (Éd. 7.)

31. Si les hommes ne sont point capables sur la terre d'une joie plus naturelle, plus flatteuse et plus sensible que de connaître qu'ils sont aimés, et si les rois sont hommes, peuvent-ils jamais trop acheter [11] le cœur de leurs peuples ?

Contre la guerre

LA BRUYÈRE a horreur de *la guerre*. Avec une *ironie indignée* qui annonce VOLTAIRE, il en dénonce le caractère *atroce* et surtout l'*absurdité*, montrant qu'elle ravale l'homme au-dessous des bêtes. C'est déjà la méthode des philosophes du XVIIIᵉ siècle, qui protestent contre les abus au nom de la *raison*, même quand leur *cœur* est ému (X, § 9, Éd. 4, et XII, § 119, Éd. 6).

La guerre a pour elle l'antiquité ; elle a été dans tous les siècles [1] : on l'a toujours vue remplir le monde de veuves et d'orphelins, épuiser les familles d'héritiers [2], et faire périr les frères à une même bataille.[...] De tout temps, les hommes, pour quelque morceau de terre de plus ou de moins, sont convenus [3] entre eux de se dépouiller, se brûler, se tuer, s'égorger les uns les autres ; et, pour le faire plus ingénieusement et avec plus de sûreté, ils ont

---

2 Echange. — 3 Réciprocité. — 4 Obligations. — 5 L'auteur déclare l'autorité des lois supérieure à celle du prince (cf. Fénelon, p. 426). — 6. En songeant qu'il va paraître devant Dieu. — 7 Ce n'est pas ici le style ordinaire de La Bruyère. Etudier la comparaison. — 8 Mot frappant : il s'agit de la condition du bon *prince*. — 9 Fidèle. — 10 C'est Louis XIV qui est visé. — 11 Acheter trop cher.

— 1 Est-ce une raison suffisante pour ne rien tenter contre ce fléau ? — 2 Dépend de *épuiser*. — 3 Nous dirions : *ont convenu*.

inventé de belles [4] règles qu'on appelle l'art militaire ; ils ont attaché à la pratique de ces règles la gloire ou la plus solide réputation ; et ils ont depuis enchéri de siècle en siècle sur la manière de se détruire réciproquement [5]. De l'injustice
10 des premiers hommes comme de son unique source [6] est venue la guerre, ainsi que la nécessité où ils se sont trouvés de se donner des maîtres qui fixassent leurs droits et leurs prétentions. Si, content du sien [7], on eût pu s'abstenir du bien de ses voisins, on avait [8] pour toujours la paix et la liberté [9].

Petits hommes hauts de six pieds [10], tout au plus de sept, qui vous enfermez aux [11] foires comme géants, et comme des pièces rares [12] dont il faut acheter la vue, dès que vous allez jusques à huit pieds ; qui vous donnez sans pudeur de la *hautesse* et de l'*éminence* [13], qui est [14] tout ce que l'on pourrait accorder à ces montagnes voisines du ciel et qui voient les nuages se former au-dessous d'elles ; espèce d'animaux glorieux et superbes [15], qui méprisez toute autre espèce, qui
20 ne faites pas même comparaison avec [16] l'éléphant et la baleine, approchez, hommes, répondez un peu à *Démocrite* [17]. Ne dites-vous pas en commun proverbe : *des loups ravissants* [18], *des lions furieux, malicieux comme un singe ?* Et vous autres, qui êtes-vous ? J'entends corner sans cesse à mes oreilles : *l'homme est un animal raisonnable.* Qui vous a passé [19] cette définition ? Sont-ce les loups, les singes et les lions, ou si [20] vous vous l'êtes accordée à vous-mêmes ? C'est déjà une chose plaisante que vous donniez aux animaux, vos confrères, ce qu'il y a de pire, pour prendre pour vous ce qu'il y a de meilleur. Laissez-les un peu se définir eux-mêmes, et vous verrez comme [21] ils s'oublieront et comme vous serez traités. Je ne parle point, ô hommes, de vos légèretés, de vos folies
30 et de vos caprices, qui vous mettent au-dessous de la taupe et de la tortue, qui vont sagement leur petit train, et qui suivent sans varier l'instinct de leur nature ; mais écoutez-moi un moment. Vous dites d'un tiercelet de faucon [22] qui est fort léger [23], et qui fait une belle descente sur la perdrix : « Voilà un bon oiseau » ; et d'un lévrier qui prend un lièvre corps à corps : « C'est un bon lévrier. » Je consens aussi que vous disiez d'un homme qui court le sanglier, qui le met aux abois, qui l'atteint et qui le perce : « Voilà un brave homme [24]. » Mais si vous voyez deux chiens qui s'aboient [25], qui s'affrontent, qui se mordent et se déchirent [26], vous dites : « Voilà de sots animaux » ; et vous prenez un bâton pour les séparer. Que si l'on vous disait que tous les chats d'un grand pays
40 se sont assemblés par milliers dans une plaine, et qu'après avoir miaulé tout leur soûl, ils se sont jetés avec fureur les uns sur les autres, et ont joué ensemble de la dent et de la griffe ; que de cette mêlée il est demeuré de part et d'autre neuf à dix mille chats sur la place, qui ont infecté l'air à dix lieues de là par leur puanteur, ne diriez-vous pas : « Voilà le plus abominable *sabbat* dont on ait jamais ouï parler » ? Et si les loups en faisaient de même : « Quels hurlements ! quelle boucherie ! » Et si les uns ou les autres vous disaient qu'ils aiment la gloire, concluriez-vous de ce discours qu'ils la mettent à se trouver à ce beau rendez-vous, à détruire ainsi et à anéantir leur propre espèce ? ou, après l'avoir conclu, ne ririez-vous pas de tout votre cœur de l'ingénuité de ces pauvres bêtes [27] ?

---

4 A commenter. — 5 Que dirait aujourd'hui La Bruyère ! — 6 Qui fut son unique source. — 7 De son bien. — 8 *On aurait eu ;* mais n'y a-t-il pas une nuance ? — 9 Définir le ton du § 1. — 10 Un pied : 0^m,32. — 11 Dans les. — 12 Phénomènes. — 13 Titres du sultan et des cardinaux. — 14 *Ce qui est.* — 15 Vaniteux et orgueilleux. — 16 Ne vous comparez pas même à. — 17 Philosophe grec qui riait de la folie des hommes (tandis qu'Héraclite s'en indignait). — 18 Ravisseurs. — 19 Accordé. — 20 Ou bien est-ce que. — 21 Comment. — 22 Faucon mâle (d'un *tiers* plus petit que la femelle). — 23 Qui tient l'air longtemps (fauconnerie). — 24 Un homme brave. — 25 Aboient l'un contre l'autre. — 26 Quelle est la différence ? — 27 Etudier l'ironie (§ 2).

FÉNELON

FRANÇOIS DE SALIGNAC DE LA MOTHE-FÉNELON est né en 1651 au château de Fénelon en Périgord. Ses études, commencées au château paternel et à l'université de Cahors, se terminent à Paris, au collège du Plessis, puis au Séminaire de Saint-Sulpice.

Le missionnaire   Ordonné prêtre à 24 ans, il s'enthousiasme pour une mission au Levant et en Grèce, mais son ardeur de missionnaire trouvera bientôt à s'exercer dans son propre pays. *En* 1678, en effet, FÉNELON est nommé supérieur de la congrégation des *Nouvelles Catholiques*, jeunes filles protestantes récemment converties qu'il faut diriger et entretenir dans la foi. Il déploie dans cette mission la souplesse d'un remarquable *directeur de conscience*.

De 1685 *à* 1687, à la demande de BOSSUET qui l'a déjà distingué, il assume la tâche difficile de diriger une mission auprès des protestants de Saintonge, soumis extérieurement au catholicisme au lendemain de la Révocation de l'Édit de Nantes. Sans être un apôtre de la tolérance à la manière des « philosophes », comme on l'a cru au XVIIIᵉ siècle, il préfère agir par la *douceur* et user de sa *séduction naturelle*, car il doute de l'efficacité de la contrainte. Il s'acquitte de sa mission au mieux de la religion et des intérêts royaux.

Le précepteur   Déjà recherché pour ses brillantes qualités, il était devenu le véritable *directeur spirituel* des duchesses de Beauvilliers et de Chevreuse, filles de Colbert, et même de Mᵐᵉ de Maintenon. A son retour de Saintonge, il fit imprimer le *Traité de l'Éducation des Filles* (1687), écrit quelques années avant pour la duchesse de Beauvilliers. Aussi en 1689, quand le duc de Beauvilliers fut désigné comme gouverneur du duc de Bourgogne, petit-fils de Louis XIV, FÉNELON fut nommé *précepteur du prince*. L'élève était violent, orgueilleux, excessif, mais sensible et plein d'intelligence. A l'exemple de Bossuet (p. 253), Fénelon rédigea lui-même des ouvrages pédagogiques, mais mieux adaptés à l'esprit d'un enfant : les *Fables*, les *Dialogues des Morts*, et surtout *Télémaque*. Sa carrière s'ouvrait donc sous de brillants auspices : nommé *archevêque de Cambrai* (1695), il continua à diriger son élève. Mais la condamnation du *quiétisme*, doctrine qui depuis quelques années séduisait son âme mystique, allait briser son avenir.

L'affaire du quiétisme   Sous sa forme absolue, le quiétisme est la doctrine du prêtre espagnol MOLINOS, exposée dans sa *Guide spirituelle* (1675) et condamnée dès 1687 comme hérétique. Ce mysticisme pousse l'union totale avec Dieu jusqu'à rendre notre âme si étrangère au corps qu'elle n'est plus responsable des fautes qu'il peut commettre.

1. Mᵐᵉ GUYON ET FÉNELON. En France, Mᵐᵉ GUYON exposa, notamment dans son *Moyen court de faire oraison*, une sorte de quiétisme atténué. Sans admettre l'irresponsabilité de l'âme dans les désordres du corps, elle fait consister la perfection spirituelle dans un acte continuel de contemplation et d'amour, un abandon total à Dieu qui aboutit à « l'*état d'oraison* ». Cet état de « *quiétude* » parfaite renferme à lui seul tous les actes de la religion : il dispense de toute réflexion sur Dieu, sur ses attributs, sur Jésus-Christ; il exclut le désir du salut, de la sanctification et la crainte de l'enfer : il rend inutile, et même nuisible à la parfaite contemplation, la pratique des prières vocales, de la confession, de la mortification et de toutes les bonnes œuvres.

FÉNELON fut séduit par cet amour de Dieu, si dépouillé de toute attache terrestre, où l'adoration, épurée du désir des récompenses et de la crainte des châtiments, était totalement désintéressée. Dès l'époque où il devient précepteur du duc de Bourgogne, il connaît Mᵐᵉ GUYON et l'introduit dans la petite société religieuse des duchesses de Beauvilliers et de Chevreuse. Mᵐᵉ DE MAINTENON, séduite à son tour, lui ouvre Saint-Cyr, et la maison devient presque toute quiétiste. Fénelon goûte lui-même les douceurs de « l'état d'oraison » et entretient avec Mᵐᵉ Guyon une *correspondance* qui nous révèle l'harmonie de ces deux âmes sur les cimes du mysticisme.

2. LA CONFÉRENCE D'ISSY. Inquiet de cette effervescence du quiétisme à Saint-Cyr, l'évêque de Chartres en fit tout à coup chasser Mme GUYON (1693), à la surprise de Mme de Maintenon, qui commença à se détacher de Fénelon. Ce dernier conseilla à Mme Guyon de soumettre ses livres au jugement de BOSSUET. L'évêque de Meaux vit une menace pour l'Église dans cette doctrine qui pouvait conduire à négliger les pratiques religieuses et les dogmes, à se passer de la hiérarchie ecclésiastique pour communiquer directement avec Dieu, dans une sorte de *déisme*. De son côté, FÉNELON invoquait l'autorité des grands mystiques comme sainte Thérèse et saint François de Sales. Finalement, la *Conférence d'Issy* (1694-1696) condamna trente-quatre propositions quiétistes et affirma les obligations du christianisme positif, tout en admettant, à la demande de Fénelon, les principes essentiels de la perfection mystique, atteinte exceptionnellement par quelques grands saints. *La querelle paraissait apaisée :* FÉNELON, nommé archevêque de Cambrai, fut sacré par BOSSUET en personne (1695).

3. BOSSUET CONTRE FÉNELON. Pour préciser les articles d'Issy, BOSSUET soumit à son adversaire son *Instruction sur les États d'oraison*; mais FÉNELON refusa d'approuver cet ouvrage qui attaquait personnellement Mme Guyon. Si elle avait été maladroite dans l'expression de sa pensée, il se portait garant de sa ferveur et de la pureté de ses intentions : il se sentait *engagé d'honneur* à défendre cette femme abandonnée de tous; dans les persécutions qu'elle subira par la suite, il lui restera toujours fidèle. Pour montrer que l'on atteignait le vrai mysticisme en prétendant condamner le faux, il publia les *Explications des Maximes des Saints* (1697) et soumit lui-même son livre au jugement du pape. La lutte se livre alors sur deux plans : en France et à Rome. EN FRANCE, c'est une guerre de brochures où les deux adversaires ne s'épargnent ni injures ni calomnies. Bossuet porte enfin un coup qu'il voulait décisif avec sa *Relation sur le Quiétisme* (1698). Fénelon reprend l'avantage avec la *Réponse à la Relation de M. de Meaux;* ce dernier réplique par ses *Remarques sur la Relation de M. de Cambrai;* à son tour Fénelon publie la *Réponse aux Remarques...* et Bossuet écrit encore un *Dernier Éclaircissement.* A ROME, le représentant de Fénelon, l'abbé de Chanterac, aimable et doux mais peu dynamique, n'est guère de force contre l'abbé Bossuet (neveu de l'évêque) actif, intrigant et ambitieux. *C'est Louis XIV qui précipita la disgrâce de Fénelon*, lui enjoignant de s'exiler à Cambrai et lui retirant son préceptorat et son appartement à Versailles. Cédant à une sorte d'ultimatum, le pape condamna les *Maximes des Saints* (1699). FÉNELON se soumit solennellement, avec une humilité qu'il voulait rendre édifiante : il avait refusé de plier devant Bossuet, mais s'honorait de s'incliner devant la décision du pape. *Mais il ne se soumit jamais du fond du cœur.* Sa carrière était brisée.

L'archevêque de Cambrai   Peu après cette condamnation, la publication de *Télémaque*, à la suite, prétend-il, de « l'infidélité d'un copiste », met le comble à sa disgrâce. Le livre est, en effet, considéré comme une satire de la cour et du gouvernement de Louis XIV.

Dès lors FÉNELON, exilé dans son diocèse, ne reparaît plus à la cour et se consacre à son rôle d'archevêque. Il soutient une controverse avec les jansénistes, écrit des lettres de direction, prêche le Carême, pratique si largement la *charité* qu'il mourra sans ressources. L'invasion qui ravage le pays lui fournit l'occasion de secourir les malheureux. Sa réputation de piété et de sainteté se répand jusqu'à Versailles.

Cependant *tout espoir de rentrer en grâce n'est pas perdu.* Il reste en relations avec le duc de Bourgogne : si l'élève devient roi, le précepteur sera premier ministre. Pour le préparer à son futur « métier », Fénelon rédige l'*Examen de conscience d'un roi*, écho de la mystérieuse *Lettre à Louis XIV* écrite, semble-t-il, vers 1694, où la vérité sur la misère de la France et la nécessité de réformes libérales étaient exposées avec une extrême hardiesse (cf. p. 427, notes). Brusquement, en 1711, la mort du Grand Dauphin (cf. p. 392) élève le duc de Bourgogne au rang de Dauphin : tous les yeux se tournent vers FÉNELON. Il rencontre le duc de Chevreuse à Chaulnes (en Picardie) et rédige avec lui les *Tables de Chaulnes* (1711), listes de réformes pour redresser le royaume. Peine perdue : quelques mois plus tard (février 1712), *la mort du Dauphin vient dissiper ces rêves.*

Désormais FÉNELON, désabusé, cherche une consolation dans la littérature. Il donne en 1714 la *Lettre à l'Académie*, publiée en 1716, et meurt en janvier 1715.

LES AVENTURES DE TÉLÉMAQUE

Souvenirs antiques   Rédigé en 1695 et publié en 1699, *Télémaque* est un roman pédagogique. Le sujet même permettait au précepteur de réveiller dans l'esprit de son élève mille souvenirs d'Homère et de Virgile : mythologie, tempêtes, batailles, concours athlétiques, songes, descente aux enfers, descriptions riantes, images et comparaisons. Excellent helléniste, FÉNELON imite les anciens avec une grâce et une aisance souveraines, dans une *prose poétique* un peu trop molle et fleurie, mais au *rythme* toujours enchanteur.

EN MARGE   *Accompagné du sage* MENTOR *(qui n'est autre que*
DE L'ODYSSÉE *Minerve),* TÉLÉMAQUE *est à la recherche de son père. La tempête le jette sur l'île de* CALYPSO. *Il fait à la déesse, laissée inconsolable par le départ d'Ulysse, le récit de ses aventures. Nous le voyons en Sicile où il échappe à la mort, en Égypte où il étudie la sage administration de Sésostris, à Tyr où il admire la prospérité d'un peuple de commerçants, puis échappe par miracle à la tyrannie du cruel Pygmalion. Après avoir résisté, grâce aux conseils de Mentor, aux dangereuses voluptés de Chypre, l'île de Vénus, il reprend la mer et aperçoit un magnifique spectacle.*

Le char d'Amphitrite

Cette brillante description, où les *souvenirs les plus charmants de l'antiquité* fécondent l'imagination de l'auteur, évoque pour nous tout un aspect de l'*art Louis XIV* : la peinture de Lebrun, par exemple. On notera d'abord ici la richesse et la grâce du tableau, avec, il est vrai, quelque tendance à la surcharge. On étudiera surtout le caractère « *antique* » (et plus spécialement *grec*) de la description, dû au symbolisme mythologique des détails et à la couleur même du style. (TÉLÉMAQUE, LIVRE IV.)

Pendant qu'Hazael [1] et Mentor parloient, nous apperçûmes des dauphins couverts d'une écaille qui paroissoit d'or et d'azur. En se jouant, ils soulevoient les flots avec beaucoup d'écume. Après eux venoient des Tritons, qui sonnoient de la trompette avec leurs conques recourbées. Ils environnoient le char d'Amphitrite [2], traîné par des chevaux marins plus blancs que la neige, et qui, fendant l'onde salée, laissoient loin derrière eux un vaste sillon dans la mer. Leurs yeux étoient enflammés, et leurs bouches étoient fumantes. Le char de la déesse étoit une conque [3] d'une merveilleuse figure [4] ; elle étoit d'une blancheur plus éclatante que l'ivoire, et les roues étoient d'or. Ce char sembloit voler sur la face des eaux
10 paisibles [5]. Une troupe de nymphes couronnées de fleurs nageoient en foule derriere le char ; leurs beaux cheveux pendoient sur leurs épaules, et flottoient au gré du vent. La déesse tenoit d'une main un sceptre d'or pour commander aux vagues, de l'autre elle portoit sur ses genoux le petit dieu Palémon, son fils, pendant à sa mamelle. Elle avoit un visage serein et une douce majesté qui faisoit fuir les vents séditieux et toutes les noires tempêtes. Les Tritons conduisoient les chevaux et tenoient les rênes dorées. Une grande voile de pourpre flottoit dans l'air au-dessus du char ; elle étoit à demi enflée par le souffle d'une multitude de petits zéphirs qui s'efforçoient de la pousser par leurs haleines. On voyoit au milieu des airs Eole empressé, inquiet et ardent. Son visage ridé et chagrin, sa voix menaçante, ses sourcils épais et pendants, ses
20 yeux pleins d'un feu sombre et austere tenoient en silence les fiers Aquilons, et repoussoient tous les nuages. Les immenses baleines et tous les monstres marins, faisant avec leurs narines un flux et reflux de l'onde amere, sortoient à la hâte de leurs grottes profondes pour voir la déesse.

— 1 Compagnon de voyage de Mentor et Télémaque. — 2 Fille de l'Océan, épouse de Neptune. — 3 Grande coquille. — 4 Forme. —

5 Quelle impression produit cette phrase ? Poursuivre l'étude du rythme et de l'harmonie dans toute cette page, et essayer de définir la prose poétique de Fénelon.

Traité	MENTOR enseignant à TÉLÉMAQUE l'art de régner,
d'éducation royale	c'est FÉNELON préparant le DUC DE BOURGOGNE au

métier de roi. Sa pensée politique est celle de la *Lettre*
à Louis XIV, de l'*Examen de conscience d'un roi* et des *Tables de Chaulnes*.

1. LA PENSÉE POLITIQUE. Précurseur de MONTESQUIEU, Fénelon combat l'absolutisme (ci-dessous) : le roi doit se soumettre aux lois et associer la nation à son autorité. Les *Tables de Chaulnes* accordaient aux États généraux des pouvoirs politiques très étendus, « pour abolir tous privilèges, toutes lettres d'État (*de cachet*) abusives ».

Précurseur de VOLTAIRE, il enseigne l'*amour de la paix*. Il insiste en chrétien sur la fraternité des hommes; il revient sans cesse sur l'injustice et les méfaits de la guerre : « La guerre épuise un État et le met toujours en danger de périr, lors même qu'on remporte les plus grandes victoires... On dépeuple son pays, on laisse les terres presque incultes, on trouble le commerce, mais, ce qui est bien pis, on affaiblit les meilleures lois et on laisse corrompre les mœurs » (*Livre XI*). FÉNELON conseille même un *arbitrage international* pour éviter la guerre (*Livre XVII*).

Pour rendre les peuples heureux, sa grande idée, c'est le développement de l'*agriculture* et l'abandon du luxe corrupteur, en faveur d'une *vie saine* et de *mœurs rustiques*, conformes « *aux vraies nécessités de la nature* ». C'est déjà du ROUSSEAU.

2. LA SATIRE INDIRECTE. Les contemporains ont vu dans la critique des mauvais rois (en particulier dans le portrait d'IDOMÉNÉE) la *satire de Louis XIV*, de son despotisme, de son amour du luxe, de sa passion de la guerre. Ces critiques sont, en effet, celles que FÉNELON adressait au monarque. *Il préparait son disciple à régner autrement*.

Le meilleur gouvernement

MENTOR vient d'exposer à TÉLÉMAQUE la vie « simple, frugale et laborieuse » qui assure le bonheur des Crétois ; il définit maintenant le sage gouvernement par lequel MINOS leur a donné la prospérité. C'est l'*idéal politique* dont FÉNELON veut pénétrer le duc de Bourgogne. Cette conception reprend en partie l'*idéal chrétien* de BOSSUET, mais annonce aussi la *définition libérale* du gouvernement monarchique selon MONTESQUIEU, ce qui explique l'engouement des philosophes du XVIIIᵉ siècle pour Fénelon. La *satire indirecte* de l'égoïsme et du despotisme du roi soleil apparaît nettement par la comparaison avec les fragments de la *Lettre anonyme à Louis XIV* cités en note, dont on pourra apprécier la hardiesse et la sévérité. (TÉLÉMAQUE, Livre V.)

Je lui [1] demandai en quoi consistait l'autorité du roi, et il me répondit: « Il peut tout sur les peuples ; mais les lois peuvent tout sur lui [2].

Il a une puissance absolue pour faire le bien, et les mains liées dès qu'il veut faire le mal [3]. Les lois lui confient les peuples comme le plus précieux de tous les dépôts, à condition qu'il sera le père de ses sujets [4]. Elles veulent qu'un seul homme serve, par sa sagesse et par sa modération, à la félicité de tant d'hommes ; et non pas que tant d'hommes servent, par leur misère et par leur servitude lâche, à flatter l'orgueil et la mollesse d'un seul homme [5]. Le roi ne doit rien avoir au-dessus des autres, excepté ce qui est nécessaire ou pour le sou-
10 lager dans ses pénibles fonctions, ou pour imprimer aux peuples le respect de celui qui doit soutenir les lois. D'ailleurs le roi doit être plus sobre, plus ennemi de la mollesse, plus exempt de faste et de hauteur, qu'aucune autre. Il ne doit point avoir plus de richesses et de plaisirs, mais plus de sagesse, de vertu et

---

— 1 *A Mentor*. C'est Télémaque qui fait ce récit à Calypso. — 2 « On n'a plus parlé de l'État ni des règles ; on n'a parlé que du Roi et de son bon plaisir... On vous a élevé jusqu'au ciel. » (*Lettre à Louis XIV*.) — 3 Formule reprise par Voltaire (*Lettres Anglaises*, VIII) et conforme à l'idéal de Montesquieu. —

4 « Vos peuples, que vous devriez aimer comme vos enfants..., meurent de faim. » (*Lettre...*) — 5 « Vous rapportez tout à vous, comme si vous étiez le Dieu de la terre et que tout le reste n'eût été créé que pour vous être sacrifié. C'est au contraire vous que Dieu n'a mis au monde que pour votre peuple. »

de gloire que le reste des hommes [6]. Il doit être au dehors le défenseur de la patrie, en commandant les armées ; et au dedans, le juge des peuples, pour les rendre bons, sages et heureux. Ce n'est point pour lui-même que les dieux l'ont fait roi : il ne l'est que pour être l'homme des peuples : c'est aux peuples qu'il doit tout son temps, tous ses soins, toute son affection : et il n'est digne de la royauté qu'autant qu'il s'oublie lui-même pour se sacrifier au bien public [7].

20 Minos n'a voulu que ses enfants régnassent après lui qu'à condition qu'ils régneraient suivant ces maximes : il aimait encore plus son peuple que sa famille. C'est par une telle sagesse qu'il a rendu la Crète si puissante et si heureuse ; c'est par cette modération qu'il a effacé la gloire de tous les conquérants qui veulent faire servir les peuples à leur grandeur, c'est-à-dire à leur vanité [8] ; enfin, c'est par sa justice qu'il a mérité d'être aux enfers le souverain juge des morts. »

En Crète, TÉLÉMAQUE *se distingue si bien aux concours athlétiques et aux « concours de sagesse » (où il condamne le despotisme et l'esprit belliqueux) que les Crétois veulent le prendre pour roi. Mais, toujours désireux de retrouver son père, il s'est rembarqué, et la tempête l'a jeté sur l'île de Calypso. Émerveillée par ce récit,* CALYPSO *s'éprend de* TÉLÉMAQUE, *mais le jeune homme, victime de Vénus, est pris d'une violente passion pour la nymphe* EUCHARIS. *Pour l'arracher à cette dangereuse ardeur,* MENTOR *n'a que la ressource de le précipiter à la mer, et tous deux gagnent à la nage un vaisseau phénicien. Sur le navire, Télémaque entend vanter* le bonheur des habitants de la BÉTIQUE, *« qui n'ont appris la sagesse qu'en étudiant la simple nature ». Neptune les pousse alors dans le port de* Salente, *en Hespérie : ils y sont accueillis par* IDOMÉNÉE, *roi chassé de Crète pour son despotisme.*

SALENTE   *Toute la deuxième partie du roman se déroule autour de Salente. Au cours d'épisodes inspirés des épopées antiques,* TÉLÉMAQUE *fait son apprentissage de chef militaire. Il se distingue par ses exploits, et même force la victoire; mais il apprend aussi à dominer ses impulsions violentes, à se montrer chevaleresque, à n'offrir que des conditions de paix équitables. L'amour de la paix, telle est en effet la leçon de ces aventures guerrières.*
Quant à MENTOR, *resté à Salente, il expose à Idoménée (jusque là égaré par des flatteurs) les réformes qui assureront le bonheur et la prospérité de son peuple (*LIVRE X).
Aussi TÉLÉMAQUE, *revenu à Salente, écoutera-t-il avec attention les leçons de* MENTOR.

LE MÉTIER DE ROI

Le tableau de la *Bétique* avait déjà révélé le *secret des peuples heureux :* « Ils sont presque tous bergers et laboureurs. On voit en ce pays peu d'artisans; car ils ne veulent souffrir que les arts *qui servent aux véritables nécessités des hommes...* Ils sont tous libres et égaux... Télémaque se réjouissait qu'il y eût encore au monde un peuple qui, *suivant la droite raison,* fût si sage et si heureux tout ensemble » (Livre VII). Voici réalisé à Salente cet *âge d'or* dont, bien avant ROUSSEAU, Fénelon *politique et moraliste* avait déjà conçu le rêve. (TÉLÉMAQUE, Livre XVII.)

Télémaque regardait de tous côtés avec étonnement, et disait à Mentor : « Voici un changement dont je ne comprends pas bien la raison. Est-il arrivé quelque calamité à Salente pendant mon absence?

──────── 6 Cf. *Lettre à Louis XIV :* « Au lieu de tirer de l'argent de ce pauvre peuple, il faudrait lui faire l'aumône et le nourrir... Tout le royaume ayant été ruiné, vous avez tout entre vos mains, et personne ne peut plus vivre que de vos dons. » — 7 « Cette gloire, qui endurcit votre cœur, vous est plus chère que la justice, que votre propre repos, que la conservation de vos peuples, qui périssent tous les jours de maladies causées par la famine. » — 8 « Si le Roi, dit-on, avait un cœur de père pour son peuple, ne mettrait-il pas plutôt sa gloire à leur donner du pain et à les faire respirer après tant de maux, qu'à garder quelques places de la frontière, qui causent la guerre ?

D'où vient qu'on n'y remarque plus cette magnificence qui éclatait partout avant mon départ? Je ne vois plus ni or, ni argent, ni pierres précieuses ; les habits sont simples : les bâtiments qu'on fait sont moins vastes et moins ornés ; les arts languissent, la ville est devenue une solitude. »

Mentor lui répondit en souriant : « Avez-vous remarqué l'état de
10 la campagne autour de la ville?

— Oui, reprit Télémaque ; j'ai vu partout le labourage en honneur et les champs défrichés.

— Lequel vaut mieux, ajouta Mentor, ou une ville superbe en marbre, en or et en argent, avec une campagne négligée et stérile, ou une campagne cultivée et fertile, avec une ville médiocre [1] et modeste dans ses mœurs? Une grande ville fort peuplée d'artisans occupés à amollir les mœurs par les délices de la vie, quand elle est entourée d'un royaume pauvre et mal cultivé, ressemble à un monstre dont la tête est d'une grosseur énorme et dont tout le corps, exténué et privé
20 de nourriture, n'a aucune proportion avec cette tête [2]. C'est le nombre du peuple et l'abondance des aliments qui font la vraie force et la vraie richesse d'un royaume. Idoménée a maintenant un peuple innombrable et infatigable dans le travail, qui remplit toute l'étendue de son pays. Tout son pays n'est plus qu'une seule ville : Salente n'en est que le centre. Nous avons transporté de la ville dans la campagne les hommes qui manquaient à la campagne, et qui étaient superflus dans la ville. De plus, nous avons attiré dans ce pays beaucoup de peuples étrangers. Plus ces peuples se multiplient, plus ils multiplient les fruits de la terre par leur travail ; cette multiplication si
30 douce et si paisible augmente plus son royaume qu'une conquête [3]. On n'a rejeté de cette ville que les arts superflus, qui détournent les pauvres de la culture de la terre pour les vrais besoins, et qui corrompent les riches en les jetant dans le faste et dans la mollesse [4] : mais nous n'avons fait aucun tort aux beaux-arts, ni aux hommes qui ont un vrai génie pour les cultiver. Ainsi Idoménée est beaucoup plus puissant qu'il ne l'était quand vous admiriez sa magnificence. Cet éclat éblouissant cachait une faiblesse et une misère qui eussent bientôt renversé son empire : maintenant il a un plus grand nombre d'hommes, et il les nourrit plus facilement. Ces hommes, accoutumés
40 au travail, à la peine et au mépris de la vie par l'amour des bonnes lois, sont tous prêts à combattre pour défendre ces terres cultivées de leurs propres mains [5]. Bientôt cet Etat, que vous croyez déchu, sera la merveille de l'Hespérie.

« Souvenez-vous, ô Télémaque, qu'il y a deux choses pernicieuses,

---

— 1 Moyenne. — 2 « La culture des terres est presque abandonnée, les villes et les campagnes se dépeuplent ; tous les métiers languissent et ne nourrissent plus les ouvriers. Tout commerce est anéanti. » (*Lettre à* *Louis XIV*). — 3 Etudier la portée de cette remarque. — 4 Idée qui sera chère à Rousseau. 5 Pour sauver le pays, « il faudrait en faire l'affaire véritable de tout le corps de la nation. C'est la nation qui doit se sauver elle-même ».

dans le gouvernement des peuples, auxquelles on n'apporte presque jamais aucun remède : la première est une. autorité injuste et trop violente dans les rois ; la seconde est le luxe, qui corrompt les mœurs.

« Quand les rois s'accoutument à ne connaître plus d'autres lois que leurs volontés absolues, et qu'ils ne mettent plus de frein à leurs
50 passions, ils peuvent tout : mais à force de tout pouvoir, ils sapent les fondements de leur puissance ; ils n'ont plus de règle certaine ni de maximes de gouvernement [6]. Chacun à l'envi les flatte ; ils n'ont plus de peuple ; il ne leur reste que des esclaves, dont le nombre diminue chaque jour. Qui leur dira la vérité ? qui donnera des bornes à ce torrent ? Tout cède ; les sages s'enfuient, se cachent, et gémissent. Il n'y a qu'une révolution [7] soudaine et violente qui puisse ramener dans son cours naturel cette puissance débordée : souvent même le coup qui pourrait la modérer l'abat sans ressource. Rien ne menace tant d'une chute funeste qu'une autorité qu'on pousse trop loin : elle est sem-
60 blable à un arc trop tendu, qui se rompt enfin tout à coup si on le relâche : mais qui est-ce qui osera le relâcher ?

« L'autre mal, presque incurable, est le luxe. Comme la trop grande autorité empoisonne les rois, le luxe empoisonne toute une nation. On dit que ce luxe sert à nourrir les pauvres aux dépens des riches ; comme si les pauvres ne pouvaient pas gagner leur vie plus utile-ment, en multipliant les fruits de la terre, sans amollir les riches par des raffinements de volupté. Toute une nation s'accoutume à regar-der comme les nécessités de la vie les choses les plus superflues : ce sont tous les jours de nouvelles nécessités qu'on invente, et on ne
70 peut plus se passer des choses qu'on ne connaissait point trente ans auparavant... Les proches parents du roi veulent imiter sa magni-ficence ; les grands, celles des parents du roi ; les gens médiocres veulent égaler les grands.[...] Toute une nation se ruine, toutes les conditions se confondent. La passion d'acquérir du bien pour soutenir une vaine dépense corrompt les âmes les plus pures : il n'est plus question que d'être riche ; la pauvreté est une infamie.[...] Mais qui remédiera à ces maux ? Il faut changer le goût et les habitudes de toute une nation ; il faut lui donner de nouvelles lois. Qui le pourra entreprendre, si ce n'est un roi philosophe [8]...? »

Ayant terminé son apprentissage, Télémaque retourne à Ithaque, où il retrouve son père Ulysse. Il épousera ANTIOPE, fille d'Idoménée, qu'il a sauvée au cours d'une chasse.

– *Quelles sont, d'après FÉNELON, les conditions de la prospérité économique d'une nation ?*
– *Quels sont, d'après ce texte, les dangers de l'absolutisme royal ?*
– *Étudiez les arguments de l'auteur contre le luxe, du point de vue : a) économique ; – b) moral.*
• **Groupe thématique : Luxe.** Cf. pages 229, 261, 403, 415 à 418. – XVIIIe SIÈCLE, pages 83, 102, 121, 128, 245, 269 à 271, 305.

6 « Avez-vous cherché à connaître, sans vous flatter, quelles sont les bornes de votre autorité ?... Ce que c'est que la royauté réglée par les lois ? » (*Examen de conscience*). — 7 « La sédition s'allume peu à peu de toutes parts. Ils croient que vous n'avez aucune pitié de leurs maux, que vous n'aimez que votre auto-rité et votre gloire. » (*Lettre...*) — 8 C'est déjà l'utopie du XVIIIe siècle.

LA LETTRE A L'ACADÉMIE

Dans la *Lettre à l'Académie* (1714), FÉNELON, proposant aux académiciens un programme de travaux, saisit cette occasion d'exposer ses idées sur la *langue*, l'*éloquence*, la *poésie*, le *théâtre*, l'*histoire*, la *querelle des Anciens et des Modernes* (chap. X, cf. p. 438).

L'éloquence Après les projets de DICTIONNAIRE (I) et de GRAM-
et la poésie MAIRE (II), Fénelon expose un PROJET D'ENRICHIR LA
LANGUE (III), trop appauvrie depuis Malherbe. Il
voudrait multiplier les vocables et les synonymes, par la formation de mots composés
et l'emprunt de termes harmonieux aux langues étrangères.

1. PROJET DE RHÉTORIQUE. Dans ce *chapitre IV*, FÉNELON montre la supériorité des orateurs anciens formés à l'éloquence par leurs institutions démocratiques.
Hostile au genre fleuri et plein d'ornements, il veut une *éloquence directe et spontanée :*
« Je cherche un homme sérieux, qui me parle pour moi, non pour lui; qui veuille mon
salut, et non sa vaine gloire. L'homme digne d'être écouté est celui qui ne se sert de la
parole que pour la pensée, et de la pensée que pour la vérité et la vertu... Il n'est point
esclave des mots; il va droit à la vérité. Il sait que la passion est comme l'âme de la
parole. » *La force d'un discours vient de son unité :* « Tout le discours est un : il se réduit
à une seule proposition mise au grand jour par des tours variés... Un ouvrage n'a
une véritable unité que quand on ne peut en rien ôter sans couper dans le vif. »

2. PROJET DE POÉTIQUE. Au *chapitre V*, l'auteur commence par montrer le
rôle civilisateur de la poésie, « plus sérieuse et plus utile que le vulgaire ne le croit ».
Mais il déplore les *difficultés de notre versification :* il faudrait, dit-il, mettre les poètes
« un peu plus au large sur les rimes, pour leur donner le moyen d'être plus exacts sur le
sens et sur l'harmonie. » Son goût poétique le porte à aimer les « beautés simples, faciles,
claires et négligées en apparence » : le sublime lui-même devient chez lui « familier »,
« doux » et « simple ». *Simplicité, naturel* et aussi *vérité :* « Afin qu'un ouvrage soit véritablement beau, il faut que l'auteur s'y oublie, et me permette de l'oublier; il faut qu'il
me laisse seul en pleine liberté... La poésie est sans doute une imitation et une peinture...
L'art est défectueux dès qu'il est outré; il doit viser à la ressemblance... On croit être
dans les lieux qu'Homère dépeint, y voir et y entendre les hommes... Les anciens ne se
sont pas contentés de peindre simplement d'après nature, ils y ont joint la passion et la
vérité. » Homère et surtout Virgile représentent les sommets de cet art.

Le théâtre 1. PROJET D'UN TRAITÉ SUR LA TRAGÉDIE.
Fénelon critique la tragédie française « où l'on ne
représente les passions corrompues que pour les allumer ». « On pourrait donner aux
tragédies une merveilleuse force, sans y mêler cet *amour volage et déréglé* qui fait tant de
ravages », témoin la tragédie grecque (Sophocle), « entièrement indépendante de l'amour
profane ». L'auteur condamne la *fade galanterie* de Corneille *(Œdipe)* et même de
Racine (Hippolyte, dans *Phèdre*), l'*enflure* dans *Cinna* (I, 1) et dans *Phèdre* (récit de
Théramène), la *noblesse* et l'*emphase* excessives : « Tout homme doit toujours parler
humainement. »

2. PROJET D'UN TRAITÉ SUR LA COMÉDIE. Aristophane et Plaute n'ont pas
su éviter la « basse plaisanterie ». Térence sait être passionné, tout en restant simple,
« vif et ingénu »; mais Fénelon a le courage de lui préférer MOLIÈRE (p. 431).

L'histoire Le PROJET D'UN TRAITÉ SUR L'HISTOIRE est riche
d'intuitions et de vues prophétiques. Fénelon exige
d'abord l'*impartialité* : « Le bon historien n'est d'aucun temps ni d'aucun pays : quoiqu'il aime sa patrie, il ne la flatte jamais en rien... Il évite également les panégyriques
et les satires. » Point d'érudition excessive ni de détails inutiles; l'essentiel est de créer
l'*impression de vie et de réalité* : « Sans les circonstances, les faits demeurent comme
décharnés : ce n'est que le squelette d'une histoire. » Les principales qualités du récit
historique sont l'*ordre* qui crée la clarté, et la *simplicité du style* : « L'histoire perd beaucoup à être parée. » Mais l'idée la plus originale porte sur la *couleur historique* (p. 432).

MOLIÈRE

FÉNELON est un des premiers écrivains à rendre aussi solennellement hommage à
MOLIÈRE : il n'hésite pas à le placer au-dessus des anciens. Il est difficile de souscrire
à toutes ses réserves, mais il faut avoir lu l'âpre critique de BOSSUET (cf. p. 281) pour
apprécier le *courage* de ce prêtre qui s'efforce de porter sur Molière un jugement impartial.

Il faut avouer[1] que Molière est un grand poète comique. Je ne
crains pas de dire qu'il a enfoncé plus avant que Térence dans certains caractères ; il a embrassé une plus grande variété de sujets ; il
a peint par des traits forts presque tout ce que nous voyons de déréglé
et de ridicule. Térence se borne à représenter des vieillards avares
et ombrageux, de jeunes hommes prodigues et étourdis, des courti-
sanes avides et impudentes, des parasites bas et flatteurs, des esclaves
imposteurs et scélérats. Ces caractères méritaient sans doute d'être
traités suivant les mœurs des Grecs et des Romains[2]. De plus, nous
10 n'avons que six pièces de ce grand auteur. Mais enfin, Molière a ouvert
un chemin tout nouveau. Encore une fois, je le trouve grand : mais
ne puis-je pas parler en toute liberté de ses défauts ?

En pensant bien, il parle souvent mal[3]. Il se sert des phrases les
plus forcées et les moins naturelles[4]. Térence dit en quatre mots, avec
la plus élégante simplicité, ce que celui-ci ne dit qu'avec une multitude de métaphores qui approchent du galimatias[5]. J'aime bien mieux
sa prose que ses vers. Par exemple, l'*Avare* est moins mal écrit[6] que
les pièces qui sont en vers. Il est vrai que la versification française
l'a gêné[7] ; il est vrai même qu'il a mieux réussi pour les vers dans
20 l'*Amphitryon*, où il a pris la liberté de faire des vers irréguliers[8]. Mais
en général, il me paraît, jusque dans sa prose, ne parler point assez
simplement pour exprimer toutes les passions.

D'ailleurs, il a outré souvent les caractères : il a voulu, par cette
liberté, plaire au parterre, frapper les spectateurs les moins délicats,
et rendre le ridicule plus sensible. Mais quoiqu'on doive marquer
chaque passion dans son plus fort degré, et par ses traits les plus vifs,
pour en mieux montrer l'excès et la difformité, on n'a pas besoin de
forcer la nature, et d'abandonner le vraisemblable. [...]

Un autre défaut de Molière, que beaucoup de gens d'esprit lui par-
30 donnent, et que je n'ai garde de lui pardonner, est qu'il a donné un
tour gracieux au vice, avec une austérité ridicule et odieuse à la vertu[9].
Je comprends que ses défenseurs ne manqueront pas de dire qu'il a
traité avec honneur la vraie probité, qu'il n'a attaqué qu'une vertu
chagrine et qu'une hypocrisie détestable. Mais, sans entrer dans cette

— 1 Concession aux « Modernes », qui
mettent Molière au-dessus de Térence (Perrault, *Parallèles*, IV). — 2 Noter ce sens de
la diversité des civilisations. — 3 Cf. La
Bruyère : « *Il n'a manqué à Molière que d'éviter
le jargon et le barbarisme.* » — 4 Cf. *Misanthrope*,
v. 53-56. — 5 Cf. *Misanthrope* v. 1497-1498, et
Tartuffe, v. 1705-1706. — 6 Que penser de ce
tour ? — 7 Cf. p. 430, *Projet de Poétique.* —
8 Cf. p. 182. — 9 Cf. Rousseau : « *Il n'a point
voulu corriger les vices, mais les ridicules... Il lui
restait à jouer celui que le monde pardonne le
moins, le ridicule de la vertu : c'est ce qu'il a fait
dans le Misanthrope* » (Lettre à d'Alembert).

longue discussion, je soutiens que Platon et les autres législateurs de
l'antiquité païenne n'auraient jamais admis dans leur République un
tel jeu sur les mœurs.

Enfin, je ne puis m'empêcher de croire avec M. Despréaux que
Molière, qui peint avec tant de force et de beauté les mœurs de son
pays, tombe trop bas quand il imite le badinage de la Comédie italienne.

Lettre à l'Académie, chap. VII.

— Précisez : a) les mérites ; — b) les défauts de MOLIÈRE. *Montrez que l'auteur a nuancé son jugement.*
— Quelles pièces, quels personnages vous semblent motiver chaque appréciation de FÉNELON *?*
— Comment défendriez-vous MOLIÈRE *à propos des jugements qui vous paraissent contestables ?*
— D'après ce texte, définissez l'idéal de la comédie *et de l'*art *selon* FÉNELON.
• **Groupe thématique : Molière.** Cf. pages 281, 330, 344, 400, 431. – XVIIIᵉ SIÈCLE, pages 276, 278.

La couleur historique

Pour saisir l'originalité de ces idées, on se souviendra que, pendant tout le XVIIIᵉ siècle encore
et jusqu'à Talma, les Romains et les Grecs de nos tragédies porteront des costumes *plus modernes
qu'antiques*. Fidèle à son principe de la *vérité* et du *naturel* dans l'art, FÉNELON a eu le sens des
différences entre les peuples, entre les époques : il annonce VOLTAIRE, CHATEAUBRIAND, AUGUSTIN
THIERRY. L'idée d'étudier l'évolution des institutions fait de lui un précurseur de GUIZOT et de
FUSTEL DE COULANGES.

L e point le plus nécessaire et le plus rare pour un historien est qu'il sache
exactement la forme du gouvernement et le détail des mœurs de la
nation dont il écrit l'histoire, pour chaque siècle. Un peintre qui ignore
ce qu'on nomme *il costume* [1] ne peint rien avec vérité. Les peintres de l'école
Lombarde, qui ont d'ailleurs si naïvement [2] représenté la nature, ont manqué
de science en ce point. Ils ont peint le grand-prêtre des Juifs comme un pape,
et les Grecs de l'antiquité comme les hommes qu'ils voyaient en Lombardie.
Il n'y aurait néanmoins rien de plus faux et de plus choquant que de peindre
les Français du temps de Henri II avec des perruques et des cravates [3], ou
de peindre les Français de notre temps avec des barbes et des fraises [4]. Chaque
nation a ses mœurs, très différentes de celles des peuples voisins. Chaque peuple
change souvent pour ses propres mœurs. Les Perses, pendant l'enfance de Cyrus,
étaient aussi simples que les Mèdes, leurs voisins, étaient mous et fastueux.
Les Perses prirent dans la suite cette mollesse et cette vanité.[...] On rirait d'un
historien qui parlerait de la magnificence de la cour des rois de Lacédémone,
ou de celle de Numa.[...]

Notre nation ne doit point être peinte d'une façon uniforme : elle a eu des
changements continuels. Un historien qui représentera Clovis environné d'une
cour polie, galante et magnifique, aura beau être vrai dans les faits particuliers ;
il sera faux pour le fait principal des mœurs de toute la nation. Les Francs
n'étaient alors qu'une troupe errante et farouche, presque sans lois et sans police,
qui ne faisait que des ravages et des invasions. Il ne faut pas confondre les
Gaulois polis par les Romains avec ces Francs si barbares.[...]

Les changements dans la forme du gouvernement d'un peuple doivent être
examinés de près... Les mœurs et l'état de tout le corps de la nation ont changé
d'âge en âge. Sans remonter plus haut, le changement de mœurs est presque
incroyable depuis le règne de Henri IV.   *Lettre à l'Académie*, chap. VIII.

— 1 La *coutume*, les mœurs d'une époque. | 3 A la mode seulement depuis 1660 environ.
Terme de peinture. — 2 Avec naturel. — | — 4 A la mode sous Henri III et Henri IV.

LA QUERELLE DES ANCIENS ET DES MODERNES

Le prélude   Dès le début du XVIIᵉ siècle apparaissent des signes de l'*esprit moderne* qui va provoquer, à partir de 1687, une importante *querelle littéraire*. Sous Louis XIII, les écrivains indépendants revendiquent la liberté totale de leur inspiration (p. 40), et BOISROBERT, comparant Homère à un chanteur de carrefour, trouve les anciens « sans goût et sans délicatesse » (1635).

1. L'IDÉE DE PROGRÈS. Se plaçant l'un et l'autre au *point de vue scientifique*, DESCARTES et PASCAL ont substitué au respect stérile de l'autorité des anciens l'idée de la *souveraineté de la raison*, dont les conquêtes successives justifient la croyance au progrès. PASCAL compare toute la suite des hommes à un même homme qui subsiste toujours et apprend continuellement : « *Ceux que nous appelons anciens étaient véritablement nouveaux en toutes choses, et formaient l'enfance de l'homme proprement; et comme nous avons joint à leurs connaissances l'expérience des siècles qui les ont suivis, c'est en nous que l'on peut trouver cette antiquité que nous révérons dans les autres* » (*Traité du Vide*). Du progrès dans les sciences, on allait tirer l'idée du *progrès artistique*.

2. LA QUESTION DU MERVEILLEUX. Par réaction contre l'abus du merveilleux païen, des poètes puisèrent leurs sujets dans la Bible et l'histoire religieuse, et l'on en vint à proclamer qu'*une littérature reposant sur les vérités du christianisme devait être supérieure à toute littérature païenne*. C'est DESMARETS DE SAINT-SORLIN qui, dans ses préfaces de *Clovis* (1657), des *Délices de l'Esprit* (1658), de *Marie-Magdeleine* (1669) et dans sa *Défense du Poème héroïque* (1674), affirma le plus vivement la valeur poétique de l'Écriture, la supériorité du merveilleux chrétien (plus vraisemblable) sur le merveilleux païen, la prééminence des modernes sur les anciens. C'était, plus d'un siècle avant CHATEAUBRIAND, la thèse du *Génie du christianisme*. Mais BOILEAU (*Art poétique*, III) CORNEILLE, SAINT-ÉVREMOND protestèrent contre l'impiété qu'il y aurait à égayer par des ornements les *mystères terribles* du christianisme et contre l'emploi d'un merveilleux moins charmant que le merveilleux païen. Avant de mourir, Desmarets confiait à Charles PERRAULT le soin de libérer la littérature de l'influence antique.

La querelle   Vers 1680, les « Modernes » se font plus entreprenants. L'érudit CHARPENTIER rédige, pour des tableaux de Versailles, des inscriptions en français (et non en latin) : d'où une querelle, où il proclame « l'*excellence de la langue française* » (1683) et la supériorité de l'art moderne. Un neveu de Corneille, FONTENELLE, attaque les anciens (*Dialogues des Morts*, 1683); à son tour, SAINT-ÉVREMOND conteste la nécessité de les imiter éternellement (*Sur les Poèmes des Anciens*, 1685). Mais ce sont les frères PERRAULT, brouillés de longue date avec Boileau, qui vont pousser à fond l'offensive contre les anciens.

1. ATTAQUES VICTORIEUSES DES « MODERNES ». A l'Académie, le 27 janvier 1687, Charles PERRAULT (le futur auteur des *Contes*, 1697) présente *Le Siècle de Louis le Grand*, poème où il critique les anciens, loue les contemporains et proclame la supériorité du siècle de Louis XIV sur celui d'Auguste. Soutenu par les académiciens, il est attaqué par les partisans des anciens.

BOILEAU s'indigne dans deux épigrammes injurieuses; LA FONTAINE réplique plus sérieusement dans l'*Épître à Huet* (5 février); l'année suivante, LA BRUYÈRE défend les anciens dans son *Discours sur Théophraste* et raille les modernes, (*Caractères*, chap. I).

Mais les « Modernes », qui disposent d'un journal, *Le Mercure Galant*, poussent à fond leur attaque. FONTENELLE reprend la thèse du progrès dans sa *Digression sur les Anciens et les Modernes* (1688) : son élection à l'Académie est saluée comme une victoire (1691). Quant à PERRAULT, il rassemble ses arguments dans ses *Parallèles des Anciens et des Modernes* (1688, 1690, 1692).

2. RÉPLIQUE DE BOILEAU. En 1693, BOILEAU publie l'*Ode pindarique sur la prise de Namur*, précédée d'un *Discours* où il expose les mérites des anciens et sa doctrine de l'imitation; l'année suivante, il écrit la *Satire X* contre les *Femmes*, qui soutiennent les modernes; PERRAULT lui répond par une *Apologie des Femmes*. En 1694 enfin, dans ses *Réflexions sur Longin*, BOILEAU se tire d'une situation délicate en invoquant l'épreuve des siècles : il admire les modernes, ses amis, mais évite de les comparer aux anciens.

La querelle s'apaisa grâce au grand Arnauld, qui réconcilia les deux adversaires : dans une *Lettre à Perrault* (1694, publiée en 1700), BOILEAU se montra moins intransigeant, et PERRAULT moins acerbe dans le Dialogue V des *Parallèles* (1697).

3. REBONDISSEMENT DE LA QUERELLE. Vingt ans plus tard, le conflit renaissait *à propos d'Homère*. Mᵐᵉ DACIER, savante helléniste, avait publié une traduction en prose des vingt-quatre chants de l'*Iliade* (1699). HOUDART DE LA MOTTE, qui ne savait pas le grec, tira de cette traduction (qu'il trouvait ennuyeuse) une *Iliade* en vers en douze chants (1713). Mᵐᵉ DACIER protesta dans un traité des *Causes de la corruption du goût* (1714); LA MOTTE répliqua modérément dans ses *Réflexions sur la critique* (1715), soutenu par des érudits comme les abbés de Pons, Terrasson et d'Aubignac, qui doutait même de l'existence d'Homère. C'est FÉNELON qui pacifia les esprits dans sa *Lettre à l'Académie*, où il loue les modernes tout en admirant vivement les anciens.

LA THÈSE DES « MODERNES »

Libre critique de l'antiquité   Dans *Le Siècle de Louis le Grand*, PERRAULT refuse d'admirer sans réserve les anciens : « *Ils sont grands, il est vrai, mais hommes comme nous.* »

1. LES FAIBLESSES DES ANCIENS. « *On peut n'adorer pas toute l'antiquité.* » PERRAULT en appelle au témoignage des mondains et surtout des femmes, rebutées par les traductions de Platon qui « commence à devenir quelquefois ennuyeux », et par le « galimatias » de Pindare. Depuis que, grâce au télescope et au microscope, « mille mondes nouveaux ont été découverts », la physique d'Aristote lui-même paraît ridicule.

2. CRITIQUE DU PRINCIPE D'AUTORITÉ. Selon PERRAULT, c'est par manque d'esprit critique qu'on applaudit « à mille erreurs grossières » : on admire les anciens sur la foi d'hommes dont on révère assez l'*autorité* pour les croire sur parole. Les SAVANTS se sont libérés de ce dangereux principe : ils étudient la physique, la médecine, l'astronomie dans la nature et non dans Aristote, Hippocrate et Ptolémée. Les ARTISTES, à leur tour, doivent conquérir leur indépendance, sauf (prudente réserve !) dans les questions religieuses et politiques : « Partout ailleurs la raison peut agir en souveraine et user de ses droits. Quoi donc ! il nous sera défendu de porter notre jugement sur les ouvrages d'Homère et de Virgile, de Démosthène et de Cicéron, et d'en juger comme il nous plaira parce que d'autres avant nous en ont jugé à leur fantaisie? » (*Parallèles*, I.)

FONTENELLE, de son côté, insiste sur le danger de se soumettre à l'autorité : « Rien n'arrête tant le progrès des choses, rien ne borne tant les esprits, que l'admiration excessive des anciens... Si l'on allait s'entêter un jour de Descartes et le mettre à la place d'Aristote, ce serait à peu près le même inconvénient » (*Digression...*).

Permanence des lois naturelles   *Pourquoi les modernes seraient-ils inférieurs aux anciens?* L'argument théorique de la *permanence des lois de la nature* est un de ceux qui reviennent le plus souvent. C'est peut-être FONTENELLE qui l'a le mieux affirmé : « Toute la question générale de la prééminence entre les anciens et les modernes étant une fois bien entendue se réduit à savoir si les arbres qui étaient autrefois dans nos campagnes étaient plus grands que ceux d'aujourd'hui. En cas qu'ils l'aient été, Homère, Platon, Démosthène ne peuvent être égalés dans ces derniers siècles : mais si nos arbres sont aussi grands que ceux d'autrefois, nous pouvons égaler Homère, Platon et Démosthène... La nature a entre les mains une certaine pâte qui est toujours la même, qu'elle tourne et retourne sans cesse en mille façons, et dont elle forme les hommes, les animaux et les plantes; et certainement elle n'a point formé Platon, Démosthène, ni Homère d'une argile plus

fine et mieux préparée que nos philosophes, nos orateurs et nos poètes d'aujourd'hui »
(*Digression...*). Ainsi l'antériorité n'est pas une marque de supériorité : « Les anciens
ont tout inventé, c'est sur ce point que leurs partisans triomphent; donc ils avaient
beaucoup plus d'esprit que nous; point du tout, mais ils étaient avant nous... Si l'on
nous avait mis en leur place, nous aurions inventé » (*Digression...*)

Supériorité   1. L'IDÉE DE PROGRÈS. « La nature est toujours
   des modernes   la même en général dans toutes ses productions; mais
                      les siècles ne sont pas toujours les mêmes; et, toutes
choses pareilles, c'est un avantage à un siècle d'être venu après les autres » (*Parallèles*,
III). Ainsi Perrault n'hésite pas à admettre que *les arts suivent la loi du progrès au même
titre que les sciences :* « Nous ne comparons pas les hommes avec les hommes, qui se sont
toujours ressemblé et qui se ressembleront toujours, c'est-à-dire que les grands génies
d'un siècle, regardés en eux-mêmes et dans leurs talents purement naturels, sont toujours égaux aux grands génies d'un autre siècle; mais nous comparons les ouvrages
des anciens avec ceux des modernes, et l'avantage d'être venus les derniers est si grand
que plusieurs ouvrages des modernes, quoique leurs auteurs soient d'un génie médiocre,
valent mieux que plusieurs ouvrages des plus grands hommes de l'antiquité » (*Par.*, II).

2. LE PROGRÈS DES TECHNIQUES. L'avantage des modernes sur les anciens
tient à leur *connaissance supérieure des règles de l'art*, des préceptes transmis et enrichis
de siècle en siècle depuis l'antiquité. Ce progrès est sensible dans la peinture et la sculpture : « La peinture en elle-même est aujourd'hui plus accomplie que dans le siècle de
Raphaël, parce que, du côté du clair-obscur, de la dégradation des lumières et des
diverses bienséances de la composition, on est plus instruit qu'on ne l'a
jamais été » (*Parallèles*, I). De même, en *littérature*, les anciens « *n'avaient pas toutes les
règles que nous avons* ». Ainsi, à génie égal, un moderne *doit* être supérieur à un ancien.

3. SUPÉRIORITÉ DE TOUS LES MODERNES. Dans l'ardeur de la polémique,
PERRAULT s'est laissé entraîner à affirmer la *prééminence de tous les modernes dans tous
les genres*, « par cette raison générale qu'il n'y a rien que le temps ne perfectionne ».
Il proclame la supériorité de Corneille, Molière, Pascal, La Fontaine, La Bruyère, mais
aussi celle de Voiture, Sarasin, Saint-Amant, Benserade; il prend un malin plaisir à
réhabiliter les victimes de Boileau, les Cotin, Scudéry, Quinault, Chapelain; il n'hésite
pas à placer Lemaître au-dessus de Démosthène et de Cicéron ! Dans son enthousiasme
il va jusqu'à se réjouir de voir le siècle de Louis XIV « *parvenu en quelque sorte au sommet de la perfection* » (*Parallèles*, I). Plus raisonnable, FONTENELLE se garde d'arrêter
au XVIIᵉ siècle la chaîne du progrès. Pour lui, comme pour Pascal, l'humanité est
comparable à un homme qui atteint maintenant sa maturité, mais « cet homme-là
n'aura point de vieillesse : il sera toujours également capable des choses auxquelles
sa jeunesse était propre, et il le sera toujours de plus en plus de celles qui conviennent
à l'âge de virilité : les vues saines de tous les bons esprits qui se succéderont s'ajouteront
toujours les unes aux autres » (*Digression...*).

L'ART ET LE GÉNIE

Les *Parallèles des Anciens et des Modernes* sont des dialogues entre un *abbé* raisonnable, un *chevalier* railleur (tous deux porte-parole de PERRAULT) et un *président de
cour*, borné et maladroit, défenseur des anciens. Dans ce fragment du DIALOGUE IV,
on retrouvera les deux principaux arguments des « Modernes » et on observera avec
quelle habileté l'auteur étend à la littérature (mais de façon moins probante) des considérations fondées sur sa connaissance des beaux-arts.

Quand nous [1] avons parlé de la peinture, je suis demeuré d'accord que le saint Michel et la Sainte Famille de Raphaël [2] que nous
vîmes hier dans le grand appartement du roi sont tous deux préfé-

---

— 1 C'est l'*abbé* qui parle. — 2 Raphaël | Sanzio (1483-1520), un des grands peintres
italiens de la Renaissance.

rables à ceux de M. Lebrun [3] ; mais j'ai soutenu et soutiendrai toujours que M. Lebrun a su plus parfaitement que Raphaël l'art [4] de la peinture dans toute son étendue, parce qu'on a découvert avec le temps une infinité de secrets dans cet art, que Raphaël n'a point connus. J'ai dit la même chose touchant la sculpture, et j'ai fait voir que nos bons sculpteurs étaient mieux instruits que les Phidias et les Poly-
10 clètes [5], quoique quelques-unes des figures qui nous restent de ces grands maîtres soient plus estimables que celles de nos meilleurs sculpteurs. Il y a deux choses dans tout artisan [6] qui contribuent à la beauté de son ouvrage : la connaissance des règles de son art et la force de son génie [7] ; de là il peut arriver, et souvent il arrive, que l'ouvrage de celui qui est le moins savant, mais qui a le plus de génie, est meilleur que l'ouvrage de celui qui sait mieux les règles de son art et dont le génie a moins de force. Suivant ce principe, Virgile a pu faire un poème épique [8] plus excellent que tous les autres, parce qu'il a eu plus de génie que tous les poètes qui l'ont suivi, et il peut en même temps avoir
20 moins su les règles du poème épique, ce qui me suffit, mon problème consistant uniquement en cette proposition que tous les arts ont été portés dans notre siècle à un plus haut degré de perfection que celui où ils étaient parmi les anciens, parce que le temps a découvert plusieurs secrets dans tous les arts [9], qui, joints à ceux que les anciens nous ont laissés, les ont rendus plus accomplis, l'art n'étant autre chose, selon Aristote [10] même, qu'un amas de préceptes pour bien faire l'ouvrage qu'il a pour objet. Or quand j'ai fait voir qu'Homère et Virgile ont fait une infinité de fautes où les modernes ne tombent plus [11], je crois avoir prouvé qu'ils n'avaient pas toutes les règles que nous avons, puisque
30 l'effet naturel des règles est d'empêcher qu'on ne fasse des fautes. De sorte que s'il plaisait au ciel de faire naître un homme qui eût un génie de la force de celui de Virgile, il est sûr qu'il ferait un plus beau poème que l'Énéide, parce qu'il aurait, suivant ma supposition, autant de génie que Virgile, et qu'il aurait en même temps un plus grand amas de préceptes pour le conduire. Cet homme pouvait naître en ce siècle de même qu'en celui d'Auguste, puisque la nature est toujours la même et qu'elle ne s'est point affaiblie par la suite des temps.

- *Distinguez les étapes du raisonnement, et leurs articulations.*
- *Étudiez l'art du polémiste. Quelles concessions semble-t-il faire à ses adversaires ? Montrez qu'elles ont pour objet de confirmer sa thèse.*
- *Qu'y a-t-il de contestable dans la thèse de* PERRAULT *? Prouve-t-il vraiment la supériorité des modernes ?*
- **Contraction.** – *Essai. Peut-on appliquer aux arts et aux sciences la même conception du progrès ?*

3 Lebrun (1619-90) fonda l'Académie de peinture. — 4 Voir l. 25-27, la définition de l'*art*. — 5 Célèbres sculpteurs grecs du Vᵉ SIÈCLE AV. J.-C. On ne connaissait que des copies de leurs œuvres. — 6 Artiste. — 7 Ces deux éléments peuvent-ils être mis sur le même plan ? — 8 L'*Énéide*. — 9 Perrault tire même argument de « *la connaissance plus profonde et plus exacte que l'on s'est acquise du cœur de l'homme et de ses sentiments les plus délicats et les plus fins, à force de le pénétrer.* » — 10 Montrer l'habileté de cette référence. — 11 Cf. p. 398, l. 26-27.

LES IDÉES DES « ANCIENS »

Les partisans des anciens comptaient parmi *les plus grands écrivains du siècle :* ils furent pourtant longs à exprimer des arguments valables, et peu adroits dans leurs répliques. BOILEAU avait commencé par comparer ses adversaires à des sauvages *Hurons* ou « *Topinambous* »; trop longtemps il se contenta d'injurier Perrault et ses amis.

C'est que cette querelle, *engagée dans la confusion*, faussait la véritable portée des problèmes. Les « MODERNES » en étaient venus à exagérer ridiculement leur thèse, mais ils avaient, sur le plan théorique, l'argument irréfutable de la permanence des lois naturelles. De leur côté, les « ANCIENS », ne pouvant accepter la discussion théorique, abordent les questions sous l'angle pratique, avec leurs préoccupations d'écrivains : ils se demandent si, en fait, les écrivains modernes sont supérieurs aux anciens, s'il est possible de les comparer, s'il est souhaitable d'abandonner l'imitation de l'art antique.

Sourds les uns et les autres aux arguments adverses, ils ne donnent jamais l'impression d'une discussion serrée où l'on pourrait tour à tour marquer les points des deux adversaires. Aussi convient-il d'étudier, non pas la *thèse* des « ANCIENS », mais les *idées* que cette querelle leur a fait préciser et qui éclairent l'*art classique*.

Culte de l'antiquité

Dans l'*Épître à Huet*, LA FONTAINE formule les idées essentielles des grands classiques. Comme lui, RACINE, BOILEAU, LA BRUYÈRE ont le culte des anciens. Ils ne nient pas les mérites des écrivains modernes, mais Homère et Virgile sont leurs « *dieux du Parnasse* » (La Fontaine).

1. « L'ART DE LA SIMPLE NATURE ». Les anciens doivent être pris pour modèles : « *Arts et guides, tout est dans les Champs Élysées* », et, selon LA FONTAINE, « *On s'égare en voulant tenir d'autres chemins.* » Ce n'est pas par préjugé ou par routine que les classiques imitent les anciens; La Fontaine s'appuie sur son *expérience personnelle :* il a failli « se gâter » en imitant un moderne (Voiture), et c'est l'exemple des anciens qui l'a ramené au bon sens : « *Horace, par bonheur, me dessilla les yeux.* » S'inspirer des anciens, c'est donc se prémunir contre les erreurs de la préciosité, de l'enflure ou du burlesque, pratiquer « *l'art de la simple nature* », « *reprendre enfin le simple et le naturel* » (p. 398).

2. IMITATION ET ORIGINALITÉ. Loin d'être aveugle, cette imitation, soumise aux grands principes de la raison et du naturel, n'aliène en rien l'originalité de l'auteur moderne :

> Souvent à marcher seul j'ose me hasarder.
> On me verra toujours pratiquer cet usage :
> Mon imitation n'est pas un esclavage.

Pour BOILEAU, l'étude des chefs-d'œuvre consacrés par les siècles révèle aux modernes les *règles de l'art* : c'est la connaissance de ces règles qui guide les écrivains et permet aux critiques de juger sainement les contemporains (*Réflexions sur Longin*, VII).

3. LA DETTE DES MODERNES. Les partisans des anciens soulignent malicieusement que *les meilleurs écrivains modernes sont justement ceux qui ont imité les anciens*. La Fontaine fait notamment allusion à Boileau, Racine et Molière. Quant à La Bruyère il souligne l'ingratitude de Perrault et de ses amis à l'égard des anciens (p. 398, l. 20).

L'épreuve du temps

Champion des anciens, BOILEAU ne peut pourtant nier la valeur des meilleurs écrivains modernes, ses propres amis, comme lui fervents admirateurs de l'antiquité. Il se tire d'affaire par des considérations sur *la nécessité d'attendre l'approbation de la postérité pour établir le vrai mérite des ouvrages :* « L'antiquité d'un écrivain n'est pas un titre certain de son mérite; mais l'antique et constante admiration qu'on a toujours eue pour ses ouvrages est une preuve sûre et infaillible qu'on les doit admirer... Le gros des hommes à la longue ne se trompe point sur les ouvrages de l'esprit. Il n'est plus question, à l'heure qu'il est de savoir si Homère, Platon, Cicéron, Virgile sont des hommes merveilleux; c'est une chose sans contestation puisque vingt siècles en sont convenus; il s'agit de savoir en quoi consiste ce merveilleux qui les a fait admirer de tant de siècles, et il faut trouver moyen de le voir, ou renoncer aux belles-lettres, auxquelles vous devez croire que vous n'avez ni goût ni génie, puisque vous ne sentez point ce qu'ont senti tous les hommes » (*Réflexions sur Longin, VII*). Ainsi la RAISON est, comme le veulent les « Modernes », l'arbitre souverain des ouvrages de l'esprit; mais les jugements de la raison, qui peut être égarée par les modes ou les engouements d'une époque, doivent être *confirmés à travers les siècles* pour acquérir une valeur définitive. Il est donc imprudent de comparer à un auteur ancien un écrivain moderne sur lequel nos jugements ne sont que provisoires et restent sujets à revision. Ne commence-t-on pas à découvrir les défauts de CORNEILLE (fautes de langue, déclamation) et à lui préférer RACINE? « La postérité jugera qui vaut le mieux des deux; car je suis persuadé que les écrits de l'un et de l'autre passeront aux siècles suivants : mais jusque-là, ni l'un ni l'autre ne doit être mis en parallèle avec Euripide et avec Sophocle, puisque leurs ouvrages n'ont point encore le sceau qu'ont les ouvrages d'Euripide et de Sophocle, je veux dire l'approbation de plusieurs siècles » (*Réflexions*, VII). C'est par cette argumentation habile, mais un peu flottante, que BOILEAU contestait le principe même des *Parallèles des Anciens et les Modernes*.

PORTÉE DE LA QUERELLE

Triomphe
des « Modernes »
Dans sa *Lettre à Charles Perrault* (publiée en 1700) BOILEAU se montre plus conciliant. S'il ne peut admettre que les écrivains modernes sont supérieurs à tous les anciens, il reconnaît la supériorité de son siècle sur chacun des siècles antiques pris isolément. *Le siècle de Louis XIV l'emporte même sur celui d'Auguste*, sauf pour l'épopée, l'éloquence et l'histoire. Les deux adversaires étaient « différemment du même avis ».

D'autres écrivains ont su s'élever au-dessus de ces débats parfois mesquins :

1. SAINT-ÉVREMOND. Dès 1685, dans son traité *Sur les Poèmes des Anciens*, SAINT-EVREMOND concilie son admiration pour les anciens avec l'idée d'une *évolution de l'art* rendue nécessaire par « le changement de religion, de gouvernement, de mœurs, de manières » : il faut « comme un *nouvel art*, pour entrer dans le goût et dans le génie du siècle où nous sommes ». « Si Homère vivait présentement, il ferait des poèmes admirables, *accommodés au siècle où il écrivait*. Nos poètes en font de mauvais ajustés à ceux des anciens et conduits par des règles qui sont tombées avec des choses que le temps a fait tomber... Concluons que les poèmes d'Homère seront toujours des chefs-d'œuvre, non pas en tout des modèles. Ils formeront notre jugement... »

2. FÉNELON. Au chapitre X de la *Lettre à l'Académie* (écrite en 1714), Fénelon adopte une position conciliante. Il souhaite aux modernes de surpasser les anciens, qui garderont toujours la gloire d'avois commencé : « *Les anciens ne seraient pas moins excellents qu'ils l'ont toujours été, et les modernes donneraient un nouvel ornement au genre humain.* » Se refusant à « juger d'un ouvrage par sa date », il n'hésite pas à déclarer « *que les anciens les plus parfaits ont des imperfections* », et relève chez eux des fautes de goût, des maladresses, du pédantisme, « le défaut de leur religion ». Mais ces réserves ne doivent pas nous conduire à les mépriser et à négliger de les étudier : « *Le vrai moyen de les vaincre est de profiter de tout ce qu'ils ont d'exquis, et de tâcher de suivre encore plus qu'eux leurs idées sur l'imitation de la belle nature... S'il vous arrive de vaincre les anciens, c'est à eux-mêmes que vous devrez la gloire de les avoir vaincus.* »

L'aube
du XVIIIᵉ siècle
Ces critiques plus modérés pressentaient confusément la *vraie portée de la « Querelle »*. Si l'humanisme de la Renaissance avait proposé l'imitation des anciens comme un moyen de créer une grande littérature, les *chefs-d'œuvre du classicisme* apportaient la preuve d'une maturité qui pouvait désormais se suffire et conquérir son indépendance. Cette tendance à secouer la tutelle antique, conforme à l'*esprit individualiste*, jamais totalement vaincu, résultait normalement du *rationalisme cartésien*.

La « Querelle » marque l'aube du XVIIIᵉ siècle. Les chefs-d'œuvre classiques justifieront la survivance d'un *pseudo-classicisme* rigide et formaliste; mais la littérature, dominée par la *raison*, éprise d'idées claires, soucieuse avant tout de vérité, reléguera au second plan la recherche de la beauté et la poésie. L'idée même d'une esthétique universellement valable sortait diminuée de ce débat : dès 1718 dans ses *Réflexions critiques*, l'abbé DU BOS exprimait l'idée de la *relativité du beau* et fondait la « *critique de sentiment.* » Enfin, l'idée des progrès de l'esprit humain ouvrait la voie aux « PHILOSOPHES », ennemis de la tradition sur le plan *moral, religieux, politique et social*.

APPENDICE

I. HISTOIRE DE LA LANGUE

Le *français moderne* date du XVIIe siècle : entre 1600 et 1650, notre langue, sortant de l'adolescence, atteint la plus vigoureuse *maturité*. Sans doute elle évoluera encore : le vocabulaire s'enrichira, l'orthographe et la grammaire subiront quelques modifications ; mais elle est stable désormais, et fixée autant qu'une langue vivante peut l'être ; les différences entre le français du XXe siècle et le français classique sont plus apparentes que profondes.

Au XVIIe siècle, écrivains, érudits, mondains même dans les salons précieux se passionnent pour les questions de *grammaire* et de *vocabulaire* (cf. p. 65). MALHERBE régente la langue poétique comme la versification ; puis BALZAC polit la prose oratoire. Les complications ou les timidités précieuses (cf. p. .60), la trivialité burlesque risquent un moment de compromettre le bel équilibre ainsi élaboré. Mais les écrivains classiques, soucieux d'assurer la durée de leurs œuvres par un style impeccable, font triompher au nom de la raison une langue assez pauvre parfois (Racine, Mme de La Fayette), à force de pureté, toujours élégante, polie, et qui unit au naturel la force et la précision. C'est également au nom de la raison que DESCARTES, en 1637, avait renoncé au latin, jusqu'alors langue de la philosophie, pour écrire en français le *Discours de la Méthode*.

L'Académie française En 1635, la création de l'ACADÉMIE FRANÇAISE vient apporter une nouvelle impulsion en même temps qu'une consécration officielle aux travaux relatifs à la langue. Sur la suggestion de Boisrobert, RICHELIEU propose à un groupe d'écrivains qui se réunissaient depuis 1629 chez Conrart de constituer une Académie placée sous le patronage du roi. La première séance a lieu en mars 1634 ; les lettres patentes de Louis XIII instituant cette illustre compagnie datent de janvier 1635. Les premiers académiciens sont nommés par le roi ; après quoi, ils se recruteront par cooptation. Le chiffre actuel de quarante membres, prévu dès l'origine, est atteint en 1639. Le nouveau corps comprend en particulier Conrart, Boisrobert, Chapelain, Mainard, Saint-Amant, Racan, Balzac, Voiture, Vaugelas ; sa première manifestation importante est la publication des *Sentiments de l'Académie sur le Cid* (cf. p. 103).

Richelieu a chargé l'Académie de rédiger les ouvrages théoriques qui manquent encore à la langue française : *dictionnaire, grammaire, rhétorique* et *poétique*. En fait, seul le projet de dictionnaire sera réalisé à la fin du XVIIe siècle. La *Lettre sur les occupations de l'Académie française*, de FÉNELON, montre qu'en 1714 les autres projets sont encore à l'étude et n'ont pas progressé. Mais si aucune grammaire collective n'a été réalisée, le grammairien le plus éminent du XVIIe siècle, VAUGELAS, est pourtant académicien.

Les dictionnaires Le *Dictionnaire de l'Académie* paraît en 1694. Les mots y sont classés par racines et non suivant un ordre alphabétique rigoureux. C'est l'orthographe ancienne qui est adoptée : ainsi la tentative de réforme de l'orthographe de Louis de L'Esclache (*Les véritables régles de l'ortografe francéze*, 1668) échoue comme celle de Meigret au XVIe siècle. L'Académie a été lente à composer son dictionnaire : elle a été devancée par RICHELET et par FURETIÈRE. En raison du privilège de la compagnie, ces deux dictionnaires doivent paraître à l'étranger, celui de Richelet à Genève en 1680, celui de Furetière en Hollande, après la mort de l'auteur, en 1690. Comme Furetière était lui-même académicien, son activité indépendante lui attira l'inimitié de ses confrères, et il fut exclu de l'Académie en 1685.

La grammaire En 1647, VAUGELAS (1585-1650) publie d'importantes *Remarques sur la langue française*. L'auteur n'est nullement pédant, il ne prétend pas légiférer pour toujours, ni suivant des règles a priori ; il fonde ses remarques sur « *le bel usage* », celui de la cour et de la bonne société parisienne. Son principal continuateur est le P. BOUHOURS (1628-1702), qui donne des *Remarques nouvelles sur la langue française* (1675).

II. LA LANGUE CLASSIQUE

Nous ne prétendons pas nous livrer ici à un examen complet des particularités de la langue classique. Notre but est simplement de faciliter l'étude de nos extraits en groupant les tours vieillis qui s'y rencontrent le plus fréquemment. A ces notions de SYNTAXE doivent s'ajouter quelques remarques de morphologie et de sémantique.

1. MORPHOLOGIE. Les textes en langue originale permettront d'apprécier l'évolution de l'*orthographe* dans le cours du siècle : on s'achemine peu à peu vers l'orthographe actuelle. On continue à écrire : aim*oi*t, aimer*oi*t (le Dictionnaire de l'Académie n'adoptera la graphie moderne qu'en 1835), mais, dès le début du siècle, on prononce : aim*ai*t, aimer*ai*t ; cette diphtongue oi est en pleine évolution : si l'on dit encore *mouè* (moi), dans certains mots comme *croire* ou *poire*, la prononciation ancienne n'est plus qu'une survivance propre au langage distingué ; la langue populaire adopte la prononciation *oua*.

Vers la début du siècle, le futur du verbe *ouïr* est encore très vivant. Mais bientôt il vieillit, et MALHERBE corrige *orra* (entendra) en *aura* (p. 22, v. 30). L'infinitif *courre* subsiste à côté de *courir* (cf. MALHERBE, p. 18, v. 8) ; cependant il commence à se spécialiser : d'après VAUGELAS, il faut dire : « *courre* un cerf », et « faire *courir* un bruit ». Le mot *aise* apparaît au masculin chez MALHERBE (p. 23, v. 54) : dernière trace d'un usage fréquent au XVIe siècle.

2. SÉMANTIQUE. Beaucoup de mots traduisant des sentiments ou des émotions ont, au XVIIe siècle, *un sens plus fort* qu'aujourd'hui ; ainsi *charme*, *ennui*, *étonner*, *formidable*, *gêne*, etc. Les mots s'usent comme les objets, il faut s'en souvenir et se garder de considérer comme des litotes certaines expressions qui étaient alors très vigoureuses. Pour goûter l'humour de tel passage (cf. Boileau, p. 323), il faut aussi savoir que des termes comme *joli* ou *galant* étaient à la mode, employés à tout propos, sinon hors de propos.

SYNTAXE

A. L'article　　Dans de nombreuses expressions, on omet l'ARTICLE DÉFINI ou PARTITIF devant le complément d'objet direct, qui forme ainsi avec le verbe une sorte de locution : « sans *perdre temps* », écrit BOSSUET (p. 269, l. 27). CORNEILLE marque pour ce tour un goût particulier : « *voir différence* » (p. 120, v. 50) ; « *J'ai tendresse* pour toi, *j'ai passion* pour elle » (p. 118, v. 5).

On continue également à omettre l'article défini devant le superlatif relatif : « Jusqu'à la goutte *plus* profonde » = *la* plus... (THÉOPHILE, p. 45, v. 30).

B. Le pronom personnel　　1. Le pronom IL est employé dans des cas où nous disons aujourd'hui *ce* ou *cela* : « Et pourquoi, s'*il* est vrai, ne le dirais-je pas ? » (MOLIÈRE, p. 201, v. 7) ; « Je ne sais ce que c'est, mais je sais qu'*il* me charme » (CORNEILLE, p. 105, v. 10) ; « Il s'ensuit que ce qui ne frappe point les hommes n'est ni beau ni vrai, ou qu'*il* est mal énoncé » (BOILEAU, p. 348, l. 48).

2. Le pronom réfléchi SOI peut représenter un sujet déterminé (non indéfini) : « Gnathon ne vit que pour soi » (LA BRUYÈRE, p. 409, l. 1) = pour *lui-même*.

3. Les mots EN et Y s'emploient, en parlant de personnes, à la place d'un pronom personnel précédé d'une préposition : « Il se donne à eux pour *en* faire (faire *de lui*) ce qu'ils veulent » (BOSSUET, p. 259, l. 5) ; « Seigneur, nous n'avons pas si grande ressemblance |Qu'il faille de bons yeux pour *y* voir différence » (CORNEILLE, p. 120, v. 50) : *y* = entre nous.

On notera aussi l'emploi pléonastique de EN : « De tous les corps ensemble, on ne saurait *en* faire réussir une petite pensée » (PASCAL, p. 168, l. 49). En revanche, lorsque CORNEILLE écrit (p. 105, v. 7-8) : « De la compassion les chagrins innocents|M'*en* ont fait sentir la puissance », le pléonasme n'est qu'apparent ; notre impression est due à l'inversion du vers 7.

4. PLACE DU PRONOM PERSONNEL : le pronom complément d'un infinitif se place *devant* le verbe dont dépend l'infinitif : « C'est Dieu qui *te* va parler » (BOSSUET, p. 263, l. 2-3). Il arrive même que cet ordre des mots entraîne l'emploi de l'auxiliaire *être* au lieu de l'auxiliaire *avoir* : « *s'étant su* lui-même avertir » = *ayant su s'avertir* (LA FONTAINE, p. 247, v. 3).

C. Le relatif l'interrogatif　　1. Le pronom QUI s'emploie : *a*) Comme RELATIF pour représenter des CHOSES, après une préposition : « C'est un art *de qui* (dont) l'imposture... » (MOLIÈRE, p. 207, l. 10) ; « Ces superbes palais *à qui* (auxquels) Madame... » (BOSSUET, p. 278, fin). *b*) Comme INTERROGATIF NEUTRE : « Je ne sais *qui* (ce qui) me tient... » (MOLIÈRE, p. 203, v. 45).

2. Inversement, le pronom neutre CE QUE peut représenter des *personnes* : « Pour réunir bientôt *ce que* j'ai séparé » (CORNEILLE, p. 109, v. 6).

3. L'adverbe relatif OU peut remplacer un relatif précédé d'une préposition (tandis qu'aujourd'hui il marque nécessairement le *lieu*) : « Quel est le cœur *où* (auquel) prétendent mes vœux ? » (RACINE, p. 298, v. 50).

D. La préposition
l'adverbe
1. La préposition A continue à avoir des emplois qu'elle perdra par la suite : « Laisse-toi conduire à (par) mes règles » (PASCAL, p. 171, l. 55) ; « Qu'un frère, pour régner, se baigne *au* (dans le) sang d'un frère » (CORNEILLE, p. 121, v. 23) ; « Et des couvreurs, grimpés *au* (sur le) toit d'une maison... » (BOILEAU, p. 321, v. 11) ; « allait courre (courir) fortune *aux* (parmi les) orages du monde » (MALHERBE, p. 18, v. 8). DE signifie parfois *avec* (CORNEILLE, p. 110, v. 39).

2. Jusque vers 1650, on emploie couramment DEDANS, DESSUS, DESSOUS comme *prépositions :* « ... la faible innocence|Que *dedans* la misère on faisait envieillir » (MALHERBE, p. 22, v. 21). C'est VAUGELAS qui fixera l'usage actuel.

3. Dans certains tours, COMME est employé au lieu de *que*, pour marquer la *comparaison :* « ...*Aussitôt* confondus *comme* délibérés » (MALHERBE, p. 22, v. 18) ; « Tendresse dangereuse autant *comme* importune » (CORNEILLE, p. 109, v. 15).

E. La négation
1. On conserve la négation PAS avec NI... NI... : « N'attendez *pas*, dit-elle, *ni* vérité *ni* consolation » (PASCAL, p. 161, l. 22). — 2. La négation NE peut être omise dans *l'interrogation négative* : « Voudrais-tu point encore...? » (RACINE, p. 304, v. 13) ; cf. le v. 15.

F. Syntaxe d'accord
1. Le PARTICIPE PRÉSENT est déclaré INVARIABLE par l'Académie en 1679. Jusque-là, on le trouvait parfois au féminin (contre l'avis de MALHERBE), et surtout il prenait un *s* au masculin pluriel : « les petits souverains se rapportant*s* aux rois » (LA FONTAINE, p. 221, v. 47).

2. ACCORD PAR PROXIMITÉ : le *verbe et* l'*attribut* peuvent ne s'accorder qu'avec le sujet le plus rapproché : « Ce mot et ce regard *désarme* ma colère » (MOLIÈRE, p. 203, v. 50) ; « ... par quoi sont nos destins et nos mœurs différent*es* » (LA FONTAINE, p. 240, v. 30). C'est un souvenir du *latin*.

G. Latinismes
Deux autres LATINISMES sont fréquents dans la langue du XVIIᵉ siècle : 1. L'INDICATIF au lieu du conditionnel pour les verbes *pouvoir, devoir*, etc. : « Je *devais* (j'aurais dû), ce dis-tu, ... » (LA FONTAINE, p. 248, v. 34) ; « Si le sort ne m'eût donnée à vous,|Mon bonheur *dépendait* (aurait dépendu) de l'avoir pour époux » (RACINE, p. 302).

2. Des expressions comme « *Mon voyage dépeint*|Vous sera d'un plaisir extrême » (LA FONTAINE, p. 241, v. 26), « *Rocroi délivré, la régence affermie*, ... » (BOSSUET, p. 279, l. 35) correspondent au tour latin « Sicilia Sardiniaque amissae », la Sicile et la Sardaigne perdues = la perte de la Sicile, etc.

H. La phrase
Certaines *constructions* en usage au XVIIᵉ siècle ne sont plus possibles aujourd'hui ; exemples :

1. SYNTAXE TRÈS LIBRE DU PARTICIPE : *a)* « Et, *pleurés* du vieillard, il grava sur leur marbre... » (LA FONTAINE, p. 247, v. 35) : *pleurés* ne se rapporte pas au sujet de la proposition, mais aux jouvenceaux, représentés par *leur*.

b) « ...Et ne *pouvant* pas (comme il ne peut pas) y avoir grande différence entre de la boue et de la boue, ... » (BOSSUET, p. 262, l. 13-14).

2. CONSTRUCTION DISSYMÉTRIQUE : « Le valeureux comte de Fontaines qu'on voyait *porté* dans sa chaise, et... *montrer* que... » (BOSSUET, p. 279, l. 13-15).

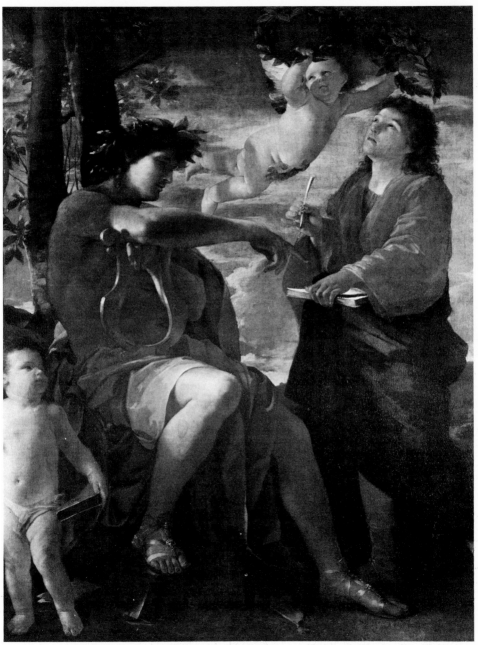

N. Poussin, « *L'Inspiration du poète* ». (Peinture, vers 1636-1638, détail.
Musée du Louvre, Paris. Ph. H. Josse © Arch. Photeb.)

L'éveil de l'esprit philosophique

B. Picart, « Entretiens sur la pluralité des mondes ».
(Gravure, 1727. Ph. © Bibl. Nat., Paris. Arch. Photeb.)
Fontenelle et la Marquise observant la voûte céleste.

« Quelque jour on ira jusqu'à la lune »

La coupure entre les manuels du XVIIᵉ et du XVIIIᵉ siècle ne doit pas induire en erreur. **La Bruyère** est, à certains égards, un précurseur des philosophes du XVIIIᵉ siècle. Or, au moment où paraissent les *Caractères* (1688), **Bayle** a déjà publié les *Pensées sur la Comète* (1682) où se manifestent avec rigueur les exigences de l'esprit critique, et **Fontenelle** donne les *Entretiens sur la Pluralité des mondes* (1688) où il affirme sa foi dans la science et le progrès. C'est uniquement pour la clarté de l'exposé que ces œuvres prendront place dans le premier chapitre du **XVIIIᵉ siècle** : *L'éveil de l'esprit philosophique* (cf. **p. 13-31**).

INDEX DES
GROUPEMENTS THÉMATIQUES

Les chiffres en romain sont ceux des pages où l'on trouvera, dans les *questionnaires* ou les *notices*, de nombreux renvois aux textes à organiser librement en groupements thématiques. Les chiffres *en italique* renvoient aux textes à *lire* ou à *consulter*.

TABLE DES MATIÈRES

Les textes dont les titres et les numéros de pages sont en italique sont donnés sous leur forme originale.

ILLUSTRATIONS

GROUPEMENTS THÉMATIQUES

Iconographie : M. de Mlodzianowski, E. Montigny, L. Vacher.

Achevé d'imprimer par MAURY-Imprimeur S.A. – 45330 Malesherbes
Nº d'impression : H 85/17202
1ʳᵉ éd. : août 1950 – Dépôt légal de ce tirage : septembre 1985